Aus Freude am Lesen

btb

Münsters Fall
Vier Rentner feiern in einer Kneipe ihren Lottogewinn. Wenige Stunden später wird einer von ihnen in seiner Wohnung erstochen. Der Fall wird Kommissar Münster übertragen, denn Hauptkommissar Van Veeteren hat sich für ein Jahr beurlauben lassen. Als der Fall immer undurchsichtiger wird, muss Kommissar Münster jedoch bei Van Veeteren Rat suchen. Aber dann stellt sich überraschend die Witwe des Toten der Polizei und gesteht den Mord an ihrem Ehemann. Van Veeteren ist überzeugt davon, dass sie lügt ...

Der unglückliche Mörder
In einer nebligen Nacht wird ein Junge von einem Auto erfasst und stirbt - der betrunkene Fahrer macht sich aus dem Staub. Doch irgendjemand hat ihn bei der Tat beobachtet und fordert nun Geld für sein Schweigen. Aus Verzweiflung bringt er einen Mann um, den er für den Erpresser hält. Die Polizei sieht zunächst keinen Zusammenhang zwischen der Fahrerflucht und diesem Mord, doch die Aufklärung genießt höchste Priorität: Der Tote ist nämlich Erich Van Veeteren, der »verlorene Sohn« des Kommissars, der wegen Drogendelikten im Gefängnis saß und gerade dabei war, im bürgerlichen Leben wieder Fuß zu fassen ...

Autor
Håkan Nesser, geboren 1950, ist einer der erfolgreichsten Schriftsteller Schwedens. Für seine Kriminalromane erhielt er zahlreiche Auszeichnungen. Sie wurden in mehreren Sprachen übersetzt und erfolgreich verfilmt.

Håkan Nesser

Münsters Fall

Der unglückliche Mörder

Zwei Romane in einem Band

btb

Die schwedische Originalausgabe von »Münsters Fall« erschien
1998 unter dem Titel »Münsters fall«, die Originalausgabe von »Der
unglückliche Mörder« erschien 1999 unter dem Titel »Carambole«
bei Albert Bonniers Förlag, Stockholm.

FSC
Mix
Produktgruppe aus vorbildlich
bewirtschafteten Wäldern und
anderen kontrollierten Herkünften
Zert.-Nr. GFA-COC-1223
www.fsc.org
© 1996 Forest Stewardship Council

Verlagsgruppe Random House FSC-DEU-0100
Das für dieses Buch verwendete FSC-zertifizierte Papier *Munken Print*
liefert Arctic Paper Munkedals AB, Schweden.

Einmalige Sonderausgabe Mai 2008
Münsters Fall
Copyright © 1998 by Håkan Nesser, first published by Albert
Bonniers Förlag AB, Stockholm
Copyright © der deutschsprachigen Ausgabe 2000 by btb Verlag in
der Verlagsgruppe Random House GmbH, München
Der unglückliche Mörder
Copyright © 1999 by Håkan Nesser, first published by Albert
Bonniers Förlag AB, Stockholm
Copyright © der deutschsprachigen Ausgabe 2001 by btb Verlag in
der Verlagsgruppe Random House GmbH, München
Umschlaggestaltung: Design Team München
Umschlagmotiv: © plainpicture / Johnér
Druck und Einband: CPI – Clausen & Bosse, Leck
NB · Herstellung: BB
Printed in Germany
ISBN: 978-3-442-73793-2

www.btb-verlag.de

Münsters Fall

*Aus dem Schwedischen
von Christel Hildebrandt*

Für den gemeinen Mann ist es das Wichtigste,
zu begreifen, dass Handlungen Konsequenzen haben.
Für einen Detektiv, dass sie Ursachen haben.

Erwin Baasteuwel, Kriminalkommissar

I

1

Der letzte Tag in Waldemar Leverkuhns Leben hätte kaum besser anfangen können.

Nach dem nächtlichen Wind und dem Dauerregen fiel jetzt eine milde Herbstsonne durch das Küchenfenster herein. Auf dem Balkon, der zum Hinterhof ging, war das charakteristische weiche Gurren der liebeskranken Tauben zu hören und im Treppenhaus das ausklingende Echo der Schritte seiner Ehefrau, die sich auf dem Weg zum Markt befand. Das Neuwe Blatt lag ausgebreitet vor ihm auf dem Tisch, und er hatte gerade seinen Morgenkaffee mit zwei Tropfen Genever gewürzt, als Wauters anrief.

»Wir haben gewonnen«, sagte Wauters.

»Gewonnen?«, fragte Leverkuhn.

»Ja, Mensch!«, sagte Wauters. »Sie haben es im Radio gesagt.«

»Im Radio?«

»Stell dir vor, zwanzigtausend! Es war die Fünf, und zwar keinen Tag zu früh!«

»Das Los?«

»Ja, natürlich das Los. Was hast du denn gedacht? Hab ich nicht gesagt, dass was in der Luft lag, als ich es gekauft hab? Hol's der Teufel! Sie hat es geradezu rausgesucht vor mir ... als ob sie's gewusst hätte, Frau Milkerson im Kiosk. Zwei, fünf, fünf. Eins, sechs, fünf, fünf! Die Fünfer sind es, die haben's gebracht, glaub's mir. Ja, ich hatte die ganze Woche schon so ein Gefühl.«

»Wie viel, hast du gesagt?«

»Zwanzigtausend, zum Teufel! Fünf pro Mann, ich muss noch die anderen anrufen. Wir sehen uns heute Abend bei Freddy's, das wird ein saustarkes Fest in Kapernaum!«

»Fünftausend ...?«, fragte Waldemar Leverkuhn, aber Wauters hatte schon aufgelegt.

Er blieb noch eine Weile mit dem Hörer in der Hand stehen und spürte ein leichtes Schwindelgefühl. Fünftausend Gulden? Vorsichtig blinzelte er ein paar Mal, und als er wieder klar sah, fixierten seine Augen unfreiwillig das Hochzeitsfoto auf der Kommode. Das goldgerahmte. Bedächtig betrachtete er Marie-Louises rundes, milchfrisches Gesicht. Die Lachgrübchen und die Korkenzieherlocken. Ein leichter Wind im Haar. Das Funkeln in den Augen.

Das war damals, dachte er. Damals war sie noch schön. Neunzehnhundertachtundvierzig.

Schön wie ein Sahnestückchen! Er holte sein Taschentuch heraus und schnäuzte sich. Kratzte sich etwas gedankenverloren im Schritt. Heute sah das etwas anders aus ... aber so war das mit den Frauenzimmern ... frühe Blüte, Kinderkriegen, Stillen und dann die Schwere im Körper ... machte sie störrisch, das Ganze. Das lag sozusagen in der Natur der Sache. Ganz anders sah das bei den Kerlen aus, ganz, ganz anders.

Seufzend ging er aus dem Schlafzimmer. Ließ seine Gedanken weiter fließen, obwohl er gar keine richtige Lust dazu hatte. In letzter Zeit passierte ihm das häufig ... Die Kerle dagegen, klar, die hielten sich viel länger in Form, das war ja gerade der Unterschied ... dieser verfluchte Unterschied. Was sich natürlich am Ende wieder ausglich, das schon ... so im Herbst des Lebens wurde es eigentlich doch ziemlich ruhig mit den Trieben, das musste er zugeben. Bei Mann und Frau.

Was sollte man auch anderes erwarten? Zweiundsiebzig und neunundsechzig. Er hatte zwar von Leuten gehört, die mit so was noch viel länger weitermachten, aber was ihn betraf, so war es ein für alle Mal vorbei, damit musste er sich halt abfinden.

Das heißt, abgesehen von der einen oder anderen Zuckung, auf die er liebend gerne verzichtet hätte. Eine blasse Erinnerung an längst vergangene Tage, ein trauriges Souvenir.
So war es nun mal. Ein Zucken. Konnte er gern drauf verzichten, wie gesagt. Er ließ sich am Küchentisch nieder.
Fünftausend!
Hol's der Teufel!, versuchte er zu denken. Fünftausend Gulden! Aber es war schwer, dieses wirklich prickelnde Gefühl guter Laune zu kriegen. Was verflucht noch mal sollte er eigentlich mit dem Geld anfangen?

Ein Auto? Wohl kaum. Klar, es würde mit Sicherheit für ein annehmbares gebrauchtes reichen, und er hatte auch einen Führerschein, aber es war jetzt zehn Jahre her, seit er hinterm Steuer gesessen hatte, und eine unbändige Lust, sich in die weite Welt zu begeben, hatte er auch nicht.

Also auch keine Reise. Es stimmte schon, was Palinski immer sagte: Man hat das meiste gesehen und noch mehr.

Einen besseren Fernseher?

Dafür gab es keinen Grund. Sie hatten einen, der war erst ein paar Jahre alt, und außerdem benutzte er ihn eigentlich nur dazu, um davor einzuschlafen.

Er trank einen Schluck und starrte die Zeitung an, ohne sie zu lesen.

Einen neuen Anzug?

Zu seiner eigenen Beerdigung, oder wofür?

Nein, so auf die Schnelle gab es keine alten Wünsche, die ihm in den Sinn kamen und sich bemerkbar machten. Was wohl schon eine Menge darüber sagte, was für ein alter Knacker er geworden war. Konnte nicht mal sein Geld so mir nix, dir nix unter die Leute bringen. Schaffte es einfach nicht. Verdammte Scheiße!

Waldemar Leverkuhn schob die Zeitung zur Seite und goss sich eine neue Tasse Kaffee mit Genever ein.

Zumindest das konnte er sich genehmigen! Einen kleinen

Nachschlag. Er lauschte eine Weile den Tauben, während er das Getränk in sich schlürfte. Vielleicht sollte er die Sache so angehen? Sich einfach etwas gönnen. Ein bisschen großzügiger bei Freddy's sein. Etwas teurere Weine. Eine Leckerei bei Keefer's oder Kraus.

Warum eigentlich nicht? Ein paar Jahre etwas besser leben.

Jetzt klingelte das Telefon schon wieder.

Palinski, natürlich.

»Das wird ein saustarkes Fest in Kapernaum!«

Sogar die gleichen Worte wie Wauters. Schon merkwürdig, dass er nicht mal in der Lage war, sich ein paar eigene Kraftausdrücke zuzulegen. Nach der Begrüßungsfloskel lachte er eine halbe Minute lang laut in den Hörer und beendete seinen Anruf damit, dass er etwas dahingehend schrie, wonach der Wein bei Freddy's fließen würde.

»... halb sieben! Weißes Hemd und neuen Schlips, du alter Schweinehund!«

Dann legte er auf. Waldemar Leverkuhn schaute wieder eine Weile seine frischvermählte Ehefrau an und ging dann zurück in die Küche. Trank den letzten Rest Kaffee und rülpste. Dann lachte er.

Endlich lachte er. Fünftausend waren immerhin fünftausend.

Bonger, Wauters, Leverkuhn und Palinski.

Sie waren schon ein hübsches Quartett, Bonger und Palinski kannten sich bereits seit Kindesbeinen. Seit ihrer Schulzeit auf der Magdeburgischen und den Kriegswintern in den Kellern von Zuiderslaan und Merdwick – in der Mitte ihres Lebens waren sie einige Jahrzehnte auseinander gedriftet, aber dann wieder aufeinander gestoßen. Wauters hatte sich ihnen später angeschlossen, ziemlich viel später. Einer dieser einsamen Herren bei Freddy's, dieser Wauters. Zugereist von Hamburg oder Frigge oder woher auch immer. Er war nie verheiratet gewesen (der Einzige im Quartett, der es geschafft hatte, wie er selbst meinte, auch wenn er inzwischen den Junggesellenstatus mit Bonger und Palinski teilte) – und dennoch war er der einsamste arme Teufel, den man sich nur denken konnte. Das pflegte Bonger zumindest im Vertrauen zu erwähnen, denn Bonger war derjenige, der ihn am längsten und am besten kannte und der ihn in den Kreis eingeführt hatte. Ein alter Spieler war er auch, der Wauters, zumindest wenn man den Gerüchten Glauben schenken wollte, die er mit gewissem Bedacht um sich zu verbreiten pflegte ... obwohl sich das inzwischen nur noch auf Fußballtipps und Lose bezog. Die Rennpferde waren heutzutage sowieso nur noch gedopte Kamele, wie er resigniert behauptete, und die Jockeys gekauft. Und die Karten? ... Ja, wenn man fast zwölfhundert mit einem As-Vierer verloren hat, dann muss man es auf seine alten Tage verflucht noch mal ruhiger angehen lassen.

Laut Benjamin Wauters.

Bonger, Wauters, Leverkuhn und Palinski.

Letzten Abend hatte Palinski ausgerechnet, dass sie zusammen zweihundertzweiundneunzig Jahre alt waren und dass sie, wenn sie noch zwei Jahre durchhielten, ihrem 300-Jahr-Jubiläum gerade rechtzeitig zur Jahrhundertwende ins Auge sehen konnten. Das war nun wahrlich nicht schlecht, oder? Palinski hatte seine Hand auf Frau Gautiers' generös geformten Hintern gelegt, während er es ihr erzählte, aber Frau Gautiers hatte nur geschnaubt und gemeint, sie für ihren Teil hätte eher auf vierhundert getippt.

Doch in Wirklichkeit wurde es weder mit der einen noch mit der anderen runden Zahl etwas, da dieser Samstag der letzte in Waldemar Leverkuhns Leben war. Wie schon gesagt.

Marie-Louise kam mit den Einkaufstüten zurück, gerade als er gehen wollte.

»Wohin willst du?«

»Raus.«

»Warum denn?«

»Mir 'nen Schlips kaufen.«

Ihr Gebiss klapperte zweimal, wie immer, wenn sie sich über etwas ärgerte. Tick, tock.

»Einen Schlips?«
»Ja.«
»Warum willst du dir einen Schlips kaufen? Du hast doch schon fünfzig Stück.«
»Ich bin sie alle leid.«
Sie schüttelte den Kopf und schob sich mit ihren Tüten an ihm vorbei. Ein Geruch nach Nieren stach ihm in die Nase.
»Du brauchst kein Essen zu machen.«
»Was? Was meinst du damit?«
»Ich esse auswärts.«
Sie stellte ihre Tüten auf den Tisch.
»Ich habe Nieren eingekauft.«
»Das habe ich schon gerochen.«
»Und warum willst du plötzlich auswärts essen? Ich dachte, wir wollten heute zeitig essen, ich will doch heute Abend zu Emmeline, und du willst doch sicher …«
»… zu Freddy's, ja. Aber ich esse außerhalb einen Bissen. Du kannst sie ja einfrieren, die Nieren.«
Sie betrachtete ihn argwöhnisch.
»Ist was passiert?«
Er knöpfte sich den Mantel zu.
»Nicht, dass ich wüsste. Was sollte denn passiert sein?«
»Hast du deine Medizin genommen?«
Er antwortete nicht.
»Bind deinen Schal um. Es geht ein Wind.«
Er zuckte die Achseln und ging.
Fünftausend, dachte er. Man könnte für ein paar Nächte im Hotel wohnen.

Wauters und Palinski hatten auch neue Schlipse, nur Bonger nicht.

Bonger trug nie einen Schlips, er hatte sein ganzes Leben lang keinen besessen, aber zumindest hatte er ein einigermaßen sauberes Hemd an. Seine Frau war vor acht Jahren gestorben, und seitdem ließ er den Dingen ihren Lauf. Sowohl was die Hemden betraf wie auch alles andere.

Wauters hatte einen Tisch im Restaurantbereich bestellt, und auf Palinskis Vorschlag hin begann man mit Champagner und Kaviarschnittchen, abgesehen von Bonger, der statt Kaviar Flusskrebsschwänze vorzog. Mit Sauternesoße.

»Was ist denn mit euch los, ihr alten Knacker?«, wunderte Frau Gautiers sich misstrauisch. »Habt ihr eure Prostata an die Forschung verkauft?«

Aber sie nahm eine Bestellung nach der anderen entgegen, ohne mit der Wimper zu zucken, und als Palinski ihr wie immer auf den Hintern klopfte, schaffte sie es kaum, seine rheumatische Hand wegzuscheuchen.

»Prost, Brüder!«, rief Wauters in regelmäßigen Abständen aus.

»Jetzt wird saustark gefeiert im Kapernaum!«, erklärte Palinski noch häufiger.

Verdammt, was habe ich diese Idioten satt, dachte Leverkuhn.

Gegen elf Uhr hatte Wauters acht oder neun Mal erzählt, wie er das Los gekauft hatte. Palinski hatte ungefähr genauso oft »Oh, meiner Jugend schönste Sünde« gesungen, und jedes Mal nach einundhalb Zeilen abgebrochen, da er sich nicht mehr an den Text erinnerte, und Bongers Gedärme waren durcheinander geraten. Waldemar Leverkuhn dagegen hatte das Gefühl, dass er vermutlich betrunkener war als seinerzeit auf dem Oktoberfest in München vor fünfzehn Jahren. Oder war es schon sechzehn Jahre her?

Wie auch immer, es war an der Zeit, einen Schlussstrich zu ziehen.

Wenn er nur seine Schuhe finden könnte. Die letzte halbe Stunde hatte er in Strümpfen dagesessen, was er verwundert festgestellt hatte, als er zum Pinkeln auf der Toilette war, aber wie sehr er auch mit den Füßen unter dem Tisch herumtastete, er konnte nichts finden.

Das war aber auch zu blöd. Er wusste, Bongers Gedärme hatten wieder gesprochen, und als Palinski erneut mit seinem

Gesang einsetzte, wurde ihm klar, dass er die Sache unbedingt systematischer angehen musste.

Er hustete ablenkend und machte einen diskreten Tauchgang, bekam aber unglücklicherweise einen Zipfel der Tischdecke zu fassen, und daraufhin wurde alles so ein Durcheinander, dass er ganz einfach keine Lust mehr hatte, sein zufälliges Exil unter dem Tisch wieder zu verlassen. Irgendwelche Schuhe sah er nirgends.

»Haut ab!«, murmelte er drohend. »Verschwindet, fahrt zur Hölle und lasst mich in Ruhe!«

Er drehte sich auf den Rücken und zog die restliche Tischdecke und das Porzellan mit sich. Von den umgebenden Tischen war ein gemischter Chor aus Lachsalven und empörten Frauenstimmen zu vernehmen. Von Wauters und Palinski kamen gute Ratschläge und von Bonger ein weiterer Tritt.

Dann zeigten sich Frau Gautiers und Herr Van der Valk und Freddy himself, und zehn Minuten später stand Waldemar Leverkuhn draußen auf dem Fußsteig im Regen, in Mantel und Schuhen. Palinski und Wauters verschwanden in einem Taxi, und Bonger fragte im nächsten Atemzug, ob sie sich nicht auch eins teilen sollten.

Nur über meine Leiche, du verdammte Stinkbombe!, dachte Leverkuhn und anscheinend sagte er das auch, denn während einer bedrohlichen Sekunde schwebte Bongers Faust unter seiner Nase, aber dann verschwanden sowohl Faust als auch ihr Besitzer entlang der Langgraacht.

Leicht reizbar wie üblich, dachte Leverkuhn und begann langsam ungefähr in die gleiche Richtung zu gehen. Der Regen wurde stärker. Das war aber nichts, was ihn störte, ganz und gar nicht. Trotz seines Rausches ging es ihm ausgezeichnet, und er konnte fast hundertprozentig den Kurs halten. Erst als er auf die rutschige Auffahrt zur Wagnerbrücke abbog, kam er ins Stolpern und fiel hin. Zwei vorbeigehende Frauen, wahrscheinlich Huren unten aus Zwille, halfen ihm wieder auf die Beine und sorgten außerdem dafür, dass er in der Zuyderstraat etwas festeren Boden unter die Füße bekam.

Der Rest war ein Kinderspiel, und in dem Moment, als die Glocken der Keymerkirche Viertel vor zwölf schlugen, war er zu Hause.

Ganz im Gegensatz zu seiner Ehefrau. Waldemar Leverkuhn zog die Tür hinter sich zu, ohne sie abzuschließen, zog Schuhe, Mantel und Jacke im Flur aus und krabbelte ohne große Umstände ins Bett. Zwei Minuten später schlief er bereits. Auf dem Rücken und mit weit geöffnetem Mund, und als jemand etwas später in der Nacht sein rasselndes Schnarchen zum Verstummen brachte, indem er ihm achtundzwanzig Mal ein Fleischmesser in Rumpf und Hals stieß, war nicht auszumachen, ob er sich dieser Tatsache überhaupt bewusst geworden war.

2

Die Frau war grau wie das Licht der Morgendämmerung.

Mit hochgezogenen Schultern saß sie Kommissar Münster in ihrem abgetragenen Mantel gegenüber und blickte zu Boden. Sie machte keinerlei Anstalten, den Teebecher oder eines der Brote anzurühren, die Frau Katz hereingebracht hatte. Eine Aura müder Resignation umgab sie, und Münster überlegte, ob es nicht besser wäre, einen Arzt zu rufen und ihr eine Spritze geben zu lassen. Sie ins Bett zu bringen, damit sie sich ausruhte, statt hier zu sitzen und durch die Mangel gedreht zu werden. Krause hatte ja bereits ein vorläufiges Verhör zu Stande gebracht.

Aber wie Van Veeteren immer sagte: Die ersten Stunden sind die wichtigsten. Und die erste Viertelstunde ist genauso schwergewichtig wie die gesamte dritte Woche.

Falls sich die Geschichte so lange hinziehen würde. Man konnte ja nie wissen.

Er schaute auf die Uhr. Sechs Uhr fünfundvierzig. All right, dachte er. Eine Viertelstunde, höchstens.

»Ich muss Ihre Angaben noch einmal durchgehen«, sagte er. »Dann können Sie sich schlafen legen.«

Sie schüttelte leicht den Kopf.

»Ich brauche keinen Schlaf.«

Münster überflog hastig Krauses Aufzeichnungen.

»Sie sind also etwa gegen zwei Uhr nach Hause gekommen?«

»Ja, ungefähr fünf Minuten nach zwei. Es gab einen Stromausfall, und der Zug musste mehr als eine Stunde warten. Vor Voigtshuuis.«

»Wo sind Sie gewesen?«

»In Bossingen. Bei einer Freundin. Wir treffen uns immer samstags ... nicht an jedem, aber ab und zu. Ich habe das schon erzählt.«

»Ich weiß«, sagte Münster. »Wann sind Sie von Bossingen losgefahren?«

»Mit dem Zwölfuhrzug. Der fährt um 23.59 Uhr ab und soll eigentlich Viertel vor eins hier sein. Aber diesmal ist es fast zwei geworden.«

»Und dann?«

»Dann bin ich nach Hause gegangen und habe ihn gefunden.«

Sie zuckte mit den Achseln und schwieg. Bis jetzt hatte sie den Blick noch kein einziges Mal gehoben. Einen kurzen Moment lang musste Münster an das überfahrene Katzenjunge denken, das er gefunden hatte, als er zehn oder elf Jahre alt war. Es hatte auf dem Asphalt in seinem eigenen Blut gelegen, als er mit dem Fahrrad vorbeigekommen war, und auch das Katzenjunge hatte seinen Blick nicht gehoben. Es hatte einfach nur dagelegen, in das hohe Gras am Wegrand gestarrt und darauf gewartet, dass es sterben würde.

Er überlegte, warum ausgerechnet dieses alte Bild an diesem düsteren Morgen aus seinem Gedächtnis auftauchte. Schließlich war es nicht Frau Leverkuhn, die im Sterben lag, es war ihr Mann, der gestorben war.

Ermordet. Zweiundsiebzig Jahre alt hatte er werden müssen, um seinen Mörder zu treffen, einen Mörder, dem es am sichersten erschienen war, das Messer zwischen zwanzig und dreißig Mal in ihn zu stoßen, damit er niemals wieder aus seinem Bett steigen würde.

Irgendwann zwischen halb eins und halb drei, wenn man dem vorläufigen Obduktionsbericht glauben durfte, der schon eine Weile vorlag, als Münster ins Polizeipräsidium kam.

Ein wenig übertrieben, zweifellos. Ein oder zwei Stiche hätten vermutlich genügt. Der Blutverlust war so groß gewesen, dass man hier wirklich einmal davon reden konnte, dass das Opfer in seinem eigenen Blut gebadet hatte. Es gab beträchtlich mehr davon im Bett und auf dem Boden als im Körper.

Er betrachtete Marie-Louise Leverkuhn und ließ einige Sekunden verstreichen.

»Sie haben sofort die Polizei angerufen?«

»Ja ... nein, ich bin zuerst rausgegangen.«

»Rausgegangen? Aber warum um alles in der Welt?«

Wieder zuckte sie mit den Schultern.

»Ich weiß nicht. Ich muss eine Art Schock gehabt haben ... ich glaube, ich wollte zum Entwick Plejn gehen.«

»Und warum zum Entwick Plejn?«

»Zum Polizeirevier. Ich wollte es dort melden ... aber dann wurde mir klar, dass es wohl besser war, anzurufen. Schließlich war es schon spät und die haben dort sicher nur während der Geschäftszeiten offen. Oder?«

»Ich denke schon«, sagte Münster. »Um wie viel Uhr waren Sie zurück?«

Sie überlegte.

»Ich denke, es war so kurz nach halb drei.«

Münster blätterte in den Papieren. Das schien zu stimmen. Der Anruf war um 02.43 angenommen worden.

»Ich sehe hier, dass die Wohnungstür nicht verschlossen war, als Sie nach Hause kamen.«

»Ja.«

»Ist jemand eingebrochen?«

»Nein. Es kam öfter vor, dass er vergessen hat, abzuschließen ... oder sich einfach nicht drum gekümmert hat.«

»Er scheint auch einiges getrunken gehabt zu haben.«

Sie antwortete nicht. Münster zögerte eine Weile.

»Frau Leverkuhn«, sagte er schließlich, während er sich

über seinen Schreibtisch beugte und versuchte, ihren Blick vom Fußboden aufzufischen. »Es steht vollkommen außer Zweifel, dass Ihr Ehemann ermordet worden ist. Haben Sie irgendeinen Verdacht, wer das getan haben könnte?«

»Nein.«

»Nicht die leiseste Ahnung ... jemand, mit dem er sich zerstritten hatte oder so etwas?«

Sie machte eine kleine verneinende Gebärde mit dem Kopf.

»Fehlt etwas in der Wohnung? Ich meine, außer dem Messer?«

»Ich glaube nicht.«

»Gibt es irgendwelche Spuren, die auf einen Fremden hindeuten?«

»Nein.«

»Etwas anderes, was Ihnen aufgefallen ist, das Ihrer Meinung nach von Bedeutung sein könnte?«

Ihr Körper wurde von einem Zittern geschüttelt, und endlich hob sie ihren Blick.

»Nein, es war alles wie immer, alles ... Was sage ich da? Ich meine ...«

»Ich verstehe«, sagte Münster. »Es stimmt, was Sie sagten, Sie haben einen Schock erlitten. Wir machen jetzt eine Pause. Ich denke, es wird das Beste sein, wenn Sie sich eine Weile hinlegen. Ich werde die zuständige Krankenschwester rufen, die wird sich um Sie kümmern.«

Er klappte den Notizblock zu und stand auf. Gab Frau Leverkuhn ein Zeichen, ihm zu folgen, und hielt ihr die Tür auf. Als sie dicht an ihm vorbeiging, bemerkte er zum ersten Mal ihren Geruch.

Naphthalin, wenn er sich nicht täuschte.

Rooth sah ungefähr so aus, wie er sich fühlte.

»Schon lange auf den Beinen?«

Rooth rührte seinen Kaffee mit einem Bleistift um.

»Ziemlich«, nickte er. »Als ich ein Kind war, gab es so was, das hieß Sonntagmorgen. Wo ist das nur geblieben?«

»Keine Ahnung«, sagte Münster. »Du bist also da gewesen?«
»Drei Stunden lang«, sagte Rooth. »Bin gleich nach Krause angekommen. Hab mir eine Stunde lang das Blutbad angeguckt, zwei Stunden die Nachbarn befragt. Krause hat sich um die Frau gekümmert.«
»Hab ich gehört«, sagte Münster. »Was sagen die Nachbarn?«
»Alle machen die gleichen Aussagen«, erklärte Rooth und holte ein Butterbrot aus einer Plastikdose auf dem Tisch hervor. »Willst du auch eins?«
Münster schüttelte den Kopf.
»Gleiche Aussagen? Was, zum Teufel, soll das heißen?«
Rooth putzte sich die Nase.
»Es gibt nur sechs Wohnungen in dem Block. Eine steht leer. In drei – inklusive der der Leverkuhns – wohnen alte Leute. Ab fünfundsechzig aufwärts. In der vierten wohnt eine dicke Frau mittleren Alters. In der letzten ein junges Paar. Alle waren in der Nacht zu Hause, und alle haben das Gleiche gehört.«
»Aha. Und was?«
»Ein junges Paar, das sich im Bett amüsiert hat. Zwischen elf und zwei ungefähr. Es scheint dort reichlich hellhörig zu sein, und sie haben offensichtlich nicht das allerbeste Bett.«
»Drei Stunden lang?«, fragte Münster.
Rooth biss in sein Butterbrot und runzelte die Stirn.
»Ja, und sie geben das auch noch zu. Und der Typ ist nicht mal ein Athlet. Obwohl, er ist farbig. Manchmal fragt man sich wirklich ...«
»Willst du damit sagen, dass die Alten die ganze Zeit zwischen elf und zwei wach gelegen und dem Liebesspiel zugehört haben?«
»Nicht die ganze Zeit. Aber ab und zu, zwischendurch sind sie auch eingeschlafen. Übrigens gibt es nur ein Paar. Die Van Ecks im Erdgeschoss. Die anderen sind allein stehend ... Herr Engel und Frau Mathisen.«
»So?«, sagte Münster und überlegte. »Aber aus Leverkuhns Wohnung haben sie nichts gehört?«

»Nicht einen Mucks«, bestätigte Rooth und biss erneut ab. »Niemand hat irgendwelche Besucher in der Wohnung bemerkt, und niemand hat verdächtige Geräusche gehört – abgesehen von dem Beischlaf. Übrigens, es ist kein Problem, ins Haus zu kommen ... die Haustür kann man laut Van Eck aufdrücken.«

Münster schwieg, während Rooth sein Butterbrot aufaß.

»Was denkst du?«, fragte er schließlich.

Rooth gähnte.

»Überhaupt nichts«, antwortete dieser. »Ich bin dazu ein bisschen zu müde. Aber ich nehme an, jemand ist reingekommen und hat ihn erstochen. Und ist dann wieder abgehauen. Oder er hat schon drinnen gesessen und auf ihn gewartet ... eins von beidem.«

»Zwanzig, dreißig Stiche?«, fragte Münster.

»Zwei hätten schon gereicht«, sagte Rooth. »Wahrscheinlich wieder so ein verfluchter Wahnsinniger.«

Münster stand auf und trat ans Fenster. Schob zwei Jalousienrippen auseinander und blinzelte auf die diesige Stadt. Es war bereits fast halb neun, und schon jetzt war klar, dass es wieder einer jener grauen, verregneten Sonntage werden würde, an denen das Licht nie richtig durchkommt. Ein einziger diesiger Warteraum. Er ließ die Jalousie los und drehte sich um.

»Warum?«, fragte er. »Wer um alles in der Welt bringt einen siebzigjährigen alten Knacker auf diese Art und Weise um?«

Rooth antwortete nicht.

»Wie sieht es mit der Waffe aus?«

Rooth schaute von seiner Kaffeetasse auf.

»Das Einzige, was in der Wohnung fehlt – laut der Ehefrau jedenfalls – ist ein Fleischmesser. Meusse sagt, dass es sehr wohl die Tatwaffe gewesen sein kann ... die Länge scheint zu stimmen.«

»Hm«, sagte Münster. »Und was gedenkst du jetzt zu tun?«

Rooth kratzte sich am Kinn.

»Nach Hause zu fahren und mich eine Weile aufs Ohr zu

hauen. Soweit ich verstanden habe, übernimmst du ja wohl, und wenn ich wieder munter bin, komme ich morgen zum Dienst. Es gibt da übrigens einige Angehörige, die informiert werden müssen. Ich habe das dir überlassen. Ich hoffe, du entschuldigst, aber du kannst so was besser als ich ... außerdem konnte ich ja nicht so frühmorgens anrufen, nicht wahr?«

»Danke«, sagte Münster. »Um wen geht es?«

Rooth zog ein Stück Papier aus der Innentasche.

»Um einen Sohn und eine Tochter«, erklärte er. »Beide wohnen außerhalb. Es gibt noch eine weitere Tochter, aber die ist irgendwo in der Psychiatrie – das eilt wahrscheinlich nicht so.«

»All right«, sagte Münster und schrieb die Daten auf. »Dann geh nach Hause und leg dich hin, den Fall hier werde ich inzwischen lösen.«

»Prima«, sagte Rooth. »Du kriegst eine Schokoladentorte, wenn du es bis morgen früh schaffst.«

»Verdammter Quatschkopf«, sagte Münster und griff zum Telefonhörer.

Er bekam bei keiner der beiden Nummern eine Verbindung und überlegte eine Weile, ob er diese Arbeit Krause oder jemand anderem übertragen sollte. Jedenfalls war klar gewesen, dass die alte Frau Leverkuhn selbst nicht sehr geneigt war, ihre Kinder anzurufen.

Anzurufen und zu erzählen, dass jemand gerade ihren Papa ermordet hat, und zwar indem er das fünfzehn Jahre alte Fleischmesser zwanzig bis dreißig Mal in ihn hineingejagt hat. Wobei er ihre Einstellung eigentlich gut verstehen konnte. Er schob die Papiere zusammen und beschloss, dass das eine dieser Aufgaben war, derer man sich nicht so einfach entledigen konnte. Pflichten nannte man das früher.

Stattdessen rief er Synn an. Erklärte ihr, dass er gezwungen war, wohl den ganzen Tag zu arbeiten, und in ihrem Schweigen und den nicht ausgesprochenen Worten konnte er ihre Enttäuschung hören. Seine eigene Enttäuschung war nicht kleiner, und sie beendeten ihr Gespräch nach weniger als einer Minute.

Es gab wenige Dinge, die Münster lieber tat, als einen ganzen Tag in so einem diesigen Wartezimmer mit Synn zu verbringen. Und den Kindern. Ein regnerischer Sonntag ohne Pläne.

Er schloss die Augen und lehnte sich auf seinem Schreibtischstuhl zurück.

Warum?, dachte er lustlos.

Warum muss jemand daherkommen und einen alten Knacker auf diese bestialische Weise ins Jenseits befördern?

Und warum musste er selbst einen Job haben, der viel zu oft von ihm verlangte, dass er regnerische Sonntage dazu benützte, Antworten auf Fragen wie diese auszugraben, statt mit seiner geliebten Familie zusammen zu sein?

Warum?

Er seufzte und schaute auf die Uhr. Es war noch nicht einmal Vormittag.

3

Er ging zu Fuß zu Freddy's. Ein gleichgültiger Dunst hing über den Kanälen und über den sonntagsleeren Straßen, aber der Regen hatte sich langsam zurückgezogen. Das kleine Restaurant lag in der Weiskerstraat, ganz in der Ecke zur Langgraacht, und es war noch geschlossen. *Sonntags 12 – 24 Uhr*, stand auf einem verblassten Zettel an der Tür, aber er klopfte dennoch an das geriffelte Glas und wurde nach einer Weile eingelassen. Es war eine kräftige Frau in den Vierzigern, die ihm öffnete. Sie war fast genauso groß wie er, trug Jeans, ein Flanellhemd und ein rotes, leicht angeschmutztes Tuch um den Kopf. Ganz offensichtlich war sie dabei, die Räume in salonfähigen Zustand zu versetzen.

Zu putzen, wenn man so will.

»Elizabeth Gautiers?«

Sie nickte und legte einen Stapel in Plastik eingeschweißte Speisekarten auf den Bartresen. Münster schaute sich um, die Beleuchtung war äußerst sparsam. Er nahm an, dass das etwas mit den Ausmaßen ihrer Putzambitionen zu tun hatte. Ansonsten sah es aus wie üblich. Dunkle Täfelung, dunkle Einrichtung in Braun, Grün und Rot. Der Bartresen in einem Winkel, ungefähr zehn Tische mit einfachen, geradlehnigen Stühlen. Ein Zigarettenautomat und ein Fernsehapparat. In einem Hinterzimmer konnte er weiße Tischdecken und etwas großzügigeren Lichteinfall entdecken – offenbar ein etwas vornehmerer Essensbereich. Aus der Küche waren Stimmen und das Klappern von Töpfen und Pfannen zu hören, es war halb elf, und der Mittagsstress hatte eingesetzt.

»Sie haben angerufen?«

Münster zeigte seinen Ausweis und sah sich nach einem passenden Sitzplatz um.

»Wir können uns da drinnen hinsetzen. Möchten Sie etwas?«

Sie zeigte auf die weißen Tischdecken und ging durch die Schwingtüren voraus.

»Kaffee«, sagte Münster, die Tatsache ignorierend, dass er Synn versprochen hatte, seinen Konsum auf vier Tassen am Tag zu reduzieren. Das hier war seine dritte. »Ich meine, nur wenn es Ihnen keine Umstände macht!«

Das machte es nicht. Sie ließen sich im Schutz eines Ficus benjaminus aus Plastik nieder, und er zog seinen Block heraus.

»Wie ich schon sagte, es dreht sich um diese Gesellschaft gestern Abend ...« Er ging noch einmal die Namen durch. »... Palinski, Bonger, Wauters und Leverkuhn. Alles Stammgäste, wenn ich mich nicht irre? Es sieht so aus, als ob Leverkuhn ermordet worden ist.«

Offensichtlich war diese Neuigkeit noch nicht bis zu ihr durchgedrungen, denn ihr Unterkiefer fiel herunter, sodass ein leises Klicken zu hören war. Münster überlegte, ob sie wohl ein Gebiss hatte. Aber sie konnte doch nicht viel älter als fünfundvierzig sein? Also ungefähr in seinem Alter.

»Ermordet?«

»Daran besteht kaum ein Zweifel«, nickte Münster.

»Äh ... und warum?«

»Das wissen wir noch nicht.«

27

Sie saß ein paar Sekunden absolut still. Dann nahm sie ihr Kopftuch ab und ließ eine Haarmähne in fast der gleichen Farbe frei. Nur nicht ganz so schmutzig. Trotzdem eine ziemlich schöne Frau, stellte Münster ein wenig verwundert fest. Groß, aber schön, die forderte schon den ganzen Mann. Sie zündete sich eine Zigarette an.

»Raubüberfall, oder was?«

Münster antwortete nicht.

»Ich meine, wurde er niedergeschlagen... auf dem Heimweg?«

»Nicht direkt. Können Sie mir sagen, um wie viel Uhr er von hier weggegangen ist?«

Elizabeth Gautiers dachte nach.

»Um elf«, sagte sie. »Vielleicht ein paar Minuten danach.«

»Es war gestern schon etwas außergewöhnlich«, fügte sie nach einer Weile hinzu.

»Außergewöhnlich?«

»Na, die waren ziemlich betrunken. Leverkuhn ist unter den Tisch gefallen.«

»Unter den Tisch?«

Sie lachte laut auf.

»Ja, tatsächlich. Er hat die Tischdecke mit sich gezogen, da war reichlich was los. Wir haben ihn wieder auf die Beine gestellt und auf den Weg gebracht... Sie meinen also, er ist auf dem Weg nach Hause umgebracht worden?«

»Nein«, antwortete Münster. »In seinem Bett. Gab es irgendwie Streit zwischen den Herren?«

»Nicht mehr als üblich.«

»Haben Sie gesehen, wie sie von hier weg sind? Vielleicht haben Sie ihnen ein Taxi gerufen oder so?«

»Das ist nicht nötig«, erklärte Elizabeth Gautiers. »Hier ist immer ein Auto zu finden. Hinten am Megsje Plejn, nur eben um die Ecke... Ja, ich glaube, zwei von ihnen haben ein Taxi genommen. Ich bin noch am Fenster stehen geblieben und habe ihnen nachgeschaut. Aber Leverkuhn und Bonger sind wohl zu Fuß gegangen.«

Münster nickte und machte sich Notizen.

»Sie kennen die Herren gut?«

»Das kann man wohl sagen. Die sitzen doch mindestens zwei Abende in der Woche hier. Bonger und Wauters sogar noch häufiger ... vier oder fünf Abende. Aber meistens natürlich in der Bar.«

»Seit wann verkehren sie hier?«

»Jedenfalls seit ich hier arbeite. Acht Jahre.«

»Aber gestern haben sie im Restaurant gesessen?«

Sie drückte die Zigarette aus und überlegte.

»Ja, gestern Abend, da war etwas Besonderes, wie schon gesagt. Aus irgendeinem Grund hatten sie etwas zu feiern. Ich glaube, sie haben Geld gewonnen.«

Münster schrieb auf.

»Wieso glauben Sie das? Und wo sollen sie denn gewonnen haben?«

»Ich weiß nicht. Fußball oder Lotto wahrscheinlich, die füllen doch immer mittwochs ihre Kupons aus. Aus irgendeinem Grund haben sie lächerlicherweise versucht, das geheim zu halten, haben nur darüber geflüstert, aber man bekam natürlich doch so einiges mit.«

»Sind Sie sich dessen ganz sicher?«

Sie überlegte wieder.

»Nein«, sagte sie dann. »Aber es kann sich kaum um etwas anderes gehandelt haben. Herausgeputzt waren die vier auch. Und haben teure Weine und Cognac bestellt. Alles à la carte ... aber mein Gott, warum haben sie Leverkuhn umgebracht? Diesen armen alten Kerl. Ist er auch ausgeraubt worden?«

Münster schüttelte den Kopf.

»Anscheinend nicht. Nur ermordet. Jemand hat ihn mit einem Messer erstochen.«

Sie starrte ihn ungläubig an.

»Aber wer nur? Ich meine ... warum?«

Die allerschlimmsten Verhöre, dachte Münster, als er wieder auf der Straße stand, das sind die, bei denen der Befragte nichts anderes dazu beitragen kann, als die eigenen Fragen zu wiederholen und zu unterstreichen. Wie in diesem Fall hier.

Wer nur?

Warum?

Nun ja, das Thema Geld war zur Sprache gekommen, und auch wenn es ein paar Jahre her war, seit Kommissar Münster mit dem Marxismus geflirtet hatte, konnte er immer noch sehen, dass fast alle Dinge eine ausgeprägte ökonomische Seite hatten.

Besonders wenn es um seinen eigenen Arbeitsbereich ging natürlich. Die Schattenseite.

Cui bono also? Als er mit der Ehefrau gesprochen hatte, war von plötzlichen Spielgewinnen nicht die Rede gewesen. Vielleicht gab es hier einen roten Faden, aber wenn er näher darüber nachdachte, fand er es nicht mehr gar so überraschend, dass die Herren, und hier in erster Linie Leverkuhn, diese Sache lieber für sich behielten. Dafür sorgten, dass das Geld nicht in der Haushaltskasse oder anderen bodenlosen Löchern verschwand.

Falls es ihnen wirklich gelungen war, etwas einzuheimsen. Warum auch nicht? Die Leute gewannen ab und zu Geld, ihm selbst war das zwar noch nie passiert, aber das hatte sicher seinen wahren Grund darin, dass er äußerst selten spielte.

Er sah auf die Uhr und beschloss, zurück zum Präsidium ebenfalls zu Fuß zu gehen. Die dahinziehenden Nebelschleier hatten sich zwar inzwischen in einen dünnen Regen aufgelöst, aber die Luft war mild und weich, und schließlich hatte er Mantel und Handschuhe dabei.

Was er im Polizeipräsidium eigentlich machen wollte, darüber war er sich nicht im Klaren – außer natürlich zu versuchen, Sohn und Tochter zu erreichen. Wenn er Glück hatte, waren inzwischen auch die Berichte des Gerichtsmediziners Meusse und der Spurensicherung eingetroffen, und dann würde es sicher noch ein paar andere Dinge geben, um die er sich kümmern musste.

Außerdem hatten Jung und Moreno vielleicht etwas bei ihrer

Befragung der anderen Saufkumpane herausgefunden, obwohl er lieber nicht allzu viel davon erwarten sollte. Beide Kollegen hatten müder ausgesehen, als die Polizei erlaubt, als er sie losschickte.

Aber im besten Fall ... im allerbesten Fall, dachte er, würde ein Zettel auf seinem Schreibtisch liegen, auf dem stand, dass einer der alten Kerle zusammengebrochen war und gestanden hatte. Oder jemand anders, wer auch immer. Und dann ... dann würde ihn nichts mehr daran hindern, nach Hause zu Synn und den Kindern zu fahren und sich für den Rest des Tages seinem Familienleben zu widmen.

Es war ein schöner grauer Sonntag zum Daheimbleiben. Und es gab immer Gründe, warum es besser wäre, ein entscheidendes Verhör auf den Montagmorgen zu verschieben. Ein demütigender Tag im Polizeiarrest bringt die meisten Täter dazu, schließlich im Großen und Ganzen alles zu gestehen, was von ihnen gewünscht wird.

Das hatte er schon öfters erlebt.

Aber wie groß die Chancen waren, dass so ein Täter wirklich auftauchte ... ja, dieser Frage wollte Kommissar Münster lieber nicht näher nachgehen. Sondern sich lieber erlauben, noch eine Weile zu hoffen. Man konnte ja nie wissen. Wenn es etwas gab, was in diesem verfluchten Job sicher war, dann ja wohl das.

Dass man nie wissen konnte.

Er schlug seinen Kragen gegen den Regen hoch und schob die Hände mit einem vorsichtigen Optimismus in die Manteltaschen.

4

Jung hatte Kopfschmerzen.

Das hatte seinen Grund, und ohne die Lage seinen Kollegen zu offenbaren, nahm er die Straßenbahn zum Armastenplejn, wo Palinski wohnte. Es war einer dieser Tage, an denen es sich nicht lohnte, sich zu beeilen, redete er sich mit pädagogischem Nachdruck ein.

Die Bahn war zu dieser unchristlichen Sonntagszeit fast menschenleer, und während er auf dem zerkratzten Sitz hin und her gerüttelt wurde, versuchte er zwei Brausetabletten in die Coca-Cola-Dose hineinzudrücken, die er in der Kantine gekauft hatte. Das Ergebnis war erschreckend. Durch die Schaumentwicklung wurde er gezwungen, das perlende Getränk so schnell wie möglich in sich hineinzuschlürfen. Dennoch bekam er einige Flecken auf Jacke und Hose ab, was ihm schräge Blicke von vier sittsamen Frauenaugen einbrachte, die ein paar Reihen hinter ihm hervorstachen. Die Damen waren höchstwahrscheinlich auf dem Weg zur Kirche, um ihre äußerst wohlverdiente Gnade zu empfangen. Diese frisch gebügelten Damen.

Auch egal, dachte Jung. Starrte zurück und wischte sich so gut es ging mit dem Schal ab.

Die Kopfschmerzen schwebten noch über ihm, als er ausstieg. Er fand das richtige Haus und direkt daneben ein geöffnetes Café. Nach einigen Sekunden des Zögerns ging er in das Café und bestellte sich eine Tasse Kaffee.

Man sollte eben keinen Alkohol trinken, wenn man Dienstbereitschaft hat! Das war natürlich eine alte, kluge Regel, aber schließlich war es Maureens Geburtstag gewesen, und ab und zu muss man Prioritäten setzen. Außerdem hatten sie endlich einmal die Wohnung für sich gehabt – genau genommen zum ersten Mal, seit sie Ende August zusammengezogen waren. Sophie hatte bei einer Freundin übernachtet. Oder vielleicht auch bei einem Freund, sie war ja schon bald siebzehn.

Sie hatten stundenlang gegessen und getrunken. Hatten sich vor dem Fernseher einen teuren Rioja geteilt. Sich dann anderthalb Stunden geliebt. Mindestens. Er erinnerte sich noch daran, dass er auf die Uhr gesehen hatte, als sie fünf nach halb vier zeigte.

Der Diensthabende hatte um Viertel vor sechs angerufen.

Ich bin heute ein Wrack, dachte Jung. Aber ein ziemlich junges und glückliches Wrack.

Er trank seinen Kaffee und bestellte noch eine Tasse.

Palinski sah auch wie ein Wrack aus, nur vierzig Jahre älter. Sein weißes Hemd war gestern Abend möglicherweise sauber gewesen, aber nach den gestrigen Alkoholeskapaden war es nicht mehr besonders imponierend. Unten ragten zwei dünne, armselige Beine heraus, mit Krampfadern und grauen, heruntergerutschten Strümpfen. Der Kopf balancierte auf einem zerbrechlichen Stiel von einem Hals und sah aus, als könnte er jeden Moment herunterfallen. Die Hände zitterten wie Lerchenflügel, die Aufhängung des Unterkiefers funktionierte nicht.

Verdammte Scheiße, dachte Jung und hielt Palinski seinen Polizeiausweis unter die Nase. Hier stehe ich Auge in Auge mit meiner eigenen Zukunft.

»Polizei«, sagte er. »Darf ich reinkommen?«

Palinski hustete. Dann schloss er die Augen.

Kopfschmerzen, diagnostizierte Jung wissend und schob sich durch die Tür.

»Was wollen Sie? Mir geht es nicht gut.«

»Sie haben einen Kater«, sagte Jung. »Stellen Sie sich nicht so an.«

»Nein ... ja«, sagte Palinski. »Wie meinen Sie das?«

»Wissen Sie nicht, was ein Kater ist?«

Palinski antwortete nicht, sondern hustete noch mehr Schleim hoch, den er hinunterschluckte. Jung sah sich nach einem Spucknapf um und atmete ganz flach. Die Luft in der Wohnung war voll mit verrauchtem Altmännergeruch. Tabak. Ungewaschene Kleidung. Schmutziger Fußboden. Er fand die Küche, und es gelang ihm, dort ein Fenster zu öffnen. Er ließ sich an dem wackligen Tisch nieder und gab seinem Gastgeber ein Zeichen, es ihm nachzutun.

»Vielleicht sollte ich vorher ein Pulver nehmen«, krächzte Palinski und schlurfte in einen Raum, der wohl das Badezimmer war.

»Bitte«, rief Jung ihm hinterher. »Ich warte hier auf Sie.«

Es dauerte fünf Minuten. Dann kam Palinski in einem

ausgefransten Bademantel und mit frisch gewaschenem Gesicht zurück. Offensichtlich auch ein wenig selbstbewusster.

»Was, zum Teufel, wollen Sie?«, fragte er, während er sich Jung gegenüber setzte.

»Leverkuhn ist tot«, sagte Jung. »Was wissen Sie über die Sache?«

Palinski ließ den Unterkiefer fallen. Sein Selbstbewusstsein war dahin.

»Was?«

»Ermordet«, erklärte Jung. »Nun?«

Palinski starrte ihn mit halb offenem Mund an und begann wieder zu zittern.

»Was ... was, zum Teufel, sagen Sie da?«

»Ich sage, dass jemand Waldemar Leverkuhn letzte Nacht in seiner Wohnung ermordet hat. Sie sind einer der letzten, die ihn lebend gesehen haben, und jetzt will ich wissen, was Sie dazu zu sagen haben.«

Plötzlich schien es, als würde Palinski in Ohnmacht fallen.

Verdammter Mist, dachte Jung. Ich bin wohl etwas zu forsch vorgegangen.

»Sie waren also gestern zusammen aus«, versuchte er es vorsichtiger. »Stimmt das?«

»Ja ... ja, natürlich.«

»Bei Freddy's in der Weiskerstraat?«

»Ja.«

»Zusammen mit zwei anderen Herren?«

»Ja.«

Palinski schloss seinen Mund und hielt sich an der Tischkante fest.

»Wie geht es Ihnen?«, fragte Jung vorsichtig.

»Schlecht«, sagte Palinski. »Ich bin krank. Dann ist er also tot?«

»Mausetot«, nickte Jung. »Jemand hat mindestens zwanzig Mal mit einem Messer in ihn reingestoßen.«

»Messer ...?«, piepste Palinski. »Ich verstehe das nicht.«

»Wir auch nicht«, bestätigte Jung. »Wollen Sie nicht ein bisschen Tee oder Kaffee aufsetzen, damit wir die Sache in aller Ruhe besprechen können?«

»Ja, natürlich«, sagte Palinski. »Verdammte Scheiße! Wer hat das getan?«

»Das wissen wir nicht«, sagte Jung.

Palinski erhob sich mühsam.

»Wir müssen alle diesen Weg gehen«, stellte er überraschend fest. »Ich glaube, ich brauche erst mal ein paar Tropfen zur Stärkung. So ein verdammter Mist!«

»Geben Sie mir auch welche«, sagte Jung.

Er verließ Palinski eine Stunde später mit einigermaßen klarem Kopf und einigermaßen deutlichen Aussagen. Ja, man hatte sich bei Freddy's getroffen – genau wie immer an den Samstagabenden. Ungefähr zwischen halb sieben und elf. Hatte gegessen und getrunken und sich unterhalten. Über Politik und Frauen und alles Mögliche zwischen Himmel und Erde.

Wie immer. Hatte auch einiges hinter die Binde gekippt. Leverkuhn war unter den Tisch gerutscht, aber das war nichts Schlimmes. Dann hatte Palinski sich mit Wauters ein Taxi geteilt. Er war so gegen zwanzig nach elf zu Hause gewesen und sofort ins Bett gefallen. Bonger und Leverkuhn waren wohl zu Fuß gegangen, aber er war sich da nicht sicher. Noch als er und Wauters abgefahren waren, hatten sie vorm Freddy's gestanden und über irgendetwas diskutiert, wie er sich zu erinnern meinte.

Ob es zwischen den Herren irgendwelche Differenzen gab?

Nein, ganz und gar nicht! Sie waren die besten Freunde auf der Welt. Deshalb trafen sie sich ja mittwochs und samstags bei Freddy's. Manchmal sogar noch häufiger.

Irgendwelche Feinde? Die Leverkuhn hatte, natürlich.

Nein ... Palinski hatte vorsichtig seinen empfindlichen Kopf geschüttelt. Wer hätte das denn sein sollen? Zum Teufel, in dem Alter hatte man doch keine Feinde mehr. Die Leute, die sich Feinde zulegten, wurden doch nur halb so alt.

Und keine besonderen Auffälligkeiten bei Leverkuhn an dem Abend?

Palinski runzelte die Stirn und dachte nach.
Nein, keinen Furz.

Es regnete, als Jung wieder auf die Straße trat, aber er hatte beschlossen, dennoch zu Fuß zum Kanalviertel zu gehen, wo er seinen nächsten Termin hatte.
Bonger.
Laut Angaben wohnte er auf einem Hausboot in der Bertrandgraacht, und während Jung langsam die Palitzerlaan und Keymerstraat entlangwanderte, dachte er daran, wie oft er selbst überlegt hatte, ob das nicht ein alternativer Wohnplatz sein könnte. Zumindest früher hatte er daran gedacht. Vor Maureen. Der Gedanke, auf einem Boot zu leben, war sonderbar anziehend. Das ruhige Wiegen des dunklen Kanalwassers. Die Unabhängigkeit. Die Freiheit... zumindest die Illusion einer Freiheit... ja, das hatte schon was.

Als er die angegebene Adresse erreichte, begriff er, dass die Sache auch so ihre Kehrseiten hatte.

Bongers Zuhause war ein flacher alter Holzkasten von knapp zehn Metern, er lag verdächtig tief in dem schwarzen Wasser und schrie geradezu nach Farbe und Pflege. Das Deck stand voll mit Kanistern, Trossen und altem Gerümpel, und die eigentliche Wohnstätte hinten im Heck schien sich größtenteils unterhalb der Wasserlinie zu befinden.

O Mann, dachte Jung und fröstelte unwillkürlich im Regen. Was für ein verdammtes, feuchtes Loch!

Es gab eine schmale, wacklige Gangway, befestigt zwischen Kai und Reling, aber Jung betrat sie lieber nicht. Stattdessen zog er an einem Tauende, das von dem Kanalgeländer weiter über einen Baumast zu einer Glocke am Schornstein lief. Diese gab zwei dumpfe Schläge von sich, aber es folgte keine Reaktion. Der Eindruck, dass die Schute leer war, war überwältigend. Er zog noch einmal an der Leine.

»Er ist nicht da!«

Jung drehte sich um. Die heisere Stimme kam von einer dick eingemummelten Frau, die gerade dabei war, ihr Fahrrad an einem zehn Meter entfernten Baum weiter unten am Kai anzuschließen.

»Kein Rauch und keine Lampen«, erklärte sie. »Dann ist er nicht zu Hause. Er nimmt es immer sehr genau mit den Lampen.«

»Aha«, sagte Jung. »Ich nehme an, dass Sie Nachbarn sind.«

Die Frau ergriff ihre beiden Tüten und hievte sie über die Reling eines anderen Schiffes, das etwas sauberer war als das von Bonger – mit rotkarierten Gardinen im Fenster und grünen Pflanzen in einem kleinen Gewächshaus auf dem Kajütendeck. Wahrscheinlich Tomaten.

»Ja, natürlich«, sagte sie und begab sich überraschend behände aufs Deck. »Das heißt, wenn Sie Felix Bonger suchen.«

»Genau«, bestätigte Jung. »Sie wissen nicht zufällig, wann er wohl wieder zu Hause sein wird?«

Sie schüttelte den Kopf.

»Eigentlich sollte er jetzt da sein. Aber ich habe geklingelt, bevor ich einkaufen gefahren bin. Ich kaufe immer sonntags ein bisschen auf dem Kleinmarkt ein ... aber wie gesagt, er war nicht da.«

»Und das ist ganz sicher?«, fragte Jung.

»Sehen Sie doch selbst nach!«, schnaubte die Frau. »Hier schließt keiner ab.«

Jung ging an Bord, kletterte ein paar Stufen hinunter und schaute durch die Tür. In dem lang gezogenen Raum gab es ein kombiniertes Schlafsofa, einen Tisch mit zwei Stühlen, einen Elektroherd, einen Kühlschrank und einen Fernsehapparat. Die Kleider hingen auf Bügeln an der Wand, und Bücher und Zeitungen lagen überall verstreut herum. Von der Decke schaukelten eine nackte Glühbirne an einem Kabel und ein ausgestopfter Papagei auf einer Stange. Auf einem niedrigen Schrank lag ein abgenutztes Akkordeon.

Aber den stärksten Eindruck machte der Geruch nach Schmutz und alter Kleidung. Und nach altem Mann.

Nein, dachte Jung. Das macht doch vom Land aus einen viel besseren Eindruck.

Als er wieder an Deck kam, war die Frau auf ihrem Boot verschwunden. Jung zögerte eine Weile, sicher gab es noch die eine oder andere Frage, die er ihr stellen konnte, aber als er vorsichtig über die Gangway wieder an Land ging, knurrte sein Magen so heftig, dass damit nicht mehr zu spaßen war. Außerdem fror er inzwischen. Wenn er einen kleinen Umweg auf seiner Strecke zum Polizeipräsidium machen würde, könnte er bei Kurmann's reinschauen und dort ein Jägerfilet mit Bratkartoffeln und Soße bekommen. Nichts einfacher als das.

Und ein Bier dazu.

Es war jetzt fast zwölf Uhr, und was ein richtiger Mann ist, der setzt seine Beschlüsse auch sogleich in die Tat um.

5

Marie-Louise Leverkuhn verließ mit Münsters Segen die Polizeiwache kurz nach ein Uhr am Sonntag. In ihrer Gesellschaft befand sich Emmeline von Post, die Freundin, bei der sie den Samstagabend verbracht hatte und die ein paar Stunden zuvor von den schrecklichen Ereignissen der Nacht unterrichtet worden war.

Und die sich sofort und ohne zu zögern bereit erklärt hatte, der frisch gebackenen Witwe in ihrem Reihenhaus draußen in Bossingen eine Bleibe zu geben.

Bis auf weiteres. Bis die Lage sich etwas beruhigt hatte. Kurz gesagt, so lange es eben notwendig war.

Sie kannten einander seit fünfzig Jahren. Waren fünfundzwanzig Jahre lang Arbeitskolleginnen gewesen.

Münster brachte die beiden Damen auf den Parkplatz, und bevor sie sich in Frau von Posts roten Renault zwängten, betonte er noch einmal, wie wichtig es sei, dass Frau Leverkuhn von sich hören ließe, wenn ihr auch nur das Geringste einfiele, was für die Arbeit der Polizei vielleicht von Bedeutung sein könnte. Die Arbeit, die darin bestand, den Mörder ihres Ehemannes zu finden.

»Wir treten mit Ihnen aber in ein paar Tagen auf jeden Fall in Kontakt«, fügte er noch hinzu. »Und vielen Dank, dass Sie sich zur Verfügung stellen, Frau von Post.«

»Wir Menschen müssen uns doch in der Stunde der Not gegenseitig helfen«, erklärte die vollschlanke Freundin und zwängte sich hinters Steuer. »Wie soll es denn sonst laufen?«

Ja, wie soll es laufen?, dachte Münster und kehrte in sein Zimmer im vierten Stock zurück.

Wahrscheinlich ginge dann alles zum Teufel. Aber war man dorthin nicht sowieso schon unterwegs?

Der Bericht von der Spurensicherung lag eine halbe Stunde später vor. Während er dasaß und zwei einfache Butterbrote unten aus dem Automaten in der Kantine mümmelte, ging Münster die Ergebnisse durch.

Es war keine besonders aufmunternde Lektüre.

Waldemar Leverkuhn war durch mehrere tiefe Messerstiche in Bauch und Hals gestorben. Die genaue Anzahl an Stichen war auf achtundzwanzig festgelegt worden, aber als die letzten zehn, zwölf ausgeführt wurden, war er mit größter Wahrscheinlichkeit bereits tot gewesen.

Irgendwelchen Widerstand hatte er nicht geleistet, und die wahrscheinliche Tatzeit war nunmehr auf den Zeitraum 01.15 – 02.15 Uhr eingegrenzt worden. Wenn man die Aussagen der Ehefrau mit berücksichtigte, also auf 01.15 – 02.00 Uhr, da sie kurz nach zwei Uhr zurückgekommen war.

Zum Zeitpunkt seines Todes trug Waldemar Leverkuhn Hemd, Schlips, Unterhose, Hose sowie Strümpfe, und der Alkoholgehalt im Blut war mit 1,76 Promille angegeben.

Die Mordwaffe war nicht gefunden worden, aber es gab keinen Zweifel, dass es sich dabei um ein kräftiges Messer mit einer ungefähr zwanzig Zentimeter langen Schneide handelte – möglicherweise identisch mit dem Vorlegemesser, das laut Frau Leverkuhn verschwunden war.

Keine Fingerabdrücke oder andere Spuren waren am Tatort gefunden worden, wobei noch bestimmte chemische Analysen von Textilfasern und anderer Partikel durchgeführt werden mussten.

Das alles war genauestens auf acht dicht beschriebenen Seiten niedergelegt, die Münster zweimal durchlas.

Danach rief er Synn an und sprach mit ihr zehn Minuten lang.

Danach legte er seine Füße auf den Schreibtisch.

Danach schloss er die Augen und versuchte sich auszumalen, welche Maßnahmen Van Veeteren wohl in einer Situation wie dieser getroffen hätte.

Es dauerte nicht lange, die Liste aufzustellen. Er rief den Diensthabenden an und teilte ihm mit, dass er Inspektor Jung und Inspektor Moreno um vier Uhr in seinem Zimmer zu sprechen wünschte.

Danach fuhr er mit dem Fahrstuhl in den Keller und blieb zwei Stunden in der Sauna.

»Schönes Wetter«, sagte Jung.

»Gestern schien die Sonne«, bemerkte Münster.

»Ich meine es ernst«, sagte Jung. »Ich mag diese Regenvorhänge. Dieses äußere Grau bringt einen irgendwie dazu, sich nach innen zu wenden. Auf das Wesentliche zu besinnen, wenn ihr versteht, was ich meine, auf die innere Landschaft.«

Moreno runzelte die Stirn.

»Manchmal«, sagte sie, »manchmal kann sogar ein einfacher Kollege Dinge sagen, die richtig vernünftig klingen. Warst du auf einem Kurs?«

»Auf der Schule des Lebens«, sagte Jung. »Wer fängt an?«

»Ladys first«, sagte Münster. »Ja, übrigens, ich bin ganz deiner Meinung. Das hat was, diese nassen, schwarzen Baumstämme ... aber jetzt zur Sache.«

Ewa Moreno schlug ihren Notizblock auf und begann.

»Benjamin Wauters«, sagte sie. »Geboren 1925 in Frigge. Wohnhaft seit 1980 in Maardam. Vorher mal hier, mal dort. Hat sein ganzes Leben lang bei der Eisenbahn gearbeitet, bis zur Pensionierung natürlich. Ein eingefleischter Junggeselle ...

keine Verwandten, zumindest keine, von denen er etwas wissen will. Ein ziemlicher Laberkopf, wenn ich ehrlich bin. Geschwätzig und einsam. Die anderen Alten bei Freddy's sind sein einziger Umgang, abgesehen von der Katze. Eine Halbangora, wie ich annehme. Ich glaube, ich habe nie eine besser gekämmte Katze gesehen, und ich hatte den Eindruck, die beiden nehmen sogar ihre Mahlzeiten zusammen ein. Die ganze Wohnung ist sehr sauber ... Blumen vor den Fenstern und so.«

»Gestern Abend?«, warf Münster ein.

»Darüber konnte er eigentlich nicht viel sagen«, erklärte Moreno. »Man hat sich offensichtlich was zu essen genehmigt, ausnahmsweise, sonst sitzen sie meistens nur in der Bar. Sie waren auch etwas angetrunken, das gab er zu. Leverkuhn ist unter den Tisch gefallen, und da sahen sie die Zeit zum Aufbruch gekommen. Sie sind sportbegeistert und Spieler, damit hielt er auch nicht hinterm Berg ... ja, das war wohl im Großen und Ganzen alles, aber es hat mich zwei Stunden mit Kaffee und unanständigen Geschichten gekostet.«

»Keine Annahmen hinsichtlich des Mordes?«

»Zumindest keine durchdachten«, sagte Moreno. »Er war überzeugt davon, dass es sich um einen Wahnsinnigen oder einfach einen Zufall handeln muss. Es gab niemanden, der einen Grund hatte, Leverkuhn zu töten, behauptet er ... einen guten Kameraden und Prachtkerl, auch wenn er ab und zu etwas verquer sein konnte. Ehrlich gesagt bin ich sogar seiner Meinung. Zumindest scheint es ausgeschlossen zu sein, dass einer der alten Kerle etwas mit dem Mord zu tun hat.«

»Dem stimme ich zu«, sagte Jung und berichtete von seiner Begegnung mit Palinski wie auch seiner Visite auf Bongers Hausboot.

Münster seufzte.

»Null und nichts«, stellte er fest. Na ja, es war ja nichts anderes zu erwarten gewesen.

»Waren die Türen offen?«, fragte Jung. »Ich meine, bei Leverkuhn?«

»Offenbar.«

»Dann reicht doch schon ein zugedröhnter Junkie, der zufällig vorbeikommt. Schleicht sich ein und findet einen armen schlafenden Alten, an dem er sich abreagieren kann. Um danach auf dem gleichen Weg, auf dem er gekommen ist, wieder zu verschwinden. Ganz einfach, oder?«
»Elegante Lösung«, sagte Moreno. »Und wie sollen wir ihn finden?«
Münster überlegte eine Weile.
»Wenn es wirklich so gelaufen ist, dann finden wir ihn nie.«
»Es sei denn, er fängt an, selbst herumzuplappern«, sagte Jung. »Und jemand hat die Güte, uns einen Tipp zu geben.«
Münster saß wieder einige Sekunden schweigend da und ließ seinen Blick zwischen den Kollegen hin und her wandern.
»Glaubt ihr, dass es sich so abgespielt hat?«, fragte er.
Jung zuckte mit den Schultern und gähnte. Moreno schaute zweifelnd drein.
»Sehr gut möglich«, sagte sie. »Solange wir nicht den Zipfel eines Motivs haben, deutet alles in diese Richtung. Es ist ja auch nichts aus der Wohnung verschwunden ... nichts, außer dem Messer.«
»Heutzutage braucht man kein Motiv, um jemanden umzubringen«, sagte Jung. »Es reicht, wenn du wütend bist oder dich aus irgendeinem Grund gekränkt fühlst, dann geht es nur noch darum, zuzuschlagen ... wollt ihr ein paar Beispiele?«
»Nein, danke«, wehrte Münster ab. »Wir wissen es. Motive werden langsam altmodisch.«
Er lehnte sich zurück und verschränkte seine Hände hinter dem Nacken. Morenos digitale Armbanduhr gab ein trauriges Piepsen von sich.
»Fünf Uhr«, stellte sie fest. »Gibt's sonst noch was?«
Münster wühlte zwischen den Papieren auf dem Schreibtisch herum.
»Ich glaube nicht ... doch, übrigens, hat keiner von den Alten etwas von einem Spielgewinn erwähnt?«
Moreno sah Jung an und schüttelte den Kopf.
»Nein, wieso?«, fragte Jung.

»Nun ja, da bei Freddy's hatten sie den Eindruck, dass die vier gestern Abend irgendwas gefeiert haben, aber es ist eher eine Vermutung. Dieser vierte ... Bonger, ja, wir müssen wohl zusehen, dass wir ihn auf jeden Fall zu fassen kriegen.«

Jung nickte.

»Ich schaue auf dem Heimweg noch mal bei ihm vorbei. Und sonst dann eben morgen ... er hat kein Telefon, man muss bei der Nachbarin anrufen. Stellt euch vor, so was gibt es noch.«

»Was meinst du?«, fragte Moreno.

»Na, dass jemand kein Telefon hat. Heutzutage.«

Münster stand auf.

»All right«, sagte er. »Das war's für heute. Wir müssen wohl alle die Daumen drücken, dass wir morgen früh einen Täter haben, der freiwillig ein Geständnis ablegt.«

»Hätte ich nichts dagegen«, sagte Jung. »Obwohl ich kaum glaube, dass jemand, der einen alten Greis auf diese Weise hinrichtet, von größeren Gewissensbissen befallen wird. Ich bin ganz deiner Meinung, dass das hier keine besonders lustige Sache ist.«

»Eklig«, sagte Moreno. »Genau wie immer.«

Auf dem Heimweg schaute Münster sich zum ersten Mal den Tatort im Kolderweg an. Da es nun einmal er war, der die Untersuchung leitete, zumindest bis auf weiteres, war das natürlich höchste Zeit. Er ging hinein und blieb zehn Minuten in der kleinen Dreizimmerwohnung. Es sah dort ungefähr so aus, wie er es sich gedacht hatte. Ziemlich verwohnt, aber dennoch verhältnismäßig ordentlich und sauber. Ein Sammelsurium an schlechtem Geschmack an den Wänden, Möbel im billigen Fünfziger- und Sechzigerjahrestil. Getrennte Schlafräume, Bücherregale ohne Bücher und eine schreckliche Menge eingetrockneten Bluts in und um Leverkuhns ausgebeultem Bett. Die Leiche war natürlich abtransportiert worden, wie auch das Bettzeug, wofür Münster nur dankbar war. Der Blick auf die Fotos am Vormittag hatte ihm voll und ganz genügt.

Denn es stimmte, was Moreno gesagt hatte:

Es war eklig.

Als er endlich nach Hause kam, sah er, dass Synn geweint hatte.
»Was ist mit dir?«, fragte er und umarmte sie so vorsichtig, als wäre sie nur aus Träumen geschaffen.
»Ich weiß nicht«, sagte sie. »Ich will nicht, dass das Leben so verläuft, nur so. Morgens stehen wir auf, um zu arbeiten und die Kinder in die Schule zu schicken. Wir sehen uns erst wieder, wenn es dunkel ist, wir essen, und dann schlafen wir. Das Gleiche tagaus, tagein ... Ich weiß, dass wir so leben müssen, aber überleg doch mal, wenn alles in einem Monat zu Ende wäre. Oder in einem halben Jahr. Das ist doch nicht menschenwürdig, es muss doch auch Zeit geben, ein wenig zu leben.«
»Nur zu leben?«, fragte Münster.
»Nur das, ja«, sagte Synn. »Ja, ich weiß, dass es Menschen gibt, denen es schlechter geht ... fünfundneunzig Prozent der Menschheit, wenn man genau sein will.«
»Achtundneunzig«, sagte Münster.
Er strich ihr behutsam über Nacken und Rücken.
»Wollen wir die Kinder angucken, wie sie schlafen?«
»Die schlafen noch nicht«, sagte Synn.
»Dann müssen wir uns also noch in Geduld fassen«, sagte Münster.

6

Erst als Münster am Montagmorgen seinen Fuß ins Polizeipräsidium setzte, fiel ihm ein, dass er immer noch keinen Kontakt zu Leverkuhns Kindern bekommen hatte. Eineinhalb Tage waren seit dem Mord vergangen, es wurde allerhöchste Zeit. Glücklicherweise hatten die Medien in ihren ziemlich zurückhaltenden Berichten über den Fall keine Namen genannt, sodass zu hoffen war, dass es immer noch Neuigkeiten waren, die er da zu überbringen hatte.

Es war schon schlimm genug, der Überbringer einer Trauerbotschaft zu sein. Aber noch schlimmer war es, wenn die Trauernden bereits informiert waren. Münster hatte das schon mehrfach miterlebt.

Um weitere Verzögerungen zu vermeiden, gab er Krause den Auftrag, die Sache in die Wege zu leiten. Nicht die Nachricht selbst zu übermitteln, aber eine Verbindung herzustellen – sodass er persönlich all die düsteren Fakten mitteilen konnte.

Das war ja seine Pflicht, wie er wusste.

Nach einer halben Stunde hatte er das erste Kind in der Leitung.

Die jüngere Tochter, Ruth Leverkuhn. Vierundvierzig Jahre alt, wohnhaft in Wernice, gut hundert Kilometer von Maardam entfernt. Trotz der Entfernung einigte man sich sofort – sobald Münster berichtet hatte, dass dem Vater ein Unglück zugestoßen war –, sich unter vier Augen zu treffen. Ruth Leverkuhn wollte über ernsthafte Dinge nicht am Telefon reden.

Aber dass Waldemar Leverkuhn tot war, das erfuhr sie natürlich bei dem Gespräch.

Und dass Münster von der Kriminalpolizei aus anrief.

Also im Café Rote Moor am Salutorget. Da sie nun einmal – aus welchem Grund auch immer – ein derartiges Lokal dem Polizeipräsidium vorzog.

Und zwar bereits um zwölf Uhr. Da sie – aus welchem anderen Grund auch immer – es vorzog, die Polizei zu treffen, bevor sie zu ihrer Mutter nach Bossingen fuhr.

Der Sohn, Mauritz Leverkuhn, geboren 1958, meldete sich kaum zehn Minuten später. Er wohnte noch weiter im Norden – in Frigge –, und Münster gab auch hier sofort deutlich seine Nachricht von sich.

Der Vater war gestorben.

In der Nacht von Samstag auf Sonntag. In seinem Bett. Ermordet, wie es aussah. Mit einem Messer.

Wie es aussah?, dachte Münster, während er dem Schweigen im Hörer lauschte. Das ist aber äußerst vorsichtig ausgedrückt.

Dann konnte er in Mauritz Leverkuhns verwirrten Fragen die üblichen stumpfen Anzeichen eines Schocks heraushören, oder zumindest glaubte er, sie heraushören zu können.

»Wann war das, haben Sie gesagt?«
»Wo ist meine Mutter?«
»Wo ist er jetzt?«
»Was hatte er an?«

Münster gab Antwort auf all diese Fragen und einige mehr. Er achtete auch darauf, dass der Sohn die Telefonnummer von Emmeline von Post bekam, damit er mit seiner Mutter in Kontakt treten konnte. Schließlich sprach er sein Beileid aus und verabredete ein Treffen am Dienstagvormittag.

Da der Sohn die Absicht hatte, so schnell wie möglich – spätestens in der kommenden Nacht – an die Seite seiner Mutter zu eilen.

Was Irene Leverkuhn, die älteste Tochter, betraf, so hatte Münster bereits mit dem Feffnerheim gesprochen, in dem sie seit vier Jahren lebte. Eine äußerst vertrauenerweckende Fürsorgerin hatte ihm zugehört und die Lage verstanden, und sie hatte ihm erklärt, dass sie persönlich dafür sorgen werde, dass ihr die Nachricht von dem jähen Tod des Vaters übermittelt werde.

Auf die behutsamste Weise und so schonend wie möglich. Irene Leverkuhn war kein starker Mensch.

Was ein Gespräch mit dieser Tochter betraf, so beschloss Münster, das erst einmal aufzuschieben. Die Vertrauenerweckende deutete an, dass es mit größter Wahrscheinlichkeit nichts bringen würde und es vermutlich wichtigere Dinge gab, um die man sich kümmern musste.

Eine Weile blieb er sitzen und überlegte, welche das wohl waren. Welche wichtigeren Dinge? Es war noch eine halbe Stunde hin bis zur Besprechung, und in Ermangelung anderer Möglichkeiten nahm er sich von Neuem den Bericht der Spurensicherung vor, der im Laufe der Nacht mit einigen zusätzlichen Seiten komplettiert worden war. Er rief außerdem beide Gerichtsmediziner, Meusse und Mulder, im Labor an, aber keiner von beiden konnte sehr viel Licht ins Dunkel bringen. Eigentlich überhaupt keins, wenn man es genau betrachtete.

Aber es gab noch einige Analysen zu machen, also gab es noch ein wenig Hoffnung.

»Es wäre dumm, die Flinte zu früh ins Korn zu werfen«, bemerkte Mulder routiniert. »Alles braucht seine Zeit.«

Jung hatte an diesem Montagmorgen keine Kopfschmerzen.

Aber er war müde. Sophie war am Sonntagabend reichlich spät nach Hause gekommen, nachdem sie zwei Tage weggewesen war. Bei Tee und Butterbroten und ein wenig Familienplausch in der Küche kam dann heraus, dass sie die Gelegenheit ergriffen hatte, in der Nacht zum Sonntag ihr sexuelles Debüt zu begehen. Was laut ihren Aussagen auch höchste Zeit gewesen war, sie war sechzehn und ging schon bald auf die siebzehn zu, und die meisten ihrer Freundinnen hatten bereits einen weiten Vorsprung. Das Dumme dabei war nur, dass sie an dem betreffenden jungen Mann nicht besonders interessiert war – einem gewissen Fritz Kümmerle, übrigens ein viel versprechender Mittelfeldspieler mit einem Beckenbauerschen Einschlag und einer bereits abgesteckten Karriere auf den Fußballfeldern in ganz Europa und der Welt – und dass man alle Fragen hinsichtlich Verhütung so ziemlich ausgelassen hatte.

Wobei noch hinzukam, dass sie ein wenig benommen gewesen war. Sowohl vom Rotwein wie von anderen Dingen.

Natürlich war es in erster Linie Maureen, die sich um die schluchzende Tochter kümmerte, aber Jung begriff dennoch – mit einem dubiosen Gefühl von Fremdheit und Zufriedenheit zugleich –, welches Vertrauen es bedeutete, dass ihm überhaupt erlaubt wurde, der Diskussion beizuwohnen.

Zwar kannte er Sophie mittlerweile vier, fünf Jahre, aber immer noch war er nicht mehr als ein Pappmaché-Vater.

Wobei es vielleicht eine gewisse Rolle spielte, dass der richtige Vater ein Scheißvater war.

47

Wie dem auch sei, weder Jung noch Maureen noch die unglückliche Debütantin waren vor halb zwei ins Bett gekommen. Weshalb er etwas müde war.

Bongers alter Kasten sah auch nicht viel frischer aus. Genauso verwahrlost wie gestern, stellte Jung fest. Er zog vergebens ein paar Mal an dem Klingelseil und schaute sich an dem dunklen Kanal um. Die Frau vom Nachbarboot schien daheim zu sein, aus ihrem Schornstein stieg ein dünner grauer Rauchfaden, und das Fahrrad war unter der Linde angeschlossen, an der gleichen Stelle, wo sie es gestern abgestellt hatte. Jung machte sich also auf den Weg, hustete warnend und klopfte dann mit dem Schlüsselbund an das schwarz gestrichene Geländer, das entlang der Reling verlief. Ein paar Sekunden später tauchte sie in dem schmalen Türeingang auf. Sie trug einen dicken Wollpullover, der ihr bis an die Knie reichte, hohe Gummistiefel und eine Baskenmütze. In der einen Hand hielt sie einen ausgenommenen Tierkörper, soweit Jung beurteilen konnte, wohl einen Hasen. In der anderen ein Fleischmesser.

»Entschuldigung«, sagte Jung.

»Ja?«, sagte die Frau. »Ach, Sie wieder.«

»Ja«, sagte Jung. »Also, ich sollte mich vielleicht vorstellen ... ich komme von der Polizei. Inspektor Jung. Es geht um Herrn Bonger, wie schon gesagt ...«

Sie nickte mürrisch und schien gleichzeitig zu bemerken, was sie da in der Hand hielt.

»Für den Topf«, erklärte sie. »Andres hat es gestern geschossen ... mein Sohn, meine ich.«

Sie hielt den dünnen Tierkörper hoch, und Jung versuchte ihn mit Kennermiene zu betrachten.

»Sehr schön«, sagte er. »Wir müssen diesen Weg ja alle mal gehen ... eh, ich meine, dieser Bonger, Sie haben ihn nicht möglicherweise inzwischen gesehen?«

Sie schüttelte den Kopf.

»Seit Samstag nicht mehr.«

»Er ist gestern also nicht nach Hause gekommen?«

»Ich glaube nicht.«

Sie kletterte aufs Deck hinauf und spähte zum Bongerschen Boot hinüber.

»Keine Lampen, kein Rauch«, stellte sie fest. »Dann ist er nicht da, genau wie ich gestern erklärt habe. Sonst noch was?«

»Ist er häufiger mal eine Zeit lang weg?«

Sie zuckte mit den Schultern.

»Nein«, sagte sie dann. »Nein, eigentlich bleibt er nie mehr als ein paar Stunden weg. Was wollen Sie denn von ihm?«

»Reine Routinesache«, sagte Jung.

»Und was, zum Teufel, heißt das?«, fragte die Frau. »Ich bin schließlich nicht bekloppt.«

»Wir wollen ihm nur ein paar Fragen stellen.«

»Und worüber?«

»Sie sind nicht so begeistert von der Polizei?«, fragte Jung.

»Da haben Sie ins Schwarze getroffen«, erwiderte die Frau.

Jung überlegte eine Weile.

»Es geht um einen Todesfall«, erklärte er dann. »Einer von Bongers Freunden ist ermordet worden. Wir nehmen an, dass Bonger uns ein paar Informationen geben kann, die für uns nützlich sein könnten.«

»Mord?«, fragte die Frau.

»Ja«, sagte Jung. »Ziemlich brutal. Mit so einem da ungefähr.«

Er zeigte auf das Fleischmesser. Die Frau ließ eine Falte zwischen den Augenbrauen sehen, das war aber auch alles.

»Wie heißen Sie eigentlich?«, fuhr Jung fort und zog einen Block aus der Tasche.

»Jümpers«, erklärte die Frau widerstrebend. »Elizabeth Jümpers ... und wann soll dieser Mord stattgefunden haben?«

»Samstagnacht«, erklärte Jung. »In der Tat war Herr Bonger wohl einer der letzten, die das Opfer lebendig gesehen haben. Waldemar Leverkuhn ... vielleicht kannten Sie ihn auch?«

»Leverkuhn? Nein ... den Namen habe ich noch nie gehört.«

»Wissen Sie, ob es irgendwelche Verwandten oder Freunde gibt, bei denen er sich aufhalten könnte? Ich meine, Bonger.«

Sie überlegte und schüttelte dann langsam den Kopf.

»Nein, ich glaube nicht. Er ist eine ziemlich einsame Person ...«

»Hatte er oft Besuch auf seinem Boot?«

»Nie. Jedenfalls habe ich nie jemanden gesehen.«

Jung seufzte.

»Nun ja«, sagte er. »Er wird wohl wieder auftauchen. Wenn Sie ihn sehen, können Sie ihm ja sagen, dass wir ihn suchen. Es wäre gut, wenn er so schnell wie möglich mit uns Kontakt aufnimmt ... Er kann uns jederzeit anrufen.«

Er streckte ihr eine Karte hin. Die Frau legte das Messer ab, nahm die Karte entgegen und stopfte sie sich in die Gesäßtasche.

»Jedenfalls vielen Dank für Ihre Hilfe«, sagte Jung.

»Das ist doch selbstverständlich«, sagte die Frau. »Ich werde ihm Bescheid geben.«

Jung zögerte noch wegzugehen.

»Ist es schön, auf so einem Boot zu wohnen?«, fragte er.

Die Frau schnaubte leicht.

»Ist es schön, so ein Inspektor zu sein?«, fragte sie.

Jung schenkte ihr den Ansatz eines Lachens und verließ sie.

»Viel Glück mit dem Braten!«, rief er, als er sich auf der Höhe von Bongers Boot befand, aber da war sie schon wieder hineingegangen.

Ein Typ mit Haaren auf den Zähnen, dachte er und kletterte in sein Auto.

Aber wahrscheinlich mit einem guten Herzen unter der rauen Schale.

Wie ist es als Inspektor?

Eine gute Frage, kein Zweifel. Aber er beschloss, ihr lieber nicht auf den Grund zu gehen. Schaute stattdessen auf die Uhr und musste feststellen, dass er es gerade noch bis zur Besprechung schaffen würde.

7

Eigentlich stimmte es schon, dass Emmeline von Post fünfundzwanzig Jahre lang eine Arbeitskollegin von Marie-Louise Leverkuhn gewesen war.

Und es stimmte auch, dass die beiden sich seit fast fünfzig Jahren kannten. Dass sie sich eigentlich nie ganz aus den Augen verloren hatten, seit sie die letzte Klasse in Borings Handels- und Büroschule Ende der Vierziger verließen. Trotz Familiengründung, Kindern, Umzügen und dem einen oder anderen sonst.

Aber man konnte kaum behaupten, dass die Witwe von Post Frau Leverkuhn als ihre allerbeste Freundin bezeichnen würde – etwas, was Letztere vielleicht behaupten würde, wenn man sie danach gefragt hätte. Seit Edward von Post vor vier Jahren an Krebs verschieden war, hatte der Kontakt zwischen den beiden Frauen zwar deutlich an Intensität zugenommen – man traf sich an zwei Samstagen im Monat, einmal im Kolderweg in der Stadt, einmal im Reihenhaus draußen in Bossingen (zumindest im Prinzip) –, aber trotzdem gab es da etwas ... ja, da gab es etwas, das fehlte. Emmeline von Post wusste auch genau, was es war. Nämlich dieses kleine wichtige Detail – diese Dimension von Vertraulichkeit, Offenherzigkeit und kichernder Geschwätzigkeit, dieses gleichzeitig so Einfache und doch so Schwere, das sich so problemlos und schmerzfrei mit drei oder vier anderen Bekannten entwickelt hatte, allesamt Damen in der Blüte ihrer Jahre, o ja, diese ... Dimension, die sich ganz einfach nicht einstellen wollte im Umgang mit Marie-Louise Leverkuhn.

So war es nun einmal. Bedauerlicherweise. Schwer zu sagen, woran das lag, aber zweifellos gab es hier eine Grenze in ihrer Freundschaft – sie hatte darüber schon oft nachgedacht –, eine unsichtbare Linie, über die zu treten man sich hütete. Die paar Mal, als sie es dennoch versucht hatte, konnte sie das Resultat unmittelbar in der Reaktion der Freundin ablesen. Genau abgewogenes Kopfschütteln. Zusammengekniffene Lippen, hochgezogene Schultern ... abweisendes Schweigen. Als sie darüber nachdachte, musste sie außerdem einsehen, dass es so schon von Anfang an gelaufen war. Es war nichts, was sich im Laufe der Jahre entwickelt hatte, und vielleicht war es ja sogar so (pflegte Emmeline von Post in Momenten philosophischer Klarsicht zu denken), dass die Form der Beziehung zu unseren Mitmenschen eigentlich bereits bei den allerersten Kontakten festgelegt und definiert wird, den ersten Begegnungen, und dass danach nicht mehr viel an der Sache zu machen ist.

Genau wie es in dieser amerikanischen Untersuchung stand, die sie vor ein paar Jahren durch den Buchclub bekommen hatte. Was nicht hieß, dass sie unbedingt darauf erpicht war, intime Details über Mann und Kind und ihr Zusammenleben von sich zu geben, ganz und gar nicht, aber dennoch waren die meisten anderen bereitwilliger als Marie-Louise Leverkuhn, wenn es darum ging, den Spalt zu ihrem Intimleben ein wenig zu öffnen. Und wenn auch nur ein kleines bisschen.

Aber es war nun einmal, wie es war. Marie-Louise war nicht der Typ, der sich anvertraute, aber es gab natürlich noch andere Werte im Leben, sie konnten über ihre Gebrechen reden, über Medikamente und Rezepte für Rhabarbergrütze. Über Arbeitskollegen, Fernsehberühmtheiten und Gemüsepreise, aber das wirklich Private blieb – genau das: privat.

Dass Emmeline von Post dennoch in einer Katastrophensituation wie jetzt anrückte, lag sicher daran, dass es sonst niemanden gab. Das wusste sie. Für Marie-Louise Leverkuhn war sie, genau wie sie es der Polizei erklärt hatte, die treue Freundin, die sich zur Verfügung stellte.

Die treue und einzige.

Also gab es gar keine Alternative.

Während der Autofahrt hinaus in den sonntagsverschlafenen Vorort wurde nicht viel gesagt. Marie-Louise Leverkuhn saß zusammengekrümmt da, die Handtasche auf den Knien, starrte durchs Seitenfenster auf den Regenschleier und schien in hohem Grade unter Schock zu stehen. Die Schultern waren hochgezogen – wie zum Schutz gegen eine allzu harte und aufdringliche Außenwelt –, und Emmelines Fragen beantwortete sie höchstens mit einem Kopfschütteln oder einem kurzen Ja oder Nein.

»Hast du überhaupt geschlafen?«
»Nein.«
»Schaffst du es?«
»Ja.«
»Sollen wir deine Kinder anrufen?«
Keine Antwort.
O je, dachte Emmeline. Ihr geht es wirklich nicht gut.

Was auch kein Wunder war. Ermordet? Waldemar Leverkuhn war ermordet worden! Emmeline von Post durchfuhr ein kalter Schauer. Wer um alles in der Welt konnte so etwas glauben? Der alte Knacker.

Ein paar Minuten lang saß sie still da, während sie sich auf das Fahren konzentrierte, und versuchte, sich vorzustellen, wie es wohl ist, wenn man nach Hause kommt und seinen Alten in dieser Art zugerichtet vorfindet. Tot. Ermordet und im eigenen Blute badend, wie sie im Radio gesagt hatten. Mit einem Fleischmesser!

Nach einer Weile gab sie es auf, sich das vorzustellen. Es war ganz einfach zu starker Tobak.

Viel zu starker. Emmeline von Post schaute vorsichtig zu der erstarrten Freundin neben ihr hinüber. Die arme Marie-Louise, dachte sie, ich verspreche dir, ich kümmere mich um dich! Du bist bestimmt verwirrt und stehst unter Schock, die Hauptsache wird sein, ein paar Tabletten in dich reinzukriegen und dann ab ins Bett ... Ich hoffe nur, dass ich selbst stark genug bin.

Als die Polizei sie am Morgen angerufen hatte, war ihr erster, unmittelbarer Impuls gewesen, der Freundin zu Hilfe zu eilen, aber erst jetzt, während sie neben der stummen Witwe im Auto saß, begann sie zu begreifen, welche Verantwortung diese Hilfe beinhaltete.

Am besten, wenn das Schweigen nicht das Regiment übernimmt, dachte sie. Am besten, ich sage was.

Das war kein schwerer Beschluss. Wenn es etwas gab, womit Emmeline von Post nur schwer zurecht kam, dann war es das Schweigen.

»Du kannst in Marts Zimmer unterkommen«, sagte sie. »Dann hörst du den Verkehr auch nicht. Das ist doch sicher in Ordnung?«

»Ja.«

»Ich habe noch was von dem Lammbraten im Gefrierschrank. Den können wir essen, den mochtest du doch, nicht wahr? Dann brauchen wir nichts mehr einzukaufen.«

»Ja.«

»Meine Güte, ich sitze hier und rede vom Essen, und du musst doch vollkommen fertig sein.«

Keine Antwort.

»Waldemar, der doch so ein guter Mensch war.«

Wenn man die Dinge einfach eins nach dem anderen anpackt, dann wird es schon werden, dachte Emmeline von Post und legte ihre Hand auf den Arm der Freundin. Kommt Zeit, kommt Rat.

»Was für trübes Wetter«, sagte sie. »Dabei war es gestern doch noch richtig schön.«

Marie-Louise Leverkuhn ging am Sonntagnachmittag um halb drei Uhr in dem alten Kinderzimmer in der Geldenerstraat 24 ins Bett, und sie stand erst wieder um acht Uhr am Montagmorgen auf. Den ganzen Nachmittag und Abend hatte Emmeline immer wieder zu ihr hineingeschaut, und bevor sie selbst ins Bett ging, hatte sie vorsichtig ein Tablett mit Saft und Butterbroten auf den Nachttisch gestellt. Für die Nahrungsaufnahme und die Vitamine. Und wegen der Fürsorge. Obwohl, was ihre arme Freundin im Augenblick in allererster Linie brauchte, das war ja wohl sonnenklar: Ruhe und Frieden. Und das bekam sie. Wenn es auch nicht viel war, genau betrachtet.

Was Emmeline selbst betraf, so erlebte sie einen reichlich frustrierenden Nachmittag und Abend. Der Lammbraten fuhr mehrere Male in den Gefrierschrank hinein und hinaus – bis sie ihn schließlich in den Kühlschrank stellte und beschloss, dass er das montägliche Mittagessen sein würde. Sie trank mindestens fünf Tassen Tee und goss zweimal die Blumen. Es war wirklich ein komisches Gefühl, zu wissen, dass die alte Freundin in Marts Zimmer lag. Mart, der vor acht Jahren endlich von zu Hause ausgezogen war, der aber immer noch in regelmäßigen Abständen kam und in seinem alten, unveränderten Jungenzimmer schlief – vor allem, wenn seine viel zu junge Frau sich wieder mal zickig benahm. Es war übrigens höchste Zeit gewesen, dass er überhaupt eine fand – fünfunddreißig war schließlich kein Alter, in dem man noch bei Mama zu Hause wohnte. Alles hat seine Zeit, wie es so schön heißt.

Aber jetzt war es also Marie-Louise Leverkuhn, die in seinem Bett lag, nachdem ihr Ehemann ermordet worden war. Während Emmeline vorsichtig im Haus herumschlich, um ihre Freundin nicht zu stören oder aufzuwecken, kam ihr der Gedanke, dass es doch nur gut war, dass Edward – ihr eigener Edward – jedenfalls so geschmackvoll gewesen war, an Krebs zu sterben, statt sich mit einem Fleischmesser abstechen zu lassen.

Ermordet! Das war ja schrecklich. Sie bekam an den Unterarmen jedes Mal Gänsehaut, wenn sie das Wort nur dachte – und ehrlich gesagt, schaffte sie es nur jeweils ein paar Minuten, an etwas anderes zu denken.

Nach und nach, als vor den Fenstern und in den Ecken schon deutlich die Dämmerung einsetzte, begann sie außerdem darüber nachzudenken, wer wohl als Täter in Frage kommen könnte, und das machte die ganze Sache nicht gerade besser. Es lief ein Mörder frei herum!

Dann glitten ihre Gedanken wieder zu Marie-Louise, zu ihrem gemeinsamen Samstagabend mit Whist und Portwein (vielleicht genau zu der Zeit, als Waldemar ermordet worden war!) – und zu der sonderbaren Zugeknöpftheit während der Autofahrt und der halben Stunde, bevor sie ins Bett gegangen war, und dann ... ja, dann hatte sie fast das Gefühl, als würde eine Art Erschöpfung sie überfallen. Wie ein Schwindel.

Es war doch wirklich sonderbar!

Man konnte natürlich nicht erwarten, dass ein Mensch sich in so einer Lage normal verhält, aber trotzdem! Da ist noch etwas anderes, dachte Emmeline von Post. Etwas vollkommen anderes, das ganz tief in der stummen Verschlossenheit der Freundin lag und rumorte. Gott weiß was.

Dann schüttelte sie den Kopf über sich selbst und musste sich eingestehen, dass es sicher nur die Stille im Haus war und die Dunkelheit, die aus den Ecken des Hauses hervorwuchs, und dazu die Gedanken an den blutigen Körper im Bett, die ihrer Fantasie reichlich Nahrung gegeben hatten ... aber trotzdem, trotzdem war nicht zu leugnen, dass sie genau genommen nicht besonders viel über Marie-Louise Leverkuhn und ihr Leben in all diesen Jahren wusste. Kaum etwas.

Und von ihrem Mann? So gut wie gar nichts.

Aber vielleicht war das einfach so, vielleicht wusste man einfach nicht mehr über die anderen? »Der Mensch ist ein Rätsel«, hatte Edward – ihr Edward – immer mal wieder gesagt. Ein verfluchtes, unlösbares Rätsel (denn er scheute sich nicht, ab und zu einen Kraftausdruck zu verwenden)!

Als sie so weit in ihren Überlegungen gediehen war, ging Emmeline von Post in die Küche und goss sich großzügig einen Whisky ein. Trank ihn stehenden Fußes, stellte fest, dass sie immer noch eine Gänsehaut auf den Unterarmen hatte und genehmigte sich noch einen. Es war halt einer dieser Abende, da konnte man nichts machen.

Am Montagmorgen riefen dann die Kinder an.

Ruth und Mauritz – einer nach dem anderen, mit nicht einmal fünfzehn Minuten Abstand. Marie-Louise ging ins Schlafzimmer, während sie mit ihnen sprach, sodass Emmeline kein Wort hätte hören können, selbst wenn sie es gewollt hätte.

Aber so viel wurde gar nicht gesagt. Insgesamt dauerten die Gespräche nicht länger als fünf Minuten – als ob Marie-Louise Angst hätte wegen der Telefonrechnung, obwohl sie es doch gar nicht gewesen war, die angerufen hatte.

»Du musst darüber reden«, erklärte Emmeline der Freundin, als diese zum Frühstückstisch zurückkam, nachdem sie mit ihrem Sohn gesprochen hatte. »Es ist nicht gut, alles in sich hineinzufressen.«

Marie-Louise Leverkuhn sah sie mit müden, leeren Augen an.

»Was um alles in der Welt soll ich denn sagen?«, fragte sie.

Dann vergingen drei Sekunden, bis sie plötzlich in heftiges Weinen ausbrach.

Endlich, dachte Emmeline von Post und legte schützend einen Arm um die hochgezogenen Schultern der Freundin. Endlich.

8

»Kommentare?«, fragte Münster und breitete die Fotos auf dem Tisch aus, sodass sie jeder nach Lust und Laune betrachten konnte.

Die Variationen waren nur gering: Waldemar Leverkuhns zerstochener Körper aus einem Dutzend verschiedener Winkel und aus verschiedenem Abstand. Blut. Zerwühltes Bettzeug. Wundflächen in Großaufnahme. Bleiche Haut mit Leberflecken. Ein absurd bunter Schlips, der unter einem Kissen hervorstach. Blut. Noch mehr Blut ...

Moreno schüttelte den Kopf. Inspektor Heinemann nahm die Brille ab und begann sie mit Hilfe seines eigenen bedeutend diskreter gemusterten Schlipses zu putzen. Rooth unterbrach den Verzehr eines Schokoladenkekses und drehte dem Tisch demonstrativ den Rücken zu. Nur der junge Krause fuhr pflichtbewusst und mit gerunzelter Stirn fort, die makabren Details zu betrachten.

»Nimm sie weg!«, sagte Rooth. »Meine Verdauung erhebt Anspruch auf ein kleines bisschen Respekt. Außerdem war ich vor Ort und habe alles schon live gesehen.«

Live?, dachte Münster. Nennt er das live? Es ist lange her,

seit ich etwas so absolut Mausetotes gesehen habe. Er seufzte und sammelte die Fotos ein, ließ jedoch zwei liegen, als Erinnerung daran, worum es bei dieser Besprechung eigentlich ging.

»Zuerst die Fakten«, sagte er. »Übrigens, wo ist Jung?«

»Wollte mit diesem Bonger reden«, erklärte Moreno. »Wird bestimmt gleich auftauchen.«

»Die Fakten«, wiederholte Münster. »Leider nichts Neues, nur die Bestätigung des Bekannten. Waldemar Leverkuhn ist durch achtundzwanzig mehr oder weniger tiefe Stiche in Bauch, Brust und Hals getötet worden. Vor allem in den Bauch. Was übrigens ein ziemlich sicheres Ziel ist ... aber wenn man so oft zusticht, dann kommt es natürlich nicht mehr so genau darauf an. Also, worauf deutet das hin?«

»Ein total unbesonnener Typ«, sagte Krause mit unterdrücktem Enthusiasmus. »Muss vollkommen wahnsinnig gewesen sein ... zumindest, als er die Tat ausgeführt hat.«

»High«, sagte Rooth und schluckte den letzten Bissen Schokolade hinunter. »Ein Junkie, der high war. Die kommen doch auf alles Mögliche. Was sagt Meusse zu den Stichen?«

Münster nickte.

»Doch, könnte schon sein. Sie haben überall getroffen. Ein paar ziemlich tief – zehn oder fünfzehn Zentimeter –, andere nur oberflächlich. Einige haben nur Schrammen verursacht. Rechtshänder übrigens, daran scheint es keinen Zweifel zu geben.«

»Gut«, sagte Moreno. »Also ein rechtshändiger Drogenabhängiger, davon haben wir nur dreitausend hier in der Stadt. Könnten wir nicht eine ein wenig witzigere Theorie finden? Wenn es etwas an diesem fantastischen Job gibt, das ich absolut nicht ausstehen kann, dann ist es die Aussicht, unter Junkies herumschnüffeln zu müssen.«

Münster faltete die Hände und stützte sein Kinn auf die Knöchel.

»Man kann sich nicht immer das Spielbrett selbst aussuchen«, stellte er fest. »Leider. Aber wenn wir mit den Spekulationen bis zum Schluss warten, können wir vielleicht erst einmal sehen, was wir haben ... das Wissen ist die Mutter aller Vermutungen, wie Reinhart immer zu sagen pflegt. Wir wissen nicht besonders viel, aber trotzdem einiges.«

»Lass hören«, sagte Rooth, »aber lass die Poesie bitte solange außen vor.«

»Die Waffe ...«, fuhr Münster unbeeindruckt fort, »die Waffe scheint also ein ziemlich stabiles Messer gewesen zu sein. Die Schneide mindestens zwanzig Zentimeter lang. Flach geschliffen und scharf. Sagen wir ein Fleischmesser ungefähr von dem Aussehen, wie Frau Leverkuhn es beschrieben hat, und das laut der gleichen Quelle irgendwann während des Mordabends von seinem Platz in der Küche verschwunden ist ...«

»Und das sich jetzt«, vervollständigte Rooth, »mit an Sicherheit grenzender Wahrscheinlichkeit irgendwo auf dem Grund eines Kanals befindet. Wenn ich mich nicht irre, dann haben wir ungefähr fünftausend Meter vor uns, um zu suchen ...«

»Hm«, sagte Heinemann. »Interessant ... ich meine, rein von der Wahrscheinlichkeit her. Dreitausend Fixer mal fünftausend Meter Kanäle. Wenn wir sowohl Täter als auch Mordwaffe finden wollen, dann ist die Wahrscheinlichkeit ... eins zu fünfzehn Millionen.«

Er lehnte sich zurück und schob sich den Schlips auf dem Bauch gerade.

»Das brodelt ja nur so von Optimismus«, sagte Moreno in dem Moment, als Jung in der Tür auftauchte.

»Entschuldigt«, sagte er. »Aber ich war im Dienst ...«

»Ausgezeichnet«, sagte Rooth. »Setz dich!«

Münster räusperte sich. Ich wünschte, ich bräuchte solche Veranstaltungen nicht abzuhalten, dachte er. Mir fehlt die nötige Arroganz dazu ... aber das kommt wohl noch.

»Was den Zeitpunkt betrifft«, sagte er, »so können wir davon ausgehen, dass Leverkuhn irgendwann zwischen Viertel nach eins und Viertel nach zwei ermordet wurde. Als ich Meusse etwas näher auf den Pelz gerückt bin, hat er sich eher für die spätere halbe Stunde ausgesprochen ... das heißt ab Viertel vor zwei.«

»Hm«, sagte Heinemann. »Wann kam die Ehefrau nach Hause?«

»Drei, vier Minuten danach«, sagte Moreno.

»Das engt die Sache ziemlich ein«, stellte Krause fest. »Ich meine, wenn wir davon ausgehen, dass Meusse Recht hat, nicht wahr?«

»Meusse hat sich in fünfzehn Jahren noch nie geirrt«, sagte Rooth. »Also zwischen Viertel vor zwei und zwei. Dann muss sie ihn fast noch gesehen haben ... Haben wir überprüft, ob sie jemanden gesehen hat?«

»Ja«, sagte Krause. »Negativ.«

»Sie kann es auch selbst gewesen sein«, bemerkte Heinemann. »Wir können das nicht ausschließen. Sechzig Prozent aller ermordeten Männer werden von ihren Ehefrauen getötet.«

»Was sagst du da, verdammt noch mal?«, warf Rooth ein. »Was für ein Glück, dass ich nicht verheiratet bin.«

»Ich meine ...«, sagte Heinemann.

»Wir verstehen, was du meinst«, seufzte Münster. »Wir können Frau Leverkuhns Glaubwürdigkeit gern später diskutieren, aber lasst uns doch bitte zuerst den Laborbericht besprechen, ja?«

Er suchte nach den Unterlagen in der Mappe.

»Es war ja überall alles voll Blut, sowohl im Bett als auch auf dem Boden. Aber irgendwelche direkten Hinweise sind nicht gefunden worden. Keine Fingerabdrücke, außer die des Opfers selbst und vereinzelte alte von seiner Frau – und die einzigen Spuren, die auf dem Boden zu finden waren, stammten auch von ihr ... Abdrücke, die sie hinterließ, als sie hineinging und ihn entdeckte. Die beiden hatten getrennte Schlafzimmer, wie gesagt.«

»Und im Rest der Wohnung?«, fragte Moreno.

»Auch nur ihre.«

»Entschuldigung«, sagte Heinemann. »Aber ist sie wirklich bis ans Bett herangegangen? Das wäre doch nicht notwendig gewesen ... Sie muss doch gesehen haben, dass er tot war, als sie ins Zimmer getreten ist. Man sollte wirklich der Frage nachgehen, ob sie tatsächlich in dieser Art und Weise am Tatort herumtappen musste ...«

Krause unterbrach ihn.

»Sie ist im Dunkeln reingegangen, wie sie behauptet. Erst als sie begriff, dass irgendwas nicht stimmte, ist sie zurückgegangen und hat das Licht angemacht.«

»Aha«, sagte Heinemann.

»Stimmt haargenau mit den blutigen Fußabdrücken überein«, erklärte Münster. »Es mag sonderbar erscheinen, dass der Mörder sich von dort entfernen konnte, ohne irgendwelche Spuren zu hinterlassen, aber Meusse sagt, dass das überhaupt nicht merkwürdig ist. Zwar war der Blutstrom enorm, aber das Blut ist nicht herausgespritzt, das meiste ist erst herausgesickert, als alles schon vorbei war ... sozusagen. Das hängt offensichtlich damit zusammen, welche Ader man zuerst trifft.«

»Altmännerblut«, sagte Rooth, »zähflüssig.«

»Ja, wirklich«, sagte Münster. »Es ist nicht einmal sicher, ob der Mörder überhaupt Blut an den Händen hatte. Jedenfalls nicht besonders viel.«

»Reizend«, sagte Jung. »Wir haben also technisch gesehen nicht eine einzige verfluchte Spur ... wolltest du darauf hinaus?«

»Hrrm«, sagte Münster. »Ja, so sieht's leider aus.«

»Prima«, sagte Rooth. »Dann machen wir jetzt eine kleine Kaffeepause. Sonst versinken wir noch in Depressionen.«

Er sah sich Beifall heischend am Tisch um.

Ein Hauptkommissar wäre gar nicht schlecht, dachte Münster und stand auf.

Aber die Situation war nun einmal so, wie sie war ... Münster lehnte sich zurück und reckte die Arme zur Decke, während Rooth und Frau Katz Becher und die Kuchenplatte herumreichten.

Der Punkt war: Seit gut einem Jahr war der berühmte Hauptkommissar vom Dienst beurlaubt und widmete sich antiquarischen Büchern statt der Polizeiarbeit – und es sprach so einiges dafür, dass er gar nicht daran dachte, jemals wieder zum Korps zurückzukehren.

Eigentlich alles, wenn man ehrlich war. Es war Polizeipräsident Hiller, der auf dem Arrangement »Beurlaubung« bestanden hatte. Van Veeteren selbst war – zumindest soweit Münster es verstanden hatte – vollkommen damit einverstanden gewesen, ein für alle Mal Schluss zu machen. Alle Taue zu kappen.

Und man konnte sagen, dass Münster ihn durchaus ein wenig beneidete. Als er das letzte Mal bei Krantze's war – an einem trüben Nachmittag Mitte September –, hatte er Van Veeteren tief versunken in einem verschlissenen Ledersessel gefunden, ganz hinten zwischen zusammenbrechenden Bücherregalen, mit einem alten Foliant auf den Knien und einem Glas Rotwein auf der Armlehne. Sein friedfertiger Gesichtsausdruck war dem eines tibetanischen Lamas nicht unähnlich gewesen.

Es gab also allen Grund zur Vermutung, dass Van Veeteren einen Schlussstrich gezogen hatte. Wie schon gesagt.

Und Reinhart!, dachte Münster. Kriminalkommissar Reinhart lag seit drei Wochen zu Hause auf dem Teppich und spielte mit seiner acht Monate alten Tochter. Laut eigener Erklärung beabsichtigte er, das bis Weihnachten so zu halten. Ein Entschluss, der – wie es hieß – bei Polizeipräsident Hiller den Speichel aus den Mundwinkeln tropfen und ihn vor Ohnmacht schielen ließ. Zumindest zeitweise.

Von irgendeinem Ersatz war bisher noch nicht die Rede gewesen, für keinen der beiden schwergewichtigen Namen. Wenn sich die Gelegenheit bot, Kosten zu sparen, dann tat man das natürlich. Koste es, was es wolle.

The times they are a-changin', stellte Münster fest und nahm sich einen Kopenhagener.

»Aber die Ehefrau ist jedenfalls irgendwie merkwürdig, oder?«, nahm Krause den Faden wieder auf. »Oder zumindest ihr Verhalten.«

»Zugegeben«, sagte Münster. »Wir müssen mit ihr noch einmal reden ... heute oder morgen. Obwohl, verwunderlich ist es ja nicht, dass sie sich etwas verwirrt verhalten hat.«

»In welcher Hinsicht war sie verwirrt?«, fragte Heinemann.

»Nun ja«, sagte Münster. »Die Zeitangaben stimmen offenbar. Sie ist mit dem angegebenen Zug gefahren, und Samstagnacht war da wirklich eine Panne mit der Stromzufuhr. Der Zug kam erst kurz vor Viertel vor zwei am Zentralbahnhof an, eine Stunde verspätet, also muss sie ungefähr zu dem Zeitpunkt zu Hause gewesen sein, den sie angibt ... Außerdem glaubt einer der Nachbarn sie auch gehört zu haben. Sie findet also ihren Ehemann ein paar Minuten nach zwei ermordet vor, aber sie ruft nicht vor 2.43 Uhr hier an. In der Zwischenzeit war sie unterwegs – um im Revier am Entwick Plejn Meldung zu machen, wie sie behauptet. Sie kehrt jedoch um, als sie sieht, dass dort geschlossen ist ... Ja, darüber kann man sich natürlich so seine Gedanken machen. Ich bitte um Wortmeldungen.«

Es vergingen einige Sekunden.

»Verwirrt«, sagte Rooth dann. »Über alle Maßen verwirrt.«

»An und für sich, ja«, sagte Moreno. »Aber wäre es nicht eher anormal, sich in so einer Situation normal zu verhalten? Obwohl, so hat sie jedenfalls genug Zeit gehabt, das Messer beiseite zu schaffen ... mindestens eine halbe Stunde.«

»Gibt es niemanden, der sie auf ihrem Weg gesehen hat?«, wollte Heinemann wissen.

Münster schüttelte den Kopf.

»Jedenfalls hat sich bisher noch niemand gemeldet. Wie weit sind wir mit dem Klinkenputzen?«

Krause streckte sich.

»Wir werden heute Abend fertig«, erklärte er. »Aber ihre Angaben sind bisher unbestätigt. Und das werden sie wohl auch bleiben, denn es war auf den Straßen ziemlich menschenleer, und es gab auch für niemanden einen Grund, durchs Fenster hinauszustarren. Sie muss aber am Dusarts Café vorbeigekommen sein, und da saßen auf jeden Fall welche drin. Das werden wir heute Abend noch überprüfen. Obwohl, wie gesagt: Es hat geregnet ...«

Münster wechselte das Thema.

»Die Familie«, sagte er. »Drei Kinder. Zwischen vierzig und fünfzig ungefähr. Zwei von ihnen kommen heute beziehungsweise morgen in die Stadt, ich habe mich mit ihnen verabredet. Die älteste Tochter sitzt irgendwo in der Psychiatrie, ich glaube, das hat Zeit … Nein, es gibt wohl niemanden, der glaubt, dass es sich hier um eine Familienangelegenheit handelt, oder?«

»Gibt es jemanden, der überhaupt irgendetwas glaubt?«, knurrte Moreno und blickte in ihren leeren Kaffeebecher.

»Ja«, sagte Rooth. »Meine Theorie ist, dass Leverkuhn ermordet wurde. Womit wir bei seinen Kumpels wären.«

Moreno und Jung berichteten von ihren Hausbesuchen bei Wauters beziehungsweise Palinski, sowie von dem missglückten Versuch, Bonger ausfindig zu machen. Währenddessen betrachtete Münster Morenos Kniegelenke und dachte an Synn.

Rooth aß noch zwei Kopenhagener, und Heinemann polierte seine Daumennägel mit dem Schlips. Münster überlegte, ob diese Stimmung aus schlechter Laune und halbherzigem Engagement eigentlich über der ganzen Gruppe schwebte oder nur ihn allein anging. Das war schwer zu entscheiden, und er gab sich auch keine große Mühe, zu einem endgültigen Schluss zu kommen.

»Dann ist er also verschwunden?«, fragte Rooth, nachdem Moreno und Jung fertig waren. »Ich meine, Bonger.«

Jung zuckte mit den Achseln.

»Jedenfalls war er seit Samstagabend nicht mehr bei sich zu Hause.«

Krause räusperte sich mit einem gewissen Enthusiasmus.

»Aber verdammt noch mal«, sagte er. »Vier alte Knacker, und zwei von ihnen sind weg. Ist doch logisch, dass das irgendwie zusammenhängt. Wenn es ihnen bisher gelungen ist, älter als siebzig zu werden, ist es ja wohl ziemlich unwahrscheinlich, dass einer von ihnen aus natürlichen Gründen genau in der gleichen Nacht verschwindet, in der ein anderer ermordet wird!«

»Aus natürlichen Gründen verschwinden?«, fragte Jung. »Was soll das bedeuten?«

»Und was hat das mit dem Alter zu tun?«, wunderte Heinemann sich und runzelte die Stirn. »Ich habe mir immer eingebildet, dass man eine größere Chance hat zu sterben, je älter man wird. Stimmt das etwa nicht? Ich meine, rein statistisch gesehen...«

Er schaute sich am Tisch um. Niemand schien darauf erpicht zu sein, ihm eine Antwort zu geben. Münster wich seinem Blick aus und schaute stattdessen aus dem Fenster. Stellte fest, dass es wieder angefangen hatte zu regnen. Wie alt ist Heinemann eigentlich?, überlegte er.

»Hrrm«, räusperte Rooth sich. »Es ist natürlich möglich, dass hier ein Zusammenhang besteht. Wissen die anderen Alten, dass Bonger am Samstag nicht nach Hause gekommen ist?«

Jung und Moreno sahen einander an.

»Nein«, sagte Jung. »Zumindest nicht von uns. Sollen wir sie uns mal ein bisschen vornehmen?«

»Wir warten noch«, entschied Münster. »Bis morgen Vormittag... wenn Bonger dann immer noch nicht aufgetaucht ist, geht es wirklich nicht mit rechten Dingen zu. Denn normalerweise ist er doch nie mehr als ein paar Stunden vom Boot weg, oder?«

»Genau«, bestätigte Jung.

Wieder herrschte Schweigen. Rooth kratzte ein paar Krümel von dem geplünderten Teller, und Heinemann ging wieder zu seiner Brille über. Krause schaute auf die Uhr.

»Noch was?«, wollte er wissen. »Was machen wir jetzt? Spekulieren?«

Auch dazu schien keiner rechte Lust zu haben, und schließlich sagte Rooth: »Ein Verrückter, ich wette zwei Knackwürste darauf. Ein Zufallsmord, und das einzige Motiv, das wir jemals dafür finden werden, ist ein zugedröhntes Fixerhirn... oder das von einem Anaboler natürlich. Muss er eigentlich kräftig sein, was sagt Meusse dazu?«

»Nein«, sagte Münster. »Er hat gesagt ... er hat behauptet, bei abgehangenem Fleisch und einem scharfen Messer sind keine besonderen Kräfte vonnöten.«
»O Scheiße, igitt«, sagte Rooth.
Münster sah sich nach weiteren Kommentaren um, aber es kamen keine, und er begriff, dass es an der Zeit war, die Besprechung zu beenden.
»Vermutlich hast du Recht«, sagte er und wandte sich Rooth zu. »Solange wir kein Motiv finden, ist es die wahrscheinlichste Lösung. Sollen wir mal unsere Fühler Richtung Drogendezernat ausstrecken?«
»Tu das«, nickte Moreno. »Einen Fühler, aber keinen von uns.«
»Will mal sehen, was sich machen lässt«, versprach Münster.

Moreno blieb noch eine Weile sitzen, als die anderen schon gegangen waren, und erst da fiel Münster auf, dass er ein Detail vergessen hatte.
»O Scheiße, da ist doch noch was«, sagte er. »Diese Geschichte mit dem Gewinn ... kann da was dran sein?«
Moreno schaute von dem Foto auf, das sie angewidert betrachtet hatte.
»Was meinst du damit?«, fragte sie.
Münster zögerte.
»Vier alte Knacker gewinnen zusammen Geld«, sagte er. »Zwei von ihnen bringen die anderen beiden um, und schwups hat man doppelt so viel.«
Moreno saß eine Weile schweigend da.
»Ach so«, sagte sie dann. »Und du glaubst, dass es auf diese Art abgelaufen ist?«
Münster schüttelte den Kopf. »Nein. Nur diese Frau Gautiers bei Freddy's hat etwas von einem Gewinn gesagt. Sie gibt selbst zu, dass es reine Spekulation ist ... aber trotzdem sollten wir der Sache nachgehen.«
»Lieber das als die Fixer«, sagte Moreno. »Ich werde mich mal darum kümmern.«

Münster lag schon die Frage auf der Zunge, woher ihr heftiger Widerwille gegen das Drogenmilieu eigentlich stammte, als ihm eine Erinnerung kam.

Inspektor Moreno hatte eine jüngere Schwester.

Oder hatte eine gehabt, besser gesagt. Er dachte eine Weile darüber nach. Vielleicht war es ja das, was sie bedrückte. Aber als er ihren gebeugten Rücken und ihre ungekämmten Haare betrachtete, wurde ihm klar, dass da noch mehr dahinter steckte. Etwas ganz anderes. Abgesehen von Synn war Inspektorin Moreno die schönste Frau, mit der er einen so engen Kontakt pflegen durfte. Aber jetzt sah sie plötzlich richtig menschlich aus.

»Was ist denn los mit dir?«, fragte er.

Sie seufzte zweimal tief, bevor sie antwortete.

»Mir geht es ziemlich beschissen.«

»Das sehe ich«, nickte Münster. »Persönliche Probleme?«

Was für ein idiotisches Gespräch, dachte er. Ich klinge ja wie ein geschlechtsloser Beichtvater.

Aber sie zuckte nur mit den Achseln und verzog ihren Mund zu einem ironischen Lächeln.

»Was sonst?«

»Pass auf, wir machen es folgendermaßen«, schlug Münster, der Durchtriebene, vor und schaute auf die Uhr. »Du kümmerst dich um die Alten, während ich mit Ruth Leverkuhn rede ... und danach essen wir gemeinsam Mittag bei Adenaar's. Um ein Uhr. Okay?«

Moreno sah ihn nachdenklich an.

»Okay«, sagte sie. »Aber ich bin im Augenblick keine besonders unterhaltsame Gesellschaft.«

»Das ist doch egal«, erwiderte Münster. »Wir können uns immer noch übers Essen unterhalten.«

9

»Und was soll daran so merkwürdig sein?«

Die große, kräftige Frau betrachtete Rooth drohend unter ihrem Pony, und ihm kam plötzlich der Gedanke, dass er bei einem Kampf Mann gegen Mann vermutlich keine Chance haben würde. Jedenfalls nicht ohne Waffen.

»Meine liebe Frau Van Eck«, sagte er dennoch und nahm einen Schluck des dünnen Kaffees, den der Ehemann auf ihren ausdrücklichen Befehl hin zubereitet hatte. »Das müssen Sie doch verstehen? Eine unbekannte Person dringt ins Haus ein, die Treppe hinauf, bei Leverkuhns in die Wohnung. Er – oder auch sie – sticht auf Herrn Leverkuhn achtundzwanzig Mal ein. Und zwar da oben ...«

Er zeigte zur Decke hin.

»... weniger als sieben Meter von Ihrem Küchentisch entfernt. Der Mörder rennt durch die Tür hinaus, die Treppe wieder hinunter und verschwindet. Und Sie bemerken nicht das Geringste. Das ist es, was ich merkwürdig nenne!«

Jetzt langt sie mir eine, dachte er und stemmte sich schon mal gegen die Tischkante, um gegebenenfalls schnell auf die Beine zu kommen, aber offenbar hatte sie sein vorwurfsvoller Tonfall aus dem Gleichgewicht gebracht.

»Ja, aber ... Herr Wachtmeister ...«

»Inspektor«, unterbrach sie Rooth. »Inspektor Rooth.«

»Ach, wirklich? Ja, wie dem auch sei, wir haben aber wirklich nichts bemerkt, weder ich noch Arnold. Das Einzige, was wir in der Nacht gehört haben, waren diese Bumsmaschinen, der Neger und seine Hure ... nicht wahr, Arnold?«

»Ja, ja«, bestätigte Arnold Van Eck und rieb sich nervös die Handinnenflächen.

»Und das haben wir doch auch schon gesagt, Ihnen und diesem anderen Polizeimenschen da, wie er auch heißen mag. Warum kümmern Sie sich nicht um den, der es getan hat, statt hier dauernd angerannt zu kommen? Wir sind ehrliche Menschen.«

Daran zweifle ich auch keine Sekunde, dachte Rooth. Nicht eine einzige. Er beschloss, die Taktik zu ändern.

»Und die Tür?«, fragte er. »Was ist mit der Tür? Die ist also immer offen, oder?«

»Nein«, sagte Frau Van Eck. »Die kann auch geschlossen gewesen sein, aber das ist so ein Mistschloss ...«

»Das kann man doch aufpissen«, piepste Arnold Van Eck überraschend und kicherte dazu.

»Halt die Klappe!«, erklärte seine Frau. »Gieß lieber noch mal Kaffee nach! Ja, das ist wirklich ein Mistschloss, aber ich nehme an, dass die Tür sowieso einen Spalt offen war, damit Mussolini reinkommen konnte.«

»Mussolini?«, wiederholte Rooth.

»Ja, der hat bestimmt wie immer draußen rumgebumst. Ich begreife nicht, dass sie diesen Teufel nicht schon lange kastriert hat.«

»Das ist ein Kater«, erklärte Arnold Van Eck.

»So schlau ist er ja wohl selber!«, fauchte Frau Van Eck. »Ja, also, sie hat bestimmt diesen Klotz in der Tür gehabt, das macht sie meistens.«

»Jaha«, sagte Rooth und zeichnete eine Katze auf seinen Block, während er sich gleichzeitig daran zu erinnern versuchte, wann er das letzte Mal auf eine derart vulgäre Frau gestoßen war. Er konnte sich nicht erinnern. Bei der vorangegangenen Befragung war außerdem herausgekommen, dass sie einen großen Teil ihres Lebens als Lehrerin auf einer Mädchenschule verbracht hatte, es gab also allen Grund sich zu wundern.

»Was halten Sie davon?«, fragte er.

»Wovon?«, fragte Frau Van Eck zurück.

»Von dem Mord«, erklärte Rooth. »Was glauben Sie, wer es getan haben könnte?«

Sie sperrte ihren Mund auf und warf zwei, drei Kekse hinein. Ihr Mann räusperte sich, kam aber nicht zum Zuge.

»Ausländer«, sagte sie kurz und spülte die Kekse mit einem Schluck Kaffee hinunter. Stellte die Tasse mit einem Klirren hin. »Ja, wenn Sie einen guten Rat haben wollen, dann gucken Sie sich mal bei den Ausländern um.«

»Wieso das?«, fragte Rooth.

»Begreifen Sie denn nicht? Das ist doch die Tat eines Wahnsinnigen! Oder von irgendwelchen Jugendsekten, ja, ja, da finden Sie den Mörder. Man braucht sich doch nur mal umzugucken.«

Rooth dachte nach.

»Haben Sie Kinder?«

»Ne, stellen Sie sich vor, die haben wir nicht«, fauchte Frau Van Eck und sah ihn wieder drohend an.

Das ist gut, dachte Rooth. Genetische Selbstsanierung.

»Danke«, sagte er. »Ich will Sie nicht weiter belästigen.«

Mussolini lag auf dem Rücken auf der Elektroheizung und schnarchte.

Rooth hatte noch nie eine so große Katze gesehen und setzte sich bewusst so weit weg von ihr aufs Sofa wie möglich.

»Ich habe mit dem Ehepaar Van Eck geredet«, erklärte er.

Leonore Mathisen lachte.

»Sie meinen wohl, Sie haben mit Frau Van Eck geredet?«

»Hmm«, nickte Rooth. »Schon möglich. Ja, also, wir brauchen noch ein paar Zusatzinformationen ... wollen wissen, ob Ihnen hinsichtlich der Mordnacht noch etwas eingefallen ist, jetzt, nachdem einige Zeit vergangen ist.«

»Ich verstehe.«

»Eine Sache, die uns verblüfft, ist die Tatsache, dass niemand etwas gehört hat. Sie zum Beispiel, Frau Mathisen, haben doch Ihr Schlafzimmer fast direkt über dem der Leverkuhns, aber Sie sind eingeschlafen, um ...«

Er blätterte seinen Block um und schien in seinen Notizen zu suchen.

»Um halb eins, ungefähr.«

Stimmt, stellte Rooth fest. Im Grunde genommen war Leonore Mathisen nicht sehr viel kleiner als Frau Van Eck, stellte er außerdem fest, aber das Rohmaterial war irgendwie ein anderes. Wie ein ... wie ein Johannisbeerstrauch gegen einen Granitblock, jedenfalls so ungefähr. Obendrein trug der Johannisbeerstrauch glatte, eigenhändig gefärbte Kleider in Rot, Gelb und Lila sowie geflochtene Haarbänder in den gleichen Farben. Während der Granitblock graubraun und mindestens ein Vierteljahrhundert älter gewesen war.

»Ich habe ihn kommen hören, wie schon gesagt. Kurz vor zwölf, glaube ich. Dann habe ich den Radiowecker angestellt und Musik gehört bis ... ja, bis ich wohl so nach einer halben Stunde eingenickt bin, das nehme ich jedenfalls an.«

»Ist er allein zurückgekommen?«, fragte Rooth.

Sie zuckte mit den Schultern.

»Keine Ahnung. Ich weiß nicht einmal, ob er es wirklich war. Ich habe nur jemanden auf der Treppe gehört, und eine Tür, die geöffnet und wieder zugemacht wurde .... Ja, natürlich, es war ihre Tür, da bin ich mir ganz sicher.«

»Keine Stimmen?«

»Nein.«

Rooth schlug eine Seite auf seinem Block um.

»Wie war er so?«, fragte er. »Leverkuhn, meine ich.«

Sie begann an einer der dünnen Holzperlen zu zupfen, die sie in Unmengen um den Hals trug, während sie ihre Worte abwog.

»Ja, ich weiß nicht so recht«, sagte sie. »Eigentlich ganz höflich, denke ich. Hat immer freundlich gegrüßt ... war immer ziemlich fesch und ordentlich, hat sich zwar ab und zu mit seinen Freunden ein Glas zuviel genehmigt, aber nie so viel, dass es unangenehm wurde. Aber ich habe ihn natürlich nur beim Weggehen und Wiederkommen gesehen. Sozusagen.«

»Seit wann wohnen Sie schon hier im Haus?«

Sie rechnete nach.

»Seit elf Jahren«, sagte sie. »Die Leverkuhns wohnen bestimmt schon doppelt so lange hier.«

»Und sein Verhältnis zu seiner Frau?«

Wieder zuckte sie mit den Achseln.

»Wie das so üblicherweise ist, nehme ich an. Alte Menschen,

die ihr ganzes Leben lang zusammen gelebt haben ... Sicher war sie manchmal etwas herrisch, aber mein Vater hatte es da schlimmer.«

Sie musste lachen.

»Sind Sie verheiratet, Herr Inspektor?«

»Nein«, musste Rooth zugeben, »ich bin ledig.«

Plötzlich lachte sie laut auf. Der schwere Busen wippte, und Mussolini wachte mit einem Ruck auf. Rooth war klar, dass er noch nie mit einer Frau dieses Umfangs geschlafen hatte, und ein paar Augenblicke lang – während ihre Lachsalve abebbte und Mussolini sich zum Flur hin schleppte – versuchte er sich vorzustellen, was für ein Gefühl das wohl wäre.

Dann ging er lieber wieder zur Tagesordnung über.

»Hatten sie viel Besuch?«, fragte er.

Sie schüttelte den Kopf.

»Oft Gäste?«

»Nein, fast nie. Jedenfalls nicht, soweit ich es bemerkt habe ... und schließlich wohnen sie ja direkt unter meinen Füßen, und ich muss sagen, meistens ist es da unten still wie im Grab, auch wenn beide zu Hause sind. Das Einzige, was man in diesem Haus hört, das sind die jungen Leute, die wohnen ...«

»Ich weiß«, unterbrach Rooth sie. »Und so war es an dem bewussten Abend wohl auch?«

»Ja, ganz genauso war es an dem Abend auch«, wiederholte sie und strich sich gedankenverloren mit dem Zeigefinger über ihren nackten Unterarm.

Dann lächelte sie und entblößte dabei vierundzwanzig tadellose Zähne. Mindestens.

Mein Gott! Rooth spürte, wie ihm die Hitze in die Wangen stieg. Die will mich vernaschen, dachte er. Jetzt sofort.

Am besten, ich haue hier ab, bevor ich die Bestie wecke!

Er kam auf die Beine, bedankte sich für das Gespräch und nahm den gleichen Weg wie Mussolini.

Die Bumsmaschinen – gemäß einem handgeschriebenen Zettel am Briefschlitz Tobose Menakdise und Filippa de Booning –

reagierten nicht auf das Klingeln, und als er sein Ohr an die Tür legte, konnte er nicht das geringste Geräusch aus der Wohnung vernehmen. Woraus er den Schluss zog, dass niemand zu Hause war, und ein Fragezeichen auf seinem Block verzeichnete. Dann ging er stattdessen zurück in den dritten Stock, zu Herrn Engel.

Ruben Engel war mindestens fünfundsechzig Jahre alt und wurde von einer fleischigen roten Nase geprägt, die so hervorstechend war, dass er Rooth an einen Papagei erinnerte, den dieser auf einem Stoffbild über seinem Bett irgendwann in frühen Kindheitstagen gehabt hatte. Er konnte nicht sagen, ob das Aussehen – das von Herrn Engel, nicht das des Papageis natürlich – mit übermäßigem Alkoholgenuss zusammenhing oder andere medizinische Ursachen haben könnte, aber auf jeden Fall wurde er sogleich an den Küchentisch eingeladen, zu einem kleinen Glühwein.

Es sei so verflucht feucht in der Wohnung, erklärte Engel, und dass er den Tag deshalb immer mit einem warmen Getränk beginne.

Um gesund zu bleiben, nur deshalb.

Ansonsten sah es ziemlich sauber aus, stellte Rooth wohlwollend fest. Ungefähr so wie bei ihm zu Hause. Abwasch von ein paar Tagen. Zeitungen von ein paar Wochen und eine zirka monatsdicke Staubschicht auf Fensterbrett und Fernsehapparat.

»Also, es geht natürlich um Herrn Leverkuhn«, begann Rooth und nahm einen Schluck von dem dampfenden Getränk. »Sie sagten Samstagnacht, dass Sie ihn ein wenig kannten. Dass Sie ein bisschen miteinander bekannt waren?«

Engel nickte.

»Nur eben wie gute Nachbarn«, erklärte er. »Wir haben ja seit mehr als zwanzig Jahren hier im gleichen Haus gewohnt. Manchmal sind wir zusammen zum Fußball gegangen. Manchmal haben wir zusammen mal was getrunken.«

»Ah ja«, sagte Rooth. »Wie oft?«

»Na, Fußball wohl einmal im Jahr«, sagte Engel. »Man wird

ja älter. Da sind immer so viele Hooligans. Ein Gläschen ab und zu. Meistens bin ich dann da hinten bei Gambrinus, aber da nehme ich immer Faludi mit.«

»Wer ist Faludi?«

»Ein alter Arbeitskollege. Araber, aber ein verdammt netter. Wohnt ein Stück weiter hier im Viertel. Prost.«

»Prost«, sagte Rooth.

»Sind Sie denn nicht im Dienst?«

»Wenn ich trinke, nie«, sagte Rooth. »Haben Sie noch mal über den Samstagabend nachgedacht, wie ich Sie gebeten habe?«

»Äh...? Ja...«, sagte Engel und leckte sich die Lippen.

»Aber mir ist nichts eingefallen, was ich nicht schon gesagt hätte.«

»Sie haben also nichts gehört, und Ihnen ist nichts Merkwürdiges aufgefallen?«

»Nein, gar nichts. Ich bin so gut und gern gegen halb zwölf nach Hause gekommen und dann sofort ins Bett gekrochen. Habe unserem Liebespaar noch eine Weile zugehört und bin dann wohl so gegen Mitternacht eingeschlafen ... das ist gar keine so schlechte Gute-Nacht-Musik für so einen alten Wichser, wie mich, das kann ich dem Inspektor sagen. Hehe.«

Er verdrehte die Augen und zündete sich eine Zigarette an.

Rooth seufzte.

»Und sonst nichts?«

»Keinen Pups, wie gesagt.«

»Was glauben Sie, wer könnte es getan haben?«, fragte Rooth.

Das war eine alte Van-Veeteren-Regel. Frage immer die Leute, was sie glauben! Einerseits reißen sie sich zusammen, wenn ihnen erlaubt wird, ihre eigene Meinung zu sagen. Und andererseits besteht eine verflucht hohe Chance, dass, wenn drei von fünf das Gleiche glauben, sie auch Recht damit haben.

Manchmal gilt das sogar schon bei zwei von fünf.

Engel rauchte und überlegte. Rieb sich die Nase und trank noch ein bisschen Glühwein.

»Das war keiner hier aus dem Haus«, sagte er schließlich. »Und auch keiner von seinen Kumpels. Das muss irgendein dahergelaufener Irrer gewesen sein.«

Rooth kratzte sich im Nacken.

»Wissen Sie, ob er irgendwelche Feinde hatte oder Leute, die ihm nicht wohlgesinnt waren?«

»Absolut nicht«, sagte Engel. »Leverkuhn, der war in Ordnung.«

»Und seine Frau?«

»Eine gute Frau«, sagte Engel lakonisch. »'n bisschen nörgelig, aber so sind sie ja alle. Sind Sie verheiratet?«

»Nein«, antwortete Rooth und leerte sein Glas. »Dazu ist es nie gekommen.«

»Bei mir auch nicht«, sagte Engel. »Mir ist es nie gelungen, eine Frau länger als drei Stunden zu halten.«

Rooth spürte, dass er es hier mit einem Seelenverwandten zu tun hatte, hütete sich aber davor, die Gemeinsamkeiten zu vertiefen.

»All right«, sagte er stattdessen. »Erst mal vielen Dank. Wir lassen wahrscheinlich noch mal von uns hören.«

»Ich hoffe, Sie lösen den Fall«, sagte Engel. »Es laufen heutzutage einfach zu viele Mörder frei herum.«

»Wir werden sehen«, sagte Rooth.

Jedenfalls hat es niemanden besonders hart getroffen, dachte er, als er wieder im Treppenhaus stand. Und wenn es wirklich ein Irrer war, mit dem man es hier zu tun hatte – ein dahergelaufener Irrer – ja, dann müsste man doch eigentlich zumindest Zeichen einer gewissen Vorsicht und Angst vorfinden. Aber dem war ganz offensichtlich nicht so – jedenfalls, wenn man die Abschiedsworte von Herrn Engel nicht allzu wörtlich nahm. Aber vielleicht hatten sich die Leute ja auch einfach mit der Zeit schon genauso an Gewalttaten und Perversitäten gewöhnt wie er selbst. Wundern müsse man sich nicht, dachte Rooth finster.

Er war gerade aus der Haustür getreten, als er von einem

bärtigen Mann um die fünfunddreißig mit Block und Stift in der Hand angesprochen wurde.

»Bejman, vom Neuwe Blatt«, erklärte dieser. »Haben Sie ein paar Minuten Zeit?«

»Nein«, sagte Rooth.

»Nur für ein paar kurze Fragen?«

»Nein.«

»Warum nicht?«

»Weil Sie schon alles erfahren haben.«

»Aber irgendwas Neues müssen Sie inzwischen doch herausgekriegt haben?«

»Hm«, sagte Rooth und schaute sich um. »Nicht offiziell.«

Bejman beugte sich vor, um besser hören zu können.

»Wir suchen nach einem rothaarigen Zwerg.«

»Einem rothaarigen ...?«

»Ja, aber verdammt, schreiben Sie nichts darüber. Wir sind uns noch nicht hundertprozentig sicher.«

Er beobachtete zwei Sekunden lang das Stirnrunzeln auf der waschbrettgewellten Stirn des Reporters. Dann eilte er quer über die Straße und sprang in sein Auto.

Das hätte ich nicht sagen sollen, dachte er.

10

Im Roten Moor dominierten Stuckverzierungen, trübe Kronleuchter und geflissentliche Frauen. Münster ließ sich im Schatten eines eichenvertäfelten Flügels nieder und hoffte, dass der Pianist keine Mittagsschicht machte. Während er dort saß und wartete und durch die nassen Fensterscheiben auf den Salutorget und das einsetzende Menschentreiben draußen schaute, begann er auch zum ersten Mal in diesem Fall ein Gefühl der Konzentration zu entwickeln.

So lief es immer. Es dauerte jedes Mal seine Zeit, bis die erste Abneigung verschwand, einen Tag oder ein paar Tage, bis er in der Lage war, die unmittelbare Abwehr gegen die Tat abzuschütteln, die immer anfangs vorhanden war, der Startschuss und der Eröffnungszug bei jedem neuen Fall. Bei jedem neuen Arbeitsauftrag.

Und der Ekel. Immer dieser Ekel. Am Anfang seiner Karriere, als er fast seine gesamte Dienstzeit in nachtklammen Überwachungswagen oder bei trostlosen Beschattungsunternehmungen und Türklinkenputzaktionen verbracht hatte, hatte er geglaubt, das würde vorübergehen, wenn er nur erst einmal gelernt hatte, den Widrigkeiten ins Auge zu sehen, aber mit den Jahren hatte er einsehen müssen, dass das nicht der Fall war. Eher im Gegenteil: Je älter er geworden war, umso wichtiger erschien es ihm, sich selbst zu schützen und die Dinge auf Distanz zu halten. Und erst wenn die anfänglichen Wogen der Abscheu sich langsam legten, abebbten, hatte es Sinn, sich dem Ganzen intensiver zuzuwenden, genau zu prüfen und zu versuchen, sich in die Natur der Straftat hineinzuvertiefen. In ihren wahrscheinlichen Hintergrund. Die Ursachen und Motive.

Den Kern des Ganzen, wie Van Veeteren es nannte.

Das Muster.

Einen Teil dieser Strategien hatte sicher der Hauptkommissar ihm vermittelt, aber bei weitem nicht alle. Während der letzten Jahre – der letzten Fälle – war Van Veeterens Abscheu größer gewesen als sein eigener, das konnte er mit Sicherheit sagen. Obwohl das vielleicht auch nur das gute Recht des Alters war, dachte Münster. Des Alters und der Weisheit.

Schwer zu sagen. Es war sicher auch im letzten Jahr des Hauptkommissars eine Art Muster zu finden. Und in seinem jetzigen Dasein zwischen all diesen Büchern. Dieses Unergründliche, das die *Determinanten* genannt wird und mit dem Münster nie so richtig zurecht gekommen war. Er hatte nie begriffen, was es eigentlich beinhaltete. Aber vielleicht würde er das auch noch entdecken. Zeit und Trägheit waren nicht allein das Spielbrett des Vergessens, manchmal auch das der langsamen Erkenntnis. Wirklich.

Aber nun zu Waldemar Leverkuhn.

77

Münster stützte seinen Kopf auf die Hände.
Ein zweiundsiebzigjähriger Rentner wird im Schlaf getötet. Brutal ermordet mit einer haarsträubenden Anzahl an Messerstichen – sinnlose Gewaltanwendung, wie man so sagt, ein zweifelhafter Terminus natürlich, aber hier hatte er vielleicht seine Berechtigung.
Warum?
Warum, zum Teufel, alle diese Messerstiche?
Eine Kellnerin mit weißem Häubchen hustete diskret, aber Münster bat sie, noch mit der Bestellung warten zu dürfen, bis seine Begleitung kam, und daraufhin zog sie sich zurück. Er drehte dem Lokal den Rücken zu und betrachtete stattdessen zwei Tauben, die draußen auf dem nassen Fensterbrett hin und her trippelten, während er versuchte, sich Leverkuhns zerhackten Körper vor seinem inneren Auge vorzustellen.
Achtundzwanzig Stiche. Worauf deutete das hin?
Das lag auf der Hand. Auf Wut natürlich. Besinnungslose Raserei. Die Person, die dem armen Alten ein Ende bereitet hatte, hatte das in einem Zustand vollkommener Kontrolllosigkeit getan. Es hatte keinen Grund gegeben, nach den ersten vier, fünf Hieben mit der Stecherei weiterzumachen, wenn man nur darauf aus war, das Opfer zu töten. Meusse hatte sich in diesem Punkt eindeutig ausgedrückt: die letzte halbe Minute – die letzten fünfzehn, zwanzig Messerstiche – waren ein Ausdruck für etwas anderes als den Willen zu töten.
Raserei? Wahnsinn? Rache und Vergeltung möglicherweise? Ein lange gehegter alter Hass, der jetzt endlich seine eruptive Erlösung fand?
Letzteres war natürlich reine Spekulation, aber sie war logisch, und es gab nichts, was ihr widersprach.
Die Spekulation, dass es ein tief verborgenes Motiv gab nämlich.
Münster klopfte an die Scheibe, und die Tauben erhoben sich mit trägen Flügeln.
Es gab natürlich auch nichts, was Rooths Theorie von einem verrückten Fixer widersprach. Keinen Hauch.

Gehupft wie gesprungen, dachte Münster.

Ruth Leverkuhn tauchte zehn nach zwölf auf, zehn Minuten verspätet, eine Tatsache, die sie lang und breit bedauerte und für die sie sich ausführlich entschuldigte. Sie war ein bisschen spät losgekommen. Viel Verkehr, und dann hatte sie einfach keinen Parkplatz finden können, weder auf dem Markt noch unten in Zwille, jetzt stand sie auf Anckers Steeg und hatte nur für eine halbe Stunde Geld eingeworfen. Sie hoffte, das würde reichen.

In Anbetracht dessen, was sie zu besprechen hatten, nahm Münster diese trivialen Informationen mit unverhohlener Verwunderung auf. Er beobachtete verstohlen, wie sie ihren braunen Mantel über den freien Stuhl am Tisch legte, wie sie umständlich Zigaretten und ein Feuerzeug aus der Handtasche hervorkramte, wie sie ihre Brille auf der Nase und die Plastikblumen auf dem Tisch zurechtrückte.

Sie war ungefähr in seinem Alter, aber ziemlich übergewichtig und erschöpft. Das braun gefärbte, schulterlange Haar hing wie eine traurige, ungewaschene Gardine um ihr bleiches Gesicht. Unruhe und Unsicherheit umgaben sie fast wie ein schlechter Körpergeruch, und erst als sie sich eine Zigarette anzündete, unterbrach sie ihr nervöses Geplapper.

»Haben Sie mit Ihrer Mutter gesprochen?«, fragte Münster.

»Ja.« Sie nickte, zog an der Zigarette ohne zu inhalieren und betrachtete ihre Fingernägel. »Ja, ich habe sie gleich angerufen, nachdem ich mit Ihnen gesprochen habe. Das Ganze ist schrecklich, ich begreife es nicht. Als ich mit dem Auto hierher fuhr, hatte ich das Gefühl, als wäre das Ganze nur ein Traum, ein Albtraum, meine ich. Aber es stimmt also wirklich? Dass jemand ihn getötet hat ... ermordet? Stimmt das?«

»Nach allem zu urteilen, ja«, sagte Münster.

»Aber das ist ja einfach ... zu schrecklich«, wiederholte sie und zog wieder hastig an ihrer Zigarette. »Warum nur?«

»Das wissen wir nicht«, sagte Münster. »Ich würde Ihnen gern ein paar Fragen stellen, wenn Sie nichts dagegen haben?«

Sie nickte und rauchte. Die Kellnerin kam zu ihnen und nahm die Bestellung auf: Café au lait für Frau Leverkuhn, einen Schwarzen für den Kommissar. Er zog seinen Block heraus und legte ihn vor sich auf den Tisch.

»Hatten Sie eine gute Beziehung zu Ihrem Vater?«, fragte er.

Sie zuckte zusammen.

»Was meinen Sie damit?«

»Genau was ich frage«, sagte Münster. »Ob Sie eine gute Beziehung zu ihm hatten.«

»Ja ... schließlich war er mein Vater.«

»Es kommt schon vor, dass Kinder zu ihren Eltern ein schlechtes Verhältnis haben«, beharrte Münster.

Sie zögerte. Kratzte sich hastig am Rand der linken Brust und rauchte.

»Wir hatten in letzter Zeit nicht viel Kontakt miteinander.«

»In letzter Zeit?«

»Seit ich erwachsen bin, kann man wohl sagen ...«

»So seit zwanzig, fünfundzwanzig Jahren?«, fragte Münster.

Sie antwortete nicht.

»Warum?«, fragte Münster.

»Es ergab sich einfach so.«

»War das bei Ihren Geschwistern genauso?«

»Im Großen und Ganzen.«

»Wie oft haben Sie denn Ihre Eltern gesehen?«

»Na, wohl ein paar Mal.«

»Einmal im Monat?«

»Wohl eher einmal im Jahr.«

»Einmal im Jahr?«

»Ja ... zu Weihnachten, aber nicht immer. Vielleicht finden Sie ja, dass das komisch klingt, aber die Alten haben auch keine Initiative ergriffen. Wir haben uns ganz einfach nicht verstanden. Warum soll man Konventionen aufrechterhalten, wenn keine der Seiten daran interessiert ist?«

»... ich bin lesbisch«, fügte sie überraschend hinzu.

»Ach so«, sagte Münster. »Und was hat das mit der Sache zu tun?«

»Das weiß ich auch nicht«, sagte Ruth Leverkuhn. »Aber die Leute reden doch so viel.«

Münster betrachtete eine Weile die Tauben, die zurückgekommen waren. Ruth Leverkuhn nahm zwei Löffel Zucker in den Kaffee und rührte ihn um.

»Wann haben Sie Ihren Vater das letzte Mal gesehen?«

Sie drückte ihre Zigarette aus und suchte gleich nach einer neuen, während sie überlegte.

»Das ist jetzt wohl fast zwei Jahre her«, stellte sie fest.

»Und Ihre Mutter?«

»Genauso. Wir waren zu Weihnachten da ... vor zwei Jahren.«

Münster machte sich Notizen.

»Haben Sie irgendeine Idee, was passiert sein könnte?«, fragte er. »Hatte Ihr Vater irgendwelche Feinde ... Leute, die ihn vielleicht schon seit langer Zeit kannten und etwas gegen ihn hatten?«

»Nein ...« Sie fuhr sich mit der Zunge über die Oberlippe und versuchte nachdenklich auszusehen. »Nein, ich habe wirklich keine Ahnung.«

»Andere Verwandte?«

»Nur Onkel Franz ... aber der ist vor ein paar Jahren gestorben.«

Münster nickte.

»Und wie war das Verhältnis zwischen Ihrer Mutter und Ihrem Vater?«

Sie zuckte mit den Schultern.

»Die haben zusammengehalten.«

»Ja, offenbar«, sagte Münster. »Hatten sie einen großen Bekanntenkreis?«

»Nein ... nein, fast gar keinen, glaube ich.«

Münster dachte eine Weile nach.

»Wollen Sie jetzt anschließend zu Ihrer Mutter fahren?«

»Ja«, antwortete Ruth Leverkuhn. »Natürlich will ich das. Was haben Sie denn gedacht?«

Die letzte Konvention, dachte Münster.

»Was arbeiten Sie?«
»Ich arbeite als Verkäuferin in einem Geschäft.«
»In Wernice?«
»Ja.«
»Was haben Sie am Samstagabend gemacht?«
»Warum fragen Sie das?«
»Was haben Sie gemacht?«
Sie zog ein Papiertaschentuch heraus und wischte sich den Mund ab.
»Ich war zu Hause.«
»Wohnen Sie allein?«
»Nein.«
»Mit einer Freundin zusammen?«
»Ja.«
»Und sie war auch zu Hause am Samstagabend?«
»Nein, das war sie nicht, warum stellen Sie diese Fragen?«
»Wissen Sie noch, was Sie Ihrer Mutter vor fünfzehn Jahren zu Weihnachten geschenkt haben?«
»Wie bitte?«
»Ihr Weihnachtsgeschenk«, wiederholte Münster, »neunzehnhundertzweiundachtzig?«
»Wie sollte ich ...?«
»Ein Fleischmesser«, sagte Münster. »Stimmt's?«
Er sah, dass ihre Gesichtsmuskeln zu zucken begannen, und er konnte sich denken, dass es bis zum Weinen nicht mehr weit war. Was mache ich hier eigentlich, verdammt noch mal?, dachte er. In diesem Job wird man zum Sadisten.
»Warum ...?«, stammelte sie. »Ich verstehe nicht, was Sie damit sagen wollen. Was soll diese Frage nach ...?«
»Reine Routine«, sagte Münster. »Nehmen Sie es nicht persönlich. Bleiben Sie die Nacht über hier?«
Sie schüttelte den Kopf.
»Ich glaube nicht. Ich werde wohl heute Abend zurückfahren ... es sei denn, dass Mama mich bei sich haben will.«
Warum sollte sie das wollen?, dachte Münster. Dann schlug er seinen Block zu und streckte eine Hand über den Tisch.

»Vielen Dank, Frau Leverkuhn«, sagte er. »Es tut mir Leid, dass ich Sie in dieser schwierigen Zeit quälen musste, aber wir wollen doch alle, dass der Mörder Ihres Vaters gefasst wird, nicht wahr?«

»Ja ... ja, natürlich.«

Sie gab ihm für eine halbe Sekunde lang vier kalte Finger. Münster schob seinen Stuhl zurück und stand auf.

»Ich glaube, Sie schaffen es noch rechtzeitig zur Parkuhr.«

Sie warf einen Blick auf ihre Uhr, stopfte hastig Zigaretten und Feuerzeug in die Handtasche und sprang auf.

»Danke«, sagte sie. »Ich hoffe ...«

Er würde nie erfahren, was sie hoffte. Stattdessen versuchte sie, ein Lächeln hervorzubringen, aber als ihr das nicht gelingen wollte, drehte sie sich auf den Hacken um und verließ ihn.

Ja ja, dachte Münster und winkte die Kellnerin zu sich. Wieder so eins von diesen Gesprächen.

Der Extrakt eines Lebens in zwanzig Minuten. Wie kommt es nur, dass das Leben anderer sich so glasklar darstellt, während das eigene sich hartnäckig jeder Bewertung und Reflexion entzieht?

Er wusste es nicht. Eine von diesen Fragen.

11

Nachdem Marie-Louise Leverkuhn sich ausgeweint hatte – ein verhältnismäßig kurz anhaltender Gefühlsausbruch nur weniger Minuten – nahm Emmeline von Post den Arm von der Schulter der Freundin und schlug vor, doch am Fluss entlang einen Spaziergang zu machen. Das Wetter war gar nicht so schlecht, sicher, der eine oder andere Schauer war im Laufe des Tages zu erwarten, aber es gab Regenzeug und Gummistiefel. Für beide.

Frau Leverkuhn putzte sich die Nase und lehnte dankend ab. Sie blieb noch einen Moment am Küchentisch sitzen – wie ein verletzter, verlebter Vogel, kam ihrer Gastgeberin in den Sinn –

und erklärte schließlich, dass sie sich trotz allem noch ein wenig ausruhen müsste, bevor sie ihre Kinder treffen würde. Die Tochter Ruth wurde ja bereits zur Mittagszeit erwartet, und es war nicht ganz klar, wer eigentlich wen stützen musste.

Emmeline verstand die letzten Worte nicht so recht, machte aber weiterhin gute Miene zum bösen Spiel und gab dem Willen der frisch gebackenen Witwe nach. Sie beschloss stattdessen, allein einen kürzeren Spaziergang zu unternehmen – zur Post und ins Einkaufszentrum, um das eine und andere einzukaufen, das jetzt gebraucht wurde, wo mehrere Mäuler zu stopfen waren.

Und so konnte Marie-Louise ganz ungestört tun und lassen, was sie wollte. Während sie auf die Kinder wartete.

Emmeline von Post machte sich auf den Weg, sobald das Frühstücksgeschirr abgewaschen war, kurz vor elf Uhr, und als sie mit ihren Tüten eine Dreiviertelstunde später zurückkam, war Marie-Louise Leverkuhn verschwunden. Die Tür zu Marts Zimmer stand einen Spalt weit offen, allem Anschein nach hatte sie also nicht versucht, ihr Verschwinden zu verbergen. Aber es lag nirgends eine Nachricht, weder im Zimmer noch sonst irgendwo. Nun ja, dachte Emmeline, während sie die Einkäufe – je nach Art und Beschaffenheit – in der Speisekammer oder dem Kühlschrank verstaute. Sie ist sicher nur rausgegangen, um ein paar Briefmarken zu kaufen oder so.

Sie kommt bestimmt gleich zurück.

Deshalb holte sie einen Kuchen aus dem Gefrierschrank, stellte die Kaffeemaschine an und ließ sich mit einer Zeitung am Küchentisch nieder.

Und wartete.

Auf den Fluss stieß sie in Höhe des zusammengezimmerten Clubhauses des Ruderclubs MECC, wo ein paar Jugendliche dabei waren, die Farbe von den die Fensterrahmen zu kratzen. Sie zögerte eine Weile, bis sie dann nach Westen ging, den weichen Reit- und Fußweg entlang durch den Laubwald. Fast sofort kam ihr ein feuchtkalter Wind von dem dunklen Wasser entgegengefegt, und sie wickelte sich ihr Tuch fester um den Kopf. Gern hätte sie stattdessen eine Mütze gehabt, schob die Hände in die Manteltaschen und drückte sich das Päckchen fester unter den Arm.

Sie war diesen Weg schon früher entlanggegangen – zwei-, dreimal im Sommer in Gesellschaft von Emmeline –, und in Gedanken überlegte sie, wie es wohl ein Stück weiter vorne aussah. Sie versuchte sich daran zu erinnern, ob es eine Stelle gab, die besser geeignet und unzugänglicher war als alle anderen, ohne jedoch auf eine eindeutige Antwort zu kommen. Es war, wie es war, das Gelände entlang des Flusses, sumpfig, voller Gestrüpp und ohne direkte Bebauung, aber wirklich ideal konnte es natürlich nicht sein. Das hatte sie schon vorher gewusst und eingesehen – wo es nun mal keine Gelegenheit zum Verbrennen gab, was natürlich das Beste gewesen wäre.

Sie war erst ein paar hundert Meter weit gekommen, als ihr kaputtes Knie sich bemerkbar machte – die charakteristischen Stiche und ziehenden Schmerzen spürte sie bald jedes Mal, wenn sie den rechten Fuß auf den losen Sand setzte, und ihr war klar, dass es zu riskant war, noch sehr viel weiter zu gehen.

Außerdem gab es wahrscheinlich gar keine bessere Möglichkeit. Das Flussufer war von Erlen und anderem Wildwuchs bedeckt, und der Schilfgürtel streckte sich weit hin, teilweise bis zu über fünfzig Meter. Sie konnte sich kaum mehr wünschen. Bei der ersten Abzweigung blieb sie stehen und schaute sich um. Kein Mensch zu sehen. Sie bog auf den lehmigen Pfad hinunter zu einem Anleger ab, der in einem Winkel um ein verfallenes Bootshaus verlief. Kletterte vorsichtig auf die ausgetretenen, glatten Bretter und bog um die Ecke. Dort blieb sie ein paar Sekunden stehen und lehnte sich an die Wand, während sie die Luft aus der Tüte drückte und sie ordentlich zuknotete. Sie horchte, ob jemand sich näherte, aber das Einzige, was sie hören konnte, waren weit entfernte traurige Vogelstimmen und das leise Brummen von Autos weit hinten auf der Ringstraße. Kein Mensch in der Nähe. Kein Boot auf dem Wasser. Sie holte tief Luft und warf das Paket ins Wasser. Sie hörte ein Rascheln, als die spröden Halme geknickt wurden, und ein dumpfes Geräusch, als die Wasseroberfläche durchschnitten wurde.

So, das war's, dachte sie. Schaute sich dann noch einmal um. Nichts. Sie war allein, und es war vorbei.

Sie schob ihre Hände wieder in die Manteltaschen und machte sich auf den Rückweg.

Der dauerte länger, als sie gedacht hatte. Trotz allem war sie ein gutes Stück gegangen, und jetzt tat ihr Knie ernsthaft weh. Sie drosselte ihr Tempo, versuchte gar nicht mehr auf die Ferse abzurollen, denn das fühlte sich nur ungewohnt und sonderbar an und nützte kaum etwas in dem losen Sand. Als sie wieder in den Ort kam, hatte es auch noch angefangen, heftig zu regnen, und sie beschloss, sich ein paar Minuten Pause zu gönnen. Sie suchte Schutz in einem verwitterten und bekritzelten Busunterstand – saß dort auf der Bank und versuchte, die Körperwärme so gut es ging zu halten, während sie die wenigen Menschen betrachtete, die sich an diesem Regenwettermorgen hinausgewagt hatten. Drei oder vier verbissene Hundebesitzer. Ein Jogger mit rotem Trainingsanzug und Kopfhörern auf den Ohren, und ein armer alter Mann, der mit einem Einkaufswagen unterwegs war und in den Papierkörben nach leeren Flaschen suchte ... Auch ein paar beschlagene Kleinwagen fuhren vorbei, aber kein Bus. Egal. Sie war sich sowieso nicht ganz sicher, welcher denn der richtige wäre. Nach einer Weile begann sie ernsthaft zu frieren, und auch wenn ihr klar war, dass ihr Eindruck, der Regen hätte etwas nachgelassen, eher aus ihrer Einbildung stammte, stand sie doch auf und machte sich wieder auf den Weg. Sie stellte fest, dass ihre Gedanken keinen Regeln mehr folgten, sie flatterten in ihrem Kopf hin und her, wie unruhige, nervöse Träume, aber bald wurden sie doch von dem Wunsch nach einem warmen Getränk überlagert. Oder einem starken.

Oder beidem.

Als sie endlich wieder in das ordentliche Reihenhaus in der Geldenerstraat zurückkam, war es zehn Minuten nach eins, und am Küchentisch hatte Emmeline von Post von Ruth Leverkuhn Gesellschaft bekommen.

Sobald sie ihre Mutter in der Türöffnung erblickte, stand Ruth auf. Räusperte sich, strich ihr Kleid zurecht und machte eine Art halbherziger Gebärde mit den Händen.

Marie-Louise Leverkuhn blieb stehen und sah sie mit herabhängenden Armen an.

Keine von beiden sagte etwas. Es vergingen fünf Sekunden. Emmeline von Post klapperte mit der Kaffeetasse auf der Untertasse und schaute auf die Regentropfen, die die Freundin mit hereingebracht hatte und die jetzt auf die Türschwelle und auf ein Stück des Linoleums fielen.

Macht doch was, dachte sie. Warum sagt ihr nichts?

12

»Und?«, fragte Münster. »Ich hoffe, du hast sie bloßgestellt?«

Sie hatten eine Fensternische bei Adenaar's erwischt und waren im Tagessalat schon ein Stück weit gekommen.

»Natürlich«, sagte Ewa Moreno. »Nackt, in einem Netz von Lügen ... nein, ich weiß nicht. Ich habe fast nur mit Wauters geredet. Palinski war auf dem Weg ins Krankenhaus für irgendeine Kontrolluntersuchung. Aber trotzdem habe ich den Eindruck gekriegt ...«

Sie zögerte und schaute aus dem Fenster.

»Was für einen Eindruck?«, fragte Münster. »Was denn?«

»Dass sie was verbergen. Ich habe Wauters direkt gefragt, ob sie Geld gewonnen haben, und um ehrlich zu sein, er wirkte etwas zu gut vorbereitet. Zog die Augenbrauen hoch, machte große Gesten, zog die ganze Show ab. Würde mich nicht wundern, wenn sie tatsächlich eine hübsche Summe einkassiert haben.«

»Aber du hast ihn nicht unter Druck gesetzt?«

»Ich bin nicht recht in Form«, entschuldigte Moreno sich.
»Das hab ich dir ja schon gesagt. Ich wollte nichts vermurksen, denke, es ist besser, wenn wir sie uns einzeln im Präsidium vornehmen ... eine Lampe ins Gesicht und so. Aber was Bonger betrifft, so scheinen sie doch ehrlich verwundert zu sein, alle beide. Wauters behauptet, er wäre schon auf dem Boot gewesen und hätte ihn gesucht, und Palinski wollte angeblich auf dem Rückweg vom Krankenhaus dort vorbeifahren.«

Münster dachte nach.

»Dann nimmst du also an, dass sie Geld gewonnen haben, dass das aber nichts mit Bongers Verschwinden zu tun hat?«

Moreno nickte.

»Und folglicherweise auch nichts mit Leverkuhn«, stellte sie fest. »Nein, das scheint mir einfach eine Nummer zu heftig. Ich glaube, die beiden haben schlicht und ergreifend nur Angst, unter Verdacht zu geraten. Zumindest Wauters ist ziemlich helle, und er kann sehr schnell kapiert haben, wo das Risiko liegt, als er erfuhr, was mit Leverkuhn passiert ist ... Es stehen nicht gerade wenige Krimis in seinem Bücherregal.«

»Außerdem können sie was dagegen haben, der Witwe das ihr zustehende Viertel zu geben«, merkte Münster an. »Nun ja, dann werden wir ihnen eben morgen einen heißen Empfang bereiten. Aber trotzdem, es ist doch verdammt merkwürdig, dass Bonger sich am gleichen Abend in Luft aufgelöst hat, als Leverkuhn ermordet wurde, das musst du doch zugeben.«

»Ja, natürlich«, nickte Moreno. »Wird er gesucht?«

Münster schaute auf die Uhr.

»Ist vor spätestens einer Stunde rausgegangen.«

»Hat er Verwandte?«

»Einen Sohn in Afrika. Von dem hat er seit 1985 nichts mehr gehört. Eine senile ältere Schwester im Gemejnte. Die Ehefrau ist vor acht Jahren gestorben, da hat er sich auf dem Kanal niedergelassen.«

Moreno saß eine Weile schweigend da.

»Alles reichlich einsame Typen in diesem Fall«, sagte sie dann.

»Sie hatten einander«, sagte Münster. »Wollen wir noch einen Kaffee trinken?«

»Das wollen wir«, sagte Moreno.

Zum Schluss konnte er nicht länger an sich halten.

»Und dein Privatleben?«, fragte er. »Wie steht's damit?«

Moreno betrachtete wieder die trübe Aussicht, und Münster war klar, dass sie ihn abschätzte. Offenbar hielt er dem Maßstab stand, denn sie holte tief Luft und streckte den Rücken.

»Ich bin ausgezogen«, sagte sie.

»Von Claus weg?«

Er erinnerte sich zumindest noch an den Namen.

»Ja.«

»Oioioi«, sagte Münster und wartete ab.

»Das ist jetzt einen Monat her«, fuhr sie nach einer Weile fort. »Ich habe eine Freundin, die für ein halbes Jahr nach Spanien gegangen ist, und ihre Wohnung konnte ich solange übernehmen. – Es hat zwei Tage gedauert, bis ich begriffen habe, dass ich genau richtig gehandelt habe und dass ich fünf Jahre meines Lebens verschenkt habe.«

Münster versuchte, aufmunternd auszusehen.

»Es gibt Menschen, die verschenken ihr ganzes Leben«, sagte er.

»Darum geht es nicht«, sagte Moreno und seufzte wieder. »Ganz und gar nicht ... ich bin absolut bereit, einen Strich zu ziehen und mit etwas Neuem anzufangen. Erfahrungen sind nun mal Erfahrungen.«

»Zweifellos«, sagte Münster. »Was einen nicht umbringt, macht hart. Und was ist nun nicht in Ordnung daran?«

»Claus«, sagte sie und bekam einen Zug um den Mund, wie er ihn noch nie gesehen hatte. »Es geht um Claus. Ich glaube ... ich glaube, er kommt nicht damit zurecht.«

Münster sagte nichts.

»Fünf verfluchte Jahre lang bin ich herumgelaufen und habe mir eingebildet, dass er der Stärkere wäre und dass ich es wäre, die sich nicht traut, loszulassen, und jetzt ...«

Sie ballte die Fäuste, dass die Knöchel weiß hervortraten.

»... jetzt ist er es, der so scheißjämmerlich drauf ist. Ich weiß, das klingt kalt und hart, aber warum kann er nicht aufhören, sich vor mir zu erniedrigen?«

»Er bettelt und fleht?«, wollte Münster wissen.

»So in der Richtung.«

»Wie oft seht ihr euch?«

Moreno stöhnte.

»Mehrmals in der Woche. Und er ruft mich jeden Tag an. Außerdem ist er krankgeschrieben. Ich habe ihn ja geliebt, aber mit jedem Gespräch geht mehr kaputt ... Er sagt, er wird sich das Leben nehmen, und langsam habe ich schon angefangen, ihm zu glauben. Und das ist das Schlimmste: dass ich ihm glaube.«

Münster stützte den Kopf auf die Hände und kam ihr dadurch etwas näher. Ihm wurde plötzlich klar, dass er sie am liebsten berührt hätte, nur ein leichtes Streicheln über die Wange oder den Arm, aber er traute sich nicht. Er hatte sie höchstens drei oder vier Mal mit Claus Badher gesehen. Er hatte nie ein Wort mit ihm gewechselt, aber wenn er ehrlich war, dann hatte er auch keinen besonders positiven Eindruck von dem jungen Bankjuristen gehabt. So ein schmieriger Finanzheini, der dreimal am Tag sein Hemd wechselte und sich das Rasierwasser in die Unterhosen kippte. Das war sein Eindruck gewesen, um ehrlich zu sein.

Aber vielleicht lag ja auch nur eine Art primitiver, atavistischer Eifersucht hinter seiner Einschätzung. Er erinnerte sich daran, dass Reinhart einmal gesagt hatte, dass es stinknormal sei, auf jeden dahergelaufenen Kerl eifersüchtig zu sein, der mit irgendeiner schönen Frau zusammen war. Gesund und ganz natürlich. Und dass diejenigen, die das nicht waren, mit an Sicherheit grenzender Wahrscheinlichkeit an irgendeiner Art bösartiger Verdrängung litten. Zum Beispiel an Verstopfung. Wie dem auch sei, es war nicht immer einfach, sein eigenes so genanntes Seelenleben zu durchschauen. Schon gar nicht, wenn es um Frauen ging.

So dachte der Kommissar mit finsterer Aufrichtigkeit.

»Ich verstehe«, sagte er aber nur. »Kann ich irgendwas tun? Du wirkst etwas grau, wenn du den Ausdruck entschuldigst.«

Sie verzog schnell den Mund.

»Ich weiß«, sagte sie. »Es ist ja nicht so, dass ich ihn nicht ausstehen kann, und ich will nicht, dass er jegliche Kontrolle über sich verliert ... ich will nur meine Ruhe haben. Es ist so verflucht schwer, wenn das ganze Dasein sich in dieser Art und Weise auf den Kopf stellt. Ich habe in den letzten Wochen keine Nacht mehr als drei Stunden geschlafen.«

Münster lehnte sich zurück.

»Das Einzige, was hilft, sind Zeit und Kaffee«, sagte er, »noch einen Nachschlag?«

Moreno brachte eine Grimasse zu Stande, die wohl ein Lächeln darstellen sollte.

»Weißt du«, sagte sie. »Manchmal habe ich das Gefühl, dass die Männer alle nur eine Art aufgeschossener und verkleideter Pfadfinder sind ... wobei ein Teil übrigens nicht mal verkleidet ist.«

»Davon habe ich auch schon gehört«, entgegnete Münster. »Aber es gibt da auch einen weiblichen Defekt.«

Moreno hatte ihre Tasse gehoben, trank aber nicht.

»Ach, wirklich? Und welchen?«

»Diese unfassbare Zuneigung für aufgeschossene Pfadfinder«, erklärte Münster. »Und für aufgeschossene Jungs und Raufbolde und Schweine ganz allgemein ... wenn du mir erklären kannst, was euch dazu bringt, es zu ertragen, von diesen verfluchten Gorillamännchen jahrein, jahraus geschlagen, erniedrigt, vergewaltigt und gequält zu werden, dann können wir anschließend die Pfadfindermoral und die entsprechende Verkleidung diskutieren!«

Wut stieg in ihm hoch, ohne dass er damit gerechnet hatte. Gleichzeitig erkannte er, dass Ewa Moreno nicht auf einen Angriff vorbereitet war.

»Oha«, sagte sie. »Obwohl, da ist natürlich was dran. Gibt es denn eigentlich nirgends reife Menschen?«

Münster seufzte.

»Doch, hier und da wohl schon«, sagte er. »Es ist schwer, ein Mensch zu sein. Vor allem, wenn man die ganze Zeit müde und überarbeitet ist ... dann wird man ganz einfach unmenschlich.«

»Ja, so wird's wohl sein«, bestätigte Ewa Moreno.

Jung starrte ins Wasser.

Er stand auf der Doggers Brücke, fünfzig Meter von Bongers Hausboot entfernt, dem er gerade seinen dritten – erfolglosen – Besuch abgestattet hatte. Er hatte auch ein drittes Gespräch mit Frau Jümpers geführt, oder besser gesagt einen Meinungsaustausch, bei dem aber nichts herausgekommen war, was die Frage nach dem Verschwinden des alten Bootsbesitzers einer Lösung näher gebracht hätte. Ganz und gar nichts. Dafür war der Regen wieder stärker geworden. Das Wasser lief ihm das Haar hinunter, ins Gesicht und in den Nacken, aber das störte ihn nicht länger. Es gab einen Punkt, an dem man nicht noch nasser werden konnte, und den hatte er schon eine ganze Weile hinter sich gelassen, und außerdem begann etwas in seinem Kopf zu arbeiten.

Etwas ziemlich Kompliziertes.

Eine Theorie.

Gesetzt den Fall, dachte er und betrachtete eine Ente, die gegen die Strömung kämpfte, ohne vom Fleck zu kommen – gesetzt den Fall, dass Leverkuhn und Bonger auf dem Heimweg von Freddy's in Streit geraten waren ... schließlich gab es Zeugenaussagen, die besagten, dass sie draußen auf dem Fußweg lautstark miteinander diskutiert hatten, bevor sie losgegangen waren.

Gesetzt den Fall also, dass dieser Zwist heftiger wurde und dass Bonger Leverkuhn nach Hause begleitet hat. Und dann geht Leverkuhn irgendwann ins Bett, aber Bonger ist immer noch wütend, und unter dem Einfluss des Alkohols packt er das Fleischmesser und ersticht ihn.

Danach packt Felix Bonger die Panik. Er nimmt die Waffe

mit, rennt aus der Wohnung, weg vom Kolderweg (soweit man in dem hohen Alter noch rennen kann) ... hastet durch dunkle Straßen und Gassen nach Hause zur Bertrandgraacht, aber als er zur Doggers Brücke kommt, bleibt er stehen und kommt zur Besinnung. Reue und Gewissensbisse plagen ihn. Ihm wird klar, was er getan hat, er bleibt auf der Brücke stehen und starrt auf die blutige Waffe und das dunkle Wasser.

Gesetzt den Fall schließlich, setzte Jung seinen leicht dahinfließenden Gedankengang fort, dass er genau hier stehen geblieben ist ...

Er machte eine Pause und starrte in den Kanal hinab. Die Ente gab endlich auf und ließ sich mittreiben. Nach nur wenigen Sekunden war sie im Schatten hinter Bongers Kahn verschwunden.

... also an diesem kalten, nassen Brückengeländer stehend!

Mitten in der Nacht. Wäre es da so verwunderlich, wenn er auch die Konsequenzen gezogen hätte?

Jung nickte unbewusst. Schließlich brachte er nicht jeden Tag eine tragfähige Theorie zu Stande.

Und dann – ergo! – gab es zweifellos einiges, was dafür sprach, dass beides sich jetzt genau hier unten befand. Hier unten auf dem morastigen Kanalgrund genau unter dieser Brücke.

Die Mordwaffe und der Mörder! Trotz Heinemanns pessimistischer Wahrscheinlichkeitsberechnung.

Jung beugte sich übers Geländer und versuchte, durch die rabenschwarze Wasseroberfläche zu spähen. Dann schüttelte er den Kopf.

Du bist doch nicht recht gescheit, dachte er. Du bist ein Dilettant. Überlass die Gedankenarbeit lieber denjenigen, die der liebe Gott mit einem Gehirn versehen hat!

Er drehte sich auf dem Absatz um und ging fort. Fort von diesem trüben Kanal und diesen trübsinnigen Spekulationen. Aber trotzdem, dachte er, als er auf etwas trockeneres Gelände unter den Kolonnaden der Van Kolmerstraat gelangt war ... trotzdem wäre es nicht vollkommen abwegig, diese Hypothese mit einem Kollegen zu diskutieren. Zum Beispiel mit Rooth. Trotz allem war es nicht unmöglich, dass es sich genau so abgespielt hatte. Es gab darin keine logischen Brüche, und man konnte ja nie wissen.

Wie schon gesagt.

Bevor Münster einen Punkt hinter diesen nicht besonders aufmunternden Arbeitsmontag machte, ging er mit Krause noch einmal die Zeugenbefragung durch. Da war immerhin einiges dran. Nicht sehr viel, aber jedenfalls mehr als gar nichts, wie Krause optimistisch betonte. Eine Hand voll Menschen hatten Leverkuhn und Bonger vor Freddy's gesehen, und mindestens zwei von ihnen waren überzeugt davon, dass die beiden nicht zusammen fortgegangen waren. Offenbar hatte eine gewisse Unstimmigkeit zwischen den beiden alten Freunden geherrscht, und es schien, als hätte Bonger den Kamerad einfach stehen gelassen und wäre losgegangen. Aber bis jetzt war noch niemand gefunden worden, der einen der beiden Herren zu einem späteren Zeitpunkt bemerkt hatte – auf ihrem Weg zum Kolderweg beziehungsweise zur Bertrandgraacht.

Was Frau Leverkuhns angeblichen Gang zum Entwick Plejn und zurück ein paar Stunden später betraf, so sah es genauso schlecht aus.

Kein Zeuge.

Andererseits war es, wie Krause betonte, immer noch erst Montag, der Fall war noch keine zwei Tage alt, und viele hatten es bisher sicher noch gar nicht geschafft, etwas darüber zu lesen.

Also eine gewisse Hoffnung gab es noch.

Aus irgendeinem sonderbaren Grund fiel es Münster schwer, Krauses apfelwangigen Optimismus zu teilen, und als er zu seinem Auto ins Parkhaus ging, merkte er zu seiner Überraschung, dass er sich alt fühlte.

Alt und müde.

Und das wurde auch nicht besser dadurch, dass Synn ihren Montagskurs in Handelsfranzösisch hatte, und erst recht nicht dadurch, dass sein Sohn Bart sich das Saxofon von einem Klassenkameraden hatte ausleihen dürfen und jede Sekunde des Abends nutzte, um darauf zu üben.

Zum Schluss schloss Münster das Instrument in den Kofferraum seines Wagens ein und verkündete, dass ein Zehnjähriger noch viel zu unreif für diese Art von Musik sei.

Zehnjährige sollten sich lieber schlafen legen und leise sein. Schließlich war es schon halb elf.

Er für seinen Teil schlief kurz danach mit einem anhaltend schlechten Gewissen, ohne Synn an seiner Seite, ein.

13

»Ich bleibe nur bis heute Abend hier«, erklärte Mauritz Leverkuhn. »Sie will uns nicht bei sich haben, warum soll ich also heucheln?«

Ja, warum?, dachte Münster.

Der Mann, der ihm auf dem Besucherstuhl gegenübersaß, war groß und kräftig, mit fliehendem Haaransatz und der gleichen rötlichen Gesichtsfarbe wie seine Schwester. An seiner Art zu reden und sich zu verhalten war etwas Oberflächliches, Unengagiertes, als wäre er nicht so recht anwesend, aber Münster nahm vorläufig an, dass das wohl mit seinem Beruf zusammenhing.

Mauritz Leverkuhn arbeitete als Handelsreisender und Auslieferer von Papiertischdecken, Servietten und Kerzenmanschetten an Kaufhäuser und Großmärkte.

»Ich brauche nur ein paar Informationen«, sagte Münster. »Bis jetzt sind wir hinsichtlich der Ermordung Ihres Vaters noch nicht sehr weit gekommen, deshalb müssen wir allen Fäden nachgehen, die es überhaupt gibt.«

»Ich verstehe«, sagte Mauritz Leverkuhn.

»Wann haben Sie ihn beispielsweise zum letzten Mal gesehen?«

Mauritz Leverkuhn überlegte.

»Vor ein paar Monaten«, sagte er. »Ich war geschäftlich hier und habe schnell mal reingeschaut. Einen Kaffee getrunken. Habe Mama eine Flasche Kirschlikör mitgebracht, sie hatte Namenstag.«
»Sie hatten keinen sehr engen Kontakt zu Ihren Eltern ... so insgesamt?«
Mauritz Leverkuhn räusperte sich und schob seinen gelbblau gestreiften Schlips zurecht.
»Nein«, sagte er. »Hatten ... haben wir nicht. Keiner von uns Geschwistern.«
»Warum nicht?«
Er zuckte mit den Schultern.
»Muss man das haben?«
Münster gab keine Antwort.
»Haben Sie Kinder?«
»Nein.«
»Gibt es überhaupt Enkelkinder?«
Mauritz Leverkuhn schüttelte den Kopf.
»Sind Sie verheiratet?«
»Nein.«
»Gewesen?«
»Nein.«
Münster wartete ein paar Sekunden, aber es war offensichtlich, dass Mauritz Leverkuhn keine Lust hatte, irgendetwas aus eigenem Antrieb zu sagen.
»Wie ist das Verhältnis zwischen den Geschwistern?«, fragte er dann. »Haben Sie viel Kontakt?«
»Was hat das denn mit der Sache zu tun?«
Leverkuhn setzte sich zurecht und zupfte an den Bügelfalten seiner Hose.
»Vermutlich nichts«, sagte Münster. »Es ist schwer in einem so frühen Stadium zu sagen, was etwas mit der Sache zu tun hat. Und was nichts damit zu tun hat.«
Das ist vielleicht ein Spaßvogel, dachte er. Und eigentlich traf dieses Urteil auf die ganze Familie zu. Gesprächig waren sie nicht gerade, zumindest nicht die Vertreter, mit denen er

bis jetzt in Kontakt gekommen war. Kellerasseln, wie Reinhart solche Leute zu bezeichnen pflegte.

Aber vielleicht war er ja auch ungerecht. Er selbst konnte sich auch nicht gerade als munteren Plauderer bezeichnen, wenn er es genau nahm.

»Ihre ältere Schwester?«, fuhr er fort. »Wenn ich es richtig verstanden habe, ist sie kränkelnd?«

Mit einem Mal sah Mauritz Leverkuhn direkt feindlich aus.

»Sie haben keinen Grund, sie hier mit reinzuziehen«, erklärte er. »Unsere Familie hat nichts mit den Geschehnissen zu tun. Weder ich noch meine Schwestern ... noch meine Mutter.«

»Woher wollen Sie das wissen?«, fragte Münster.

»Was?« Mauritz Leverkuhn schien nicht zu verstehen.

»Wie können Sie so sicher sein, dass keiner von den anderen darin verwickelt ist? Sie haben doch kaum Kontakt zu ihnen.«

»Ach, halt die Schnauze«, sagte Mauritz Leverkuhn.

Und das tat Münster. Dann drückte er auf die Taste der Gegensprechanlage und bat Frau Katz, ihnen Kaffee zu bringen.

»Erzählen Sie mir, was Sie am Samstagabend gemacht haben.«

Der Kaffee hatte das Klima ein wenig entspannt. Aber nur ein ganz klein wenig.

»Ich war zu Hause«, erklärte Mauritz Leverkuhn mürrisch, nachdem er zwei Sekunden nachgedacht hatte. »Habe mir im Fernsehen Boxen angeguckt.«

Münster machte sich routinemäßig Notizen.

»Um wie viel Uhr?«

Mauritz Leverkuhn zuckte mit den Schultern.

»Ungefähr zwischen zehn und zwölf. Sie glauben doch nicht im Ernst, dass ich hierhergefahren bin und meinen Vater ermordet habe? Sind Sie vollkommen durchgeknallt?«

»Ich glaube gar nichts«, sagte Münster. »Aber ich würde mir wünschen, dass Sie ein bisschen bereiter zur Zusammenarbeit wären.«

»Ach, wirklich? Und wie soll ich bitte schön mit Ihnen zusammenarbeiten, wenn Sie keinen Furz dazu beitragen?«

Das weiß ich auch nicht, dachte Münster. Wie viele Jahre ist es her, dass du mal über irgendwas gelächelt hast?

»Aber was denken Sie?«, versuchte er es noch einmal. »Schließlich müssen wir nach jemandem suchen, der ein Motiv haben könnte, um Ihren Vater zu töten ... Es kann natürlich die Tat eines Wahnsinnigen sein, aber sicher ist das nicht. Es kann auch etwas anderes dahinter stecken.«

»Und was zum Beispiel?«, wollte Mauritz Leverkuhn wissen.

»Ja, da hoffen wir eigentlich, dass Sie uns einen Tipp geben könnten.«

Mauritz Leverkuhn schnaubte verächtlich.

»Glauben Sie wirklich, ich würde mit irgendwas hinterm Berg halten, wenn ich was wüsste?«

Münster sagte nichts, warf nur einen Blick auf die Fragen, die er sich vorher aufgeschrieben hatte.

»Wann sind Ihre Eltern in den Kolderweg gezogen?«, fragte er.

»1976. Warum?«

Münster ignorierte die Frage.

»Warum?«

»Sie haben ihr Haus verkauft. Wir Kinder waren ja inzwischen ausgezogen.«

Münster machte sich Notizen.

»Außerdem hat er einen neuen Job gekriegt. Er war eine Weile arbeitslos gewesen.«

»Was für einen Job?«

»In der Pixnerbrauerei. Ich bin felsenfest davon überzeugt, dass Sie das alles schon wissen.«

»Kann sein«, sagte Münster. »Und bis dahin haben Sie also in Pampas gewohnt?«

Mauritz Leverkuhn nickte.

»Ja, in Pampas. Eigenheimschachteln für die Arbeiterklasse. Vier Zimmer, Küche. Zwanzig Quadratmeter Rasen.«

»Ich weiß«, sagte Münster. »Und wohin sind Sie gezogen, als es zu eng wurde?«

»Nach Aarlach. Habe 1975 auf der Handelsschule angefangen. Aber das kann ja wohl nicht besonders wichtig sein?«

Münster tat wieder, als suche er etwas auf seinem Notizblock. Mauritz Leverkuhn hatte die Arme vor der Brust gekreuzt und starrte aus dem Fenster auf die regenschweren Wolken. Seine Aggressivität schien in eine ausgeprägte Lethargie übergegangen zu sein. Als würde er sich in dem Wetter draußen spiegeln, dachte Münster.

»Was glauben Sie: Wer hat es gemacht?«, fragte er auf Biegen und Brechen.

Mauritz Leverkuhn wandte den Kopf und bedachte Münster mit einer Art Lächeln.

»Ich weiß es nicht, Herr Kommissar. Woher, zum Teufel, soll ich das wissen? Ich habe zu meinem Vater seit mehr als zwanzig Jahren keinen richtigen Kontakt mehr gehabt, und ich habe keine Ahnung, mit wem er verkehrte. Könnten wir dieses Gelaber jetzt endlich beenden, damit ich hier rauskomme?«

»All right«, sagte Münster. »Nur noch eins. Wissen Sie, ob Ihr Vater Geld besaß? Irgendwelche verborgenen Quellen hatte oder so?«

Mauritz Leverkuhn war bereits aufgestanden.

»Quatsch«, sagte er. »Er hat sein halbes Leben bei Gahns gearbeitet, das andere halbe Leben in der Brauerei. Das sind nicht gerade die Orte, an denen man Geld scheffelt. Adieu, Herr Kommissar!«

Er wollte schon die Hand über den Tisch ausstrecken, besann sich aber auf halbem Weg und schob sie stattdessen wieder in die Hosentasche.

»Vermissen Sie ihn?«, fragte Münster, bekam aber nur einen hohlen Blick zur Antwort. In der Türöffnung blieb Mauritz Leverkuhn dann doch noch einmal stehen.

»Als Teenager habe ich mir wirklich überlegt, ob ich mich bei der Polizeischule bewerben soll«, erklärte er. »Ich bin nur froh, dass ich es nicht getan habe.«

»Wir auch«, brummte der Kommissar, als die Tür ins Schloss gefallen war. »Wir auch.«

Allein im Zimmer ging er, wie es seine Gewohnheit war, ans Fenster und schaute über die Stadt. Über die Straßen, die Hausdächer und Kirchen, über die Wejmargraacht und den Wollerimspark, in dem ein grauer Dunst die Bäume in eine weiche, konturenauflösende Decke hüllte. Wie ein Amateuraquarell, dachte er, in dem die Farben zerfließen und sich miteinander und dem Wasser vermischen. Das Hochhaus ein Stück weiter, oben auf der Anhöhe in Lemaar, war nur schwer zu erkennen, und ihm kam der Gedanke, wenn es irgendwo auf der Welt einen Ort gab, an dem ein Mörder die Möglichkeit hatte, sich zu verstecken, dies hier so ein Ort war.

Als er seinen Blick senkte, sah er Mauritz Leverkuhn den Parkplatz überqueren und zu einem weißen, ziemlich neuen Volvo gehen. Irgend so ein Firmenauto wahrscheinlich – mit dem Kofferraum und dem Rücksitz voller Servietten und Kerzenmanschetten in den allerschönsten Farben. Zum Nutzen und Frommen der Menschheit und ihrem ewigen Streben nach größtmöglichem Genuss.

Ich glaube, ich bin heute ein bisschen desillusioniert, dachte Kommissar Münster und drehte der Stadt den Rücken zu.

Polizeipräsident Hiller sah aus wie eine geile Kröte.

Zumindest war das der erste Gedanke, der Münster kam, als er ein paar Minuten zu spät in den Konferenzraum trat. Der ganze Mann schien aufgeblasen zu sein, vor allem oberhalb des Hemdkragens, seine Augen drückten sich aus ihren Höhlen heraus, die Wangen waren angeschwollen und die Gesichtsfarbe ziemlich kräftig.

»Was um alles in der Welt hat das hier zu bedeuten?«, fauchte er, dass die Speicheltropfen im Gegenlicht des eingeschalteten Overheadprojektors funkelten. »Kann mir mal einer erklären, was das soll?«

In der Hand hielt er eine Zeitung, mit der er der geduckt vor ihm sitzenden Versammlung drohte – Kommissar Heinemann, den Inspektoren Rooth, Jung und Moreno sowie, ganz hinten in der Ecke, dem viel versprechenden Polizeianwärter Krause.

Münster setzte sich zwischen Heinemann und Moreno, ohne zu grüßen.

»Nun?«, schnaubte Hiller und warf das Neuwe Blatt auf den Tisch, sodass Münster endlich lesen konnte, worum es eigentlich ging.

Die Schlagzeile lief über alle acht Spalten und wurde von drei Ausrufungszeichen komplettiert:

DIE POLIZEI JAGT ROTHAARIGEN ZWERG!!!

Und in etwas kleineren Buchstaben:

NEUES VOM RENTNERMORD

Heinemann setzte sich die Brille auf.

»Eigenartig«, sagte er. »Ich wüsste nicht, dass ich darüber informiert worden bin.«

Hiller schloss die Augen und faltete die Hände. Offenbar in einem Versuch, sich zu beruhigen, denn die folgenden Sätze wurden durch zusammengebissene Zähne hindurchgepresst.

»Ich will wissen, was das zu bedeuten hat. Und wer dafür verantwortlich ist.«

Moreno schielte auf die Zeitung und räusperte sich.

»Ein rothaariger Zwerg? Das muss sich ja wohl um einen Scherz handeln.«

»Einen Scherz?«, brauste Hiller auf.

»Das denke ich auch«, sagte Rooth. »Oder sucht etwa einer von euch nach einem Zwerg?«

Er schaute sich fragend am Tisch um, während Hiller auf seiner Unterlippe kaute und sich nur mit Mühe beherrschen konnte.

»Ich nicht«, sagte Heinemann.

Münster warf Jung einen Blick zu. Ihm war klar, dass dort ein gewaltiger Lachausbruch auf Lager lag und es darum ging, einzugreifen, bevor es zu spät war.

»Das ist nur eine Zeitungsente«, erklärte er so langsam und pädagogisch er konnte. »Ein Scherzvogel, der die Redaktion angerufen und auf den Arm genommen hat, ganz einfach. Und ein anderer Schlaumeier, der drauf reingefallen ist. Gib uns dafür nicht die Schuld!«

»Genau«, bestätigte Rooth.

Hillers Gesichtsfarbe näherte sich der einer Pflaume.

»Das ist vielleicht ein Scheiß«, knurrte er. »Krause!«

Krause stand stramm.

»Ja?«

»Du kümmerst dich mal drum, wer der Oberesel war, der das geschrieben hat, der soll mir nicht so einfach davonkommen!«

»Verstanden!«, rief Krause.

»Abtreten!«, befahl der Polizeichef, und Krause marschierte hinaus. Hiller setzte sich an die Stirnseite des Tischs und schaltete den Overheadprojektor aus.

»Übrigens«, sagte er, »sind zu viele Leute an diesem Fall dran. In Zukunft müssen weniger genügen. Münster!«

»Ja?«, seufzte Münster.

»Du und Moreno, ihr übernehmt ab sofort den Fall Leverkuhn. Krause steht euch auch zur Verfügung, aber nur, wenn es nötig ist. Jung und Rooth machen mit den Vergewaltigungen in Linzhuisen weiter, und Heinemann ... woran warst du eigentlich letzte Woche?«

»An der Dellingeraffäre«, sagte Heinemann.

»Dann mach damit weiter«, erklärte Hiller. »Ich möchte am Freitag über alles Berichte haben.«

Er stand auf und wäre in zwei Sekunden aus dem Raum gewesen, wenn er nicht über Rooths Aktentasche gestolpert wäre.

»Hoppla«, sagte Rooth. »Entschuldigt mich, aber ich glaube, ich muss ein paar Worte mit Krause reden.«

Er nahm seine Aktentasche und eilte hinaus, während der Polizeipräsident sich seine gut gebügelten Knie abbürstete und etwas Undefinierbares murmelte.

»Jaha, was hältst du davon?«, fragte Münster, nachdem er und Ewa Moreno sich in der Kantine niedergelassen hatten.

»Denkwürdige Vorstellung, nicht wahr?«

»Der Unterhaltungswert war unbestreitbar«, sagte Moreno. »Ich glaube, es war das erste Mal seit einem Monat, dass ich hätte loslachen können. Was für ein unglaublicher Hanswurst!«

»Vielleicht ein Pfadfinder?«, fragte Münster, und jetzt lachte sie wirklich.

»Jedenfalls ist er klar und deutlich«, sagte sie. »Hält mit seiner Meinung nicht hinterm Berg. Wollen wir anfangen zu arbeiten?«

»Ja, das war wohl Sinn der Sache. Hast du irgendwelche guten Ideen?«

Moreno betrachtete die Tasse und analysierte den Kaffeesatz.

»Nein«, sagte sie. »Keine guten.«

»Ich auch nicht«, sagte Münster. »Also müssen wir uns solange mit den schlechten begnügen... zum Beispiel uns Palinski vorknöpfen?«

»Gar nicht so dumm«, sagte Moreno.

14

Nach zwei Tagen draußen in Bossingen kehrte Marie-Louise Leverkuhn am Dienstagnachmittag in den Kolderweg 17 zurück. Die Kinder waren gekommen, hatten kondoliert und waren wieder nach Hause gefahren. Emmeline von Post hatte sie nach allen Regeln der Kunst umhegt und umpflegt, und der Himmel hatte im Großen und Ganzen ununterbrochen geweint. Es war höchste Zeit, sich wieder in den Alltag und die Wirklichkeit zurückzubegeben. Wirklich allerhöchste Zeit.

Sie begann damit, das blutige Zimmer zu scheuern. Was in die Bodendielen und die Wand eingedrungen war, konnte sie nicht beseitigen, trotz des stärksten Scheuerpulvers, das sie auftreiben konnte, und ebenso wenig war mit den Flecken im Holz des Bettgestells zu machen, aber andererseits war das Bett ja auch nicht mehr nötig. Sie schraubte es auseinander und schleppte den ganzen Kram ins Treppenhaus, damit Arnold Van Eck sich darum kümmern konnte. Über die Bodendielen rollte sie danach einen großen Rosshaarteppich, der jahrelang oben auf dem Dachboden gelegen hatte. Zwei niedrig aufgehängte Wandbehänge retteten die Wand.

Nach dieser Grobarbeit machte sie sich über die hinterlassene Garderobe ihres Mannes her, das war eine Zeit raubende und ein wenig delikate Angelegenheit. Es gefiel ihr nicht, aber sie musste es machen. Einiges landete im Müll, einiges im Wäschekorb, aber das meiste stopfte sie in Taschen und Plastiksäcke, um es zur Kleidersammlung der Heilsarmee in der Windermeerstraat zu bringen.

Als auch diese Arbeit größtenteils erledigt war, klingelte es an der Tür. Es war Frau Van Eck, die sie zu Kaffee und Kuchen einlud.

Zuerst zögerte Marie-Louise Leverkuhn. Sie hatte nie ein engeres Verhältnis zur Portiersfrau gehabt, aber jetzt kam sie wohl nicht umhin. Also stellte sie dann doch den gerade gefüllten Sack in die Garderobe und bedankte sich für die Einladung.

Schließlich muss das Leben ja weitergehen, dachte sie ein wenig verwirrt.

»Das Leben muss ja weitergehen«, erklärte Frau Van Eck fünf Minuten später, als ihr Mann den Kuchen mit Himbeeren und Brombeeren anschnitt. »Wie geht es Ihnen?«

»Es geht«, antwortete Marie-Louise Leverkuhn. »Es braucht so seine Zeit, sich daran zu gewöhnen.«

»Das kann ich mir denken«, stimmte Frau Van Eck zu und betrachtete ihren Arnold einen Moment mit gedankenvoller Miene.

»Ja, übrigens, da war noch eine Sache«, sagte sie dann. »Arnold, lässt du uns mal für eine Weile allein. Du kannst ja die Tippzettel holen oder was auch immer, aber binde die Schürze vorher ab!«

Arnold Van Eck verneigte sich diskret und ließ die Damen allein in der Küche zurück.

»Da ist eine Sache, die ich nicht erzählt habe, als die Polizei hier war, nämlich ...«, fuhr Frau Van Eck fort, als sie hörte, dass die Wohnungstür ins Schloss fiel.

Frau Leverkuhn antwortete nicht. Sie rührte nur ihren Kaffee, ohne dabei den Blick zu heben.

»Ich dachte, wir sollten das Ganze lieber besprechen und zu einer gemeinsamen Linie kommen. Bitte, probieren Sie doch den Kuchen. Arnold hat ihn selbst gebacken.«

Marie-Louise Leverkuhn zuckte mit den Schultern und nahm ein Stück.

»Also, worum geht es?«, sagte sie.

»Also abgemacht«, sagte Rooth und verließ Krauses Zimmer. »Du kriegst zwei Karten.«

In der Tür stieß er mit Joensuu und Kellerman zusammen, die gerade Adolf Bosch anschleppten. Nach eineinhalb Tagen Suche hatten sie ihn endlich in einer zwielichtigen Bar im Viertel unten an der Zollstation gefunden. Rooth verzog die Nase und zwängte sich vorbei. Den Mann umgab ein Geruch nach altem Schweiß und Schnaps, und Krause zeigte sofort auf das Plastiksofa neben der Tür, auf das die Beamten den Mann auch gleich mit aller Kraft drückten.

»Au«, sagte Adolf Bosch.

»Halt die Schnauze«, sagte Kellermann. »Das war nicht einfach, das sage ich dir.«

»Der Mistkerl hat uns ins Auto gepinkelt«, sagte Joensuu.

»Ist schon in Ordnung«, sagte Krause. »Ihr könnt gehen.«

Joensuu und Kellerman verschwanden, und Krause schloss die Tür. Adolf Bosch hatte es inzwischen schon geschafft, sich auf das kurze Sofa zu legen, die Knie angezogen und den Kopf auf der Armlehne. Krause setzte sich hinter seinen Schreibtisch und wartete.

»Ich bin nicht ganz gesund«, erklärte Bosch nach einer halben Minute.

»Das bist du noch nie gewesen«, sagte Krause. »Nun tu nicht so, du weißt, worum es geht. Wenn wir wollen, können wir dich für achtzehn Monate einbuchten ... oder gewissen unangenehmen Onkeln das eine oder andere erzählen. Setz dich hin!«

Adolf Bosch war eine Plaudertasche. Oder ein Informant,

wie er sich selbst lieber titulierte. Eine offensichtlich haltlose Existenz in jeder Beziehung – aber mit genau dem schreienden Mangel an Haltung und Zivilcourage, die diese Rolle erforderte. Krause betrachtete ihn voller Ekel. Er hatte immer schon Probleme gehabt, diese Art der Zusammenarbeit zu akzeptieren. Bosch war in den verschiedensten Institutionen für Entzug und Rehabilitation ein und aus gegangen, und es gab wohl niemanden, der ernsthaft daran glaubte, dass er sehr viel älter werden würde als die fünfundvierzig, die er tatsächlich erreicht hatte – aber wie dem auch sei, oft gab es einen Treffer, wenn man ihn anzapfte. Sehr viel häufiger, als man eigentlich erwarten durfte.

»Wenn es um irgendwelchen Dreck geht«, hatte Van Veeteren empfohlen, »dann überlasst das Adolf Bosch! Aber gebt ihm nie mehr als drei Tage, denn einen längeren Zeitbegriff hat er nicht.«

Die Drohung mit Freiheitsberaubung und Repressalien aus der Unterwelt ließ ihn in eine einigermaßen sitzende Stellung kommen. Sein Blick flackerte, und er kratzte sich nervös in den Achselhöhlen.

»Hörst du zu?«, fragte Krause.

»Kann ich eine Zigarette kriegen?«

Krause holte die Gästepackung aus der Schreibtischschublade und reichte sie hinüber.

»Nimm sie dir, aber warte damit, bis du wieder draußen bist.«

»Man dankt«, sagte Bosch und drückte testend auf die Packung.

»Es geht um einen Mord«, erklärte Krause. »An dem Rentner im Kolderweg. Hast du davon gehört?«

Bosch nickte.

»Keiner weiß, wer es war. Ich schwöre ...«

»Spar dir deinen Schwur«, sagte Krause. »Wir glauben, dass es irgendein Fixer gewesen sein könnte, der reichlich high war. Hör dich um und komm übermorgen wieder.«

»Bin im Augenblick reichlich blank«, sagte Bosch und schaute besorgt drein.

»Darüber reden wir Donnerstag.«
»Es geht mir ziemlich dreckig«, versuchte es Bosch noch einmal.
»Donnerstag«, sagte Krause und deutete auf die Tür.
»Donnerstag«, brummte Bosch und machte sich widerstrebend auf den Weg.
Krause seufzte und öffnete das Fenster.

Bei Palinski gingen sie nach Lehrbuch vor. Zuerst wollten sie losen, aber da Ewa Moreno eine Frau war, lenkte Münster ein und übernahm die erste Runde.
»Name?«
»Was?«, fragte Palinski. »Den wissen Sie doch wohl?«
»Wir nehmen das hier auf«, erklärte Münster ungeduldig und deutete auf den Rekorder. »Darf ich um Namen und Geburtsdatum bitten?«
»Ist das hier ein Verhör?«
»Natürlich. Name?«
»Palinski ... Jan. Geboren 1924 ...«
»Datum?«
»Am 10. April, aber ...«
»Hier in Maardam?«
»Ja, natürlich. Aber warum behandeln Sie mich auf diese Art und Weise? Mit Peterwagen und allem, ich war in meinem ganzen Leben noch in nichts verwickelt.«
»Aber jetzt sind Sie verwickelt«, sagte Münster.
»Familienstand?«
»Was? ... Junggeselle natürlich ... oder Witwer, das kommt drauf an, wie man es sieht. Wir wollten uns vor zwanzig Jahren scheiden lassen, aber dann ist sie gestorben, bevor die Papiere soweit waren ... ist von einem Lastwagen auf dem Palitzerlaan überfahren worden. Blöde Geschichte.«
»Aktuelle Adresse?«
»Armastenplejn 42. Aber sagen Sie, mein Bester ...«
»Begreifen Sie den Ernst der Lage?«, unterbrach Münster ihn.

»Ja ... nein.«

»Wir haben den Verdacht, dass Sie uns absichtlich wichtige Informationen vorenthalten.«

»Das würde ich nie machen«, sagte Palinski und faltete die Hände. »Jedenfalls nicht der Polizei.«

Wem dann?, dachte Münster und brachte ein wütendes Schnauben hervor.

»Stimmt es etwa nicht«, fuhr er fort, »dass Sie mit den anderen drei Herren eine größere Summe Geld gewonnen haben und dass Sie das am Samstagabend bei Freddy's gefeiert haben?«

»Nein.«

Palinski blickte auf den Tisch hinunter.

»Sie lügen«, sagte Münster. »Soll ich Ihnen erzählen, warum Sie lügen?«

»Nein ...«, sagte Palinski. »Wieso denn? Ich ...«

»Jetzt hör mal zu«, sagte Münster. »Am Samstag wart ihr vier Stück. Jetzt sind nur noch zwei übrig. Leverkuhn ist ermordet worden, und Bonger ist verschwunden. Es gibt vieles, was dafür spricht, dass auch er nicht mehr am Leben ist. Du und Wauters, ihr seid noch übrig. Es gibt da nur drei Möglichkeiten.«

»Wieso?«, wollte Palinski wissen. »Was meinen Sie damit?«

Sein Kopf hatte jetzt angefangen zu zittern. Sicher war es nur noch eine Frage der Zeit, bis er das Handtuch werfen würde.

»Drei Möglichkeiten«, wiederholte er nachdrücklich und hielt Palinski drei Finger vor die Augen. »Entweder haben Wauters und du es zusammen gemacht ...«

»Was zum ...?«, platzte Palinski heraus und sprang auf. »Aber lieber Kommissar, jetzt reicht es nun wirklich!«

»Setz dich!«, sagte Münster. »Wenn ihr es nicht zusammen gemacht habt, dann war es Wauters allein.«

Palinski setzte sich und begann mit dem Unterkiefer zu mahlen, aber es kam kein Wort heraus.

»Es sei denn, du hast es allein gemacht!«

»Sie sind ja total bescheuert! Ich will einen ... O je! Ich sollte ...?«

Münster beugte sich über den Tisch und bohrte seinen Blick in sein Opfer.

»Was würden Sie denn selbst für eine Schlussfolgerung daraus ziehen?«, fragte er. »Vier ältere Herren gewinnen eine größere Summe Geld. Zwei von ihnen beschließen, die anderen beiden aus dem Weg zu räumen, um so den größeren Teil vom Kuchen zu kriegen ... Oder es ist einer der vier, der beschließt, die anderen drei fertig zu machen, um alles einzustreichen? Ist das nicht ein unangenehmes Gefühl, Herr Palinski, dass zwei Ihrer Freunde verschwunden sind? Liegen Sie nachts nicht wach und fragen sich, wer wohl als nächster an der Reihe ist?«

Plötzlich war Palinski ganz weiß im Gesicht.

»Sie ... Sie ... Sie ...«, stotterte er, und einen Moment lang fürchtete Münster, er könnte in Ohnmacht fallen.

»Wie gut kennen Sie eigentlich diesen Wauters?«, fügte er noch hinzu. »Ist er nicht gewissermaßen ein wenig neuer in der Gruppe als die anderen?«

Palinski antwortete nicht. Er versuchte zu schlucken, aber sein hervorstehender Adamsapfel blieb auf halbem Weg stecken.

»Denn wenn Sie keine Angst vor Wauters haben, dann muss ich daraus folgern, dass Sie es sind, der hinter allem steckt, Herr Palinski!«

»Ich habe nie ...«, protestierte Palinski. »Ich habe nie ...«

Aber es kam keine Fortsetzung. Münsters Ausführungen waren jetzt in aller Konsequenz zu ihm durchgedrungen, und es war offensichtlich, dass ihm seine paradoxe Situation bewusst wurde.

»Wir geben Ihnen fünf Minuten, die Sache zu überdenken«, erklärte Münster und schob seinen Stuhl zurück. »Und ich warne Sie: Kommen Sie mir nicht mehr mit Ausflüchten.«

Er drückte auf den Pausenknopf. Stand auf, verließ das Zimmer und schloss die Tür.

Ewa Moreno brauchte nur ein paar Minuten, um das Ganze zum Abschluss zu bringen. Eine gewisse weibliche Fürsorge im

Tonfall und ein wenig Wärme im Blick, das war offenbar genau das, wonach sich Jan Palinskis Seele nach Münsters Vorstoß sehnte.

»O Mann!«, Palinski schüttelte den Kopf. »Was, zum Teufel, meinte er damit? Wir würden doch nie ... ich würde doch nie ...?«

»Erzählen Sie«, sagte Moreno. »Sie können nicht länger schweigen. Das fällt doch nur auf Sie selbst zurück, begreifen Sie das nicht?«

Palinski sah sie mit dem Blick eines entlaufenen Dackels an.

»Glauben Sie?«

»Ja, natürlich«, bestätigte Moreno.

Palinski rieb sich eine Weile die Hände und kaute auf seiner Lippe. Dann richtete er sich auf und räusperte sich.

»Wauters war's«, erklärte er.

»Wauters?«, wiederholte Moreno.

»Der sagte, wir sollten nichts davon sagen, meine ich.«

Moreno nickte.

»Er hat geglaubt ...«

Moreno wartete.

»... er hat geglaubt, dass wir verdächtigt würden, wenn herauskommt, dass wir gewonnen haben.«

»Wie viel?«, fragte Moreno.

»Zwanzigtausend«, flüsterte Palinski und sah beschämt aus.

»Wobei?«

»Mit einem Los. Wauters hat es gekauft, er war an der Reihe ... es sollten fünftausend pro Kopf werden ... jetzt, wo Leverkuhn tot ist, sind es fast sieben.«

»Minus Bonger werden es zehn«, fuhr Moreno fort.

»Ja, mein Gott«, sagte Palinski. »Aber Sie glauben doch wohl nicht, dass Ihr Kollege Recht hat? Ihnen ist doch wohl klar, dass wir niemals so etwas tun könnten?«

Moreno antwortete nicht. Sie lehnte sich zurück und betrachtete eine Weile die nervösen Zuckungen in Palinskis Gesicht.

»Im Augenblick glauben wir gar nichts«, erklärte sie. »Aber

Sie stehen damit immer noch unter Verdacht, und wir erlauben Ihnen nicht, die Stadt zu verlassen.«

»Mein Gott«, wiederholte Palinski. »Das ist doch nicht möglich. Was, zum Teufel, wird Wauters dazu sagen?«

»Das braucht nicht Ihre Sorge zu sein«, beruhigte ihn Moreno. »Wir kümmern uns schon um ihn. Und was Sie betrifft, so können Sie jetzt gehen, aber morgen früh kommen Sie wieder und unterschreiben Ihre Aussage.«

Sie stellte den Rekorder ab. Palinski erhob sich auf zittrigen Beinen.

»Stehe ich unter Verdacht?«, fragte er.

Moreno nickte.

»Ich bitte um Entschuldigung ... möchte mich wirklich entschuldigen. Wenn ich das gewusst hätte, dann hätte ich es natürlich sofort erzählt, aber Wauters ...«

»Ich verstehe«, sagte Moreno. »Wir machen alle mal was falsch. Bitte schön, hier entlang.«

Palinski schlüpfte wie ein beschämter und zurechtgewiesener Schuljunge durch die Tür, aber nach ein paar Sekunden war er wieder zurück. »Wauters ist derjenige, der das Los hat«, erklärte er. »Er hat bis jetzt den Gewinn noch nicht abgeholt. Nur dass Sie Bescheid wissen.«

Dann entschuldigte er sich noch einmal und verschwand.

Inspektor Moreno merkte, dass sie lächelte.

15

Erich Reijsen war ein gepflegter Herr in den Sechzigern mit einer Ehefrau und einem Reihenhaus, genauso gepflegt wie er selbst. Moreno hatte angerufen und einen Termin verabredet, und als sie eintraf, stand bereits das Tablett mit dem Teeservice im Wohnzimmer, in dem auch ein künstliches Feuer in einem Kamin aus Eternit knisterte.

Sie seufzte innerlich, verschloss ihre Seele und ließ sich auf dem Plüschsofa nieder.

»Wir essen nichts Süßes«, erklärte Herr Reijsen und zeigte dabei auf das grobe Brot und die Paprikaringe. »Haben auf unsere alten Tage angefangen, ein bisschen gesünder zu leben.«

Sein wettergegerbtes Gesicht und sein gepflegter Schnurrbart bestätigten seine Aussage zweifellos – wie auch der hautenge Strampelanzug seiner Frau und die blonde Haarpracht, die mit einem Stirnband in Rot und Gold zurückgehalten wurde.

»Bitte schön«, sagte sie und zeigte ihr geglücktes Gesichtslifting, indem sie die Augen aufriss. »Ich heiße Blenda.«

»Inspektorin Moreno«, sagte Moreno und fischte ihren Notizblock aus der Aktentasche. »Ich bin Ihnen dankbar, dass Sie sich für mich Zeit genommen haben, aber natürlich muss ich in erster Linie mit Ihnen, Herr Reijsen, sprechen.«

»Selbstverständlich«, sagte Erich Reijsen, und Blenda machte sich auf flinken Füßen irgendwo anders im Haus nützlich. Nach nur wenigen Sekunden konnte Moreno das charakteristische quietschende Geräusch eines Zimmerfahrrads im höchsten Gang hören.

»Waldemar Leverkuhn also«, sagte sie. »Ich gehe davon aus, dass Sie wissen, was passiert ist?«

Erich Reijsen nickte mit ernster Miene.

»Wir versuchen, uns ein etwas umfassenderes Bild von ihm zu machen«, fuhr Moreno fort, während ihr Gastgeber Tee in gelbe Tassen eingoss. »Sie waren ein Arbeitskollege von ihm ... wie lange?«

»Fünfzehn Jahre«, sagte Erich Reijsen. »Seit er bei Pixner angefangen hat bis zu seiner Pensionierung. 1991, also ... danach habe ich noch fünf Jahre gearbeitet, und dann wurden Arbeitsplätze abgebaut. Sie haben mir eine frühzeitige Pensionierung angeboten, und da habe ich zugeschlagen. Und ich muss sagen, ich habe es noch keinen einzigen Tag bereut.«

Würde ich auch nicht, dachte Moreno in einem Moment klarer Selbsteinsicht.

»Wie war er?«, fragte sie. »Können Sie mir ein wenig über Waldemar Leverkuhn erzählen?«

Es dauerte mehr als eine halbe Stunde, bis Erich Reijsen das Thema erschöpfend behandelt hatte. Moreno wusste sehr viel schneller – nach rund zwei Minuten –, dass der Besuch hier reine Zeitverschwendung war. Das Bild von Waldemar Leverkuhn als ziemlich zugeknöpfter und mürrischer Mensch (aber trotzdem ein zuverlässiger Kerl, Gott bewahre!), das kannte sie schon, und ihr umständlicher Gastgeber war nicht in der Lage, diesem irgendwelche Pinselstriche hinzuzufügen, die das Porträt entscheidend verändert hätten.

Auch brachte er keinerlei dramatische Enthüllungen, Einverständnis heischende Kommentare oder anderes, das in irgendeiner Weise für die Ermittlungsarbeiten von Relevanz hätte sein können.

Ehrlich gesagt hatte sie selbst Probleme, sich vorzustellen, wie so ein relevantes Puzzleteilchen eigentlich aussehen sollte, also notierte sie sich pflichtschuldigst vieles von dem, was Herr Reijsen zu sagen hatte. Das erforderte ziemlich viel Kraft, kein Zweifel – sowohl das Aufschreiben als auch das Wachhalten –, und als sie nach drei grobkörnigen Butterbroten und ebenso vielen Tassen Tee es endlich schaffte, sich aus dem Sofa hochzuarbeiten, war ihr erster Impuls, sich schnurstracks zur Toilette zu begeben und alles wieder auszuspucken. Sowohl Herrn Reijsen als auch die Brote.

Ihr zweiter Impuls war, mit einem Hammer auf das Zimmerfahrrad einzuschlagen, das während ihres gesamten Besuchs sein vorwurfsvolles Quietschen hatte vernehmen lassen, aber auch in dieser Hinsicht gelang es ihr, sich zurückzuhalten.

Außerdem hatte sie sowieso keinen Hammer zur Hand.

Ich bin im Augenblick eine verflucht schlechte Polizistin, dachte sie kurz darauf, als sie endlich wieder hinter dem Steuer ihres Autos saß. Wirklich keine Zierde der Truppe ... nur ein Glück, dass wir momentan nichts Ernsthafteres zu untersuchen haben.

Was sie eigentlich mit dem letzten Satz meinte, wusste sie selbst nicht so recht.

Nichts Ernsthafteres? Nahm sie Waldemar Leverkuhns Tod nicht ernst, oder was sollte das heißen? Sie schüttelte den Kopf und biss sich auf die Unterlippe, um etwas wacher zu werden. Es wurde immer offensichtlicher, dass sie sich mit dieser zunehmenden Müdigkeit einer Grenze näherte, an der es vermutlich sicherer war, sich auf die reinen Routinearbeiten zu beschränken. Sich nicht mehr auf das eigene Urteil zu verlassen. Keine Beschlüsse mehr zu fassen. Nicht mehr zu denken.

Zumindest nicht, solange sie nicht einige Nächte hatte schlafen können.

Sie ließ den Wagen an und fuhr Richtung Zentrum. Die Uhr zeigte schon nach fünf, und die Stadt schien zu gleichen Teilen aus Abgasen, Feuchtigkeit und Dunkelheit zu bestehen, eine Mischung, die jedenfalls sehr gut mit ihrem eigenen Zustand korrespondierte. Sie hielt am Keymer Plejn an und kaufte bei Zimmermann's ein – Joghurt, Saft und Weintrauben, das war mehr als genug nach den gesunden Schnittchen –, und als sie vor ihrem zufälligen Exil in der Gerckstraat parkte, spürte sie, dass es jetzt nur noch zwei Dinge gab, die sie wieder auf die Beine bringen konnten.

Ein langes heißes Bad und ein großer Cognac.

Glücklicherweise lagen beide Projekte im Rahmen des Möglichen, sodass sie ihre Seele endlich wieder öffnete und aus dem Auto stieg. Ganz gegen ihre Gewohnheit nahm sie den Fahrstuhl zum fünften Stock und begann sogar irgendeinen von diesen modernen Ohrwürmern zu summen, den sie wahrscheinlich im Autoradio oder bei Zimmermann's gehört hatte.

Als sie die Fahrstuhltür öffnete, war das erste, was sie sah: Claus. Er saß auf dem Fußboden vor ihrer Wohnung, und er hatte einen großen Strauß roter Rosen im Schoß.

Er schaute sie mit glänzenden, übernächtigten Augen an.

»Ewa«, sagte er.

Sie fühlte, wie die Butterbrote ihr hochkamen. Scheiße, dachte sie. Ich kann nicht mehr.

Sie riss die Fahrstuhltür wieder auf und fuhr hinunter. Hastete über die gepflasterte Auffahrt und war bereits im Auto, als er in der erleuchteten Haustür auftauchte.

»Du Armer«, murmelte sie und suchte nach den Schlüsseln. »Verzeih mir, aber ich schaffe es einfach nicht.«

Dann startete sie und fuhr davon, auf der Suche nach einem erträglichen Hotel.

Münster träumte.

Anfangs war es noch reichlich unschuldig. Eine Art Zusammenkunft mit fröhlichen, festlich gekleideten Menschen, die Gläser in der Hand hielten und offene, freundliche Gesichter hatten. Er kannte einige – Kollegen und gute Freunde, von ihm selbst und von Synn. Nur die Räume erschienen ihm irgendwie unbekannt, ein Wirrwarr verschiedener Zimmer, Treppen und Flure, und mit der Zeit schlich sich auch das Gefühl von etwas Unangenehmem ein. Von etwas geradezu Erschreckendem... Er ging um alle diese verschiedenen Winkel und Ecken, sie wurden immer kleiner, immer dunkler, mit immer unbekannteren Männern und Frauen, die irgendwelche das Licht scheuenden Dinge unternahmen. Und die ganze Zeit stieß er auf Leute, die mit ihm reden und mit ihm anstoßen wollten, aber er konnte nirgends für längere Zeit stehen bleiben... da gab es etwas, was ihn weiterzog, er suchte nach etwas, und erst als er angekommen war, verstand er, was es war.

Er kam in ein weiteres Zimmer. Es war dunkel, und zuerst glaubte er, dass es auch leer war, aber dann hörte er etwas. Jemand flüsterte seinen Namen. Er ging weiter und fühlte die Hand einer Frau auf seiner Brust. Sie drückte sich an ihn, und er wusste sofort, dass er nur ihretwegen hier war. Ganz allein ihretwegen.

Ihre Nacktheit war offensichtlich, und es war auch klar, dass sie einander lieben sollten. Sie zog ihn zu einem niedrigen, breiten Bett vor einer Feuerstelle, auf der ein fast erloschenes Feuer noch leicht glühte... ja, es war ganz klar, dass sie miteinander schlafen wollten, und ihm war auch ganz klar, dass die Frau Ewa Moreno war. Ihr dickes kastanienbraunes Haar, ihre Mandelaugen, ihre kleinen, festen Brüste, die er bisher noch nie gesehen hatte, von denen er aber trotzdem wusste, dass sie so aussehen und sich so anfühlen mussten ... und ihre Haut, in der sich die Glut spiegelte, nein, nichts konnte deutlicher sein. Schon nach wenigen Sekunden war auch er nackt. Er lag auf dem Bett, und sie saß rittlings auf ihm und führte ihn in ihren heißen Schoß ein, und er sah, wie sich ihr glänzender Körper hob und senkte, und das war unfassbar schön; aber dann merkte er, wie die Tür vorsichtig geöffnet wurde und merkte es doch wieder nicht ... erst als er seine Kinder sah, Bart und Marieke, die in einem Meter Abstand stehen blieben und ihn mit ernsten und etwas traurigen Augen betrachteten.

Er erwachte von seinem eigenen Schrei. Synn wälzte sich unruhig hin und her, und er fühlte den kalten Schweiß, der wie ein Panzer aus Angst auf seiner Haut lag. Er blieb noch einen Moment unbeweglich liegen, bevor er vorsichtig aufstand, ins Badezimmer tappte und zehn Minuten lang duschte.

Als er zurück ins Schlafzimmer kam, sah er, dass die Uhr Viertel nach vier zeigte. Er hob die Decke und kroch dicht an Synns warmen Rücken. Dicht, ganz dicht.

So blieb er liegen, sie in seinen Armen, und schlief die ganze Nacht lang keine Sekunde mehr.

Etwas ist dabei, zu geschehen, dachte er.

Aber es darf nicht geschehen.

16

Der Mittwochmorgen war wie eine Beerdigung in einer fremden Sprache. Auf dem Weg zum Polizeipräsidium wäre er zweimal fast jemandem hinten draufgefahren, und eine Weile überlegte er ernsthaft, ob er nicht lieber umkehren, wieder nach Hause fahren und sich ins Bett legen sollte. Er war gerade hinter seinem Schreibtisch niedergesunken und hatte den Kopf auf die Hände gestützt, als Jung an die Tür klopfte.

»Hast du eine Sekunde lang Zeit?«

Münster nickte. »Zwei, wenn es sein muss.«

Jung setzte sich.

»Du siehst müde aus.«

»Worum geht es?«, fragte Münster.

»Nun ja«, sagte Jung und wand sich. »Eigentlich ist es gar nichts ... eher ein Gedanke, der mir gekommen ist.«

»Ach, wirklich?«, bemerkte Münster.

»Hmm«, nickte Jung. »Ja, ich habe nämlich gedacht, dass die einfachste Lösung dieser ganzen Leverkuhngeschichte doch wäre, wenn Bonger es getan hätte.«

Münster gähnte.

»Wie meinst du das?«, fragte er.

Jung setzte an.

»Also, dass Bonger mit Leverkuhn nach Hause gegangen ist beispielsweise ... oder ein bisschen später nachgekommen ist, das spielt ja keine Rolle ... und ihn umgebracht hat. Sie haben sich draußen vor Freddy's doch gestritten, und wenn die Wut Bonger überrannt hat, dann ist es doch denkbar, dass sie, ja, dass sie übergeschwappt ist, sozusagen.«

»Glaubst du das?«, fragte Münster.

»Ich weiß es nicht. Aber das würde doch zumindest erklären, warum er verschwunden ist, nicht wahr? Zuerst habe ich gedacht, er wäre in den Kanal gesprungen, als er wieder nüchtern geworden ist und einsehen musste, was er getan hat, aber es kann natürlich genauso gut sein, dass er sich einfach irgendwo versteckt hält. Ihm muss ja klar sein, dass wir ihn verdächtigen. Was meinst du?«

Münster dachte eine Weile nach.

»Tja«, sagte er. »Natürlich ist das möglich ... zumindest spricht nichts dagegen.«

»Genau was ich gedacht habe«, sagte Jung und sah zufrieden aus. »Ich wollte nur, dass du das im Kopf behältst.«

Er stand auf.

»Danke«, sagte Münster. »Wenn Hiller einverstanden ist, könntest du das die nächsten Tage mal weiterverfolgen, mögliche Bekannte überprüfen und so weiter. Verstecke und so.«

»Gern«, sagte Jung. »Aber er scheint im Augenblick nicht besonders entgegenkommend zu sein, der Hiller ... das liegt wohl mit an diesem Zwerg. Aber sag mir Bescheid, wenn es aktuell wird.«

Als er verschwunden war, stellte Münster sich ans Fenster. Er zog die Jalousie hoch, lehnte die Stirn an das kühle Glas und starrte über die ganz und gar unveränderte Stadt, die es anscheinend ebenfalls kaum aus dem Bett geschafft hatte.

Bonger?, dachte er. Verdammt einfache Lösung. Aber warum nicht? Vielleicht war es ja so, wie Van Veeteren immer sagte: Mach immer das Einfachste zuerst. Es wäre doch zu ärgerlich, ein Schachmatt mit einem Zug zu verpassen! Dann guckte er auf die Uhr und stellte fest, dass es nicht einmal zwanzig Minuten bis zum verabredeten Treffen mit Marie-Louise Leverkuhn waren. Er bewaffnete sich mit Kaffee, Stift und Notizblock. Nahm wieder hinter seinem Schreibtisch Platz und versuchte sich zu konzentrieren.

»Um die Wahrheit zu sagen, so fällt es uns etwas schwer, die Sache in den Griff zu kriegen, Frau Leverkuhn.«

Sie antwortete nicht.

»Wir suchen immer noch nach einem Motiv für den Mord an Ihrem Mann ... ob es etwas in seiner Vergangenheit oder in den allgemeinen Umständen gibt, das in dieser schrecklichen Tat dann seinen Ausbruch gefunden hat.«

Das war eine schwerfällige Eröffnung, aber er hatte sich für diese Linie entschlossen. Marie-Louise Leverkuhn verzog immer noch keine Miene.

»Es gibt nur eine Person, die ausreichend Information über diese Dinge geben kann, und das sind natürlich Sie, Frau Leverkuhn. Was ist Ihnen in den vergangenen Tagen noch eingefallen?«

»Nichts.«

Sie betrachtete ihn mit leerem Blick.

»Sie müssen doch über das, was passiert ist, nachgedacht haben?«

»Natürlich habe ich nachgedacht«, sagte sie. »Aber es ist nichts dabei herausgekommen.«

»Haben Sie mit vielen Bekannten gesprochen?«

Sie schüttelte den Kopf.

»Ich habe nicht so viele Bekannte. Meine Kinder. Emmeline ... ein paar Nachbarn.«

»Könnten Sie mir trotzdem die Namen Ihrer engsten Freunde geben. Außer Emmeline von Post, meine ich. Mit denen Sie und Ihr Mann Umgang pflegten.«

Sie schaute zu Boden. Aha, dachte Münster. Da liegt also der Hase begraben. So ist das.

Das Peinlichste, was es gibt, hatte er einmal gelesen, das ist, keine Freunde zu haben. Einsam zu sein. Man darf ungestraft bescheuert, rassistisch, sadistisch, übergewichtig und dreckig wie eine Sau sein, praktizierender Pädophiler ... aber man muss Freunde haben.

»Wir hatten nicht so viel Umgang«, erklärte sie, ohne ihren Blick zu heben. »Er hatte seine Freunde, ich meine.«

»Keine gemeinsamen?«

Sie schüttelte den Kopf.

»Und Verwandte?«

»Unsere Kinder«, kam von ihr.

»Sie haben keine Geschwister?«

»Nein, nicht mehr.«

»Und mit wem traf Ihr Mann sich denn außer den Herren bei Freddy's?«

Sie überlegte eine Weile.

»Mit sonst niemandem, glaube ich. Vielleicht manchmal mit Herrn Engel.«

»Ruben Engel aus Ihrem Haus?«

»Ja.«

»Und Sie selbst?«, bohrte Münster beharrlich nach. »Sie haben sich ein paar Mal im Monat mit Frau von Post getroffen. Sonst noch jemand?«

»Nein«, sagte Marie-Louise Leverkuhn.

»Wirklich niemand?«, fragte Münster. »Keine alten Arbeitskolleginnen zum Beispiel? Sie haben doch bis vor zwei Jahren in diesem Kaufhaus gearbeitet, oder?«

»Frau Svendsen«, sagte sie. »Regine Svendsen. Wir sind manchmal miteinander ausgegangen, aber sie ist vor ein paar Jahren nach Karpatz gezogen. Sie hat einen neuen Mann gefunden, einen alten Schulfreund, der auch allein zurückgeblieben ist ...«

»Sie haben ihre Telefonnummer nicht?«

»Nein.«

Münster machte sich Notizen und blätterte um.

»Erzählen Sie von Ihrer Heimkehr am Samstagabend«, bat er.

»Das habe ich doch schon mehrmals gemacht.«

»Zum letzten Mal«, versprach Münster.

»Warum?«

»Man kann nie wissen. Es kommt vor, dass neue Punkte auftauchen, die man im ersten Moment übersehen hat. Das gilt umso mehr, wenn man einen Schock erlitten hat.«

Sie sah ihn an. Fast ein wenig wütend.

»Ich habe nichts übersehen.«

»Sie sind ein paar Minuten nach zwei heimgekommen?«

»Ja, natürlich«, sagte Frau Leverkuhn.

»Und die Haustür stand offen?«

»Ja.«

»Die Wohnungstür war nicht verschlossen?«

»Das habe ich doch schon gesagt.«

»Sie haben niemanden gesehen? Weder auf der Straße noch im Treppenhaus ... oder in der Wohnung?«

»Nein.«

»Sie sind sich ganz sicher?«

»Ja, natürlich.«

»Sie sind reingegangen und haben gemerkt, dass etwas nicht in Ordnung ist?«

»Ja.«

»Wie?«

»Was?«

»Wie haben Sie gemerkt, dass etwas nicht stimmte?«
Sie überlegte.
»Es hat gerochen«, sagte sie.
»Was?«, fragte Münster.
»Das Blut.«
Münster schien sich Notizen zu machen, während er auf eine Fortsetzung wartete, aber es kam keine. Er versuchte, sich an den Geruch von Blut zu erinnern, und musste zugeben, dass sie es wahrscheinlich hatte riechen können. Und wenn er sich recht erinnerte, dann hatte er irgendwo in den Papieren gelesen, dass sie, wie auch ihre Tochter, einige Jahre lang in einer Schlachterei gearbeitet hatte. Vermutlich wusste sie, wovon sie sprach.
»Sie sind ins Zimmer gegangen?«
»Ja.«
»Und haben Licht angemacht?«
»Ja.«
»Wie haben Sie reagiert, als Sie begriffen haben, was passiert ist?«
Sie zögerte. Schwieg ein paar Sekunden lang, richtete sich dann aber auf und räusperte sich.
»Ich hab dagestanden und hatte das Gefühl, ich müsste mich übergeben«, sagte sie. »Es kam in Wellen hoch, beruhigte sich dann aber doch. Danach bin ich rausgegangen, um Mitteilung zu machen.«
»Sie sind zum Entwick Plejn gegangen?«
»Ja, das wissen Sie doch.«
»Haben Sie viele Leute getroffen?«
Sie schüttelte den Kopf.
»Ich kann mich nicht mehr dran erinnern. Ich glaube nicht ... es hat geregnet.«
»Sind Sie ganz bis zum Revier gegangen?«
Sie überlegte wieder.
»Nein. Die Fenster waren dunkel, das konnte ich von der anderen Seite des Platzes sehen.«
»Und da sind Sie umgekehrt?«

»Ja.«
»Und den gleichen Weg zurückgegangen?«
»Ja ...«
Münster machte eine Pause.
»Soll ich Ihnen mal was Merkwürdiges erzählen, Frau Leverkuhn?«, sagte er dann.
Sie gab keine Antwort.
»Sie sagen mir, dass Sie eine Strecke von zwei Kilometern durch die Stadt gegangen sind, und bis jetzt hat sich kein einziger Zeuge gemeldet, der Sie gesehen hat. Was sagen Sie dazu? Die Straßen können doch nicht alle menschenleer gewesen sein.«
Keine Antwort. Münster wartete eine halbe Minute.
»Könnte es vielleicht sein, dass Sie lügen, Frau Leverkuhn?«
Sie hob den Kopf und sah ihn mit sanfter Verachtung an.
»Warum um alles in der Welt sollte ich lügen?«
Zum Beispiel um deine eigene Haut zu retten, dachte Münster. Aber das war natürlich ein außerordentlich zweifelhafter Gedanke, weswegen er ihn lieber für sich behielt.
»Hatte er Streit mit einem seiner alten Freunde?«, fragte er stattdessen.
»Nicht dass ich wüsste.«
»Möglicherweise mit Herrn Bonger?«
»Ich weiß nicht, welcher das ist.«
»Die Herren waren nie bei Ihnen zu Hause zu Besuch?«
»Nie.«
»Aber Sie wussten davon, dass die vier Geld gewonnen hatten?«
Er hatte lange auf diese Frage hingearbeitet, aber es war schwer, aus ihrer Reaktion eine eindeutige Antwort herauszulesen.
»Geld?«, wiederholte sie nur.
»Zwanzigtausend«, nickte Münster.
»Jeder?«, fragte sie.
»Zusammen«, sagte Münster. »Fünftausend pro Mann. Das ist schon was.«

Sie schüttelte langsam den Kopf.

»Davon hat er nie was gesagt«, stellte sie fest.

Münster nickte.

»Und Sie haben nicht entdeckt, dass noch etwas in der Wohnung fehlt? Ich meine, außer dem Messer.«

»Nein.«

»Gar nichts?«

»Nein ... aber irgendwelche fünftausend habe ich auch nicht gefunden.«

»Sie haben das Geld noch nicht gekriegt«, erklärte Münster.

»Ach so«, sagte Frau Leverkuhn.

Münster seufzte. Er spürte, wie die Müdigkeit wieder hochkroch, und plötzlich – wenn auch nur für eine Sekunde – packte ihn die Sinnlosigkeit. Plötzlich hatte er das Gefühl, er könnte durch das leere Gesicht dieser alten Frau hindurchsehen wie durch eine blanke Glasscheibe, und was er dort sah, war eine Sackgasse. Eine enge, düstere Sackgasse, in der er selbst stand und eine Feuerwand anstarrte.

Aus einem halben Meter Entfernung. Mit den Händen in den Hosentaschen und resigniert herunterhängenden Schultern. Auf irgendeine sonderbare Art war es ihm möglich, gleichzeitig seinen eigenen Rücken und die Feuerwand zu sehen. Schmutzige Ziegelsteine mit verwitterten Fugen und einem Geruch nach ewigem, saurem Regen. Das war kein besonders schönes Bild für den Stand der Dinge. Ganz und gar nicht schön. Am besten wäre es umzukehren, dachte er und zwinkerte ein paar Mal, bevor er sich wieder der Wirklichkeit zuwandte.

»Danke«, sagte er. »Im Augenblick habe ich sonst nichts, aber ich möchte Sie bitten, weiter in Ihrem Gedächtnis zu kramen, Frau Leverkuhn, es können die unbedeutendsten Details sein, die uns auf die richtige Spur bringen.«

»Ich möchte, dass Sie mich in Ruhe lassen.«

»Wir wollen den Mörder Ihres Mannes finden, Frau Leverkuhn. Und wir werden ihn finden.«

Einen Augenblick lang schien es ihm, als sähe sie zweifelnder aus, als der Lage angemessen war, und vermutlich war das der Grund – verbunden mit den immer schwerer werdenden Augenlidern –, was ihn dazu brachte, lauter zu werden.

»Wir werden den Mörder finden, Frau Leverkuhn, darüber sollten Sie sich im Klaren sein!«

Sie sah ihn verwundert an. Dann stand sie auf.

»War noch etwas?«

»Im Augenblick nicht«, sagte Münster.

Der Rest des Mittwochs verlief in ungefähr der gleichen Tonart. Bongers Hausboot lag verlassen da wie bisher, Zeugenaussagen von Leuten, die in der Samstagnacht auf den Straßen unterwegs waren, glänzten durch Abwesenheit, und der einzige Tipp aus der so genannten Unterwelt kam aus einer anonymen Quelle, die die Polizei ermahnte, nicht weiter im falschen Heuhaufen zu suchen.

Wobei die Frage ist, welches dann der richtige Heuhaufen ist!, dachte Münster streitlustig.

Er vermied bewusst den Kontakt mit Inspektor Moreno, und bei einem ungewöhnlich zähen Nudelgericht in der Kantine erzählte Krause ihm, dass sie im Laufe des Vormittags angerufen und sich krank gemeldet habe. Münster nahm diesen Bescheid zunächst mit Erleichterung entgegen, aber dann überfiel ihn eine Unschlüssigkeit, die er lieber nicht näher analysieren wollte. Der nächtliche Traum war noch in seinem Hinterkopf präsent – wie ein nicht jugendfreier Film, in den er sich fälschlicherweise hatte hineinschleichen können – und ihm war klar, dass er nicht nur aus Zufall dort gewesen war.

Den ganzen Nachmittag verbrachte er damit, in seinem Zimmer alle Berichte und Protokolle, die sich bis jetzt angesammelt hatten, noch einmal durchzulesen, ohne jedoch dadurch sehr viel schlauer zu werden.

Der Fall Waldemar Leverkuhn?

Es war, wie es war, fasste er resigniert zusammen, als er das Präsidium gegen halb fünf verließ: Aus unbekanntem Grund hatte ein unbekannter Täter (Mann? Frau?) einen harmlosen

Rentner ermordet – auf bestialischste Weise. Es waren seit der Tat vier Tage vergangen, und man war immer noch nicht auch nur in die Nähe einer Aufklärung gekommen.

Ein anderer älterer Mann war in der gleichen Nacht verschwunden, und hier wusste man ganz genau so viel.

Null.

Wieder einmal, er wusste nicht mehr, zum wievielten Mal im Laufe der letzten Tage, tauchten Sätze von Van Veeteren in seinem Kopf auf.

Mit der Polizeiarbeit ist es wie mit dem Leben, hatte der Hauptkommissar bei einem Freitagsbier bei Adenaar's vor ein paar Jahren philosophiert. Fünfundneunzig Prozent ist hinausgeworfen.

War es nicht langsam an der Zeit, an die letzten fünf Prozent zu gelangen?, überlegte Kommissar Münster, während er sich aus dem Garagenlabyrinth des Polizeipräsidiums schälte. Müsste der Durchbruch nicht bald mal kommen?

Oder – kam ihm der Gedanke, als er auf die Baderstraat fuhr –, war es vielleicht so, dass diese düsteren Merksätze von Van Veeteren eine Art Wink sein sollten, mal wieder in Krantzes Antiquariat vorbeizuschauen?

Und den Hauptkommissar aufzusuchen?

Das war natürlich ein verwegener Gedanke – der einzige dieses Tages vermutlich –, und er beschloss, ihn erst einmal einige Zeit reifen zu lassen.

Dann drückte er das Gaspedal durch und ließ die Sehnsucht nach Synn und den Kindern die Oberhand gewinnen.

II

17

»Wie war noch Ihr Name?«, fragte Krause und runzelte die Stirn. »Van Eck?«

Er notierte sich Namen und Telefonnummer. Kaute auf seinem Stift. Da war doch irgendwas ...

»Adresse?«

Er schrieb auch diese auf und starrte sie an.

Das war doch ...?

Zweifellos. Er fragte nach und bekam die Bestätigung. Er merkte selbst, wie aufgeregt er langsam klang, und versuchte, den Eindruck wegzuhusten. Bedankte sich und versprach, in einer halben Stunde dort zu sein. Legte den Hörer auf.

Mein Gott, dachte er. Was hat denn das nun wieder zu bedeuten?

Dann wählte er Münsters Nummer. Dort war besetzt.

Moreno. Keine Antwort.

Van Eck? Vielleicht war es ja auch nur ein Zufall?, dachte er und machte sich auf den Weg.

Münster winkte ihn herein und setzte sein Telefongespräch fort. Aus dem Mienenspiel des Kommissars konnte Krause schließen, dass wohl Hiller am anderen Ende der Leitung war. Krause nickte Moreno zu, die auf einem der Besucherstühle saß und in einem Stapel Papiere blätterte. Ziemlich lustlos, wie es schien. Sie sah müde aus, stellte Krause fest und lehnte sich mit der Schulter gegen das Bücherregal. Im Augenblick waren wohl alle müde, woran auch immer das liegen mochte.

Münster gelang es endlich, den Polizeichef abzuwimmeln, und schaute auf.

»Ja? Was gibt's?«

»Ja, also ...«, sagte Krause. »Ich habe da gerade einen merkwürdigen Anruf bekommen.«

»Ja?«, sagte Münster.

»Ja?«, sagte Moreno.

»Arnold Van Eck. Der Hausmeister im Kolderweg. Er behauptet, seine Frau sei verschwunden.«

»Was?«, sagte Moreno.

»Was, zum Teufel?«, sagte Münster.

Krause räusperte sich.

»Doch, doch«, sagte er. »Hat sich offenbar gestern in Luft aufgelöst. Ich habe ihm versprochen, dass gleich jemand bei ihm vorbeikommt. Soll ich ...? Oder vielleicht ...?«

»Nein«, sagte Münster. »Du nicht. Moreno und ich fahren hin. Das ist doch ...«

Ihm fiel nicht ein, was es war. Nahm seine Tasche, seinen Schal und Mantel und rauschte durch die Tür hinaus. Moreno eilte hinterher, blieb aber noch einmal stehen.

»Das ist doch wohl nichts, was Rooth sich ausgedacht hat?«, fragte sie und schaute Krause musternd an. »Er scheint im Augenblick in dieser Hinsicht nicht besonders vertrauenswürdig zu sein.«

Krause zuckte mit den Schultern.

»Meinst du, Rooth hätte sie entführt, oder was? Fahrt hin und guckt nach, dann erfahrt ihr mehr. Wenn ich mich recht erinnere, ist sie riesig wie ein Wohnblock ... jedenfalls kann es nicht so einfach sein, sie irgendwo zu verstecken.«

»Okay«, sagte Moreno. »Bleib hier in der Nähe, dann können wir dir berichten.«

»*Ich* pflege nicht zu verschwinden«, betonte Polizeianwärter Krause.

Arnold Van Eck sah aus, als hätte ihm jemand die Wurst vom Brot genommen. Er musste am Fenster gestanden und bereits gewartet haben, denn er empfing sie in der Haustür, wo sie außerdem auf Frau Leverkuhn stießen, die Kisten und Taschen mit den hinterlassenen Kleidungsstücken ihres Ehemannes zu einem wartenden Taxi schleppte.

»Für die Heilsarmee«, erklärte sie. »Ich dachte, sie würden uns wenigstens mal für einen Tag in Ruhe lassen.«

»Es geht nicht um ... hm, ich meine ...«, stotterte Van Eck und trat nervös von einem Bein aufs andere.

»Heute geht es nicht um Sie«, betonte Münster. »Herr Van Eck, vielleicht könnten wir zu Ihnen hineingehen?«

Der kleine Hausmeister nickte und ging voran. Seine dünne Gestalt sah schutzbedürftiger aus als je, als würde der kleine Mann am liebsten gleich vor lauter Verzweiflung in Tränen ausbrechen. Wahrscheinlich hat er in der letzten Nacht kein Auge zugekriegt, dachte Münster.

»Was ist denn passiert?«, fragte er, nachdem sie sich um den winzigen Küchentisch mit der blaukarierten Wachsdecke und der gelben künstlichen Topfpflanze niedergelassen hatten.

Arnold Van Eck breitete die Arme in einer hilflosen Geste aus.

»Sie ist weg.«

»Weg?«, wiederholte Moreno.

»Ihre Frau?«, fragte Münster.

»Ach ja«, sagte Van Eck. »So ist es.«

Ach ja?, dachte Münster. Der spinnt doch. Gleichzeitig wusste er, durch die Arbeit und vieles andere, dass es Menschen gab, die niemals als Besetzung für ihre eigene Rolle in Frage kommen würden, ob es sich nun um einen Film, ein Theaterstück oder das Leben überhaupt handelte. Arnold Van Eck war zweifellos so ein Mensch.

»Erzählen Sie«, bat Moreno ihn.

Van Eck schluchzte ein paar Mal und schob seine dicke Brille über den glänzenden Nasenrücken nach oben.

»Es war gestern«, berichtete er. »Gestern Abend ... sie ist irgendwann im Laufe des Nachmittags verschwunden ... oder des Abends.«

Er verstummte.

»Woher wissen Sie, dass sie nicht einfach irgendwohin gefahren ist?«, fragte Moreno.

»Das weiß ich«, sagte Van Eck. »Gestern war Mittwoch, und da gucken wir immer die Gangsterbräute ... das ist eine Fernsehserie.«

»Das wissen wir«, sagte Moreno.

»Gangster ...?«, wiederholte Münster.

»Außerdem massiert sie mir immer die Beine«, fuhr Arnold Van Eck fort. »Immer mittwochs ... gegen die Krampfadern.«

Er demonstrierte etwas ungeschickt die Griffe und Bewegungen der Ehefrau über Schenkel und Waden. Münster begann so langsam an Van Ecks Verstand zu zweifeln, sah aber, wie Moreno sich etwas notierte, ohne eine Miene zu verziehen, deshalb nahm er fürs Erste an, dass es keinen Grund gab, sich über etwas zu wundern. So verhielten sich anscheinend Menschen, die gemeinsam in den Herbst ihres Lebens gingen. Aber woher konnte Ewa Moreno das wissen?

»Wann haben Sie sie zuletzt gesehen?«, fragte er.

»Fünf nach fünf«, sagte Van Eck, ohne zu zögern. »Sie ist rausgegangen, um einzukaufen, und war noch nicht wieder zurück, als ich mich auf den Weg zu meinem Kurs gemacht habe.«

»Was für ein Kurs?«, fragte Moreno.

»Porzellanmalerei. Um sechs Uhr, er findet da hinten in Riitmeeterska statt, deshalb brauche ich ein paar Minuten, um hinzukommen. Ich bin so zehn vor losgegangen.«

»Porzellanmalerei?«, wiederholte Münster.

»Das ist interessanter, als man denkt«, erklärte Van Eck und richtete sich ein wenig auf. »Ich bin ja nur ein Anfänger, habe erst vier Mal mitgemacht, aber es geht ja auch nicht darum, ein Meisterwerk hervorzubringen ... obwohl, vielleicht, eines Tages ...«

Einen kurzen Moment lang bekam der Hausmeister einen leicht glänzenden Blick. Münster räusperte sich.

»Um wie viel Uhr sind Sie zurückgekommen?«

»Um fünf nach acht, wie immer. Else war nicht zu Hause,

und sie war auch zu den Gangsterbräuten noch nicht wieder da ... die fangen um halb zehn an, und da wurde ich ernsthaft unruhig.«

Moreno machte sich Notizen. Münster fiel sein Traum aus der vergangenen Nacht wieder ein, und er kniff sich diskret in den Arm, um sich zu vergewissern, dass er auch wirklich in dieser gelb- und rosabemalten Küche saß.

Er wachte nicht auf und ging folglich davon aus, dass er vorher auch nicht geschlafen hatte.

»Was denken Sie, wohin sie gegangen sein kann?«, fragte Moreno.

Es zuckte ein paar Mal in Van Ecks Wangenmuskeln, und wieder sah es aus, als wäre er kurz vorm Weinen.

»Ich weiß es nicht«, sagte er. Er zog ein Taschentuch aus der Hosentasche und putzte sich die Nase. »Es ist einfach unbegreiflich, sie würde nie einfach so weggehen, ohne zu sagen, wohin ... Sie weiß, dass ich nicht besonders stark bin.«

Er faltete umständlich sein Taschentuch zusammen und zwinkerte ein paar Mal hinter den starken Brillengläsern. Also doch Liebe? dachte Münster, es gibt da so viele Varianten.

»Vielleicht irgendeine Freundin?«, schlug er vor.

Van Eck antwortete nicht. Er stopfte das Taschentuch in die Tasche.

»Eine gute Freundin oder ein Verwandter, der plötzlich krank geworden ist?«, fantasierte Moreno weiter.

Van Eck schüttelte den Kopf.

»Sie hat nicht so viele Freundinnen. Außerdem hätte sie angerufen, es ist ja schon mehr als einen halben Tag her ...«

»Und keinerlei Nachricht?«, wunderte Moreno sich.

»Nein.«

»Sie ist früher nie mal auf diese Art verschwunden?«

»Nie.«

»Haben Sie im Krankenhaus angerufen? Es könnte doch sein, dass ihr irgendwas zugestoßen ist ... ein kleinerer Unfall, es muss ja gar nichts Ernsthaftes sein.«

»Ich habe im Rumford und im Gemejnte angerufen. Sie

wussten auch nichts, und außerdem hätte sie sich dann doch auch gemeldet.«

»Es gab keine Unstimmigkeiten zwischen Ihnen, oder? Hatten Sie vielleicht Streit ...?«

»Wir streiten uns nie.«

»Was hatte sie an?«, warf Münster ein.

Arnold Van Eck sah ihn verblüfft an.

»Warum fragen Sie das?«

Münster seufzte.

»Haben Sie nicht daran gedacht?«, erklärte er. »Ist zum Beispiel ihr Mantel weg? Hat sie irgendeine Tasche mitgenommen ... ja, wenn Sie das noch nicht kontrolliert haben, dann sind Sie doch so gut und tun das jetzt.«

»Entschuldigen Sie mich«, sagte Van Eck und eilte hinaus auf den Flur. Sie konnten ihn zwischen Bügeln und Schuhen rumoren hören, dann kam er zurück.

»Ja«, sagte er, »Mantel und auch Hut sind weg ... und die Handtasche.«

»Dann ist sie also auf jeden Fall rausgegangen«, stellte Moreno fest. »Können Sie noch nachgucken, ob sie noch eine andere Tasche mitgenommen hat? Außer der Handtasche, meine ich.«

Es dauerte wieder einige Minuten, bevor Van Eck diese Frage untersucht hatte, aber als er zurückkam, war er sich seiner Sache vollkommen sicher.

»Keine weitere Tasche«, sagte er. »Reisetasche und Einkaufstasche stehen beide in der Garderobe. Und sie ist auch nicht unten im Keller gewesen. Ich weiß außerdem, dass sie nach ihrem Einkauf noch mal hier gewesen ist ... Sie hat die Sachen in den Kühlschrank und die Speisekammer gestellt. Milch und Kartoffeln und ein paar Konservendosen ... und den Rest. Diegermanns Kaviar, den kaufen wir immer ... die nichtgeräucherte Sorte. Mit Dillgeschmack.«

»Der ist nicht schlecht«, sagte Münster.

»Haben Sie über die Sache mit jemandem aus der Nachbarschaft geredet?«, fragte Moreno.

»Nein...« Van Eck rutschte hin und her.

»Mit irgendwelchen Bekannten?«

»Nein, man will ja nicht, dass das herauskommt, falls... falls da nun irgendwas dran ist. Ich meine...«

Es kam keine Fortsetzung. Münster wechselte einen Blick mit Moreno, und offenbar war sie ganz seiner Meinung, denn sie machte eine Geste mit dem Kopf und nickte dann. Münster räusperte sich.

»Wissen Sie was, Herr Van Eck«, sagte er. »Ich glaube, das Beste ist, Sie kommen mit uns aufs Präsidium, und dann können wir das alles in Ruhe durchgehen und einen Bericht schreiben.«

Van Eck holte tief Luft.

»Das finde ich auch«, sagte er, und es war zu hören, dass er seine Stimme nicht so recht unter Kontrolle hatte. »Darf ich nur erst noch mal zur Toilette? Meine Verdauung ist von all dem hier etwas durcheinander geraten.«

»Aber bitte«, sagte Moreno.

Während sie auf ihn warteten, nutzten sie die Gelegenheit, sich in der engen Zweizimmerwohnung umzusehen. Sie barg kaum irgendwelche Überraschungen. Ein Schlafraum mit einem altmodischen Doppelbett mit Teakfurnier und hauchdünnen Gardinen in Hellblau und Weiß. Das Wohnzimmer mit Fernsehapparat, Vitrine und einer dunkel gehaltenen Sofagruppe in widerstandsfähigem Polyester. Keine Bücher außer einem Nachschlagewerk in zehn knallroten Bänden, dafür aber umso mehr Wochenzeitschriften, eine Unmenge an Landschaftsreproduktionen an den Wänden und handgemalte Porzellantöpfe auf Anrichten und Tisch. Die Küche, in der sie gesessen hatten, bot kaum für drei Personen Platz. Kühlschrank, Herd und Spültisch stammten höchstwahrscheinlich aus den späten Fünfzigern, und die Topfpflanzen im Fenster sahen aus, als wären sie gegen ihren eigenen Willen gezogen und gepflegt worden. Die Kunstblume auf dem Tisch wirkte sehr viel lebendiger. Alle Böden waren mit Teppichen unterschiedlichen Schnitts, Farbe und Qualität bedeckt, und das Einzige, was Münster eventuell als Ausdruck eines persönlichen Geschmacks ansehen konnte, war ein ausgestopfter Giraffenkopf über der Hutablage im Flur, aber das beruhte wahrscheinlich in erster Linie darauf, dass er bis jetzt noch nie einen ausgestopften Giraffenkopf gesehen hatte.

Moreno zuckte resigniert mit den Schultern und kehrte in die Küche zurück.

»Die Nachbarn?«, fragte sie. »Soll ich noch bleiben und mich mal umhören, was die zu sagen haben? Es wäre doch ganz interessant zu erfahren, wann sie sie zuletzt gesehen haben.«

Münster nickte.

»Ja, wahrscheinlich«, sagte er. »Soll ich Krause oder sonst wen herschicken?«

»In einer Stunde«, nickte Moreno. »Dann muss ich nicht zurück laufen.«

Sie guckte auf die Uhr. Offensichtlich brauchte er so seine Zeit. Van Ecks Bauch.

»Was meinst du?«, fragte sie. »Ich muss sagen, das Ganze ist mir zu hoch. Warum, zum Teufel, sollte die Alte denn abhauen?«

»Frag mich nicht«, sagte Münster. »Aber irgendwas hat es schon zu bedeuten, und ich habe das Gefühl, dass wir das hier verdammt ernst nehmen müssen ... auch wenn es sich wie eine Farce ausnimmt.«

Er lehnte sich auf dem Stuhl zurück und schaute aus dem Fenster. Das graue Wetter hielt an, schwere Wolken kamen vom Meer herangetrieben, und die Fensterscheibe war voller Tropfen und verschwommen, obwohl es eigentlich nicht regnete.

Tristesse, dachte Münster. Wer würde bei diesem Wetter nicht am liebsten abhauen?

Die Toilettenspülung war zu hören, und Van Eck trat herein.

»Fertig«, sagte er, als wäre er ein Dreijähriger im Topftrainingslager.

»Gut, dann können wir ja losfahren«, sagte Münster. »Inspektor Moreno bleibt noch hier und befragt einige Leute.«

Van Ecks Unterlippe zitterte leicht, und Moreno klopfte ihm vorsichtig auf die Schulter.

»Es wird sich schon alles aufklären, Sie werden sehen«, sagte sie. »Es gibt bestimmt eine ganz natürliche Erklärung dafür.«

Vermutlich, dachte Münster. Es gibt ja so viel, was man heutzutage natürlich nennt.

18

Inspektorin Moreno verließ das Hotel Bender am Donnerstagnachmittag gegen vier Uhr. Der Portier mit dem Nasenring versuchte ihr die Bezahlung für eine weitere Nacht abzuluchsen, da sie das Zimmer ja noch nach zwölf Uhr belegt habe, aber sie weigerte sich. Zum ersten Mal seit langem (oder sogar zum ersten Mal überhaupt?) beschloss sie, ihre Dienststellung persönlich auszunutzen. Da es sich nur um hundertvierzig Gulden handelte, konnte ihr das wohl nachgesehen werden.

»Ich bin Inspektor bei der Kriminalpolizei«, erklärte sie. »Wir brauchten das Zimmer, um eine gewisse Transaktion hier im Hotel zu überwachen. Der Auftrag ist jetzt abgeschlossen. Wenn Sie nicht wollen, dass Ihr Name in einem weniger schmeichelhaften Zusammenhang auftaucht, dann würde ich vorschlagen, Sie rechnen für eine Nacht ab und nicht für mehr.«

Der Jüngling dachte zwei Sekunden lang nach. »Ich verstehe«, erklärte er dann. »Dann sagen wir also eine Nacht.«

Als sie heimkam, saß kein Claus vor ihrer Tür, aber sie rief ihn an, nachdem sie ein halbes Glas Wein getrunken hatte.

Erklärte ihm ohne Umschweife und ohne besondere Erregung, dass sie einen Vorschlag zu machen habe. Ein Ultimatum, wenn er so wolle. Wenn es überhaupt möglich sein sollte, irgendwas zu reparieren von dem, was zwischen ihnen gewesen war – im gleichen Moment, in dem sie es aussprach, war ihr klar, dass sie hiermit falsche Hoffnungen bei ihm weckte –, so forderte sie zwei Wochen ohne jede Störung.

Kein Telefonanruf. Keine Grüße. Keine verdammten Rosen. Zwei Wochen also. Vierzehn Tage von heute an. War er damit einverstanden?

Das sei er, erklärte er nach einem etwas zu langen Schweigen in der Leitung. Aber nur, wenn er wüsste, dass sie sich wirklich treffen und ordentlich aussprechen würden, wenn die Frist abgelaufen war.

Und wenn keiner von beiden sich in den zwei Wochen auf etwas anderes einließ.

Sich einließ?, dachte Moreno. Auf etwas anderes?

Sie ging auf das mit der Gesprächsbereitschaft ein, überging das andere mit Schweigen und legte auf.

Dann trank sie die zweite Hälfte ihres Weins. So, dachte sie. Jetzt habe ich seine Hinrichtung um zwei Wochen verschoben. Feige. Aber gut.

Sie kroch mit einem zweiten Glas und ihren Aufzeichnungen aus dem Kolderweg in eine Sofaecke. Stopfte sich die Kissen zurecht und schaltete die Leselampe ein, deren Lichtkegel so klein war, dass sie sich fast wie von einer Kleiderhülle umgeben fühlte oder einem Einmannzelt. Ein kleiner, leuchtender Kegel in der Dunkelheit, in den eingeschlossen sie sitzen konnte, abgeschirmt von allem, von dem sie nichts wissen wollte. Von Männern, der Dunkelheit und allem anderen.

Endlich, dachte sie. Zeit, sich auf den Fall zu konzentrieren und nicht auf sich selbst oder die Umwelt.

Vor allem nicht auf sich selbst.

Auf der ersten Seite ihres Notizblocks hatte sie die Mieter vom Kolderweg 17 aufgeschrieben. Von oben nach unten:

III. Ruben Engel	Leonore Mathisen
II. Waldemar Leverkuhn/	Tobose Menakdise/
Marie-Louise Leverkuhn	Filippa de Booning
I. Arnold Van Eck/	leere Wohnung
Else Van Eck	

Die Tatsachen in diesem Fall waren zunächst: Waldemar Leverkuhn war tot. Sie durchkreuzte seinen Namen und ging die anderen Namen durch.

Und Marie-Louise Leverkuhn? Was gab es über die Witwe zu sagen?

Nicht viel. Sie war kurz nach zwölf von ihrer Kleideraktion zurückgekommen. Moreno hatte ein kurzes Gespräch mit ihr geführt, aber in Anbetracht dessen, was die arme Frau bereits an traumatischen Erlebnissen und harten Verhören hatte durchmachen müssen, hatte sie sich auf das Notwendigste beschränkt. Frau Leverkuhn hatte laut eigener Aussage am Dienstagnachmittag unten bei Else Van Eck Kaffee getrunken, hatte sie dann am Mittwochmorgen auf der Treppe getroffen (als sie selbst auf dem Weg ins Polizeipräsidium war, um mit Kommissar Münster zu sprechen); ansonsten hatte sie die Hausmeisterfrau weder gesehen noch gehört, wie sie behauptete.

Moreno machte hinter Marie-Louise Leverkuhn einen Haken. Und ein Fragezeichen hinter Else Van Eck.

Herr Van Eck seinerseits war in ziemlich schlechter Verfassung gegen halb zwei aus dem Präsidium zurückgekehrt, und auch ihn hatte Moreno abgehakt.

Fehlten noch die Liebesakrobaten Menakdise und de Booning aus dem zweiten Stock, sowie Herr Engel und Frau Mathisen im vierten. Diese vier machten – wenn man die Sache nüchtern betrachtete – die einzigen noch nicht in den Fall verstrickten Personen aus. Neutrale Beobachter (wieder ein Fragezeichen) und mögliche Zeugen.

Sie hatte mit dem jungen Paar angefangen.

Oder genauer gesagt mit Filippa de Booning, da Tobose Menakdise Medizin studierte und den ganzen Tag Vorlesungen hatte. Frau de Booning versprach aber, ihn auch zu befragen, wenn er heimkam, ob er möglicherweise etwas gesehen hätte, was hinsichtlich des Verschwindens der Hausmeistersfrau von Interesse sein könnte. Sie für ihren Teil hatte nichts zu bieten. Zwar war sie im Großen und Ganzen den ganzen Mittwoch zu

Hause gewesen, hatte für die bevorstehende Prüfung in Kulturanthropologie gebüffelt, aber Frau Van Eck hatte sie nicht gesehen.

»Glücklicherweise«, lachte sie und biss sich auf die Zunge. »Entschuldigung, aber sie ist uns gegenüber etwas komisch ... Ich nehme an, Sie wissen, warum?«

Moreno nickte lächelnd. Fühlte plötzlich ein Prickeln auf der Innenseite ihrer Schenkel, als sie sich für einen Augenblick die rothaarige und sehr weißhäutige Filippa im Liebesringen mit ihrem Tobose vorstellte, der, zumindest wenn man dem eingerahmten Foto im Eingang Glauben schenken sollte, schwärzer war als das schwärzeste Schwarz.

Ihr lebt, dachte sie. Gratuliere.

Ruben Engel hatte ganz genauso viel beizutragen – oder sogar noch weniger, wenn man das Prickeln mitzählte. Er war kränklich gewesen und hatte den ganzen Mittwoch im Bett gelegen, erklärte er. Vor allem abends. Moreno schaute sich um und nahm erst einmal an, dass seine Medizin nicht die richtige war. Wenn man sich morgens ein wenig schlecht fühlte, wurde es vermutlich nicht besser dadurch, dass man den ganzen Tag über Rotwein, Bier und Glühwein eins nach dem anderen in sich hineinkippte. Engel schien außerdem ziemlich beunruhigt zu sein über das, was im Haus geschah, wie sie feststellte, und sie hatte Mühe, seine wütenden Ausführungen hinsichtlich Gesetz und Ordnung und dem Verfall der Sitten abzuwehren. Gleichzeitig fand sich ein deutlicher Teil Altersgeilheit in seinen Ergüssen, es herrschte nicht viel Zweifel daran, dass er versuchte, ihren Besuch so weit wie möglich in die Länge zu ziehen. Aber sie lehnte Kaffee, Glühwein und auch Genever dankend ab, und endlich gelang es ihr, ihn mit dem vagen Versprechen, ihn über die Entwicklung des Falles auf dem Laufenden zu halten, zu verlassen.

Dreckskerl, dachte sie, als sie endlich vor der Tür stand.

Obwohl – revidierte sie ihr Urteil nach ein paar Sekunden – vielleicht war es auch nicht immer so witzig, ein alter, einsamer, übel riechender Kerl zu sein.

Wahrscheinlich war das überhaupt nicht witzig.

Der einzige mögliche Lichtblick erreichte sie bei Frau Mathisen, die Ewa Moreno in ihrer Konstitution an ein Petit-chou-Gebäck erinnerte. Groß, porös und nicht besonders lecker. Ihre Beobachtungen waren nicht gerade begeisterungsweckend, aber zumindest war sie am Mittwoch gegen sieben Uhr hinaus gegangen, ein paar Minuten nach sieben, wenn sie sich recht erinnerte, und da hatte sie ziemlich sicher Geräusche aus der Hausmeisterwohnung vernommen, als sie an der Tür vorbeiging. Was für Geräusche das waren, konnte sie nicht sagen, nur dass jemand da drinnen im Flur mit etwas beschäftigt zu sein schien – ein Jemand, der wohl identisch mit Frau Van Eck sein musste, da ja ihr Ehemann sich zu diesem Zeitpunkt bewiesenermaßen in Riitmeeterska befand und Porzellantöpfe dekorierte.

Moreno ging auch ihre Notizen von diesem Gespräch noch einmal durch und hakte die übrigen Namen ab – de Booning, Engel und Mathisen.

Ansonsten gab es nicht viel hinzuzufügen. Krause, der gegen zwölf Uhr gekommen war, um sie zu unterstützen, hatte den ganzen Nachmittag damit verbracht, sich in der Nachbarschaft umzuhören. Das war nicht besonders kompliziert, da Frau Van Eck für die meisten ein ziemlich bekannter Teil des Straßenbilds und des Viertels war.

Sie hatte ganz richtig in drei Läden am Kolderplejn eingekauft. Hatte den letzten ungefähr um Viertel vor sechs verlassen und war von weiteren zwei Zeugen auf ihrem Weg nach Hause gesehen worden. Deshalb war es keine große Kunst, ein Zeitpuzzle für den nach allen Angaben zu urteilenden entscheidenden Teil des Mittwochabends zusammenzusetzen.

Ca. 18.00 Uhr Frau Van Eck kommt nach Hause
Ca. 19.00 Uhr Frau Van Eck befindet sich immer noch zu
              Hause (im Flur)
Ca. 20.00 Uhr Frau Van Eck ist verschwunden

Hinzuzufügen wäre möglicherweise noch, dass keiner von Krauses vielen Informanten die majestätische Hausmeistersfrau nach achtzehn Uhr gesehen hatte.

Moreno starrte auf die Aufstellung. Fantastische Detektivarbeit!, dachte sie und klappte den Block zu.

Münster und Jung wechselten sich bei Arnold Van Eck ab.

Auf Grund der Entwicklung im Kolderweg war Hiller damit einverstanden gewesen, Rooth und Jung wieder mit dem Fall zu befassen – in dem Ausmaß, in dem Münster es für notwendig erachtete. Der Sexualmörder in Linzhuisen war seit mehr als zwei Monaten nicht mehr tätig gewesen, und die Ermittlungen schienen auf der Stelle zu treten.

Trotz hartnäckigem Einsatz vor allem von Jung – irgendwas an der Person Arnold Van Eck ließ Münster davor zurückscheuen, ihn zu verhören, verursachte ihm geradezu Übelkeit (vielleicht war es das Bild der überfahrenen kleinen Katze, das wieder in seinem Kopf herumspukte) – gelang es nicht, sehr viel mehr Informationen zu bekommen, abgesehen von dem, was bei dem Gespräch an dem Van-Eckschen Küchentisch bereits ans Licht gekommen war. Das Bild einer etwas merkwürdigen, kinderlosen Ehe bekam zwar noch schärfere Konturen, aber was das Verschwinden selbst betraf, so trat man weiterhin ziemlich auf der Stelle. Wie sehr Jung auch versuchte, das Zusammenleben zwischen den Eheleuten hin und her zu wenden, so gelang es doch nicht, aus Van Eck auch nur die Andeutung einer Erklärung herauszuquetschen, warum seine Ehefrau freiwillig einfach davongegangen sein könnte.

Wenn sie es vor dreißig, vierzig Jahren gemacht hätte, wäre es möglicherweise die natürlichste Sache der Welt gewesen, das musste sogar Van Eck einsehen. Aber jetzt – warum verließ sie ihn jetzt?

Also, zogen sowohl Münster als auch Jung den Schluss, hatte sie es auch nicht gemacht. Dahinter mussten andere Kräfte stehen. Starke Kräfte offensichtlich – Frau Van Eck war ja nun nicht gerade eine Frau, die man mit einem Staubwedel umbringen konnte, wie Jung es formulierte, kurz bevor sie sich trennten.

Als er allein in seinem Zimmer zurückblieb, hörte sich Münster noch einmal das ganze Band an, und wenn er ehrlich war, so erinnerte das Gespräch ihn, zumindest teilweise, eher an eine Therapiesitzung als an ein Verhör.

Aber Tatsache war: Else Van Eck, 182 Zentimeter groß, 94 Kilo schwer, 65 Jahre alt, war verschwunden. Wahrscheinlich bekleidet mit einem blau-grau-melierten Mantel, braunen Gesundheitsschuhen der Marke ENOC (Größe 43) sowie einem schwarzen, flachen Filzhut, war sie aus ihrer Wohnung irgendwann zwischen 19 und 20 Uhr am Mittwochabend verschwunden. Die Suchmeldung ging bereits um zwei Uhr raus, aber um fünf Uhr, als Münster im Begriff war, nach Hause zu fahren, waren immer noch keine Informationen von dem großen Detektiv Jedermann eingetrudelt.

Das wäre wahrscheinlich auch zu viel erwartet gewesen. Blieb zu hoffen, dass Krauses Nachforschungen in der Unterwelt bezüglich Leverkuhn von Erfolg gekrönt sein würden, aber auch hier nur Fehlanzeige. Der Informant Adolf Bosch hatte sich kurz nach drei eingefunden, seinen Bericht abgegeben und seine zweihundert Gulden einkassiert (aber in umgekehrter Reihenfolge, Bosch war ja nicht auf den Kopf gefallen), und das Ergebnis seiner fragwürdigen Nachforschungen hatte er gegenüber Krause selbst so zusammengefasst:

»Keinen Pups, Herr Wachtmeister. Keinen einzigen Pups!«

Bevor er nach Hause fuhr, gönnte Münster sich noch eine halbe Stunde Selbstreflexion in seinem Zimmer. Schloss die Tür. Löschte das Licht. Zog den Schreibtischstuhl ans Fenster und legte die Füße auf die Fensterbank.

Lehnte sich zurück und schaute hinaus. In gewisser Weise war es einfach schön, das musste man zugeben. Schön und gleichzeitig bedrohlich. Der Himmel wölbte sich langsam, aber unerbittlich wie eine alles verfinsternde Bleikuppel über die Stadt. Die nutzlosen Beleuchtungsversuche, die aus den brausenden Straßen heraufdrangen, schienen eher die Unbezwingbarkeit der Dunkelheit zu betonen, als dass sie irgendwelchen ernsthaften Widerstand boten.

So war es auch mit seiner Arbeit. Der Hauptkommissar hatte davon geredet ... dass wir erst einen Begriff von dem ganzen Umfang des Bösen bekommen, wenn wir anfangen, es zu bekämpfen. Erst wenn wir ein Licht in der Dunkelheit anzünden, sehen wir, wie groß sie ist.

Er schüttelte den Kopf, um diese weitschweifigen Gedanken loszuwerden. Sie brachten ja doch nichts – außer einem Gefühl der Müdigkeit und Machtlosigkeit, das in dieser fallenden, versinkenden Jahreszeit natürlich einen idealen Nährboden hatte.

Trotz der Worte von Jung und ihm selbst über die nassen, kahlen Baumstämme oder was das noch gewesen war. Die innere Landschaft?

Also: der Fall!, dachte er und schloss die Augen. Der Fall Waldemar Leverkuhn.

Oder war es der Fall Bonger? Oder der Fall Else Van Eck?

Wie sicher war es wirklich, dass sie tatsächlich zusammenhingen, diese drei Glieder einer Kette? Es gab eine alte Faustregel, die besagte, dass es ganz und gar nicht sicher war, ob es da einen Zusammenhang gab, wenn zwei Kinoplatzanweiser ermordet aufgefunden wurden.

Aber wenn ein dritter gefunden wurde – ja, dann konnte man beruhigt davon ausgehen, dass alle Kinoplatzanweiser auf der ganzen Welt unter Personenschutz gestellt werden mussten.

Und jetzt saß er hier mit drei Rentnern. Einem ermordeten und zwei verschwundenen. Bedeutete das, dass alle Rentner auf der Welt unter Polizeischutz gestellt werden mussten?

Glücklicherweise nicht, dachte Münster. Denn es ist ja keine Kunst, die Verbindungen ziemlich radikal schrumpfen zu lassen. Leverkuhn und Bonger sind gute Freunde gewesen. Leverkuhn und Else Van Eck wohnten im gleichen Haus. Bonger und Frau Van Eck dagegen hatten keinerlei Beziehung zueinander – wenn es also überhaupt einen gemeinsamen Nenner geben sollte, dann musste das Leverkuhn sein.

Und Leverkuhn war der Einzige, der ganz sicher tot war. Toter als tot.

Münster seufzte und wünschte, er wäre Raucher. Dann würde er sich jetzt auf jeden Fall eine Zigarette anzünden. Stattdessen musste er sich damit begnügen, die Hände hinter dem Nacken zu verschränken und sich noch weiter auf dem Stuhl zurückzulehnen.

Die Verschwundenen also?, dachte er. Auch hier gab es gewisse Unterschiede. Große Unterschiede. Was Bonger betraf, so hatte er sich eigentlich zu jedem beliebigen Zeitpunkt der Mordnacht in Luft auflösen können – oder auch noch später. Kein Mensch hatte ihn mehr gesehen, nachdem er Freddy's verlassen hatte, aber es gab ja auch niemanden, der ihn vermisste, bevor der Sonntag schon ziemlich weit fortgeschritten war. Vermutlich war er niemals bei seinem Boot angekommen, aber das war nur eine Hypothese. Es gab einen Wald an Alternativen und Variationen.

Mit Else Van Eck war das etwas anderes. Hier konnte man den Zeitraum auf eine Stunde zwischen sieben und acht Uhr am Mittwochabend zusammenstreichen, und mit Hinblick auf ihren Umfang und ihr allgemeines Auftreten gab es nicht viel Spielraum. Es sollte doch, dachte Münster, nein, es *musste* doch ein Zeuge auftauchen! Sie mussten morgen noch mal eine Runde Klinken putzen.

Dann blieb er einfach noch eine Weile mit geschlossenen Augen sitzen, und ihm schien, als könnte er die drei Puzzleteile in einem tiefen, sich verdunkelnden Raum tanzen sehen – wie es das Logo für irgendeine Filmgesellschaft tat, bis die Buchstaben sich ineinander verhakten und den Namen bildeten oder vielmehr die Abkürzung. Ihm fiel nicht mehr ein, wie das Label hieß, und die Puzzleteile Leverkuhn, Bonger und Van Eck verhakten sich nie ineinander. Sie wirbelten nur immer weiter in den gleichen unergründlichen und sich wiederholenden Schleifen ... immer weiter fort, wie es schien, immer tiefer in den schwarz werdenden Raum.

Mit aller Kraftanstrengung gelang es ihm, die Augen zu öffnen. Er sah, dass es schon nach fünf Uhr war, und beschloss, nach Hause zu fahren.

O Scheiße, dachte er, während er sich in den Mantel zwang, verdammte Scheiße, ich glaube, wenn alle Kriminaler auf der ganzen Welt eine Stunde zusätzlichen Schlaf in der Nacht bekämen, dann könnte man fünf Mal so viel Zeit sparen.

Dank unserer Gehirne, die dann nämlich klar denken könnten.

Denn es wäre doch wohl besser, die vergeudete Zeit einzusparen als den Schlaf? Und Schlaf konnte doch eigentlich nie vergeudet sein?

Was ist das nur für ein Blödsinn in meinem Kopf?, dachte er dann. Werde ich langsam alt? Außerdem habe ich seit mehr als zwei Wochen nicht mehr mit Synn geschlafen.

19

»Irgendwie werde ich dieses Gefühl einfach nicht los«, erklärte Rooth.

»Was für ein Gefühl?«, fragte Jung.

»Dass ich irgendwie an der falschen Stelle zu den Ermittlungen gestoßen bin. Ich habe das Gefühl, als wüsste ich gar nicht, worum es geht. Ich sollte mich wohl lieber mit was anderem beschäftigen.«

Jung betrachtete ihn mit einem kühlen Lächeln.

»Und was sollte das sein? Ich finde nicht, dass wir bei diesem Typen in Linzhuisen viel weiter gekommen sind ... Vielleicht wäre es am besten, wenn du dich ganz und gar von der Arbeit fern hältst?«

Rooth seufzte selbstkritisch. Suchte in den Taschen nach etwas, was er sich in den Mund stopfen konnte, fand aber nur ein ausgekautes Kaugummi in einer alten Kinokarte. Es klopfte an der Tür, und Krause kam mit einem Umschlag herein.

»Fotos von Else Van Eck«, erklärte er.

»Okay«, sagte Jung und nahm sie in Empfang. »Kannst du

Joensuu und Kellerman herschicken ... und wer sonst noch da ist?«

»Klempje und Proszek.«

»Prima«, sagte Rooth. »Nullsummenspiel.«

Krause machte sich wieder davon. Jung holte die Fotos heraus und betrachtete sie. Reichte sie weiter an Rooth, der aufstand und sich demonstrativ am Kopf kratzte.

»Was ist denn mit dir los?«, fragte Jung.

»Das ist doch merkwürdig«, sagte Rooth.

»Was denn?«

»Dass so viel spurlos verschwinden kann ... ich meine, dass sich alles Feste verflüchtigen kann und so, das weiß ich, aber trotzdem ...«

»Hm«, sagte Jung. »Du hast eine Theorie, willst du das damit sagen?«

»Nun ja«, sagte Rooth. »Theorie ... ich traue mich in dieser verfluchten Geschichte eigentlich gar nicht, etwas laut auszusprechen. Nein, mir sind die Lippen verschlossen.«

»Mein Gott«, sagte Jung. »Was faselst du denn da? Auch wenn es ihnen gelungen sein sollte, dieses Zimmer hier abzuhören, so wird keine einzige Zeitung in ganz Europa das abdrucken, was du jetzt sagst. Das kannst doch selbst du nicht einmal glauben.«

»All right«, sagte Rooth. »Es hat was mit ihrer Größe zu tun.«

»Ihrer Größe?«

»Ja. Ich glaube einfach nicht, dass so eine Riesenfrau wie Else Van Eck einfach auf diese Art verschwinden kann.«

»Wieso auf diese Art? Was soll das bedeuten?«

Rooth setzte sich wieder.

»Verstehst du das nicht?«

»Nein.«

»Und trotzdem haben sie dich zum Inspektor ernannt?«

Jung sammelte die Fotos zusammen und schob sie zurück in den Umschlag.

»Anstrengender, unrasierter Bulle redet mit gespaltener Zunge«, sagte er.

»Ich glaube, sie ist noch im Haus«, sagte Rooth.
»Was?«
»Die Alte, Van Eck. Die ist noch im Kolderweg 17.«
»Was meinst du damit?«
Wieder seufzte Rooth.
»Nur, dass es nicht sehr wahrscheinlich ist, dass sie das Haus verlassen hat, ohne dass sie jemand gesehen hat ... also ist sie noch in dem Schuppen.«
»Wo?«, fragte Jung.
Rooth zuckte mit den Schultern.
»Verdammt, das weiß ich auch nicht. Auf dem Dachboden oder unten in irgendeinem Keller wahrscheinlich.«
»Du gehst also davon aus, dass sie tot ist?«
»Schon möglich«, bestätigte Rooth. »Sie kann natürlich auch zerstückelt und eingewickelt worden sein ... oder liegt gefesselt und geknebelt da. Scheißegal, der Punkt ist jedenfalls, dass wir das Haus ordentlich durchsuchen sollten, statt weiter in der Nachbarschaft herumzurennen.«
Jung saß eine Weile schweigend da.
»Da ist was dran«, gab er zu. »Warum gehst du nicht zu Münster und diskutierst mit ihm die Sache?«
»Ich bin ja schon auf dem Weg«, sagte Rooth und stand wieder auf. »Wollte dir nur vorher mal einen Einblick darin geben, wie ein größeres Hirn so arbeitet.«
»Danke«, sagte Jung. »Das war gleichzeitig interessant und lehrreich.«
Zwei Minuten später meldeten sich die vier Polizisten. Jung inspizierte das Quartett, während er über die Prioritäten nachdachte.
»Wir begnügen uns erst mal mit zwei von euch«, sagte er. »Klempje und Proszek. Joensuu und Kellerman, ihr könnt unten beim Diensthabenden eine Weile warten. Wir haben ein paar neue ... Hinweise.«

Sechs Stunden lang zeigten die Polizisten Klempje und Proszek am Freitag ihre vergrößerten Fotos von Else Van Eck insgesamt dreihundertzweiundsechzig Personen in weiterer und näherer Entfernung des Kolderwegs. Eine verhältnismäßig große Zahl dieser Personen erkannte die Frau auf dem Bild sofort wieder – und eine verhältnismäßig kleine Zahl hatte sie zu einem späteren Zeitpunkt als 18 Uhr am Mittwoch gesehen.

Genau gesagt, niemand.

»Warum, zum Teufel, setzen sie nicht eine richtige Suchmeldung in die Zeitung, statt dass wir uns hier den Arsch aufreißen müssen?«, wollte Proszek wissen, als es ihnen endlich geglückt war, eine ruhige Ecke im Café Bendix am Kolderplejn zu erwischen. »Ich werde davon noch impotent.«

»Das warst du doch schon immer«, sagte Klempje. »Die kommt morgen.«

»Was kommt morgen?«, wollte Proszek wissen.

»Eine richtige Suchmeldung.«

»O nein!«, empörte Proszek sich. »Und was hat das dann für einen Sinn, dass wir hier herumdröhnen?«

Klempje zuckte mit den Achseln.

»Vielleicht ist es eilig.«

»Ach leck mich«, sagte Proszek. »Und Prost. Und wo sind bitte schön Joensuu und Kellerman? Die vergnügen sich doch bestimmt bei irgendeiner Überwachung, darauf lass ich einen fahren.«

Ehrlich gesagt hätten weder Joensuu noch Kellerman ihre freitägliche Arbeit als besonders vergnüglich angesehen, wenn sie die Chance gehabt hätten, ihre Meinung dazu frei zu äußern, aber die hatten sie nicht.

Fünf Stunden und fünfundvierzig Minuten lang durchsuchten sie den Kolderweg 17 vom Dachfirst bis zum Heizungskeller. Außer den Wachleuten nahm noch eine Hundepatrouille in Form von zwei schwarzen Schäferhunden mit zwei rothaarigen Hundeführern teil sowie, zumindest die Hälfte der Zeit, Inspektor Rooth, in seiner Eigenschaft als Anstifter der Aktion.

Das Wohnhaus war Ende des 19. Jahrhunderts erbaut worden, es gab jede Menge sonderbarer Ecken und Winkel, Gänge und verlassene Rumpelkammern, und einen Grundriss des Hauses hatte kein lebender Mensch jemals gesehen. Zumindest nicht, wenn man dem Besitzer Glauben schenken durfte – einem gewissen Herrn Tibor, der um die Mittagszeit mit einem Bentley und einem Bund Schlüssel auftauchte. Aber als Rooth höchstpersönlich das ganze Unternehmen drei Stunden später abblies, konnte man mit Sicherheit davon ausgehen, dass keine Frau von den Ausmaßen der Hausmeistersfrau Van Eck und auch keine andere sich in irgendeinem Winkel des Hauses versteckte.

Weder lebend noch tot.

Dagegen gab es einige Mieter, die sich langsam äußerst unwohl fühlten. Joensuus stoische Versicherung, wonach es sich bei dem Ganzen nur um eine kleine Routineuntersuchung handelte, bekam immer größere Löcher, je weiter der Dachboden geleert, die Badewannen umgedreht und die Sofakästen durchleuchtet wurden.

»Verfluchte Vandalenmethoden!«, fauchte Herr Engel, als Schäferhund Rocky II in seiner Flaschenkollektion unter dem Bett schnüffelte. »Wo habt ihr denn eure Kollegin gelassen, die mich vor kurzem besucht hat? Die hatte wenigstens noch ein wenig Takt und Anstand.«

Hab ich doch gleich gesagt!, dachte Inspektor Rooth, als alles vorbei war. Ich sollte mich lieber aus diesem Fall raushalten.

»Wie lief es mit deiner Theorie?«, fragte Jung, als Rooth wieder im Präsidium war.

»Prima«, sagte Rooth. »Ich habe jetzt eine andere Theorie. Darüber, wie es abgelaufen ist.«

»Ach?«, fragte Jung und schaute von seinem Papierstapel hoch.

»Frau Mathisen hat sie durch den Fleischwolf gedreht und Mussolini zum Fraß vorgeworfen.«

»Ich dachte, Mussolini war Vegetarier?«, merkte Jung an.

»Falsch«, sagte Rooth. »Das war Hitler.«

»Na, wenn du es sagst.« Jung zuckte nur mit den Schultern.

Die Besprechung mit Polizeipräsident Hiller am Freitagnachmittag wurde zu einer wenig denkwürdigen Veranstaltung. Im Laufe der Woche waren zwei Zwergakazien eingegangen, trotz aller Pflege, Nahrung und Liebe, die aufzubringen überhaupt nur in der Macht eines Menschen standen.

Polizeipräsident Hiller trug zwar keine Trauerkleidung, doch er hatte schwarze Ringe unter den Augen.

Auf der menschlichen Seite sah es nicht viel besser aus. Münster schilderte in erster Linie mit Hilfe von Moreno und Jung die Lage (letzterer hatte den größten Teil des Tages damit verbracht, verschiedene Verwandte und Bekannte von Else und Arnold Van Eck aufzuspüren und zu befragen – ungefähr mit ebenso großem Erfolg wie ein Streichquartett in einer Taubstummenschule). Nach einer unendlich zähen Stunde wurde beschlossen, dass die aktuelle Mannschaft erst einmal am Fall dran bleiben sollte, sowie eine längere Pressemeldung herausgegeben werden und insgesamt eine größere Offenheit gegenüber den Massenmedien gezeigt werden sollte.

Hilfe, dachte Münster, als er endlich wieder in sein Arbeitszimmer zurückkehren konnte. Darum geht es. Wir haben keinen blassen Schimmer, und jetzt brauchen wir Hilfe.

Fernsehen, Zeitungen, was auch immer. Den Detektiv Jedermann.

Tipps, ganz einfach.

Und trotzdem, trotzdem war es nur ein Dreiteilepuzzle. Immer noch das gleiche Puzzle.

Leverkuhn. Bonger. Else Van Eck.

Wie er es auch drehte und wendete, das Ergebnis war bislang blamabel.

20

»Du weißt, dass heute Samstag ist?«, fragte Synn.

»Ich habe ihn gestern angerufen«, erklärte Münster. »Er hat nur heute Vormittag kurz Zeit. Kannst du dir vorstellen, dass er eine Frau hat?«

Synn hob eine Augenbraue.

»Willst du etwa damit sagen, dass du Angst hast, dass er sie dir vorzieht?«

Münster versuchte darauf etwas zu antworten, aber eine Art Aufstoßen der Seele war davor, und so brachte er kein Wort heraus.

»Ach Synn, verflucht noch mal ...«, versuchte er es schließlich, aber da hatte sie ihm bereits den Rücken zugedreht.

Er trank seinen Kaffee aus und verließ die Küche. Als er im Flur stand und sich die Schuhe zuband, konnte er hören, wie sie im oberen Stockwerk mit den Kindern sprach.

Sie liebt mich noch, dachte er voller Hoffnung. Letztendlich liebt sie mich doch noch.

»Ich bin spätestens um eins zurück!«, rief er die Treppe hinauf. »Ich kaufe unterwegs ein.«

»Kauf was Schönes!«

Marieke kam die Treppenstufen heruntergeschlittert.

»Kauf was Schönes, ich will was Schönes! Mit Papier drum.«

Er hob sie hoch. Umarmte sie, bohrte seine Nase in ihr frisch gewaschenes Haar und beschloss, mindestens drei Geschenke zu kaufen. Eins für Marieke, eins für Bartje, eins für Synn.

Hundert Rosen für Synn.

Ich muss diese feinen Risse kitten, dachte er entschieden. Unbedingt.

Aber ob Rosen die Risse wirklich abdichten konnten – ja, das war natürlich die Frage.

Er ließ Marieke los und eilte hinaus in den Regen.

»Der Hauptkommissar sieht aus, als ginge es ihm ausgezeichnet«, sagte Münster.

Van Veeteren schlürfte den Schaum von seinem Bier.

»Nenn mich nicht so, Münster«, sagte er. »Ich hab dir schon oft genug befohlen, keine Titel zu verwenden.«

»Danke«, sagte Münster. »Aber wie dem auch sei, es scheint dir gut zu gehen. Das wollte ich damit nur sagen.«

Van Veeteren nahm einen tiefen Schluck.

»Ja«, sagte er. »Ich habe mit unserem Herrn gesprochen, und wir haben uns auf sieben gute Jahre nach der Wanderung in der Finsternis geeinigt. Das ist verflucht noch mal nicht mehr als recht und billig ... wenn ich fünfundsechzig bin, hat er freie Hand.«

»Wirklich?«, sagte Münster. »Nun ja, ich für meinen Teil fühle mich ebenfalls schon etwas alt ... Reinhart ist zur Zeit ja auch weg, da wird es manchmal reichlich eng.«

»Kein neuer Hauptkommissar in petto?«

Münster schüttelte den Kopf.

»Ich glaube, die warten auf zwei Dinge. Dass du zurückkommst ...«

»Ich komme nicht zurück«, sagte Van Veeteren.

»... und wenn du das nicht machst, dann darauf, dass Heinemann erst mal in Pension geht. Niemand kann sich ihn in der Position vorstellen, und er ist irgendwie an der Reihe.«

»Aber Hiller ist auch Polizeichef geworden«, erinnerte Van Veeteren.

Er legte Tabak und eine kleine Zigarettendrehmaschine auf den Tisch und begann sich eine zu drehen.

»Ich habe mit den Zahnstochern aufgehört«, erklärte er. »Wurde schon langsam süchtig danach. Und dieses Selbstdrehen macht es fast zu einer Art Handwerk ... also, was zum Teufel willst du? Wir müssen doch nicht wie die Chinesen erst den ganzen Tag um den heißen Brei herumreden!«

Münster nahm einen Schluck und schaute auf den verregneten Markt, auf dem die Menschen zwischen den Ständen hin und her hasteten. Er überlegte kurz, wie oft er eigentlich schon hier bei Adenaar's mit dem Hauptkommissar gesessen hatte. Seinen mürrischen Auslegungen und finsteren Betrachtungen gelauscht hatte ... und diesem absolut Klaren und Unbeugsamen, das dennoch unter allem hervorschien ... nein, es war keine große Kunst, zu begreifen, warum er abgesprungen war, dachte Münster. Schließlich hat er es fünfunddreißig Jahre lang ausgehalten.

Und es gab auch keinen Grund, sich darüber zu wundern, dass unser Herr beschlossen hatte, ihm sieben gute Jahre zu gönnen. Das hätte er selbst auch getan.

»Also?«, erinnerte Van Veeteren.

»Ja, da ist dieser Fall ...«

»Leverkuhn?«

Münster nickte.

»Wie kann der Haupt ... woher wusstest du das?«

Van Veeteren zündete seine Maschinengedrehte an und inhalierte, als hätte er gerade die allererste Zigarette erfunden.

»Fünf am Tag«, erklärte er. »Die hier ist Nummer eins. Was hast du gesagt?«

»Du wusstest, dass ich mit dir über Leverkuhn reden will?«

»Hab es geraten«, sagte Van Veeteren bescheiden. »Trotz allem ist es ja nicht das erste Mal ... und außerdem lese ich immer noch Zeitungen.«

Münster nickte etwas peinlich berührt. Das stimmte natürlich. Seit der Hauptkommissar zum Rückzug geblasen hatte, hatte Münster es bisher zwei Mal gewagt, die laufenden Ermittlungen mit ihm zu diskutieren. Beim ersten Mal, vor knapp einem Jahr, hatte er ein deutlich schlechtes Gewissen gehabt, ihn wieder in die Sachen hineinzuziehen, aber er hatte schnell begriffen, dass der alte Spürhundinstinkt noch nicht ganz verschwunden war. Dass der Hauptkommissar ab und zu eine gewisse grimmige Genugtuung darin fand, in dieser Art und Weise konsultiert zu werden. Dass er diese Tatsache jedoch unter keinen Umständen auch nur eine Sekunde lang zugeben würde, war natürlich eine andere Sache.

»Ich verstehe«, sagte Münster. »Ich wäre dir dankbar, wenn du mitmachen würdest. Ich meine, mir zuhörst ... ja, natürlich geht es um Leverkuhn, das ist nicht zu leugnen.«

Van Veeteren leerte sein Glas.

»Ich habe wie gesagt davon gelesen«, erklärte er. »Scheint etwas sonderbar zu sein ... Wenn du noch ein Bier bestellst, schärft das mein Gehör ungemein.«

Es zuckte ein wenig in seinen Wangenmuskeln. Münster trank aus und begab sich zur Bar.

Zwei Bier und fünfundvierzig Minuten später waren sie fertig. Van Veeteren lehnte sich zurück und nickte nachdenklich.

»Nein, das ist wirklich in keinerlei Hinsicht eine übliche Geschichte«, stellte er dann fest. »Das verweist irgendwie alles in ganz unterschiedliche Richtungen. Die Fäden scheinen auseinander zu laufen, statt irgendwo zusammen zu kommen.«

»Ganz genau«, sagte Münster. »Leverkuhn, Bonger und Frau Van Eck. Ich habe lange darüber nachgedacht. Die haben ja eigentlich so viel miteinander zu tun, dass es einen Zusammenhang geben müsste ... und gleichzeitig so wenig, dass einfach kein Motiv zu finden ist.«

»Mag sein, ja«, sagte Van Veeteren kryptisch. »Aber ich glaube, du solltest dich vor diesem Puzzledenken hüten ... Es wäre doch zu ärgerlich, wenn du ein Teilchen zu viel hättest.«

»Was?«, schaute Münster ihn überrascht an. »Was meinst du damit?«

Van Veeteren antwortete nicht. Er setzte sich auf seinem Stuhl zurecht und begann stattdessen von Neuem mit seiner Zigarettenmaschine zu spielen. Münster schaute wieder aus dem Fenster. Noch so ein Satz ohne Bedeutung, dachte er und spürte einen kleinen Stich der Verärgerung, der ihm so vertraut war wie ein altes Kleidungsstück.

Ein Teilchen zu viel? Nein! Er beschloss, dass das nur wieder ein Beispiel für die Vorliebe des Hauptkommissars war, alles in Vernebelungsschwaden und Mystifikationen zu tauchen, und sonst nichts ... wozu immer es in einer Situation wie der jetzigen auch gut sein sollte.

»Die Ehefrau?«, fragte Van Veeteren. »Was hältst du eigentlich von ihr?«

Münster überlegte.

»Verschlossen«, sagte er nach einer Weile. »Hat bestimmt noch einiges in petto, was sie nicht rauslassen will. Aber ich weiß nicht. Was ist schon normal, wenn man nach Hause kommt und seinen Ehemann auf diese Art und Weise abgeschlachtet vorfindet. Warum fragst du?«

Van Veeteren zog es vor, auch diesen Aspekt nicht weiter zu erörtern. Er drückte nur auf seiner frisch gedrehten Zigarette herum und sah aus, als wäre er tief in Gedanken versunken.

»Wie gesagt«, sagte Münster. »Ich wollte das nur mal mit dir durchsprechen. Danke, dass du mir zugehört hast.«

Van Veeteren zündete sich eine Zigarette an und blies den Rauch auf eine Begonie, die vermutlich ebenso tot war wie die Akazien des Polizeichefs.

»Dienstagnachmittag«, sagte er. »Gib mir ein paar Tage Zeit, um über das ein oder andere nachzudenken, vielleicht können wir dann mal wieder ein Badmintonmatch spielen. Ich muss mich ein bisschen bewegen. Aber mach dir keine allzu großen Hoffnungen ... was das hier angeht, meine ich«, fügte er hinzu und klopfte mit seinem Knöchel gegen die Stirn. »Ich bin im Augenblick eher auf Schöngeistiges und Vergnügungen eingestellt.«

»Dienstag«, bestätigte Münster und notierte es sich auf seinem Block. »Doch, doch, ich habe davon gehört. War da nicht eine neue Frau?«

Van Veeteren stopfte seine Zigarettendrehmaschine in die Jackentasche und schaute unergründlich drein.

Zusammen kosteten die Geschenke fast fünfhundert Gulden, den Vogel schoss ein rotes Kleid für Synn für zweihundertfünfundneunzig ab. Aber was soll's? dachte Münster. Man lebt nur einmal.

Was hatte sie noch vor kurzem gesagt?

Stell dir vor, wenn plötzlich alles zu Ende ist?

Ihn durchlief ein Schauer, und er stieg ins Auto. Wie man es auch drehte und wendete, das Leben war nun mal nicht mehr als die Summe all dieser Tage, und manchmal kam man natürlich an einen Punkt, an dem man sich mehr für das interessierte, was gewesen war, als für das, was noch zu erwarten war.

Und dann gab es noch – zumindest hoffte er das – die eine oder andere Zeitspanne im Leben, in der man tatsächlich die Chance hatte, nur für den Moment zu leben.

Wie zum Beispiel so ein Samstag und Sonntag Anfang November.

Ach Scheiße, dachte Kommissar Münster. Ich wünschte, ich hätte so ein gut geschmiertes Bullenhirn, das man einfach analog zu den Arbeitszeiten ein- und ausschalten könnte. Falls es solche funktionierenden Roboter überhaupt gab. Er erinnerte sich an ein früheres Gespräch mit dem Hauptkommissar – auch das hatte vermutlich im Adenaar's stattgefunden – über den Begriff Intuition.

Das Gehirn funktioniert am besten, wenn du es in Ruhe lässt, hatte Van Veeteren erklärt. Gib ihm die Fragen und die Informationen, die du hast, und dann denk an etwas anderes. Wenn es eine Antwort gibt, wird sie früher oder später heraustickern.

Wer's glaubt, dachte Münster düster. Wahrscheinlich gibt's doch Unterschiede zwischen den Gehirnen.

Wie dem auch sei, nach dem Gespräch mit dem Hauptkommissar und seinem Einkauf mitten im schlimmsten Samstagsrummel bestand kein Zweifel mehr daran, dass er sich ziemlich ausgelaugt fühlte, also war es sowieso am besten, das Gehirn in aller Ruhe arbeiten zu lassen und zu sehen, ob etwas dabei heraus kam.

Er schaute auf die Uhr. Es war zehn Minuten nach eins. Es war ein Samstag im November. Es regnete. Und er hatte nur seine Familie, um die er sich jetzt kümmern musste.

21

Die Nacht zwischen Freitag und Samstag schlief Inspektor Moreno mehr als zwölf Stunden, und als sie gegen halb elf Uhr am Vormittag aufwachte, dauerte es eine ganze Weile, bevor sie begriff, wo sie eigentlich war.

Und dass sie allein war.

Dass die fünf Jahre mit Claus Badher vorbei waren und dass sie ab jetzt über sich allein verfügen konnte. Das war ein sonderbares Gefühl. Auch dass bereits mehr als ein Monat vergangen war, seit sie ihn verlassen hatte, aber ihr erst jetzt klar geworden war, dass sie ihr Schicksal in ihren eigenen Händen trug.

Als wolle sie die Tragkraft dieser Hände überprüfen, hob sie sie aus der Bettwärme und betrachtete sie eine Weile. Eigentlich nicht besonders beeindruckend, aber so war es ja nun mal mit Frauenhänden... unentwickelt und ein bisschen kindlich, jedenfalls bestand da ein abgrundtiefer Unterschied zu den groben und sehnigen Werkzeugen der Männer. Die waren benutzbar und schön. Wenn sie so darüber nachdachte, wurde ihr bewusst, dass sie noch nie eine schöne Frauenhand gesehen hatte. Wie Hühnerflügel, kam ihr in den Sinn... nicht funktional und pathetisch. Zweifellos konnte man über diesen ins Auge fallenden Unterschied weiter philosophieren: wieweit er tatsächlich etwas Durchgängiges repräsentierte, wenn es um die ewige Frage nach dem Männlichen und dem Weiblichen ging...

Ein Ausdruck des Wesensunterschieds? Die Hände.

Und nie kommen sie zusammen, dachte sie, aber da tauchte plötzlich das Bild einer dunklen Männerhand auf einer weißen Frauenbrust vor ihrem inneren Auge auf, und sie musste sich eingestehen, dass es natürlich ein Zusammentreffen gab.

Als sie später unter der Dusche stand, begriff sie außerdem, dass die Hand und diese Brust ganz und gar nicht die von Claus und ihre waren, sondern Tobose Menakdises und Filippa de Boonings, und da war mit einem Mal die ganze Ermittlung wieder hautnah bei ihr.

Nach dem Frühstück begab sie sich auf einen längeren Spaziergang die Willemsgraacht entlang – in Richtung Lauerndammarna und Löhr. Sie ging durch den milden Regen und dachte an alles Mögliche, vor allem aber an ihre Eltern – und an ihren Bruder in Rom, den sie seit mehr als zwei Jahren nicht mehr gesehen hatte. Die Eltern waren etwas näher dran, in Groenstadt, aber der Kontakt war auch nicht besonders eng. Sicher, es war leicht, sich ein abschätziges Urteil über die Leverkuhnschen Familienbanden zu bilden, aber wenn sie ehrlich sein sollte, so stand es um die ihren auch nicht viel besser.

Und dann hatte sie ja noch eine Schwester. Maud. Wo, wusste sie nicht, wahrscheinlich in Hamburg, und sie wusste auch nicht, in welchem Zustand.

Vielleicht stimmte es ja, was die Anthropologen behaupteten, dass die nordeuropäische Kernfamilie ihre Rolle als ökonomischer und sozialer Faktor ausgespielt hatte und damit auch ihre emotionale Bedeutung verlor.

Gefühle waren nur Überbau und Putzwerk. Mann und Frau trafen sich, reproduzierten sich und wanderten weiter in verschiedene Richtungen. Und zwar haargenau in die Richtung, in die man bereits gesteuert war, als man aufeinander traf... diesem diffusen Ziel zu. Ja, vielleicht musste man es so sehen. Jedenfalls gab es genügend Vorbilder in der Tierwelt, und der Mensch war im Grunde ja auch nichts anderes als ein biologisches Wesen.

Schade, dachte sie, schade, dass der Mensch so eine verdammte Fehlkonstruktion ist, und dass der Abstand zwischen Gehirn, Herz und Geschlecht so groß sein muss. Zumindest meistens.

Immer?

Der Ausschank in Czerpinskis Mühle hatte geöffnet, und sie beschloss, sich eine Tasse Tee vor der weiteren Wanderung zu gönnen. Aber nur kurz, es war bereits Viertel vor drei, und sie hatte absolut keine Lust, im Dunkeln umherzustreifen.

Sie war kaum in der Tür, als sie an einem der Tische in dem kreisrunden Lokal Benjamin Wauters und Jan Palinski entdeckte. Die beiden erkannten sie nicht wieder oder taten zumindest so, aber ihr war klar, dass das ein Zeichen sein musste. Ein Zeichen, dass es gar keinen Zweck hatte zu versuchen, die Arbeit noch länger auf größere Distanz halten zu wollen.

Trotzdem hielt sie es noch eine Zeit lang aus. Am Samstagabend rief sie sowohl ihren Bruder als auch ihre Eltern an, sie schaute sich einen französischen Film aus den Sechzigern im Fernsehen an und wusch zwei Wollpullover mit der Hand. Aber als der Sonntagmorgen sich mit hohem, klarem Himmel zeigte, begriff sie, dass es vergeblich war. Er war einfach zu aufdringlich. Der Fall. Der Job. So war es nun mal, und daraus brauchte sie gar keinen Hehl zu machen.

Es gibt etwas tief in mir, dachte sie, was das hier steuert. Ein Trieb oder ein Sog, den ich mir nie eingestehe, aber der eigentlich mein Leben bestimmt. Zumindest mein berufliches. Mir gefällt es, irgendwo herumzubohren! Mir gefällt es, andere Menschen unter die Lupe zu nehmen. Ihre Beweggründe und ihre Taten.

Außerdem befinde ich mich mitten in meinem Zyklus, fügte sie in Gedanken hinzu. Und da kein Mann zur Verfügung steht, nehme ich es besser selbst in die Hand.

Über den letzten Gedanken musste sie lachen, während sie auf den Bus zum Kolderweg wartete. Arbeit statt Liebe? Das war ja vollkommen absurd! Wenn Claus ihre Gedanken nur fünf Minuten lang hätte verfolgen dürfen, würde er sich wahrscheinlich nie wieder trauen, mit ihr zusammenzutreffen.

Aber vielleicht war das ja bei allen Beziehungen so?

Bei allen Frauen und ihren Männern mit den schönen Händen? Da kam der Bus.

Die Tür wurde von einer vollkommen fremden Frau geöffnet, und für einen Moment spürte Moreno die Möglichkeit eines Durchbruchs. Dann stellte die Frau sich als Helena Winther vor, die jüngere Schwester von Arnold Van Eck, und die Hoffnung zerfiel zu Staub.

»Ich bin gestern gekommen«, erklärte sie. »Ich fand, ich musste das, er ist nicht besonders stark ...«

Sie war eine dünne Frau um die fünfundfünfzig mit dem gleichen anämischen Hautton wie ihr Bruder, aber mit einem Handschlag, der von einer gewissen Standhaftigkeit zeugte.

»Sie wohnen nicht hier in Maardam?«

»Nein, in Aarlach ... mein Mann hat dort eine Firma.«

Sie ging ins Wohnzimmer voraus, wo Arnold Van Eck zusammengekauert vor dem Vormittagsprogramm des Fernsehers saß. Es sah aus, als hätte er gerade geweint.

»Guten Morgen«, begrüßte Moreno ihn. »Wie geht es Ihnen?«

»Schlecht«, antwortete Van Eck. »Da ist so eine Leere.«

Moreno nickte.

»Das verstehe ich«, sagte sie. »Ich schaue nur rein, um zu hören, ob Ihnen vielleicht noch etwas eingefallen ist. Manchmal fällt einem ja später noch etwas ein.«

»Es ist einfach ein Rätsel!«, rief Van Eck aus. »Ein unbegreifliches Rätsel.«

Möchte wissen, ob der in der gleichen Form denkt, wie er redet? fragte Ewa Moreno sich. Jedenfalls musste es sich bei ihm um einen besonderen Fall innerhalb der männlichen Spezies handeln, über die sie momentan so viel nachdachte.

»Sie können sich nicht daran erinnern, ob Ihre Frau in den letzten Tagen vor ihrem Verschwinden sich in irgendeiner Weise merkwürdig verhalten hat?«, fragte sie. »Etwas gesagt oder gemacht hat, was sie sonst nicht zu sagen oder zu tun pflegte?«

Arnold Van Eck stieß einen tiefen Seufzer aus.

»Nein«, sagte er. »Da ist nichts in der Richtung. Ich habe die Nächte wachgelegen und nachgedacht, aber alles in allem ist es einfach nur ein Rätsel. Es ist wie ein Albtraum, nur dass ich wach bin.«

»Und Ihnen ist nichts Besonderes aufgefallen, als Sie am Mittwoch von Ihrem Kurs nach Hause kamen? So als erster Eindruck, als Sie durch die Tür traten, wenn Sie verstehen, was ich meine ...?«

Van Eck schüttelte den Kopf.

»Denken Sie, dass es möglich wäre, dass Ihre Frau männliche Bekannte hat, die Sie nicht kennen?«

»Hä?«

Eine Sekunde lang sah es wirklich so aus, als würde Arnold Van Eck hinter seinen dicken Brillengläsern schielen, und Moreno musste einsehen, dass die Frage, genau wie eine eventuelle Antwort darauf, weit über sein Vorstellungsvermögen ging.

Sie sah ein, dass es hier nichts mehr zu holen gab, aber bevor sie ihre Runde im Haus drehte, wechselte sie noch einige Worte mit der Schwester draußen in der Küche.

»Haben Sie engen Kontakt mit Ihrem Bruder und Ihrer Schwägerin?«, fragte sie.

Helena Winther zuckte mit den Schultern.

»Es geht«, sagte sie. »Da ist natürlich der große Altersunterschied, aber wir treffen uns schon ab und zu ... mein Mann und Arnold sind nur grundverschieden, wissen Sie.«

»Und Else?«

Helena Winther schaute aus dem Fenster und ließ mit der Antwort eine Weile auf sich warten.

»Sie ist nun mal, wie sie ist«, sagte sie. »Das ist Ihnen sicher auch schon klar geworden. Die beiden sind kein besonders gewöhnliches Paar, aber irgendwie haben sie einander immer gebraucht ... Sie sehen ja, wie schlecht es ihm geht.«

»Kriegt er irgendwas zur Beruhigung?«, fragte Moreno.

Die Schwester schüttelte den Kopf.

»Er nimmt keine Medikamente. Hat sein ganzes Leben lang nicht eine einzige Aspirin geschluckt.«

»Und warum nicht?«

Helena Winther antwortete nicht. Sie sah Ewa Moreno nur mit leicht hochgezogenen Augenbrauen an, und ein paar Sekunden lang schien es, als würde das gesamte männliche Martyrium zwischen diesen vier Frauenaugen abgewogen und erforscht. Und als unergründlich abgestempelt. Moreno spürte, wie sie innerlich lächelte.

»Sie haben keine Idee, was passiert sein könnte?«

»Gar keine. Es ist, wie er sagt ... ein Rätsel. Sie ist irgendwie nicht der Typ, der einfach verschwindet. Ganz im Gegenteil, wenn Sie verstehen?«

Mit einem leichten Nicken deutete Moreno an, dass sie das tat. Dann verabschiedete sie sich und versprach, ihr Äußerstes zu tun, um Klarheit in diese nebulösen Umstände zu bringen.

Fritz Engel roch auch an diesem Tag nicht nach Veilchen, aber er schien nüchtern zu sein, und auf dem Küchentisch lag ein aufgeschlagenes Kreuzworträtsel.

»Für die grauen Zellen«, erklärte er, während er aufstand und mit einem schmutzigen Zeigefinger an die Schläfe tippte. »Herzlich willkommen... und das sage ich nicht zu allen Polizisten.«

Moreno nahm das Kompliment mit einem routinierten Lächeln entgegen.

»Es sind eigentlich nur noch ein paar Kleinigkeiten, die ich gerne abgeklärt hätte. Das heißt natürlich, nur wenn Sie Zeit haben?«

»Aber selbstverständlich.«

Engel zog seine Hose hoch, die dazu neigte, zu Boden rutschen zu wollen, und zeigte auf den freien Stuhl. Sie setzte sich und wartete zwei Sekunden.

»Welche Verbindung bestand zwischen Leverkuhn und Frau Van Eck?«

»Was?«, fragte Engel zurück, sich setzend.

Sie beugte sich über den Tisch und legte los.

»Hören Sie«, sagte sie. »Ich meine, es muss doch irgendein Verbindungsglied zwischen den beiden Ereignissen hier im Haus geben... irgendeinen kleinen Faktor, der verantwortlich dafür ist, dass ausgerechnet diese beiden... aus dem Weg geräumt wurden. Es kann alles Mögliche sein, aber für einen Außenstehenden ist es fast unmöglich, es in den Blick zu kriegen. Sie haben ja mit beiden zwanzig Jahre dicht an dicht gewohnt, Herr Engel, Sie müssten doch die richtige Person sein, um etwas sagen zu können... können Sie sich nicht irgendeinen Zusammenhang denken, könnte es nicht sein, dass Waldemar Leverkuhn und Else Van Eck irgendwann mal sozusagen aus dem gleichen Teller gelöffelt haben?«

»Meinen Sie, ob die beiden was miteinander hatten?« Moreno unterdrückte einen Seufzer.

»Das nicht. So weit muss man gar nicht gehen ... aber ich kann es nicht weiter präzisieren, weil ich nicht weiß, worauf ich eigentlich hinaus will.«

»Ja«, sagte Engel, »das verstehe ich.«

Er klappte die Kiefer mit einem Klacken zu, und sie begriff, dass er im Augenblick mehr dazu neigte, sie als Bulle denn als Frau anzusehen.

»Machen Sie sich denn selbst keine Sorgen, Herr Engel?«

Die Reminiszenz an seine Männlichkeit legte natürlich einer ehrlichen Antwort Hindernisse in den Weg. Er räusperte sich, streckte sich, dass es knackte, aber trotzdem schien es ihr, als würde die Angst durchscheinen. Sie dümpelte dort herum wie ein dunkler Teich unter dem Eis einer Nacht.

»Ach wissen Sie meine Liebe, ich mache mir um mich nicht besonders viel Sorgen«, brachte er hervor, während er versuchte, seinen Blick gerade zu halten. »Man hat gelernt, in dieser Welt zurecht zu kommen.«

»Haben Sie bemerkt, ob einer Ihrer Nachbarn stärker beunruhigt ist?«, hakte sie nach. »Wenn Sie jemanden auf der Treppe treffen oder so?«

»Die Nachbarn? Nein ... wirklich nicht.«

Dann fing er an zu husten, und während die Hustenattacke abebbte, saß Moreno unbeweglich da und versuchte, diese letzte Äußerung einzuordnen.

War sie wirklich so eindeutig distanzierend, wie er versucht hatte, sie klingen zu lassen?

Weitere zwei Stunden später, als sie in ein nach Eukalyptus duftendes Schaumbad kletterte, hatte sie diese Frage immer noch nicht abschließend beantwortet.

Auch in der Nacht zu Montag schlief Inspektor Ewa Moreno tief und ohne Unterbrechungen, und als sie sich am nächsten Morgen mit der Straßenbahn auf den Weg ins Polizeipräsidium machte, wurde ihr klar, dass sie endlich wieder zu sich selbst gefunden hatte. Der akkumulierte Schlafbedarf war gestillt worden, und zum ersten Mal seit langem fühlte sie sich wieder richtig arbeitsfähig.

Bereit, dem entgegenzusehen, was auch immer von ihr erwartet wurde.

Da hatte sie sich aber getäuscht. Denn was Kommissar Münster ihr zu erzählen hatte, als sie sein Zimmer betrat, verschlug ihr dann doch die Sprache.

»Was Neues?«, fragte sie.

»Das kann man wohl sagen«, sagte Münster und schaute von seinem Papierstapel auf, in dem er blätterte. »Sie hat gestanden.«

»Was?«, fragte Moreno.

»Frau Leverkuhn. Sie hat heute Morgen um Viertel nach sieben angerufen und gestanden, dass sie ihren Mann ermordet hat.«

Moreno setzte sich auf einen Stuhl.

»Verdammt«, sagte sie. »Dann war sie es also doch?«

»Jedenfalls behauptet sie das«, sagte Münster.

III

22

Die Polizei brauchte drei Tage, danach ließ man sie im Großen und Ganzen in Ruhe. Ab der zweiten Woche beschränkte sich ihr Besuch nur noch auf eine Hand voll Personen.

Der Anwalt hieß Bachmann und kam fast jeden Tag, zumindest anfangs. Sie hatte ihn bereits bei ihrem ersten Verhör im Polizeipräsidium kennen gelernt, und er hatte keinen besonders guten Eindruck auf sie gemacht. Ein gut gekleideter, übergewichtiger Mann in den Fünfzigern mit dickem, wogendem Haar, das er vermutlich färbte. Breiter Siegelring und kräftige weiße Zähne. Von Anfang an wollte er, dass sie auf Totschlag hinarbeiten sollten, sie tat ihm den Gefallen, ohne näher darüber nachzudenken.

Sie mochte ihn nicht. Je mehr sie ihn bestimmen ließ, um so weniger würde sie gezwungen sein, mit ihm zu diskutieren. Mitte des Monats blieb er sogar ein paar Tage hintereinander fern, aber im Dezember, als die Verhandlung kurz vor der Tür stand, gab es so viel, was noch einmal durchgegangen werden musste. Sie verstand nicht so recht, warum eigentlich, fragte aber auch nicht.

Es soll nur schnell vorbeigehen, dachte sie, und das war auch der einzige Wunsch, den sie ihm gegenüber überhaupt äußerte. Dass es nicht eine lang gezogene Geschichte werden sollte, mit Plädoyers und Zeugenbefragungen und all dem, was sie aus dem Fernsehen kannte.

Und der Rechtsanwalt Bachmann strich sich mit der Handfläche übers Haar und versprach ihr, sein Bestes zu tun. Aber da gab es ja trotzdem gewisse Unklarheiten, und alles konnte man nicht aus dem Gerichtssaal heraushalten.

Jedes Mal, wenn er darauf hinwies, bemühte er kurz seine Gesichtsmuskeln, aber sie erwiderte sein Lächeln nie.

Der Pfarrer hieß Kolding und war in ihrem Alter. Ein sanfter Prediger, der immer eine Thermoskanne Tee und eine Schachtel Kekse bei sich hatte, und der meistens eine halbe Stunde auf dem Stuhl in ihrer Zelle zuzubringen pflegte, ohne in der Zeit besonders viel zu sagen. Bei seinem allerersten Besuch hatte er erklärt, dass er sich nicht aufdrängen wollte, dass es aber dennoch seine Absicht war, jeden zweiten oder dritten Tag zur Verfügung zu stehen. Für den Fall, dass sie etwas besprechen wollte.

Der Fall trat nie ein, aber sie hatte nichts dagegen, dass er dort saß. Er war lang und mager, ein wenig krumm von den Jahren, er erinnerte sie ein wenig an ihren Konfirmationspfarrer. Einmal fragte sie ihn, ob er möglicherweise mit diesem verwandt war, aber das war er natürlich nicht.

Doch eine Zeit lang hatte er in der Maalwortgemeinde in Pampas gewirkt. Das kam bei einem ihrer seltenen knappen Gespräche heraus, aber da sie während der vielen Jahre die Kirche, von der sie nur einen Steinwurf weit entfernt gewohnt hatte, nur wenige Male besucht hatte, wurden über diese Tatsache auch nicht viele Worte gewechselt.

Dennoch saß er einige Nachmittage in der Woche dort in seiner Ecke. Und stand zur Verfügung, wie gesagt. Vielleicht war er ja auch nur müde und musste sich ein wenig ausruhen, dachte sie manchmal.

Soweit es sie überhaupt berührte, störte es sie zumindest nicht.

Daneben machten sich nur noch die beiden Kinder und die unermüdliche Emmeline von Post die Mühe, sie zu besuchen.

Als sie vor der Verhandlung nachrechnete, kam sie zu dem Schluss, dass Mauritz dreimal zu Besuch gewesen war, Ruth und Emmeline jeweils zweimal. An ihrem Geburtstag am 2. Dezember tauchten Mauritz und Ruth zusammen auf, mit einer Sachertorte und drei weißen Lilien, was sie aus irgendeinem Grund so absurd fand, dass sie sich das Lachen kaum verbeißen konnte.

Ansonsten bemühte sie sich wirklich – bei all diesen Besuchen – darum, freundlich und zuvorkommend aufzutreten, aber die Umstände führten doch oft dazu, dass die Besucher sich angespannt und fremd in der blassgelben Zelle fühlten. Vor allem mit Mauritz kam es ein paar Mal zu lauten Auseinandersetzungen über Bagatellen, aber etwas anderes hatte sie auch gar nicht erwartet.

Insgesamt bedeutete die Haftzeit – diese sechs Wochen in Erwartung der Verhandlung – dennoch eine Periode der Ruhe und Erholung, und als sie am Abend vor Verhandlungsbeginn zu Bett ging, fühlte sie zwar eine gewisse Unruhe vor dem Bevorstehenden, aber auch eine Ruhe und Gewissheit, dass ihre innere Stärke sie auch durch diese Schwierigkeiten tragen würde.

So, wie sie es bisher getan hatte.

Die Verhandlung begann an einem Dienstagnachmittag, und der Anwalt hatte versprochen, dass sie am Freitagabend zu Ende sein würde.

Soweit keine Komplikationen auftauchten, und es gab kaum einen Grund, diese zu erwarten.

Die ersten Stunden im Gerichtssaal waren jedoch von einer Umständlichkeit und einer Langsamkeit geprägt, die sie nur verwunderte. Sie war an einem länglichen Holztisch mit Seltersflasche, Pappbecher und Notizblock platziert worden. Zu ihrer Rechten saß der Anwalt und roch nach seinem üblichen Rasierwasser. Links befand sich eine jüngere, blaugekleidete Frau, deren Funktion ihr nicht so recht klar war. Sie fragte aber auch nicht danach.

Es war nicht einer der großen Gerichtssäle, das begriff sie jedenfalls. Er bot für eventuelle Zuhörer und Journalisten nur ungefähr zwanzig Plätze hinter einer braunen Schranke im hintersten Teil des länglichen Raums. Aber zunächst, an diesem einleitenden Nachmittag, beschränkte sich die Zuhörerschaft sowieso nur auf sechs Personen: zwei dünnhaarige Journalisten sowie vier Frauen im sicheren Rentenalter. Sie war erleichtert, dass es nur so wenige waren, aber sie ahnte, dass mit der Zeit sicher mehr Menschen auf diesen hochlehnigen Stühlen sitzen würden. Wenn die Vorstellung erst richtig in Gang gekommen war.

Ihr direkt gegenüber auf einem nur dezimeterhohen Podest thronte Richter Hart hinter einem breiten Tisch mit herabhängender Tischdecke, sodass man seine Füße nicht sehen konnte. Und einer Richterin nicht unters Kleid blicken konnte, fantasierte sie. Konnte ja sein. Ihr eigener Rechtssprecher jedenfalls war ein großer, breiter Kerl in den Sechzigern. Er erinnerte sie an einen alten französischen Schauspieler, auf dessen Namen sie aber nicht kam, so sehr sie sich auch anstrengte. Ihr war so, als würde er auf *eaux* enden.

Rechts vom Richter saßen zwei weitere Rechtsdiener – junge, ordentlich gekämmte Männer mit Brille und tadellosen Anzügen – und links waren die Geschworenen.

Am Anfang wurde die gesamte Zeit genau diesen sechs Geschworenen gewidmet, vier Männern und zwei Frauen, und soweit sie begriff, ging es um die Frage ihrer allgemeinen Unvoreingenommenheit und Unanfechtbarkeit in dem Prozess, der jetzt anstand.

Nachdem alle gutgeheißen worden waren, erklärte der Richter die Verhandlung für eröffnet und überließ das Wort der Anklage, der Staatsanwältin Grootner, einer Frau in fortgeschrittenem mittleren Alter mit beigefarbenem Kostüm und einen Mund, der so breit war, dass er sich zeitweise noch ein Stück außerhalb des Gesichts fortzusetzen schien. Sie stellte sich vor ihren Tisch auf der anderen Seite des Mittelgangs, lehnte sich nach hinten, mit dem schweren Busen als Gegengewicht, und trug ihren Standpunkt ganze fünfundvierzig Minuten lang vor. Soweit Marie-Louise Leverkuhn verstand, mündete das Ganze darin, dass sie in der Nacht zwischen dem 25. und 26. Oktober

Waldemar vorsätzlich und in Besitz aller ihrer Sinne erschlagen haben sollte und dass die einzige Tatklassifizierung, die in Frage kam, Mord ersten Grades war. Worauf folglich auch die aktuelle Anklage lautete.

Glaubt sie wirklich selbst, was sie da sagt?, wunderte Marie-Louise Leverkuhn sich im Stillen, aber es war schwer herauszufinden, was sich hinter den Worttiraden und der stromlinienförmigen Brille verbarg, wobei sich bei näherem Betrachten herausstellte, dass diese Brille genau den Amorbogen hatte, der den Lippen fehlte.

Nach der Staatsanwältin hatte der Verteidiger das Wort. Bachmann erhob sich voller Würde, strich sich mehrere Male mit der rechten Hand über sein mahagonifarbenes Haar, woraufhin er erklärte, dass die Verteidigerseite die Anklage bestritt und stattdessen auf Totschlag bestand.

Darüber sprach er danach mit vielen Worten und großem Nachdruck, fast genauso lange, wie die breitmäulige Staatsanwältin es getan hatte, und mehrere Male spürte Marie-Louise Leverkuhn, dass ihre Augen kurz davor waren, zuzufallen.

Vielleicht hatte sie doch nicht so gut geschlafen letzte Nacht?
Vielleicht war sie auch zu alt für das hier?
Würde das Ganze nicht etwas schneller gehen, wenn sie sich des Mordes für schuldig erklärte?

Als die Verhandlung um kurz nach vier Uhr vertagt wurde, hatte sie noch kein einziges Wort sagen müssen. Hatte auf keine Frage antworten müssen. Bachmann hatte ihr zwar erklärt, dass der erste Tag so aussehen würde, aber dennoch fühlte sie sich etwas verwirrt, als sie von der blaugekleideten Frau weggeführt wurde, die die ganze Zeit neben ihr gesessen hatte. Wie beim Zahnarzt oder im Krankenhaus, dachte sie mit einer Mischung aus Erleichterung und Enttäuschung. Man ist die unumstrittene Hauptperson, aber man hat nicht das Recht, einen Pieps zu sagen.

Aber so ging es anscheinend auch in der Gerichtsmaschinerie zu.

23

»Einen längeren Schläger«, sagte Van Veeteren und griff sich an den Rücken. »Das ist verdammt noch mal genau das, was ich brauche. Ich begreife nicht, warum sie nicht so was erfinden.«

»Und warum?«, fragte Münster.

»Damit man sich nicht so verdammt weit nach den Stoppbällen bücken muss natürlich. Mein Rücken ist nicht mehr das, was er mal war ... und das ist er übrigens auch nie gewesen.«

Münster dachte unter der Dusche über diese Worte der Weisheit nach, drehte und wendete sie. Zwar hatte er alle drei Sätze sicher nach Hause geholt, wie immer, aber der Hauptkommissar – der Hauptkommissar a. D. – hatte hervorragenden Widerstand geleistet. 15-9, 15-11, 15-6 waren Zahlen, die eher darauf hinwiesen, dass seine Kondition sich verbessert hatte, seit er das Präsidium verlassen hatte, als auf das Gegenteil.

Außerdem hat er es wohl nicht mehr so weit bis zur Sechzig?, überlegte Münster, während er versuchte, den Gedanken wegzuscheuchen, dass die gute Leistung Van Veeterens etwas mit seiner eigenen Tagesform zu tun haben könnte.

»Und, auf ins Adenaar's?«, fragte Van Veeteren, als sie wieder im Foyer waren. »Denn ich kann mir doch denken, dass du was auf dem Herzen hast.«

Münster hustete etwas angestrengt und nickte.

»Wenn der Hauptkommissar Zeit hat?«

»Nicht schon wieder dieses Wort«, knurrte Van Veeteren.

»Entschuldigung«, sagte Münster. »Aber es dauert seine Zeit, sich daran zu gewöhnen.«

»Das weiß ich wohl«, sagte Van Veeteren und hielt die Tür auf. »Es ist wieder der Fall Leverkuhn, um den es geht, nehme ich an?«

Münster warf einen Blick auf den Markt und holte tief Luft.

»Ja«, gab er zu. »Die Verhandlung beginnt heute. Ich kriege es nicht aus meinem Kopf raus.«

Van Veeteren holte umständlich seine Zigarettendrehmaschine heraus und stopfte Tabak in die ausgestanzte Schiene.

»Das sind die schlimmsten«, stellte er fest. »Diejenigen, die einem nicht mal nachts in Ruhe lassen.«

»Genau«, bestätigte Münster. »Ich träume von diesem verfluchten Fall ... kriege irgendwie keine Linie rein, weder wenn ich schlafe, noch wenn ich wach bin. Und dabei bin ich es schon hundertmal durchgegangen, sowohl mit Jung als auch mit Moreno, es bringt nichts.«

»Und Reinhart?«, fragte Van Veeteren.

»Hat doch dienstfrei«, seufzte Münster. »Spielt mit seiner Tochter.«

»Ach ja«, erinnerte sich Van Veeteren und drückte den Verschluss runter, sodass eine fertig gedrehte Zigarette auf den Tisch rollte. Mit zufriedener Miene steckte er sie sich zwischen die Lippen und zündete sie an. Münster beobachtete sein Vorgehen schweigend.

»Du glaubst also nicht, dass sie es war?«, fragte Van Veeteren nach dem ersten Zug. »Oder worum geht es?«

Münster zuckte die Achseln.

»Ich weiß nicht«, gab er zu. »Doch, doch, sie wird es schon gewesen sein, aber der Fall ist damit immer noch nicht aufgeklärt. Wir haben ja auch noch Frau Van Eck und diesen verfluchten Bonger. Niemand hat auch nur den blassesten Schimmer von den beiden gesehen, seit sie verschwunden sind, und das ist jetzt schon über einen Monat her.«

»Und Frau Leverkuhn hat nichts mit ihnen zu tun?«

Münster nahm einen großen Schluck und schüttelte den Kopf.

»Überhaupt nichts. Jedenfalls laut ihrer Aussage. Wir haben sie uns kräftig vorgenommen, nachdem sie gestanden hatte, aber sie ist um keinen Millimeter von ihrer Linie abgewichen. Hat ihren Mann in einem Wutanfall erstochen, das gibt sie zu, aber was die beiden anderen angeht, so ist sie unschuldig wie ein Lamm, behauptet sie.«

»Warum hat sie ihren Mann erstochen?«

»Ja, warum?«, wiederholte Münster finster. »Sie sagt, dass es der berühmte Tropfen war, der den Becher hat überlaufen lassen, das war alles.«

»Hm«, sagte Van Veeteren. »Und was für eine Art Tropfen war das, hat sie das präzisiert? Wenn wir nun einmal davon ausgehen, dass der Becher voll war.«

»Dass er Geld gewonnen hat und nicht im Traum daran gedacht hat, ihr etwas davon abzugeben, offensichtlich. Sie behauptet, sie wäre nach Hause gekommen, und er hätte im Bett gelegen und herumgefaselt, was er sich alles kaufen würde, und nach einer Weile hatte sie genug davon.«

Van Veeteren rauchte und überlegte.

»Kann schon so abgelaufen sein«, sagte er. »Ist sie der Typ?«

Münster kratzte sich am Kopf.

»Ich weiß nicht«, sagte er. »Wenn wir annehmen, dass der Becher ihr ganzes Leben sein soll – oder zumindest die Zeit, die sie verheiratet waren –, kann es natürlich stimmen, aber das ist für einen Außenstehenden schwer zu beurteilen. Wie dem auch sei, sie stellt die Sache jedenfalls so dar, dass sie das eine oder andere hat ertragen müssen und dass es plötzlich einfach nicht mehr ging. Etwas sei in ihr zerbrochen, sagt sie, und da hat sie es getan.«

Van Veeteren lehnte sich zurück und schaute zur Decke.

»Und Theorien?«, fragte er nach einer Weile. »Hast du welche? Was glaubst du? Zum Beispiel hinsichtlich dieser Dame Van Eck?«

Münster sah plötzlich fast unglücklich aus.

»Zum Teufel«, sagte er. »Ich habe keine Ahnung. Nicht die geringste. Wie ich schon letztes Mal gesagt habe, fällt es mir sehr schwer zu glauben, dass diese drei Geschichten nicht zusammenhängen. Es klingt doch reichlich unwahrscheinlich, dass Bonger, Leverkuhn und Frau Van Eck in der gleichen Woche aus purem Zufall abgekratzt sind.«

»Du weißt nicht, ob Bonger und Van Eck wirklich tot sind«, bemerkte Van Veeteren. »Oder habe ich etwas nicht mitgekriegt?«

Münster seufzte.

»Stimmt«, sagte er. »Aber es wird kaum einfacher, wenn sie nur verschwunden sind.«

Van Veeteren saß einige Sekunden einfach nur stumm da.

»Vermutlich nicht«, stimmte er dann zu. »Was hast du in der Sache gemacht? Ich meine, rein ermittlungstechnisch ... denn du hast dir doch wohl nicht nur die ganze Zeit die Haare gerauft?«

»Nicht viel«, musste Münster zugeben. »Seit sich die Staatsanwältin auf Frau Leverkuhn eingeschossen hat, gab es nur noch routinemäßige Nachforschungen nach Bonger und Frau Van Eck.«

»Wer ist der Verantwortliche?«, fragte Van Veeteren.

»Ich«, sagte Münster und trank wieder etwas. »Aber wenn Frau Leverkuhn verurteilt ist, wird Hiller bestimmt alles einmotten. Also nächste Woche. Es gibt da so einiges anderes, womit wir uns beschäftigen können.«

»Ach, wirklich?«, bemerkte Van Veeteren.

Er trank sein Glas leer und winkte nach einem neuen. Während der Wartezeit saß er still da und legte sein Kinn auf die Handknöchel, wobei er auf den Verkehr und die Tauben auf dem Karlsplatz schaute. Als das Bier kam, schlürfte er zunächst den Schaum ab und trank danach das Glas in einem einzigen Zug fast ganz leer.

»Gut«, stellte er fest. »Man wird von diesem Sport richtig durstig. Warum wolltest du eigentlich mit mir reden?«

Plötzlich sah Münster ganz verlegen aus. Er lernt es nie, dachte Van Veeteren.

»Nun?«

»Ja«, räusperte sich Münster. »Es geht um die Intuition und so. Ich wollte den Haupt ... ich wollte dich um einen Gefallen bitten, ganz einfach.«

»Ich bin ganz Ohr«, sagte Van Veeteren.

Münster wand sich.

»Die Gerichtsverhandlung«, sagte er. »Es wäre schön, wenn man einen Eindruck davon kriegen könnte, ob sie so schuldig oder so unschuldig ist, wie sie behauptet. Ich meine, Frau Leverkuhn ... wenn jemand, der einen Blick dafür hat, mal hinginge und sie sich ansieht. Ganz gleich, ob sie nun verurteilt wird oder nicht.«

»Denn das wird sie ja zweifellos?«, bemerkte Van Veeteren.

»Das denke ich schon«, sagte Münster.

Van Veeteren betrachtete seine Zigarettenmaschine mit gerunzelter Stirn.

»All right«, sagte er dann. »Ich werde mal hingehen und sie mir anschauen.«

»Ausgezeichnet«, sagte Münster. »Danke. Saal vier... aber wahrscheinlich ist es Freitag schon zu Ende, wenn ich mich nicht irre.«

»Ich werde morgen gehen«, sagte Van Veeteren. »Der Blick des Adlers schläft nie.«

Hugh, großer Häuptling, dachte Münster. Aber er sagte es nicht.

24

»Erzählen Sie uns, wie Sie in der Nacht zwischen dem 25. und 26. Oktober nach Hause gekommen sind!«

Staatsanwältin Grootner schob ihre Brille hoch und wartete. Marie-Louise Leverkuhn trank einen Schluck Wasser aus dem Becher, der vor ihr auf dem Tisch stand. Sie räusperte sich und streckte sich ein wenig.

»Ich bin ungefähr um zwei Uhr nach Hause gekommen«, erklärte sie. »Auf der Linie nach Bossingen und Löhr war Stromausfall. Wir standen eine Stunde lang auf freier Strecke... Ich hatte eine Freundin besucht.«

Sie ließ ihren Blick über die Zuhörerreihen schweifen, als würde sie nach einem Gesicht suchen. Die Staatsanwältin drängte sie nicht, und nach einer Weile sprach sie von selbst weiter.

»Mein Mann ist aufgewacht, als ich in die Wohnung kam, und fing an, mir Unverschämtheiten an den Kopf zu werfen.«

»Unverschämtheiten?«, hakte die Staatsanwältin nach.
»Dass ich ihn geweckt hätte. Er behauptete, ich hätte das absichtlich gemacht. Und dann ging es eben so weiter.«
»In welcher Form?«
»Er hat mir erzählt, dass er Geld gewonnen hat und dass er es so ausgeben wollte, dass er mich nicht so oft sehen müsste.«
»Hat er sich häufiger in der Richtung geäußert?«
»Das kam vor. Wenn er nicht mehr nüchtern war.«
»War er an diesem Abend auch nicht nüchtern?«
»Ja.«
»Wie betrunken war er?«
»Er war reichlich beschwipst. Er hat genuschelt.«
Kurze Pause. Die Staatsanwältin nickte ein paar Mal nachdenklich.
»Würden Sie bitte fortfahren, Frau Leverkuhn.«
»Ja, dann bin ich in die Küche gegangen und habe da das Messer gesehen, das in der Spüle lag. Ich hatte es am Nachmittag benutzt, um ein bisschen Schinken aufzuschneiden.«
»Was haben Sie gedacht, als Sie das Messer sahen?«
»Nichts. Ich glaube, ich habe es nur genommen, um es abzuspülen und wieder in die Schublade zu legen.«
»Haben Sie das getan?«
»Entschuldigung?«
»Haben Sie das Messer abgespült?«
»Nein.«
»Berichten Sie, was Sie stattdessen gemacht haben.«
Marie-Louise strich eine vorwitzige Haarsträhne weg und schien in ihrer Schilderung zu zögern. Die Staatsanwältin betrachtete sie, ohne eine Miene zu verziehen.
»Ich bin mit dem Messer in der Hand stehen geblieben. Und genau in dem Moment hat mein Mann was gerufen.«
»Was?«
»Das will ich nicht sagen. Das war eine grobe Beleidigung.«
»Was haben Sie gemacht?«
»Ich fühlte, dass ich es einfach nicht mehr aushielt ... ich glaube nicht, dass ich genau gewusst habe, was ich tat. Ich bin

zu ihm gegangen und habe ihm dann das Messer in den Bauch gestoßen.«
»Hat er versucht, sich zu wehren?«
»Das hat er nicht mehr geschafft.«
»Und dann?«
»Dann habe ich einfach immer weiter zugestoßen. Das war ein Gefühl...«
»Ja?«
»Das war ein Gefühl, als wenn ich es gar nicht selbst wäre, die das Messer in der Hand hielt. Als ob das jemand anders wäre. Es war merkwürdig.«

Die Staatsanwältin machte erneut eine Pause und ging einige Schritte hin und her. Als sie wieder auf ihrer vorherigen Position angekommen war, ungefähr einen Meter vor dem Tisch, hustete sie zunächst zweimal in ihre Hand und drehte dann den Kopf so, dass sie zu einem Punkt schräg oberhalb des Kopfes der Angeklagten sprach. Als würde sie sich eigentlich an jemand anders wenden.

»Ich habe etwas Probleme, Ihnen das zu glauben«, sagte sie. »Sie waren mehr als vierzig Jahre mit Ihrem Mann verheiratet. Sie haben ein langes Leben lang Heim und Bett und Mühen mit ihm geteilt, und dann verlieren Sie plötzlich die Beherrschung, ohne dass es eigentlich einen Grund dafür gibt. Sie sagen ja selbst, dass sie derartige... Meinungsstreitigkeiten von früher her kannten?«

»Ich weiß nicht«, sagte Marie-Louise Leverkuhn. »Das war einfach irgendwie besonders schlimm...«

»Kann es nicht sein, dass Sie es sich schon vorher überlegt haben?«

»Nein.«

»Sie haben nicht einmal daran gedacht?«

»Nein.«

»Beispielsweise früher an diesem Abend?«

»Nein.«

»Wollen Sie behaupten, dass Sie nicht wussten, was Sie taten an dem Abend, als Sie Ihren Mann ermordet haben?!«

»Einspruch!«, rief Rechtsanwalt Bachmann. »Es ist nicht erwiesen, dass die Angeklagte ihren Mann ermordet hat.«

»Einspruch angenommen«, murmelte der Richter, ohne seinen Mund zu bewegen. Die Staatsanwältin zuckte mit den Schultern, dass ihre schwere Brust wippte.

»Wussten Sie, was Sie taten, als Sie das Messer in Ihren Mann stießen?«, korrigierte sie ihre Frage.

»Ja, natürlich.«

Ein leises Gemurmel ging durch die Zuhörerreihen, und Richter Hart gebot Schweigen, indem er seinen Blick einen halben Fingerbreit anhob.

»Welche Absicht hatten Sie mit dem Zustechen?«

»Natürlich ihn zu töten. Ihn zum Schweigen zu bringen.«

Die Staatsanwältin nickte erneut mehrere Male und sah zufrieden aus.

»Was taten Sie anschließend?«

»Ich spülte das Messer unter dem Wasserhahn in der Küche ab. Dann wickelte ich es in eine Zeitung und ging hinaus.«

»Warum?«

Marie-Louise Leverkuhn zögerte.

»Ich weiß nicht. Es sollte wohl so aussehen, als wenn es jemand anders getan hätte.«

»Wohin gingen Sie?«

»Zum Entwick Plejn. Ich habe Messer und Zeitung in eine Mülltonne geworfen.«

»Wo?«

»Daran erinnere ich mich nicht. Vielleicht in der Entwickstraat, aber ich weiß es nicht mehr. Ich war etwas durcheinander.«

»Und dann?«

»Dann bin ich nach Hause gegangen und habe die Polizei angerufen. Ich tat so, als hätte ich meinen Mann tot aufgefunden, aber so war es ja nicht gewesen ...«

»Wurden Sie nicht ganz blutig, als Sie Ihren Mann töteten?«

»Nur ein bisschen. Ich habe mich gewaschen, als ich auch das Messer abgespült habe.«

Die Staatsanwältin schien eine Weile nachzudenken. Dann drehte sie der Angeklagten langsam den Rücken zu. Sie schob ihre Brille wieder hoch und ließ ihren Blick über die Reihe der Geschworenen wandern.

»Danke, Frau Leverkuhn«, sagte sie mit einer Stimme, die um eine halbe Oktave tiefer klang. »Ich glaube, es gibt keinen Zweifel daran, dass Sie die ganze Zeit mit großer Geistesgegenwart und großem Zielbewusstsein gehandelt haben. Und ich glaube auch nicht, dass es noch jemanden unter uns gibt, der daran zweifelt, dass Sie Ihren Ehemann vorsätzlich ermordet haben. Danke, keine weiteren Fragen.«

Verteidiger Bachmann war aufgestanden, machte aber keinerlei Anstalten, zu protestieren. Er hatte Ringe unter den Augen. Sah müde und etwas resigniert aus. Ihr kam in den Sinn, dass sein Honorar ja vielleicht in irgendeiner Form davon abhing, ob er sein Ziel erreichte oder nicht, aber sie wusste es nicht. Es war nicht so leicht, zu wissen, welche Regeln in dieser sonderbaren Welt galten.

Wirklich nicht leicht.

Sie konnte auch nicht sagen, ob es wohl üblich war, dass der Richter selbst Fragen stellte, aber nachdem Bachmann sein ziemlich sinnloses Verhör beendet hatte – die ganze Zeit über hatte sie Schwierigkeiten gehabt zu verstehen, worauf er eigentlich hinaus wollte und was sie seiner Meinung nach wohl antworten sollte, und als er sich schließlich setzte, sah er nur noch mutloser aus –, da räusperte sich der große Mann nachdrücklich und erklärte, dass einige Dinge noch der Klärung bedurften.

Zuerst fragte er sie jedoch, ob sie eine kleine Pause wünsche, bevor er beginne.

Die bräuchte sie nicht, erklärte sie.

»Einige Klarstellungen«, wiederholte der Richter Hart und faltete seine haarigen Fäuste vor sich auf der Bibel. Es ging ein Raunen durch die Zuhörerreihen, und die Anklägerin Grootner begann plötzlich nach Herzenslust auf ihren Block Notizen zu machen. Bachmann strich sich durch seine Locken und sah aus wie ein schmollendes Fragezeichen.

»Was hat Sie dazu gebracht, sich selbst zu stellen?«

Er betrachtete sie von seiner erhöhten Position aus mit einer skeptischen Falte zwischen den buschigen Augenbrauen.

»Mein Gewissen«, antwortete sie.

»Ihr Gewissen?«

»Ja.«

»Und was brachte Ihr Gewissen dazu, nach mehr als einer Woche zu erwachen?«

Marie-Louise Leverkuhn war sicher mindestens zehn Jahre älter als Richter Hart, aber trotzdem hatte die Situation plötzlich etwas Lehrer-Schülerinnenhaftes an sich. Ein Teenager, der dabei erwischt worden war, heimlich auf der Toilette zu rauchen, und der jetzt zum Rektor oder Oberlehrer zitiert wurde, um sich dort seinen Anschnauzer abzuholen.

»Ich weiß nicht«, antwortete sie nach einer kurzen Gedankenpause. »Ich musste erst ein paar Tage darüber nachdenken, und dann ist mir klar geworden, dass es nicht richtig war, weiter zu lügen.«

»Was hat Sie dazu gebracht, anfangs zu lügen?«

»Die Angst«, erklärte sie ohne zu zögern. »Vor den Folgen ... der Verhandlung, dem Gefängnis und so weiter.«

»Bereuen Sie die Tat?«

Sie betrachtete eine Weile ihre Hände.

»Ja«, sagte sie. »Es ist schrecklich, einen anderen Menschen zu töten. Dafür muss man die Strafe auf sich nehmen.«

Der Richter Hart lehnte sich zurück.

»Warum haben Sie das Messer nicht in einen Kanal geworfen statt in einen Mülleimer?«

»Ich bin nicht darauf gekommen.«

»Sind Sie das schon mal gefragt worden?«

»Ja.«

»Aber warum wollten Sie das Messer überhaupt loswerden? Hätte es nicht gereicht, das Blut abzuwaschen und es wieder an seinen Platz in der Küche zu legen?«

Marie-Louise Leverkuhn runzelte einen Moment lang die Stirn, bevor sie antwortete.

»Ich weiß nicht mehr, was ich gedacht habe«, erklärte sie, »aber wahrscheinlich habe ich gedacht, dass man gleich herausfinden würde, dass ich es benutzt habe, wenn man es gefunden hätte. Ich glaube, ich habe nicht sehr klar gedacht.«

Der Richter nickte und sah sanft, aber vorwurfsvoll aus.

»Das haben Sie bestimmt nicht«, sagte er. »Und sicher ist es auch etwas merkwürdig, dass Sie der Polizei sofort gesagt haben, dass das Messer weg war, oder?«

Sie gab keine Antwort. Richter Hart zupfte ein Haar aus seinem Nasenloch und betrachtete es eine Weile, bevor er es über die Achsel wegschnipste und fortfuhr.

»Haben Sie Frau Van Eck in den Tagen vor ihrem Verschwinden getroffen?«

Rechtsanwalt Bachmann machte eine Gebärde, schien aber einzusehen, dass er nicht in der Lage war, Einspruch einzulegen, wenn der Richter selbst die Frage stellte. Er scharrte mit dem Stuhl und lehnte sich stattdessen nonchalant zurück. Schaute zur Decke. Als ginge ihn das Ganze überhaupt nichts an.

»Ich habe mit ihr und ihrem Mann an einem Nachmittag Kaffee getrunken. Sie hatten mich eingeladen.«

»War das am Dienstag?«

Sie überlegte.

»Ja, das muss am Dienstag gewesen sein.«

»Und dann am Mittwoch ist sie verschwunden?«

»Soweit ich weiß, ja. Warum fragen Sie mich das?«

Der Richter machte eine Geste mit den Händen, als wollte er sagen, dass sie doch ebenso gut sich auch darüber unterhalten konnten, wo sie schon mal zusammen saßen und sonst nichts zu bereden hatten.

»Nur noch eine kleine Frage«, erklärte er dann. »Es könnte nicht sein, dass Sie diese Zeit – diese sieben Tage oder wie viele es nun waren – für etwas Besonderes brauchten?«

»Ich verstehe nicht, was Sie damit meinen«, sagte Marie-Louise Leverkuhn.

Richter Hart zog ein großes, rotweiß kariertes Taschentuch hervor und putzte sich die Nase.

»Das tun Sie doch«, brummte er. »Aber Sie können sich wieder auf Ihren Platz setzen.«

Marie-Louise Leverkuhn bedankte sich und tat, wie ihr geheißen worden war.

Der Richter Hart, dachte Van Veeteren, als er wieder auf der Straße stand und seinen Regenschirm aufspannte. Was für ein großartiger Kriminalbeamter ist doch an dem alten Gesetzesverdreher verloren gegangen!

25

Moreno klopfte an und trat ein. Münster schaute von seinen Berichten auf.

»Setz dich«, sagte er. »Wie geht's?«

Sie sank auf dem Stuhl nieder, ohne sich auch nur die braune Wildlederjacke aufzuknöpfen. Schüttelte ein paar Mal den Kopf, und plötzlich wurde ihm klar, dass sie kurz vorm Weinen war.

»Nicht so gut«, sagte sie.

Münster stopfte sich seinen Stift in die Brusttasche und schob den Stapel mit den Mappen zur Seite. Er wartete auf eine Fortsetzung, aber es kam keine.

»Ja?«, sagte er schließlich. »Du kannst das gern etwas genauer ausführen.«

Ewa Moreno schob sich die Hände in die Taschen und holte tief Luft. Münster merkte, dass er genau das Gegenteil tat. Er hielt die Luft an.

»Ich habe ihm erklärt, dass Schluss ist. Definitiv. Er fährt morgen früh auf einen Kurs in die USA. Er hat gesagt, wenn ich meine Meinung nicht ändere, kommt er nicht mehr zurück. So ist die Lage.«

Sie verstummte und schaute über seine Schulter aus dem

Fenster. Münster schluckte und begriff während einer eilig vorbeihuschenden Sekunde, dass er sich wahrscheinlich genauso verhalten hätte, wenn er in Claus Badhers Haut steckte.

»Du meinst ...«, sagte er nur.

»Ja«, sagte Moreno. »Das hat er damit gemeint. Ich weiß es. Er will sich das Leben nehmen.«

Es vergingen fünf Sekunden.

»Das muss nicht sein Ernst sein. Viele sagen so was.«

»Kann sein«, sagte Moreno. »Aber viele tun es auch. Verdammt, manchmal wünschte ich mir, ich könnte einfach in einem schwarzen Loch verschwinden. Das Ganze ist so verdammt hoffnungslos. Ich habe versucht ihn dazu zu bringen, dass er mal mit jemandem redet ... sich eine Art Hilfe sucht. Überhaupt mal was macht, ohne mich immer gleich einzubeziehen, aber ihr Kerle seid ja nun mal so, wie ihr seid.«

»Das männliche Mysterium?«, sagte Münster.

»Ja, genau, darüber haben wir doch schon mal geredet.«

Sie zuckte entschuldigend die Achseln.

»Hast du selbst jemanden, mit dem du reden kannst?«, fragte Münster.

Eine leichte Röte huschte über ihr Gesicht.

»O ja«, sagte sie. »Zum Beispiel einen alten Kriminalkommissar, den ich kenne. Nein, jetzt reicht es aber. Gibt es denn keine Arbeit, in der ich mich ertränken kann?«

»Ein ganzes Meer«, sagte Münster. »Plus ein stilles, totes Meer mit Namen Leverkuhn. Könnte das etwas sein?«

»Willst du die Sache nicht einstellen?«

»Kann ich nicht«, erklärte Münster. »Ich habe es versucht, aber ich träume nachts davon.«

Moreno nickte und zog die Hände aus den Jackentaschen.

»Okay«, sagte sie. »Was soll ich deiner Meinung nach tun?«

»Ich habe über die Tochter nachgedacht, mit der ich gesprochen habe«, sagte er. »Könnte da was sein?«

»Merkwürdig«, sagte Rooth.

»Was?«, fragte Jung.

»Siehst du es nicht?«

»Nein, ich bin blind.«

Rooth schnaubte.

»Guck dir doch mal die anderen Kästen an. Den da ... und den da!«

Er zeigte dorthin. Jung schaute und versuchte, seine Füße warm zu trampeln.

»Ich friere«, sagte er. »Spuck's aus, was du sagen willst, sonst schubse ich dich in den Kanal.«

»So redet ein Gentleman«, meinte Rooth. »Sieh doch, der liegt gar nicht am Kai. Warum zum Teufel hat er einen Meter weit im Wasser geankert?«

Jung musste zugeben, dass das stimmte. Der Bongersche Kahn – den er jetzt das siebte oder achte Mal anglotzte – lag nicht mit der Reling an der gemauerten Kante. Stattdessen wurde er an seinem Platz gehalten mit Hilfe von vier armdicken Trossen und ein paar Fendern in Form von rauen Holzstücken, umhüllt von Autoreifen, die zwischen der äußeren Bootswand und dem Kai einen halben Meter über der Wasserlinie befestigt waren. Die schmale Gangway, die er selbst vor einem Monat ausprobiert hatte, verlief mehr als eineinhalb Meter über offenem Wasser fast ganz bis zum Vordersteven heran. Ja, wenn er es recht bedachte, so war es tatsächlich sonderbar.

»Jaha?«, bestätigte Jung. »Und was kann das für eine Bedeutung haben?«

»Das weiß ich auch nicht«, sagte Rooth. »Aber es ist schon ein merkwürdiges Arrangement. Wollen wir die Alte besuchen?«

Jung biss sich auf die Lippen.

»Wir hätten vielleicht etwas mitbringen sollen.«

»Etwas mitbringen? Was, zum Teufel, meinst du denn damit?«

»Sie ist etwas eigen, das habe ich dir doch schon erzählt. Es läuft bestimmt einfacher, wenn wir ihr irgendwas schenken könnten.«

Rooth schüttelte sich fröstelnd.

»Verfluchter Wind«, sagte er. »Okay, da hinten an der Ecke ist ein Laden. Lauf hin und hol eine Flasche Genever, ich warte hier solange.«

Zehn Minuten später saßen sie unten in der Kajüte von Frau Jümpers. Wie Jung vorausgesehen hatte, kam der Genever genau richtig, erst recht, da es der kälteste Tag in diesem Jahr war und die Schippersfrau auch noch Besuch von einer Freundin hatte.

Diese hieß Barga – Jung konnte nicht herausfinden, ob das der Vor-oder Nachname war – und war eine stämmige Frau unbestimmbaren Alters. Vermutlich irgendwo zwischen vierzig und siebzig. Trotz der relativen Wärme an Bord trugen beide Damen Gummistiefel, dicke Wollpullover und große Schals, die mehrfach um Hals und Kopf gewickelt waren. Ohne viel Aufhebens kamen vier Metallbecher auf den Tisch, die mit zwei Zentimeter Genever und drei Zentimeter Kaffee gefüllt wurden. Dazu Zuckerwürfel und dann Prost.

»Aha!«, rief Barga zufrieden aus. »Gott ist doch noch nicht tot, wie immer behauptet wird.«

»Aber er liegt in den letzten Zügen«, erwiderte Frau Jümpers. »Hör auf meine Worte!«

»Hrrm«, räusperte sich Jung. »Apropos, Sie haben nicht zufällig Herrn Bonger in letzter Zeit gesehen? Deshalb schauen wir nämlich bei Ihnen rein.«

»Bonger?«, fragte Barga und lüftete ein wenig ihr Kopftuch.

»Nein, das ist ein verdammtes Rätsel. Man fragt sich wirklich, wozu wir die Polizei hier in der Stadt haben.«

»Die Herren sind von der Polizei«, betonte die Gastgeberin mit einem schiefen Lachen.

»Oh, Scheiße«, sagte Barga. »Nun, die Arbeit muss ja auch von jemandem gemacht werden, wie schon der Arschlecker sagte.«

»Genau«, sagte Rooth. »Kannten Sie Herrn Bonger auch?«

»Da kann der Herr Wachtmeister einen drauf lassen«, erklärte Barga. »Besser als sonst jemand möchte ich mal behaupten ...«, sie warf ihrer Freundin einen Blick zu, »... vielleicht ausgenommen diese Dame hier.«

»Wohnen Sie auch auf dem Kanal?«, fragte Jung.

»Überhaupt nicht«, erklärte Barga, »ganz im Gegenteil. Ganz oben unter den Dächern der Kleinstraat, da habe ich mein Zuhause. Aber ich lasse mich immer mal wieder hierher herab.«

»Du lässt dich herab, ach leck mich!«, schnaubte Frau Jümpers und drehte den Verschluss wieder von der Flasche. »Es ist doch noch ein Kleiner erlaubt?«

»Na gut, ein Kleiner«, sagte Jung.

»Ein Mittelgroßer«, sagte Rooth.

Frau Jümpers schenkte ein, und Barga lachte, dass die Plomben in ihrem Mund aufblitzten.

»Ein Mittelgroßer!«, zitierte sie begeistert. »Sag mal, Kleiner, bist du wirklich bei den Bullen?«

»Habe zu nichts anderem getaugt«, gab Rooth zu. »Aber, was also diesen Bonger betrifft ... wenn ihr ihn so gut gekannt habt, dann habt ihr ja vielleicht auch eine Ahnung, wohin er abgehauen sein könnte?«

Es vergingen einige Sekunden, bis der Gesichtsausdruck der Frau sich ernsthaft verdunkelte. Sie blinzelte zwischen geschwollenen Augenlidern Frau Jümpers zu, die mit größter Sorgfalt den Kaffee in den Schnaps schüttete. Dann räusperte sie sich.

»Entweder er ist ermordet worden«, sagte sie.

Sie hob ihren Becher. Es vergingen drei Sekunden.

»Oder?«, hakte Jung nach.

»Oder er ist abgehauen.«

»So ein Quatsch«, schnaufte Frau Jümpers.

»Warum sollte er abgehauen sein?«, fragte Rooth.

»Geschäfte«, sagte Barga geheimnisvoll. »Er war gezwungen dazu.«

Jung starrte sie ungläubig an, und Rooth schüttelte den Kopf.

»Was für Geschäfte denn?«

»Schulden«, erklärte Barga und klopfte dreimal mit dem Knöchel auf den Tisch. »Er hatte hohe Schulden. Sie waren hinter ihm her. Ich habe nur wenige Tage, bevor er verschwunden ist, mit ihm geredet. Er ist untergetaucht, ganz einfach. Mit den Typen aus der Branche ist nicht zu scherzen.«

»Aus welcher Branche?«, wollte Rooth wissen.

»Das kann was mit der Schwester zu tun haben«, fuhr Barga fort und schaute misstrauisch in ihren Becher, als könnte ihre Freundin mit der Zuteilung geschlampt haben.

»Ich wusste nicht, dass er eine Schwester hat«, sagte Jung.

»Wo wohnt sie?«

»Das weiß niemand«, warf Frau Jümpers ein. »Sie ist auch unter mysteriösen Umständen verschwunden, vor ... ja, wann war das eigentlich? Ich glaube, es ist jetzt fünfzehn Jahre her, wurde verrückt und ist später in Limburg wieder aufgetaucht, wie es heißt.«

»Und von was für einer Branche redet ihr da?«, beharrte Rooth.

»Ich sage nichts, dann habe ich auch nichts gesagt«, erklärte Barga und holte eine zerknitterte Zigarette hervor. »Es ist nicht gesund, das Maul zu weit aufzureißen.«

»Mein Gott«, seufzte Jung.

»Prost«, sagte Frau Jümpers. »Kümmert euch nicht um sie. So redet sie immer, wenn sie nicht weiß, worum es eigentlich geht. Sie ist schon seit dreißig Jahren senil.«

»Pah«, sagte Barga und zündete ihre Zigarette an. »Bonger hatte Sorgen, darüber müsst ihr euch klar sein. Ich würde darauf tippen, dass er in Hamburg oder Südamerika ist und dass er sich hüten wird, wieder zurückzukommen.«

Einige Sekunden lang blieb es still, während die Becher geleert wurden. Dann fand Rooth, es wäre an der Zeit, das Thema zu wechseln.

»Warum ist sein Boot so vertäut?«, fragte er. »Das sieht etwas merkwürdig aus.«

»Ups«, rülpste Frau Jümpers. »Das liegt schon seit zwanzig Jahren so da. Das lag an dem früheren Besitzer – er war irgend so eine Art Moslem und wollte auf allen Seiten seines Kahns offenes Wasser haben, das war gut für sein Karma oder irgend so was.«

Jung hatte das Gefühl, dass sie jetzt wohl einige Lehren miteinander vermischte, ließ die Sache aber auf sich beruhen. Er warf Rooth einen Blick zu, dieser sah langsam ziemlich genervt aus. Vermutlich war das hier eh alles verlorene Liebesmüh.

»Nun, es ist an der Zeit, weiterzukommen«, sagte er und trank die letzten Tropfen.

»Mag sein«, sagte Rooth. »Aber vielen Dank. Das war interessant.«

»Na, dann raus mit euch«, sagte Barga und wedelte mit ihrer Zigarette. »Seht zu, dass ihr ein bisschen unter dem Gesindel aufräumt, damit eine anständige Frau sich wieder traut, allein nach Hause zu gehen.«

»Ach, leck mich«, sagte Frau Jümpers.

»Was zum Teufel hatten wir da zu suchen?«, wunderte Rooth sich, als sie wieder auf dem frostigen Kai standen.

Jung zuckte mit den Schultern.

»Ich weiß nicht. Münster wollte, dass wir die Lage überprüfen. Scheint ihm schwer zu fallen, von diesem Fall zu lassen.«

Rooth nickte mit finsterer Miene.

»Ja, scheint so«, stimmte er zu. »Aber ich für meinen Teil würde gern einen Schlussstrich unter diesen ganzen Besuch ziehen. Schließlich hat man schon schönere Frauenzimmer gesehen.«

»Das hoffe ich doch«, kicherte Jung. »Aber was hältst du eigentlich von dieser Barga?«

Rooth schüttelte sich.

»Total verrückt«, sagte er. »Das war doch alles unzusammenhängendes Gefasel, was sie gesagt hat. Zuerst war es ein Rätsel, dann wusste sie plötzlich alles Mögliche ... und falls Bonger wirklich jemandem Geld schuldete, dann hatte er doch jetzt bestimmt so manchen Gulden übrig, nachdem er gewonnen hatte.«

»Genau das habe ich mir auch gedacht«, bestätigte Jung.

»Daran zweifle ich ja«, sagte Rooth. »Sollen wir das hier jetzt einfach abhaken?«

»Von mir aus gern«, sagte Jung.

Moreno fuhr mit dem Wagen nach Wernice. Sie hatte keine großen Hoffnungen, von Ruth Leverkuhn freundlich empfangen zu werden, aber während sie im Auto saß und darauf wartete, dass die Klappbrücke über die Maar sich öffnen und wieder schließen würde, dachte sie über den Sinn ihres Besuchs nach. Falls es überhaupt einen gab. Ruth Leverkuhn hatte reichlich abweisend am Telefon geklungen. Sie konnte nicht verstehen, warum die Polizei ihre Nase noch tiefer in ihre Familientragödie stecken wollte, als sie es bereits getan hatte. Ihr Vater war in seinem eigenen Bett ermordet worden.

Ihre Mutter hatte gestanden, dass sie es getan hatte.

War das noch nicht genug?

War es wirklich notwendig, die Hinterbliebenen noch mehr zu quälen, und hatte die Polizei nichts Wichtigeres zu tun?

Moreno konnte nicht leugnen, dass sie ein gewisses Verständnis für Ruth Leverkuhns Einstellung hatte.

Und besonders geglückt war die ganze Veranstaltung auch nicht. Ruth Leverkuhn empfing sie in einem schlapprigen weinroten Sportoverall mit dem Text PUP FOR THE CUP in abbröckelndem Gold über der Brust. Um den Kopf hatte sie ein nasses Handtuch gewickelt, das auf Schultern und Brust Tropfspuren hinterließ, und die Füße schlurften in heruntergerutschten Wollsocken. Insgesamt kein besonders schöner Anblick.

»Migräne«, erklärte sie. »Ich habe gerade einen Anfall. Bitte lassen Sie es uns so kurz wie möglich machen.«

»Ich verstehe, dass das für Sie traumatisch sein muss«, begann Moreno. »Aber es gibt da einiges, über das wir gern mehr Klarheit haben würden.«

»Ach ja?«, sagte Ruth Leverkuhn nur. »Und was?«

Sie ging voraus in ein Wohnzimmer mit weichen, niedrigen Sofas, orientalischen Fächern und einer Unmenge bunter, flauschiger Kissen. Die Wohnung befand sich im siebten Stock, und das Panoramafenster bot einen großartigen Blick über die flache Landschaft mit dem kahlen, lichten Laubbaumbestand, herausragenden Kirchtürmen und rechtwinkligen Kanälen. Der Himmel war regenschwer, und vom Meer her hatte die

Dämmerung sich bereits wie ein rücksichtsvolles Leichentuch eingerollt. Moreno blieb einen Augenblick stehen und betrachtete die Szenerie, bevor sie zwischen all die Flauschigkeit sank.

»Sie wohnen schön«, sagte sie. »Es muss herrlich sein, hier zu sitzen und zuzusehen, wie die Dämmerung sich herabsenkt.«

Aber Ruth Leverkuhn war nicht besonders an der Schönheit dieses Tages interessiert. Sie murmelte irgendetwas und setzte sich Moreno gegenüber auf die andere Seite des niedrigen Rohrtisches.

»Was wollen Sie wissen?«, fragte sie nach einigen Sekunden des Schweigens.

Moreno holte tief Luft.

»Waren Sie nicht überrascht?«, fragte sie dann.

»Wie bitte?«, erwiderte Ruth Leverkuhn.

»Als Sie erfuhren, dass sie gestanden hat... Hat es Sie schockiert oder haben Sie geahnt, dass Ihre Mutter schuldig war?«

Ruth Leverkuhn schob das feuchte Handtuch über der Stirn zurecht.

»Ich begreife nicht, wozu das gut sein soll«, sagte sie. »Tatsache ist doch, dass meine Mutter meinen Vater getötet hat. Ist das denn nicht genug? Warum wollen Sie noch weitere Details? Warum wollen Sie uns noch weiter in den Schmutz ziehen? Können Sie sich nicht vorstellen, was für ein Gefühl das ist?«

Ihre Stimme klang nicht sehr sicher. Moreno nahm an, dass das etwas mit den Migränemedikamenten zu tun haben könnte, und begann schon selbst zu überlegen, warum sie hier eigentlich saß. Ihren Beruf zur Eigentherapie zu missbrauchen erschien ihr nicht besonders ansprechend, wenn sie es näher bedachte.

»Sie waren also nicht überrascht, als Ihre Mutter gestanden hat?«, versuchte sie es trotzdem noch einmal.

Ruth Leverkuhn gab keine Antwort.

»Und dann gibt es da ja noch diese anderen Merkwürdigkeiten«, fuhr Moreno fort. »Herrn Bonger und Frau Van Eck. Kannten Sie die beiden?«

Ruth Leverkuhn schüttelte den Kopf.

»Aber Sie haben sie mal gesehen?«

»Die Van Ecks habe ich bestimmt ein paar Mal gesehen ... sowohl sie als auch ihn. Was Bonger betrifft, weiß ich gar nicht, wer das ist.«

»Einer der Freunde Ihres Vaters«, sagte Moreno.

»Hatte er Freunde?«

Das war ihr herausgerutscht, ohne dass sie es wollte. Moreno sah deutlich, dass sie sich am liebsten auf die Lippe gebissen hätte.

»Was meinen Sie damit?«

Ruth Leverkuhn zuckte mit den Schultern.

»Ach, gar nichts.«

»War Ihr Vater ein einsamer Mensch?«

Keine Antwort.

»Sie kannten seine Gewohnheiten in den letzten Jahren nicht sehr gut. Seine Freunde oder so?«

»Nein.«

»Wissen Sie, ob sie mit den Van Ecks verkehrten? Ich meine, Ihre Mutter und Ihr Vater? Oder einer von den beiden ...«

»Keine Ahnung.«

»Wie oft haben Sie Ihre Eltern besucht?«

»Im Großen und Ganzen nie. Aber das wissen Sie doch schon. Wir hatten kein besonders gutes Verhältnis.«

»Sie mochten Ihren Vater nicht?«

Jetzt reichte es Ruth Leverkuhn.

»Ich ... ich mache das hier nicht mehr mit«, erklärte sie. »Sie haben kein Recht, hier einfach herzukommen und in meinem Privatleben zu wühlen. Meinen Sie nicht, dass es langsam reicht?«

»Doch, ja«, stimmte Moreno zu. »Natürlich meine ich das auch. Aber wie schlimm es auch für Sie sein mag, wir versuchen ja nur, uns zur Wahrheit vorzuarbeiten ... das ist ja sozusagen unser Job.«

Das klang ein wenig pompös, zweifellos – sich zur Wahrheit vorzuarbeiten! –, und sie selbst war überrascht, dass ihr gerade diese Formulierung über die Lippen gekommen war. Es dauerte einen Moment, bis Ruth Leverkuhn antwortete.

»Die Wahrheit?«, sagte sie langsam und nachdenklich, während sie den Kopf drehte und ihre Aufmerksamkeit dem Himmel und der Landschaft zuzuwenden schien. »Sie wissen doch gar nicht, wovon Sie reden. Warum muss man ewig weiterbohren und etwas ausgraben, was doch nur hässlich und eklig ist? Wenn die Wahrheit eine schöne Perle wäre, ja, dann könnte ich verstehen, warum man hinter ihr her ist, aber so, wie es ist ... ja, warum sie dann nicht lieber im Verborgenen lassen, wenn es jemand geschafft hat, sie so gut zu verstecken?«

Das waren große Worte, die diese schlaffe Frau dort von sich gab, das musste auch Moreno einsehen, und auf ihrer Rückfahrt überlegte sie, was sie eigentlich zu bedeuten hatten.

Die hässliche Fratze der Wahrheit?

War das nur eine allgemeine Reflektion über eine Familie mit schlechten gegenseitigen Beziehungen und über das Gefühl der Hoffnungslosigkeit nach der endgültigen Katastrophe? Oder steckte da mehr dahinter?

Etwas Fassbareres und Konkreteres?

Als sie in der Dämmerung über die Brücke des Vierten November und Zwille nach Maardam hineinfuhr, hatte sie immer noch keine Antwort auf diese Fragen gefunden.

Nicht mehr als ein irritierendes, aber gleichwohl bombensicheres Gefühl.

Es steckte mehr hinter dieser Geschichte als das, was bisher ans Licht gekommen war. Viel mehr. Und darum gab es auch gute Gründe, mit diesen tastenden Versuchen im Dunkel weiterzumachen.

Auch wenn die Perlen schwarz und rissig waren.

26

Die Verhandlung gegen Marie-Louise Leverkuhn wurde an drei sich lang hinziehenden Nachmittagen vor spärlich besetzten Zuhörerreihen fortgesetzt.

Die einzige Person, die in irgendeiner Weise an ihrer Schuld zu zweifeln schien – zumindest deutete sie sein finsteres Mienenspiel in dieser Weise – war Richter Hart, der es sich ab und zu erlaubte, einzelne Fragen einzuwerfen, worüber sich anscheinend weder die Anklägerin noch der Verteidiger Gedanken zu machen schienen.

Und schon gar nicht sie selbst.

Ansonsten schien die Linie der Wahrheit in der Grauzone zwischen Mord und Totschlag gezogen zu werden. Ausgehend von einer Reihe schwer festzumachender Punkte wie: *angemessene Zweifel, plötzliche Sinnesverwirrung, Grad der Handlungskontrolle, Zeit für Überlegungen unter den vorhandenen Umständen* ... und anderen mehr.

Sie fand diese Frage reichlich unsinnig. Statt zuzuhören, während man sie durchkaute, saß sie oft da und betrachtete die Geschworenen. Diese unbescholtenen Männer und Frauen, die ihr Schicksal in ihrer Hand hielten – oder sich zumindest einbildeten, es zu tun. Da war vor allem eine der beiden Frauen, die aus irgendeinem Grund ihr Interesse geweckt hatte. Eine dunkle Frau knapp über sechzig, nicht viel jünger als sie selbst. Dünn und sehnig, aber mit einer Art Würde, die vor allem in der Art, wie sie ihren Kopf trug, zu spüren war. Aufrecht und selbstverständlich. Sie wandte fast nie ihren Blick dem zu, der gerade sprach, meistens die Staatsanwältin oder der ermüdende Bachmann, sondern schien sich auf etwas anderes zu konzentrieren. Etwas Inneres.

Oder Höheres. So einer Frau, dachte Marie-Louise Leverkuhn, so einer Frau könnte ich mich anvertrauen.

Die Anklageseite hatte drei Zeugen geladen, die Verteidigung einen. Welche Funktionen die Getreuen der Anklage eigentlich ausübten, wurde ihr nie so recht klar. Aber wenn sie es richtig verstand, so handelte es sich um einen Arzt, einen Obduzenten und einen Polizeibeamten irgendeiner Art. Ihre Zeugenaussagen dienten nur dazu, das zu unterstreichen, was man eigentlich schon zu wissen behauptete – und vielleicht war das wirklich der einzige Sinn dabei. Richter Hart stellte sogar noch ein oder zwei Fragen, die eine Öffnung in eine andere Richtung hätten bedeuten können, aber niemand schien daran besonders interessiert zu sein. Eigentlich stand nichts mehr auf dem Spiel, und die Beheizung in dem etwas kühlen Raum ließ auch einiges zu wünschen übrig. Am besten, man brachte alles so schmerzlos wie möglich hinter sich, darin schienen alle einer Meinung zu sein. Trotzdem nahmen sie fast zwei Stunden in Anspruch, die Zeugen der Anklage.

Bedeutend weniger (vermutlich gut eine Viertelstunde; sie kontrollierte nie die Zeit) brauchte Emmeline von Post, die so genannte Charakterzeugin der Verteidigung. Was für eine peinliche Veranstaltung. Wobei: Es war natürlich auch nichts anderes zu erwarten gewesen. Bachmann hatte ihr nicht erzählt, dass er ihre Freundin vorladen wollte, hätte er das, hätte sie alles daran gesetzt, ihn daran zu hindern. Zweifellos.

Nachdem Emmeline von Post ihren Platz eingenommen hatte, gesagt hatte, wer sie war, und den Eid geschworen hatte, dauerte es nur noch eine halbe Minute, bis sie in Tränen ausbrach. Der Richter machte eine Pause, in der ein weiblicher Gerichtsdiener herbeigeeilt kam mit einer Wasserkaraffe, Papiertaschentüchern und einer Dosis allgemeiner Mitmenschlichkeit.

Danach konnte Bachmann einige Minuten fortfahren, bis alles wieder von vorne anfing. Eine neue Pause mit Schluchzen und Taschentüchern setzte ein, und als die arme Frau sich endlich so einigermaßen gesammelt zu haben schien, fasste der Anwalt sich ein Herz und schoss seine entscheidende Kernfrage ohne große Vorreden ab:

»Sie haben die Angeklagte fast Ihr ganzes Leben lang gekannt, Frau von Post. Halten Sie es für möglich – vor dem Hintergrund Ihrer guten Kenntnis ihres Charakters –, dass sie ihren Mann hat mit Bedacht ermorden können, so wie die Anklage es als glaubwürdig erscheinen lassen will?«

Emmeline von Post (die natürlich überhaupt keine Ahnung davon hatte, was die Anklage als glaubwürdig zu erscheinen versucht oder nicht versucht hatte, da sie ja nicht das Recht gehabt hatte, vor ihrer eigenen Zeugenaussage an der Verhandlung teilzunehmen) schluchzte noch ein paar Mal. Dann antwortete sie mit verhältnismäßig fester Stimme:

»Sie könnte niemals einer Fliege etwas zu Leide tun, das schwöre ich.«

Danach hatte Bachmann keine Fragen mehr.

Die hatte die Staatsanwältin Grootner auch nicht.

Nicht einmal Richter Hart.

Am Freitag wurden die Schlussplädoyers gehalten, eine Vorstellung, die den Eingangsreferaten vom Dienstag bis zur Verwechslung ähnelte. Als das vorbei war, erklärte Hart die Verhandlung für abgeschlossen. Das Urteil sollte am darauf folgenden Dienstag verkündet werden, bis dahin sollte Marie-Louise Leverkuhn in gleicher Art und Weise unter Arrest stehen, wie sie es bereits seit neununddreißig Tagen getan hatte – in der Zelle Nummer 12 im Frauentrakt des Maardamer Untersuchungsgefängnisses.

Als sie im Auto auf dem Weg in ihre Zelle saß, fühlte sie in erster Linie eine große Erleichterung. Soweit sie verstanden hatte, war im Verlauf dieser Tage nichts schief gelaufen (wenn man die Sache mit Emmeline von Post außer Betracht ließ, aber das hatte ja nichts mit der Hauptfrage an sich zu tun), und jetzt ging es nur noch darum, einige Tage zu warten.

Keine weiteren Beschlüsse mehr. Keine Fragen. Keine Lügen.

Das ganze Wochenende über regnete es. Irgendwo unterhalb ihrer Fensterluke gab es ein Wellblechdach, auf dem der wechselhafte Takt des Regens so deutlich zu hören war, als handele es sich um Töne auf einem Instrument. Das gefiel ihr – ausgestreckt auf dem Bett zu liegen, die grüne Wolldecke bis zum Kinn hochgezogen und das Fenster zehn Zentimeter weit offen ... ja, das Geräusch hatte etwas äußerst Beruhigendes an sich, das sie endlich zur Ruhe kommen ließ.

Sie kam nach einer langen, langen Reise nach Hause.

Es war merkwürdig.

Der Pfarrer besuchte sie wie zuvor. Sowohl am Samstag als auch am Sonntag. Er saß in seiner Ecke und döste vor sich hin, als wache er an einem Totenlager. Auch das gefiel ihr.

Bachmann hatte damit gedroht, bei ihr aufzutauchen, um die Lage mit ihr durchzusprechen, aber sie begriff, dass das nur eine professionell bedingte Lüge gewesen war. Er hatte am letzten Verhandlungstag reichlich resigniert ausgesehen, und sie hatte ihn kaum dazu ermuntert, sie zu besuchen. Folglich kam er auch nicht.

Ruth rief am Freitagabend an und Mauritz ganz früh am Samstag, aber es dauerte bis Sonntagnachmittag, bis Ruths schwere Körpermasse auf dem Besucherstuhl niedersank.

»Mama«, sagte sie nach dem einleitenden Schweigen.

»Ja, was willst du?«, erwiderte Marie-Louise Leverkuhn.

Darauf konnte die Tochter keine Antwort geben, und sehr viel mehr wurde nicht gesagt. Nach zwanzig Minuten seufzte sie schwer und ließ ihre Mutter einsam zurück.

Marie-Louise Leverkuhn fand, dass es sich fast wie eine Art Sieg anfühlte, als die Tür hinter ihr ins Schloss fiel. Sicher, es war schon merkwürdig, das Ganze, aber es war nun einmal so, wie es war.

Es war gekommen, wie es hatte kommen müssen, und es war, wie es war. Nur wenige Minuten nachdem Ruth sie verlassen hatte, war sie eingeschlafen und träumte einen Traum.

Sie saß in einem Zug. Der brauste durch eine flache, eintönige Landschaft dahin, und die Geschwindigkeit war so hoch, dass man kaum etwas erkennen konnte von all dem, was vor den schmutzigen und etwas zerkratzten Fenstern Revue passierte.

Dennoch wusste sie, dass es das Leben war, was dort draußen zu sehen war. Das Leben selbst. Das in dieser rasenden Fahrt vorbeisauste. Sie saß mit dem Rücken zur Fahrtrichtung, und bald wurde deutlich, dass sie immer jünger wurde, je weiter sie kamen. Ebenso erging es ihren Mitreisenden. Die junge Frau ihr schräg gegenüber war plötzlich nur noch ein kleines Mädchen, und der ältere Mann in der Ecke mit den zitternden Händen eines Greises und dem trüben Blick hatte sich bald in einen eleganten, uniformierten Jüngling mit blauen Augen verwandelt.

Eine Reise zurück durchs Leben. Bis ins Kleinkindalter setzte sich das fort, und wenn jemand im Waggon so klein geworden war, dass er oder sie wie neugeboren aussah, hielt der Zug an einem Bahnhof an. Weißgekleidete Gestalten in langen Kitteln und mit Stethoskop um den Hals kamen herein und hoben die zarten kleinen Klumpen von den schmutzigen Sitzen hoch. Ließen sie Bäuerchen machen und ein wenig schreien, nahmen die blaue Fahrkarte an sich, die alle in ihren winzigen Fäustchen hielten, und verließen den Zug mit dem Bündel über der Schulter.

Als sie an der Reihe war – es war ein außergewöhnlich großer und dicker Arzt mit Flügeln am Rücken, der sie hochhob –, hatte sie jedoch keine Fahrkarte.

»Hast du keine Fahrkarte?«, fragte der Engel (denn jetzt sah sie erst, dass es ein Engel war) sehr schroff. »Dann kannst du nicht geboren werden.«

»Danke, o vielen Dank«, lachte sie in sein rot geflecktes Gesicht. »Wenn ich nicht geboren werden kann, dann muss ich wohl auch nicht leben?«

»Hoho«, sagte der Engel kryptisch und legte sie zurück auf den Sitz.

Und dann fuhr sie bis in die Unendlichkeit weiter mit dem Zug, in die noch nicht geborene Nacht davon.

Und sie war glücklich. Als sie aufwachte, kribbelte es ihr warm im Bauch.

Nicht leben zu müssen.

Mauritz kam auch am Sonntag. Gegen halb sieben Uhr abends, gerade als die Wärterin bei ihr gewesen war und ihr Essenstablett abgeholt hatte. Er war vier Stunden lang mit dem Auto gefahren und wirkte gestresst und wütend. Aber vielleicht war es auch nur seine übliche Unsicherheit, die dahinter steckte. Sie klingelte nach Kaffee, er hatte gesagt, er hätte gern welchen, aber als der Kaffee auf dem wackligen Plastiktisch stand, rührte er ihn überhaupt nicht an.

Hatte auch Probleme, überhaupt den Mund aufzukriegen, genau wie Ruth. Das Einzige, worüber sie sich unterhielten, das waren der Alltag im Untersuchungsgefängnis und die Lage an der Kerzenmanschettenfront vor Weihnachten. Es war natürlich vorwiegend Rot und Grün gefragt. Sie hoffte nur, dass er bald gehen würde, und nach einer halben Stunde sagte sie das auch.

Vielleicht hatte er mit diesem Problem gerechnet, denn er hatte einen Brief geschrieben. Er stand auf und holte ihn aus der Innentasche seines hässlichen Blazers mit dem Emblem der Firma auf der Brusttasche. Überreichte ihn wortlos, und dann drückte er selbst auf die Klingel und wurde hinausgelassen.

Der Brief war nur eineinhalb Seiten lang. Sie las ihn dreimal durch. Dann zerriss sie ihn in kleine Schnipsel und spülte diese in der Toilettenschüssel in dem jämmerlichen Verschlag in der Ecke hinunter.

Das dauerte eine Weile. Die kleinen Papierstückchen flossen immer wieder zurück durchs Rohr, und während sie dastand und die ganze Zeit auf den Spülknopf drückte, plante sie ihr weiteres Vorgehen.

Sie rief die Wärterin wieder zu sich, bat um Papier und einen Stift, und kurz darauf saß sie am Tisch und suchte nach den richtigen Worten.

Das Einzige, was sie an ihrem Beschluss überraschte, war die Tatsache, dass er so einfach zu fassen war. Eine halbe Stunde später trank sie Tee und aß ihre Brote mit gutem Appetit, als würde das Leben sie immer noch etwas angehen.

27

Moreno hatte Krystyna Gravenstein über das Sekretariat der Doggers Oberschule gefunden, wo sie bis zu ihrer Pensionierung vor drei Jahren gearbeitet hatte.

Sie empfing Moreno in ihrer kleinen Zwei-Zimmer-Wohnung in der Palitzerstraat, ganz oben unter dem Dach mit Blick über den Fluss und Megsje Bois. Wohnten heutzutage eigentlich alle Leute mit so einer Aussicht?, fragte Moreno sich, als sie in die Wohnung trat und sich an Ruth Leverkuhns Panoramafenster erinnerte. Es schien so, zumindest was das schöne Geschlecht betraf. Frau Gravenstein war eine dünne kleine Frau mit einer kreideweißen Haarpracht und Eulenaugen hinter dicken Brillengläsern. Tweedkostüm und gestricktem Tuch über den Schultern. Sie hob einen Buchstapel von einem Metallrohrsessel und bat die Inspektorin, doch Platz zu nehmen, sie selbst nahm auf einem Drehstuhl vor dem Schreibtisch Platz und wirbelte herum. Das eine der beiden Zimmer fungierte offenbar als Schlafzimmer, das andere als Arbeitszimmer. Weiter war nichts vonnöten, schätzte Moreno. Der Schreibtisch, der auf die Baumwipfel und den Himmel hinausging, war vollbepackt mit Papieren, Büchern und Lexika und einem Computer. Die Bücherregale gingen vom Boden bis zur Decke und bogen sich unter ihrer Last.

»Ich habe angefangen, ein wenig zu übersetzen, nachdem ich in der Schule aufgehört habe«, erklärte Krystyna Gravenstein mit der leichten Andeutung eines Lächelns. »Irgendwas muss man ja tun. Italienisch und Französisch, außerdem stockt das die Pension ein wenig auf.«

Moreno nickte aufmunternd.

»Belletristik?«, fragte sie.

»Ja«, sagte Krystyna Gravenstein. »Vor allem Lyrik, aber der eine oder andere Roman war auch schon dabei.«

»Sie haben in romanischen Sprachen unterrichtet?«

»Siebenunddreißig Jahre lang«, bestätigte Krystyna Gravenstein. »Siebenunddreißig ...«

Sie zuckte mit den Schultern und schaute etwas entschuldigend drein. Moreno verstand, dass sie sich wohl kaum zum Katheder zurücksehnte. Sie verstand außerdem, dass es an der Zeit war, zur Sache zu kommen.

»Sie waren eine Kollegin von Else Van Eck?«, fing sie an. »Deshalb möchte ich mich gern ein wenig mit Ihnen unterhalten. Wissen Sie, was passiert ist?«

»Sie ist verschwunden«, sagte Krystyna Gravenstein und schob ihre Brille zurecht.

»Genau«, bestätigte Moreno. »Sie ist jetzt seit fast sieben Wochen wie vom Erdboden verschluckt. Es gibt triftige Gründe für den Verdacht, dass sie nicht mehr am Leben ist. Hatten Sie näheren Kontakt zu ihr über die Arbeitszeit hinaus?«

Ihre Gastgeberin schüttelte den Kopf und sah betrübt aus.

»Nein«, sagte sie. »Absolut nicht. Aber das hatte niemand. Entschuldigen Sie, dass ich das sage, aber so war es nun einmal. Wir haben uns nie in unserer Freizeit gesehen ... höchstens, wenn der Französische Verein etwas Interessantes auf seinem Programm hatte.«

»Wie lange haben Sie zusammen gearbeitet?«

Krystyna Gravenstein rechnete nach.

»Fast zwanzig Jahre«, sagte sie. »Else Van Eck ist eine ... merkwürdige Frau. Oder war es.«

»Inwiefern?«, fragte Moreno.

Frau Gravenstein zupfte ihr Tuch zurecht, während sie überlegte.

»Ungesellig«, sagte sie schließlich. »Sie hatte kein Bedürfnis, mit den anderen Lehrern in Kontakt zu treten oder sich auch nur mit uns zu unterhalten. Sie war nicht direkt unangenehm, aber sie kümmerte sich irgendwie nicht um andere Menschen. Hatte anscheinend an sich selbst genug, wenn Sie verstehen?«

»Wie war sie als Lehrerin?«

Krystyna Gravenstein verzog hastig den Mund.

»Ausgezeichnet«, erklärte sie. »Das mag eigenartig klingen, aber so war es. Wenn die Schüler ihre Art verstanden haben, mochten sie sie. Ich glaube, Jugendliche können auch eher etwas schrullige Existenzen akzeptieren. Und sie liebte die französische Sprache. Sie unterrichtete nie ein anderes Fach und ... ja, sie war ein wandelndes Lexikon, ganz einfach. Auch was die Grammatik betraf. Sie hätte sonst natürlich nie an der Schule bleiben können, wenn sie nicht diese Qualitäten gehabt hätte. Nicht so, wie sie war.«

Moreno dachte eine Weile nach.

»Und warum war sie so, wie sie war?«, fragte sie dann.

»Da habe ich nicht den blassesten Schimmer. Ich habe sie wie gesagt nie richtig kennen gelernt und weiß nichts über ihr Privatleben.«

»Und der Beruf?«, probierte es Moreno. »Wissen Sie, warum sie Französischlehrerin geworden ist?«

Krystyna Gravenstein zögerte.

»Da gibt es eine Geschichte«, sagte sie.

»Eine Geschichte?«, wiederholte Moreno.

Frau Gravenstein biss sich auf die Lippe und betrachtete ihre Hände. Es sah so aus, als würde sie mit sich selbst zu Rate gehen.

»Ein Gerücht«, sagte sie dann. »Die kursieren unter den Schülern über fast alle Lehrer. Manchmal gibt es einen realen Hintergrund, manchmal nicht. Man darf dem Ganzen nicht allzu viel Glauben schenken.«

»Und wie war das mit dem Gerücht über Else Van Eck?«, fragte Moreno.

»Eine Liebesgeschichte.«

Moreno nickte aufmunternd.

»Junge, unglückliche Liebe«, führte Krystyna Gravenstein aus. »Ein Franzose. Sie waren verlobt und wollten heiraten, aber dann verließ er sie wegen einer anderen.«

Moreno saß schweigend da und wartete ab.

»Nicht besonders spektakulär«, meinte sie dann.

»Es geht noch weiter«, erklärte Frau Gravenstein. »Laut der Legende hat sie um seinetwillen angefangen, Französisch zu studieren, und sie hat es um seinetwillen auch weitergemacht. Er soll Albert geheißen haben, und nach einiger Zeit hat er bereut, was er getan hat. Versuchte sie zurückzukriegen, aber Else weigerte sich, ihm zu verzeihen. Als ihm klar wurde, wie die Lage war, hat er sich vor den Zug geworfen und ist gestorben. Am Gare du Nord. Hrrm ...«

»Hm«, nickte auch Moreno. »Und wann soll das passiert sein?«

Krystyna Gravenstein breitete die Arme aus.

»Keine Ahnung. Natürlich irgendwann in ihrer Jugend. Wahrscheinlich gleich nach dem Krieg.«

Moreno seufzte. Plötzlich lachte Krystyna Gravenstein auf.

»Alle müssen eine Geschichte haben«, sagte sie. »Und für die, die keine haben, muss man eine erfinden.«

Sie warf einen Blick auf die Bücherreihen, während sie das sagte, und Moreno verstand, dass es sich um ein Zitat handelte. Und dass die Worte sicher auch in Frau Gravensteins Leben eine gewisse Relevanz hatten.

Wie sieht meine Geschichte aus? dachte sie, als sie mit dem Fahrstuhl nach unten fuhr. Claus? Die Polizeiarbeit? Oder muss ich eine erfinden?

Sie erschauderte, als ihr plötzlich einfiel, dass es nicht einmal sieben Tage bis Weihnachten waren und sie nicht die geringste Ahnung hatte, wie sie die Feiertage zubringen sollte.

Vielleicht wäre es das Beste, sich die ganze Zeit zum Dienst zu melden, dachte sie. Wenn man damit einem Kollegen helfen konnte, gab es doch keinen Grund, es nicht zu tun.

Dann dachte sie eine Weile über diesen Albert nach.

Ein Franzose, der sich vor fünfzig Jahren oder mehr das Leben genommen hatte. Wegen Else Van Eck. War das eine Spur?

Und konnte das auch nur das Geringste mit diesem Fall zu tun haben, von dem Kommissar Münster einfach nicht lassen wollte?

Nein, nicht die Bohne, entschied sie. Etwas weiter Hergeholtes konnte man sich wohl kaum denken. Trotzdem beschloss sie, die Sache zu berichten. Die Geschichte zu erzählen. Das Gerücht. Und wenn auch nur, damit sie eine Weile bei Münster sitzen und mit ihm reden konnte ... das kleine Vergnügen durfte sie sich doch wohl noch gönnen?

Übrigens schien das keine dumme Altersbeschäftigung zu sein, die Krystyna Gravenstein sich da besorgt hatte. Hoch über der Stadt zwischen Unmengen von Büchern zu sitzen und nur zu lesen und zu schreiben, das war doch was. Aber bis man soweit kam, musste man erst einmal ein ganzes Leben bewältigen.

Sie seufzte und ging zurück zum Polizeipräsidium.

Münster schaute auf die Uhr. Dann zählte er die Weihnachtsgeschenke auf dem Rücksitz.

Zwölf Stück in eineinhalb Stunden. Nicht schlecht. Dadurch hatte er genügend Zeit für einen Besuch in Pampas, was nicht unwichtig war, denn ihm war bereits klar geworden, dass die Witwe de Grooit es nicht mochte, Sachen und Geschehnisse schnell durchzuhecheln. Ruhe und Frieden, und jedes Ding zu seiner Zeit, ungefähr so hatte sie am Telefon geklungen.

Er parkte auf der Straße vor dem flachen, braunen Klinkerhaus. Blieb eine Minute im Auto sitzen, um sich zu sammeln und zu überlegen, was genau es ihm eigentlich unmöglich machte, diese Geschichte loszulassen.

Polizeichef Hiller hatte ihm in seiner großen Weisheit erklärt, dass es verdammt noch mal und zugenäht keine rationalen Gründe dafür gab, noch mehr Ressourcen auf den Fall zu vergeuden. Waldemar Leverkuhn war ermordet worden. Seine Ehefrau hatte gestanden, dass sie es gewesen war, und am Donnerstag sollte sie entweder für Mord oder für Totschlag verurteilt werden. War doch scheißegal, wofür nun. Ein gewisser Felix Bonger war verschwunden und eine gewisse Else Van Eck war verschwunden.

Und weiter?, hatte Hiller konstatiert, und Münster wusste, dass er ja eigentlich Recht hatte. Die durchschnittliche Zahl an Verschwundenen im Distrikt lag bei fünfzehn bis achtzehn Personen im Jahr, und dass zwei davon in irgendeiner Weise mit der Leverkuhn-Geschichte zusammenfielen, war nichts weiter als ein ganz normaler Zufall.

Sicher, man fahndete nach den beiden Verschwundenen – genau wie man es nach all den anderen tat, die sich in Luft aufgelöst hatten –, aber das war kein Job für einen hoch bezahlten (überbezahlten!) Kriminalbeamten!

Zum Teufel damit. Ein für alle Mal Ende. Exit Hiller.

Ist doch zu bescheuert, dass man jetzt auch noch heimlich arbeiten muss, dachte Münster und stieg aus dem Wagen.

Aber wenn man ein kompromissloser Wahrheitssucher ist, dann ist das wohl so.

»Ja, ich wollte meinen Augen nicht trauen, als ich das in der Zeitung gelesen habe«, sagte Frau de Grooit. »Nehmen Sie doch ein Stück Kuchen. Schließlich haben sie ja hier gewohnt, und wir haben uns fast jeden Tag gegrüßt.«

Sie deutete durch das überladene Fenster auf das Haus auf der anderen Seite der Hecke.

»Da drinnen«, wiederholte sie. »Zwischen 1952 und 1976. Wir selbst sind 1948 hier eingezogen, als es neu gebaut war, und seit mein Mann gestorben ist, habe ich oft überlegt, ob ich ausziehen soll, aber irgendwie ist nie etwas daraus geworden. Bitte schön, Sie können gern stippen. Aber ist es nicht schrecklich? Wir sind ja ganz normale Leute hier in Pampas. Ehrbare Arbeiter und keine Mörder ... ich rede zu viel, Sie müssen mich einfach unterbrechen. Man muss mich abschalten, um mich still zu kriegen, das hat mein Mann immer gesagt.«

»Sie kannten die Familie Leverkuhn gut?«, fragte Münster.

»Nun ja, doch ... nein, eigentlich nicht«, bemerkte Frau de Grooit unschlüssig und zwinkerte ein wenig nervös. »Wir hatten immer mehr mit den Van Klusters und den Bolmeks auf der anderen Seite und in der Mitte zu tun, nicht so viel mit den Leverkuhns, nein ... aber es war nicht so, dass ...«

Sie verstummte und schaute nachdenklich drein.

»Was denn?«, wollte Münster wissen.

»... nicht so, dass sie nicht gute Nachbarn und ordentliche Menschen waren, aber sie hielten sich doch eher für sich. Das waren eben solche Menschen, besonders er.«

»Waldemar Leverkuhn?«

»Herr Leverkuhn, ja. Ein verschlossener Kerl, schwer mit ihm ins Gespräch zu kommen, aber ein ordentlicher Arbeiter, da soll niemand kommen und was anderes behaupten ... es ist ja auch zu schrecklich. Glauben Sie, dass sie ihn auf diese entsetzliche Art getötet hat? Ich weiß nicht mehr, was ich noch glauben soll ... Wie schmeckt der Kaffee?«

»Gut, danke«, sagte Münster.

Für einen Moment sah es so aus, als wollte Frau de Grooit anfangen zu weinen. Münster versuchte ablenkend zu husten, während er nach einem guten Satz suchte, aber ihm fiel nichts wirklich Tröstendes ein.

»Sie kannten Frau Leverkuhn etwas besser?«, versuchte er es, »als ihn, meine ich. Sozusagen unter Frauen, wie man so sagt?«

Aber Frau de Grooit schüttelte nur den Kopf.

»Nein«, sagte sie. »Sie war nicht so eine, die sich einem anvertraute, und wenn man Zucker oder Mehl brauchte, dann ging man eben lieber zu einer der anderen Nachbarinnen ... Van Klusters oder Bolmeks. Auf der anderen Seite und in der Mitte ... hat sie ihn wirklich getötet?«

»Es sieht so aus«, sagte Münster. »Und wie waren die Kinder?«

Frau de Grooit klapperte mit ihrer Kaffeetasse und gab nicht sofort eine Antwort.

»Die waren auch ziemlich verschlossen«, sagte sie nach einer Weile. »Hatten keine richtigen Freunde, keiner von ihnen. Mauritz war ja genauso alt wie unser Bertrand, wir haben ihn erst spät gekriegt, aber die beiden wurden nie gute Freunde. Wir haben es unzählige Male versucht, aber Mauritz saß am liebsten allein zu Hause und spielte mit seiner elektrischen Eisenbahn, und denken Sie bloß nicht, dass Bertrand mitmachen durfte. Der Junge hatte etwas Knickriges, ja Unfreundliches an sich, ich glaube, er hatte auch in der Schule keine Freunde. Die Mädchen übrigens auch nicht, nein, das war kein Haus der offenen Türen, ganz und gar nicht.«

»Haben Sie mit ihnen in den letzten Jahren noch Kontakt gehabt?«, fragte Münster. »Ich meine, nachdem sie von hier weggezogen sind?«

»Gar keinen«, sagte Frau de Grooit. »Sie sind ausgezogen und waren damit verschwunden. Von einem Tag auf den anderen, na ja, die Kinder waren ja schon ausgezogen, da war es wohl einfacher mit einer Wohnung, sie waren nie so interessiert am Garten. Sie haben nicht mal ihre Adresse hinterlassen ... und später haben wir dann gehört, dass es Irene nicht so gut ging.«

»Ach ja?«, sagte Münster mit gespielter Verwunderung.

»Die Nerven«, konstatierte Frau de Grooit. »Sie hat es wohl nicht so recht geschafft, so war es nun mal. Manche schaffen es eben nicht, so ist es schon immer gewesen. Ist in ein Heim gekommen, ich weiß nicht, ob sie je wieder rausgekommen ist. Die waren so in sich gekehrt, die Schwestern auch, man hat sie auch nie mal mit Jungs gesehen. Haben sich ganz für sich gehalten, nein, das war wirklich keine glückliche Familie, wenn ich das so sagen darf. Aber man weiß so wenig.«

Sie verstummte, seufzte und rührte in ihrem Kaffee. Münster überlegte, was er sich eigentlich von diesem Gespräch erhofft hatte, und ihm war klar, dass er es einfach auf gut Glück versucht hatte. Wieder einmal.

Vielleicht würde ja etwas auftauchen, vielleicht auch nicht.

Kein schlechtes Motto für die Arbeitsweise der Kriminalpolizei an sich, dachte er. Eine vergebliche, willkürliche Suche nach der Nadel im Heuhaufen, sah es nicht genauso aus?

Oder wie Reinhart sich auszudrücken pflegte: Ein Bulle, das ist eine blinde Schildkröte, die in der Wüste nach einem Schneeball sucht.

Es gab reichlich Bilder, die man anwenden konnte.

»Mir fällt da eine Geschichte ein«, sagte Frau de Grooit nach einigen Minuten der Stille. »Dieser Mauritz, der hatte es nicht leicht in der Schule, wie schon gesagt ... er ist ja mit unserem Bertrand in die gleiche Klasse gegangen, und einmal, da ist er von ein paar älteren Jungs verprügelt worden. Ich weiß nicht, wie ernst das war, und auch nicht, was dahinter steckte, aber jedenfalls traute er sich nicht, danach wieder in die Schule zu gehen ... und er traute sich wegen seiner Eltern auch nicht, zu Hause zu bleiben. Frau Leverkuhn hatte keine Arbeit, als das passierte ... also tat er morgens so, als würde er losgehen, aber statt in der Schule zu sitzen, versteckte er sich den ganzen Tag über in dem Geräteschuppen hinter ihrem Haus. Er war damals wohl nicht älter als zehn, elf Jahre, die Schwestern wussten davon und beschützten ihn ... eine von ihnen hatte auch keinen Job, sie war tagsüber zu Hause und hat sich dann immer mit Broten zu ihm geschlichen. Er saß da den ganzen Tag, das ging mindestens zwei Wochen so ...«

»Haben sie denn nichts von der Schule gehört?«, wunderte Münster sich.

Sie zuckte mit den Schultern. Bürstete irgendwelche imaginären Kuchenkrümel von der Decke.

»Doch, nach einer Weile schon. Ich glaube, hinterher ist er von seinem Papa durchgeprügelt worden. Weil er so feige gewesen ist.«

»Nicht gerade eine gute Methode, um mutiger zu werden«, bemerkte Münster.

»Nein«, sagte Frau de Grooit. »Aber so war er, der Waldemar.«

»Wie?«, fragte Münster nach.

»Irgendwie hart ...«

»Sie mochten ihn nicht?«

Frau de Grooit sah etwas peinlich berührt aus.

»Ich weiß nicht«, sagte sie. »Es ist schon so lange her. Wir hatten nicht viel miteinander zu tun, und man soll die Leute ja in Ruhe lassen, wenn sie es denn so wollen. Es gibt da so viele verschiedene Sorten ... jeder soll ja nach seiner Façon selig werden.«

»Damit haben Sie absolut Recht«, bestätigte Münster.

Er machte einen Spaziergang zwischen den niedrigen Häusern in Pampas, nachdem er Frau de Grooit verlassen hatte. Die

Kekse klebten ihm noch im Hals, und das Wetter war zumindest erträglich.

Ein ganz spezieller Teil der Stadt, dieses Pampas, das konnte er nicht leugnen. Und es war schon lange her, dass er hier gewesen war. Das tief liegende, fast sumpfige Gebiet am Fluss war nie besiedelt gewesen, bis es dann im Jahr nach dem Krieg auf einen Schlag bebaut wurde, und zwar mit diesen Reihen kleiner Häuser, mit nur drei oder vier Zimmern und sich eng aneinanderschmiegenden Grundstücken. Ein kommunales Eigenheimprojekt für strebsame Arbeiter und untere Beamte, wenn er es recht in Erinnerung hatte. Eine Art wohlgemeinter Klassenausgleichsversuch, und alles zusammen – insgesamt mehr als sechshundert Häuser – stand nach jetzt fast fünfzig Jahren immer noch in mehr oder weniger unverändertem Zustand da. Hier und da natürlich geflickt, renoviert und angebaut, aber dennoch sonderbar intakt.

Der Nachkriegsoptimismus, dachte Münster. Das Monument einer Epoche.

Und einer Generation, die jetzt am Rand des Grabs stand.

Wie Frau de Grooit. Wie die Eheleute Leverkuhn.

Ich werde mit diesem verfluchten Fall nie weiterkommen, dachte er plötzlich, als er wieder hinterm Steuer saß. Der wird so bleiben, wie er ist, genau wie Pampas. Hier wird nichts mehr passieren.

Worin Kommissar Münster sich jedoch irrte.

Und zwar gründlich.

28

Wenn nicht Vera Kretschkes Freund am vorangegangenen Abend mit ihr Schluss gemacht hätte – am 20. Dezember –, hätte sie vermutlich in der Nacht besser geschlafen.

Und wenn sie in der Nacht besser geschlafen hätte, hätte sie selbstverständlich die ganze Strecke ohne Probleme geschafft. Das tat sie ja sonst auch immer.

Und wenn sie die ganze Strecke geschafft hätte, wäre sie logischerweise nicht nach fünfzehnhundert Metern stehen geblieben, um statt weiterzulaufen lieber weiterzugehen.

Und wenn sie nicht in diesem gemächlichen Tempo weitergegangen wäre, ja, dann hätte sie nie den gelben Plastikfetzen entdeckt, der ein paar Meter vom Weg entfernt zwischen den Bäumen aufblitzte.

Jedenfalls wäre es höchst unwahrscheinlich gewesen.

Und dann ... dann würde dieses Widerliche nicht wie ein dicker Teig in ihrem Kopf kleben, sodass sie kaum einen vernünftigen Gedanken fassen konnte.

In diesen Bahnen dachte sie am folgenden Abend, als sie in ihrem Bett in ihrem alten, gemütlichen Jungmädchenzimmer lag und darauf wartete, dass Reuben anrief, wenn schon nicht, um sie um Verzeihung zu bitten und das zurückzunehmen, was er gesagt hatte, dann zumindest, damit sie ihm erzählen konnte, was ihr während ihrer morgendlichen Joggingtour zugestoßen war.

Ihrer Jogging- und Spaziertour.

Furchtbar, dachte sie und blieb stehen. Warum können die Leute ihre Sachen nicht dahin schmeißen, wo sie hingehören?

Weylers Wald war kein großes Naturgelände, aber er war gepflegt und beliebt. Es gab Papierkörbe und Mülleimer an den Wander- und Laufwegen, die den Wald in alle Richtungen durchkreuzten, und es war nicht üblich, dass sie auf Müll stieß, der in dieser Art weggeworfen worden war.

Ein Eisstiel oder eine leere Zigarettenpackung vielleicht, aber nicht eine große Plastiktüte.

Vera Kretschke war die Wortführerin der Umweltschutzgruppe in ihrer Schule, das war sie schon seit drei Schuljahren, und sie trug eine gewisse Verantwortung.

Entschlossen trat sie in das feuchte Gestrüpp. Schüttelte die Tropfen von den jungen Birkenschösslingen, während sie sich hinunterbeugte und die Plastiktüte herauszog. Der größte Teil hatte unter Laub und kleinen Zweigen verborgen gelegen, und sie musste richtig zupacken, um sie herausziehen zu können.

Dreckschweine, dachte sie. Umweltverschmutzer.

Dann guckte sie in die Tüte.

Darin lag ein Kopf. Ein Frauenkopf.

Sie musste sich übergeben, ohne etwas dagegen tun zu können. Es spritzte nur so heraus aus ihr, genau wie damals, als sie vor ein paar Jahren etwas Dubioses in einem indischen Restaurant in der Stadt gegessen hatte.

Ein Teil landete in der Tüte. Was die Sache natürlich auch nicht besser machte.

Und Reuben rief am Abend nicht an, also hatte die arme Vera Kretschke noch eine schlaflose Nacht vor sich.

»Verdammter Mist!«, schrie Inspektor Fuller. »So was darf einfach nicht passieren!«

Wachtmann Schmidt schüttelte seinen großen Kopf und sah unglücklich aus.

»Aber es ist nun mal passiert ...«

»Wie hat sie das geschafft?«, wollte Fuller wissen.

Schmidt seufzte.

»Hat das Laken gedreht, wie ich annehme. Und dann ist da ja der kleine Rohrstummel oben in der Ecke, über den haben wir doch schon geredet.«

»Sie haben sie hoffentlich abgeschnitten?«

»Nein ...« Schmidt trat unruhig von einem Fuß auf den anderen und wand sich, »... nein, wir dachten, der Inspektor wollte sie erst noch sehen.«

»Verdammter Mist!«, wiederholte Fuller und sprang auf.

»Wir haben sie erst vor ein paar Minuten entdeckt«, entschuldigte Schmidt sich. »Wacker ist jetzt bei ihr, aber sie ist tot, da gibt es keinen Zweifel. Es liegt auch ein Brief auf dem Tisch ...«

Aber Inspektor Fuller hatte sich bereits an ihm vorbeigezwängt und war auf dem Weg den Flur entlang, zur Zelle Nummer 12.

Verdammt, dachte Schmidt. Und ausgerechnet heute, wo auch noch mein Geburtstag ist und alles.

Nachdem Fuller festgestellt hatte, dass Frau Leverkuhn sich wirklich in dem Zustand befand, der ihm berichtet worden war, sorgte er dafür, dass sie von allen Seiten fotografiert wurde und ließ sie dann abschneiden. Danach bestellte er den Arzt, schluckte zwei Tabletten gegen seinen nervösen Magen und rief Kommissar Münster an.

Münster fuhr mit dem Fahrstuhl nach unten und betrachtete die tote Frau auf der Pritsche in der Zelle zehn Sekunden lang. Er fragte Fuller, wie zum Teufel so etwas hatte geschehen können, nahm den Briefumschlag an sich und fuhr wieder zu seinem Arbeitszimmer hinauf.

Nachdem er den Brief zweimal gelesen hatte, rief er Moreno zu sich und erklärte ihr die Lage.

»Vollkommen eindeutig«, sagte Moreno, nachdem auch sie die letzten Worte von Marie-Louise Leverkuhn an die Nachwelt erfahren hatte.

»Kann man so sehen«, bestätigte Münster. »Sie hat Schluss mit ihrem Mann gemacht, und jetzt war es Zeit für sie selbst. Eine reichlich entschlussfreudige Frau, das kann keiner leugnen.«

Er stand auf und schaute in den Regen hinaus.

»Aber dass es möglich ist, sich in der U-Haft das Leben zu nehmen«, brummte er. »Die dürfen jetzt erst mal ihre Arbeitsabläufe überprüfen. Hiller sah aus wie eine Pflaume kurz vorm Explodieren, als er davon Wind bekommen hat.«

»Das kann ich mir denken«, meinte Moreno. »Wie dem auch sei, saubere Handarbeit. Du hast das Seil doch gesehen? Viermal geflochten, das muss einige Sekunden gedauert haben ... ein Mann hätte das nie hingekriegt.«

Münster antwortete nicht. Es vergingen einige Sekunden des Schweigens.

»Warum hat sie das gemacht?«, fragte Moreno. »Ich meine, da steht zwar, dass sie keine Lust hatte, die letzten Jahre ihres Lebens im Gefängnis zu verbringen, aber ... ja, war das alles?«

»Was sollte denn sonst noch sein?«, fragte Münster. »Das ist doch wohl Grund genug, denke ich mal. Wenn man sich über etwas wundern will, dann doch wohl eher darüber, dass sie bis jetzt damit gewartet hat. Schließlich ist es ja mit gewissen Schwierigkeiten verbunden, im Knast Selbstmord zu begehen. Auch wenn man geschickt ist und die Bewachung schlecht ... oder was meinst du damit? Warum erst jetzt?«

Moreno zuckte mit den Schultern.

»Ich weiß nicht. Es hat wahrscheinlich nicht viel Sinn, darüber weiter zu spekulieren. Schließlich ist es passiert.«

Münster seufzte und drehte sich um.

»Was für ein sinnloses Leben«, sagte er.

»Das von Marie-Louise Leverkuhn?«

»Ja. Oder kannst du irgendwo einen Sinn drin sehen? Sie hat ihren Mann umgebracht und sich selbst das Leben genommen. Eines ihrer Kinder sitzt in der psychiatrischen Anstalt, und die beiden anderen machen keinen einzigen Menschen froh. Keine Enkelkinder. So, und jetzt sag mir bitte schön, was für ein Sinn darin stecken könnte, den ich vielleicht übersehen habe?«

Moreno warf einen Blick auf den Brief. Faltete ihn zusammen und schob ihn wieder in den Umschlag.

»Nein«, sagte sie. »So ist es wohl. Meistens handelt es sich bei den Fällen, in die wir verwickelt sind, ja nicht gerade um die reinsten Sonnenscheingeschichten.«

»Kann schon sein«, sagte Münster. »Aber das muss doch auch seine Grenzen haben ... irgendeine Perle in all dem Dreck muss doch zu finden sein. Was machst du Weihnachten?«

Moreno verzog das Gesicht.

»Hauptsache, ich entkomme Claus«, sagte sie. »Er fliegt morgen zurück. Zuerst habe ich überlegt, ob ich arbeiten soll, aber dann habe ich eine alte Freundin getroffen, die gerade verlassen wurde. Wir nehmen uns sechs Flaschen Wein mit und fahren in ihr Haus am Meer.«

Münster lachte. Traute sich nicht zu fragen, wie es eigentlich um Claus stand. Und um sie selbst. Es gab Dinge, die ihn nichts angingen, und je weniger er fragte, umso besser. Umso sicherer.

»Gut«, sagte er. »Schwimm nur nicht zu weit raus.«
»Versprochen«, sagte Moreno.

»Ich werde morgen arbeiten«, sagte Münster und mischte das Kartenspiel für Marieke. »Danach habe ich sechs Tage frei.«
»Wird auch Zeit«, erklärte Synn. »Ich will nicht wieder Zustände haben wie im Herbst. Wir müssen eine Strategie finden, um damit umzugehen.«
»Eine Strategie?«, wiederholte Münster.
»Schtarte-schie«, sagte Marieke. »Kreuz Bube!«
»Ich meine es ernst«, sagte Synn. »Es ist besser, die Depressionen zu bekämpfen, bevor sie übermächtig werden. Wir brauchen Zeit zum Leben. Erinnere dich daran, dass meine Mutter mit fünfundvierzig zusammengebrochen ist. Sie ist zwar siebzig geworden, hat die letzten fünfundzwanzig Jahre aber kein einziges Mal gelacht.«
»Ich weiß«, sagte Münster. »Aber du bist erst achtunddreißig. Und siehst aus wie zweiundzwanzig.«
»Herz sieben«, sagte Marieke. »Du bist dran. Wie alt bist du, Papa?«
»Hundertdrei«, sagte Münster. »Aber ich fühle mich älter. All right, ich bin deiner Meinung. Wir müssen etwas tun.«
Für eine Sekunde versuchte er, sein Leben mit dem der Familie Leverkuhn zu vergleichen, es zumindest in eine Art Beziehung zu setzen, aber der Gedanke war so absurd, dass er ihn sofort über Bord warf.
»Wir fangen übermorgen damit an«, sagte er. »Gab's keine Post heute?«
»Nur Rechnungen und das hier«, sagte Synn und gab ihm einen weißen Umschlag. Er öffnete ihn und zog einen zweimal gefalteten Zettel heraus.
Es war eine kurze Mitteilung. Nur vier Worte. Datiert vor zwei Tagen.

Sie war es nicht.
V. V.

»Pik Dame«, sagte Marieke. »Du bist dran!«
»So ein Mist«, sagte Kommissar Münster.

29

Das Urteil im Verfahren gegen Marie-Louise Leverkuhn wurde am Montagvormittag, dem 22. Dezember, im Maardamer Gerichtsgebäude verkündet.

Einhellig wurde Frau Leverkuhn für schuldig erklärt des geplanten Mordes an ihrem Ehemann Waldemar Severin Leverkuhn, gemäß den Paragrafen dreiundvierzig und vierundvierzig des Strafgesetzbuches. Die Länge der Strafe wurde auf sechs Jahre festgelegt, die kürzeste Zeit, die das Gesetz erlaubte, und das, so teilte es Richter Hart mit unerschütterlicher Autorität mit, in erster Linie in Anbetracht der Tatsache, dass die Verurteilte bereits tot war und somit ihre Strafe nicht absitzen konnte.

Nachdem das gesagt worden war, erklärte er, dass gegen das Urteil wie üblich innerhalb von neunzig Tagen Einspruch eingelegt werden könnte, schlug dann mit seinem Hammer auf den Tisch und erklärte das Verfahren für abgeschlossen.

Gerichtsmediziner Meusse wischte sich die Hände am Kittel trocken und schaute auf.
»Jaha?«
Rooth räusperte sich.
»Es handelt sich um einen Schädel ...«
»... um den einzelnen Schädel«, präzisierte Jung.
Meusse spähte über den Rand seiner schmutzigen Brille und machte ihnen ein Zeichen, ihm zu folgen. Er selbst ging voran durch eine Reihe frostiger Räume, bis er schließlich vor einem großen Kühlschrank stehen blieb.
»Da haben wir ihn«, sagte er, während er die Tür öffnete. »Wenn ich mich nicht irre.«
Er holte einen weißen Plastiksack heraus und zog einen ab-

geschlagenen Frauenkopf heraus, indem er ihn bei den Haaren packte. Er war aufgeschwollen und verfärbt, mit Flecken und Bläschen in allen Schattierungen von Ocker bis Tieflila. Die Augen waren geschlossen, aber aus dem halb geöffneten Mund ragte eine einige Zentimeter lange dunkelbraune Zunge hervor. Die Nase sah fast exkrementartig aus. Jung spürte die Übelkeit in seiner Magenregion und hoffte, dass er nicht gezwungen sein würde, den Raum zu verlassen.

»Verdammt«, sagte Rooth.

»Ja, das ist kein Schönheitswettbewerb«, sagte Meusse. »Sie wird da schon einige Monate gelegen haben, denke ich. Die Plastiktüte ist wirklich von guter Qualität, sonst wäre sie schon viel mehr abgenagt.«

Rooth schluckte und versuchte, seinen Blick abzuwenden. In Ermangelung anderer Objekte heftete er ihn an Jung, der zirka dreißig Zentimeter von ihm entfernt stand. Jungs Magen rotierte aufs Neue, und er schloss schnell die Augen.

»Erkennst du sie wieder?«, fragte Rooth mit zittriger Stimme.

Jung öffnete die Augen und nickte schwach.

»Ich glaube schon«, sagte er. »Kann man etwas über die Todesursache sagen?«

Meusse schob den Kopf wieder in die Tüte zurück.

»Noch nicht«, erklärte er. »Sie hat ein paar kräftige Schläge mit einem Gegenstand auf den Schädel gekriegt, aber wer weiß, ob sie daran gestorben ist. Jedenfalls muss sie aber davon in Ohnmacht gefallen sein, da ist eine kräftige Quetschung. Soll das heißen, dass ihr wisst, wer das ist?«

»Wir denken schon«, sagte Rooth. »Vor zwei Monaten, ist das richtig?«

»Plus minus ein paar Wochen«, sagte Meusse. »Übermorgen bekommt ihr genauere Daten.«

»Übermorgen ist Heiligabend«, informierte ihn Rooth.

»Ach, wirklich?«, Meusse wunderte sich.

»Und wie kann die Köpfung selbst abgelaufen sein?«, fragte Jung.

Meusse strich sich ein paar Mal über den kahlen Kopf, als wollte er kontrollieren, ob der noch fest saß.

»Mit dem Messer«, sagte er. »Und vermutlich einem Fleischerbeil. Nicht gerade die Werkzeuge, die ich für diese Art des Eingriffs aussuchen würde, aber offensichtlich hat es geklappt.«

»Offensichtlich«, bestätigte Rooth.

»Wie alt?«, fragte Jung.

Meusse schnaubte.

»Wenn ihr wisst, wer das ist, dann wisst ihr ja wohl auch, wie alt sie ist«, brummte er und machte sich auf den Rückweg in sein Büro.

»Double-checking«, erklärte Rooth. »Unsere Dame war an die siebzig. Könnte das stimmen?«

»Nicht schlecht«, bestätigte Meusse. »Die hier müsste zwischen fünfundsechzig und fünfundsiebzig sein, meinen ersten vorläufigen Einschätzungen zur Folge ... aber ich habe sie erst gestern Nachmittag gekriegt, deshalb will ich mich da nicht näher festlegen.«

Jung nickte. Er hatte es noch nie erlebt, dass Meusse sich genau festlegen wollte. Andererseits hatte er auch noch nie gehört, dass er falsch getippt hatte. Wenn Meusse sagte, dass der Kopf, den sie gerade angestarrt hatten, einer Frau um die siebzig gehörte, und dann dieser Frau mit einem schweren, stumpfen Gegenstand vor rund zwei Monaten auf den Schädel geschlagen wurde, ja, dann gab es zweifellos gute Gründe davon auszugehen, dass das auch so stimmte.

Und dass die betreffende Frau Else Van Eck war und keine andere.

»Jaha«, sagte Rooth, als sie aus der Rechtsmedizin kamen und ihre Mantelkragen gegen den böigen Nieselregen hochgeschlagen hatten. »Das geht ja wohl mit dem Teufel zu. Ich vermute, damit hat sich die Lage um einiges verändert.«

»Vielleicht sollten wir Münster alarmieren?«, schlug Jung vor.

»Das sollten wir sicher«, stimmte Rooth zu. »Aber ich schlage vor, dass wir uns vorher erst mal was zu futtern suchen, denn das wird bestimmt reichlich Lauferei geben, das habe ich so im Gefühl.«

»Bestimmt«, nickte Jung. »Liegt geradezu in der Luft.«

IV

30

Er wachte auf und wusste nicht, wer er war.

Es dauerte eine Sekunde oder auch nur eine halbe, aber es hatte ihn gegeben. Diesen absolut blanken Augenblick, in dem keinerlei Vergangenheit existierte. Keine Erinnerung. Keine Niederlage.

Keine Schräglagen und kein knickriges Zu-kurz-kommen.

Nicht einmal ein Name.

Eine halbe Sekunde lang. Nur ein Tropfen im großen Meer der Menschlichkeit. Dann kam alles zurück.

»Hmmmm...«, murmelte die Frau an seiner Seite. Drehte sich um und bohrte ihren Kopf noch tiefer in das Kissen. Schmiegte sich enger an ihn.

Nun ja, dachte er. Es könnte schlimmer sein. Er schaute auf die Uhr. Halb acht. Erinnerte sich an das Datum. Der erste Januar! Mein Gott, sie waren nicht vor zwei ins Bett gekommen, und danach hatten sie zwar im Bett gelegen, aber nicht...

Er schmunzelte.

Merkte, dass er schmunzelte. Das zog ungewohnt in den Wangenmuskeln, aber verdammt noch mal, es war ein Lächeln. Um halb acht Uhr nach zwei, drei Stunden Schlaf! Am ersten Tag des Jahres.

Er schob die Kissen zurecht und betrachtete sie. Ulrike Fremdli. Mit kastanienbraunem Haar, die eine Brust lugte durch einen Spalt zwischen den Decken hervor. Eine große, reife Frauenbrust mit einer Brustwarze, die bei zwei Kindern bereitgestanden hatte und die jetzt hier an einem Neujahrsmorgen zweifellos eine Botschaft von Frieden und Trost vermitteln konnte. Von Freundschaft und Verbrüderung und Liebe zwischen all den Menschen auf dieser Welt, zwischen all diesen Tropfen in diesem Meer ...

Mein Gott, dachte Van Veeteren. Ich bin ja nicht recht gescheit. Das Leben ist eine Symphonie.

Er blieb liegen und traute sich kaum zu atmen. Als würde die geringste Bewegung ausreichen, um diesen spröden Augenblick zu zerschlagen.

In so einem Moment möchte man sterben, dachte er.

Dann überfiel ihn wieder der Traum.

Sonderbar. Als hätte er nur um die Ecke gelauert und darauf gewartet, dass der Morgen sein trügerisches Netz illusorischen Glücks auswerfen würde, darauf gewartet, ihn niederzuschlagen, sobald er seine Deckung nur um wenige Dezimeter geöffnet hatte. War das nicht typisch? Nur zu typisch!

Es war ein eigenartiger Traum gewesen.

Ein dunkles, finsteres altes Schloss. Mit Gewölben und Treppen und großen, nur schwach erleuchteten Sälen. Leer und kalt, aber mit unruhig flackernden Schatten, die über die rauen Steinwände huschen. Offenbar ist es Nacht ... und scharfe Geräusche von Metall gegen Metall oder als ob jemand Messer schleife, und er hastet durch all das hindurch, von Raum zu Raum, auf der Jagd nach irgendetwas, er weiß nicht, wonach.

Er gelangt zu einer Zelle, einer ganz kleinen, an der einen Wand ein winziger Altar mit einem Madonnenrelief, direkt aus den dunklen Steinen der Wand herausgehauen, wie es scheint – vor der anderen ein schlafender Mann auf einer Pritsche. Eine dicke Rosshaardecke bis über Schultern und Kopf gezogen, dennoch weiß er, dass es Erich ist.

Sein Sohn Erich.

Sein haltloser Unglücksvogel Erich. Er zögert, und während er in der engen Türöffnung steht und nicht weiß, was er machen soll oder was von ihm erwartet wird, hört er, wie das scharfe Geräusch der Messer lauter wird, und plötzlich, plötzlich sieht er, wie einer dieser Dolche durch den Raum schwebt.

Wie er mitten in der Luft über dem Schlafenden auf der Bank hängen bleibt. Ein großer, kräftiger Dolch, beleuchtet von schräg darauf fallenden Strahlen, glänzend und langsam kreisend, bis die Spitze der scharf geschliffenen Schneide direkt auf den Mann zeigt. Auf Erich. Auf seinen Sohn.

Er zögerte immer noch. Geht vorsichtig heran und zieht dem Schlafenden die Decke vom Kopf. Und es ist nicht Erich, der dort liegt. Es ist Münster.

Kommissar Münster, der auf der Seite liegend schläft, ganz friedlich, die Hände unter dem Kopf und nichts Böses ahnend, und Van Veeteren begreift nicht, was hier vor sich geht. Er legt die Decke zurück, genauso vorsichtig, hört Stimmen und schwere Schritte, die sich nähern, und bevor er noch den Raum verlassen und sich in Sicherheit bringen kann, wacht er auf.

»Das hört sich an wie bei Macbeth. Merkwürdig nur, dass ich so sicher war, dass Erich dort lag, und dann war es Münster.«

Ulrike Fremdli gähnte und stützte ihren Kopf auf die Hände. Schaute ihn über den Küchentisch mit einem Blick an, der fast vor Müdigkeit schielte. Ein unerhört charmantes Schielen, dachte er.

»Du bist schon ein komischer Kauz«, sagte sie.

»Blödsinn«, sagte Van Veeteren.

»Überhaupt nicht«, sagte Ulrike Fremdli und strich sich das Haar aus dem Gesicht. »Als du das erste Mal in meinem Leben auftauchst, geht es darum, dass du herausfinden willst, wer meinen Mann ermordet hat. Dann wartest du mehr als ein Jahr, bevor du wieder Kontakt mit mir aufnimmst, und jetzt sitzt du hier am Neujahrsmorgen und willst, dass ich deine Träume deute. Übrigens, es war eine schöne Nacht, wollte ich noch sagen.«

»Danke, gleichfalls«, sagte Van Veeteren und merkte, dass er wieder schmunzelte. Das schien offensichtlich zur Gewohnheit zu werden. »Nun ja, Frauen verstehen sich besser auf Träume«, rechtfertigte er sich. »Zumindest gewisse Frauen.«

»Habe ich auch immer gedacht«, sagte Ulrike Fremdli. »Das

225

heißt, im Großen und Ganzen bin ich ganz deiner Meinung, aber gerade du hast da eine Ader, die mindestens so intuitiv ist wie meine. Und dabei hatte ich gedacht, dass so ein alter Kriminaler viel handfester sein würde, aber das ist vielleicht auch nur ein Vorurteil?«

»Hm, ja«, sagte Van Veeteren. »Wir wissen ja so wenig.«

»Ach ja?«

Sie schnitt sich eine Scheibe Käse ab und kaute nachdenklich. Dann streckte sie ihren nackten Fuß unter dem Tisch vor und strich ihm damit über die Wade.

»Hm«, sagte Van Veeteren von Neuem. »Nur einen Bruchteil von dem großen Ganzen. Ich meine, was wir so wissen. Und wenn wir nicht hellhörig bleiben, wird es nur ein verdammt kleiner Bruchteil.«

»Weiter«, sagte Ulrike Fremdli.

»Tja«, sagte Van Veeteren. »Das ist natürlich eins meiner privaten Steckenpferde, weißt du, aber da du zu müde zu sein scheinst, um mir zu widersprechen, kann ich es vielleicht ein wenig ausführen ...«

Sie streckte auch noch den zweiten Fuß aus.

»Eine ganz unterwürfige Theorie übrigens«, erklärte er. »Sollte zu einer klugen Frau wie dir eigentlich passen. Einer Frau mit unterwürfigen Füßen ... nein, nein, mach weiter. Nun, lass uns also einmal annehmen, dass es eine unendliche Menge von Verbindungen, Beziehungen und Mustern in der Welt gibt und dass die Allerklügsten von uns vielleicht, na, sagen wir ein Hundertstel davon zu begreifen vermögen – und wagen! Die Trägsten ein Tausendstel ... oder ein Zehntausendstel, wie viel ich selbst kapiere, das lassen wir lieber außen vor. Das meiste davon kommt zu uns auf anderen Wegen als dem, was das so genannte westliche Denken bereit ist zuzulassen. Dieser deduktive Terror. Obwohl das hier in keiner Weise in einem Gegensatz dazu steht. Oder es bedroht. Eher im Gegenteil ... denn es muss doch einfacher sein, Dinge zu begreifen, als zu begreifen, wie wir sie begreifen. Unser Wissen von dieser Welt muss doch immer größer sein als das Wissen vom Wissen ... ja, hm, so in der Art, ungefähr. Also, wie gesagt ...«

Ulrike Fremdli überlegte einen Augenblick.

»Klingt bestechend«, sagte sie. »Aber ich bin noch nicht richtig wach.«

»Es gibt so viele Muster«, fuhr Van Veeteren fort. »Wir bekommen so viele Informationen, die in der Alltagshetze einfach an uns vorbeirauschen. Tausend Kilo Stimulanz in der Sekunde. Das können wir gar nicht verarbeiten. Das hier sind Selbstverständlichkeiten, aber das Einzige, was ich eigentlich begreife, sind ja Selbstverständlichkeiten ... das muss man nur mal zugeben.«

»Träume?«, warf Ulrike Fremdli ein.

»Zum Beispiel. Verdammt! Ein Dolch, der über Kommissar Münster schwebt! Du willst doch nicht etwa behaupten, dass das ein Zufall ist? Er ist in Gefahr, ganz klar, das kann doch ein kleines Kind sehen.«

»Aber du hast geglaubt, es wäre Erich«, bemerkte Ulrike Fremdli.

Van Veeteren seufzte.

»Erich war in der Gefahrenzone, solange ich denken kann«, sagte er. »Das wäre keine besonders große Neuheit.«
»Wie alt ist er?«

Van Veeteren war gezwungen nachzudenken.

»Sechsundzwanzig«, sagte er. »So langsam sollte ich aufhören, mir seinetwegen Sorgen zu machen.«

Ulrike schüttelte den Kopf.

»Warum solltest du das?«, fragte sie. »Das eigene Kind bleibt immer das eigene Kind. Und wenn es hundert wird.«

Van Veeteren betrachtete sie eine Weile schweigend. Spürte ihre warmen Fußsohlen an seinem Bein. Mein Gott, dachte er. Diese Frau ...

Es war erst das vierte oder fünfte Mal, dass sie eine ganze Nacht zusammen verbrachten, und jetzt, wie auch bei den früheren Gelegenheiten, musste er sich einfach fragen, warum es nicht etwas häufiger passierte. Nach allem zu urteilen, setzte er sie ja nicht gerade größeren Qualen aus. Was gab es also für einen Grund, so verdammt vorsichtig zu sein? Anmaßend wie ein Eremit. Störrisch wie ein Esel. Was ihn betraf ... ja, was ihn betraf, so litt er ja in gar keiner Weise, ganz und gar nicht.

Er schaute aus dem Fenster auf den mindestens genauso unschlüssigen Neujahrstag. In der Nacht hatte es geregnet, und Himmel und Erde schienen sich zu einem blaugrauen Licht zu vereinen, das sicher der Dunkelheit nicht lange standhalten würde. Man konnte glauben, die Sonne wäre irgendwann im November verlöscht. Er konnte sich zumindest nicht daran erinnern, sie seitdem gesehen zu haben.

»Prachtwetter«, sagte er. »Wollen wir noch eine Weile ins Bett gehen?«

»Eine gute Idee«, stimmte Ulrike Fremdli zu.

Als sie das nächste Mal aufwachten, war es zwei.

»Wann kommen deine Kinder?«, fragte er erschrocken.

»Heute Abend«, sagte sie. »Die beißen nicht.«

»Meine Sorgen gelten ausschließlich ihnen«, sagte Van Veeteren und richtete sich auf. »Ich will ihnen keinen Schock versetzen, nicht als erste Tat im neuen Jahr.«

Ulrike Fremdli drückte ihn zurück ins Bett.

»Du bleibst hier«, sagte sie. »Schließlich sind alle beide erwachsen und längst flügge geworden ... und haben schon so einiges mitgemacht.«

Van Veeteren dachte nach.

»Warum sollten wir den Alltag leben, wenn wir nur Sonntage haben können?«, fragte er listig.

Ulrike Fremdli runzelte die Stirn und setzte sich rittlings auf ihn.

»Glaube ja nicht, dass ich es so eilig habe«, sagte sie. »Aber ein Sonntag jeden zweiten Monat, das ist nun wirklich nicht genug.«

Van Veeteren streckte die Hände aus und ließ ihre schweren Brüste darin ruhen.

»Kann sein«, sagte er. »All right, ich bleibe also. Schließlich werde ich bald sechzig, da ist es wohl an der Zeit, ein wenig zur Ruhe zu kommen.«

»Das Jahr fängt ja gut an«, sagte Ulrike Fremdli.

»Könnte schlechter sein«, sagte Van Veeteren.

Aber während er im Bett lag und darauf wartete, dass sie unter der Dusche fertig war, wanderten seine Gedanken zurück zu dem nächtlichen Traum.

Erich? dachte er. Münster? Kommissar Münster?

Is this a dagger that I see before me?

Unbegreiflich.

Zumindest für jemanden, der normalerweise einen selbstverständlichen Bruchteil zu verstehen pflegte.

31

»Frohes neues Jahr«, sagte Polizeipräsident Hiller und rückte seinen Schlips zurecht. »Schön, Reinhart wieder bei uns zu sehen. Wir hoffen, dass die lange freie Zeit gut getan hat.«

»Danke, ja«, sagte Reinhart. »Doch, es war ganz erträglich. Aber ich begreife nicht, warum ich mich auch noch um diesen Fall kümmern soll. Ihr wirkt doch eigentlich vollzählig. Oder könnte es sein, dass ihr euch festgefahren habt?«

»Hm«, sagte Hiller. »Ich glaube, wir überlassen es Kommissar Münster, zu berichten, wie es sich mit der Sache verhält.«

Münster holte seinen Notizblock heraus und schaute sich am Tisch um. Reinhart hatte zweifellos Recht. Plötzlich waren reichlich Leute am Fall dran. Er selbst. Rooth und Heinemann. Jung und Moreno. Und jetzt auch noch Reinhart. Hiller gar nicht eingerechnet natürlich.

»Ich schlage vor, dass wir die Entwicklung des Falls seit dem ersten Fund in Weylers Wald durchgehen«, begann Münster. »Ist auch nicht schlecht, wenn wir einen kleinen Überblick kriegen, und dann hat Reinhart auf jeden Fall alle Fakten parat.«

Hiller nickte aufmunternd und klickte mit seinem Weihnachtskugelschreiber.

»Es war also am 21. Dezember, da hat ein junges Mädchen, Vera Kretschke, den Kopf gefunden, versteckt in einer Plastiktüte. Es stellte sich sehr schnell heraus, dass es sich um Else Van Eck handelte, die seit Oktober verschwunden war. Ihr Mann, Arnold Van Eck, hat sie sofort identifiziert. Das Ganze war aber zu viel für ihn, und er hält sich seitdem in Majorna auf...«

»Armer Teufel«, sagte Rooth.

»Er scheint seit einer Woche nicht mehr den Mund aufgemacht zu haben«, sagte Moreno.

»In den darauf folgenden elf Tagen haben wir weitere drei Tüten gefunden«, fuhr Münster fort, »aber bis jetzt ist sie immer noch nicht komplett, wenn man so will. Es fehlt immer noch das linke Bein und ein Teil vom Hintern... die Beckenpartie, um genau zu sein. Zwei Tüten wahrscheinlich. Zwölf Mann suchen immer noch, aber das ist natürlich keine einfache Aufgabe, auch wenn wir davon ausgehen, dass alles in Weylers Wald zu finden sein müsste. Übrigens war nichts eingegraben, der Mörder hat sich damit begnügt, alles so gut er konnte mit Laub, Zweigen und so weiter zuzudecken.«

»Er hatte wohl keinen Spaten dabei«, sagte Rooth.

»Nachlässiger Typ.«

»Gut möglich«, sagte Münster. »Laut Meusse war sie jedenfalls seit ungefähr zwei Monaten tot, es gibt also nichts, was dagegen spricht, dass sie genau an dem Abend ermordet wurde, an dem sie verschwand... am 29. Oktober oder jedenfalls kurz danach. Die Zerlegung ist eigentlich gar nicht so schlecht gemacht worden – ich zitiere Meusse –, sie könnte von einer Person vorgenommen worden sein, die eine gewisse Ahnung vom Fach hat, meint er, aber das Werkzeug ist von etwas schlechter Qualität. Ein ganz normales, ziemlich stumpfes Fleischermesser oder Ähnliches. Plus wahrscheinlich ein Fleischerbeil. Die Todesursache selbst war wahrscheinlich ein kräftiger Schlag mit einem schweren Gegenstand gegen den Kopf. Das Scheitelbein ist deutlich zerbrochen, es haben sich Knochensplitter ins Gehirn gebohrt, aber höchstwahrscheinlich hat der Täter außerdem die Halsschlagader geöffnet, bevor er mit dem Zerteilen angefangen hat ... hmm. Was die Plastiktüten betrifft, die für die Verpackung benutzt wurden, so ist das ein sehr gängiges Fabrikat, das in sieben von zehn Geschäften und Großmärkten von der Rolle gekauft werden kann. Das Einzige, worauf hingewiesen werden kann, ist die Tatsache, dass sie gelb waren. Es gibt dunkelgrüne von der gleichen Art, und die wären ja zweifellos vorzuziehen gewesen, wenn man Wert darauf legte, dass sie nicht so schnell entdeckt werden.«

»Wahrscheinlich hatte er keine anderen zu Hause«, sagte Rooth.

»Es kann so einfach gewesen sein«, stimmte Münster zu. »Sämtliche bis jetzt gefundenen Körperteile waren nackt. Keine Kleidungsstücke, keine anderen Details, die als Leitfaden dienen können. Fingerabdrücke sind schon im Hinblick auf den langen Zeitraum, der inzwischen verstrichen ist, ausgeschlossen.«

Er machte eine Pause und schaute sich am Tisch um.

»Keine große Hilfe, selbst wenn wir noch die anderen Teile finden«, sagte Jung.

»Nein«, stimmte Rooth zu. »Anscheinend nicht. Aber trotzdem ist es nicht witzig, mit einem Puzzle dazusitzen, bei dem zwei Teile fehlen.«

»Es ist sowieso kein besonders witziges Puzzle«, bemerkte Moreno.

»Scheint nicht so«, nickte Reinhart. »Welchen Verdacht habt ihr?«

Es blieb einige Sekunden lang still, abgesehen vom Kugelschreiberklicken des Polizeichefs.

»Lasst mich noch kurz die übrigen Einsätze referieren«, fuhr Münster fort, »dann können wir vielleicht hinterher ein wenig spekulieren. Wir haben mit einer ganzen Reihe von Leuten geredet, in erster Linie mit den Nachbarn in dem betreffenden Haus – Verwandte und Freunde waren ziemlich dünn gesät –, aber wenn wir das Ganze zusammenfassen wollen, dann haben wir alles in allem nicht viel herausgekriegt. Frau Van Eck verschwand am Mittwochabend, dem 29. Oktober, während ihr Ehemann bei einem Kurs in Riitmeeterska war. Sie wurde das letzte Mal kurz nach sechs Uhr abends gesehen, einer der Nachbarn glaubt, sie gegen sieben in ihrer Wohnung gehört zu haben, und sie war verschwunden, als Arnold Van Eck um acht Uhr nach Hause gekommen ist. Es gibt niemanden, der darüber hinaus noch mit Informationen zu dem Fall dienen könnte.«

»Kann es einer von ihnen gewesen sein?«, wollte Reinhart wissen. »Ich meine, von den Nachbarn? Und ist es sicher, dass wirklich sie es war, da in der Wohnung um sieben?«

»Es kann natürlich einer der anderen im Haus gewesen sein«, stellte Münster fest. »Hypothetisch zumindest. Ich glaube, am besten diskutieren wir die Sache weiter, wenn wir sie mit dem anderen Fall gekoppelt haben, mit Waldemar Leverkuhn. Was die Frage betrifft, wer dort in der Wohnung herumrumorte, so kann das natürlich irgendeiner gewesen sein.«

»Beispielsweise der Mörder?«, fragte Reinhart.

»Zum Beispiel der Mörder«, bestätigte Münster.

»Und diese Leverkuhns?«, wollte Reinhart wissen.

Münster seufzte und blätterte um.

»Ja, ich weiß nicht«, sagte er. »Oberflächlich betrachtet sieht es ja glasklar aus ...«

»Es gibt Oberflächen, die sind glasklar und gleichzeitig sehr dünn«, sagte Reinhart. »Ich habe einiges in der Zeitung darüber gelesen, aber die schreiben ja, was sie wollen.«

»Fang von vorn an«, bat der Polizeichef.

»Samstag, der 25. Oktober«, sagte Münster. »Da fängt alles an. Frau Leverkuhn kommt nach Hause und findet ihren Mann erstochen im Bett. Wir legen los mit unseren Ermittlungen, und nach zehn Tagen ruft sie an und gesteht, dass sie es getan hat. In einem Anfall von Wut. Wir vernehmen sie gründlich eine Woche lang, und dann meinen Staatsanwalt und wir, dass es reicht. Tja, danach geht alles seinen gewohnten Gang, die Verhandlung fängt Anfang Dezember an und ist nach drei, vier Tagen zu Ende. Keine Besonderheiten; die Anklage plädiert auf Mord, die Verteidigung auf Totschlag. Während sie auf das Urteil wartet, erhängt sie sich am Sonntag, dem 21., in ihrer Zelle ... mit Hilfe zusammengeflochtener Bettlakenstreifen, die sie an einem Rohrhaken in einer Zellenecke befestigen kann ... tja, darüber sind ja schon viele Meinungen geäußert worden, vielleicht müssen wir das hier nicht noch mal tun. Sie hat einen Brief hinterlassen, in dem steht, dass sie beschlossen hat, sich beim Gedanken an die Umstände das Leben zu nehmen.«

»Die Umstände?«, fragte Reinhart. »Welche verdammten Umstände denn?«

»Dass sie ihren Mann getötet hat, und dass sie nichts mehr zu erwarten hat, abgesehen von mehreren Jahren hinter Gittern«, ergänzte Moreno.

»Es fällt wohl kaum schwer, ihr Motiv zu verstehen«, erklärte Münster. »Aber es fällt schwer zu erklären, warum sie so lange gewartet hat. Hat sich festnehmen, anklagen und vor den Richterstuhl zerren lassen, bevor sie die Sache in die Hand genommen hat.«

»Hat sie was darüber in ihrem Brief geschrieben?«, wollte Reinhart wissen.

Münster schüttelte den Kopf.

»Nein. Es waren nur ein paar Zeilen, und man kann natürlich in so einer Situation keine große Logik erwarten. Sie muss psychisch ziemlich am Ende gewesen sein und so ein Beschluss erfordert ja auch eine gewisse Zeit ... vermute ich mal.«

»Denke ich auch«, sagte Rooth. Heinemann räusperte sich und legte seine Brille auf den Tisch.

»Ich habe mit einer Frau geredet, die Regine Svendsen heißt«, begann er nachdenklich. »Eine frühere Arbeitskollegin von Frau Leverkuhn. Ich habe mit ihr genau über diese psychologischen Aspekte geredet, also, sie schien sie ganz gut gekannt zu haben ... bis vor ein paar Jahren zumindest. Es ist natürlich schwer, irgendwelche Schlüsse zu ziehen, was diese Dinge betrifft, sie selbst hat das immer wieder betont ...«

»Und, was hat sie gesagt?«, wollte Rooth wissen. »Dieses ganze Drumherum ist uns doch scheißegal.«

»Hm«, sagte Heinemann. »Langer Rede kurzer Sinn: Angeblich war Marie-Louise Leverkuhn eine sehr starke Frau. Vollkommen in der Lage, sowohl das eine als auch das andere zu machen ... Es gab so eine Art Unbestechlichkeit bei ihr laut Frau Svendsen. Oder zumindest so was in dem Stil.«

»Jaha?«, bemerkte Münster. »Ja, offensichtlich hat sie ja in diesem Fall eine gewisse Handlungsenergie gezeigt, das ist wohl kaum zu leugnen.«

»Ihr habt nicht irgendwelche Tagebücher gefunden?«, fragte Heinemann.

»Tagebücher?«, wiederholte Münster.

»Genau«, bestätigte Heinemann. »Ich habe mit dieser Frau ja erst gestern Nacht geredet. Sie war verreist, deshalb habe ich vorher noch nicht mit ihr sprechen können. Sie behauptet jedenfalls, dass Marie-Louise Leverkuhn ihr ganzes Leben lang Tagebuch geschrieben hat, und wenn dem so ist und wir vielleicht einen Blick hineinwerfen könnten, ja, dann könnte uns das möglicherweise einige Informationen bringen!«

Einen Moment lang herrschte Schweigen, bis Hiller sich räusperte.

»Na, so was«, sagte er. »Na, da würde ich doch vorschlagen, dass ihr diese Tagebücher aufstöbert, das dürfte doch nicht so schwer sein, oder?«

Münster warf Moreno einen Blick zu.

»Wir ... wir haben natürlich Leverkuhns Wohnung durchsucht«, erklärte Moreno. »Aber wir waren nicht auf der Jagd nach Tagebüchern.«

»Laut Frau Svendsen müsste es sich um acht, zehn Stück handeln«, sagte Heinemann. »Sie hat sie gesehen, aber natürlich nie darin gelesen. Ganz normale schwarze Hefte offenbar. Immer für drei, vier Jahre eins ... vermutlich nur kurze Notizen.«

»Das wären dann nicht mehr als dreißig Jahre«, sagte Reinhart. »Ich dachte, sie wäre älter?«

Heinemann zuckte mit den Schultern.

»Frag mich nicht«, sagte er. »Jedenfalls dachte ich, diese Information könnte von Interesse sein.«

Münster machte sich Notizen und dachte nach, aber er kam zu keinem entscheidenden Entschluss, bevor der Polizeipräsident wieder das Kommando übernahm.

»Fahrt hin und sucht!«, befahl er. »Durchsucht diese ganze verdammte Wohnung und holt sie euch. Sie ist doch wohl immer noch versiegelt, wie ich hoffe?«

»Selbstverständlich«, seufzte Münster. »Selbstverständlich. Ich glaube jedenfalls nicht, dass sie in der Untersuchungshaft irgendein Notizheft bei sich hatte ... aber sie kann auf ihre alten Tage ja damit Schluss gemacht haben. Wie lange ist es her, dass diese Regine Svendsen Kontakt mit ihr hatte?«

»Ungefähr fünf Jahre«, sagte Heinemann. »Sie haben bei Lippmann's zusammen gearbeitet.«

Reinhart hatte seit ein paar Minuten dagesessen und seine Pfeife gestopft. Jetzt schob er sie sich in den Mund, lehnte sich zurück und faltete die Hände im Nacken.

»Und der Zusammenhang?«, fragte er. »Wie war es mit diesem Detail? Und gab es da nicht noch einen, der sich in die Nesseln gesetzt hat?«

Münster seufzte wieder.

»Vollkommen richtig«, erklärte er. »Wir haben einen gewissen Felix Bonger, der auch noch verschwunden ist. Einer von Leverkuhns Kumpanen. Er ist seit der Nacht, in der Leverkuhn ermordet wurde, nicht mehr gesehen worden.«

Aber jetzt reichte es dem Polizeichef. Er ließ Reinharts Tabakoperationen aus den Augen und klopfte nachdrücklich mit dem Kugelschreiber auf den Tisch.

»Jetzt hört mal einen Moment zu«, forderte er. »Ihr müsst euch doch verflucht noch mal entscheiden, ob diese Fälle nun zusammenhängen oder nicht, außerdem dachte ich, das hättet ihr schon längst. Gibt es überhaupt irgendetwas – überhaupt irgendetwas! –, das dafür spricht, dass Leverkuhns und Frau Van Ecks Tod etwas miteinander zu tun haben?«

»Tja«, sagte Münster, »zumindest ist es nicht gerade üblich, dass zwei Menschen im gleichen Haus mit nur wenigen Tagen Abstand ermordet werden, und ...«

»Ich betrachte den Fall Leverkuhn für abgeschlossen!«, unterbrach ihn Hiller. »Zumindest solange nichts absolut Neues auftaucht. Was ihr jetzt zu tun habt, das ist, den Mörder von Else Van Eck zu finden ... und, wenn Frau Leverkuhn sie auch beseitigt hat, von mir aus gern.«

»Elegante Lösung«, sagte Reinhart. »Der Polizeipräsident sollte zur Polizei gehen.«

Hiller verlor für einen Moment den Faden, fuhr dann aber mit unverminderter Autorität fort:

»Was diese Gestalt Bonger betrifft, so ist er also verschwunden, und ich gehe davon aus, dass wir die gleichen routinemäßigen Suchmeldungen nach ihm veröffentlicht haben, wie wir es auch in jedem anderen Fall tun ... routinemäßige Fahndung also.« Er schaute auf die Uhr. »Außerdem habe ich in fünf Minuten einen Termin.«

»Vielleicht könnten wir dann eine Rauchpause machen?«, fragte Reinhart. »Ich denke, es ist an der Zeit.«

»Möchte vorher noch jemand etwas sagen?«, fragte Münster diplomatisch.

»Ich persönlich brauche erst mal eine Tasse Kaffee«, sagte Rooth.

»Der Kommissar sieht etwas müde aus«, sagte Moreno und schloss die Tür.

»Was wohl daran liegt, dass ich etwas müde bin«, erwiderte Münster. »Sollte eigentlich sieben Tage frei haben über die Feiertage, sind aber nur zweieinhalb geworden.«

»Nicht so witzig, wenn man eine Familie hat.«

Münster verzog das Gesicht.

»O doch, eine Familie zu haben ist wirklich witzig. Nur so verdammt viel zu arbeiten, das ist nicht witzig. Man verliert sozusagen unterwegs seine Seele.«

Moreno setzte sich ihm gegenüber und wartete auf die Fortsetzung.

»Und selbst?«, fragte Münster stattdessen.

»Sonderbar«, sagte Moreno nach einer kurzen Pause.

»Sonderbar?«

Sie lachte auf.

»Ja, sonderbar. Obwohl, eigentlich auch gut. Ist ein seelenloser Kommissar in der Lage zuzuhören? Es dauert nur eine halbe Minute.«

Münster nickte.

»Also, Claus ist ja aus New York zurückgekommen, trotz allem«, erklärte Moreno, während sie vorsichtig versuchte, einen kleinen Kaffeefleck auf ihrer blassgelben Jacke mit dem Nagel wegzukratzen. »Ich hatte sofort das Gefühl, dass er sich irgendwie verändert hatte ... ich glaube, ich konnte es direkt sehen. Begriff nicht, was es war, aber gestern rückte er damit heraus. Er hat eine andere.«

»Was?«, rief Münster. »Was zum Teufel ...?«

»Ja. Vor nicht einmal einem Monat war er dazu bereit, sich meinetwegen das Leben zu nehmen, und jetzt hat er ein neues, knackfrisches Verhältnis. Er hat sie in einem Restaurant in Greenwich Village kennen gelernt, sie sind mit dem gleichen Flugzeug zurückgeflogen, und ganz offensichtlich haben sie sich gesucht und gefunden. Sie heißt Brigitte und ist Redaktionssekretärin beim Fernsehen. Tja, Männer!«

»Stopp«, sagte Münster. »Nun schere bitte schön nicht alle über einen Kamm! Ich weigere mich, meine Person dieser Art von ... von Pfadfindermanier unterzuordnen.«

Moreno lachte kurz. Hörte dann auf zu kratzen und betrachtete den Fleck, der immer noch an der gleichen Stelle saß.

»Okay«, sagte sie. »Ich weiß. Wie dem auch sei, ich finde es gut, auch wenn es ein kleines bisschen sonderbar ist, wie gesagt. Wollen wir jetzt den Geschlechterkampf verlassen?«

»Gern«, sagte Münster. »Ich habe selbst im Augenblick mehr als genug davon.«

Moreno schaute etwas mitleidig, sagte aber nichts. Münster trank einen Schluck aus der Dose Selters, die auf seinem Tisch stand, und versuchte ein Rülpsen zu unterdrücken, musste aber trotzdem aufstoßen. Auf diese nach innen gewandte, höfliche Art, die einem die Tränen in die Augen treibt.

»Der Fall Leverkuhn«, sagte er dann und holte tief Luft. »Bist du bereit?«

»Ja. Ich bin bereit.«

»Dritter Akt. Oder ist es schon der vierte? Die Einteilung ist jedenfalls klar, zumindest in groben Zügen. Rooth und Jung leiten die Tagebuchsuche bei Leverkuhns. Reinhart und Heinemann übernehmen Van Eck. Du und ich, wir haben eher freie Hand. Übrigens kümmere ich mich erst mal nicht drum, was Hiller als erledigt und nicht erledigt ansieht. Ich persönlich denke, ich werde noch mal eine Runde bei Leverkuhns Kindern drehen ... bei allen dreien, denke ich.«

»Einschließlich der eingesperrten Tochter?«, fragte Moreno.

»Jawohl!«, antwortete Münster.

Auf Morenos Stirn zeigte sich eine Falte.

»Glaubst du, dass es Marie-Louise Leverkuhn war, die auch die Van Ecksche beiseite geschafft hat?«

Münster antwortete nicht sofort. Er blätterte ein wenig lustlos in den Papieren auf dem Schreibtisch. Kippte den Rest Selters in sich hinein und warf die Dose in den Papierkorb.

»Ich weiß nicht«, sagte er. »Sie hat es ja hartnäckig bestritten, und warum sollte sie das tun, wo sie doch schon ihren Mann umgebracht hat? Und dann noch sich selbst. Welches Motiv sollte sie dafür haben?«

»Frag mich nicht«, sagte Moreno. »Aber du glaubst, dass alles miteinander zusammenhängt?«

»Ja«, sagte Münster. »Das glaube ich. Ich weiß zwar nicht wie, aber das will ich verflucht noch mal rauskriegen.«

Er hörte selbst, von wie viel Müdigkeit der letzte Satz sprach, und konnte Moreno ansehen, dass auch sie es gehört hatte. Sie betrachtete ihn einen Moment lang, während die Falte auf ihrer Stirn stehen blieb und sie vermutlich nach tröstenden Worten suchte. Aber sie fand keine. Ich wünschte, sie würde einfach um den Tisch kommen und mich in den Arm nehmen, dachte Münster und schloss die Augen. Oder wir würden uns ausziehen und miteinander ins Bett gehen.

Aber nichts dergleichen geschah.

32

»Hallo?«

»Ja, hallo«, sagte Jung. »Mein Name ist Jung von der Kriminalpolizei in Maardam. Spreche ich mit Emmeline von Post?«

»Ja, ja, natürlich. Guten Tag.«

»Ich habe nur eine kurze Frage, vielleicht können wir sie gleich am Telefon klären?«

»Aber gern mein Lieber, worum geht es denn?«

»Um Marie-Louise Leverkuhn. Wir sind sozusagen dabei, den Fall abzuschließen, und wir würden gern in allen Details eine gewisse Ordnung haben...«

»Ich verstehe«, sagte Emmeline von Post.

Das tust du überhaupt nicht, dachte Jung. Aber das ist ja auch nicht Sinn der Sache.

»Hat Frau Leverkuhn Tagebuch geschrieben?«, fragte er.

Es entstanden einige Sekunden verwunderten Schweigens, bevor Frau von Post antwortete.

»Ja, natürlich. Sie hat immer Tagebuch geschrieben... Warum um alles in der Welt wollen Sie das denn wissen?«

»Reine Routine«, sagte Jung.

»Ja, so, aha... es ist so schrecklich, das alles.«

»Wirklich schrecklich«, bestätigte Jung. »War das eine alte Gewohnheit? Ich meine, dass sie Tagebuch geschrieben hat?«

»Ich denke schon«, sagte Emmeline von Post. »Ja, sie hat das schon gemacht, als wir noch zusammen zur Handelsschule gingen. Nicht direkt Tagebuch, sie hat nur ein paar Mal im Monat was reingeschrieben... um die Situation irgendwie zusammenzufassen, ja, ich weiß es auch nicht so genau.«

»Haben Sie manchmal darüber geredet?«

»Nein.«

»Sie haben nie etwas von dem gelesen, was sie geschrieben hat?«

»Nie.«

»Aber Sie haben die Tagebücher gesehen?«

»Ja«, sagte Emmeline von Post. »Ein paar Mal... natürlich

haben wir auch einige Male darüber geredet, aber das war ihre private Angelegenheit, und ich hatte damit nichts zu tun.«

»Wie sehen sie aus?«, fragte Jung.

»Entschuldigung?«

»Die Tagebücher. Was glauben Sie, wie viele es gibt, und wie sehen sie aus?«

Emmeline von Post dachte eine Weile nach.

»Wie viele es waren, das weiß ich nicht«, sagte sie, »aber ich glaube schon, dass sie sie aufbewahrt hat. Zehn, zwölf Stück vielleicht ... ja, so ganz normale Schreibhefte mit einem weichen Umschlag, die man überall kaufen kann. Schwarze, weiche Umschläge ... oder blaue, solche habe ich jedenfalls mal gesehen. Vielleicht hatte sie noch mehr, übrigens, ich glaube nicht, dass sie sie ihrem Mann gezeigt hat. Aber ... aber ich verstehe nicht, warum Sie danach fragen. Ist das wichtig?«

»Nein, nein«, antwortete Jung beruhigend. »Nur ein Detail, wie schon gesagt. Übrigens, können Sie sich daran erinnern, ob sie so ein Buch bei sich hatte in den Tagen, als sie bei Ihnen gewohnt hat? Damals im Oktober, meine ich?«

»Nein ... nein, das glaube ich nicht. Jedenfalls habe ich keins gesehen.«

»Vielen Dank, Frau von Post. Das war alles. Entschuldigen Sie bitte die Störung.«

»Aber ich bitte Sie«, sagte Emmeline von Post. »Da ist doch nichts zu entschuldigen.«

»Rooth von der Kriminalpolizei in Maardam«, sagte Rooth.

»Ich habe keine Zeit«, sagte Mauritz Leverkuhn.

»Warum gehen Sie dann ans Telefon?«, fragte Rooth. »Wenn Sie keine Zeit haben?«

Zwei Sekunden lang blieb es still.

»Es hätte ja was Wichtiges sein können«, erwiderte Mauritz Leverkuhn.

»Es ist was Wichtiges«, widersprach Rooth. »Hat Ihre Mutter Tagebuch geschrieben?«

Mauritz Leverkuhn nieste direkt in den Hörer.

»Gesundheit«, sagte Rooth und trocknete sich das Ohr ab.

»Tagebuch!«, brauste Mauritz Leverkuhn auf. »Was zum Teufel geht Sie das an? Und warum schnüffeln Sie immer noch hier herum? Uns reicht es mit Ihrem Herumgewühle, können Sie uns nicht endlich in Ruhe lassen? Außerdem bin ich krank.«

»Das höre ich«, sagte Rooth. »Hat sie Tagebuch geschrieben?«

Eine ganze Weile war nichts anderes zu hören als Mauritz Leverkuhns schweres Atmen. Rooth war klar, dass er überlegte, ob er gleich den Hörer auflegen sollte oder nicht.

»Nun hören Sie mal zu«, sagte er schließlich. »Ich liege jetzt schon seit zwei Tagen mit Grippe im Bett. Neununddreißig Grad Fieber. Ich habe wirklich keine Lust, noch weiter mit Ihnen herumzusabbeln. Das habe ich schon mehr als genug getan. Mein Vater und auch meine Mutter, beide sind tot, ich kapiere nicht, warum die Polizei sich nicht langsam um was anderes kümmert, statt uns weiterhin zu nerven.«

»Sie nehmen wohl Penicillin?«, fragte Rooth freundlich, aber die einzige Antwort, die er erhielt, war ein deutliches und entschiedenes Klicken in der Leitung.

Rooth legte auf. Stinkstiefel, dachte er. Ich hoffe, du liegst noch ein paar Wochen krank danieder.

»Sind Sie wirklich der Meinung?«, fragte Heinemann. »Dass die Polizei sich Ihnen gegenüber unkorrekt verhalten hat?«

»Was?«, meinte Ruben Engel.

»Dass Sie unnötigerweise belästigt worden sind«, erklärte Heinemann. »Dann sollten Sie nämlich Anzeige erstatten.«

»Ja ... ja, wirklich?«, sagte Engel.

»Es gibt dafür sogar ein eigenes Formular. Wenn Sie möchten, kann ich veranlassen, dass es Ihnen geschickt wird.«

»Emh ... das ist nicht nötig«, sagte Engel. »Aber zum Teufel noch mal, kommt endlich zum Ende, damit wir wieder Ruhe und Frieden im Haus haben.«

»Das ist etwas verzwickt«, erklärte Heinemann und schaute

sich mit der Brille auf der Nasenspitze in der verräucherten Küche um. »Solche Mordermittlungen sind oft komplizierter, als die Leute sich das im Allgemeinen vorstellen. Es gibt eine Unmenge von Aspekten, die man berücksichtigen muss. Wirklich. Was trinken Sie da?«

»Wieso?«, fragte Engel. »Äh ... nur einen kleinen Weingrog ... um etwas Wärme in den Körper zu kriegen. Es zieht hier so verdammt in der Wohnung.«

»Ja, ach so«, sagte Heinemann. »Dann will ich auch mal nicht länger stören. Wissen Sie, ob Frau Mathisen nebenan zu Hause ist?«

Engel schaute auf seine Uhr.

»Sie kommt immer so gegen fünf Uhr nach Hause«, sagte er. »Wenn Sie Glück haben ...«

»Wir werden sehen«, sagte Heinemann. »Und wie dem auch sei, entschuldigen Sie bitte mein Eindringen.«

»Ach, wenn's weiter nichts ist«, sagte Ruben Engel. »Übrigens, das Bumspaar ist am Ausziehen.«

»Wie bitte?«, fragte Heinemann nach.

»Das Paar unter mir. Die haben bestimmt was Besseres gefunden. Die ziehen aus.«

»Ach, wirklich?«, wunderte Heinemann sich. »Davon wussten wir gar nichts. Vielen Dank für die Information.«

»Bitte, bitte«, sagte Engel.

Die Begräbniszeremonie für Marie-Louise Leverkuhn fand in einem Seitenchor der Keymerkirche statt, und außer dem Pfarrer und dem Beerdigungsunternehmer waren noch vier Personen anwesend, ausnahmslos Frauen.

Direkt neben dem Sarg, einer einfachen Sache aus Holz- und Hartfaserplatten, der aber während der Zeremonie von einer grünen Decke verdeckt war, die den Mangel gnädig verdeckte, saß Ruth Leverkuhn in ihrer Eigenschaft als nächste Angehörige. Hinter ihr die anderen drei: ganz links Emmeline von Post, in der Mitte eine blasse Frau ungefähr im gleichen Alter, die, soweit Münster und Moreno verstanden, identisch war mit der

Regine Svendsen, die Inspektor Heinemann die Informationen über die Tagebücher gegeben hatte. Ganz rechts eine ziemlich große, gut gekleidete Frau so um die fünfundvierzig, von der weder Moreno noch Münster die geringste Ahnung hatten, wer es sein könnte.

Sie selbst hatten sich strategisch günstig im Mittelschiff platziert, saßen dort in der harten, hellgebeizten Kirchenbank und blätterten verstohlen in ihren Gesangbüchern, während sie diskret das einfache Ritual fünfzehn Meter entfernt observierten.

»Wer ist die jüngere Frau?«, flüsterte Münster.

Moreno schüttelte den Kopf.

»Keine Ahnung. Warum ist der Sohn nicht da?«

»Krank«, erklärte Münster. »Behauptet er jedenfalls. Rooth hat heute Morgen mit ihm telefoniert.«

»Hm«, sagte Moreno. »Dann gibt's wohl kein Gespräch mit ihm heute. Soll ich es einfach wagen und die Dame hinterher ansprechen? Sie muss ja in irgendeiner Weise zur Familie gehören.«

»Kann natürlich auch so eine Begräbnishyäne sein«, warnte Münster. »Davon gibt es alle möglichen Sorten. Aber hör dich mal um. Ich werde zusehen, ob ich ein Wort mit der Tochter wechseln kann.«

Er spürte, dass er gern hier saß, eng an Ewa Moreno in der schmalen Bank gedrückt und mit ihr flüsternd. Ihr so dicht ins Ohr flüsternd, dass ihr Haar sein Gesicht streifte.

Rede weiter, lieber Pfarrer, dachte er.

Sorge dafür, dass die Zeremonie möglichst weit in die Länge gezogen wird, es macht überhaupt nichts, wenn du den ganzen Nachmittag redest.

Bin ich von allen guten Geistern verlassen? dachte er dann. Und das, obwohl er mit dem Gesangbuch in der Hand in der Kirche saß.

»Das macht nichts«, sagte die Frau, die Lene Bauer hieß. »Gar nichts, ich habe selbst ein paar Mal daran gedacht, Sie anzurufen, aber irgendwie bin ich dann doch nie dazu gekommen ... ja, eigentlich habe ich auch gar nicht so viel zu sagen, wenn man es genau nimmt.«

Auf Lene Bauers eigenen Vorschlag hin hatten sie sich in einer abgetrennten Ecke in der Rügers Bar am Wiijsenweg schräg gegenüber der Kirche niedergelassen. Moreno hatte sofort Sympathie für diese Frau empfunden, die laut eigenen Angaben einen Tag von ihrer Arbeit in der Bibliothek Linzhuisen freigenommen hatte, um an der Beerdigung teilnehmen zu können. Ihre Beziehung zu Marie-Louise Leverkuhn war nicht besonders eng. Lene Bauers Mutter und Frau Leverkuhn waren Cousinen gewesen, aber in den letzten zwanzig, fünfundzwanzig Jahren hatten sie insgesamt keinen großen Kontakt gehabt.

Dennoch hatte Lene Bauer natürlich die Sache in den Zeitungen und im Fernsehen verfolgt, und es hatte auch ein paar Jahre in den Sechzigern gegeben, wo sie wirklich engeren Kontakt miteinander gehabt hatten.

»Die Sommerferien am Meer«, erklärte sie. »In Lejnice, Oosterbrügge und so. Es war billiger, wenn man sich zusammentat, nehme ich an. Meine Mutter und Marie-Louise und dann wir Kinder. Ich und Ruth, Irene und Mauritz ... aber meistens habe ich mit Ruth gespielt, wir waren ja genau im gleichen Alter. Die Väter, meiner und Waldemar, kamen nur abends und übers Wochenende raus ... ja, so ungefähr ist es gelaufen.«

»Sie haben hinterher nicht mehr den Kontakt mit den Kindern aufrechterhalten?«, fragte Moreno.

»Nein«, bestätigte Lene Bauer und sah ein wenig schuldbewusst aus. »Ein paar Briefe an Ruth Anfang der Siebziger, aber ich habe früh geheiratet und hatte andere Dinge im Kopf. Eigene Kinder und so. Außerdem habe ich mehrere Jahre lang in Borghejm gewohnt.«

Moreno dachte nach. Sie nippte an dem Wein, den sie bestellt hatten, und überlegte, wie sie weitermachen sollte. Es schien zweifellos so, als habe diese Frau hier etwas auf dem Herzen, was sie erzählen wollte, was aber vielleicht nicht ans Tageslicht kommen würde, wenn sie nicht die richtigen Fragen stellte.

Oder war das nur Einbildung? Zweifelhafte weibliche Intuition? Schwer zu sagen.

»Wie gefiel es Ihnen damals in den Sommerferien?«, fragte sie vorsichtig. »Wie oft waren Sie überhaupt zusammen weg?«

»Drei oder vier Mal«, sagte Lene Bauer. »Ich kann mich nicht mehr genau erinnern. Jedes Mal ein paar Wochen. Ich war jedenfalls zwischen zehn und fünfzehn. Wir haben die Beatles gehört, Ruth hatte ein Tonbandgerät. Doch, es gefiel mir ganz gut, abgesehen von Mauritz.«

»Ach?«, sagte Moreno und wartete.

Lene Bauer trank ein wenig Wein und zögerte eine Weile, bevor sie fortfuhr.

»Er war so schrecklich anhänglich«, sagte sie. »Eigentlich hätte er einem Leid tun müssen, als einziger Junge zwischen drei Mädchen. Und dann auch noch jünger, aber es war einfach nicht auszuhalten, wie er sich an seine Schwestern klammerte, vor allem an Irene. Sie hatte keine Sekunde Ruhe vor ihm, und sie wehrte sich auch nie. Tobte mit ihm herum, baute ihm eine Sandburg, malte Bilder und las ihm Märchen vor, wenn er abends einschlafen sollte. Stundenlang... Ruth und ich, wir hielten uns etwas abseits und überließen Irene die Verantwortung, aber ich weiß, dass ich so meine Probleme mit Mauritz hatte. Und nie haben sie ihm etwas gesagt, und nie war er auch nur ein bisschen dankbar. Eine Nervensäge und Heulsuse war er ganz einfach.«

»Hm«, sagte Moreno. »Und das wollten Sie mir erzählen, nicht wahr?«

Lene Bauer zuckte leicht mit den Schultern.

»Ich weiß nicht«, sagte sie. »Ich musste jetzt einfach wieder an sie denken, als ich von diesen schrecklichen Geschehnissen gehört habe. Ich konnte es gar nicht fassen.«

»Natürlich«, sagte Moreno. »Ich nehme an, dass es ein Schock für Sie war.«

»Zwei«, korrigierte Lene Bauer. »Zuerst der Mord. Und

dann, dass sie es war, die es getan hat. Sie muss ihn ja sehr gehasst haben.«

Moreno nickte.

»Höchstwahrscheinlich. Hatten Sie eine Vorstellung von ihrem Verhältnis zueinander? Ich meine damals, vor dreißig Jahren?«

»Nein«, sagte Lene Bauer. »Ich habe jetzt im Nachhinein darüber nachgedacht, aber damals war ich ja noch ein Kind. Ich hatte keine Begriffe für solche Sachen, und außerdem habe ich Waldemar kaum zu Gesicht bekommen. Er tauchte nur ein paar Mal dort draußen auf ... nein, ich weiß es wirklich nicht.«

»Sie erinnern sich in erster Linie an die Kinder?«

Lene Bauer seufzte und holte eine Zigarette aus ihrer Handtasche hervor.

»Ja. Und dann an Irenes Unglück. Irgendwie hatte ich immer das Gefühl, als müsste das zusammenhängen. Ihr übergroßes Schutzbedürfnis Mauritz gegenüber und ihre Krankheit, meine ich ... da stimmte irgendwas nicht, aber es ist natürlich leicht, darüber zu spekulieren. Es geschah fast übergangslos, wenn ich es richtig verstanden habe. War erst gute zwanzig. Keine Ahnung, worum es eigentlich ging. Es war ja damals schon Jahre her, dass ich sie gesehen hatte. Man kann ja nur raten, und das bringt natürlich nicht besonders viel ... es ist so einfach, hinterher immer alles besser zu wissen.«

Sie schwieg. Moreno betrachtete sie, während sie ein Feuerzeug herausholte und die Zigarette anzündete.

»Sie wissen, dass Ruth lesbisch ist?«, fragte die Inspektorin, in erster Linie, weil sie nicht so recht wusste, wie sie das Gespräch fortsetzen sollte. Lene Bauer sog kräftig an ihrer Zigarette und nickte langsam mehrmals.

»Doch, ja«, sagte sie. »Aber es gibt so viele Gründe, das zu werden. Oder?«

Moreno hatte Schwierigkeiten, diese Antwort zu interpretieren. Hatte diese elegante Frau einen Hang in die gleiche Richtung? Hatte sie die Nase voll von den Kerlen? Sie trank von ihrem Wein und überlegte, und sah schließlich ein, dass sie ziemlich weit abgeschweift war von dem, um das es eigentlich ging.

Aber worum ging es eigentlich?

Zweifellos eine gute Frage. Aber von etwas, das einer Antwort auch nur ihm entferntesten ähnelte, sah sie nicht den blassesten Schimmer. Zumindest im Augenblick nicht.

Es war wie immer. Manchmal, wenn man mitten in den Ermittlungen steckte, schien es, als könnte man den Wald vor lauter Bäumen nicht sehen. Das Einzige, was dann half, war natürlich, zu versuchen, einen Berg oder eine Anhöhe zu finden, auf die man klettern konnte, um sich ein wenig Überblick zu verschaffen. Ein bisschen Distanz.

Sie spürte, dass Lene Bauer auf eine Fortsetzung wartete, aber es war schwierig, den richtigen Faden zu finden.

»Ihre Mutter?«, fragte sie aufs Geratewohl. »Ist sie noch am Leben?«

»Nein«, sagte Lene Bauer. »Sie starb bereits 1980. An Krebs. Aber ich glaube, sie hatte in den letzten Jahren ebenfalls kaum noch Kontakt zu den Leverkuhns. Mein Vater ist im Sommer gestorben. Aber er kannte sie noch weniger.«

Moreno nickte und trank den restlichen Wein aus. Dann beschloss sie, dass es nun genug war. Sie bedankte sich bei Lene Bauer für deren Entgegenkommen und bat, wieder mit ihr in Kontakt treten zu dürfen, falls etwas auftauchen würde, für das man vielleicht ihre Hilfe bräuchte.

Lene Bauer überreichte ihr eine Karte und erklärte, dass die Polizei sie jederzeit gern anrufen könnte.

Schön, dass es Menschen gibt, die in diesem Fall auch mal ein bisschen Willen zur Zusammenarbeit zeigen, dachte Moreno, als sie Rügers verlassen hatten. Sie waren nicht gerade reichlich gesät gewesen. Eher spärlich.

Was jedoch Lene Bauers Beitrag eigentlich in einem größeren Zusammenhang wert sein könnte, ja, das vermochte sie nur schwerlich zu sagen. Zumindest im Augenblick, wie gesagt. Mitten im Dickicht – das alles andere als spärlich erschien.

Vielleicht sollte ich meine Metaphern mal überprüfen, stellte Inspektorin Moreno etwas irritiert fest.

Ein andermal, nicht jetzt. Sie kletterte in ihr Auto und dachte, dass sie sich im Moment nichts sehnlicher wünschte, als die Sache mit Kommissar Münster zu diskutieren. Am liebsten in dieser flüsternden Art und Weise, in die sie am Vormittag in der Kirche verfallen waren, aber das war vielleicht etwas zu viel verlangt.

Reichlich zu viel wahrscheinlich. Sie startete den Wagen. Am besten verschob sie das Gespräch auf den morgigen Tag. Sicherheitshalber.

Nach diesen Überlegungen fuhr Moreno nach Hause in ihre momentane Wohnstätte und dachte den ganzen Abend lang über den Begriff Geschlechterkampf nach.

33

Gemeinsam mit den Polizeibeamten Klempje und Dillinger durchsuchten Rooth und Jung die Leverkuhnsche Wohnung im Kolderweg vier lange Stunden lang am Dienstag nach Frau Leverkuhns Beerdigung.

Das Ganze wäre wahrscheinlich ganz ohne Polizisten viel schneller gegangen, stellte Jung hinterher fest. Dillinger gelang es nämlich vor lauter Übereifer, einen Badezimmerschrank herunterzureißen, der sicher schon mehrere Jahrzehnte lang fest an seinem Platz gesessen hatte (da aber keiner der Wohnungsinhaber mehr am Leben war, ging Rooth davon aus, dass es keine größeren Probleme hinsichtlich des Schadenersatzes geben würde), und Klempjes ansehnlicher Leibesumfang stand die meiste Zeit im Weg – bis Jung es leid war und ihm den ausdrücklichen Befehl gab, hinaufzugehen und sich den Dachboden anzusehen.

»Aj, aj, Käptn«, sagte Klempje. Salutierte und verschwand die Treppe hinauf. Als Jung eine Weile später hinaufstieg, um zu kontrollieren, wie die Arbeit vorangeschritten war, stellte sich heraus, dass er sich mit Hilfe des Bolzenschneiders in Frau Mathisens gut gefüllten Vorratsraum vorgearbeitet hatte und es ihm gelungen war, den größten Teil des Inhalts auf dem schmalen Flur davor zu verteilen. Und das war nicht gerade wenig. Jung holte Dillinger, gab allen beiden noch genauere Instruktionen, und eineinhalb Stunden später kamen die beiden wieder herunter und lieferten ihren Rapport ab (wobei Klempje übrigens verdächtig gut ausgeschlafen aussah): Es hatten sich keine Tagebücher gefunden, weder in Mathisens noch in Leverkuhns Vorräten.

So sicher wie das Amen in der Kirche und die Huren in Zwille. Kein einziges Notizblatt, und damit war die Sache erledigt.

Jung seufzte und stellte fest, dass man das Gleiche leider auch von der Wohnung sagen konnte.

»Scheißjob«, sagte Rooth, als er die Tür wieder schloss. »Ich habe Hunger.«

»Du hast Probleme mit dem Metabolismus«, sagte Jung.

»Was ist das?«, fragte Klempje und gähnte, dass seine Nackenknochen knackten. »Ich habe Hunger.«

Jung seufzte wieder.

»Aber vielleicht hat das was zu bedeuten. Wenn man es mal genauer betrachtet.«

»Was meinst du damit?«, fragte Rooth.

»Verstehst du das nicht?«

»Nein«, sagte Rooth. »Nun spann mich nicht länger auf die Folter. Ich kann es kaum noch aushalten.«

Jung schnaubte.

»Bestimmte Bullen kann man mit einem Brötchen bestechen«, sagte er. »Ja, wenn sie nun wirklich Tagebücher geschrieben hat, diese Frau Leverkuhn, und sie hat verschwinden lassen, dann muss das doch bedeuten, dass in ihnen was Interessantes drin stand. Etwas, von dem sie nicht wollte, dass es jemand liest. Oder?«

Rooth dachte darüber nach, bis sie am Auto angekommen waren.

»Blödsinn«, sagte er. »Das ist nur normal. Wer zum Teufel will denn jede Menge Tagebücher von sich der Nachwelt hinterlassen? Egal, was da nun drin steht. Ich jedenfalls nicht. Das bedeutet überhaupt nichts.«

Jung sah ein, dass da vermutlich was dran war, aber er fand, das war noch lange kein Grund, es zuzugeben.

»Ich wusste gar nicht, dass du schreiben kannst«, sagte er stattdessen.

»Logo kann er das«, sagte Klempje und bohrte sich in der Nase. »Und was für einen Quatsch.«

Wieder zurück in der Polizeizentrale führten Jung und Rooth ein Gespräch mit Inspektor Fuller unten im Untersuchungsgefängnis, aus dem mit aller nur zu wünschenden Deutlichkeit hervorging, dass Marie-Louise Leverkuhn sich während ihrer sechs Wochen, die sie in Zelle Nummer 12 zugebracht hatte, in keiner Weise irgendwann dem Tagebuchschreiben gewidmet hatte. Das konnte Fuller bei seiner Tugend beschwören, wie er behauptete.

Um auch alle Möglichkeiten auszuschöpfen, überprüften sie die Sache noch einmal bei den Wachleuten und dem schläfrigen Pfarrer, und der Bescheid war von allen gleichermaßen eindeutig. Auch wenn keine weiteren Tugenden mehr ins Spiel gebracht wurden.

Es gab keine Tagebücher. Ganz einfach.

»Nun ja«, sagte Rooth. »Dann wissen wir also das. Scheint in dieser witzigen Lotterie nur Nieten zu geben.«

Gerade als Münster nach Hause gehen wollte, rief Reinhart an.

»Hast du eine Viertelstunde Zeit?«

»Ja, aber nicht viel mehr«, sagte Münster. »Kommst du zu mir?«

»Komm du lieber zu mir«, sagte Reinhart. »Dann kann ich in aller Ruhe rauchen. Da gibt es einiges, über das ich mich wundere.«

»Ich bin in zwei Minuten bei dir«, sagte Münster.

Reinhart stand am Fenster und starrte auf den Schneeregen, als Münster hereinkam.

»Ich erinnere mich, dass der Hauptkommissar den Januar immer als den schlimmsten aller Monate bezeichnete. Ich muss sagen, ich bin da ganz seiner Meinung. Heute haben wir erst den siebten, und ich habe das Gefühl, er würde schon seit einer Ewigkeit andauern.«

»Das kann nicht zufällig was damit zu tun haben, dass du gerade erst wieder angefangen hast zu arbeiten?«, gab Münster zu bedenken.

»Kann ich mir nicht denken«, sagte Reinhart und zündete seine Pfeife an. »Nun, also, ich habe da so ein paar theoretische Fragen.«

»Prima«, nickte Münster. »Ich bin das Praktische schon richtig leid.«

Reinhart ließ sich hinter seinem Schreibtisch nieder, drehte den Stuhl und legte die Füße in das dritte Bord im Bücherregal, wo sich genau für diesen Zweck eine Lücke befand.

»Glaubst du, dass sie unschuldig ist?«, fragte er.

Münster betrachtete den Niederschlag draußen fünf Sekunden lang, bevor er antwortete.

»Schon möglich«, sagte er.

»Warum sollte sie gestehen, wenn sie es nicht getan hat?«

»Da gibt es so einige Varianten.«

»Und welche?«

Münster dachte nach.

»Na ja, genau genommen eine.«

»Eine Variante?«, sagte Reinhart, »das nenne ich Vielfalt.«

»Ist ja auch egal«, sagte Münster. »Vielleicht ist es dann eben Einfalt, aber könnte ja sein, dass sie jemanden geschützt hat … oder dass sie gedacht hat, sie würde es tun. Aber das sind natürlich nur Spekulationen.«

»Und wen sollte sie schützen wollen?«

Das Telefon klingelte, Reinhart drückte jedoch nur auf einen Knopf und schaltete es damit ab.

»Das versteht sich ja von ganz allein«, sagte Münster etwas

verärgert. »Ich habe mir das wieder und wieder durch den Kopf gehen lassen, aber wir haben nichts, was dafür spricht. Überhaupt nichts.«

Reinhart nickte und biss auf den Pfeifenstiel.

»Und dann haben wir da Frau Van Eck«, fuhr Münster fort. »Und noch diesen verfluchten Bonger. Das macht das Bild etwas komplizierter, findest du nicht?«

»Sicher«, bestätigte Reinhart. »Ganz bestimmt. Ich habe heute versucht, mit dem armen Ehemann in Majorna zu reden. Da ist offensichtlich nicht mehr viel Feuer vorhanden ... nun ja, was willst du jetzt machen? Ich meine, ganz konkret.«

Münster lehnte sich zurück und wippte auf seinem Stuhl.

»Dem einfältigen Gedankengang folgen«, sagte er, nachdem er eine Weile überlegt hatte. »Um zumindest zu sehen, wie weit er reicht. Ich muss noch mal ein bisschen herumfahren, nur eins von den Geschwistern ist zur Beerdigung gekommen, da konnten wir also nicht viel ausrichten ... außerdem nützt es nicht besonders viel, sich auf die Trauernden zu stürzen, sobald sie aus der Kirche kommen.«

»Stimmt«, sagte Reinhart. »Wann fährst du?«

»Morgen«, sagte Münster. »Die wohnen ziemlich weit im Norden, das wird vielleicht eine Sache von zwei Tagen.«

Reinhart dachte eine Weile nach. Dann nahm er seine Füße aus dem Bücherregal und legte seine Pfeife hin.

»Das ist doch wirklich eine verdammt merkwürdige Geschichte, nicht wahr?«, sagte er. »Und ziemlich unwitzig.«

»Stimmt«, sagte Münster. »Aber vielleicht ist alles auch nur ein Zufall. Schließlich sind schon mehr als zwei Monate vergangen, und erst jetzt kann ich auch nur die Spur eines Motivs wittern.«

»Hm«, überlegte Reinhart. »Else Van Eck eingeschlossen?«

»Ich weiß nicht so recht«, sagte Münster. »Das ist bis jetzt noch eine verdammt flüchtige Witterung.«

Plötzlich begann Reinhart laut zu lachen.

»Hol's der Teufel«, sagte er. »Jetzt klingst du schon wie der Hauptkommissar. Wirst du langsam alt?«

»Uralt«, bestätigte Münster. »Meine Kinder werden bald glauben, dass ich ihr Großvater bin, wenn ich nicht schnell eine Woche frei kriege.«

»Frei, ja«, seufzte Reinhart und bekam einen ganz verträumten Blick. »Nein, was soll's, jetzt gehen wir nach Hause. Dann sehen wir uns also in ein paar Tagen. Halte uns auf dem Laufenden.«

»Ja, natürlich«, sagte Münster und öffnete die Tür des Zimmers von Kommissar Reinhart.

34

Er nahm sich an diesem Morgen eine Stunde extra Zeit. Machte die Betten, wusch ab, fuhr Marieke in den Kindergarten und verließ Maardam gegen zehn Uhr. Ein diagonal fallender, peitschender Regen fegte vom Meer her über die Stadt, und er war dankbar, dass er zumindest in einem Auto mit einem Dach über dem Kopf saß.

Ansonsten bestand seine Reisebegleitung in erster Linie aus einer schweren Müdigkeit, und erst nachdem er zwei Tassen schwarzen Kaffee an einer Tankstelle an der Autobahn getrunken hatte, fühlte er sich einigermaßen wach und klar im Kopf. Van Veeteren pflegte immer zu sagen, nichts sei besser als eine längere Autofahrt – in einsamer Erhabenheit –, wenn es darum ginge, verworrene Gedankenknäuel zu entwirren, und als Münster startete, hegte er die vage Hoffnung, dass es auch in seinem Fall klappen könnte.

Denn es gab da einiges, was er in Angriff nehmen musste. So einige Knäuel, keine Frage.

Zuerst einmal Synn. Seine schöne Synn. Er hatte gehofft, dass sie am vergangenen Abend, nachdem die Kinder im Bett waren, ein ordentliches Gespräch würden führen können, aber dazu war es nicht gekommen. Es war zu gar nichts gekommen. Synn hatte sich auf ihre Seite gelegt und das Licht schon gelöscht, bevor er überhaupt im Bett war, und als er später etwas zögerlich versucht hatte, mit ihr Kontakt aufzunehmen, war sie bereits eingeschlafen gewesen.

Oder hatte so getan, als würde sie schlafen, das konnte er nicht genau sagen. Er selbst hatte bis nach zwei Uhr wach gelegen und sich schlecht gefühlt, und als er endlich einschlief, träumte er auch noch von Ewa Moreno. Es war wie verhext.

Geht es zu Ende?, überlegte Münster, als er ins Hochland bei Wissbork gekommen war. Lief es so ab, wenn man sich auseinander lebte?

Er wusste es nicht. Wie, zum Teufel, sollte er es auch wissen?

Man hat nur sein eigenes Leben, dachte er. Nur dieses eine. Alle Vergleiche sind willkürlich und neunmalklug. Synn war einmalig, er selbst war einmalig, ihre Familien und ihre Beziehungen ebenso. Es gab keine Richtlinien. Nichts, wonach man sich richten konnte. Nur Gefühle und Intuition. Zum Teufel auch.

Ich will es gar nicht wissen, dachte er plötzlich. Will gar nicht wissen, was die Zukunft bringt. Besser, man ist einfach blind und hofft auf das Beste.

Aber in einer Sache hatte Synn auf jeden Fall Recht, das konnte sogar ein erschöpfter Kriminalkommissar erkennen. So wie jetzt konnte es einfach nicht weitergehen. Weder ihr Leben noch das Leben der anderen. Wenn es nicht gelänge, die Bedingungen zu verändern, etwas Radikales mit den Umständen und Zuständen zu machen, dann war es ... ja, dann war es, als säße man in einem Zug, der sich langsam, aber unerbittlich seiner Endstation näherte, wo man nur noch aussteigen und jeder seiner Wege gehen konnte. Ob man nun wollte oder nicht.

Hat sie genauso ein schlechtes Gewissen wie ich?, überlegte er in einem hastigen, unsicheren Moment.

Oder war dieser Aspekt auch von den Geschlechterrollen bestimmt? War es vielleicht auch ein Hieb gegen sein bohrendes schlechtes Gewissen, wenn man es einmal näher betrachtete: diese ruhige, weibliche Sicherheit, die offenbar durch nichts zu erschüttern war und die er nie begreifen würde.

Die er jedoch liebte.

Hol's der Teufel, dachte Münster. Je mehr ich darüber grüble, umso weniger begreife ich.

Er war mehr als hundert Kilometer gefahren, bevor er seine Gedanken seinem Job und seinem Vorhaben zuwandte.
Dem Fall Leverkuhn.
Dem Fall Leverkuhn – Bonger – Van Eck.
Er rechnete nach und kam zu dem Schluss, dass es jetzt mehr als zehn Wochen her war, seit er sich damit befasste. Zwar hatten die Ermittlungen den größten Teil der Zeit geruht, wenn man ehrlich war, während Frau Leverkuhn in Untersuchungshaft saß und solange man nicht die geringste Spur von Else Van Eck gefunden hatte.

Aber dann hatten sich die Ereignisse in der Woche vor Weihnachten wieder überschlagen. Marie-Louise Leverkuhns Selbstmord und der Fund draußen in Weylers Wald.

Als hätte alles nur darauf gewartet, ihm seinen Weihnachtsurlaub zu sabotieren, stellte er mit düsteren Gedanken fest. Und ihm damit die Chance zu nehmen, diesen verfluchten Niedergang im Privaten zu stoppen. Sicher, es waren danach noch andere Dinge aufgetaucht – alles Zeitungsenten, wie Rooth es ausgedrückt hatte.

Diese Tagebuchhinweise zum Beispiel. Gegeben hatte es sie jedenfalls, die Tagebücher, die Sache war klar, aber ob er wirklich irgendwann erfahren würde, was in ihnen gestanden hatte (falls es überhaupt etwas von Wert gewesen war), ja, das war vermutlich eine vermessene Hoffnung.

Dann dieser Bericht dieser weitläufigen Verwandten, um ein anderes Beispiel zu nehmen. Über die Familienverhältnisse draußen am Meer in ein paar Sommerwochen in den Sechzigern. Was hatte der eigentlich für eine Bedeutung?

Oder das gestrige Gespräch mit Reinhart. Ohne wirklich intensiv in die Ermittlungen eingebunden zu sein, schien er die gleichen Gedankengänge wie Münster zu verfolgen, aber vielleicht war auch gar nichts anderes zu erwarten gewesen. Reinhart hatte schon oft mehr Durchblick als die meisten gezeigt.

Und dann das Gespräch mit der ganz und gar nicht charmanten Ruth Leverkuhn nach der Beerdigung. Sicher, es hatte nicht viel gebracht. Schade, dass er noch nicht gewusst hatte, was Lene Bauer erzählen würde, als er die Tochter gesprochen hatte. Es wäre zumindest interessant gewesen, ihren Kommentar dazu zu hören.

Doch, es gab zweifellos einige Durchbrüche.

Oder Fallgruben, wenn man sich Rooths Pessimismus anschließen wollte.

Apropos Durchbrüche, auch das Gespräch mit Van Veeteren am gestrigen Abend ging ihm nicht aus dem Sinn. Der Hauptkommissar hatte gegen neun Uhr angerufen, um sich über den Stand der Ermittlungen zu erkundigen. Was er eigentlich genau auf dem Herzen hatte, daraus wurde Münster nicht ganz schlau. Er hatte gebrummelt und in Rätseln gesprochen, fast wie früher, wenn sich etwas zusammenbraute. Münster war ihm entgegengekommen und hatte ihm von seinen Plänen erzählt, und Van Veeteren hatte ihn gebeten, vorsichtig zu sein. Hatte ihn geradezu gewarnt, aber weitere Einzelheiten oder gute Ratschläge waren nicht aus ihm herauszuholen gewesen.

Sonderbar! Ob er auf dem Weg zurück war? War er das Antiquariatsleben leid?

Unmöglich zu erraten, stellte Münster fest. Wie so oft, wenn es um Van Veeteren ging.

Und im Kolderweg war das Paar Menakdise-de Booning dabei, auszuziehen. Die Bumsmaschinen! Oder *la Rouge et le Noir*, wie Moreno sie etwas romantischer getauft hatte. Warum?

Warum gerade jetzt? Manchmal schien es fast, als würde sich das ganze Haus nach und nach leeren. Die Leverkuhns waren weg. Das Hausmeisterehepaar ebenso – zumindest solange Arnold Van Eck noch in Majorna war. Und jetzt die beiden jungen Leute. Nur Frau Mathisen und der alte Engel waren noch da.

Zum Teufel, dachte Münster. Was geht da vor?

Um ein Uhr hatte er immer noch eine Stunde Fahrzeit vor sich, und er beschloss, zu Mittag zu essen. Bog gleich nördlich von Saaren von der Autobahn ab und begab sich in einen dieser postmodernen Rastbunker für den postmodernen Autofahrer. Während er an seinem Fenstertisch saß – mit Blick auf den Regen, den Parkplatz und vier entwicklungsgestörte Lärchenbäume – beschloss er, ein wenig Systematik in seine Gedankengänge zu bringen. Er schlug eine neue Seite in seinem Notizblock auf und schrieb alles nieder, worüber er in der letzten Stunde im Auto nachgedacht hatte. In Tabellenform. Während er anschließend dasaß und sein zähes Schnitzel kaute, hatte er die Liste vor sich liegen. Er wollte sehen, ob es möglich war, aus ihr irgendwelche neuen, kühnen Schlüsse zu ziehen. Oder zumindest alte, vorsichtige, es gab noch fünf Zentimeter Platz auf der Seite, dort wollte er seine Schlussfolgerungen notieren.

Als er fertig gegessen hatte, waren diese Zentimeter immer noch weiß, aber einer Sache war er, wenn auch aus irgendeinem abstrusen Grund, doch sicher. Einer einzigen:

Er war auf dem richtigen Weg.

Ziemlich sicher. Die blinde Schildkröte näherte sich dem Schneeball.

Es herrschte fast Sturm in Frigge. Als Münster auf dem runden, offenen Platz vor dem Hauptbahnhof aus seinem Wagen stieg, war er gezwungen, sich gegen den Wind zu stemmen, um überhaupt vorwärts zu kommen. Im Bahnhof bekam er von einer ungewöhnlich entgegenkommenden jungen Frau am Fahrkartenschalter einen Stadtplan und eine Wegbeschreibung. Er bedankte sich für ihre Mühe, und sie erklärte ihm mit einem warmen Lächeln, dass ihr Mann auch bei der Polizei arbeite und dass sie wusste, wie es dort war.

Da sieht man es mal wieder, dachte Münster. Die Welt ist voll von verständnisvollen Polizistenehefrauen.

Danach ging er zurück in den Sturm, diesmal ziemlich nach hinten gekrümmt. Er setzte sich wieder ins Auto und schaute sich die Informationen an, die er bekommen hatte. Nach allem zu urteilen, wohnte Mauritz Leverkuhn in einem Vorort. Einzelhäuser und Reihenhäuser und nur vereinzelte Wohnblocks wahrscheinlich. So sah es jedenfalls aus. Er schaute auf seine

Uhr. Es war noch nicht einmal halb vier, aber wenn Mauritz Leverkuhn, wie er selbst angegeben hatte, immer noch Grippe hatte, gab es keinen Grund, davon auszugehen, dass er nicht zu Hause war.

Vorher anzurufen, um einen Termin zu verabreden, war nicht geplant. Ganz und gar nicht, dachte Münster. Wenn man den Stier bei den Hörnern packen will, ist es kaum ratsam, ihn vorher um Erlaubnis zu bitten.

Das Viertel hieß Gochtshuuis. Es lag im äußersten Westen der Stadt. Er startete sein Auto und fuhr vom Marktplatz herunter.

Es dauerte eine gute Viertelstunde, bis er es gefunden hatte. Ein ziemlich trübseliges Siebzigerjahreprojekt mit niedrigen Reihenhäusern an einem Kanal und einem schütteren Waldstreifen, der zur sumpfigen flachen Ebene und zum Meer hin bepflanzt worden war. Vermutlich als Windschutz. Die Bäume bogen sich alle gemeinsam nach Osten hin. Mauritz Leverkuhns Haus lag ganz außen, wo die Straße mit einem Briefkasten, einem Schrottplatz und einer Wendeschleife für die Busse endete.

Betongrau. Zwei Stockwerke hoch, zehn Meter breit und mit einem pathetischen, klitschnassen Rasenfleck auf der Vorderseite. Und wahrscheinlich einem ebensolchen auf der Rückseite zum Waldstreifen hin. Die Dämmerung kündigte sich bereits an, und Münster sah, dass in zwei Fenstern Licht war. Aha, dachte er und stieg aus dem Auto.

Wenn Kommissar Münster daran gedacht hätte, sein Telefon mit aus dem Auto zu nehmen, als er zu Mittag aß, hätte er wahrscheinlich die Gelegenheit gehabt, auch die letzten, leeren Zeilen auf der Seite seines Notizblocks zu füllen.

Zwar nicht mit irgendwelchen Schlussfolgerungen, aber mit einem weiteren Punkt auf der Liste neuer Ereignisse in diesem Fall.

Denn es war irgendwann kurz nach halb zwei, als Inspektor

Rooth vergeblich versuchte ihn zu erreichen, um ihm vom letzten Fund in Weylers Wald zu berichten. Dass man später nicht mehr versuchte, ihn noch einmal ans Telefon zu bekommen, ist zum Teil der Tatsache zuzuschreiben, dass man das in der allgemeinen Aufregung vergaß, die eine direkte Folge des Funds war – und zum anderen Teil der Tatsache, dass man sich trotz allem nicht so recht klar darüber war, welche große Bedeutung der Fund eigentlich haben würde.

Wenn überhaupt eine. Was war eigentlich passiert? Nachdem die übliche ein Dutzend Mann starke Suchtruppe ungefähr eine Stunde nach der Morgendämmerung draußen in dem inzwischen ziemlich zertrampelten Waldgebiet gesucht hatte, war sie auf die Überreste von Else Van Ecks so genannten Intimteilen gestoßen sowie auf ein Beckenteil, ein Stück Rückgrat und zwei reichlich große Pobacken in verhältnismäßig gutem Zustand. Wie immer war alles notdürftig in eine blassgelbe Plastiktüte verpackt gewesen und ebenso notdürftig in einem zugewachsenen Graben versteckt worden. Innere Organe wie Darm, Magen, Leber und Nieren waren entfernt worden, aber was den Fund so viel interessanter machte als die bisherigen, das war, dass man bereits, als man die ganze Pracht auf einem Arbeitstisch in der Gerichtsmedizin ausgepackt hatte, entdeckte, dass ein Stück Papier aus einer der vielen Falten hervorragte, die sich logischerweise bei einer Frau von Frau Van Ecks Umfang befanden.

Es war zwar nicht groß, aber immerhin. Doktor Meusse selbst war es, der vorsichtig einen Teil des auseinander fallenden Fleisches anhob und den Fetzen heil herausholte.

Kein Grund zum Jubeln, wie der Doktor meinte, aber immerhin etwas. Ein schmutziges kleines Stück Papier in der Größe und Form einer zweidimensionalen Banane ungefähr. Verfärbt von Blut und anderem, aber trotzdem konnte kein Zweifel daran bestehen, dass es sich um einen kleinen Teil einer Zeitschriftenseite handelte.

Meusse sah umgehend die Wichtigkeit des Funds ein und ließ ihn sofort mit einem Kurier zum Gerichtschemischen Labor im gleichen Viertel transportieren. Rooth und Reinhart erfuhren sogleich von der Neuigkeit und verbrachten danach größere Teile des Nachmittags in der Gerichtsmedizin – wenn sie damit auch nicht das Ergebnis der Analysen beschleunigen konnten, so blieben sie doch zumindest über die Fortschritte informiert. Es wäre natürlich ebenso gut möglich gewesen, an einem Telefon auf die Ergebnisse zu warten, aber weder Rooth noch Reinhart hatten Sinn dafür. Zumindest nicht an diesem Tag.

Das Resultat kam denn stückweise ans Tageslicht, vom Chef selbst, Kommissar Mulder, dem unjovialsten Menschen, dem Rooth jemals begegnet war, mit aller wissenschaftlichen Umständlichkeit vorgetragen.

Nach einer Stunde beispielsweise stand endlich fest, dass es sich wirklich um eine Zeitschriftenseite handelte. Das wissen wir doch schon lange, du bebrillter Angeber, dachte Rooth, aber er sagte es nicht.

Fünfundvierzig Minuten später wusste man, dass die Papierqualität ziemlich hoch war, zwar keine Illustrierten- oder Magazinklasse, aber auch nicht von einer üblichen Tageszeitung im Stil des Neuwe Blatt oder der Gazette.

Mulder sprach die Namen der beiden Zeitungen in einer Art und Weise aus, die Rooth klar machte, dass er sich auch nur in der äußersten Notsituation dazu herablassen würde, sich mit einer von ihnen den Hintern abzuwischen.

»Der Herr sei gepriesen«, sagte Rooth. »Wenn es das Blatt gewesen wäre, hätten wir den Mist gleich verbrennen können.«

Ungefähr zur selben Zeit bekamen sie eine Kopie des Schnipsels. Reinhart und Rooth, und auch Moreno, die gerade dazukam, drängten sich darum und mussten feststellen, dass die Bananenform leider in vertikaler Richtung lag, wenn man so wollte, und dass man sich deshalb keinen Reim auf den Text machen konnte. Zumindest nicht auf den ersten Blick – obwohl es den Technikern gelungen war, die einzelnen Buchstaben in unerwarteter Deutlichkeit herauszuholen. Die Rückseite wurde zu neunzig Prozent von einem sehr gräulichen Schwarzweißbild bedeckt, aus dem man ebenso wenig herauslesen konnte. Zwar behauptete Rooth, dass es sich um den Querschnitt einer Schrumpfleber handeln müsste, aber er bekam von seinen Kollegen keine Unterstützung.

Kurz nach drei Uhr hatten sie mit einer vorsichtigen Einschätzung des betreffenden Schrifttyps begonnen, obwohl diese Frage wohl kaum in den Kompetenzrahmen der Gerichtsmedizin fiel, wie Mulder immer wieder betonte. Die Buchstabentypen gehörten nicht zu den üblichen drei oder vier, es war also weder Times noch Geneva, was natürlich die Möglichkeiten einer definitiven Bestimmung wieder erweiterte.

Gegen fünf Uhr schloss Kommissar Mulder den Laden für den Tag, drückte jedoch einen gewissen, wissenschaftlich zurückhaltenden Optimismus für die weitergehende Analyse am morgigen Tag aus.

»Das glaube ich wohl«, sagte Reinhart. »Aber ich hätte gern die Quote.«

»Die Quote?«, wiederholte Mulder verwundert und hob langsam eine seiner gepflegten Augenbrauen.

»Mit welcher Wahrscheinlichkeit Sie mir morgen werden sagen können, um welches Käseblatt es sich hier handelt.«

Mulder senkte seine Augenbraue.

»Achtundsechzig zu hundert«, sagte er.

»Achtundsechzig?«, wiederholte Reinhart.

»Ich habe abgerundet«, sagte Mulder.

»Einwickelpapier«, kommentierte Reinhart dann im Auto, während er Inspektorin Moreno nach Hause fuhr. »Genau wie beim Schlachter.«

»Die wickeln doch kein Fleisch in Zeitungspapier ein!«, wunderte Moreno sich. »Das habe ich noch nie erlebt.«

»Aber früher«, erklärte Reinhart. »Dafür bist du zu jung, mein Mädchen.«

Was ein Glück, dass es immer noch welche gibt, die das glauben, dachte Moreno und bedankte sich fürs Mitnehmen.

35

Er musste dreimal klingeln, bevor Mauritz Leverkuhn die Tür öffnete.

»Guten Tag«, sagte Münster. »Da bin ich wieder.«

Offensichtlich brauchte Mauritz Leverkuhn mehrere Sekunden, um sich zu erinnern, um wen es sich bei seinem Besucher handelte, und vielleicht war es dieser kurze Zeitraum, der ihn bereits von Anfang an etwas aus der Bahn brachte.

Oder es war die Krankheit. Als ihm klar geworden war, dass es wieder die Polizei war, reagierte er zumindest nicht mit seiner üblichen Aggressivität. Er schaute Münster nur aus glänzenden, fiebrigen Augen an, zuckte mit seinen hängenden Schultern und bedeutete ihm, doch hereinzukommen.

Münster hängte seine Jacke an einen Haken im Flur und folgte ihm ins Wohnzimmer. Es wirkte seltsam kalt. Wie eine Art Provisorium. Ein Sofa und zwei Sessel um einen niedrigen Kiefernholztisch. Ein teakholzartiges Bücherregal mit insgesamt vier Büchern, einem halben Meter Videobändern und einer Sammlung verschiedenster Nippessachen. Ein Fernsehapparat und eine Musikanlage aus schwarzem Plastik. Auf dem Tisch lagen eine Herrenzeitschrift und ein paar Reklameblätter, das zwei Meter lange Fensterbrett war von einem fünf Zentimeter hohen Kaktus und einer Spardose in Form einer nackten Frau geschmückt.

»Wohnen Sie allein hier?«, fragte Münster.

Mauritz Leverkuhn hatte sich auf einen der Sessel niedergelassen. Obwohl er offensichtlich immer noch krank war, war er angezogen. Weißes Hemd und blaue Hose mit Bügelfalte. Heruntergetretene Pantoffeln. Er zögerte mit der Antwort, als hätte er sich immer noch nicht entschieden, welche Haltung er einnehmen sollte.

»Ich wohne erst seit einem halben Jahr hier«, sagte er schließlich. »Wir haben uns getrennt.«

»Sie waren verheiratet?«

Mauritz Leverkuhn schüttelte mühsam den Kopf und trank

einen Schluck aus einem Glas, das vor ihm auf dem Tisch stand. Irgendetwas Weißes, Schäumendes. Münster nahm an, dass es sich um ein Vitamingetränk oder etwas Fiebersenkendes handelte.

»Nein, wir waren nur zusammen. Aber es hat nicht lange gehalten.«

»Nicht einfach das Ganze«, sagte Münster. »Dann leben Sie jetzt allein?«

»Ja«, sagte Mauritz Leverkuhn. »Aber das bin ich gewohnt. Was wollen Sie eigentlich?«

Münster zog den Block aus seiner Aktentasche. Es war natürlich nicht notwendig, sich in so einer Lage Aufzeichnungen zu machen, aber er war es gewohnt, und er wusste, dass es ihm auch eine Art von Sicherheit gab. Außerdem konnte er besser nachdenken, wenn er so tat, als würde er etwas lesen oder aufschreiben.

»Wir haben ein paar neue Erkenntnisse«, sagte er.

»Ja?«, sagte Mauritz Leverkuhn nur.

»Wenn man alles bedenkt, könnte es sein, dass Ihre Mutter unschuldig ist.«

»Unschuldig?«

Es war nichts Auffälliges in seiner Art, dieses eine Wort auszusprechen. Zumindest nicht, soweit Münster das ausmachen konnte. Nur der normale Grad der Verwunderung und des Zweifels, wie man ihn erwarten konnte.

»Ja, wir glauben, dass sie die Tat gestanden hat, um jemanden zu schützen.«

»Jemanden zu schützen?«, wiederholte Mauritz Leverkuhn. »Wen denn?«

»Das wissen wir nicht«, sagte Münster. »Haben Sie eine Idee?«

Mauritz Leverkuhn wischte sich die Stirn mit dem Hemdärmel ab.

»Nein«, sagte er. »Warum sollte sie so was tun? Das verstehe ich nicht.«

»Wenn wir davon ausgehen, dass es stimmt«, fuhr Münster

fort, »dann muss sie erfahren haben, wer Ihren Vater wirklich getötet hat, und es muss eine Person gewesen sein, die ihr in irgendeiner Weise nahe stand.«

»Ja?«, sagte Mauritz Leverkuhn.

»Kennen Sie derartige Personen?«

Mauritz Leverkuhn hustete einige Sekunden, sodass sich sein schlaffer Körper im Sessel schüttelte.

»Nein«, sagte er dann. »Ich verstehe nicht, was Sie sagen wollen. Sie hatte ja nicht viele Kontakte, das wissen Sie doch ... nein, ich kann mir das nicht vorstellen. Warum sollte sie das tun?«

»Wir sind uns ja auch nicht sicher«, sagte Münster.

»Und was sind das für neue Erkenntnisse, von denen Sie reden? Die darauf hindeuten?«

Münster studierte ein paar Sekunden seinen Block, bevor er antwortete.

»Darauf kann ich leider nicht näher eingehen«, erklärte er. »Aber es gibt da noch ein paar andere Dinge, über die ich gern mit Ihnen reden würde.«

»Was denn für Dinge?«

»Zum Beispiel Ihre Schwester«, sagte Münster. »Irene.«

Mauritz Leverkuhn stellte sein Glas unbeabsichtigt heftig hin.

»Was meinen Sie damit?«, fragte er, und jetzt endlich war eine Spur von Wut in seiner Stimme zu hören.

»Uns wurde von dem Heim, in dem sie wohnt, ein Brief geschickt.«

Das war eine grobe Lüge, aber er hatte sich für diese Variante entschieden. Manchmal war es einfach nötig, eine Abkürzung zu nehmen. Ihm fiel ein persisches Sprichwort ein, das er irgendwo mal aufgeschnappt hatte: *Eine gute Lüge geht von Bagdad nach Damaskus, während die Wahrheit noch nach ihren Sandalen sucht.*

Keine schlechte Regel, dachte Münster. Zumindest was die kurzfristigen Beschlüsse betrifft.

»Sie haben kein Recht, sie hier mit reinzuziehen«, schnaubte Mauritz Leverkuhn.

»Weiß sie, was passiert ist?«, fragte Münster.

Mauritz Leverkuhn zuckte mit den Schultern, und die Aggressivität glitt von ihm ab. »Ich weiß nicht«, sagte er. »Aber Sie müssen sie in Ruhe lassen.«

»Wir haben einen Brief bekommen«, wiederholte Münster.

»Ich verstehe nicht, warum die Ihnen schreiben sollten. Was schreiben sie denn überhaupt?«

Münster ignorierte diese Frage.

»Haben Sie viel Kontakt zu ihr?«, fragte er stattdessen.

»Man kann gar keinen Kontakt zu Irene haben«, sagte Mauritz Leverkuhn. »Sie ist krank. Sehr krank.«

»Das ist uns schon klar«, sagte Münster. »Aber das hindert Sie doch wohl nicht daran, sie ab und zu zu besuchen?«

Mauritz Leverkuhn zögerte kurz und trank aus seinem Glas.

»Ich will sie nicht sehen. Nicht so, wie sie geworden ist.«

»War sie nicht früher einmal Ihre Lieblingsschwester?«

»Das geht Sie gar nichts an«, sagte Mauritz Leverkuhn, und jetzt kam die Wut zurück. Münster beschloss, lieber eine langsamere Gangart einzulegen.

»Entschuldigung«, sagte er. »Mir ist klar, dass das schwer für Sie sein muss. Es ist auch nicht gerade lustig, hier zu sitzen und Sie auszufragen. Aber das ist mein Job.«

Keine Antwort.

»Wann waren Sie das letzte Mal bei ihr?«

Mauritz Leverkuhn schien zu überlegen, ob er die schweigsame Linie einschlagen sollte oder nicht. Er wischte sich wieder die Stirn ab und sah Münster mit einem müden Blick an.

»Ich habe Fieber«, sagte er schließlich.

»Ich weiß«, sagte Münster.

»Ich bin seit einem Jahr nicht mehr dort gewesen.«

Münster schrieb etwas auf seinen Block und überlegte.

»Seit einem Jahr nicht mehr?«

»Genau.«

»Und haben Ihre Eltern sie ab und zu besucht?«

»Ich glaube meine Mutter.«

»Ihre andere Schwester?«

»Ich weiß nicht.«

Münster machte eine Pause und schaute auf die gräulichen Wände.

»Wann haben Sie sich von dieser Frau getrennt?«, fragte er schließlich.

»Was?«, fragte Mauritz Leverkuhn.

»Von dieser Frau, mit der Sie zusammen waren.«

»Ich begreife nicht, was das für eine Rolle spielt.«

»Wären Sie so nett und würden mir trotzdem eine Antwort geben«, sagte Münster.

Mauritz Leverkuhn schloss ein paar Sekunden lang die Augen und atmete schwer.

»Joanna...«, sagte er dann und öffnete die Augen. »Ja, sie ist im Oktober weg. Hat nicht mal zwei Wochen hier gewohnt... es hat einfach nicht geklappt, wie schon gesagt.«

Im Oktober, dachte Münster. Alles passiert im Oktober.

»So was kommt vor«, sagte er.

»Ja, das stimmt«, sagte Mauritz Leverkuhn. »Ich bin müde. Ich sollte jetzt meine Medizin nehmen und mich hinlegen.«

Er nieste zweimal, als wollte er seine Aussage unterstreichen. Zog ein zerknittertes Taschentuch aus der Tasche und putzte sich die Nase. Münster wartete.

»Mir ist klar, dass Sie nicht in Form sind«, sagte er. »Ich werde Sie auch gleich in Ruhe lassen. Lene Bauer, erinnern Sie sich an sie?«

»An wen?«

»Lene. Sie hieß damals Gruijtsen. Sie haben sie während der Sommerferien am Meer getroffen. In den Sechzigern.«

»Ach, die Lene? Verdammt, da war ich doch noch ein Kind. Sie war meistens mit Ruth zusammen.«

»Aber an die Episode mit dem Geräteschuppen erinnern Sie sich noch?«

»Was für einen verdammten Geräteschuppen denn?«, schnaufte Mauritz Leverkuhn.

»In dem Sie sich versteckt haben, statt in die Schule zu gehen.«

Mauritz Leverkuhn holte zweimal tief und rasselnd Atem. »Ich habe keine Ahnung, wovon Sie reden. Nicht die geringste.«

Er nahm sich ein Zimmer in einem Hotel unten am Hafen, das ebenso heruntergekommen wirkte, wie er sich fühlte. Ging unter die Dusche und aß dann unten im Hotelrestaurant zusammen mit zwei verlebten alten Frauen und vereinzelten Teilen einer Handballmannschaft aus Oslo. Anschließend ging er zurück auf sein Zimmer und führte zwei Telefongespräche.

Zuerst mit Synn und Marieke (Bart war nicht zu Hause, es war Mittwochabend und Kino in der Schule), Marieke hatte Besuch von einer Freundin, die bei ihr schlafen sollte, und sie hatte nur kurz Zeit, ihn zu fragen, wann er denn nach Hause kommen würde. Mit seiner Ehefrau sprach er eineinhalb Minuten.

Dann Moreno. Das dauerte fast eine halbe Stunde, und warum auch nicht, es gab Gründe. Sie informierte ihn über die neu aufgetauchte Plastiktüte im Weylers Wald und die laufenden Untersuchungen hinsichtlich des kleinen Zeitungsausrisses, aber den größten Teil der Zeit sprachen sie über etwas anderes.

Hinterher konnte er sich nicht mehr genau daran erinnern, worüber eigentlich. Er schaute sich insgesamt eine Stunde lang drei verschiedene Fernsehfilme an, danach duschte er noch einmal und ging dann ins Bett. Es war noch vor elf Uhr, und als es zwei geworden war, war er immer noch nicht eingeschlafen.

36

Donnerstag, der 8. Januar, war ein verhältnismäßig klarer Tag in Maardam. Zwar ohne direkte Sonne, aber dafür auch ohne Niederschläge, außer einigen unschlüssigen Spritzern noch vor der Morgendämmerung. Sowie gut und gern fünf Grad über Null.

Richtig erträglich mit anderen Worten, und außerdem gab es da das Gefühl vorsichtigen Optimismus' und Fortschrittsglaubens, das die andauernden Anstrengungen prägte, Licht in den Fall Leverkuhn zu bringen.

Der Fall Leverkuhn – Van Eck – Bonger.

Die Berichte von der Gerichtsmedizin kamen Schlag auf Schlag. An diesem Tag begnügten sich sowohl Reinhart als auch Rooth damit, die Entwicklungen des Falls am Telefon zu verfolgen. Man wollte Kommissar Mulder schließlich nicht allzu sehr um den Bart gehen, und außerdem gab es noch genug andere Dinge, um die sie sich zu kümmern hatten.

Bereits um zehn Uhr kam der erste Bote. Neue Buchstabentypen- und Papieranalysen hatten gezeigt, dass der Van-Ecksche Papierfetzen mit größter Wahrscheinlichkeit aus einer von zwei Publikationen stammte.

Der Finanzpoost oder dem Breuwerblatt.

Ewa Moreno brauchte nur fünf Sekunden, um eine mögliche Verbindung zu Leverkuhns herzustellen.

Pixner's. Waldemar Leverkuhn hatte – wie lange war das noch her? Zehn Jahre? – in der Pixnerbrauerei gearbeitet, und das Breuwerblatt musste ja wohl eine Zeitschrift für Leute sein, die etwas mit der Bierbranche zu tun hatten. Es gab auch keinen Grund anzunehmen, dass so ein Abonnement mit der Pensionierung beendet wäre.

»Leverkuhn«, konstatierte Moreno, als sie, Reinhart, Rooth und Jung sich zur Beratung in Reinharts Zimmer versammelt hatten. »Das kommt von Leverkuhn, darauf verwette ich meine Tugend!«

»Immer langsam mit den jungen Pferden«, sagte Reinhart und hüllte sie in eine Rauchwolke. »Jetzt wollen wir mal nicht das Pferd von hinten aufzäumen, wie sie in Hollywood sagen.«

»Deine Tugend?«, sagte Jung stirnrunzelnd. »Du auch?«

»Bildlich gesprochen«, erklärte Moreno.

Nach einigen erfolgreichen Telefongesprächen hatte man zusammen, was man über die beiden Zeitschriften wissen musste. Die Finanzpoost war eine ausgeprägte Businesszeitschrift mit Wirtschaftsanalysen, Börsen-, Steuer- und Spekulationstipps. Auflage ungefähr hundertfünfundzwanzigtausend. Kam einmal die Woche heraus, wurde im Abonnement und im freien Verkauf gehandelt. Anzahl der Abonnenten in Maardam gut zehntausend.

»Verdammt bürgerliche Blase«, sagte Reinhart.

»Für die Spürhunde, die das Schicksal der Welt regieren«, sagte Rooth.

Mit dem Breuwerblatt verhielt es sich ein wenig anders. Die Publikation kam nur vierteljährlich heraus, es war eine Art Fachzeitschrift für die Angestellten in der Brauereibranche im ganzen Land. Die Auflage im letzten Jahr betrug sechzehntausendfünfhundert. Kein freier Verkauf. Verbreitung in Maardam eintausendzweihundertsechzig. Einer der Abonnenten hieß Waldemar Leverkuhn.

»Eintausendzweihundertsechzig!«, rief Rooth aus. »Wie, zum Teufel, kann es so viele Brauereiarbeiter geben?«

»Wie viele Biere trinkst du in der Woche?«, wollte Jung wissen.

»Nun ja, wenn man es so sieht ...«, gab Rooth zu.

Es wurde einhellig beschlossen, die Finanzen beiseite zu legen, um sich stattdessen der bedeutend edleren Bierproduktion zu widmen, aber bevor man damit so recht in Gang gekommen war, klopfte es an der Tür, und ein korpulenter Linguist mit Namen Winckelhübe – mit Semiotik und Textanalyse als Spezialgebiet – stellte sich vor. Reinhart erinnerte sich daran, dass er am vergangenen Abend die Universität Maardam angerufen hatte und kümmerte sich etwas widerwillig um Winckelhübe. Erklärte ihm in groben Zügen die Lage, gab ihm eine Kopie der aktuellen Zeitschriftenexpertisen, ein eigenes Zimmer sowie den Auftrag, seinen Bericht sofort abzuliefern, wenn er meinte, etwas gefunden zu haben.

Während Reinhart sich um diese Instruktionen kümmerte, nahm Moreno Kontakt zu der Redaktion des Breuwerblattes auf, die sich glücklicherweise in Reichweite draußen in Löhr befand, und nach dem wie üblich effektiven Ausrücken des jungen Krause hatte man eine halbe Stunde später die Ausgaben der letzten drei Jahre auf dem Tisch. Zwei Exemplare jeder Nummer.

»O Mann«, sagte Rooth. »Das geht ja wie bei der Eisenbahn. Man schafft es kaum noch, was zu futtern.«

Und wieder war es Rooth, der die Stelle fand.

»Hier haben wir's«, rief er laut. »Hol's der Teufel!«

»Auch ein blindes Huhn ...«, stellte Reinhart fest. Ging zu Rooth, um sich zu vergewissern.

Es gab keinen Zweifel. Der kleine Papierstreifen, der aus dem Hintern von Else Van Eck draußen im Weylers Wald herausgeragt hatte, stammte aus der Septembernummer letzten Jahres vom Breuwerblatt. Seite elf und zwölf. Ganz oben links – eine zweispaltige Notiz über eine Konferenz in Oostwerdingen zum Thema Betriebsklima. Das Foto auf der Rückseite stellte ein Stück von einem Tisch und einem Anzug dar, der zu einem Landeshäuptling gehörte, der eine Anlage in Aarlach einweihte.

»Die Sache ist klar«, sagte Reinhart.

»Glasklar«, sagte Moreno.

»Kann man deutlich sehen, dass er 'ne Schrumpfleber hat«, erklärte Rooth und betrachtete den Landeshäuptling aus der Nähe.

Dann herrschte einige Sekunden lang Schweigen.

»Waren es zwölfhundertsechzig Abonnenten?«, fragte Jung. »Dann muss es ja nicht unbedingt ...«

»Verdammter Schwarzmaler«, unterbrach ihn Rooth. »Es ist ja wohl klar, dass das von den Leverkuhns kommt. Sie hat auch die Van Eck auf dem Gewissen, darauf wette ich meine ... Ehre.«

»Bildlich gesprochen?«, fragte Moreno.

»Buchstäblich«, sagte Rooth.

Reinhart räusperte sich.

»Sicher, es verweist auf die Leverkuhns«, sagte er. »Wollen wir uns aber nicht erst mal Kaffee besorgen und das

Ganze anschließend in ein wenig geordneteren Formen diskutieren?«

»Ich bin ganz deiner Meinung«, stimmte Rooth zu.

Während des Kaffeetrinkens traf ein weiterer Rapport von der Gerichtsmedizin ein, und Reinhart hatte das ungetrübte Vergnügen, Kommissar Mulder mitzuteilen, dass man die Sache bereits in die eigenen Hände genommen hatte.

Da es ja ein wenig eilte. Falls es so war, wie man vermutete, dass es im Labor noch andere Dinge gab, um die man sich kümmern musste, so gab es jetzt keinen Hinderungsgrund mehr, sich diesen zu widmen.

»Ich verstehe«, sagte Kommissar Mulder und legte den Hörer auf.

Reinhart tat das Gleiche, zündete seine Pfeife an und schmunzelte verschmitzt.

»Wo waren wir?«, fragte er und schaute sich um.

»Verflucht!«, sagte Inspektorin Moreno.

»So redet eine richtige Frau«, sagte Rooth.

Moreno kümmerte sich nicht um ihn.

»Mir ist gerade etwas eingefallen«, sagte sie stattdessen.

»Und was?«, fragte Jung.

»Ich glaube, ich weiß, wie es abgelaufen ist«, sagte Moreno.

Donnerstag, der 8. Januar, war ein verhältnismäßig klarer Tag in Frigge. Bevor er losfuhr, konnte Münster feststellen, dass der Sturm sich im Laufe der Nacht gelegt hatte und der Morgen einen blassen und kaum bedrohlichen Himmel bot sowie eine Temperatur, die vermutlich einige Grade über Null lag.

Er fuhr kurz nach neun los, mit der gleichen Müdigkeit in den Knochen, die er die ganzen letzten Monate gespürt hatte. Fast wie einen alten Bekannten. Wenigstens ein treuer Begleiter, dachte er in herber Aufrichtigkeit.

Laut Wegbeschreibung lag das Gellnerhemmet ein Stück außerhalb der Stadt Kielno, nur dreißig, vierzig Kilometer von Kaalbringen entfernt, wo er vor ein paar Jahren im Zusammenhang mit einem viel besprochenen Axtmordfall einige Wochen verbracht hatte. Während er jetzt Richtung Osten durch die flache Landschaft fuhr, erinnerte er sich an diesen Septembermonat. Die idyllische Küstensiedlung und all die bizarren Umstände, die schließlich in der Festnahme des Täters mündeten.

Und Inspektorin Moerk. Beate Moerk. Eine andere weibliche Kollegin, der er etwas zu nahe gekommen war. War das womöglich ein Charakterfehler bei ihm? Dass er nicht die notwendige, berufsmäßige Distanz halten konnte?

Er überlegte, was sie jetzt wohl tat. Ob sie noch in Kaalbringen lebte? Ob sie immer noch allein war?

Und Bausen? Was zum Teufel machte Kommissar Bausen eigentlich? Er beschloss, Van Veeteren danach zu fragen, wenn er ihn das nächste Mal traf. Wenn es jemand wusste, dann ja wohl er.

Die Fahrt dauerte nicht mehr als eine Stunde. Das Gellnerhemmet war aus irgendeinem Grund an der großen Verkehrsstraße ausgeschildert, und es war kein Problem, dorthin zu finden. Er stellte seinen Wagen auf einem weitläufigen Parkplatz ab, der Platz für Hunderte von Autos bot, aber im Augenblick nur eine Hand voll Fahrzeuge vorzuweisen hatte. Dann folgte er einer Reihe diskreter Schilder und fand die Rezeption in einem flachen, lang gestreckten Haus oben auf einer kleinen Wiese. Die ganze Anlage schien auf einem ziemlich großen Gelände verteilt zu sein. Zwei und drei Stockwerke hohe Gebäude in Gelb und Hellgrün. Rasenflächen und reichlich Büsche und Bäume. Kleine Gehölze und ein Streifen mit Lärchenbäumen und gemischten Laubbäumen, der alles eingrenzte. Gefliesie, unregelmäßige Wege und Gruppen von Sitzgelegenheiten und kleinen Tischen. Insgesamt wirkte das Ganze äußerst friedvoll, aber er sah nicht einen einzigen Menschen hier draußen.

Im Sommer ist es wohl anders, dachte er.

Wie verabredet, traf er zunächst die Frau, mit der er schon zweimal am Telefon gesprochen hatte – die gleiche Vertrauen erweckende Pflegerin, die ihn bereits in den Anfangstagen im Oktober über Irene Leverkuhns Krankheit informiert hatte.

Sie hieß Hedda deBuuijs und war um die fünfundfünfzig. Eine kräftige, kleine Frau mit gefärbtem, eisengrauen Haar und einem warmen Lächeln, das sich anscheinend nie länger als ein paar Sekunden von ihrem Gesicht entfernte. Münster stellte sofort fest, dass der Respekt, den er ihr gegenüber bereits am Telefon empfunden hatte, in keiner Weise voreilig oder unbegründet gewesen war.

Sie gab ihm keine neuen Auskünfte oder Informationen vor seinem Treffen mit Irene Leverkuhn. Erklärte ihm nur, dass er nicht allzu viel erwarten sollte und dass sie hinterher eine Weile für ihn Zeit hätte, falls er es wünschte.

Dann klingelte sie nach einer Krankenschwester, und Münster wurde auf den Plattenwegen zu einem der gelben Gebäude ganz hinten im Park geführt.

Er wusste nicht so recht, wie er sich eigentlich sein Treffen mit Irene Leverkuhn vorgestellt hatte, wenn er sich denn überhaupt etwas vorgestellt hatte. Hinsichtlich ihrer Konstitution erinnerte sie ihn in keiner Weise an ihre übergewichtige Schwester. Eher an ihre Mutter, dünn und sehnig, wie er sie unter dem weiten, hellblauen Krankenhauskittel erahnen konnte. Etwas krumm im Rücken, mit langen, mageren Armen und einem vogelähnlichen Gesicht. Schmale Nase und bleiche, dicht zusammenstehende Augen.

Sie saß an einem Tisch in einem ziemlich großen Raum und malte mit Wasserfarben auf einem Block. An einem anderen Tisch saßen zwei andere Frauen und waren mit irgendeiner Art Batikdruck beschäftigt, soweit Münster das einschätzen konnte. Die Schwester verließ ihn, und er setzte sich Irene Leverkuhn gegenüber. Sie sah ihn einen Moment lang an, dann widmete sie sich wieder ihrer Beschäftigung. Münster stellte sich vor.

»Ich kenne Sie nicht«, sagte Irene Leverkuhn.

»Nein«, bestätigte Münster. »Aber vielleicht können Sie sich ja doch ein wenig mit mir unterhalten?«

»Ich kenne Sie nicht«, wiederholte sie.

»Haben Sie etwas dagegen, wenn ich mich hinsetze und Ihnen eine Weile beim Malen zusehe?«

»Ich kenne Sie nicht. Ich kenne alle hier.«

Münster schaute auf das Bild. Blau und Rot in breiten, zerfließenden Formen, sie benutzte zu viel Wasser, das Papier wellte sich schon. Es sah ungefähr so aus wie bei seiner eigenen Tochter, wenn sie dieser Tätigkeit nachging. Er bemerkte, dass die bereits benutzten Seiten des Blocks ebenso aussahen.

»Gefällt es Ihnen hier im Gellnerhemmet?«, fragte er.

»Ich wohne in Nummer zwölf«, sagte Irene Leverkuhn.

Ihre Stimme klang leise und vollkommen tonlos. Als spräche sie in einer Sprache, die sie selbst nicht verstand.

»Nummer zwölf?«

»Nummer zwölf. Das andere Mädchen heißt Rebecka. Ich bin auch ein Mädchen.«

»Bekommen Sie oft Besuch?«, fragte Münster.

»In Nummer dreizehn wohnen Liesen und Veronica«, sagte Irene Leverkuhn. »Liesen und Veronica. Nummer dreizehn. Ich wohne in Nummer zwölf. Rebecka wohnt auch in Nummer zwölf. Zwölf.«

Münster schluckte.

»Bekommen Sie oft Besuch von Ihrer Familie? Ihrer Mutter, Ihrem Vater und Ihren Geschwistern?«

»Ich male«, sagte Irene Leverkuhn. »Es wohnen nur Mädchen hier.«

»Ruth?«, fragte Münster. »Ist sie häufiger hier?«

»Ich kenne Sie nicht.«

»Wissen Sie, wer Mauritz ist?«

Irene Leverkuhn antwortete nicht.

»Mauritz Leverkuhn. Ihr Bruder.«

»Ich kenne alle hier«, sagte Irene Leverkuhn.

»Wie lange ist es her, dass Sie hierher gekommen sind?«, fragte Münster.

»Ich wohne in Nummer zwölf«, sagte Irene Leverkuhn.

»Gefällt es Ihnen, hier mit mir zu sitzen und sich zu unterhalten?«

»Ich kenne Sie nicht.«

»Können Sie mir sagen, wie Ihre Mutter und Ihr Vater heißen?«

»Wir stehen um acht Uhr auf«, sagte Irene Leverkuhn. »Aber wir dürfen noch bis neun liegen bleiben, wenn wir wollen. Rebecka bleibt immer bis neun liegen.«

»Wie heißen Sie?«, fragte Münster.

»Ich heiße Irene. Irene heiße ich.«

»Haben Sie Geschwister?«

»Ich male«, sagte Irene Leverkuhn. »Das mache ich jeden Tag.«

»Sie malen schön«, sagte Münster.

»Ich male rot und blau«, sagte Irene Leverkuhn.

Münster blieb noch eine Weile sitzen und sah zu, wie sie das Bild vollendete. Als sie fertig war, betrachtete sie es gar nicht. Blätterte einfach nur das Blatt auf dem Block um und begann von vorn. Sie hob nie den Blick und schaute ihn nicht an, und als er aufstand und sie verließ, schien sie sich dessen gar nicht bewusst zu sein.

Geschweige denn zu wissen, dass er überhaupt da gewesen war.

»Eines der Probleme«, bemerkte die Fürsorgerin deBuuijs, als Münster wieder in ihrem Büro saß, »ist ja gerade, dass es ihr gut geht. Vielleicht ist sie wirklich einfach nur glücklich. Sie ist sechsundvierzig Jahre alt, und, ehrlich gesagt, kann ich sie mir nicht draußen als funktionierendes Mitglied der Gesellschaft vorstellen. Oder können Sie das?«

»Ich weiß nicht so recht ...«, sagte Münster.

Fürsorgerin deBuuijs betrachtete ihn einen Moment mit ihrem üblichen freundlichen Lächeln.

»Ich weiß, was Sie denken«, sagte sie dann. »Kühe und Hühner und Schweine sind ja auch glücklich. Oder zumindest zufrieden ... bis wir sie schlachten wenigstens. Wir erwarten einfach ein wenig mehr von dem so genannten Menschenleben. Oder?«

»Stimmt«, sagte Münster. »Das tun wir wohl.«

»Irene ist nicht immer so gewesen«, fuhr deBuuijs fort. »Aber seit sie erkrankt ist, hat sie sich in ihre kleine, wohlvertraute Welt eingekapselt, doch auch schon davor hat sie sich darin nicht sicher gefühlt. Obwohl sie in den letzten Jahren, ja, seit sie hier im Gellnerhemmet ist, sich eigentlich immer so verhält, wie sie es sicher auch tat, als Sie mit ihr geredet haben.«

»In sich selbst eingekapselt?«, fragte Münster.

»So ungefähr. Aber, wie gesagt: zufrieden.«

Münster dachte eine Weile nach.

»Bekommt sie Medikamente?«

Die Fürsorgerin schüttelte den Kopf.

»Nicht mehr. Zumindest nichts Großes.«

»Irgendeine Form von ... Behandlung?«

Wieder lächelte sie.

»Dahin mussten wir ja kommen«, sagte sie. »Denn irgendwas muss doch von uns zu erwarten sein, nicht wahr? Dass wir zumindest eine Art von Würde wiederherzustellen versuchen ... doch, doch, Irene bekommt natürlich eine Therapie. Wenn sie die nicht bekäme, würde sie eines schönen Tages sozusagen ganz aufhören zu funktionieren.«

Münster wartete ab.

»Zum Teil arbeiten wir traditionell«, erklärte deBuuijs, »zum Teil experimentieren wir auch. Nicht so, dass es irgendwelche Risiken mit sich bringen würde, aber in Irenes Fall hat das unerwartet gut funktioniert ... das sagt zumindest die Therapeutin.«

»Wirklich?«, bemerkte Münster.

»Wir betreiben täglich eine Art Gesprächstherapie. In kleinen Gruppen, das machen wir mit allen Patienten. Dann haben wir noch verschiedene Therapeuten, die herkommen und individuell arbeiten. Unterschiedliche Schulen und Methoden, wir wollen uns nicht festlegen. Irene wird seit fast einem Jahr von einer jungen Frau betreut, die Clara Vermieten heißt, und ... ja, es geht offensichtlich sehr gut.«

»In welcher Beziehung?«, wollte Münster wissen.

»Das kann ich gar nicht sagen«, entschuldigte sich Hedda deBuuijs. »Sie haben jetzt eine Pause gemacht, da Clara ein Kind bekommen hat, aber sie will die Behandlung im Frühling wieder aufnehmen.«

Münster begann langsam zu überlegen, ob sie nicht eine Art As im Ärmel hatte oder ob sie nur aus reiner Höflichkeit mit ihm sprach.

»Wenn Sie daran teilhaben wollen, dann ist das kein Problem«, sagte die Fürsorgerin deBuuijs nach einer kleinen Pause. »Wo Sie doch extra so weit gefahren sind.«

»Teilhaben?«, wunderte Münster sich.

»Alle Gespräche sind auf Tonband aufgenommen. Ich selbst habe sie mir nicht angehört, aber ich habe Clara angerufen, als ich erfuhr, dass Sie kommen würden. Sie hat nichts dagegen, wenn Sie sie anhören wollen. Vorausgesetzt natürlich, Sie missbrauchen sie nicht in irgendeiner Weise.«

»Missbrauchen?«, fragte Münster. »Wie sollte ich sie missbrauchen können?«

DeBuuijs zuckte mit den Schultern.

»Ich muss mir manchmal bestimmte Floskeln zurechtlegen«, sagte sie. »Das gehört zu meinem Beruf. Geht es Ihnen nicht auch so?«

»Doch, ja«, nickte Münster. »Manchmal.«

Die Fürsorgerin stand auf.

»Ich glaube, wir verstehen einander«, sagte sie. »Folgen Sie mir, dann werde ich Ihnen ihr Zimmer zeigen. Sie können dort so lange bleiben, wie Sie wollen. Wenn Sie eine Tasse Kaffee wollen, während Sie sich die Bänder anhören, dann bringe ich Ihnen eine.«

»Danke, gern«, sagte Inspektor Münster. »Das wäre schön.«

37

»Was meinst du?«, fragte Jung. »Wie es abgelaufen ist?«

»Es ist zumindest eine Idee«, sagte Moreno. Sie biss sich auf die Lippen und zögerte ein paar Sekunden. »Erinnert ihr euch noch an den Tag, ich glaube, es war der Donnerstag, an dem Arnold Van Eck uns mitteilte, dass seine Frau verschwunden ist? Wir sind hingefahren ... nein, das waren ja nur Münster und ich. Jedenfalls sind wir am Kolderweg angekommen, um mit Van Eck zu reden. Und in der Tür haben wir Frau Leverkuhn getroffen, die dabei war, die Sachen von Waldemar auszuräumen. Sie hat Taschen und Säcke mit seinen alten Kleidern rausgeschleppt. Sie wollte in die Windermeerstraat und es der Heilsarmee übergeben ... Sie war eine ganze Weile damit beschäftigt, während wir dort waren. Das waren natürlich ... natürlich nicht nur Kleidungsstücke, die sie da rausgetragen hat.«

Rooth stoppte seine Kaffeetasse auf halbem Weg zum Mund.

»Was, zum Teufel, redest du da?«, rief er aus. »Behauptest du etwa ... behauptest du, dass sie die Van Ecksche direkt vor euren Augen rausgeschleppt hat? Zerstückelt und verpackt? Das ist ja wohl das Schlimmste ... und wer hat gerade was von einem blinden Huhn gesagt?«

»Das ist nicht möglich«, sagte Reinhart. »Oder vielleicht ja doch«, fügte er nach ein paar Sekunden hinzu, »... glaubst du wirklich, dass das stimmen könnte?«

»Ich weiß nicht«, sagte Moreno. »Was meint ihr?«

»Glauben soll man in der Kirche«, sagte Rooth. »Schließlich warst du es, die dort gewesen ist. Woher sollen wir verdammt noch mal wissen, was sie in den Taschen hatte?«

»Megastark«, sagte Jung. »Klingt total verrückt.«

Dann wurde es still im Zimmer. Moreno stand auf und begann vor dem Fenster hin und her zu gehen. Reinhart betrachtete sie, während er seine Pfeife säuberte und abwartete. Rooth schluckte seinen Kopenhagener hinunter und schaute sich nach einem neuen um. Als er keinen mehr entdeckte, seufzte er und zuckte mit den Schultern.

»Okay«, sagte er. »Nachdem wir jetzt alle die Fähigkeit zum Sprechen verloren haben, muss ich wohl den Taktstock ergreifen. Sollen wir noch mal hinfahren? Zum vierundsiebzigsten Mal? Wir müssen wohl zumindest kontrollieren, ob noch was von dieser Zeitschrift rumliegt, oder? Und dann können wir gucken, ob wir irgendwelche blutigen Reisetaschen finden. Aber über die wären wir ja bestimmt schon lange gestolpert. Wenn es stimmt, was Moreno sagt, dann ist das das aller ... ja, verdammt, das aller, aller ...«

Er fand keine Worte. Reinhart legte seine Pfeife hin und räusperte sich nachdrücklich.

»Jung und Moreno«, sagte er. »Ihr kennt ja den Weg.«

»Worauf wartet ihr noch?«, fragte Rooth.

»Es gibt da nur eins, was ich nicht verstehe«, sagte Inspektorin Moreno, nachdem sie festgestellt hatten, dass es in der Leverkuhnschen Wohnung am Kolderweg nicht einen einzigen Quadratzentimeter von der Septembernummer des Breuwerblatts gab – und auch keine blutigen Taschen. »Wenn es also wirklich sie war, die das getan hat, dann ...«

»Was dann?«, fragte Jung.

»Warum?«, fragte Moreno.

»Warum?«

»Ja. Warum um alles in der Welt bringt sie auch noch Else Van Eck um?«

Jung dachte drei Sekunden lang nach.

»Was meinst du denn, wo sie es gemacht hat?«, fragte er. »Ich meine, das Zerlegen. Wenn wir erst mal aufs Warum scheißen.«

Moreno schüttelte den Kopf. »Woher soll ich das denn wissen? Vielleicht in der Badewanne ... ja, sie hat sie mit einer Bratpfanne erschlagen und dann in der Badewanne zerteilt, das klingt doch logisch, oder? So würde ich es jedenfalls tun. Dann braucht man hinterher nur noch abzuspülen, ein bisschen Seife oder Scheuermittel notfalls. Aber warum? Sag mir das! Wir können nicht immer nur in den Gründen herumwühlen, es muss auch einen Anlass gegeben haben.«

»Ich weiß nicht«, sagte Jung. »Ich bin nur eins von diesen dummen blinden Hühnern.«

Um Viertel vor zwei, an dem gleichen niederschlagsfreien Januardonnerstag, klopfte es rücksichtsvoll an der Tür zum Arbeitszimmer von Kommissar Reinhart.

»Herein«, sagte Reinhart.

Die Tür wurde vorsichtig geöffnet, und der Linguist Winckelhübe steckte seinen Kopf herein.

»Ja, was gibt's?«, fragte Reinhart und schaute von seinem Papierstapel auf.

»Nun ja, ich habe so eine kleine Analyse gemacht«, erklärte Winckelhübe und kratzte sich am Bauch. »Ich bin mir zwar nicht hundertprozentig sicher, aber ich bin bereit, einiges drauf zu wetten, dass er von Seehunden handelt. Der Text, meine ich.«

»Von Seehunden?«, wiederholte Reinhart.

»Von Seehunden«, nickte Winckelhübe.

»Hm, hm«, brummte Reinhart. »Genau. Das ist das, was wir uns auch gedacht haben. Vielen, vielen Dank, Sie können Ihre Rechnung dem Polizeipräsidenten schicken.«

Winckelhübe sah etwas ratlos aus.

Es war zu sehen, dass die Therapeutin Clara Vermieten sich um mehrere Patienten des Gellnerhemmets kümmerte. Im Bücherregal des engen Zimmers, in das deBuuijs Münster geführt hatte, waren vier der Regalbretter mit Initialen beschriftet. I.L. stand ganz oben, und dort lagen mehrere Stapel Kassettenbänder, ordentlich immer zehn Stück aufeinander. Münster rechnete aus, dass es vierundsechzig sein mussten. Die Bretter weiter unten enthielten deutlich weniger.

Auf dem winzigen Schreibtisch stand das Porträt eines dunkelhaarigen Mannes in den Dreißigern, ein Telefon und ein Kassettenrekorder.

Aha, dachte Münster. Dann muss ich ja nur noch loslegen.

Er nahm einen der Stapel herunter. Auf dem Rücken jeder

Kassette stand ein Datum, wie er feststellte. 4.3., 8.3., 11.3. ... und so weiter. Er nahm eine auf gut Glück heraus und drückte sie in den Rekorder. Allem Anschein nach war sie zurückgespult, denn sie begann mit einer Stimme, von der er annahm, dass sie Clara Vermieten gehörte. Sie erklärte, an welchem Datum die Einspielung stattfand.

»Gespräch mit Irene Leverkuhn am fünften April neunzehnhundertsiebenundneunzig.«

Danach eine kurze Pause.

»Irene, ich bin's. Clara. Wie geht es dir heute?«

»Mir geht es gut«, antwortete Irene Leverkuhn mit der gleichen einförmigen Stimme, der er vor einer Weile zugehört hatte.

»Schön, dich wiederzusehen«, sagte die Therapeutin. *»Ich denke, wir sollten uns ein bisschen unterhalten, wie immer.«*

»Wie immer«, sagte Irene Leverkuhn.

»Hat es heute geregnet?«

»Ich weiß nicht«, antwortete Irene Leverkuhn. *»Ich bin nicht draußen gewesen.«*

»Es hat geregnet, als ich hergefahren bin. Ich mag Regen gern.«

»Ich mag Regen nicht«, sagte Irene Leverkuhn. *»Man wird nass davon.«*

»Willst du dich wie immer hinlegen?«, fragte Clara Vermieten. *»Oder willst du lieber sitzen bleiben?«*

»Ich will mich hinlegen. Ich lege mich immer hin, wenn wir reden.«

»Dann leg dich jetzt hin«, sagte Clara Vermieten. *»Brauchst du eine Decke, ist dir vielleicht ein bisschen kalt?«*

»Mir ist nicht kalt«, sagte Irene Leverkuhn.

Münster spulte das Band ein Stück vor und schaltete es wieder ein.

»Wer ist das?«, hörte er die Therapeutin fragen.

»Ich erinnere mich nicht so genau«, antwortete Irene Leverkuhn.

»Aber du kennst seinen Namen?«

»Ich kenne seinen Namen«, bestätigte Irene Leverkuhn.
»Wie heißt er?«, fragte Clara Vermieten.
»Er heißt Willie.«
»Und wer ist Willie?«
»Willie ist der Junge, der in meine Klasse geht.«
»Wie alt bist du jetzt, Irene?«
»Ich bin zehn Jahre alt. Ich habe ein blaues Kleid gekriegt, aber da ist ein Fleck drauf.«
»Ein Fleck? Wie ist der dahin gekommen?«
»Der Fleck ist dahin gekommen, als ich ein Eis gegessen habe«, erklärte Irene Leverkuhn.
»War das heute?«, fragte Clara Vermieten.
»Das war heute Nachmittag. Vor einer Weile.«
»Ist es Sommer?«
»Es war Sommer. Jetzt ist es Herbst, die Schule hat angefangen.«
»In welche Klasse gehst du?«
»Ich habe in der vierten angefangen.«
»Wie heißt deine Lehrerin?«
»Ich habe keine Lehrerin. Wir haben einen Magister. Er ist streng.«
»Wie heißt er?«
»Er heißt Töffel.«
»Wo bist du im Augenblick?«
»Im Augenblick bin ich natürlich in unserem Zimmer. Ich bin von der Schule nach Hause gekommen.«
»Was machst du?«
»Nichts.«
»Was willst du tun?«
»Ich habe einen Fleck auf meinem Kleid, ich will in die Küche gehen und ihn rauswaschen.«

Münster stellte wieder aus. Er warf einen Blick auf die Kassettenstapel im Regal und stützte seinen Kopf in die rechte Hand. Was mache ich da?, dachte er.

Er spulte weiter vor und hörte noch eine Minute zu. Irene erzählte, in welches Schutzpapier sie ihre Schulbücher einwickelte und was es in der Schulkantine zu essen gegeben hatte.

Er spulte das Band zurück und schob es wieder in seine Hülle. Lehnte sich auf dem Stuhl zurück und schaute aus dem Fenster. Dann durchfuhr ihn ein Schauer. Plötzlich wurde ihm bewusst, dass er gerade einem Gespräch zugehört hatte, das stattgefunden hatte, ja wann nur? Irgendwann Anfang der sechziger Jahre höchstwahrscheinlich. Es war zwar vor weniger als einem Jahr aufgenommen worden, aber in dem Moment hatte Irene Leverkuhn sich weit zurück in ihrer Kindheit befunden – irgendwo in diesem finsteren kleinen Haus in Pampas, das er sich vor ein paar Wochen angesehen hatte. Verdammt, wenn das nicht sonderbar war!

Gleichzeitig bekam er plötzlich eine Art Respekt vor dieser Therapeutin und dem, was sie da trieb. Ihm selbst war es nicht gelungen, auch nur ein vernünftiges Wort aus der malenden Frau herauszubekommen, und hier saß sie und erzählte dieser Clara Vermieten dies und das aus ihrem Leben.

Ich muss meine Meinung über die Psychoanalyse ändern, dachte Münster. Es ist höchste Zeit.

Er schaute auf die Uhr und überlegte, wie er weiter vorgehen sollte. Sich hier durch ein Band nach dem anderen durchzuhören, erschien ihm nicht sonderlich effektiv, wie faszinierend es auch sein mochte. Er stand auf und studierte stattdessen die Datierung im Regal. Das allererste Band war allem Anschein nach vor gut einem Jahr eingespielt worden. Am 25.11.1996. Er nahm den ganz rechten Stapel herunter, der nur aus vier Kassetten bestand. Die unterste war auf den 16.10. datiert, die oberste auf den 30.10.

Er ging zurück zum Schreibtisch, nahm den Hörer ab, und nach einigen Komplikationen hatte er Hedda deBuuijs am Apparat.

»Nur eine Frage«, sagte er. »Wann hat Clara wegen der Geburt ihres Kindes aufgehört zu arbeiten?«

»Einen Moment«, sagte deBuuijs, und er hörte, wie sie in irgendetwas blätterte.

»Am letzten Tag im Oktober«, sagte sie. »Ja, das stimmt. Ungefähr eine Woche später hat sie ein Mädchen bekommen.«

»Danke«, sagte Münster und legte auf.

Er nahm das oberste Band vom Stapel und griff zu dem vom 25. Oktober. Samstag, der 25. Oktober. Ging zurück, setzte sich an den Schreibtisch und begann zuzuhören.

Es dauerte knapp zehn Minuten, bis er an die Stelle kam, und während er wartete, erinnerte er sich an etwas, das Van Veeteren einmal gesagt hatte. Bei Adenaar's, mal wieder, wahrscheinlich an einem Freitagnachmittag, dann pflegte er immer etwas mehr zu spekulieren als üblich.

Es geht darum, an den richtigen Menschen zu kommen, hatte der Hauptkommissar festgestellt. In jedem Fall gibt es die eine oder andere Person, die die Wahrheit verbirgt – und das Verdammte dabei ist, dass sie es oft selbst gar nicht weiß. Deshalb müssen wir diese Person finden. Mit Licht und Lampe und einer verdammt großen Menge Hartnäckigkeit. Das ist unser Job, Münster!

Er erinnerte sich Wort für Wort daran. Und jetzt saß er hier und hatte so einen Menschen gefunden. So einen, der die Wahrheit wusste. Falls er die Zeichen richtig deutete.

»*Wo bist du jetzt?*«, fragte Clara Vermieten.

»*Ich bin zu Hause*«, sagte Irene Leverkuhn.

»*Wo zu Hause?*«

»*Ich bin in meinem Bett*«, sagte Irene Leverkuhn.

»*Du bist in deinem Bett. In deinem Zimmer. Ist es Nacht?*«

»*Es ist Abend.*«

»*Bist du allein?*«

»*Ruth liegt in ihrem Bett. Es ist Abend, es ist schon spät.*«

»*Aber du schläfst nicht?*«

»*Ich schlafe nicht, ich warte.*«

»*Worauf wartest du?*«

»*Ich will, dass es schnell geht.*«

»*Was soll schnell gehen?*«

»*Es soll schnell gehen. Manchmal geht es schnell. Das ist am besten dann.*«

»*Du wartest, hast du gesagt?*«
»*Heute Abend bin ich dran.*«
»*Wartest du auf was Besonderes?*«
»*Sein Schwanz ist so groß. Ich kriege ihn nicht in den Mund.*«
»*Auf wen wartest du?*«
»*Es tut weh, aber ich muss leise sein.*«
»*Wie alt bist du, Irene?*«
»*Gestern konnte Ruth nicht leise sein. Er mag mich lieber. Er kommt öfter zu mir. Heute Abend bin ich dran, er kommt gleich.*«
»*Wer ist das, der da kommen soll?*«
»*Ich habe mich mit dieser Creme eingeschmiert, dann tut es nicht ganz so weh. Ich hoffe, es geht schnell.*«
»*Wo bist du, Irene? Wie alt bist du?*«
»*Ich liege im Bett, ich versuche mein Loch größer zu machen, damit sein Schwanz Platz hat. Der ist so groß, sein Schwanz. Er ist so schwer, und sein Schwanz ist so groß. Ich muss still sein.*«
»*Warum musst du still sein?*«
»*Ich muss still sein, damit Mauritz nicht aufwacht. Jetzt kommt er, ich kann es hören. Ich muss versuchen, noch größer zu sein.*«
»*Wer ist das, der da kommt? Auf wen wartest du?*«
»*Ich kriege nur zwei Finger rein, ich hoffe, es geht schnell. Sein Schwanz ist schrecklich.*«
»*Wer ist es, der da kommt?*«
»*...*«
»*Irene, wer ist es, auf den du wartest?*«
»*...*«
»*Wer ist es, der so einen großen Schwanz hat?*«
»*...*«
»*Irene, erzähl mir, wer da kommt.*«
»*Papa. Jetzt ist er hier.*«

38

Jung stand an der Bertrandgraacht und starrte zum hundertneunzehnten Mal auf Bongers Boot.

Es lag in seiner dunklen Unergründlichkeit da, und plötzlich schien es ihm, als würde es ihm zulächeln. Ein freundliches, anerkennendes Lächeln, so eins, wie es sich sogar so ein alter Kanalkasten erlauben kann, wenn er sich für die unerwartete und unverdiente Aufmerksamkeit bedanken will.

Du alter Bootsteufel, dachte Jung. Was meinst du wohl, wie es abgelaufen ist? War es so einfach?

Aber Bongers Kahn antwortete nicht. Zu mehr als einem diskreten Lächeln reichten seine telepathischen Fähigkeiten ganz offensichtlich nicht. Also drehte Jung ihm den Rücken zu und ging von dannen. Er setzte sich die Mütze auf und schob die Hände tief in die Manteltaschen, ein rauer Wind war von Nordwest her aufgekommen. Jetzt mussten diese Höflichkeiten ein Ende haben.

»Ich habe eine Idee«, sagte er, als er eine Weile später in der Kantine auf Rooth stieß.

»Ich habe Tausende«, erwiderte Rooth. »Aber keine funktioniert.«

»Ich weiß«, sagte Jung. »Rothaarige Zwerge und Sonstiges.«

»Den habe ich verworfen«, sagte Rooth. »Also noch neunhundertneunundneunzig. Was war das, was du sagen wolltest?«

»Bonger«, sagte Jung. »Ich glaube, ich weiß, wo er hin ist.«

Münster blieb noch eine Weile sitzen, nachdem er den Kassettenrekorder abgestellt hatte. Er starrte wieder aus dem Fenster auf den verlassenen Park, während sich die Puzzleteilchen in seinem Kopf ineinander schoben, eins nach dem anderen. Bevor er aufstand, versuchte er noch Synn zu erreichen, aber sie war nicht zu Hause. Natürlich nicht. Er ließ es zehnmal klingen. Er hoffte, dass zumindest der Anrufbeantworter angeschlossen war, aber offenbar hatte sie ihn ausgestellt.

»Ich liebe dich, Synn«, flüsterte er trotzdem in den toten Hörer, und dann ging er wieder zur Fürsorgerin deBuuijs.

Sie hatte Besuch, und er musste weitere zehn Minuten warten.

»Wie ist es gelaufen?«, fragte sie, nachdem Münster sich auf den Besucherstuhl gesetzt hatte.

Eine verwirrende Sekunde lang wusste er nicht, was er antworten sollte. Wie war es gelaufen?

Gut? Ganz ausgezeichnet? Überhaupt nicht?

»Doch, ja«, sagte er. »Ich habe so einiges erfahren. Aber da gibt es noch ein paar Dinge, bei denen ich Ihre Hilfe brauche.«

»Zu Ihren Diensten«, sagte Hedda deBuuijs.

»Clara Vermieten«, sagte Münster. »Ich muss mit ihr sprechen. Es genügt schon telefonisch.«

»Dann sehen wir mal«, sagte deBuuijs und suchte in irgendwelchen Listen. »Doch, hier haben wir sie. Ich habe etwas zu erledigen, so lange können Sie hier ungestört reden. Ich bin in einer Viertelstunde zurück.«

Die Fürsorgerin verschwand aus dem Raum. Münster wählte die Nummer, und während er wartete, kam ihm der Gedanke, Clara Vermieten könnte auf unbestimmte Zeit verreist sein. Nach Tahiti oder Bangkok. Oder Nordnorwegen. Das wäre doch typisch, zweifellos.

Aber als sie schließlich antwortete, erkannte er ihre weiche Stimme mit dem leichten Norddialekt vom Band sofort wieder. Es dauerte eine Weile, bis es ihm gelungen war, ihr klar zu machen, wer er war, aber dann erinnerte sie sich daran, dass sie ihm ja durch die Fürsorgerin deBuuijs die Erlaubnis erteilt hatte, das Bandmaterial zu sichten.

»Entschuldigen Sie«, sagte sie. »Ich habe Kleinkinder. Da leidet manchmal die Konzentration.«

»Ich weiß, wie das ist«, nickte Münster.

Er hatte eigentlich nur zwei Fragen, und da er es im Hintergrund meckern und jammern hörte, kam er direkt zur Sache.

»Haben Sie von den Morden an Waldemar Leverkuhn und Else Van Eck in Maardam gehört?«, fragte er.

»Was?«, sagte Clara Vermieten. »Nein, ich glaube nicht ... in Maardam, haben Sie gesagt? Wer ist da ermordet worden?«
»Leverkuhn«, sagte Münster.
»Mein Gott«, sagte Clara Vermieten. »Ist das ...?«
»Ihr Vater«, sagte Münster.
Es blieb still in der Leitung.
»Ich wusste nicht ...«, sagte Clara Vermieten schließlich. »Ich weiß nicht ... Wann ist das passiert?«
»Im Oktober«, sagte Münster. »Ja, genau genommen in der gleichen Woche, in der Sie Ihr letztes Gespräch mit Irene hatten.«
»Ich war vom zweiten November an in der Klinik«, sagte Clara Vermieten. »Habe mein fünftes Kind gekriegt. Mein Gott, weiß sie davon? Nein, das weiß sie natürlich nicht. Haben Sie mit ihr gesprochen?«
»Ja«, sagte Münster. »Und ich habe die Bänder abgehört. Einige. Die jüngsten.«
Clara Vermieten schwieg wieder einige Sekunden lang.
»Ich verstehe«, sagte sie dann. »Aber ich weiß nicht so recht, warum das für Sie interessant sein soll. Sie meinen doch wohl nicht, dass das etwas miteinander zu tun haben könnte ... mit den Sachen in Maardam? Haben Sie Mord gesagt?«
»Ja, leider«, sagte Münster. »Das Ganze ist ziemlich kompliziert. Wir müssen jetzt nicht in alle Einzelheiten gehen, aber ich wollte Sie etwas fragen, das sehr wichtig ist für unser weiteres Vorgehen. Ich hoffe, Sie können das richtig beurteilen ... aber das können Sie bestimmt«, fügte er hinzu. »Ich habe den größten Respekt gegenüber dem, was Sie bei Irene Leverkuhn erreicht haben.«
»Danke«, sagte Clara Vermieten.
»Ja, also ...«, nahm Münster den Faden wieder auf. »Was ich wissen möchte, ist, ob sie, Irene meine ich, ob sie sich noch weiter in diesem Zustand befinden kann, in ihrer Kindheit, meine ich ... auch nachdem Sie die Sitzung beendet haben?«
Es vergingen einige Sekunden.
»Verstehen Sie, worauf ich hinaus will?«, fragte Münster.

»Ja, natürlich«, antwortete Clara Vermieten. »Ich überlege nur ... doch, das kann schon noch in ihr arbeiten. Zumindest für eine Weile ... wenn einer die richtige Saite anschlägt sozusagen.«

»Dessen sind Sie sich sicher?«

»So sicher man sich dessen sein kann. Die Seele ist keine Maschine.«

»Danke«, sagte Münster. »Dann weiß ich, was ich wissen muss. Vielleicht komme ich noch mal auf Sie zurück ... wenn das möglich ist.«

Er konnte hören, dass sie lächelte, als sie antwortete.

»Sie haben meine Nummer, Herr Kommissar. Und übrigens, ich habe einen Bruder in Maardam.«

»Dann ist da nur noch eine Kleinigkeit«, stellte Münster fest, als die Fürsorgerin deBuuijs zurückgekommen war. »Sie haben mir erzählt, dass Sie eine Liste über alle Besucher führen. Dürfte ich diese Unterlagen einmal einsehen? Ich weiß, dass ich Ihnen viel Mühe mache, aber ich verspreche Ihnen, Sie danach in Ruhe zu lassen.«

»Kein Problem«, erklärte Hedda deBuuijs mit ihrem üblichen Enthusiasmus. »Dann muss ich Sie nur bitten, mit mir einen kleinen Spaziergang zu machen.«

Sie gingen hinaus zu dem Empfangsraum, wo deBuuijs an eine kleine Glasscheibe klopfte. Umgehend wurden ihr zwei rote Ringbücher gereicht, die sie dem Kommissar übergab.

»Das letzte Jahr«, erklärte sie. »Wenn Sie weiter zurückgehen wollen, müssen Sie es den Damen nur sagen! Ich habe noch einen Auftrag zu erledigen, Sie entschuldigen mich ...«

»Vielen Dank«, sagte Münster. »Das genügt. Sie waren wirklich äußerst zuvorkommend und eine große Hilfe.«

»Keine Ursache«, sagte Hedda deBuuijs und verließ ihn von Neuem.

Münster setzte sich an einen Tisch und begann zu blättern.

Jetzt, dachte er. Jetzt werden wir sehen, ob es passt, oder ob alles auseinander fällt.

Fünf Minuten später klopfte er an die Scheibe und gab die Ringbücher zurück.

Wenn jemand die richtige Saite anschlägt?, dachte er, als er vom Parkplatz herunterfuhr. So hatte sie es gesagt, die Clara Vermieten. Besser konnte man es nicht formulieren.

»Was zum Teufel meinst du?«, fragte Reinhart.

»Gib alle deine Versuche auf, das verstehen zu wollen, was du sowieso nicht verstehst«, konterte Van Veeteren. »Beschreibe mir lieber die Lage.«

»Wir haben es bald im Kasten«, sagte Reinhart.

»Im Kasten?«

»Nun hör mal, mein lieber Ex-Hauptkommissar«, holte Reinhart aus. »Münster ist da oben, und die Dinge laufen ausgezeichnet, nach Plan. Ich habe mit ihm vor einer halben Stunde telefoniert, und er hat Informationen gekriegt, die ganz deutlich in eine Richtung weisen.«

»Weiter«, sagte Van Veeteren.

Reinhart seufzte und palaverte geduldig weiter zwei, drei Minuten lang, aber dann unterbrach ihn Van Veeteren.

»All right, das reicht«, sagte er. »Wir fahren hin, du kannst mir den Rest im Auto erzählen.«

»Hinfahren? Was zum Teufel …?«, brauste Reinhart auf, aber im gleichen Moment begann irgendwo in seinem Hinterkopf ein Warnlicht zu blinken. Er verstummte und überlegte. Wenn es überhaupt eine Regel gegeben hatte, der zu folgen es sich zu Zeiten des Hauptkommissars gelohnt hatte, dann war es ja wohl diese gewesen:

Niemals einen Entschluss, den Van Veeteren plötzlich und scheinbar aus unbegreiflichen Gründen gefasst hatte, in Frage zu stellen.

Reinhart hatte es ein paar Mal getan. Anfangs. In Frage gestellt. Das war nicht besonders erfolgreich gewesen.

»Du kannst mich in fünf Minuten vor Adenaar's abholen«, sagte Van Veeteren. »Nein, schon in vier. Alles klar?«

»Ja«, seufzte Reinhart. »Alles klar.«

Als Münster in einem eurochinesischen Restaurant saß, merkte er wieder einmal, wie müde er war. Er trank seine üblichen zwei Tassen schwarzen Kaffee als Gegengift und dachte kurz darüber nach, wie viele Jahre es wohl noch dauern würde, bis er Magengeschwüre hatte. Fünf? Zwei?

Dann bezahlte er und versuchte sich wieder auf seinen Job zu konzentrieren.

Der Fall. Zeit für den letzten Akt. Es war zweifellos höchste Zeit. Er machte sich eine mentale Notiz, zu Hiller raufzugehen und um eine Woche Urlaub zu bitten, sobald das Ganze vorbei war. Morgen vielleicht. Oder Montag. Eigentlich besser gleich zwei Wochen ...

Draußen aus dem Auto rief er anschließend in Maardam an, um zu berichten. Zehn Minuten lang erzählte er Heinemann von den jüngsten Entwicklungen, da dieser der Einzige war, den er antraf und der das Gespräch schließlich damit beendete, Münster in seiner üblichen umständlichen Art zu größter Vorsicht zu ermahnen.

Als er mit Heinemann fertig war, informierte er die lokalen Polizeibehörden. Sprach mit Inspektor Malinowski – der anfangs etwas Probleme hatte, das Tempo mitzuhalten, aber schließlich offenbar die Lage verstanden hatte. Er versprach bereit zu sein, sobald der Kommissar Müssner sich wieder meldete.

»Münster«, sagte Münster. »Nicht Müssner.«

»Okay«, sagte Malinowski. »Habe ich mir notiert.«

Danach machte er sich auf den Weg. Es war inzwischen fast sechs Uhr, und die Dunkelheit senkte sich langsam über die ausgestorbene Stadt. Der Wind war wieder stärker geworden, aber diesen ganzen langen Donnerstag war noch kein Tropfen Regen gefallen.

Ein paar Minuten später stellte er seinen Wagen ab. Er blieb eine Weile sitzen und konzentrierte sich. Dann kontrollierte er, ob er Waffe und Handy dabei hatte, und stieg aus dem Auto.

39

»Es gibt einen Film von Tarkowskij«, sagte Van Veeteren. »Seinen letzten. *Das Opfer*. Das ist es, worum es sich hier handelt.«

Reinhart nickte. Dann schüttelte er den Kopf.

»Klär mich auf«, sagte er. »Ich habe ihn gesehen, aber das ist einige Jahre her.«

»Man sollte sich Tarkowskij mehrmals ansehen, wenn man die Möglichkeit dazu hat«, sagte Van Veeteren. »Es gibt bei ihm so viele Ebenen. Dir fällt es nicht mehr ein?«

»Nicht so auf Anhieb.«

»Er stellt eine grundlegende Frage in dem Film. Man könnte es folgendermaßen ausdrücken: Wenn dir Gott in einem Traum begegnet und du gibst ihm gegenüber ein Versprechen ab, was tust du, wenn du aufwachst?«

Reinhart schob sich die Pfeife in den Mund.

»Ich erinnere mich«, sagte er dann. »Er soll seinen Sohn opfern, damit die Wirklichkeit, die alle tötet, nur eine Illusion sein soll, nicht wahr? Ein Krieg, der in einen Albtraum verwandelt wird, wenn er die Tat ausführt?«

»Ungefähr«, sagte Van Veeteren. »Die Frage ist natürlich, ob wir solche Zeichen wirklich erhalten. Und was passiert, wenn wir sie ignorieren. Die Abmachung brechen.«

Reinhart schwieg eine Weile.

»Ich bin in meinem ganzen Leben noch nie auf einen Brunnendeckel getreten«, sagte er dann.

»Vermutlich bist du deshalb immer noch am Leben«, sagte Van Veeteren. »Wie weit ist es noch?«

»Eine Stunde«, sagte Reinhart. »Aber ich muss sagen, dass ich immer noch nicht so richtig verstehe, was dieser Tarkowsij mit unserem Ausflug zu tun hat. Aber ich vermute, das willst du nicht näher ausführen?«

»Da vermutest du ganz richtig«, sagte Van Veeteren und zündete sich eine neu produzierte Zigarette an. »Das gehört auch zur Abmachung.«

Der Taxifahrer hieß Paul Holt. Krause hatte ihn aufgespürt, und Moreno traf ihn in seinem gelben Auto vor dem Hotel Kraus. Ein schmächtiger Mann in den Dreißigern. Weißes Hemd, Schlips und gepflegter Pferdeschwanz. Moreno ließ sich auf dem Beifahrersitz nieder, und als er ihr die Hand zur Begrüßung reichte, konnte sie deutlich den Marihuanaduft in seinem Atem riechen.

Nun ja, dachte sie. Er soll mich ja sowieso nirgends hinfahren.

»Es geht um eine Fahrt vor ein paar Monaten«, sagte sie. »Frau Leverkuhn im Kolderweg... wie weit können Sie sich noch dran erinnern?«

»Ziemlich gut«, sagte Paul Holt.

»Nun ja, es war ja nicht gerade gestern«, sagte Moreno.

»Nein«, stimmte Holt zu.

»Und Sie müssen in der Zwischenzeit Hunderte von Fahrgästen gehabt haben?«

»Tausende«, erklärte Holt. »Aber an die speziellen erinnert man sich. Ich kann Ihnen von einem Typen in gepunkteter Hose erzählen, den ich vor acht Jahren gefahren habe, wenn Sie wollen. Und zwar im Detail.«

»Ich verstehe«, sagte Moreno. »Und diese Fahrt mit Frau Leverkuhn, die war also speziell?«

Holt nickte.

»Inwiefern?«

Holt zog sein Haargummi fester und faltete die Hände auf dem Lenkrad.

»Das wissen Sie doch genauso gut wie ich«, erklärte er. »Schließlich stand es in allen Zeitungen... aber ich würde mich auch so daran erinnern.«

»Ja?«

»Es war etwas außergewöhnlich, und an so was erinnert man sich.«

»Ich verstehe«, sagte Moreno. »Können Sie mir erzählen, wo Sie hingefahren sind und was Frau Leverkuhn gemacht hat?«

Holt kurbelte das Seitenfenster zehn Zentimeter hinunter und zündete sich eine normale Zigarette an.

»Nun ja, das war ja eher ein Warentransport. Die Rückbank und der Kofferraum waren voll mit Taschen und Tüten. Ich glaube, ich habe ihr sogar gesagt, dass es dafür Kurierfirmen gibt, aber ich bin mir nicht mehr sicher. Wie dem auch sei, ich habe mit angefasst. Man ist ja hilfsbereit.«

»Wohin sind Sie gefahren?«, fragte Moreno.

»Zuerst zur Heilsarmee in Windermeer«, berichtete Holt. »Haben da einen Teil der Tüten abgeladen. Ich habe so lange gewartet, bis sie das geregelt hatte. Dann sind wir weiter zum Hauptbahnhof.«

»Zum Hauptbahnhof?«

»Ja. Da haben wir den Rest hingebracht, ich glaube, es war eine Reisetasche und noch zwei andere ... solche weichen, Sie wissen schon. Doch, es waren drei Stück. Ziemlich schwer. Sie hat sie in Gepäckschließfächer gepackt, und danach sind wir zurück zum Kolderweg gefahren. Sie ist beim Einkaufszentrum ausgestiegen. Es hat wie verrückt geregnet.«

Moreno überlegte.

»Sie scheinen ein außergewöhnliches Gedächtnis für Details zu haben, oder?«, bemerkte sie.

Holt nickte und rauchte.

»Kann schon sein«, sagte er. »Aber das ist, wie gesagt, auch nicht das erste Mal, dass ich daran zurückdenke. Und was man sich einmal wieder heranholt, das bleibt auch. Ungefähr wie ein Fotoalbum. Geht es Ihnen nicht ähnlich?«

Doch, schon, dachte Ewa Moreno, nachdem sie das gelbe Taxi verlassen hatte. So lief das wohl ab, oder? Natürlich gab es Dinge, die man nie vergaß, wie gern man das auch würde. Wie beispielsweise dieser frühe Morgen vor vier Jahren, als sie gemeinsam mit Jung in eine Wohnung in Rozerplejn eindrang und dort eine vierundzwanzigjährige Immigrantin zusammen mit zwei kleinen Kindern in einer Blutlache auf dem Küchenfußboden fand. Der Brief mit dem Ausweisungsbescheid lag auf dem Tisch. Ganz genau erinnerte sie sich daran. Es saß unverrückbar fest im Album ihres Gedächtnisses. Wie anderes auch.

Sie schaute auf die Uhr und überlegte, ob es einen Sinn haben würde, zurück zum Polizeipräsidium zu fahren. Oder ob sie lieber anrufen und die Informationen weitergeben sollte, die sie von Paul Holt bekommen hatte. Schließlich beschloss sie, dass das auch bis zum nächsten Tag Zeit hatte. Insgeheim bestätigte es ja nur ihre bisherigen Vermutungen. Marie-Louise Leverkuhn hatte den Hauptbahnhof einige Tage lang als Lagerplatz benutzt oder zumindest einen Tag lang, bis sie sich endgültig der zerstückelten Hausmeistersfrau draußen in Weylers Wald entledigte. Kurz und schmerzlos. Elegante Lösung, wie jemand gesagt hatte.

Auf ihrem Heimweg hielt sie dennoch an und überprüfte, welche Buslinien vom Hauptbahnhof abfuhren. Es stimmte. Es gab eine Direktverbindung. Nummer sechzehn. Fuhr tagsüber alle zwanzig Minuten. Einmal in der Stunde, wenn man es vorzog, die Arbeit im Schutze der Dunkelheit zu erledigen. Nichts leichter als das.

Aber, wie gesagt, der Bericht musste noch warten. Es sei denn, Kommissar Münster ließ heute Abend noch von sich hören, dann war es natürlich angesagt, den Bericht abzustatten.

Wäre vermutlich auch nicht schlecht, über etwas Konkretes reden zu können. Immer deutlicher hatte sie das Gefühl, dass sie irgendwie mit einem Fuß auf der falschen Seite der Grenze standen. Dieser Grenze, die zu überschreiten man sich hüten musste, und das ganz besonders, wenn die Wege wie jetzt so offensichtlich nur in eine Richtung führten. Und diese Richtung so verflucht endgültig war.

In meinem nächsten Leben werde ich eine Löwin, dachte Ewa Moreno und beschloss, all ihre Betriebsamkeit und die ganze Welt mit Hilfe eines langen Bades in Jojobaöl und Lavendel auszublenden.

»Sie schon wieder?«, wunderte Mauritz Leverkuhn sich.
»Ich schon wieder«, sagte Münster.

»Ich begreife nicht, wozu das gut sein soll«, sagte Mauritz Leverkuhn. »Ich wüsste nicht, worüber ich mit Ihnen noch reden sollte.«

»Aber ich weiß einiges, worüber ich mit Ihnen noch reden sollte«, erwiderte Münster. »Darf ich reinkommen?«

Mauritz Leverkuhn zögerte einen Moment. Dann zuckte er mit den Schultern und ging ins Wohnzimmer. Münster schloss die Tür hinter sich und folgte ihm. Es sah noch genauso wie am Vormittag aus. Die gleichen Reklameblätter lagen am gleichen Fleck auf dem Tisch, und das gleiche Glas stand neben dem Sessel, in den Mauritz Leverkuhn sich jetzt fallen ließ.

Der Fernseher lief. Eine Sendung, in der vier bunt gekleidete Frauen auf zwei Sofas saßen und lachten. Mauritz Leverkuhn drückte auf die Fernbedienung und schaltete ab.

»Wie gesagt«, sagte Münster. »Da gibt's einiges zu besprechen. Ich habe heute Nachmittag mit Ihrer Schwester geredet.«

»Mit Ruth?«

»Nein, mit Irene.«

Mauritz Leverkuhn antwortete nicht und zeigte auch sonst keine Reaktionen.

»Ich habe diverse Stunden im Gellnerhemmet verbracht«, fuhr Münster fort. »Sie haben mich angelogen.«

»Angelogen?«, wiederholte Mauritz Leverkuhn.

»Haben Sie nicht heute Morgen behauptet, Sie hätten sie seit über einem Jahr nicht mehr besucht?«

Mauritz Leverkuhn leerte sein Glas.

»Das habe ich vergessen«, sagte er. »Stimmt, ich habe sie einmal im Herbst besucht.«

»Vergessen?«, sagte Münster. »Sie waren am Samstag, dem 25. Oktober dort, dem gleichen Tag, an dem Ihr Vater ermordet wurde.«

»Was zum Teufel spielt denn das für eine Rolle?«

Er schien sich immer noch nicht entschieden zu haben, welche Haltung er einnehmen sollte, und Münster war klar, dass es in seinem Kopf ziemlich rotieren musste. Aber eigentlich hatte er doch auf einen weiteren Besuch gefasst sein müssen? Hätte wissen müssen, dass Münster früher oder später wieder auftauchen würde. Oder hatten Grippe und Fieber ihn vollkommen abstumpfen lassen?

»Können Sie mir erzählen, worüber Sie mit Irene im Oktober gesprochen haben?«

Mauritz Leverkuhn schnaubte.

»Man kann mit Irene nichts Vernünftiges reden. Das müssen Sie doch bemerkt haben, wenn Sie bei ihr waren?«

»Vielleicht normalerweise nicht«, sagte Münster. »Aber ich glaube, sie war an diesem Samstag nicht wie sonst.«

»Was meinen Sie denn damit schon wieder?«

»Möchten Sie, dass ich Ihnen erzähle, was sie Ihnen gesagt hat?«

Mauritz Leverkuhn zuckte mit den Schultern.

»Quatschen Sie nur weiter«, sagte er. »Sieht so aus, als wär' bei Ihnen eine Schraube locker. Und das schon die ganze Zeit.«

Münster räusperte sich.

»Als Sie dort ankamen, hatte sie gerade eine Therapiesitzung hinter sich, nicht wahr? Bei einer gewissen Clara Vermieten. Sie haben sie direkt danach besucht, und dann ... dann fing sie an von Dingen zu erzählen, die Ihre gemeinsame Kindheit betrafen und von denen Sie nicht die geringste Ahnung hatten. Die Ihren Vater betrafen.«

Mauritz Leverkuhn verzog keine Miene.

»So war es doch, oder?«, fuhr Münster fort. »An diesem Samstag im Oktober vorigen Jahres haben Sie von Umständen erfahren, von denen Sie vorher nichts gewusst haben. Umständen, die, zumindest teilweise, den Ausbruch von Irenes Krankheit erklären können. Dass sie so geworden ist, wie sie wurde.«

»Sie spinnen ja«, sagte Mauritz Leverkuhn.

»Und war es nicht so, dass Sie das so sehr berührt hat, dass Sie im Großen und Ganzen die Fassung verloren haben?«

»Verdammt noch mal, was faseln Sie sich da eigentlich zusammen?«, murrte Mauritz Leverkuhn.

Münster machte eine kleine Pause.

»Ich rede davon«, sagte er dann, so langsam und nachdenklich, wie er es vermochte, »dass Sie erfahren haben, dass Ihr Vater Ihre beiden Schwestern während ihrer Kindheit und Jugend sexuell missbraucht hat und dass Sie sich daraufhin ins Auto gesetzt haben und nach Maardam gefahren sind und ihn dort getötet haben. Davon rede ich.«

Mauritz Leverkuhn saß immer noch unbeweglich da, die Hände auf den Knien gefaltet.

»Ich kann es teilweise sogar verstehen«, fügte Münster hinzu. »Vielleicht hätte ich sogar das Gleiche gemacht, wenn ich in Ihrer Haut stecken würde.«

Vielleicht waren es genau diese Worte, die Mauritz Leverkuhn die Taktik wechseln ließen. Oder zumindest ein wenig nachgeben. Er ließ einen tiefen Seufzer vernehmen, wischte sich den Schweiß von der Stirn und schien sich ein wenig zu entspannen. »Das werden Sie niemals beweisen können«, sagte er. »Das ist ja zu lächerlich. Meine Mutter hat gestanden, dass sie es getan hat ... und wenn es sich so mit meinem Vater verhalten hat, wie Sie behaupten, dann hätte sie ja einen genauso guten Grund gehabt. Oder?«

»Mag sein«, sagte Münster. »Aber es war nun einmal nicht Ihre Mutter, die es getan hat. Das waren Sie.«

»Das war sie«, sagte Mauritz Leverkuhn.

Münster schüttelte den Kopf.

»Warum sind Sie eigentlich an diesem Samstag zu Ihrer Schwester gefahren?«, fragte er. »Weil diese Frau Sie verlassen hat? Das würde zumindest vom Zeitpunkt her hinkommen.«

Mauritz Leverkuhn antwortete nicht, aber Münster konnte ihm ansehen, dass seine Vermutung richtig war. Es läuft wie immer, dachte er. Wie bei einer Patience, die dabei ist, aufzugehen, und plötzlich fallen die Karten in einer fast voraussagbaren Reihenfolge.

»Soll ich Ihnen die Fortsetzung erzählen?«, fragte er.

Mauritz Leverkuhn erhob sich mühsam.

»Nein, danke«, sagte er. »Ich möchte, dass Sie jetzt von hier verschwinden. Sie haben jede Menge krankhafter Fantasien, und ich bin nicht bereit, Ihnen noch weiter zuzuhören.«

»Ich dachte, Sie hätten mir zugestimmt, dass Irene Ihnen alles erzählt hat?«, bemerkte Münster.

Mauritz Leverkuhn stand einige Sekunden lang unschlüssig da.

»Ihre Mutter hat es gewusst, nicht wahr?«

Er antwortete nicht.

»Ist sie nach Hause gekommen, als Sie dabei waren, oder ist sie auf Sie gestoßen, als Sie raus wollten?«

Ein Pfennig für seine Gedanken, dachte Münster. Wann bricht er endlich zusammen?

»Ich glaube, es gibt da einiges, was Sie nicht wissen«, fuhr Münster fort. »Von dem, was später passiert ist, meine ich.«

Mauritz Leverkuhn starrte ihn aus blanken Augen an. Dann setzte er sich wieder.

»Und was zum Beispiel?«, fragte er.

»Frau Van Eck zum Beispiel«, sagte Münster. »Haben Sie sie auch in dieser Nacht gesehen, oder hat nur Frau Van Eck Sie gesehen? Das frage ich, weil ich es nicht weiß.«

»Sie wissen gar nichts«, sagte Mauritz Leverkuhn.

»Dann darf ich ja wohl spekulieren«, sagte Münster. »Aber eigentlich eher aus akademischem Interesse. Frau Van Eck sah, wie Sie im Kolderweg ankamen und Ihren Vater töteten. Sie erzählte das einige Tage später Ihrer Mutter, da bin ich mir zwar nicht ganz sicher, aber wahrscheinlich hat sie ihre Kenntnisse in irgendeiner Weise nutzen wollen. Vielleicht ganz einfach, um Geld zu machen. Ihre Mutter hat in einer Art reagiert, wie sie es nie erwartet hat. Indem sie sie umbrachte.«

Er machte ein paar Sekunden lang eine Pause, aber Mauritz Leverkuhn hatte keinen Kommentar beizusteuern. Er hat das gewusst, dachte Münster.

»Sie hat die Hausmeistersfrau getötet. Dann brauchte sie ein paar Tage, um den Körper zu zerteilen und wegzuschaffen. Danach, als alles klar war, nahm sie den Mord an Ihrem Vater auf sich, damit wir aufhören sollten zu suchen und Sie davonkommen konnten ... eine kaltblütige Frau, Ihre Mutter. Äußerst kaltblütig.«

»Sie spinnen ja«, sagte Mauritz Leverkuhn zum zweiten Mal.

»Sie konnte natürlich nicht den Mord an Else Van Eck gestehen, weil sie dafür kein Motiv angeben konnte. Wie Sie sehen, hängt alles zusammen. Ich glaube, Sie stimmen mir da zu? Sie begeht einen Mord und gesteht einen anderen. Vielleicht gibt es da eine Art moralischer Balance. Ich kann mir denken, dass sie so etwas in der Art gedacht hat.«

Mauritz Leverkuhn murmelte etwas und schaute auf seine Hände. Münster betrachtete ihn eine Weile schweigend, bevor er weitersprach. Jetzt muss er doch bald weich werden, dachte er. Ich stehe es nicht durch, das Ganze noch mal im Polizeirevier durchzuziehen. Das schaffe ich einfach nicht.

»Ich bin mir nicht sicher, warum sie sich in der Zelle das Leben genommen hat«, sagte er. »Aber in dieser Hinsicht ist sie ja nicht schwer zu verstehen. Vielleicht ist es überhaupt nicht schwer, ihr Handeln an sich zu verstehen. Sie hat Ihren Mord an Ihrem Vater gedeckt, und sie hat einen anderen Menschen ermordet, um Sie weiter zu decken. Sie hat viel für Sie getan, Herr Leverkuhn.«

»Sie trug eine Schuld.«

Münster wartete, aber es kam nicht mehr.

»Eine Schuld für das, was Ihr Vater mit Ihren Schwestern gemacht hat, meinen Sie das? Weil sie es hat geschehen lassen?«

Plötzlich ballte Mauritz Leverkuhn seine Hände und schlug auf die Armlehnen des Sessels ein.

»Verflucht noch mal!«, sagte er. »Er hat Irene krank gemacht, und sie hat nicht eingegriffen! Begreifen Sie nicht, dass er den Tod verdient hat? Dieses verdammte Schwein! Ich würde es wieder machen, wenn ich könnte... Ich war auch bereit, es auf mich zu nehmen. Ich hätte es machen sollen, deshalb...«

Er verstummte.

»Deshalb hat sie sich das Leben genommen?«, fragte Münster. »Weil Sie gestehen wollten?«

Mauritz Leverkuhn erstarrte für eine Sekunde. Dann sank er zusammen und nickte schwach. Münster holte tief Luft und schloss die Augen. Öffnete sie wieder, und betrachtete die zusammengesunkene Gestalt im Sessel gegenüber und versuchte sich klarzumachen, was er eigentlich für diesen Mann empfand.

Einer dieser Verlierer, konstatierte er. Noch einer.

Auch er musste ja schon seit seiner Kindheit gezeichnet gewesen sein, auch wenn es bei ihm nicht das Ausmaß angenommen hatte wie bei seiner geliebten Schwester.

Dieses verfluchte, unabänderliche Muttermal, das nicht wegzuoperieren war. Das man nie verbergen und mit dem man sich nie aussöhnen konnte.

Und diese verfluchte, sinnlose Bosheit, dachte Münster. Die immer nur tötete, tötete, tötete. Doch, er tat ihm Leid. Das hätte er vor einer Stunde noch nicht für möglich gehalten, aber jetzt war es so.

»Werden Sie mich verhaften?«, fragte Mauritz Leverkuhn.

»Sie warten unten im Polizeirevier auf uns«, sagte Münster.

»Ich bereue nichts. Ich würde es wieder machen, verstehen Sie das?«

Münster nickte. Er brauchte jetzt Trost und Verständnis. Münster kannte die Situation. Oftmals war es nicht das Verbrechen an sich, das die Erlösung brachte, nach der der Täter suchte, sondern die Worte. Hinterher darüber reden zu können. Sich Auge in Auge mit einem anderen Menschen erklären zu können. Einem Menschen, der verstand. Einem Wesen, in dem er seine Verzweiflung spiegeln konnte.

Doch, das hatte er schon vorher erlebt.

»Es ist nicht in Ordnung, dass so ein Arschloch ohne Strafe durchs Leben kommt...«

»Wollen wir fahren?«, fragte Münster. »Den Rest können wir im Revier erledigen.«

Mauritz Leverkuhn kam auf die Beine. Er wischte sich den Schweiß wieder von der Stirn und atmete schwer.

»Darf ich vorher noch ein Pulver in der Küche einnehmen?«

Münster nickte.

Er ging hinaus, und Münster hörte, wie er eine Tablette in ein Glas warf und das Wasser sprudelte. Mein Gott, dachte er. Es ist vorbei. Ich habe diesen Scheiß hinter mir.

Zu spät sah Münster ein, dass diese passive Resignation, die Mauritz Leverkuhn in den letzten Minuten an den Tag gelegt hatte, doch nicht so eindeutig war, wie er gedacht hatte. Und zu spät musste er einsehen, dass das Fleischermesser – auf dessen Suche sie im Oktober und Anfang November so viel Mühe verwandt hatten – weder in irgendeinem Kanal noch in einem Mülleimer gelandet war. Es befand sich jetzt in Mauritz Leverkuhns Hand, genau wie in der Nacht vom 25. auf den 26. Oktober. Er entdeckte es aus dem Augenwinkel über der rechten Schulter, bekam das Pistolenhalfter zu fassen, aber weiter kam er nicht. Die Messerschneide drängte sich von hinten in seinen weichen Bauch, er spürte einen lähmenden Schmerz, und dann fiel er vornüber auf den Boden, ohne sich mit den Händen abzustützen.

Der Schmerz war so stark, dass er ihn paralysierte. Er durchbohrte den ganzen Körper wie ein weiß glühendes Foltereisen. Nahm ihm jegliche Handlungsmöglichkeit. Vernichtete Zeit und Raum. Als er endlich zu weichen begann, hörte er, wie Mauritz Leverkuhn die Wohnungstür zuwarf und davonlief.

Er drehte den Kopf und empfand das kühle Parkett angenehm an seiner Wange. Sanft und versöhnend. Das ist die Müdigkeit, dachte er. Das wäre nicht passiert, wenn ich nicht so müde gewesen wäre.

Bevor eine schwarze Welle des Vergessens über sein Bewusstsein schwappte, dachte er zwei Gedanken:

Der erste galt Synn: Gut, so muss ich nie erfahren, wie es hätte ausgehen können.

Der andere war nur ein Wort:

Nein.

40

Seit Van Veeteren seine Lehrjahre hier oben in der nördlichen Küstenstadt verbracht hatte, war das Polizeirevier von Frigge umgezogen. Oder besser gesagt: Man hatte es in ein neues Haus im gleichen Viertel gestopft und die Ordnungsmacht ungefähr in der gleichen Art untergebracht wie vorher. Van Veeteren war nicht der Meinung, dass man damit etwas gewonnen hatte. Das meiste bestand aus Panzerglas und grauem Beton, und der Dienst habende Polizeibeamte, der sie empfing, war ein junger, rotflaumiger Mann mit abstehenden Ohren. Er erinnerte eine Spur an den alten Borkmann.

Nun ja, dachte Van Veeteren. Zumindest kann er gut hören.

»Reinhart und Van Veeteren aus Maardam«, erklärte Reinhart. »Und wie heißen Sie?«

»Inspektor Liebling«, sagte der Flaumige und schüttelte die Hand.

»Kommissar Van Veeteren hat hier sogar mal gearbeitet«, berichtete Reinhart weiter. »Aber das war sicher vor Ihrer Geburt.«

»Ach, wirklich?«, sagte Liebling.

»In grauer Vorzeit«, präzisierte Van Veeteren. »Spätes neunzehntes Jahrhundert. Haben Sie etwas gehört?«

»Sie meinen...?«, fragte Liebling und tastete etwas unruhig nach seinem dünnen Schnurrbart.

»Er müsste doch verdammt noch mal inzwischen hier sein«, sagte Reinhart. »Es ist doch schon gleich acht.«

»Der Kommissar Münster aus Maardam«, erklärte Van Veeteren.

»Ja, ja, ich weiß«, nickte Liebling. »Malinowski hat mir davon berichtet, als ich ihn abgelöst habe. Ich habe die Unterlagen hier.« Er drückte ein paar Mal auf Tasten an seinem Computer und nickte dann bestätigend.

»Kommissar Münster, ja. Sollte mit einem Verdächtigen erscheinen... aber hier ist keiner gewesen. Ich meine, er ist nicht hier aufgetaucht.«

»Um wie viel Uhr hat er hier Bescheid gesagt?«, fragte Van Veeteren.

Liebling sah nach.

»Um 17.55 Uhr«, sagte er. »Inspektor Malinowski hat sich darum gekümmert, wie gesagt. Ich habe um halb sieben übernommen.«

»Und er hat nicht wieder angerufen?«, fragte Reinhart.

»Nein«, sagte Liebling. »Hier ist nichts mehr eingegangen.«

»Hat er noch weitere Instruktionen erteilt?«

Liebling schüttelte den Kopf.

»Nur dass wir uns bereit halten sollten, wenn er mit diesem ... dieser Person käme. Wir haben natürlich seine Telefonnummer. Von seinem Handy.«

»Die haben wir auch«, sagte Reinhart. »Aber er antwortet nicht.«

»Verdammte Scheiße«, sagte Van Veeteren. »Sucht mal die Adresse raus, dann fahren wir hin! Das hier dauert viel zu lange.«

Liebling suchte sie heraus.

»Krautzwej 28«, sagte er. »Das ist draußen in Gochtshuuis. Möchten Sie, dass ich mitfahre? Damit Sie es auch finden, meine ich.«

»Sie kommen mit«, sagte Van Veeteren.

»Jedenfalls brennt drinnen Licht«, stellte Reinhart zehn Minuten später fest. »Und da ist sein Auto.«

Van Veeteren dachte nach.

»Versuch noch mal anzurufen. Nicht, dass wir in irgendwas Entscheidendes reinplatzen«, sagte er.

Reinhart nahm sein Telefon und tippte die Nummer ein. Wartete eine halbe Minute.

»Nix«, sagte er. »Aber er kann natürlich abgestellt haben. Oder vergessen haben, die Batterien aufzuladen.«

»Batterien?«, wollte Van Veeteren wissen. »Braucht man für diese Teufelsdinger auch noch Batterien?«

Inspektor Liebling räusperte sich auf dem Rücksitz.

»Hier draußen steht sonst kein Auto«, erklärte er. »Und es scheint keine Garage zu geben ...«

»Hm«, brummte Van Veeteren. »Stimmt. Okay, dann gehen wir rein. Liebling, Sie bleiben hier im Auto, falls was sein sollte.«

»Verstanden«, sagte Liebling.

Reinhart und Van Veeteren gingen vorsichtig zur Haustür und horchten.

»Nichts zu hören«, sagte Reinhart. »Nur dieser verfluchte Wind. Am Fenster ist auch nichts zu sehen. Was sollen wir tun? Klingeln?«

»Fass erst mal die Klinke an«, sagte Van Veeteren.

Reinhart tat wie ihm befohlen. Die Tür war verschlossen.

»Dann klingeln wir«, sagte Van Veeteren. »Hast du eine Waffe?«

Reinhart nickte und holte seine Grossmann heraus. Er drückte sich fest an die Wand, während Van Veeteren auf den Klingelknopf drückte.

Nichts geschah. Van Veeteren wartete zehn Sekunden, dann klingelte er noch einmal.

Nichts.

»Geh ums Haus herum und guck nach«, sagte Van Veeteren. »Ich bleibe hier stehen.«

Es dauerte weniger als eine halbe Minute, dann hatte Reinhart die Rückseite inspiziert und war wieder zurück.

»Man kann nicht ganz rumgehen«, erklärte er. »Das Haus ist an den nächsten Kasten angebaut. Aber ich habe nichts durchs Fenster sehen können. Ich glaube nicht, dass jemand zu Hause ist.«

»Und warum verdammt noch mal steht dann Münsters Auto hier?«, fragte Van Veeteren. »Wir müssen reingehen.«

»Müssen wir wohl«, nickte Reinhart.

Van Veeteren stieß eine Reihe diffuser Flüche aus, während er sich nach einem geeigneten Hilfsmittel umsah. Schließlich fand er in der triefnassen Rabatte, die die Auffahrt entlang verlief, einen Stein in Faustgröße. Er wischte ihn ab und wog ihn eine Weile in der Hand ab, dann warf er ihn durch das Wohnzimmerfenster.

»Volltreffer«, sagte Reinhart. Er trat heran und brach ein paar kleinere Glasscherben ab, steckte die Hand durch und öffnete.

Es war Van Veeteren, der zuerst hineinkletterte, und es war Van Veeteren, der ihn zuerst entdeckte.

»Verflucht noch mal«, sagte er. »Verfluchter Scheiß.«

Kommissar Münster lag auf dem Bauch, auf dem hellen Parkettfußboden, halb im Flur, als wäre er auf dem Weg nach draußen gewesen, als er fiel. Die Arme waren ausgestreckt, und auf dem Rückenteil seines hellgrünen Pullovers, einige Fingerbreit über dem Gürtel und rechts vom Rückgrat, war ein dunkelroter Fleck zu sehen, etwas größer als eine Handfläche.

»Den Notarzt, Reinhart! Schnell, verdammt noch mal!«, schrie Van Veeteren. Dann beugte er sich über Münster und begann nach seinem Puls zu suchen.

Mein Gott, dachte er. Das gehörte doch wohl nicht zu der Abmachung?

Nachdem Mauritz Leverkuhn seine Wohnung in Frigge verlassen hatte, fuhr er zunächst einmal eineinhalb Stunden einfach Richtung Süden.

In der Höhe von Karpatz wechselte er die Himmelsrichtung und fuhr weiter nach Osten, bis er nach Tilsenberg kam, nur ein paar Kilometer von der Grenze entfernt. Hier tankte er und bog nach Norden ab.

Die landesweite Fahndung nach ihm wurde um 20.45 Uhr ausgelöst, und als eine Polizeipatrouille den weißen Volvo auf einem Parkplatz an der Autobahn kurz nach Kossenaar fand, war es gut halb sieben am nächsten Morgen.

Mauritz Leverkuhn lag unter einer Wolldecke auf dem Rücksitz und schlief, er befand sich in einem Zustand hohen Fiebers, war verfroren und vollkommen erschöpft. Auf dem Boden vor dem Beifahrersitz lag ein Fleischmesser mit einem Handgriff aus Mahagoni und einer zirka zwanzig Zentimeter langen, blutigen Schneide.

Mauritz Leverkuhn wurde ins Polizeirevier von Kossenaar gebracht, aber sein Zustand erlaubte es nicht, ihm irgendwelche Fragen zu stellen.

Doch wie sich zeigte, war es auch nicht unbedingt notwendig, dass er irgendwelche Aussagen machte.

V

41

Die beiden grünschwarzen Taucher brauchten nicht einmal eine Viertelstunde, um Felix Bonger zu finden.

Jung stand inmitten einer kleinen Zuschauerschar an der Bertrandgraacht im Regen und versuchte, unter die Obhut von Rooths halbzerfranstem Regenschirm zu kommen. Als der aufgedunsene Körper auf den Kai geschafft und in eine schwarze Leichenhülle mit Reißverschluss bugsiert worden war, bemerkte er, dass die Frau zu seiner Linken, die mannhafte Barga, schluchzte.

»Es ist aber auch zu traurig«, sagte sie. »Er war so ein feiner Kerl, der Bonger.«

»Das stimmt«, sagte Jung.

»Eigentlich hätte man ihn da unten liegen lassen sollen. Begraben unter seinem eigenen Boot, das hat doch irgendwie Stil.«

Schon möglich, dachte Jung. Jedenfalls kein dummer Gedanke. Aber vielleicht wäre es am stilvollsten gewesen, wenn sie ihn überhaupt nicht gefunden hätten. Schließlich hatte er ja nicht das Geringste mit den anderen zu tun. Nicht die Bohne.

War einfach nur auf seiner Gangway ausgerutscht, als er in der bewussten Nacht nach Hause kam. Besoffen und schwankend. Das hätte jedem passieren können, dachte Jung. Auch mir. Offenbar hat er sich dabei am Kopf verletzt, der Bonger, und ist reingefallen. Ein paar Meter tief gesunken und anschließend unter den Rumpf seines eigenen alten Kastens aufgestiegen.

Und dort liegen geblieben. Unter seinem eigenen Fußboden sozusagen. Doch, die Barga hatte Recht.

»Armer Teufel«, sagte Rooth. »Man wird nicht hübscher davon, wenn man im Wasser liegt. Aber ich muss wohl gratulieren. Du hattest Recht, wenn man es genau betrachtet ... Es war gar nichts Mysteriöses dran. Möchte nur wissen, wie viele Verschwundene in den Kanälen liegen.«

»Um die wollen wir uns jetzt lieber nicht kümmern«, erwiderte Rooth und schüttelte den Schirm, dass Jung noch nasser wurde, als er sowieso schon war. »Aber es gibt noch eins, das du mir vielleicht erklären kannst, bevor wir gehen ... ich meine, bevor wir es vergessen.«

»Und was?«, fragte Jung.

»Also, diese Bumsmaschinen ... de Booning und wie immer er noch hieß, warum sind die eigentlich ausgezogen?«

»Menakdise«, sagte Jung. »Tobose Menakdise. Rat mal.«

»Keine Ahnung«, sagte Rooth.

»Na gut. Die brauchen eine größere Wohnung. Sie erwarten ein Kind.«

»Wie witzig«, sagte Rooth.

Jung wollte sich gerade auf den Hacken umdrehen, als er eine Hand auf seiner Schulter spürte. Es war Frau Jümpers, die unter einem tropfenden Regenschirm stand.

»Ja, ich wollte nur mal fragen«, sagte sie. »Ob die Herren vielleicht Lust hätten, auf ein Gläschen rüberzukommen? Ich meine, auf meinen Kahn. Barga und ich sind der Meinung, wir müssten doch zumindest auf das Wohl des Toten anstoßen.«

»Ich weiß nicht«, sagte Jung. »Ich glaube, wir müssen ...«

»Aber gern«, unterbrach ihn Rooth. »Wir kommen sofort.«

Zuerst dachte Ulrike Fremdli, das Antiquariat wäre leer, aber dann fand sie Van Veeteren, zusammengesunken in einem Ohrensessel ganz hinten zwischen den Regalen.

»So verkaufst du nicht besonders viel«, bemerkte sie.

Van Veeteren schaute von dem kleinen Ledereinband auf, den er in der Hand hielt.

»Man muss sich auch über sein Sortiment informieren«, erklärte er. »Schön, dich zu sehen.«

»Ebenso«, sagte Ulrike Fremdli lächelnd. Dann wurde sie ernst. Sah ihn mit einer Miene voll sanftem Zweifel an, während sie langsam den Kopf schüttelte.

»Doch, du bist wirklich ein sonderbarer Kerl«, sagte sie. »Das kann man nicht leugnen. Meinst du... meinst du also, dass dieser Macbeth-Traum sich bewahrheitet hat?«

»Bewahrheitet oder nicht«, murmelte Van Veeteren.

»Wie geht es ihm?«

»Besser«, sagte Van Veeteren. »Ich war vor einer Stunde bei ihm. Er wird es schaffen, aber sie haben ihm eine Niere entfernen müssen. Und er wird sicher ein paar Monate nicht arbeiten können... Vielleicht ist das genau das, was er braucht. Ziemlich dumm, in dieser Form allein vorzugehen.«

Ulrike Fremdli nickte.

»Er war erschöpft«, fuhr Van Veeteren fort. »Das behauptet jedenfalls Synn, seine Frau. Sie war mit den Kindern da. Inspektor Moreno übrigens auch... ja, ja, nur ein Glück, dass wir aufgetaucht sind, er hätte es nicht mehr lange gemacht, so wie er dalag.«

»Und dieser Traum?«, insistierte Ulrike Fremdli.

Van Veeteren antwortete nicht, stattdessen blätterte er ein paar Seiten in dem Buch zurück, das er zuvor gelesen hatte.

»Es gibt mehr Dinge zwischen Himmel und Erde, Horatio, als die Philosophie sich erträumt«, zitierte er. »Hamlet. Hübsche kleine Ausgabe. 1836 in Oxford gedruckt. Habe ich grade reingekriegt.«

Er hielt das Buch hoch.

»Ich dachte, Macbeth wäre angesagt?«, fragte Ulrike Fremdli verwundert.

Van Veeteren stand auf und schob das Buch in einen Bücherschrank mit Glastüren.

»Spielt keine Rolle«, sagte er. »Jedenfalls ist es was mit Shakespeare. Ich glaube, er hat im Großen und Ganzen alles gesagt, was gesagt werden muss. Irgendwie deckt er alles ab...

er hätte übrigens bestimmt auch was aus dieser Familie Leverkuhn machen können.«

»Was meinst du damit?«

»Na, schau's dir doch an. Der Vater begeht Inzest mit seinen beiden Töchtern ... die eine wird wahnsinnig, die andere lesbisch. Der Sohn ermordet seinen Vater und sticht einen Polizisten nieder. Die Mutter nimmt alle Schuld auf sich, ersticht eine Zeugin und erhängt sich. Guter Tragödienstoff, oder was meinst du?«

Ulrike starrte ihn ungläubig an.

»Ist das die Quintessenz?«, fragte sie dann. »Dieses Falles?«

»Kurz zusammengefasst, ja«, sagte Van Veeteren. »Und dabei muss man bedenken, dass diese Familie vor drei Monaten noch als ganz normal angesehen wurde ... bevor jemand den Deckel angehoben hat, sozusagen.«

Ulrike Fremdli dachte eine Weile darüber nach.

»Wie hältst du das aus?«, fragte sie dann.

»Ich halte das nicht aus«, widersprach Van Veeteren. »Ich arbeite im Buchhandel.«

Sie nickte.

»Das ist mir gesagt worden. Aber du mischst dich ein?«

»Ich werde reingezogen«, erklärte Van Veeteren. »Das ist der Unterschied. Tja, und was jetzt noch fehlt ...«

»... ist das Essen«, beendete Ulrike Fremdli den Satz. »Ich habe bis zwei Uhr frei. Kommst du?«

»Natürlich«, sagte Van Veeteren und streckte seine Arme hoch in die Luft. Richtete vorsichtig seinen Rücken und schaute plötzlich besorgt drein.

»Was ist denn mit dir los?«

Van Veeteren räusperte sich.

»Ach nichts. Ich muss mich nur wundern.«

»Dich wundern?«

»Ob Tragödien wirklich so aussehen. Wenn das Leben nun ein Roman oder ein Theaterstück ist, wie manche behaupten, dann ist es doch gar nicht so schwer, ein Kapitel oder einen Akt zu schreiben ... was meinst du?«

»Ich verstehe nicht, wovon du redest«, sagte Ulrike Fremdli. »Ich habe Hunger.«

Er nahm ihre Hand und tätschelte sie etwas unbeholfen.

»Entschuldige«, sagte er. »Manchmal fällt es mir etwas schwer, meine Gedanken zu steuern. Lass uns gehen.«

42

Elaine Vorgus starrte zunächst auf die Tarotkarten, dann auf ihre Geliebte.

»Das ist ja sonderbar«, sagte sie. »Ich glaube, das ist mir noch nie passiert. Alle sechzehn Karten liegen auf dem Kopf, nein, so etwas habe ich noch nie erlebt... Da müsste ich direkt mal in den Büchern nachgucken.«

»Was bedeutet das?«, fragte Ruth Leverkuhn und nippte am Wein, während sie sich gleichzeitig über den Tisch vorbeugte und ihrer Freundin über deren nackten Arm strich. »Was bedeutet es, wenn sie falsch rum liegen?«

Es war nicht das erste Mal, dass sie so zusammen saßen, und auch wenn es Ruths Schicksal war, das da vor ihnen lag, so wusste diese, dass es eigentlich ihrer Freundin mehr bedeutete als ihr selbst. Elaine erwiderte ihr Streicheln und schaute von den Karten auf.

»Es bedeutet dann genau das Gegenteil«, sagte sie. »Reichtum bedeutet Armut, Stärke wird zu Schwäche, Liebe zu Hass ... was anderes ist es nicht. Aber alle sechzehn Karten, das muss noch etwas ganz Besonderes sein. Als ob...«

»Als ob was?«, fragte Ruth Leverkuhn.

»Als ob es eigentlich jemand anderen als dich selbst betrifft beispielsweise. Als ob dein ganzes Ich irgendwie auf dem Kopf steht... aber ich rate da nur. Ich habe noch nie sechzehn umgedrehte Karten erlebt.«

»Wir schreiben das auf und gucken später nach«, sagte Ruth Leverkuhn. »Ich möchte jetzt lieber noch ein bisschen Wein trinken und Liebe machen.«

Elaine Vorgus dachte eine Weile lächelnd nach. Dann hob sie das Glas und ließ ihre Zunge ein paar Runden über die Lippen laufen.

»Dein Wille ist mir Befehl«, lachte sie. »Wo wollen wir anfangen? Vielleicht im Bad, ich glaube, das würde mir gefallen. Ich muss nur erst noch dieses Gespräch führen, aber dann ...«

»Das Bad ist gut«, entschied Ruth Leverkuhn. »Ja, ich will dich bei mir in der Badewanne haben. Notiere die Karten und telefoniere, dann gehe ich schon einmal vor. Ich warte auf dich.«

Im Badezimmer blieb sie stehen und betrachtete ihren ausladenden Körper im Spiegel. Hob die schweren Brüste und saugte ein paar Sekunden an jeder Brustwarze. Strich sich vorsichtig mit einem Finger zwischen den Beinen entlang, um ihre Sehnsucht bestätigt zu fühlen.

Dann tauchte ihr Bruder wieder in ihren Gedanken auf, und sie nahm die Hände in neutralere Regionen hoch.

Der arme Mauritz, dachte sie. Armer Dummkopf. Sie seufzte und hüllte sich in ein Badelaken. Dachte noch eine Weile über ihn nach, während sie mechanisch und etwas geistesabwesend die Parfümflaschen auf der Ablage unter dem Spiegel ordnete und einen Badezusatz aussuchte.

Was hatte es für einen Sinn, etwas zu gestehen, das man gar nicht getan hatte?

Die Frage surrte jetzt schon seit ein paar Tagen in ihrem Kopf herum. Beunruhigte sie und hatte sich festgebohrt. Warum konnte er stattdessen nicht einfach zugeben, dass er ein Feigling war, der Mauritz? Ein schwacher, verzweifelter Mensch, der niemals so eine Sache hätte fertig bringen können? Unter gar keinen Umständen.

Achtundzwanzig Stiche! Mauritz! Das war doch lächerlich. Wer ihn auch nur ein ganz klein wenig kannte, würde sofort sagen, dass das ein absolutes Ding der Unmöglichkeit war.

Aber es gab ja niemanden, der ihn kannte. Niemanden außer ihr. Deshalb war es vielleicht doch nicht so erstaunlich. Nach ein paar Tagen hatte sie das eingesehen. Dass er die Tat auf sich nehmen würde und man ihm glaubte. Es gab dabei eine Art Logik. Eine schiefe und etwas verdrehte Logik, die aber trotzdem funktionierte.

Aber wieso er sich ein gleiches Messer beschafft hatte, nachdem sie das richtige losgeworden waren, ja, das war zweifellos ein Rätsel. Wenn sie weiter darüber nachdachte, war das eigentlich das Einzige, was sie nicht verstand. Worauf sie sich keinen Reim machen konnte. Er konnte doch wohl nicht mit der Absicht herumgelaufen sein, es zu benutzen. Diesen Polizeikommissar niederzustechen? Dass er es dann tatsächlich gemacht hatte, war eigentlich nur damit zu erklären, dass er auf irgendeine Weise eine plötzliche Sekunde lang von ungeahnter Handlungskraft überfallen worden war. Plötzlich und unerwartet. Wie ein Irrlicht. Genau so.

So war es vermutlich, dachte sie. Das Messer war eine fixe Idee. Der Überfall auf den Polizeibeamten ein Zufall, eine Handlung ohne Plan und Ziel. Dass er es getan haben könnte, um ihr – oder auch Irene auf irgendeine dunkle Art und Weise – zu zeigen, dass er die Kraft doch in sich hatte ... nein, das war zu weit hergeholt. Zu durchdacht. Mauritz konnte nicht in dieser Form planen und etwas durchführen. Vielleicht hinterher etwas konstruieren, aber nicht im Voraus beschließen und dann ausführen. Das hatte er noch nie gekonnt. Das war seine Schwäche.

Als er an diesem Samstag im Oktober in vollkommen aufgelöstem Zustand zu ihr gekommen war, hatte er zwar die ganze Zeit davon geredet, dass er es machen wollte ... dass er gerade alles erfahren hatte und dass er auf dem Weg nach Maardam war, um ihrem Vater das zu geben, was er verdient hatte. Wollte grausame Rache für ihre ganze Kindheit nehmen und ihn ohne Pardon umbringen. Sie hatte ihn gefragt, warum er dann um alles in der Welt zuerst zu ihr gekommen war, und dann hatte es nur noch ein paar Minuten gedauert, bis er auf ihrem Sofa zusammengebrochen war. Dort war er liegen geblieben, schluchzend und bebend.

Und es war der Anblick dieser jämmerlichen Erbärmlichkeit gewesen, der sie den Entschluss hatte fassen lassen. Den Auftrag zu übernehmen. Er hatte nicht einmal versucht zu protestieren. Hatte sie mit Augen angestarrt, die vor Dankbarkeit feucht waren. Vor Dankbarkeit und einer Verzweiflung, verzweifelter Schwäche.

Und diesen Blick hatte sie vor Augen gehabt, als sie es gemacht hatte. Diesen weichen, entblößten Bruderblick. Diesen nicht eingelösten Vaterhass.

Und jetzt saß er im Gefängnis. Für das eine wie für das andere. Das war schon merkwürdig, kein Zweifel. Als sie mit ihm vor ein paar Stunden gesprochen hatte, hatte er genauso ruhig und gefasst gewirkt wie während der letzten Tage.

Vielleicht versöhnt. Bereit, seine Strafe auf sich zu nehmen für ein Verbrechen, das zu begehen seine Pflicht gewesen war, das auszuführen er sich aber nicht getraut hatte. Wie auch für das, was er in aller Eile und Verwirrung getan hatte. Wenn sie darüber nachdachte, konnte sie sich nicht daran erinnern, ihn jemals so ruhig und ausgeglichen erlebt zu haben. Weder als Kind oder Jugendlicher, noch als Erwachsener. Dann war es wohl so, wie es war.

Vielleicht hatte es doch eine Art Sinn, dachte Ruth Leverkuhn. Gab es einen Grund für das alles. Nur weil es ihrer Mutter nicht recht gelungen war, sie so zu decken, wie sie es sich gedacht hatte – allein weil Mauritz es nicht ertragen konnte –, so war das doch wohl kein Grund, ihm nicht zu erlauben, das Gleiche zu tun. Statt ihrer in die Rolle des Mörders zu schlüpfen. Wenn er es nun einmal gern wollte.

Der arme kleine Mauritz. Der arme kleine Bruder.

Sie schüttelte den Kopf. So war es nun einmal. Und natürlich war an dem, was Elaine gesagt hatte, einiges dran. Alle Karten standen auf dem Kopf.

Diese tauchte jetzt in der Türöffnung auf. Ruth betrachtete ihren schlanken, nackten Körper im Spiegel. Ihren heißen, etwas beschwipsten Blick. Ihr schwarzes, fast ins Bläuliche schimmerndes Haar.

Ich liebe sie, dachte sie. Liebe, liebe, liebe. Zumindest gibt es eine Person in dieser Familie, die dazu in der Lage ist.

Auf ihre Weise.

Sie lächelte. Ließ das Badelaken fallen.

Der unglückliche Mörder

*Aus dem Schwedischen
von Gabriele Haefs*

»In the natural order of things,
fathers do not bury their sons.«

PAUL AUSTER, *The Red Notebook*

I

1

Der Junge, der bald sterben würde, lachte und befreite sich aus der Umarmung. Wischte sich einige Chipskrümel vom Hemd und stand auf.

»Ich muss jetzt los«, sagte er. »Wirklich. Der letzte Bus geht in fünfzehn Minuten.«

»Ja«, sagte das Mädchen. »Das musst du wohl. Ich trau mich einfach nicht, dich hier übernachten zu lassen. Ich weiß nicht, was meine Mutter sagen würde, sie kommt in zwei Stunden nach Hause. Hat heute Abend Spätdienst.«

»Schade«, sagte der Junge und zog sich den dicken Pullover über den Kopf. »Wäre schön, bei dir zu bleiben. Könnten wir denn nicht … ich meine …«

Er wusste nicht, wie er den Satz beenden sollte. Sie lächelte und nahm seine Hand. Hielt ihn fest. Sie wusste, dass er nicht wirklich meinte, was er da sagte. Wusste, dass er nur so tat. Er würde sich niemals trauen, dachte sie. Würde mit so einer Situation einfach nicht umgehen können … und für eine kurze Sekunde spielte sie mit dem Gedanken Ja zu sagen. Ihn bleiben zu lassen.

Nur um seine Reaktion zu testen, natürlich. Um zu sehen, ob er der Situation gewachsen wäre oder ob er seine Maske fallen lassen würde.

Nur um ihn einen Moment lang glauben zu lassen, sie wolle sich wirklich nackt mit ihm ins Bett legen.

Könnte doch witzig sein. Könnte ihr allerlei über ihn beibringen, aber sie tat es dann doch nicht. Gab den Gedanken auf; es wäre nicht gerade aufrichtig, und sie mochte ihn viel zu sehr, um sich so egoistisch und berechnend zu verhalten. Sie mochte ihn ungeheuer gern, wenn sie es recht bedachte, und deshalb würden sie früher oder später sowieso dort landen. Mit ihren nackten Körpern unter derselben Decke liegen ... doch, das fühlte sie seit einigen Wochen, es gab keinen Grund, diese Tatsache zu leugnen.

Der Erste. Er würde der Erste sein. Aber noch nicht an diesem Abend.

»Ein andermal«, sagte sie und ließ ihn los. Fuhr sich mit den Händen durchs Haar, um sich von der statischen Elektrizität zu befreien, die sein glatter Hemdenstoff hervorgerufen hatte. »Ihr denkt auch nur an das eine, ihr verdammten Gorillamännchen!«

»Äh«, sagte er und versuchte eine Miene kleidsamer Enttäuschung zu zeigen.

Er ging in die Diele. Sie strich ihren Pullover gerade und folgte ihm.

»Wir könnten ganz still sein, du könntest dich schlafend stellen, und ich könnte mich morgen ganz früh davonschleichen«, sagte er, um sich nicht zu früh geschlagen zu geben.

»Wir holen das alles nach«, sagte sie. »Nächsten Monat hat meine Mutter Nachtschicht – dann vielleicht?«

Er nickte. Stieg in seine Stiefel und suchte nach Schal und Handschuhen.

»Verdammt, ich hab mein Französischbuch liegen lassen. Würdest du es für mich holen?«

Das tat sie. Nachdem er seinen Mantel zugeknöpft hatte, umarmten sie sich noch einmal. Durch alle Stoffschichten hindurch konnte sie seinen steifen Penis spüren; er drückte sich gegen sie und sie registrierte kurz eine zitternde Mattigkeit. Das war ein schönes Gefühl, wie zu fallen, ohne an die Landung denken zu müssen, und sie begriff, dass die Verbindungen zwischen Vernunft und Gefühl, zwischen Hirn und Herz, genauso schwach sind, wie ihre Mutter behauptet hatte, als sie kürzlich beim Frühstück ein ernstes Gespräch geführt hatten.

Wenig, worauf Verlass war. Die Vernunft ist nur ein Taschentuch, mit dem wir uns danach die Nase putzen, hatte ihre Mutter gesagt und ausgesehen, als wisse sie, wovon sie da redete.

Was natürlich auch der Fall war. Drei Männer hatte sie gehabt, und keiner davon war ein Sammlerstück gewesen, wenn die Tochter das richtig verstanden hatte. Ihr Vater am allerwenigsten. Sie biss sich in die Lippe und schob ihn weg. Er lachte leicht verlegen.

»Ich mag dich, Wim«, sagte sie. »Wirklich. Aber jetzt musst du los, sonst verpasst du den Bus.«

»Ich mag dich auch«, sagte er. »Deine Haare ...«

»Meine Haare?«

»Du hast so verflixt schöne Haare. Wenn ich ein kleines Tier wäre, würde ich darin wohnen wollen.«

»Also echt«, sie lachte. »Willst du damit sagen, ich hätte Ungeziefer in den Haaren?«

»Nicht doch.« Er verzog den Mund zu einem breiten Grinsen. »Ich meine nur, wenn ich vor dir sterbe, dann will ich als kleines Tier wiedergeboren werden und in deinen Haaren wohnen. Damit wir trotzdem noch zusammen sind.«

Sie wurde ernst.

»So darfst du nicht über den Tod sprechen«, sagte sie. »Ich mag dich so sehr, aber sprich nicht so leichtfertig über den Tod, bitte.«

»Verzeihung«, sagte er. »Ich hatte vergessen ...«

Sie zuckte mit den Schultern. Ihr Großvater war einen Monat zuvor gestorben, sie hatten sich eine Weile darüber unterhalten.

»Das macht nichts. Ich mag dich trotzdem. Wir sehen uns morgen in der Schule.«

»Machen wir. Aber jetzt muss ich wirklich gehen.«

»Soll ich dich nicht wenigstens zur Bushaltestelle bringen?«

Er schüttelte den Kopf. Öffnete die Wohnungstür.
»Sei nicht albern. Es sind doch nur zwanzig Meter.«
»Ich mag dich«, sagte das Mädchen.
»Ich dich auch«, sagte der Junge, der bald sterben würde.
»Und wie!«
Sie umarmte ihn zum letzten Mal, und er lief die Treppen hinunter.

Der Mann, der bald töten würde, sehnte sich nach Hause.
Nach seinem Bett oder nach seiner Badewanne, das wusste er nicht so genau.
Nach beidem vermutlich, entschied er, während er heimlich auf seine Armbanduhr schaute. Zuerst ein richtig heißes Bad, dann das Bett. Warum sollte man entweder-oder sagen, wenn man auch sowohl-als-auch haben konnte? Himmel, er saß hier jetzt schon seit über vier Stunden mit diesen Trotteln zusammen ... vier Stunden! Er schaute sich am Tisch um und fragte sich, ob einer von den anderen dasselbe Gefühl haben könnte. Und alles ebenso satt haben wie er selber.
Es sah nicht danach aus. Muntere und entspannte Gesichter überall; ein wenig kam das natürlich vom Alkohol, aber die anderen schienen sich in dieser Gesellschaft offenbar wohl zu fühlen. Sechs Herren in ihren besten Jahren, dachte er. Erfolgreich und wohlhabend, zumindest nach normalen Maßstäben. Möglicherweise sah Greubner ein wenig müde und niedergeschlagen aus, aber vermutlich kriselte es wieder einmal in seiner Ehe ... oder in der Firma. Oder warum nicht in beidem, wie gesagt?
Nein, jetzt reicht es, beschloss er und kippte den letzten Cognacrest. Wischte sich mit der Serviette die Mundwinkel und erhob sich langsam.
»Ich sollte jetzt wohl«, setzte er an.
»Schon?«, fragte Smaage.
»Ja. Morgen ist auch noch ein Tag. Und mehr hatten wir doch nicht auf der Tagesordnung?«

»He«, sagte Smaage. »Wenn, dann noch ein Cognäcchen. He.«

Der Mann, der bald töten würde, erhob sich endgültig.

»Ich sollte jetzt auf jeden Fall«, sagte er noch einmal und ließ den Satz absichtlich in der Schwebe. »Darf man den Herren eine gute Nacht wünschen, und sumpft hier nicht mehr allzu lange herum.«

»Prost«, sagte Kuijsma.

»Friede, Bruder«, sagte Lippmann.

Draußen im Foyer merkte er plötzlich, dass er wirklich ziemlich viel getankt hatte. Es fiel ihm schwer, in den Mantel zu finden, so schwer jedenfalls, dass der tätowierte Athlet hinter dem Garderobentresen sich die Mühe machte, dahinter hervorzukommen, um ihm zu helfen. Das war unleugbar ein wenig peinlich. Eilig lief er die kurze Treppe hinunter, in die erfrischende Kühle der Nacht hinaus.

Regen hing in der Luft, und die schwarz glänzenden Pflastersteine auf dem Markt erzählten von dem Guss, der sie vor nicht langer Zeit getroffen hatte. Der Himmel wirkte unruhig und verhieß noch weitere Schauer. Der Mann band sich sein Halstuch um, bohrte die Hände in die Taschen und ging an der Zwille entlang zum großen Platz, wo sein Wagen stand. Gar nicht blöd, so ein kleiner Spaziergang, dachte er. Schon nach einigen hundert Metern wird man viel klarer im Kopf. Was bestimmt nicht schadet.

Die Uhr am Warenhaus Boodwick zeigte zwanzig Minuten nach elf, als er an dessen hell erleuchteten Eingang vorüberkam, doch der Ruyders Plein lag dunkel und verlassen da wie eine vergessene Grabstätte. Über der Langgraacht hing jetzt der Nebel, und als er die Eleonorabrücke überquerte, rutschte er einige Male aus; die Temperatur konnte nur um weniges über Null liegen. Er schärfte sich ein, vorsichtig zu fahren. Überfrierende Nässe und Alkohol im Blut waren keine gute Kombination. Für einen kurzen Moment erwog er sogar, sich ein Taxi zu nehmen, aber er konnte keins sehen, und so ließ er diese Idee wieder fallen. Außerdem würde er am nächsten Morgen das Auto sehr früh brauchen, und die Vorstellung, es auf dem großen Platz stehen zu lassen, kam ihm nicht sonderlich attraktiv vor. Obwohl er erst kürzlich eine ziemlich aufwändige Alarmanlage hatte einbauen lassen, wusste er ja, wie die Lage war. Es wäre keine Kunst für zwei geschickte Diebe, das Auto aufzubrechen, die Stereoanlage herauszuholen und sich in Sicherheit zu bringen, ehe irgendwer auch nur begriffen hätte, was vor sich ging. So war es nun einmal, stellte er mit nüchterner Resignation fest und bog in die Kellnerstraat ab.

Ansonsten war es ja nicht das erste Mal, dass er mit etwas Schnaps im Leib losfuhr. Es war schon ein- oder zweimal vorgekommen, und es hatte niemals Probleme gegeben. Als er jetzt quer über den Platz auf seinen roten Audi zuging, versuchte er sich zu erinnern, wie viel er sich an diesem Abend zu Gemüte geführt hatte, aber es gab da doch etliche Unklarheiten, und er kam zu keinem sicheren Ergebnis. Also öffnete er mit der Fernbedienung den Wagen und ließ sich hinters Steuer fallen. Stopfte sich vier Halstabletten in den Mund, ließ den Motor an und dachte an sein Schaumbad.

Eukalyptus, beschloss er. Schaute auf die Uhr. Es war zwei Minuten nach halb zwölf.

Der Bus fuhr in dem Moment an ihm vorbei, als er aus dem Haus kam.

Er hob die Hand, in dem reflexmäßigen Versuch, den Fahrer zum Anhalten zu bewegen. Danach fluchte er ausgiebig und sah zu, wie die Rücklichter auf der leichten Steigung zur Universität hin verschwanden.

Scheiße, dachte er. Warum muss der ausgerechnet heute Abend den Fahrplan einhalten? Typisch. Verflixt typisch!

Doch als er auf die Uhr sah, stellte er fest, dass er fast fünf Minuten zu spät dran war, und dass deshalb alles nur seine Schuld war.

Seine und Katrinas, nicht zu vergessen. Beim Gedanken an

sie hob sich seine Laune ein wenig. Energisch zog er seinen Rucksack gerade, streifte die Kapuze über und setzte sich in Bewegung.

Er hatte eine gute Dreiviertelstunde vor sich, aber er würde auf jeden Fall um kurz nach zwölf zu Hause sein. Das war nicht so schlimm. Seine Mutter würde am Küchentisch sitzen und auf ihn warten, davon konnte er natürlich ausgehen. Sie würde am Tisch sitzen und diese zutiefst vorwurfsvolle Miene an den Tag legen, die sie im Laufe der Jahre zu großer und stummer Dramatik entwickelt hatte, aber das war nicht die Welt. Jeder kann schließlich den Bus verpassen, das kommt in den besten Familien vor.

Beim Keymerfriedhof spielte er mit dem Gedanken an eine Abkürzung. Aber er beschloss, den Friedhof zu umrunden; zwischen Gräbern und Kapelle sah es nicht gerade einladend aus, schon gar nicht in dieser kalten Finsternis mit frostigen Nebelfetzen, die durch Gassen und Gänge und aus den schwarzen Kanälen krochen. Offenbar wollten sie die Stadt in eine nächtliche Decke hüllen. Ein für alle Mal.

Ihn schauderte, und er beschleunigte sein Tempo. Ich hätte bei ihr bleiben können, dachte er plötzlich. Hätte Mama anrufen und bei Katrina bleiben können. Sie hätte natürlich zuerst herumgequengelt, aber was hätte sie schon tun können? Der letzte Bus war ja schließlich weg. Ein Taxi konnte er sich nicht leisten, und weder Uhrzeit noch Witterung ließen es angebracht erscheinen, dass ein Junge ganz allein unterwegs war.

Oder dass eine Mutter ihn dazu ermunterte.

Doch das waren nur Gedankenspielereien. Zielstrebig ging er weiter. Durch den Stadtwald – über den spärlich beleuchteten Geh- und Radweg – lief er fast und erreichte damit die Hauptstraße schneller als erwartet. Jetzt noch das letzte Stück, dachte er. Die lange, triste Wanderung entlang der Hauptstraße, keine besonders angenehme Strecke, wenn man es genau nahm. Es war kaum Platz für Radfahrer und Fußgänger. Nur den schmalen Streifen zwischen Straßengraben und Fahrbahn, und die Autos fuhren schnell. Es gab keine Geschwindigkeitsbegrenzung und keine nennenswerte Straßenbeleuchtung.

Zwanzig Minuten Wanderung über eine dunkle Straße im November. Er war erst zweihundert Meter weit gekommen, als ein kalter Wind aufkam und den Nebel zerriss, und dann brach der Regen über ihn herein.

Verdammt, dachte er. Jetzt könnte ich in Katrinas Bett liegen. Nackt, und ganz dicht bei Katrina, mit ihrem warmen Körper und ihren behutsamen Händen, ihren Beinen und ihrer Brust, auf die er fast die Hand hätte legen dürfen ... dieser Regen musste ein Zeichen sein.

Doch trotz allem ging er weiter. Ging weiter durch Regen und Wind und Dunkelheit und dachte an sie, die die Erste sein sollte.

Die die Erste hätte sein sollen.

Er hatte ein wenig schräg geparkt, musste rückwärts aus der Lücke fahren und als er gerade glaubte, es geschafft zu haben, schrammte seine rechte Heckflosse an einem dunklen Opel vorbei.

Zum Teufel, dachte er. Warum habe ich mir kein Taxi genommen? Vorsichtig öffnete er die Tür und schaute nach hinten. Erkannte, dass wirklich so gut wie gar nichts passiert war. Eine Bagatelle. Er schloss die Tür wieder. Man musste ja auch bedenken, überlegte er weiter, man musste ja auch bedenken, dass die Fenster beschlagen waren und die Sicht fast minimal.

Warum genau man das bedenken musste, wollte er nicht weiter untersuchen. Er fuhr rasch vom Platz und überquerte die Zwille ohne Probleme. Es herrschte kaum Verkehr, er ging davon aus, dass er in einer Viertelstunde oder höchstens zwanzig Minuten zu Hause sein würde, und während er am Alexanderlaan auf Grün wartete, fragte er sich, ob von dem Eukalyptusschaum wirklich noch etwas übrig sein könnte. Als die Ampel wechselte, brüllte der Motor auf ... das kam von dieser verdammten Feuchtigkeit. Danach fuhr er einen zu engen Bogen und knallte gegen die Verkehrsinsel.

Das aber nur mit dem Vorderrad. Kein größerer Schaden passiert ... oder gar keiner, wenn man genauer hinsah. Er brauchte einfach nur ein fröhliches Gesicht aufzusetzen und weiterzufahren, redete er sich ein, aber dann ging ihm plötzlich auf, dass er um einiges betrunkener war, als er gedacht hatte.

Verdammt, dachte er. Ich muss auf jeden Fall wach bleiben. Wäre gar nicht komisch, wenn ...

Er kurbelte das Seitenfenster zehn Zentimeter nach unten und drehte das Gebläse voll auf, um zumindest die Fenster frei zu kriegen. Danach fuhr er lange in vorbildlich niedrigem Tempo weiter und passierte Bossingen und Deijkstra, wo sich während der vergangenen fünfunddreißig Jahre kein Verkehrspolizist mehr hatte sehen lassen, und als er die Hauptstraße erreichte, ging ihm auf, dass er sich unnötig vor Frostglätte gefürchtet hatte. Inzwischen regnete es heftig; er schaltete die Scheibenwischer ein und verfluchte zum fünfzigsten Mal in diesem Herbst, dass er immer wieder vergaß, sich neue zuzulegen.

Morgen, dachte er. Morgen fahre ich als Erstes zur Tankstelle. Es ist doch Wahnsinn zu fahren, ohne richtig sehen zu können ...

Später konnte er einfach nicht sagen, ob er zuerst etwas gehört oder gesehen hatte. Der weiche Aufprall und das leichte Rucken des Lenkrades jedenfalls hatten sich seiner Erinnerung am deutlichsten eingeprägt. Und seinen Träumen. Dass das hier, was für den Bruchteil einer Sekunde am Rand seines Blickfeldes vorüberwirbelte, mit der kleinen Vibration zusammenhing, die seine Hände wahrnahmen, begriff er nicht sofort. Jedenfalls nicht bewusst.

Das passierte erst beim Bremsen.

Es passierte erst später – nach diesen fünf oder sechs Sekunden, die vergangen sein mussten, nachdem er den Wagen angehalten hatte und über die triefnasse Fahrbahn gelaufen war.

Dabei dachte er an seine Mutter. Daran, wie sie einmal, als er krank war – es musste während der allerersten Schuljahre gewesen sein – ihre kühle Hand auf seine Stirn gelegt hatte, während er kotzte und kotzte und kotzte; grüngelbe Galle in einem roten Plastikeimer. Es hatte so teuflisch wehgetan, und diese Hand war so kühl und schön gewesen, und er fragte sich, warum in aller Welt er gerade jetzt daran denken musste. Diese Erinnerung lag mehr als dreißig Jahre zurück und er glaubte nicht, seither noch einmal daran gedacht zu haben. Seine Mutter war seit über einem Jahrzehnt tot, es war wirklich ein Rätsel, warum die Erinnerung jetzt auftauchte und wieso er ...

Er entdeckte den Jungen erst, als er fast schon an ihm vorbei war und er wusste sofort, dass er tot war.

Ein Junge in einem dunklen Dufflecoat. Er lag unten im Graben; seltsam verzerrt, mit dem Rücken an einem zylindrischen Zementrohr, das Gesicht dem Mann zugekehrt. Als starre er ihn an und versuche irgendeinen Kontakt aufzunehmen. Als wolle er ihm etwas sagen. Seine Gesichtszüge waren teilweise unter seiner Kapuze versteckt, aber die rechte Gesichtshälfte – die allem Anschein nach gegen den Zement geschleudert worden war – lag entblößt da wie ein ... wie ein anatomisches Objekt.

Er blieb stehen und kämpfte gegen seinen Brechreiz an. Dieselben Reflexe, dieselben alten Reflexe wie vor dreißig Jahren, zweifellos. Zwei Wagen fuhren vorüber, in entgegengesetzten Richtungen, aber niemand schien ihn bemerkt zu haben. Er spürte, dass er jetzt zitterte. Er holte zweimal tief Luft und stieg in den Graben. Kniff die Augen zusammen und riss sie nach einigen Sekunden wieder auf. Beugte sich vor und tastete behutsam nach dem Puls des Jungen, an dessen Handgelenken und an dem blutverschmierten Hals.

Es gab keinen. Verdammt, dachte er und spürte, wie Panik in ihm aufstieg. Verdammte Pest, ich muss ... ich muss ... ich muss ...

Ihm fiel nicht ein, was er musste. Vorsichtig schob er die Arme unter den Körper des Jungen, ging in die Knie und hob ihn hoch. Seine Lendenwirbel knackten, der Junge war schwerer, als er gedacht hatte, vielleicht machten dessen durchnässte Kleider sich bemerkbar. Falls er überhaupt etwas gedacht hatte. Warum hätte er es tun sollen? Der Rucksack war ein kleines Problem. Rucksack und Kopf, beide wollten immer wieder auf wirklich unmögliche Weise nach hinten kippen. Er registrierte, dass das Blut aus dem Mundwinkel in die Kapuze tropfte und dass der Junge höchstens fünfzehn oder sechzehn Jahre alt sein konnte. Ein Junge von fünfzehn, sechzehn ... ungefähr so alt wie Greubners Sohn. Das sah er an den ein wenig unfertigen Gesichtszügen, trotz der Verletzungen ... ein ziemlich gut aussehender Junge, nahm er an, würde zweifellos ein attraktiver Mann werden.

Hätte es werden sollen.

Er stand eine ganze Weile mit dem Leichnam auf den Armen unten im Graben, während die Gedanken durch seinen Kopf wirbelten. Der Hang zur Fahrbahn war nur einen Meter hoch, doch er war steil und der Regen machte ihn glitschig und trügerisch; der Mann glaubte nicht, darauf Halt finden zu können. Während er dort stand, kam kein Auto vorbei, doch er hörte in der Ferne, wie ein Moped sich näherte. Oder vielleicht auch ein Motorrad, dachte er. Als es vorüberfuhr, registrierte er, dass es sich um einen Roller handelte, und für einen Moment wurde er von den Scheinwerfern geblendet. Vermutlich – zumindest war er später davon überzeugt – vermutlich brachte ihn diese eine Sekunde blendender Helligkeit wieder zu Bewusstsein. Half seinem Denken wieder in rationale Bahnen zurück.

Behutsam lehnte er den Leichnam gegen die Röhre. Spielte mit dem Gedanken, sich im nackten Gras das Blut von den

Händen zu wischen, gab diese Idee dann aber auf. Kletterte zurück auf die Fahrbahn, lief zurück zu seinem Auto.

Registrierte, dass er rein reflexhaft den Motor ausgeschaltet haben musste, dass die Scheinwerfer jedoch noch brannten. Registrierte, dass der Regen wie eine wahnsinnige Naturkraft herunterprasselte. Registrierte, dass er fror.

Er ließ sich hinter das Lenkrad sinken und schloss die Tür. Schnallte sich an und fuhr los. Die Sicht hatte sich jetzt verbessert, so, als habe der Regen die Fensterscheiben auch von innen abgewaschen.

Nichts ist passiert, dachte er. Rein gar nichts.

Er nahm die ersten Anzeichen heraufziehender Kopfschmerzen wahr, doch wieder tauchte die Erinnerung an die kühlen Hände seiner Mutter auf, und plötzlich war er sich ganz sicher, dass die Eukalyptusflasche doch noch nicht ganz leer war.

2

Er erwachte und spürte als Erstes eine unbeschreibliche Erleichterung.

Die hielt drei Sekunden an, dann ging ihm auf, dass es kein böser Traum gewesen war.

Sondern Wirklichkeit.

Der prasselnde Regen, das plötzliche leichte Rucken des Rades, der glitschige Straßengraben; all das war Wirklichkeit. Das Gewicht des Jungen in seinen Armen und das in die Kapuze tropfende Blut.

Zwanzig Minuten lang lag er wie gelähmt im Bett. Das Einzige, was in dieser Zeit passierte, war, dass ihn ab und zu ein Schauder durchfuhr. Es begann ganz unten unter der Fußsohle, wanderte dann durch seinen Körper nach oben, um schließlich in seinem Kopf wie ein einziger weißer Blitz zu detonieren, und jedes Mal hatte er das Gefühl, als werde dabei ein wichtiger Teil seines Gehirns und seines Bewusstseins zerschossen. Zu Eissplittern gefroren oder verbrannt, um niemals wieder repariert und wieder in Gebrauch genommen werden zu können.

Lobotomie, dachte er. Ich werde einer Lobotomie unterzogen.

Als die starrköpfig roten Ziffern auf seinem Radiowecker sich bis zu 07.45 Uhr vorgearbeitet hatten, griff er zum Telefon und rief an seinem Arbeitsplatz an. Erklärte mit einer Stimme, die so brüchig war wie Eis, das nur eine Nacht alt ist, die aber doch trug, dass er eine Grippe erwischt habe und einige Tage zu Hause bleiben müsse.

Grippe, ja.

Ja, wirklich Pech, aber nun einmal nicht zu ändern.

Doch, sie könnten natürlich anrufen, wenn sie eine Auskunft brauchten.

Nein, er würde im Bett bleiben. Ein paar Tabletten nehmen und so viel trinken wie möglich.

Ja. Doch. Nein.

Eine halbe Stunde später stand er auf. Trat ans Küchenfenster und schaute hinaus auf die triste Vorortstraße, wo der Regen sich zufälligerweise zurückgezogen und einem schweren, grauen Morgennebel Platz gemacht hatte. Und während er noch dastand, stellte sich nach und nach langsam ein Gedanke ein, der, wie er sich erinnerte, schon am vergangenen Abend zur Stelle gewesen war – und später, in den verzweifelten, durchwachten Stunden, nach denen er dann endlich doch hatte einschlafen können.

Nichts war passiert. Rein gar nichts.

Er ging hinaus in die Küche. In der Speisekammer stand eine ungeöffnete Whiskyflasche. Glenalmond, von einer Sommerreise. Er drehte den Verschluss ab und nahm zwei große Schlucke. Konnte sich nicht daran erinnern, das in seinem Leben schon einmal getan zu haben. Whisky direkt aus der Flasche getrunken, nein, niemals.

Er setzte sich an den Küchentisch, stützte den Kopf in die

Hände und wartete darauf, dass der Alkohol sich in seinem Körper verteilte.

Nichts ist passiert, dachte er.

Danach stellte er Kaffeewasser auf und machte sich an die Analyse seiner Lage.

In den Morgenzeitungen stand keine Zeile. Weder im Telegraaf, den er abonniert hatte, noch im Neuwe Blatt, das er am Kiosk kaufte. Für einige glückliche Augenblicke konnte er sich fast einreden, dass er doch nur geträumt habe, doch sobald er sich an Regen und Graben und Blut erinnerte, wusste er, dass er sich täuschte. Es war wirklich. So wirklich wie der Whisky auf dem Tisch. Wie die Krümel neben dem Toaster. Wie seine eigenen Hände, die ohnmächtig und mechanisch in den Zeitungen blätterten, sie auf den Boden fegten und zur Flasche zurückkehrten.

Er hatte einen Jungen getötet.

War in angetrunkenem Zustand Auto gefahren und hatte einen halbwüchsigen Jungen von fünfzehn oder sechzehn Jahren umgebracht. Hatte im Regen im Straßengraben gestanden, mit dem Leichnam im Arm, und hatte ihn dann liegen lassen und war nach Hause gefahren.

So war das. Nichts daran zu ändern. Unwiderruflich.

Erst um einige Minuten vor zehn schaltete er das Radio ein, und die Zehn-Uhr-Nachrichten brachten dann die Bestätigung.

Ein Junge. Vermutlich auf dem Heimweg nach Boorkheim. Name noch nicht bekannt.

Der Unfallort dafür umso mehr.

Irgendwann in der Nacht. Zwischen elf und ein Uhr, vermutlich. Der Leichnam war erst am frühen Morgen gefunden worden.

Aller Wahrscheinlichkeit nach sofort tot.

Keine Zeugen.

Von einem Auto angefahren; auch dies aller Wahrscheinlichkeit nach. Der Fahrer musste den Zusammenstoß bemerkt haben. Aufruf an alle, die während der Nacht die Unfallstätte passiert hatten, und an alle, die glaubten, irgendwelche Auskünfte erteilen zu können. Die Polizei wollte gern Kontakt aufnehmen zu allen, die ...

Unfallort abgesperrt, der Regen hatte die Arbeiten erschwert, gewisse Hinweise sichergestellt ... Fahndung nach dem Fahrer, der Fahrerflucht begangen hatte ... abermaliger Aufruf an alle, die ...

Er schaltete das Radio aus. Trichterte sich noch zwei Schluck Whisky ein und kehrte ins Bett zurück. Lag dort eine ganze Weile, in einem Chaos von Gedanken, doch als er an diesem grauen, nebligen Donnerstagmorgen zum zweiten Mal aufstand, hatten sich drei davon herauskristallisiert.

Drei schwer wiegende Gedanken. Minutiös herausgearbeitete Schlussfolgerungen, an denen er nicht mehr rütteln wollte. Von denen er sich nicht entfernen würde, mochte kommen, was da wollte. Sein Entschluss stand fest, ganz einfach.

Zum Ersten: Der Junge im Straßengraben war tot, und er trug daran die Schuld.

Zum Zweiten: Egal, was er auch machte, der Junge würde davon nicht wieder zum Leben erweckt.

Zum Dritten: Nichts wäre damit gewonnen, dass er sich der Polizei stellte. Rein gar nichts.

Im Gegenteil, dachte er, was den dritten Punkt betraf. Warum ein zerstörtes Leben durch ein weiteres ersetzen? Sein eigenes?

Wenn er sich das auf diese Weise überlegte, wusste er endlich, dass er auf dem richtigen Weg war. Endlich kannte er sich wieder. Endlich. Er musste einfach nur stark bleiben. Durfte sich nicht zerbrechen lassen.

Mehr nicht.

Während des Nachmittags ging er praktisch vor.

Wusch in der Garage das Auto, von innen und von außen. Doch so genau er auch den rechten Teil von Front und Kotflügel unter die Lupe nahm, er konnte doch keine Schäden oder

Spuren entdecken: Er nahm an, dass er den Jungen ziemlich weit unten getroffen hatte, vermutlich in Kniehöhe mit der Stoßstange, einfach ein ganz leichter Stoß. Als er noch einmal versuchte, sich die Szene in dem nassen Straßengraben vorzustellen, hatte er den Eindruck, als sei der fatale Ausgang dieser Begegnung eher der Kollision mit der Zementröhre zuzuschreiben als dem Zusammenstoß auf der Fahrbahn. Was – auf eine seltsame, perverse Art – auch sein Schuldbewusstsein erleichterte. So kam es ihm zumindest vor. Er wollte, dass es ihm so vorkam.

Im Auto, auf dem Vordersitz, fand er einen einzigen Grund zur Besorgnis: einen dunkleren ovalen Flecken, ungefähr eigroß, weit rechts, auf dem beigen Bezug. Er hatte guten Grund zu der Annahme, dass es sich hierbei um Blut handelte, und er verbrachte eine halbe Stunde bei dem Versuch es wegzuschrubben. Das gelang ihm nicht, der Fleck ließ sich nicht beeindrucken, er war offenbar tief in den Stoff eingedrungen, und er beschloss, sich in nächster Zeit einen Schonbezug zuzulegen. Nicht sofort ... in einigen Wochen wohl besser, wenn der Fall ein wenig in Vergessenheit geraten war.

Das Blut des Jungen hatte auch noch andere Spuren hinterlassen, auf Rad und Gangschaltung, aber es war kein Problem, die loszuwerden. Die Kleidungsstücke, die er am vergangenen Abend getragen hatte, suchte er sorgfältig zusammen und verbrannte sie unter einer gewissen Rauchentwicklung im offenen Kamin des Wohnzimmers. Danach überkam ihn für einen Moment die Panik, bei dem Gedanken, was er machen sollte, wenn er nach dieser Kleidung gefragt würde. Rasch beruhigte er sich jedoch wieder; es war doch höchst unwahrscheinlich, dass ihm jemand auf die Spur kommen und von ihm Rechenschaft für solche Belanglosigkeiten verlangen würde. Für eine schnöde Cordhose? Eine alte Jacke und ein blaugraues Baumwollhemd? Er hätte sich ihrer auf tausend legitime Weisen entledigen, hätte sie wegwerfen oder in die Altkleidersammlung geben können, was auch immer.

Doch vor allem: Niemand würde ihm auf die Spur kommen.

Später an diesem Nachmittag, als die Dämmerung sich gesenkt und ein Nieselregen eingesetzt hatte, ging er zur Kirche. Zur alten Vroonsbasilika, die zwanzig Gehminuten von seinem Haus entfernt lag. Dort saß er eine halbe Stunde lang mit gefalteten Händen in einem Seitenschiff und versuchte sich für Stimmen aus seinem Inneren – oder von irgendwo weiter oben – zu öffnen, aber nichts machte sich bemerkbar und nichts tauchte auf, was ihn hätte beunruhigen müssen.

Als er die menschenleere Kirche verließ, sah er ein, wie wichtig es war, dass er sich diesen Besuch gegönnt hatte: dass er sich die Zeit genommen hatte, einfach so im Seitenschiff zu sitzen. Ohne weitere Absichten oder Hoffnungen. Ohne falsche Vorspiegelungen und Beweggründe.

Sah ein, dass es eine Art Probe gewesen war und dass er sie bestanden hatte.

Es war seltsam, aber dieses Gefühl war stark und unzweideutig, als er das dunkle Gewölbe verließ. Es ähnelte einer Katharsis. Auf dem Heimweg kaufte er zwei Abendzeitungen, beide brachten auf der Titelseite das Bild des toten Jungen. Dasselbe Bild übrigens, mit unterschiedlichem Vergrößerungsgrad; ein fröhlich lächelnder Junge mit Lachgrübchen, leicht schräg stehenden Augen und dunklen, nach vorn gekämmten Haaren. Keine Kapuze, kein Blut. Er erkannte ihn nicht wieder.

Zu Hause konnte er dann feststellen, dass der Junge Wim Felders geheißen hatte, dass er in wenigen Tagen sechzehn geworden wäre und dass er das Weger-Gymnasium besucht hatte.

Beide Zeitungen brachten Details, Informationen und Spekulationen, und die allgemeine Sicht der Ereignisse wurde in der Poost auf der dritten Seite zusammengefasst:

HELFEN SIE DER POLIZEI,
DEN FLÜCHTIGEN FAHRER ZU FASSEN!

Auch die möglichen Folgen wurden erwähnt, für den Fall, dass die Polizei den Täter ausfindig machen konnte. Zwei bis drei Jahre Gefängnis schienen durchaus im Bereich des Möglichen.

Er zählte seinen Alkoholpegel dazu – der sich sicherlich mit Hilfe des aufmerksamen Restaurantpersonals rekonstruieren lassen würde – und erhöhte diese Zahl auf fünf bis sechs. Mindestens. Trunkenheit. Unachtsamkeit im Verkehr und fahrlässige Tötung. Fahrerflucht.

Fünf bis sechs Jahre hinter Schloss und Riegel. Wozu sollte das gut sein?, fragte er sich. Wem könnte eine solche Entwicklung irgendeine Freude machen?

Er warf die Zeitungen in den Mülleimer und griff zur Whiskyflasche.

3

Drei Nächte lang träumte er von dem Jungen, danach war er verschwunden.

Wie auch in den Zeitungen. Die schrieben am Freitag, am Samstag und am Sonntag über Wim Felders, doch als dann am Montag die neue Arbeitswoche begann, beschränkten sie sich auf die kurze Meldung, dass die Polizei noch immer im Dunkeln tappe. Keine Zeugen hatten sich gemeldet, keine eindeutigen Spuren hatten sich sichern lassen – was immer eine solche Formulierung bedeuten mochte. Der Junge war von einem unbekannten Fahrer getötet worden, der sich danach im Schutze von Regen und Dunkelheit vom Tatort davongemacht hatte; das war von Anfang an bekannt gewesen und war es auch nach vier Tagen noch.

Am Montag ging er dann auch wieder zur Arbeit. Ihm erschien das als Erleichterung, aber auch als eine Art Eselsbrücke zurück in ein normaleres Leben. Wieder rollte das Leben in alten, vertrauten Gleisen dahin, vertraut und zugleich seltsam fremd, und mehrmals ertappte er sich an diesem Tag bei der Überlegung, wie dünn sie eigentlich war, diese Haut zwischen Alltag und Erschrecken.

Wie dünn und wie unerhört leicht zerreißbar. Die Haut.

Nach Feierabend fuhr er zum Einkaufszentrum in Löhr und kaufte neue Schonbezüge für seinen Wagen. Fand sofort einen Farbton, der im Grunde mit der alten Sitzfarbe identisch war, und nachdem er später an diesem Abend in der Garage mit einiger Mühe die elastischen Bezüge angebracht hatte, hatte er das Gefühl, endlich in Sicherheit zu sein. Die Parenthese hatte sich geschlossen. Die Parenthese um gar nichts. Er hatte letzte Hand an die Sicherheitsstrategien gelegt, die er nach genauer Überlegung entworfen hatte. Alle Maßnahmen waren getroffen worden, alle Spuren verwischt, und mit leichtem Erstaunen ging ihm auf, dass seit dem Unfall noch keine Woche vergangen war.

Und es gab keine Spuren. Rein gar nichts war aufgetaucht, das darauf hinweisen könnte, dass ihm irgendwann für diese schicksalhaften Sekunden am Donnerstagabend Rechenschaft abverlangt werden würde. Für diese entsetzlichen und zusehends unwirklicheren Sekunden, die hastig immer tiefer in die Dunkelheit des Vergangenen hineingewirbelt wurden.

Er würde es schaffen. Er seufzte tief und wusste, dass er es schaffen würde.

Es war zwar behauptet worden – in einigen Zeitungen und in den Fernsehsendungen, die er verfolgt hatte –, dass die Polizei gewisse Spuren verfolge, aber er wusste, dass das nur leere Worte und Phrasen waren. Ein unbeholfener Versuch, sich kenntnisreicher und kompetenter zu stellen, als man in Wirklichkeit war. Wie üblich.

Nirgendwo war auch nur mit einem Wort ein roter Audi erwähnt worden, der mit brennenden Scheinwerfern in der Nähe des Unfallortes am Straßenrand gestanden hatte. Und das war seine größte Angst gewesen; vielleicht nicht, dass irgendwer sich Farbe oder Autotyp eingeprägt hatte – und die

Autonummer schon gar nicht –, sondern dass das Fahrzeug überhaupt gesehen worden war. Immerhin waren zwei Autos vorübergefahren, während er unten im Straßengraben stand ... oder während er noch auf der Straße gewesen war? Er wusste es nicht mehr. Zwei Autos und ein Motorroller, nur daran konnte er sich noch erinnern. Der Fahrer des Wagens, der aus der Gegenrichtung gekommen war – aus Boorkheim oder Linzhuisen – konnte seinen Audi durchaus für ein ihm entgegenkommendes Auto gehalten haben, überlegte er, aber die beiden anderen, ja, die müssten eigentlich den Wagen gesehen haben, der mit brennenden Scheinwerfern am Straßenrand gestanden hatte.

Oder konnte man so etwas vergessen? Gehörte das zu den Erinnerungsfetzen, die man nur für einige Sekunden oder eine halbe Minute behielt und dann für immer verlor? Schwer zu sagen, schwer zu wissen, aber zweifellos eine Frage, die ihn nachts um den Schlaf bringen würde. Diese möglichen, potenziellen Zeugenaussagen.

Am Donnerstag – nach einigen Tagen des Schweigens in den Medien und eine Woche nach dem Unfall – kam ein Aufruf der Familie des Jungen, Mutter, Vater und eine jüngere Schwester. Sie tauchten im Fernsehen und im Radio auf und wurden in mehreren Zeitungen abgebildet, und sie baten ganz einfach den Täter, auf sein Gewissen zu hören und sich zu stellen.

Seine Schuld einzugestehen und seine Strafe auf sich zu nehmen.

Dieses Vorgehen, das war ja klar, war natürlich ein weiteres Indiz dafür, dass die Polizei noch immer im Dunkeln tappte. Keine Hinweise, keine Spuren. Als er die Mutter sah – eine dunkle, unerwartet gefasste Frau von Mitte vierzig –, die auf ihrem Sofa saß und sich direkt an ihn richtete, packte ihn zuerst eine plötzliche Angst, doch sowie die Mutter vom Bildschirm verschwunden war, gewann er sein Gleichgewicht wieder. Spürte und erkannte, dass er solchen Anfällen zwar ab und zu ausgesetzt sein würde, doch dass er immer genug Kraft finden würde, um sich zusammenzureißen. Einen Weg aus der Schwäche zu finden. Wenn er nur nicht die Besinnung verlor.

Es war gut zu wissen, dass er sie noch hatte, dass er dieses Wichtige besaß. Die Kraft.

Trotzdem hätte er gern mit ihr gesprochen.

Warum, hätte er sie gern gefragt.

Was hättest du davon, mich für fünf Jahre ins Gefängnis zu stecken?

Ich habe deinen Sohn getötet, ich bedaure es aus tiefstem Herzen, aber es war ein Unfall, und was wäre gewonnen, wenn ich mich stellte?

Er fragte sich, was sie wohl antworten würde. Hatte sie ihm denn wirklich einen Vorwurf zu machen? Es war doch ein Unglück gewesen, und ein Unglück hat keinen Täter. Es hat überhaupt keine Akteure, sondern nur Faktoren und Objekte, die sich jeglicher Kontrolle entziehen.

Später an diesem Abend spielte er dann mit dem Gedanken, der Familie einen anonymen Brief zu schicken. Oder einfach anzurufen und seinen Standpunkt darzulegen, aber er wusste, dass das zu riskant sein würde, und deshalb gab er diese Idee wieder auf.

Er verzichtete auch darauf, zu Wim Felders Beerdigung, die am Samstag, zehn Tage nach dem Unfall, in der voll besetzten Keymerskirche stattfand, einen Kranz zu schicken.

Aus demselben Grund: dem Risiko.

Neben Angehörigen und Freunden nahmen an der Zeremonie viele Schüler und Lehrer des Wegergymnasiums teil, dazu die Vertreter der verschiedenen Organisationen der Verkehrsopfer. Das konnte er am Sonntag im Neuwe Blatt ausführlich lesen, aber das war dann auch der letzte große Bericht über den Fall.

Zu seiner Überraschung stellte er am Montag fest, dass er sich leer fühlte.

Als habe er etwas verloren.

Wie damals, als ich Marianne verloren habe, dachte er etwas später mit derselben Überraschung; es war ein seltsamer Vergleich, aber irgendeinen Vergleich musste er doch ziehen. Zehn Tage lang hatte dieses entsetzliche Ereignis sein Leben dominiert. War durch jede Pore und in jeden Winkel seines Bewusstseins gesickert. Obwohl er seine Panik relativ schnell in den Griff bekommen hatte, war sie doch die ganze Zeit vorhanden gewesen. Unter der Oberfläche, bereit zum Ausbruch. Seine Gedanken waren fast in jeder Sekunde um diese höllische Autofahrt gekreist, um den leichten Knall und das Rucken des Lenkrades; um den Regen, den leblosen Jungenkörper und den glitschigen Straßengraben ... Tag und Nacht, und als es nun vorkam, dass er zeitweise nicht daran dachte, hatte er auf irgendeine Weise das Gefühl, dass ihm etwas fehlte.

Eine Art Leere, wie gesagt.

Wie nach einer elf Jahre langen, kinderlosen Ehe ... doch, da gab es Parallelen.

Ich muss ein sehr einsamer Mensch sein, dachte er während dieser Tage. Seit Marianne mich verlassen hat, hat eigentlich nichts etwas für mich bedeutet. Rein gar nichts. Mir passieren Dinge, aber ich handele nicht. Ich existiere, aber ich lebe nicht.

Warum habe ich mir keine neue Frau gesucht? Warum habe ich mir nicht einmal diese Frage gestellt? Und jetzt bin ich plötzlich ein anderer.

Wer? Wer bin ich?

Dass solche Gedanken auftauchten, weil er einen Jungen totgefahren hatte, war natürlich schon eigentümlich genug, aber etwas untersagte ihm, zu tief an der Sache zu rühren. Er beschloss, alles gelassen hinzunehmen und die Sache anzugehen, neues Terrain zu betreten, und ehe er sich's versah – noch ehe er sich die Zeit zum Nachdenken und Bereuen gegeben hatte –, hatte er eine Frau zum Essen eingeladen. Er hatte sie in der Kantine kennen gelernt, sie hatte sich an seinen Tisch gesetzt, wie üblich hatte es kaum freie Plätze gegeben. Er wusste nicht, ob er sie je zuvor gesehen hatte.

Vermutlich nicht.

Aber sie hatte angenommen.

Sie hieß Vera Miller. Sie war fröhlich und rothaarig, und in der Nacht zwischen Samstag und Sonntag – etwa über drei Wochen, nachdem er zum ersten Mal in seinem Leben einen Menschen getötet hatte –, liebte er zum ersten Mal seit fast vier Jahren eine Frau.

Am nächsten Vormittag wiederholten sie das, und danach erzählte sie, dass sie verheiratet war. Sie sprachen eine Weile darüber, und er sah, dass ihr das wesentlich mehr zu schaffen machte als ihm.

Am Montag kam der Brief:

Einige Zeit ist verstrichen, seit Sie den Jungen ermordet haben. Ich habe darauf gewartet, dass Ihr Gewissen erwacht, aber jetzt weiß ich, dass Sie ein schwacher Mensch sind, der nicht wagt, für seine Taten einzustehen.

Ich verfüge über unmissverständliche Informationen, die Sie ins Gefängnis bringen werden, sowie ich die Polizei davon informiere. Mein Schweigen kostet zehntausend Gulden, einen Klacks für einen Mann in Ihrer Position, aber ich gebe Ihnen trotzdem eine Woche (genauer gesagt: sieben Tage), um diese Summe zu beschaffen. Seien Sie bereit!

Auf Wiederhören.
Ein Freund

Handgeschrieben. Mit schmalen, regelmäßig geneigten Buchstaben. Schwarzer Tinte.

Er las den Brief fünfmal hintereinander.

4

»Bedrückt dich irgendetwas?«, fragte Vera Miller beim Essen. »Du kommst mir ein wenig niedergeschlagen vor.«
»Nein.«
»Sicher?«
»Wirklich nicht«, beteuerte er. »Ich fühl mich nur nicht so ganz wohl, ich habe leichtes Fieber, glaube ich.«
»Es hat doch wohl nichts mit mir zu tun? Mit uns, meine ich?«
Sie spielte mit ihrem Weinglas und musterte ihn mit ernster Miene.
»Nein, zum Henker ...«
Er versuchte zu lachen, hörte aber selber, wie falsch es klang. Also leerte er lieber sein Glas.
»Ich finde, es hat so gut angefangen, das mit uns«, sagte sie. »Ich möchte gern auch noch das zweite und das dritte Kapitel erleben.«
»Natürlich. Glaub mir, ich bin ein bisschen müde, aber das hat nichts mit dir zu tun. Mir geht es wie dir ... das verspreche ich dir.«
Sie lächelte und streichelte seinen Arm.
»Gut. Ich hatte fast vergessen, dass Liebe so schön sein kann. Unglaublich, dass du vier Jahre auf Eis gelegen hast. Wie war das nur möglich?«
»Ich habe auf dich gewartet«, sagte er. »Gehen wir ins Bett?«

Als sie ihn an diesem Sonntag verlassen hatte, sehnte er sich fast sofort nach ihr. Sie hatten sich bis in den frühen Morgen geliebt, und es war genauso, wie sie gesagt hatte: dass diese starken Gefühle möglich waren, war fast ein Rätsel. Er ging wieder ins Bett und bohrte den Kopf ins Kissen. Nahm in langen Zügen ihren Duft in sich auf und versuchte, wieder einzuschlafen, aber das gelang ihm nicht. Die Leere war viel zu groß. Und das war doch wirklich verdammt merkwürdig.

Der größte Unterschied der Welt, dachte er. Der zwischen einer Frau, die daliegt, und einer Frau, die gerade gegangen ist. Einer geliebten Frau. Einer neuen Frau?

Nach einer Weile gab er auf. Holte die Zeitung, frühstückte und zog dann noch einmal den Brief hervor.

Das war natürlich unnötig. Er kannte ihn schon auswendig. Jede Formulierung, jedes Wort, jeden Buchstaben. Er las ihn noch zweimal. Strich mit dem Daumen darüber, schätzte die Papierqualität ein. Sie war hoch, zweifellos, Papier und Umschlag vom selben Design. Dickes Büttenpapier, er nahm an, dass es in einem Buchladen in der Innenstadt gekauft worden war, wo Einzelstücke zu haben waren.

Exquisiter Farbton noch dazu. Briefmarke mit Sportmotiv, eine Frau, die mit einem Diskus eine schwingende Bewegung beschrieb. Auf den Millimeter genau oben in der rechten Ecke platziert. Sein Name und seine Adresse waren in denselben leicht schrägen, spitzen Buchstaben geschrieben, in denen der Brieftext verfasst war. Der Ortsname war unterstrichen.

Das war alles. Alles, was sich über diesen Brief sagen ließ. Mit anderen Worten, nichts. Oder auf jeden Fall fast nichts. Nicht einmal, ob der Brief von einem Mann oder einer Frau stammte, ließ sich feststellen. Er neigte ein wenig zu der Annahme, dass es sich um einen Mann handelte, aber das war eine bloße Vermutung. Möglich war alles.

Zehntausend, überlegte er sich zum hundertfünfzigsten Mal seit dem Montagabend. Warum nur zehntausend?

Natürlich war auch das eine ansehnliche Summe, aber dennoch – wie im Brief ja ganz richtig erwähnt wurde –, es war keine direkt überzogene Forderung. Auf der Bank hatte er mehr als das Doppelte, er hatte ein Haus und andere Vermögenswerte, die zehnmal so viel wert waren. Der Erpresser (wenn es also ein Mann war) hatte außerdem den Ausdruck »ein Mann in Ihrer Position« benutzt, was andeutete, dass er mit Lebensumständen und Einkommenshöhe seines Opfers vertraut war.

Warum sich also mit zehntausend begnügen? Vielleicht kein »Klacks«, aber doch immerhin ein geringer Preis. Sogar spottbillig, wenn man bedachte, worum es hier ging.

Der Briefschreiber war außerdem aller Wahrscheinlichkeit nach ein ziemlich gebildeter Mensch. Seine Handschrift war gleichmäßig und sauber, im Brief gab es keine sprachlichen Schnitzer, und alles war präzise formuliert. Zweifellos müsste (musste?) dem Betreffenden klar sein, dass er mehr herausholen könnte. Dass er für sein Schweigen einen geringen Preis forderte.

Zu diesem Schluss kam er immer wieder. Schließlich staunte er auch darüber, wie leicht es ihm gefallen war, in diesen ziemlich rationalen Bahnen zu denken. Der Brief war bei ihm wie eine Bombe eingeschlagen, aber sowie er angefangen hatte, sich an die Tatsache zu gewöhnen und sie als solche zu akzeptieren, hatte er sich mit den logischen und relevanten Fragen beschäftigt.

Während der ganzen Woche und jetzt, am Sonntagnachmittag.

Warum nur zehntausend?

Was bedeutete das? Sollte das nur die erste Rate sein?

Und wer war es? *Wer* hatte ihn gesehen und sah nun die Möglichkeit, an seinem Unglück Geld zu verdienen? Und an dem des Jungen?

Der Fahrer des Motorrollers oder eines der beiden Autos, die vorübergefahren waren, als er mit dem leblosen Leichnam in den Armen unten im Graben gestanden hatte? Oder oben am Straßenrand.

Gab es noch andere Alternativen? Das glaubte er nicht.

Auf jeden Fall musste es das Auto gewesen sein, sein eigener roter Audi, der ihn verraten hatte, davon musste er nun langsam ausgehen. Irgendwer hatte sich darüber gewundert, dass der auf diese ungewöhnliche Weise am Straßenrand stand, hatte sich die Autonummer eingeprägt und auf diese Weise den Besitzer feststellen können.

Er war davon überzeugt, dass es so gewesen sein musste. Mehr und mehr überzeugt; er glaubte kaum noch, dass es auch andere Möglichkeiten geben könne – bis ihm ein weiterer entsetzlicher Gedanke kam.

Der Junge konnte an diesem Abend Gesellschaft gehabt haben. Es konnte sich doch um zwei junge Menschen gehandelt haben, die an der Straße entlanggegangen waren, doch dann war nur der Junge auf so fatale Weise gegen die Zementröhre geschleudert worden.

Ein Stück weiter entfernt ... einige Meter auf der anderen Seite der Röhre könnte eine benommene Freundin gelegen haben ... nein, keine Freundin, die war in der Stadt gewesen, das hatte er in der Zeitung gelesen ... eher ein Kumpel oder ein zufälliger Begleiter ... der ohnmächtig im Schutz der Dunkelheit gelegen hatte. Oder der unter Schock stand und in panische Angst ausgebrochen war angesichts des toten Jungen und des Mannes, der den Jungen in den Armen hielt, während Blut in die Kapuze tropfte ...

Das war natürlich ein grauenhaftes Szenario, und obwohl er sich immer wieder sagte, dass es nicht sonderlich glaubhaft war, so stellte es sich doch mit einer gewissen Hartnäckigkeit immer wieder ein. Rein klinisch versuchte er ebenfalls, sich diese makabre Variante – diese unwahrscheinliche Möglichkeit – aus dem Kopf zu schlagen, da sie auf jeden Fall unwichtig war. Irrelevant. Es spielte keine Rolle, wer ihn in der Unglücksnacht gesehen oder wie diese Person Kenntnis von den Umständen des Unfalls erhalten hatte. Die anderen Fragen verlangten Aufmerksamkeit und Konzentration.

Und Entschlusskraft.

Konnte er sich also darauf verlassen, dass es mit diesem einen Mal getan sein würde?

Mit zehntausend Gulden. Dass er dieses eine Mal und später nie wieder bezahlen müsste?

Das war der springende Punkt. Welche Garantie konnte der Briefeschreiber (die Briefeschreiberin?) ihm dafür geben, dass

– nachdem das Geld einkassiert und ausgegeben worden war –
nicht nach einigen Monaten neue Forderungen gestellt werden
würden? Oder nach einigen Jahren?

Oder dass dieser Mensch nicht auf jeden Fall zur Polizei gehen und ihn anzeigen würde?

Sollte er eine solche Garantie verlangen? Und wie könnte
diese dann aussehen?

Oder – und das war natürlich die allerwichtigste Frage –
sollte er nicht einsehen, dass er sich in einer unmöglichen Situation befand? Sollte er nicht begreifen, dass das Spiel verloren war und dass er nun selber die Polizei informieren musste?

Sollte er nicht aufgeben?

Am Sonntagabend war er noch immer nicht zu einer endgültigen Antwort auf diese Fragen gelangt. Dass er bereits am
Freitag bei der Sparkasse vorbeigeschaut und elftausend von
seinem Konto abgehoben hatte, musste nicht unbedingt als
Entscheidung gelten.

Sondern nur als Zeichen dafür, dass er sich weiterhin alle
Türen offen hielt.

Er dachte aber auch an das Gespräch, das sie am Samstag geführt hatten.

»Dein Mann?«, hatte er gefragt, als sie sich nach einem langen Strandspaziergang wieder dem Auto näherten. »Hast du es
ihm gesagt?«

»Nein«, hatte sie geantwortet und ihre Haare aus ihrer
Strickmütze befreit. War mit der Hand hindurchgefahren und
hatte sie mit einer Bewegung ausgeschüttelt, die ihm übertrieben vorgekommen war, sicher hatte sie Zeit zum Nachdenken
gewinnen wollen. »Ich wusste ja nicht, wie ernst die Sache mit
dir werden würde ... zu Anfang, meine ich. Jetzt weiß ich es.
Aber ich habe noch keine Gelegenheit gefunden, mit ihm zu
sprechen. Dazu braucht es doch Zeit und den richtigen Moment.«

»Du bist dir ganz sicher?«

»Ja.«
»Dass du dich von ihm scheiden lassen willst?«
»Ja.«
»Warum habt ihr keine Kinder?«
»Weil ich keine wollte.«
»Mit deinem Mann oder überhaupt?«

Sie schüttelte vage den Kopf. Er begriff, dass sie über dieses Thema nicht sprechen wollte. Sie schwiegen eine Weile und betrachteten das aufgewühlte Meer.

»Wir sind erst seit drei Jahren verheiratet. Und es war von Anfang an ein Fehler. Es war idiotisch.«

Er nickte.

»Was hat er für einen Beruf?«

»Im Moment ist er arbeitslos. Hat bei Zinders gearbeitet. Aber die haben den Betrieb ja eingestellt.«

»Hört sich traurig an.«

»Ich habe auch nie behauptet, dass es besonders lustig ist.«

Sie lachte. Er legte den Arm um ihre Schultern und drückte sie an sich.

»Aber du hast wirklich keine Zweifel?«

»Nein«, sagte sie. »Ich will nicht mit ihm zusammenleben, das habe ich die ganze Zeit gewusst.«

»Warum hast du ihn geheiratet?«

»Das weiß ich nicht.«

»Dann heirate doch lieber mich!«

Das war ihm einfach so herausgerutscht, aber ihm ging sofort auf, dass er es wirklich meinte.

»Wow«, hatte sie geantwortet und gelacht. »Wir haben uns schon zweimal getroffen, und erst jetzt fragst du endlich, ob wir heiraten sollen. Sollten wir nicht auf jeden Fall zuerst zu dir fahren und etwas essen, so wie wir das geplant hatten?«

Er dachte nach.

»Vielleicht«, sagte er. »Doch, du hast schon Recht, ich habe einen Wolfshunger.«

Später an diesem Abend hatte er seinen Heiratsantrag nicht wiederholt, er hatte ihn aber auch nicht zurückgezogen. Er fand, das Thema könne ein wenig in der Luft schweben, ohne eine Stellungnahme oder einen Kommentar zu benötigen. Wie eine zwischen ihnen gespannte Saite, die nicht angeschlagen werden musste, die aber doch vorhanden war und sie miteinander verband. Er glaubte auch Vera anzusehen, dass sie nichts dagegen hatte. Dass es ihr ähnlich erging.

Es war eine Art Geheimnis. Und ein Bund.

Als sie sich später liebten, hatten sie das Gefühl, aus dem Brunnen der Liebe zu trinken.

Unbegreiflich, im Grunde war es unbegreiflich.

Wie konnte das Leben ohne Vorwarnung in ganz neue Bahnen geworfen werden, in Bahnen, die alles Vertraute, alle Vernunft und alle Lebenserfahrung auf den Kopf stellten? Wie war das möglich?

Und noch dazu in nur wenigen Wochen. Zuerst war der entsetzliche Donnerstagabend gekommen, danach Vera Miller und die Liebe. War das denn überhaupt noch zu verstehen?

Während des restlichen Sonntagabends lag er vor allem auf dem Sofa, er hatte nur eine Kerze angezündet und dachte darüber nach, wie er zwischen den Extremen hin und her geschleudert wurde. Zwischen der Empfindung einer schwankenden, bebenden und brechenden Wirklichkeitsauffassung einerseits – und einer sehr ruhigen und rationalen Bewertung seiner eigenen Situation andererseits. Vernunft und Gefühl, aber ohne Verbindung, ohne Synapsen.

Nach und nach beschloss er, dass hier trotz allem nicht die Rede davon sein konnte, er sei völlig aus der Bahn geworfen worden. Es gab nur eine Wirklichkeit, und die spielte sich die ganze Zeit ab; seine Empfindung dieser Wirklichkeit und sein Versuch, sie zu kontrollieren, waren unverändert, nur sein Blickwinkel wechselte. Seine Perspektive.

Die Vorder- und die Kehrseite der Medaille, dachte er. Wie

ein Wechselstromschalter. Das Alltägliche und das Unbegreifliche. Leben und Tod? Die dünne Haut dazwischen.

Seltsam.

Nachdem er im Radio die Elf-Uhr-Nachrichten gehört hatte, griff er wieder zu dem Brief. Las ihn noch einmal, dann setzte er sich an seinen Schreibtisch. Blieb eine ganze Weile dort sitzen und ließ seinen Gedanken freien Lauf, und bald, sehr bald, zeigte sich ihm eine weitere Handlungsalternative, wo er vorher nur zwei gesehen hatte.

Ein dritter Weg! Das sprach ihn an. Er saß noch lange und versuchte Vor- und Nachteile abzuwägen.

Noch war es jedoch zu früh, um einen endgültigen Entschluss zu fassen. Noch viel zu früh. Solange dieser »Freund« ihm keine genaueren Instruktionen erteilt hatte, konnte er nur warten.

Auf die Montagspost!

5

Er kam zwanzig Minuten zu früh. Und während er auf dem einsamen Parkplatz wartend im Auto saß, las er die Instruktionen ein weiteres Mal. Nicht, weil das nötig gewesen wäre, damit hatte er schließlich den Tag verbracht, sondern, um die Zeit vergehen zu lassen.

Geld: Hundert- und Fünfzigguldenscheine, verpackt in doppelte Plastiktüten und verstaut in einer großen Einkaufstüte des Warenhauses Boodwick.

Ort: Trattoria Commedia draußen am Golfplatz in Dikken.

Vorgehen: In der Bar Platz nehmen. Ein Bier bestellen, zwei Schluck trinken, nach etwa fünf Minuten zur Toilette gehen. Die Plastiktüte mitnehmen, sie unter Papierhandtüchern verborgen im Mülleimer hinterlegen. Wenn sich noch weitere Besucher auf der Toilette aufhalten, warten, bis sich der Raum geleert hat. Die Toilette verlassen, direkt zum Parkplatz gehen und losfahren.

Das war alles.

Das gleiche Papier wie beim ersten Mal. Dieselbe Schrift, vermutlich derselbe Stift.

Dieselbe Unterschrift: *ein Freund.*

Keine Drohungen. Keine Bemerkungen über seine Schwäche.

Nur die nötigen Instruktionen. Einfacher konnte es gar nicht sein.

Um zwei Minuten vor sechs drehte er das Seitenfenster hoch und stieg aus dem Auto. Er hatte so weit vom Restaurant geparkt wie nur möglich, hinten bei der Ausfahrt. Er legte die fünfzig Meter über den windigen Kiesweg, der zum Restaurant führte, rasch, aber ohne Eile zurück. Das Restaurant war niedrig und winklig gebaut; die Fassade war mit dunklen Klinkern verkleidet. Gaudí-Fenster mit schwarzen Stahlverstrebungen. Er stieß die Tür aus Palisanderimitat auf und ging hinein.

Stellte fest, dass es menschenleer, aber trotzdem recht einladend war. Er war noch nie hier gewesen; er nahm an, dass hier vor allem Golfspieler verkehrten und dass bei diesem trüben Spätherbstwetter wohl kaum großer Andrang herrschen konnte. Die Bar lag gleich links, eine einsame Frau von Mitte vierzig saß dort und rauchte, in Gesellschaft einer Zeitung und eines grünen Drinks. Sie schaute auf, als er hereinkam, fand ihre Zeitung aber interessanter.

Ehe er sich setzte, schaute er sich im Speiselokal um. Das bildete einen Winkel zur Bar, und die meisten Tische, die er sehen konnte, waren frei. Ein einsamer Mann beugte sich über ein Pastagericht. In einem offenen Kamin brannte ein Feuer; die Einrichtung war in Dunkelbraun, Rot und Grün gehalten, und aus versteckten Lautsprechern sickerte eine diffuse Klaviersonate. Er stellte die Tüte zwischen seinen Füßen ab und bat den Barkeeper, einen jungen Mann mit Pferdeschwanz und Ohrring, um ein Bier.

»Windig?«, fragte der Barkeeper.

»Sicher«, antwortete er. »Nicht viel los heute Abend?«

»Sie sagen es«, erwiderte der Barkeeper.

Das Bier wurde in einem hohen, femininen Glas mit Fuß serviert. Er bezahlte, leerte es zur Hälfte und frage nach der Toilette. Der Barkeeper zeigte auf den Kamin, er bedankte sich, nahm die Tüte und machte sich auf den Weg.

Es roch nach Fichtenwald und war überraschend leer. Und sauber. Der Mülleimer zwischen den beiden Waschbecken war nur zu einem Drittel mit benutzten Papierhandtüchern gefüllt. Er drückte seine Boodwicktüte hinein und bedeckte sie mit weiteren Handtüchern, die er aus dem Behälter zog und ein wenig zerknüllte. Alles genau nach Instruktion. Die ganze Prozedur dauerte zehn Sekunden. Er blieb weitere zehn dort stehen und betrachtete mit milder Verwunderung sein Bild in dem leicht zerkratzten Spiegel über dem Waschbecken. Dann ging er hinaus. Nickte im Vorübergehen dem Barkeeper zu und marschierte weiter zu seinem Auto. In der Luft hing ein Hauch von gefrorenem Eisen.

Gut gelaufen, dachte er, als er wieder hinter dem Lenkrad saß. Alles verdammt gut gelaufen.

Danach öffnete er das Handschuhfach und nahm das Rohr heraus.

Es dauerte genau sechseinhalb Minuten.

Der Mann, der aus dem Restaurant kam, sah aus wie Mitte dreißig. Er war lang und schlaksig, trug die Tüte in der rechten Hand, während die linke sorglos mit den Wagenschlüsseln spielte. Ganz offensichtlich war er unterwegs zu einem alten Peugeot, der vielleicht zwanzig Meter von seinem eigenen Auto entfernt stand. Eins von insgesamt fünf Fahrzeugen auf dem großen Parkplatz.

Ehe der Mann die Tür öffnete, schoss ihm noch dessen dilettantisches Vorgehen durch den Kopf. Nur so kurze Zeit zu warten, um dann einfach mit der Tüte in der Hand herauszuspazieren, ließ doch auf recht schlechte Urteilskraft schließen. Er sah ein, dass er es trotz allem mit keinem wirklich gefährlichen Widersacher zu tun hatte – und vor allem: dass sein Widersacher sein eigenes Kaliber offenbar aufs Gröbste unterschätzt hatte.

Er stand hinter dem anderen, als der gerade den Schlüssel in die Tür stecken wollte.

»Verzeihung«, sagte er. »Ich glaube, Sie haben etwas vergessen.«

Er hob seine gekrümmte linke Hand einen halben Meter vor dem Gesicht des Mannes.

»Was denn?«

Er schaute sich kurz auf dem Parkplatz und in der Umgebung um. Es wurde jetzt mit jeder Sekunde dunkler. Kein Mensch war zu sehen. Mit voller Kraft schlug er den Mann mit dem Rohr. Traf leicht schräg über dem linken Ohr. Lautlos sank der andere zu Boden. Fiel auf den Bauch, die Arme lagen unter ihm. Er zielte auf den Nacken und schlug mit derselben Entschlossenheit noch einmal zu. Ein kurzes Knirschen war zu hören, und er wusste, dass der andere tot war. Falls nicht bereits der erste Schlag ihn getötet hatte. Blut strömte aus dem Kopf. Vorsichtig befreite er den Liegenden von Plastiktüte und Autoschlüsseln, richtete sich auf und schaute sich um.

Noch immer war alles wie ausgestorben. Dunkel und einsam. Nach einigen Sekunden des Nachdenkens packte er die Füße des Mannes und zog ihn in das ungepflegte Gestrüpp, das den Parkplatz umgab. Eine breite Spur zog sich durch den Kies, aber er ging davon aus, dass der Regen sie verwischen würde. Er trat ein paar Schritte zurück und stellte fest, dass aus einigen Metern Entfernung nichts zu sehen war. Zumindest nicht für jemanden, der nicht wusste, wonach er suchte. Oder dass es hier überhaupt etwas zu suchen gab.

Er nickte zufrieden und kehrte zu seinem Auto zurück. Es wäre natürlich kein Nachteil, wenn erst in einigen Tagen jemand über die Leiche stolpern würde. Je später, desto besser. Er wickelte das Rohr in eine Zeitung und steckte es zu dem Geld in die Tüte.

Ließ den Motor an und fuhr los.

Seine üppige dunkle Mähne, seinen Bart und seine blaugetönte Brille behielt er noch auf, bis er die schicksalhafte Zementröhre an der Hauptstraße nach Boorkheim passiert hatte, und als er sich eine halbe Stunde später in seiner Küche zwei Finger Glenalmond in ein normales Wasserglas goss, galt ein dankbarer Gedanke auch den Sobrontabletten – diesen blau schimmernden kleinen Wundern von Pillen, die ihn während des gesamten Nachmittags auf einem konstanten und souverän stabilen Bewusstseinsniveau gehalten hatten. Und an den Tagen davor ebenfalls. Es ist kein Nachteil, einen gewissen Einblick in die eigene Seele und deren Bedarf an Psychopharmaka zu haben, dachte er. Absolut kein Nachteil.

Er trank einen Schluck Whisky.

Dann nahm er ein langes, entspannendes Schaumbad.

Und dann rief er Vera Miller an.

II

6

Der Leichnam wurde von einem gewissen Andreas Fische gefunden.

Und zwar an einem Donnerstagnachmittag. Fische hatte seine Schwester in der Windermeerstraat draußen in Dikken besucht (es war ein wahrer Weibsteufel von Schwester, aber Blut ist dicker als Wasser, und sie hatte es geschafft, einen einigermaßen wohlhabenden Anwalt zu heiraten), und als er eine Abkürzung über den Parkplatz vor der Trattoria Commedia nahm und stehen blieb, weil er pinkeln musste, stellte er fest, dass zwischen den Büschen etwas lag.

Fische pinkelte fertig und schaute sich um. Danach schob er vorsichtig einige dornige Zweige beiseite und schaute ins Gebüsch. Und dort lag ein Mensch. Ein Körper. Ein Leichnam.

Fische hatte schon früher Tote gesehen. Und zwar nicht nur einmal im Verlauf seines wechselhaften Lebens, und nachdem er seinen ersten Impuls, die Beine in die Hand zu nehmen, unterdrückt hatte, übernahm sein besseres – und praktischer orientiertes – Ich das Kommando. Er überzeugte sich rasch davon, dass auf dem einsamen Parkplatz in dem Dämmerlicht kein Mensch zu sehen war. Danach drückte er behutsam einige Buschschösslinge zur Seite – wobei er sorgsam darauf achtete, dass er in der weichen Erde keine Spuren hinterließ, ihm passierte das alles nicht zum ersten Mal, wie gesagt – und sah sich den Toten genauer an.

Es war ein junger, ziemlich hoch gewachsener Mann. Er lag

auf dem Bauch und hatte die Arme friedlich neben dem Kopf ausgestreckt. Dunkelgrüne Jacke und ganz normale Blue Jeans. Die nach oben gedrehte Gesichtshälfte war überzogen von eingetrockneten dunklen Streifen, und Fische nahm an, dass irgendwer das Leben dieses Mannes durch einen Schlag mit einem harten, schweren Gegenstand beendet hatte. Ganz einfach. Er hatte auch so etwas schon gesehen, obwohl es einige Jahre her war.

Nachdem er sich noch einmal davon überzeugt hatte, dass keine Menschen in der Nähe waren, ging er in die Hocke und untersuchte die Taschen des Toten.

Das dauerte nur wenige Sekunden, und die Ausbeute war ziemlich mager, wie er feststellen konnte, als er zweihundert Meter zwischen sich und den Leichnam gelegt hatte. Eine abgenutzte Brieftasche ohne Kreditkarten und nur vierzig Gulden in Banknoten. Eine Hand voll Münzen. Eine fast leere Zigarettenschachtel und ein Feuerzeug. Ein Schlüsselbund mit vier Schlüsseln und ein Bierdeckel mit einer Arzneimittelreklame. Das war alles. Er warf alles, außer dem Geld, in einen Papierkorb, überschlug eilig seine finanzielle Situation und stellte fest, dass er trotz allem einigermaßen bei Kasse war. Zusammen mit dem Hunderter, den er seiner Schwester abgeschwatzt hatte, hatte er mehr als genug für einen netten Abend in der Kneipe, und deshalb nahm er mit einer gewissen gemessenen Zufriedenheit Platz in der Straßenbahn Nummer Zwölf, die ins Zentrum fuhr. Ohne gültigen Fahrausweis, natürlich. Fische hatte sich seit dreißig Jahren keine Fahrkarte mehr gekauft.

Der Klejne Hans auf der Nordseite von Maar gehörte zu seinen Lieblingstränken. Dort saß Fische zumeist an den Abenden, an denen er sich Kneipenbesuche leisten konnte, und auch an diesem vernieselten Novemberabend führten seine Schritte ihn hierher. Als er eintraf, war es noch immer ziemlich leer; es war schließlich erst sechs, und er saß einige Zeit allein vor einem Bier und einem Genever an einem langen Tisch. Saß dort und dehnte die Getränke aus, so gut das ging, rauchte die Zigaretten des Toten und fragte sich, ob er die Polizei nicht lieber gleich verständigen sollte. Es gab solche und solche Pflichten, wie ein altes Sprichwort behauptete. Dann tauchten drei oder vier gute Freunde auf, und wie so oft schob Fische die Sache erst einmal auf. Nur nichts überstürzen, dachte er. Gott hat keine Eile erschaffen, und der Mann aus dem Gebüsch könnte ja unter keinen Umständen wieder auferstehen.

Und als Fische in derselben Nacht gegen ein Uhr in sein durchgelegenes Bett im Männerhospiz in der Armastenstraat fiel, hatte er zwar alles Mögliche im Kopf, nicht aber einen Leichnam auf einem öden Parkplatz in Dikken oder mahnende Stimmen aus den Resten seines versickerten Gewissens.

Der folgende Tag, ein Freitag, war verregnet und trist. Er blieb im Bett liegen und fühlte sich krank und elend, und deshalb wurde es Samstagvormittag, bis Andreas Fische – aus einer der Telefonzellen im Hauptbahnhof mit kostenlosem Notruf – die Polizei anrief und fragte, ob dort Interesse an einem Tipp bestehe.

Das sei schon der Fall, lautete die Antwort. Aber man werde nicht einen verdammten Groschen dafür bezahlen, das solle er sich lieber sofort klarmachen.

Rasch analysierte Fische die Verhandlungssituation. Dann siegte sein mitbürgerliches Pflichtbewusstsein, und er teilte gratis mit, dass draußen in Dikken wohl eine Leiche zu holen sei. Auf dem Parkplatz bei der Golfanlage, bei diesem Restaurant, wie immer es heißen mochte, zum Teufel.

Ermordet, wenn er sich nicht sehr irrte.

Als die Polizei nach seinem Namen, seiner Adresse und ähnlichen Dingen fragen wollte, hatte er bereits aufgelegt.

»Wie lange?«, fragte Kommissar Reinhart.

»Schwer zu sagen«, meinte Meusse. »Lässt sich noch nicht endgültig sagen.«

»Und was schätzt du?«, fragte Reinhart.

»Hm«, sagte Meusse und warf einen Blick auf den Leichnam auf dem großen Marmortisch. »Drei, vier Tage.«
Reinhart rechnete.
»Dienstag oder Mittwoch also?«
»Dienstag«, sagte Meusse. »Wenn dir an purer Spekulation gelegen ist.«
»Er sieht ziemlich mitgenommen aus«, sagte Reinhart.
»Er ist tot«, sagte Meusse. »Und es hat geregnet.«
»Sicher«, sagte Reinhart.
»Aber da bleibt der Kommissar vielleicht besser im Haus?«
»Wenn möglich«, sagte Reinhart. »Und nur zwei Schläge, ja?«
»Ist nur einer nötig«, sagte Meusse und fuhr sich mit der Hand über den kahlen Schädel. »Wenn man weiß, wohin man zu zielen hat.«
»Und das wusste der Täter?«
»Vielleicht«, sagte Meusse. »Liegt ziemlich nahe, gerade dort zuzuschlagen. Schräg über den Schädel in Richtung Stirn. Das andere ... der Nackenschlag ... ist interessanter. Ein wenig professioneller. Bricht die Halswirbelsäule. Auf diese Weise könnte man ein Pferd umbringen.«
»Alles klar«, sagte Reinhart.

Meusse ging zum Waschbecken in der Ecke und wusch sich die Hände. Reinhart blieb am Tisch stehen und betrachtete den Toten. Ein Mann von Mitte dreißig, wie es aussah. Vielleicht etwas jünger. Ziemlich mager und ziemlich lang; einssechsundachtzig hatte Meusse mitgeteilt. Seine Kleidung lag auf einem anderen Tisch und sah ganz normal aus: Blue Jeans, grüne halblange Windjacke, ein dünner, ziemlich verschlissener Wollpullover, der einst hellgrau gewesen war, was man an einigen Stellen noch sehen konnte. Braune, schlichte Leinenschuhe.

Keine Ausweispapiere. Keine Brieftasche, keine Schlüssel, keine persönlichen Habseligkeiten. Irgendwer hatte ihm die Taschen geleert, das war klar.

Jemand hatte ihn ermordet, und zwar durch einen Schlag mit

einem stumpfen Gegenstand, gegen Kopf und Nacken, das war ebenso klar.

Ja ja, dachte Reinhart. Jetzt geht das wieder los.

Meusse räusperte sich, und Reinhart wusste, dass der andere jetzt seine Ruhe wollte. Im Gehen warf er noch einen letzten Blick auf das Gesicht des Toten.

Es war lang und schmal. Ein wenig verhärmt, mit breitem Mund und schweren Zügen. Lange Haare, hinter die Ohren gekämmt und im Nacken zu einem Pferdeschwanz gebunden. Dunkle Bartstoppeln und eine kleine Narbe gleich unter dem linken Auge. Etwas an ihm kam Reinhart bekannt vor.

Ich habe dich schon einmal gesehen, dachte er.

Danach verließ er die Gerichtsmedizin und kehrte ins Präsidium zurück.

Kriminalinspektorin Ewa Moreno steckte die Fotos wieder in den Ordner und schob ihn über den Tisch hinweg Reinhart zu.

»Nix«, sagte sie. »Er steht nicht auf der Liste. Ansonsten haben wir aus den vergangenen Wochen nur drei Vermisstenmeldungen. Eine senile Frau ist aus einem Altersheim in Lohr ausgebüxt und ein fünfzehnjähriger Junge ist von zu Hause durchgebrannt.«

Rooth hörte auf, auf seinem Keks herumzukauen.

»Drei«, sagte er. »Du hast drei gesagt.«

»Das schon«, sagte Moreno. »Aber Nummer drei ist eine Schlange. Ich glaube, auch die können wir hier ausschließen.«

»Eine Schlange?«, fragte Jung.

»Eine grüne Mamba«, erklärte Moreno. »Ist offenbar in der Nacht von Montag auf Dienstag aus einer Wohnung in der Kellnerstraat verschwunden. Lebensgefährlich, ihrem Besitzer zufolge. Aber lieb. Kann einen Menschen in zwei Sekunden töten, hört auf den Namen Betsy.«

»Betsy?«, fragte Rooth. »Ich hatte mal eine Freundin, die Betsy hieß. Sie war überhaupt nicht lieb, aber verschwunden ist sie auch ...«

»Danke für die Auskünfte«, sagte Reinhart und klopfte mit der Pfeife auf den Tisch. »Ich glaube, das reicht. Tropische Schlangen können bei diesem Wetter ohnehin nicht lange überleben. Aber man möchte doch meinen, dass unser niedergeschlagener Junge bald mal von irgendwem vermisst werden müsste. Und wenn Meusse Recht hat ...«

»Meusse hat immer Recht«, warf Rooth dazwischen.

»Unterbrich mich nicht«, sagte Reinhart. »Wenn Meusse Recht hat, hat er seit dem Dienstag im Gebüsch gelegen, und die meisten warten höchstens ein bis zwei Tage, bis sie anrufen ... die Angehörigen, meine ich.«

»Aber wenn es keine gibt«, sagte Moreno. »Keine, die ihm nahe standen, meine ich.«

»Einsame alte Männer können ein halbes Jahr tot liegen bleiben«, sagte Jung.

»Ja, so geht es heutzutage zu«, seufzte Reinhart. »Nicht nur alte Männer, übrigens. Ich habe über eine Frau draußen in Gösslingen gelesen, die nach ihrem Tod noch zweieinhalb Jahre ihre Rente kassiert hat. Sie lag im Kartoffelkeller, und das Geld floss direkt auf ihr Konto ... hm, schöne Welt, in der wir da leben. Jung, was sagen die Leute im Restaurant?«

Jung schlug sein Notizbuch auf.

»Hab erst mit zwei von den Angestellten gesprochen«, erklärte er dann. »Vom Foto her hat ihn niemand erkannt, aber morgen Nachmittag sind wir mit zwei Leuten verabredet, die am Dienstag Dienst hatten. Wenn es dann passiert ist, wird ihn sicher irgendwer identifizieren können ... oder jedenfalls werden sie uns zumindest erzählen können, dass er bei ihnen gegessen hat.«

»Sonst noch etwas?«, fragte Reinhart und zündete seine Pfeife an.

»Ja, dieses Auto«, sagte Jung. »Offenbar steht seit Dienstag oder Mittwoch ein alter Peugeot da draußen. Wir haben die Sache überprüft, er gehört einem gewissen Elmer Kodowsky. Leider haben wir den noch nicht erreicht. Sein Hausmeister sagt, dass er auf einer Bohrinsel irgendwo in der Nordsee arbeitet ...«

»Schön«, sagte Reinhart. »Da draußen ist um diese Jahreszeit bestimmt tolles Wetter. Irgendwelche Freiwilligen?«

»... aber der Hausmeister hat auch angedeutet, dass er vielleicht weniger weit entfernt zu finden sein könnte«, erklärte Jung. »Und Kodowsky ist jedenfalls nicht der Tote im Gebüsch.«

»Was willst du damit sagen?«, fragte Rooth. »Drück dich doch mal verständlich aus.«

»Gefängnis«, sagte Jung. »Kodowsky ist nicht gerade ein Musterknabe, wenn ich den Hausmeister richtig verstanden habe, und da ist es doch nicht unvorstellbar, dass die Sache mit der Bohrinsel nur ein Vorwand ist und dass er in Wirklichkeit irgendwo sitzt. Es wäre offenbar nicht das erste Mal.«

»Hm«, sagte Reinhart. »Das klingt schon besser. Überprüf das doch mal ... oder nein, das kann Krause übernehmen. Denn wenn er eingefahren ist, dieser Kodowksy, dann kann er ja wohl nur schwerlich mit seinem Auto nach Dikken gondeln und es dort abstellen.«

»Hafturlaub«, sagte Jung. »Er kann es außerdem verliehen haben ... oder es ist ihm gestohlen worden.«

»Nicht unmöglich«, gab Reinhart zu und stieß eine Rauchwolke aus. »Wenn es auch so alt ist, dass das Diebstahlrisiko nicht sehr groß sein kann. Die Autodiebe von heute sind wählerisch. Nein, ich fürchte, im Moment kommen wir nicht sehr viel weiter. Oder hat hier noch irgendwer etwas auf dem Herzen?«

Das hatte niemand. Es war Viertel nach fünf an einem Samstagnachmittag, und es gab bessere Zeiten für Konversation und Spekulation.

»Dann sehen wir uns morgen Vormittag auf zwei Stunden«, erinnerte Reinhart. »Bis dahin werden wenigstens die Fingerabdrücke analysiert sein. Nicht, dass die uns viel nützen werden. Aber wir könnten auch auf ein wenig mehr von Meusse und dem Labor hoffen. Außerdem ...«

Er zog die Fotos wieder aus dem gelben Ordner und betrachtete sie zwei Sekunden lang.

»Kommt der denn außer mir niemandem hier bekannt vor?«

Jung und Rooth schauten die Bilder an und schüttelten den Kopf. Moreno runzelte für einen Moment die Stirn, dann seufzte sie und zuckte mit den Schultern.

»Vielleicht«, sagte sie. »Vielleicht ist da etwas, aber ich komme einfach nicht darauf.«

»Na ja«, sagte Reinhart. »Hoffen wir, dass es noch klick macht. Es ist von einem unbestreitbaren Vorteil, das Opfer identifizieren zu können. Was übrigens für alle Arten von Ermittlungen gilt. Darf man den Kollegen und der Kollegin einen erlesenen Samstagabend wünschen?«

»Danke gleichfalls«, sagte Moreno.

»Ich schließe mich an«, sagte Rooth.

»Darf man die Kollegin zu einem Bier einladen?«, fragte Rooth eine halbe Stunde später. »Ich verspreche, mich unter eiserner Kontrolle zu halten und keine Heiratsanträge zu machen.«

Ewa Moreno lächelte. Sie hatten gerade den Haupteingang des Polizeigebäudes passiert, und der Wind kam ihnen vor wie eine Eismaschine.

»Klingt verlockend«, sagte sie. »Aber ich habe ein Rendezvous mit meiner Badewanne und einem schlechten Roman, und ich fürchte, das kann ich nicht absagen.«

»No hard feelings«, versicherte Rooth. »Auch ich habe eine ziemlich gute Beziehung zu meiner Badewanne. Sie tanzt ebenso schlecht Tango wie ich, deshalb nehme ich an, dass wir schließlich doch zusammenbleiben werden. Man soll das hüten, was man hat.«

»Kluge Worte«, sagte Moreno. »Da kommt mein Bus.«

Sie winkte zum Abschied und lief dann eilig über den Besucherparkplatz. Rooth schaute auf die Uhr. Ich könnte auch gleich wieder hineingehen und im Büro schlafen, dachte er.

Warum soll man um diese Jahreszeit überhaupt draußen herumlaufen? Die pure Idiotie!

Trotzdem machte er sich auf den Weg zum Grote Markt und zur Straßenbahn und fragte sich unterwegs, wann er seine Badewanne wohl zuletzt richtig sauber gemacht hatte.

Gestern war es auf keinen Fall, dachte er sich schließlich.

7

Der Anruf kam um 07.15 Uhr am Sonntagmorgen und wurde von Polizeianwärter Krause angenommen. Er hielt es zuerst für einen seltsamen Zeitpunkt für einen Anruf bei der Polizei – vor allem, da ihm sehr bald aufging, worum es sich handelte, und dass die Anruferin mindestens vier Tage damit gewartet hatte –, doch dann hörte er ihrer Stimme an, dass sie in diesen vier Tagen wohl kaum zum Schlafen gekommen war. Wenn überhaupt.

Und deshalb war es wohl doch nicht so seltsam.

»Hier spricht Marlene Frey«, begann sie. »Ich wohne am Ockfener Plejn und möchte eine Vermisstenmeldung aufgeben.«

»Ich notiere«, sagte Krause.

»Es war Dienstagabend«, erklärte Marlene Frey. »Er wollte nur noch schnell etwas erledigen. Wollte später an dem Abend zu Hause sein, das hat er versprochen, aber seither habe ich nichts mehr von ihm gehört, und das ist wirklich nicht seine ... es sieht ihm überhaupt nicht ähnlich, dass ...«

»Einen Moment, bitte«, fiel Krause ihr ins Wort. »Bitte, erzählen Sie, um wen es geht. Name und Aussehen ... welche Kleidung er trug und so etwas.«

Sie schwieg für einen Moment und schien sich zu sammeln. Dann hörte er einen tiefen, ängstlichen Atemzug.

»Sicher, verzeihen Sie«, sagte sie. »Ich bin ein bisschen müde, konnte kein Auge zutun ... schon mehrere Nächte lang nicht, fürchte ich.«

»Das verstehe ich«, sagte Polizeianwärter Krause und erhielt dann alle erwünschten Auskünfte. Es dauerte höchstens zwei Minuten, doch nach Beendigung des Gesprächs blieb er fünfmal so lange an seinem Schreibtisch sitzen, starrte die eben erst notierten Personalien an und versuchte Ordnung in seine Gedanken zu bringen.

Als er eingesehen hatte, dass dies unmöglich war, griff er wieder zum Telefon und wählte Kommissar Reinharts Nummer.

Synn legte für einen Moment die Hand auf den Hörer, als sie ihn Münster reichte. Formte mit den Lippen einen Namen, den er jedoch nicht verstehen konnte. Er setzte sich auf und nannte seinen Namen.

»Reinhart. Wie geht's dir?«

»Danke der Nachfrage«, sagte Münster. »Es ist ein bisschen spät geworden.«

»Liegst du noch im Bett?«, fragte Reinhart.

»Es ist Sonntag«, teilte Münster mit. »Und es ist noch nicht einmal neun. Was hast du auf dem Herzen?«

»Etwas ganz Schreckliches ist passiert«, sagte Reinhart. »Ich brauche deine Hilfe.«

Münster dachte zwei Sekunden lang nach.

»Habt ihr so wenig Leute?«, fragte er. »Ich bin noch immer mit dieser Untersuchung beschäftigt, hast du das vergessen? Ich komme frühestens im Februar wieder zurück.«

»Das weiß ich«, sagte Reinhart.

»Und worum geht es also?«

Einen Moment lang war es still in der Leitung. Dann räusperte sich Kommissar Reinhart und brachte sein Anliegen vor.

»Verdammt«, sagte Münster. »Ja, ich bin in einer halben Stunde fertig. Natürlich komme ich.«

»Wir drehen erst eine Runde um die Stadt«, sagte Reinhart. »Ich brauche ein wenig Zeit.«

»Ich auch«, sagte Münster. »Wie ist es passiert?«

»Kräftiger Schlag auf den Kopf«, sagte Reinhart. »Totschlag oder Mord, vermutlich Letzteres.«

»Wann?«

»Vermutlich am Dienstag.«

»Am Dienstag? Aber heute ist doch schon Sonntag!«

»Er ist erst gestern gefunden worden. Und hatte keine Papiere bei sich. Er kam mir gleich so bekannt vor, aber ich habe ihn doch nur ein- oder zweimal gesehen ... ja, und dann hat heute Morgen diese Frau angerufen und ihn als vermisst gemeldet. Sie hat ihn schon identifiziert. Es gibt keinen Zweifel mehr, leider.«

Münster schwieg eine Weile und sah den Scheibenwischern bei der Arbeit zu.

Oh verdammt, dachte er. Warum muss so etwas passieren? Was hat das für einen Sinn?

Er wusste, dass das nutzlose Fragen waren, doch dass sie sich immer wieder einstellten, besaß vielleicht eine Bedeutung. Etwas, das mit Hoffnung und positivem Denken zu tun hatte. Eine Art Weigerung, vor den Mächten der Finsternis zu kapitulieren? Vielleicht ließ sich das auf diese Weise sehen, vielleicht sollte das ewige *Warum* so gedeutet werden?

»Hattest du in letzter Zeit viel Kontakt mit ihm?«, fragte Reinhart, als sie das andere Flussufer erreicht hatten und sich den Hochhäusern draußen in Leimaar näherten.

Münster zuckte mit den Schultern.

»Ein bisschen«, sagte er. »Ein paar Mal im Monat. Wir trinken ab und zu ein Bierchen miteinander.«

»Kein Badminton?«

»Zweimal pro Jahr.«

Reinhart seufzte tief.

»Wie geht es ihm?«

»Gar nicht so schlecht, glaube ich. Bis jetzt. Er hat jetzt auch eine Frau.«

Reinhart nickte.

»Ich bin wirklich dankbar dafür, dass du mitkommst.«

Münster gab keine Antwort.

»Verdammt dankbar«, sagte Reinhart. »Ich weiß nicht, ob ich das allein geschafft hätte.«

Münster holte tief Luft.

»Fahr jetzt hin«, sagte er. »Es bringt ja nichts, wenn wir es noch länger vor uns herschieben. Hast du angerufen und gefragt, ob er zu Hause ist?«

Reinhart schüttelte den Kopf.

»Nein. Aber er ist zu Hause, das spüre ich. Wir kommen nicht daran vorbei.«

»Nein«, sagte Münster. »Wir nicht und er auch nicht.«

Im Bereich von Klagenburg herrschte Parkplatzmangel. Nachdem er zweimal um den Block gefahren war, entdeckte Reinhart an der Ecke Morgenstraat und Ruyder Allee eine Nische. Von dort aus mussten sie noch zweihundert Meter durch den Regen gehen, bis sie dann an der Tür von Nummer vier klingeln konnten.

Anfangs war von drinnen keine Reaktion zu hören, doch nach einem weiteren unbarmherzigen Signal hörten sie jemanden die Treppe herunterkommen. Ehe die Tür geöffnet wurde, merkte Münster, dass er – trotz des Regens – im Mund wie ausgedörrt war, und er fragte sich plötzlich, ob er wohl überhaupt ein Wort über die Lippen bringen würde. Die Tür wurde einen Spaltbreit geöffnet.

»Guten Morgen«, sagte Reinhart. »Dürfen wir hereinkommen?«

Van Veeteren trug etwas Dunkelblaues und Rotes, bei dem es sich vermutlich um einen Schlafrock handelte – oder irgendwann gehandelt hatte –, und etwas Braunes, das sicher ein Paar Pantoffeln vorstellen sollte. Er sah nicht besonders wach aus und hielt unter dem Arm eine zusammengerollte Zeitung.

»Reinhart?«, fragte er verdutzt und riss die Tür sperrangelweit auf. »Und Münster? Was zum Teufel?«

»Ja«, brachte Münster heraus. »Das kannst du wohl sagen.«

»Kommt rein«, sagte Van Veeteren und schwenkte die Zeitung. »Was für ein Scheißwetter. Was ist denn los?«

»Wir setzen uns erst«, sagte Reinhart.

Sie gingen die Treppe hoch. Wurden in das ziemlich abgenutzte Schlafzimmer geführt und ließen sich jeder in einen Sessel sinken. Van Veeteren blieb stehen. Dann biss Münster sich in die Wange und fasste sich ein Herz.

»Dein Sohn. Erich. Es tut mir Leid, aber Reinhart behauptet, er sei ermordet worden.«

Danach fiel ihm ein, dass er die Augen zugekniffen hatte, als er das gesagt hatte.

8

Als Jung und Rooth am Sonntag gegen zwei vor der Trattoria Commedia parkten, machte der Regen aus irgendeinem Grund gerade Pause. Zwei Männer von der Spurensicherung waren noch immer unter Leitung von Inspektor Le Houde mit dem verlassenen Peugeot beschäftigt; das Gelände um den Wagen und um die zehn Meter entfernte Fundstelle war mit rotweißen Bändern abgesperrt.

Dazwischen verlief ein schmaler Korridor. Rooth blieb stehen und kratzte sich am Kopf.

»Was suchen die denn eigentlich in dem Auto?«

»Keine Ahnung«, sagte Jung. »Er hat ihn sich vor zwei Monaten von diesem Knastbruder ausgeliehen. Vielleicht ist der irgendwie in die Sache verwickelt.«

»Aber Elmer Kodowsky hat ihm offenbar nicht den Schädel eingeschlagen«, sagte Rooth. »Der hatte schon seit acht Wochen keinen Hafturlaub mehr, ein besseres Alibi kannst du lange suchen.«

»Vielleicht«, sagte Jung. »Machen wir uns jetzt über den Barkeeper her oder willst du hier noch lange herumlungern und Flöhe fangen?«

»Ich bin so weit«, sagte Rooth. »Verdammte Scheiße, das gefällt mir überhaupt nicht. Es gefällt mir nicht, wenn die Verbrechen sozusagen über uns hereinbrechen und uns selber treffen. So einer wie VV müsste doch ein Recht auf Immunität oder so haben.«

»Ich weiß«, sagte Jung. »Sei lieber ruhig. Wir machen jetzt unsere Arbeit und dann fahren wir Kaffee trinken.«

»All right«, sagte Rooth. »Ganz deiner Meinung.«

Der Barkeeper hieß Alois Kummer und sah auch so aus.

Ansonsten war er jung, sonnengebräunt und kräftig, deshalb konnte Jung diese traurige Miene auch nicht so recht verstehen. Sie setzten sich ihm gegenüber an die Bar, die ansonsten ganz und gar menschenleer war; solange keine Kundschaft auftauchte, konnten sie sich auch hier unterhalten. Das fanden jedenfalls Jung und Rooth. Herr Kummer schien diese Ansicht zu teilen, denn er brachte keine Einwände vor.

»Sie hatten am Dienstag Dienst?«, fragte Jung.

»Nur bis neun«, sagte Kummer.

»Wir konzentrieren uns auf diesen Zeitraum«, sagte Rooth. »War hier viel Betrieb?«

Kummer zeigte die Zähne. Die sahen stark und frisch aus und wollten wohl ein ironisches Lächeln darstellen.

»Wie viele Gäste?«, fragte Jung.

»Ein Dutzend vielleicht«, sagte Kummer. »Höchstens. Möchten Sie etwas trinken?«

Jung schüttelte den Kopf. Rooth legte die Fotos auf den Tresen.

»Diese Person hier?«, fragte er. »War dieser Mann hier? Antworten Sie erst, wenn Sie sich sicher sind.«

Der Barkeeper musterte die Bilder zehn Sekunden lang und spielte an seinem Ohrring herum.

»Ich glaube schon«, sagte er.

»Glauben?«, fragte Rooth. »Sind Sie religiös?«

»Sehr witzig«, sagte Kummer. »Doch, er war hier. Hat an einem der Tische da drüben gegessen, ich habe nicht weiter über ihn nachgedacht.«

»Um welche Uhrzeit?«, fragte Jung.

»Zwischen fünf und sechs ungefähr ... Ja, er ist um Viertel nach sechs gegangen, kurz bevor Helene gekommen ist.«

»Helene?«, fragte Jung.

»Sie arbeitet in der Küche.«

»Sind Sie mit ihr zusammen?«, fragte Rooth.

»Was zum Teufel hat das mit der Sache zu tun?«, fragte Kummer und sah jetzt gereizt aus.

»Man weiß ja nie«, sagte Rooth. »Das Leben ist ein Gewusel aus seltsamen Zusammenhängen.«

Jung hustete, um das Thema zu wechseln.

»War er allein oder mit anderen zusammen?«, fragte er.

»Allein«, antwortete Kummer wie aus der Pistole geschossen.

»Die ganze Zeit?«

»Die ganze Zeit.«

»Wie viele Gäste waren überhaupt hier? Zwischen fünf und sechs, meine ich.«

Kummer dachte nach.

»Nicht viele«, sagte er. »Vielleicht vier oder fünf.«

»Scheint nicht gerade Hochsaison zu sein«, sagte Rooth.

»Würden Sie bei diesem Wetter Golf spielen wollen?«, fragte Kummer.

»Golf?«, fragte Rooth. »Ist das dieses Eierkullern auf grünem Rasen?«

Kummer gab keine Antwort, die Tätowierung auf seinem Unterarm fing jedoch an bedrohlich zu zittern.

»Er hat also nicht hier gesessen«, Jung versuchte den Faden wieder aufzunehmen. »Um einen zu trinken, oder so?«

Kummer schüttelte den Kopf.

»Wie viele waren in der Bar?«

»Zwei oder drei vielleicht ... so genau weiß ich das nicht mehr. Es waren auch einige nur für ein paar Minuten hier, glaube ich. Das kommt ja häufiger vor.«

»Hm«, sagte Jung. »Als er gegangen ist, dieser einsame Essensgast ... da ist Ihnen nicht aufgefallen, dass ihm jemand gefolgt ist? Nach ganz kurzer Zeit, meine ich?«

»Nein«, sagte Kummer. »Wie zum Teufel sollte ich mich daran erinnern können?«

»Das weiß ich nicht«, sagte Jung. »Aber es ist nun einmal so, dass er hier draußen auf dem Parkplatz erschlagen worden ist, vermutlich nur wenige Minuten nach Verlassen dieses Lokals, und deshalb wäre es nicht schlecht, wenn Sie versuchen würden, sich zu erinnern.«

»Ich gebe mir alle Mühe«, erklärte Kummer.

»Sehr gut«, sagte Rooth. »Wir wollen ja nichts Unmögliches von Ihnen. Wenn Sie an diesen Abend denken, fällt Ihnen dann irgendetwas auf ... etwas, das auf irgendeine Weise anders war? Oder bemerkenswert?«

Wieder dachte Kummer nach.

»Ich glaube nicht«, sagte er. »Nein, alles war wie immer, nur ... sehr ruhig.«

»War er schon früher einmal hier, dieser Mann?«, fragte Jung und tippte mit dem Kugelschreiber auf die Fotos.

»Nein«, sagte Kummer. »Nicht, wenn ich hier gearbeitet habe jedenfalls.«

»Sie scheinen sich Gesichter gut merken zu können?«

»Ja, ich kann mich normalerweise an Menschen erinnern, die mir einmal begegnet sind.«

»Wie lange arbeiten Sie schon hier?«

»Drei Monate«, sagte Kummer.

Rooth entdeckte weiter unten auf dem Tresen eine Schale mit Erdnüssen. Er rutschte von seinem Barhocker, ging hin und nahm sich eine Hand voll. Der Barmann betrachtete ihn mit skeptisch gerunzelter Stirn. Jung räusperte sich.

»Dieser Wagen«, sagte er. »Der Peugeot draußen auf dem Parkplatz ... der steht also seit Dienstag hier?«

»Das habe ich gehört«, sagte Kummer. »Mir ist das erst heute aufgefallen.«

»Gesichter können Sie sich besser merken als Autos?«
»Richtig«, sagte Kummer.
»Was war am Dienstagabend für Wetter?«
Kummer zuckte mit den Schultern.
»Es war grau, nehme ich an. Und windig. Aber die Bar liegt ja im Haus, wie Ihnen vielleicht aufgefallen ist.«
»Was Sie nicht sagen«, sagte Rooth und nahm sich die restlichen Erdnüsse.
»Wie kommen Sie selber her?«, fragte Jung. »Parken Sie auch hier? Denn Sie wohnen doch sicher nicht in Dikken?«
Kummer schüttelte den Kopf und zeigte wieder seine Zähne.
»Meistens mit der Straßenbahn«, sagte er. »Manchmal nehmen Helene oder irgendwer von den anderen mich mit. Aber die Angestellten hier benutzen den Parkplatz nie. Wir haben hinter dem Haus ein paar private Plätze.«
»Wie viele Angestellte gibt es hier?«, fragte Roth.
»Ungefähr ein Dutzend«, erklärte Kummer. »Aber im Dienst sind immer nur drei oder vier. Diese Jahreszeit ist hier Nebensaison, wie gesagt.«
»Wie gesagt, ja«, sagte Rooth und schaute sich in dem leeren Lokal um. »Und Sie wissen nicht, wer der Mörder ist, oder?«
Kummer fuhr zusammen.
»Was zum Teufel?«, sagte er. »Natürlich weiß ich das nicht. Wir können ja wohl nichts dafür, dass jemandem auf unserem Parkplatz etwas zustößt.«
»Natürlich nicht«, sagte Rooth. »Nein, ich glaube, wir können uns für diesmal herzlich bei Ihnen bedanken. Vielleicht kommen wir wieder.«
»Wieso denn?«, fragte Kummer.
»Weil wir so arbeiten«, sagte Jung.
»Weil wir gern Erdnüsse essen«, sagte Rooth.

Am Sonntagabend gingen Moreno und Reinhart zusammen zum Ockfener Plejn. Er lag nicht weit vom Polizeigebäude entfernt, und deshalb ließen sie trotz Wind und strömendem Regen den Wagen stehen.

»Tut gut, sich ein wenig frischen Wind um die Birne blasen zu lassen«, erklärte Reinhart. »Bringt ja manchmal was, wenn äußere und innere Landschaft übereinstimmen.«

»Wie hat er es aufgenommen?«, fragte Moreno.

Reinhart schwieg eine Weile.

»Ich weiß nicht«, sagte er dann. »Ich will verdammt sein, wenn ich das weiß. Redseliger hat es ihn jedenfalls nicht gemacht. Münster ist das alles sehr schwer gefallen. Es war einfach grauenhaft.«

»War er allein?«

»Nein. Gott sei Dank war seine neue Frau bei ihm.«

»Gott sei Dank«, sagte auch Moreno. »Ist die in Ordnung?«

»Ich glaube schon«, sagte Reinhart.

Sie erreichten den Alten Platz und fanden das Haus. Eine Zeile aus schmalen Häusern mit hohen, schmalen Giebeln; ziemlich heruntergekommen, verrußte Fassaden und wackelige Fenster. Eine kurze Treppe führte zur Haustür hoch, und Moreno drückte auf den Knopf neben dem handgeschriebenen Namensschild.

Nach einer halben Minute und einem abermaligen Klingeln öffnete Marlene Frey. Ihr Gesicht wirkte ein wenig geschwollen, ihre Augen sahen ungefähr dreimal so rotgeweint aus wie am Vormittag, als Moreno sie in ihrem Büro im Polizeigebäude vernommen hatte. Aber trotzdem strahlte die schmächtige Frau auch Willenskraft und Stärke aus.

Moreno registrierte, dass sie sich umgezogen hatte; sie trug jetzt zwar nur eine andere Jeans und einen gelben Pullover anstelle eines roten, aber vielleicht wies es doch darauf hin, dass sie bereits begonnen hatte, die Tatsachen zu akzeptieren. Dass sie eingesehen hatte, dass das Leben weitergehen musste. Sie schien auch keine Beruhigungsmittel genommen zu haben. Aber das war natürlich schwer zu beurteilen.

»Hallo«, sagte Moreno. »Haben Sie ein wenig schlafen können?«

Marlene Frey schüttelte den Kopf.

Moreno stellte Reinhart vor, und sie gingen die schmale Treppe in den dritten Stock hinauf.

Zwei kleine Zimmer und eine schmale, ausgekühlte Küche, das war alles. Weinrote Wände und ein Minimum an Möbeln, vor allem große Kissen und dazu passende Decken auf Sitzen oder Liegen. Einige große grüne Topfpflanzen und zwei Plakate. Vor dem Gasofen im größeren Zimmer standen zwei Korbsessel und ein niedriger Hocker. Marlene Frey setzte sich auf den Hocker und wies Moreno und Reinhart die Sessel an.

»Kann ich Ihnen etwas anbieten?«

Moreno schüttelte den Kopf. Reinhart räusperte sich.

»Wir wissen, dass das alles ganz entsetzlich für Sie ist«, sagte er.

»Aber wir müssen Ihnen trotzdem einige Fragen stellen. Melden Sie sich, wenn es Ihnen zu viel wird, wir können auch morgen weitermachen.«

»Wir machen es jetzt«, sagte Marlene Frey.

»Ist niemand bei Ihnen?«, fragte Moreno. »Eine Freundin oder so?«

»Heute Abend kommt eine. Ich schaffe das schon, Sie brauchen sich keine Sorgen zu machen.«

»Sie haben hier also zusammen gewohnt?«, fragte Reinhart und rückte näher an den Ofen heran. Offenbar war der die einzige Wärmequelle in der Wohnung, und man tat besser daran, sich nicht allzu weit davon zu entfernen.

»Ja«, sagte Marlene Frey. »Wir wohnen hier. Oder haben hier gewohnt ...«

»Wie lange waren Sie zusammen?«, fragte Moreno.

»So ungefähr zwei Jahre.«

»Sie wissen, wer sein Vater ist?«, fragte Reinhart. »Das hat natürlich nichts mit dem Fall zu tun, macht alles in unseren Augen aber noch etwas unangenehmer. Auch wenn ...«

»Ich weiß«, fiel Marlene Frey ihm ins Wort. »Sie hatten nicht sehr viel Kontakt.«

»Das wissen wir«, Reinhart nickte. »Gab es denn überhaupt welchen? Kontakt, meine ich?«

Marlene Frey antwortete nicht sofort.

»Ich bin ihm nie begegnet«, sagte sie. »Aber ich glaube ... ich glaube, es ging jetzt ein wenig besser.«

Reinhart nickte.

»Haben sie sich manchmal getroffen?«, fragte Moreno.

»Erich war im Herbst zweimal bei ihm. Aber das spielt jetzt doch keine Rolle mehr.«

Ihre Stimme zitterte, und sie fuhr sich hastig mit den Handflächen übers Gesicht, um sich wieder zu sammeln. Ihre roten Haare sahen gefärbt und ein wenig ungepflegt aus, wie Moreno feststellte, aber es gab immerhin keine sichtbaren Anzeichen von Drogenmissbrauch.

»Wenn wir uns auf den Dienstag konzentrieren«, schlug Reinhart vor, während er zugleich Pfeife und Tabak hervorzog und auf Marlene Freys zustimmendes Nicken wartete.

»Erich ist also zu diesem Restaurant in Dikken gefahren«, sagte Moreno. »Haben Sie irgendeine Vorstellung, was er dort wollte?«

»Nein«, sagte Marlene Frey. »Nicht die Geringste. Wie ich heute Morgen schon gesagt habe.«

»Hatte er irgendeine Arbeit?«, fragte Reinhart.

»Er hat alles Mögliche gemacht«, sagte Marlene Frey. »Ist als Schreiner und Anstreicher und Handwerker eingesprungen ... auf allerlei Baustellen und so. Vor allem schwarz, fürchte ich, aber so ist es nun einmal. Er war so geschickt!«

»Und Sie selber?«, fragte Moreno.

»Mache einen Kurs für Arbeitslose. Buchführung und Computer und solchen Dreck, aber ich bekomme Sozialhilfe. Helfe in zwei Läden aus, wenn die Leute mich brauchen. Wir kommen schon zurecht ... sind zurechtgekommen. Finanziell, meine ich. Erich hat auch manchmal in einer Druckerei gearbeitet. Bei Stemminger.«

»Ich verstehe«, sagte Reinhart. »Er hatte ja allerlei mitgemacht, wie man sagt ...«

»Wer hat das nicht?«, fragte Marlene Frey. »Aber wir waren auf dem richtigen Weg, das müssen Sie mir glauben.«

Für einen Moment schien sie wieder in Tränen ausbrechen zu wollen, aber dann holte sie tief Atem und putzte sich die Nase.

»Erzählen Sie über den Dienstag«, bat Reinhart.

»Da gibt es nicht viel zu erzählen«, sagte Marlene Frey. »Ich bin vormittags zum Kurs gegangen, danach habe ich zwei Stunden in dem Laden in der Kellnerstraat ausgeholfen. Ich habe Erich nur kurz zwischen eins und zwei hier zu Hause gesehen, er wollte jemandem mit einem Boot helfen und abends dann noch etwas erledigen.«

»Mit einem Boot?«, fragte Reinhart. »Mit was für einem Boot denn?«

»Es gehörte einem Freund von ihm«, sagte Marlene Frey. »Es ging wohl um die Einrichtung.«

Moreno bat sie, Namen und Adresse zu notieren, und das tat sie, nachdem sie in einem aus der Küche geholten Adressbuch nachgesehen hatte.

»Und diese Sache am Abend«, fragte Reinhart nach. »Worum ging es dabei?«

Marlene Frey zuckte mit den Schultern.

»Ich weiß nicht.«

»War es ein Auftrag?«

»Vermutlich.«

»Oder etwas anderes?«

»Wie meinen Sie das?«

»Tja ... etwas, das kein Auftrag war, eben ...«

Marlene Frey griff zu ihrem Taschentuch und putzte sich noch einmal die Nase. Sie kniff die Augen zusammen.

»Ich habe verstanden«, sagte sie. »Ich habe genau verstanden. Nur wegen seines berühmten Vaters sitzen Sie hier und sind so verdammt höflich. Ansonsten würden Sie ihn sicher behandeln wie jeden hergelaufenen Penner. Und mich wie eine drogensüchtige Nutte.«

»Nein, wirklich ...«, begann Moreno.

»Sie brauchen sich nicht zu verstellen«, sagte Marlene Frey. »Ich weiß, wie das läuft. Erich hatte einiges auf dem Gewissen, aber während der letzten Jahre war damit wirklich Schluss. Wir nehmen keinerlei Drogen mehr und sind nicht krimineller als andere. Aber es wäre sicher nicht möglich, das der Bullerei klar zu machen?«

Weder Moreno noch Reinhart antworteten. Marlene Freys Ausbruch blieb eine Weile im warmen Schweigen über dem Ofen hängen. Die Scheiben klirrten, wenn draußen auf der Straße eine Straßenbahn vorüberscheppterte.

»Na gut«, sagte Reinhart. »Ich habe verstanden und vielleicht haben Sie Recht. Aber die Sache ist nun einmal so, wie sie ist, und es wäre doch verdammt komisch, wenn Sie uns Vorwürfe machten, weil wir die Leute ausnahmsweise einmal anständig behandeln ... Ich glaube, wir haben die Lage im Blick, ohne noch weiter darüber reden zu müssen. Wollen wir weitermachen?«

Marlene Frey zögerte zunächst. Dann nickte sie.

»Dikken?«, fragte Reinhart. »Was wollte er denn da? Irgendeine vage Vorstellung müssen Sie doch zumindest haben?«

»Es kann alles Mögliche gewesen sein«, sagte Marlene Frey. »Möglicherweise suchen Sie ja nach Hinweisen in Richtung Drogen, aber ich kann Ihnen versichern, dass davon nicht die Rede sein kann. Erich hatte schon damit aufgehört, als wir uns kennen gelernt haben.«

Reinhart musterte sie ausgiebig.

»Na gut, dann verlassen wir uns darauf«, sagte er. »Worum kann es sonst gegangen sein? Geldmäßig, meine ich ... oder wollte er sich einfach nur mit einem Kumpel treffen? Irgendwem einen Gefallen tun?«

Marlene Frey dachte nach.

»Ich glaube, es war ein Job«, sagte sie dann. »Irgendein Job.«

»Hat er gesagt, dass er nach Dikken wollte?«

»Nein.«

»Und auch nicht, worum es ging?«

»Nein.«

»Nicht einmal eine Andeutung?«

»Nein.«

»Und Sie haben nicht gefragt?«

Marlene Frey schüttelte den Kopf und seufzte.

»Nein«, sagte sie. »Erich konnte sieben oder acht verschiedene Jobs pro Woche haben, wir haben nur ausnahmsweise darüber gesprochen.«

»Und wann wollte er wieder hier sein?«, fragte Moreno.

Wieder dachte Marlene Frey nach.

»Das habe ich mich ja auch gefragt, aber ich bin mir nicht sicher. Ich hatte gedacht, er würde so gegen acht oder neun wieder zu Hause sein, aber ich bin mir nicht sicher, ob er es wirklich gesagt hat. O verdammt!«

Sie biss sich auf die Lippe, und Moreno sah, dass ihre Augen jetzt voller Tränen standen.

»Weinen Sie«, sagte sie. »Es geht beides, zur gleichen Zeit zu sprechen und zu weinen.«

Marlene Frey befolgte diesen Rat sofort. Moreno beugte sich vor und streichelte ein wenig unbeholfen ihre Hände, während Reinhart in seinem Korbsessel unruhig hin und her rutschte. Sich an seiner Pfeife zu schaffen machte und sich Feuer gab.

»Namen«, fragte Moreno, nachdem Marlene Frey sich wieder beruhigt hatte. »Er hat im Zusammenhang mit seinen Plänen für Dienstagabend keine Namen erwähnt?«

Marlene Frey schüttelte den Kopf.

»Wissen Sie, ob er auch früher schon einmal dort war? Ob er häufiger hingefahren ist?«

»Nach Dikken?« Sie lachte auf. »Nein, da draußen, das ist ja wohl kaum unsere Szene, oder was meinen Sie?«

Moreno lächelte kurz.

»Und er hatte in letzter Zeit keine besonderen Sorgen? Ist irgendetwas passiert, das Sie mit dem Unglück in einen Zusammenhang bringen könnten?«

Marlene Frey fuhr sich mit dem Arm über die Augen und dachte wieder nach.

»Nein«, sagte sie. »Mir fällt jedenfalls nichts ein.«

»Keine neuen Bekanntschaften oder so?«

»Nein. Erich kannte ungeheuer viele Leute ... von allen Sorten, könnte man wohl sagen.«

»Ich verstehe«, sagte Reinhart. »Diesen Elmer Kodowsky, zum Beispiel ... von dem er sich das Auto geliehen hatte?«

»Zum Beispiel, ja«, sagte Marlene Frey.

»Sie hatten in letzter Zeit keinen Kontakt zu ihm?«

Sie schüttelte den Kopf.

»Er sitzt ja. Ich weiß nicht, wo. Er war ein alter Kumpel von Erich ... ich kenne ihn nicht näher. Hab ihn nur einige Male gesehen.«

»Haben Sie sich vielleicht selber auf irgendeine Weise bedroht gefühlt?«, fragte Moreno.

»Ich?«, erwiderte Marlene Frey und sah aufrichtig überrascht aus. »Nein, wirklich nicht.«

Sie schwiegen eine Weile. Marlene Frey beugte sich noch weiter zum Herd vor und rieb sich im warmen Gebläse die Hände.

»Sie haben lange gewartet, ehe Sie die Polizei informiert haben«, sagte Reinhart.

»Ich weiß.«

»Warum?«

Sie zuckte mit den Schultern.

»Vielleicht liegt die Antwort in der Natur der Sache. Oder was glauben Sie?«

Reinhart schwieg.

»Hatten Sie irgendwelchen Kontakt zu Erichs Mutter?«, fragte Moreno.

»Nein«, erklärte Marlene Frey. »Eigentlich nicht. Aber ich würde gern mit seinem Vater sprechen, wenn Sie dem über den Weg laufen. Ich muss ihm etwas sagen.«
»Ach?«, fragte Reinhart. »Was denn?«
»Das sage ich ihm selbst«, erklärte Marlene Frey.

Danach saßen sie eine Weile im Café Gambrinus und versuchten ihre Eindrücke zusammenzutragen.
»Bisher hilft uns das nicht gerade weiter«, meinte Reinhart. »Oder was sagst du? Ach, verdammt.«
»Nein, nicht sehr«, stimmte Moreno zu. »Aber es sieht ja fast so aus, als ob er da draußen mit seinem Mörder ein Rendezvous gehabt hätte. Obwohl er sicher nicht ahnen konnte, wie es enden würde. Das Seltsame ist, dass er allein im Restaurant gewartet hat. Wenn wir uns auf Jung und Rooth verlassen können, meine ich ... das könnte doch darauf hinweisen, dass die Person, die er treffen wollte, niemals aufgetaucht ist.«
»Möglich«, sagte Reinhart. »Aber es kann auch sehr viel einfacher gewesen sein, das sollten wir nicht vergessen.«
»Wie meinst du das?«, fragte Moreno und trank einen Schluck Glühwein.
»Ein einfacher Überfall«, sagte Reinhart. »Ein Junkie mit einem Hammer, der ein wenig Bargeld brauchte. Erich ist doch total ausgeplündert worden, sogar Zigaretten und Schlüssel fehlten, das sollte uns etwas sagen.«
Moreno nickte.
»Glaubst du, es war so?«, fragte sie.
»Vielleicht, vielleicht nicht«, sagte Reinhart. »Es braucht auch nicht derselbe gewesen zu sein ... der, der ihn getötet hat, und der spätere Leichenfledderer, meine ich. Dieser Typ, der angerufen und den Leichenfund gemeldet hat, hatte doch garantiert Dreck am Stecken, meinst du nicht?«
»Vermutlich ja«, sagte Moreno. »Auf jeden Fall glaube ich, dass wir es hier nicht einfach mit einem normalen Überfall zu tun haben. Es steckt mehr dahinter, aber vielleicht meine

ich das auch nur, weil gerade Erich das Opfer ist, was weiß ich ... und natürlich ist es eine reichlich schräge Argumentation.«

»In der Welt der Gedanken gibt es allerlei Schräges«, sagte Reinhart. »Intuition und Vorurteile riechen im Grunde ziemlich ähnlich. In diesem Fall finde ich, sollten wir hiermit anfangen.«

Er zog das abgegriffene Wachstuchheft hervor, das Marlene Frey ihnen überlassen hatte – gegen die Zusicherung, es gleich nach dem Kopieren zurückzubringen.

»Das muss der Beweis dafür sein, dass sie inzwischen auf dem Pfad der Tugend wandelten«, sagte Moreno. »Leute, die kein reines Gewissen haben, würden der Polizei doch niemals freiwillig ihr Adressbuch überlassen.«

Reinhart blätterte im Heft und machte ein besorgtes Gesicht.

»Verdammt viele Leute«, seufzte er. »Ich glaube, wir müssen noch einmal mit ihr reden und sie um ein paar Hintergrundinformationen bitten.«

»Das mache ich morgen«, versprach Moreno. »Und jetzt lass uns gehen. Ich glaube nicht, dass wir heute Abend noch ein goldenes Ei legen.«

Reinhart schaute auf die Uhr.

»Da hat die Inspektorin sicher Recht«, sagte er. »Eins steht jedenfalls fest.«

»Was denn?«, fragte Moreno.

»Wir müssen das hier lösen. Und wenn wir bis zur Jahrhundertwende keinen einzigen verdammten Fall mehr aufklären, bei diesem hier muss es uns gelingen. Das sind wir ihm schuldig. Das ist das Mindeste, was wir für ihn tun können.«

Moreno stützte den Kopf auf die Hände und dachte nach.

»Bei jedem anderen würde ich denken, dass aus dir reichlich überspannte Pfadfindermoral spricht«, sagte sie. »Aber ich muss zugeben, dass ich deiner Ansicht bin. Es ist schlimm, so wie es ist, und es wird noch schlimmer, wenn wir den Mörder ungeschoren davonkommen lassen. Meldest du dich morgen wieder bei ihm? Er will vielleicht wissen, wie es weitergeht.«

»Ich habe versprochen, ihn auf dem Laufenden zu halten«, sagte Reinhart. »Und das werde ich auch tun. Ob ich nun will oder nicht.«

Moreno nickte düster. Dann tranken sie aus und überließen das Café, die Stadt und die Welt ihrem Schicksal.

Zumindest für einige Stunden.

9

Er erwachte und schaute auf die Uhr.

Viertel vor fünf. Er hatte zwanzig Minuten geschlafen.

Erich ist tot, dachte er. Es ist kein Traum. Er ist tot, das ist Wirklichkeit.

Er spürte, wie seine Augen in ihren Höhlen brannten. Als wollten sie sich aus seinem Kopf drängen. Ödipus, dachte er. Ödipus Rex ... für den Rest des Lebens blind umherirren und Gnade suchen, vielleicht wäre das etwas. Vielleicht ergäbe das einen Sinn. Erich. Erich ist tot. Mein Sohn.

Es war seltsam, wie der eine Gedanke Stunde um Stunde sein ganzes Bewusstsein ausfüllen konnte. Dieselben drei Wörter – im Grunde war es nicht einmal ein Gedanke, sondern nur diese Wortzusammenstellung, undurchdringlich wie ein Mantra in einer fremden Sprache: Erich ist tot, Erich ist tot. Minute um Minute, Sekunde um Sekunde, jeder Bruchteil jeden Augenblicks jeder Sekunde. Erich ist tot.

Oder vielleicht war es auch überhaupt nicht seltsam. Vermutlich musste es einfach so sein. Und würde in alle Zukunft so bleiben. Dies hier war der Grundstein für sein künftiges Leben. Erich war tot. Sein Sohn hatte ihn endlich in Besitz genommen; durch seinen Tod hatte er endlich die ganze Aufmerksamkeit und Liebe seines Vaters gewonnen. Erich. So war es. Ganz einfach.

Ich werde zerbrechen, dachte Van Veeteren. Ich werde in Stücke zerfallen und untergehen, und es ist mir egal. Wäre doch gut, noch rechtzeitig zu sterben.

Die Frau neben ihm bewegte sich und erwachte. Ulrike. Ulrike Fremdli. Die trotz aller Zweifel und Seelenkrämpfe seine Frau geworden war. Seiner Krämpfe, nicht ihrer.

»Hast du ein bisschen geschlafen?«

Er schüttelte den Kopf.

»Gar nicht?«

»Eine halbe Stunde.«

Sie fuhr mit einer warmen Hand über seine Brust und seinen Bauch.

»Möchtest du eine Tasse Tee? Ich kann gern eine machen.«

»Nein, danke.«

»Möchtest du reden?«

»Nein.«

Sie drehte sich um. Rückte näher an ihn heran, und nach einer Weile hörte er ihrem Atem an, dass sie wieder eingeschlafen war. Er wartete noch einige weitere Minuten, dann stand er vorsichtig auf, steckte die Decke um sie fest und ging in die Küche.

Die roten Digitalziffern des Transistorradios vor dem Fenster zeigten 04.55 Uhr. Draußen war noch immer schwarze Nacht; nur einige schräge Lichtstrahlen einer Straßenlaterne fielen in eine Ecke des dunklen Hauses auf der anderen Straßenseite. Guijdermann, die stillgelegte Bäckerei. Die Gegenstände, die er in der Küche erkennen konnte, waren in dasselbe tote Licht gehüllt. Herd, Spülbecken. Das Regal über dem Vorratsschrank, der Zeitungsstapel im Korb in der Ecke. Er öffnete die Kühlschranktür und ließ sie wieder zufallen. Nahm ein Glas aus dem Geschirrschrank und trank normales Leitungswasser. Erich ist tot, dachte er. Tot.

Er kehrte ins Schlafzimmer zurück und zog sich an. Ulrike drehte sich derweil im Bett unruhig einige Male um, erwachte aber nicht. Er schlich sich in die Diele und zog die Tür hinter sich zu. Zog Schuhe, Schal und Mantel an. Verließ die Wohnung und ging auf leisen Sohlen die Treppe hinunter und hinaus auf die Straße.

Ein leichter Regen fiel – oder trieb eigentlich umher, wie ein weicher Vorhang aus schwebenden, federleichten Tropfen. Es musste an die sieben, acht Grad über Null sein. Kein nennenswerter Wind und die Straßen verlassen, wie vor einem lange erwarteten Bombenangriff. Dunkel und in sich verschlossen – mitsamt dem geheimnislosen Schlaf der in der Nähe gelegenen Wohnungen.

Erich ist tot, dachte er und ging los.

Anderthalb Stunden später kehrte er zurück. Ulrike saß in der dämmrigen Küche, hielt eine Teetasse in den Händen und wartete auf ihn. Er ahnte ihre Aura aus vorwurfsvoller Unruhe und Mitleid, aber sie traf ihn nicht mehr als ein falsch verbundener Anruf oder eine formelle Beileidsbekundung.

Hoffentlich hält sie das durch, dachte er. Hoffentlich reiße ich sie nicht mit mir.

»Du bist nass«, sagte sie. »Bist du weit gegangen?«

Er zuckte mit den Achseln und setzte sich ihr gegenüber.

»Bis nach Löhr«, sagte er. »Es regnet nicht so schrecklich.«

»Ich bin eingeschlafen. Es tut mir Leid.«

»Ich musste einfach an die Luft.«

Sie nickte. Eine halbe Minute verging, danach streckte sie ihre Hände quer über den Tisch. Ließ sie halb geöffnet einige Dezimeter vor ihm liegen, und nach einer Weile griff er danach. Umschloss sie mit seinen eigenen und drückte sie zweifelnd. Begriff, dass sie auf etwas wartete. Dass er etwas sagen musste.

»Als ich ein Kind war, kannte ich ein altes Ehepaar«, fing er an. »Sie hießen Bloeme.«

Sie nickte vage und machte ein fragendes Gesicht. Er ließ seinen Blick eine Weile auf ihrem Gesicht ruhen, dann fuhr er fort:

»Vielleicht nicht so schrecklich alt, aber sie kamen mir vor wie die ältesten Menschen auf der Welt. Sie wohnten in unserer Gegend, einige Häuser weiter, und sie verließen fast nie das Haus. Nur sonntagnachmittags ließen sie sich ab und zu sehen, und dann ... dann verstummte alles Leben, und alle Spiele auf der Straße wurden eingestellt. Sie gingen immer Arm in Arm auf der schattigen Straßenseite, der Mann trug immer einen Hut, und immer strahlten sie tiefe Trauer aus. Eine Wolke aus Trauer. Meine Mutter hat mir ihre Geschichte erzählt, ich war höchstens sieben oder acht, glaube ich. Bloemes hatten einmal zwei Töchter, zwei schöne junge Mädchen, die in einem Sommer zusammen nach Paris gefahren sind. Dort wurden beide unter einer Brücke ermordet, und seither hatten ihre Eltern keinen Kontakt mehr zu anderen Menschen. Die beiden Töchter kamen in zwei französischen Särgen zurück. Ja, das war ihre Geschichte ... wir Kinder beobachteten sie immer mit dem größtmöglichen Respekt. Mit höllischer Hochachtung, ganz einfach.«

Er verstummte und ließ Ulrikes Hände los.

»Kinder sollten nicht vor ihren Eltern sterben.«

Sie nickte.

»Möchtest du eine Tasse Tee?«

»Danke. Wenn du ein paar Tropfen Rum hineingibst.«

Sie stand auf. Ging hinüber zur Anrichte und schaltete den elektrischen Wasserkocher ein. Suchte eine Weile zwischen den Flaschen im Schrank. Van Veeteren blieb am Tisch sitzen. Faltete die Hände und stützte das Kinn auf die Fingerknöchel. Kniff die Augen zu und spürte dabei wieder, wie sehr sie in ihren Höhlen wehtaten. Ein brennender Schmerz, der von dort bis in die Schläfen wanderte.

»Ich habe das schon einmal erlebt.«

Ulrike drehte sich um und sah ihn an.

»Nein, ich meine nicht bei der Arbeit. Aber ich habe mir Erichs Tod schon so oft vorgestellt ... dass ich ihn begraben müsste, nicht umgekehrt. Nicht in letzter Zeit, es ist schon länger her. Acht oder zehn Jahre. Ich habe mir das damals ziemlich deutlich vorgestellt ... den Vater, der seinen Sohn begräbt, ich weiß nicht, vielleicht tun das ja alle Eltern.«

Sie stellte zwei dampfende Tassen auf den Tisch und setzte sich wieder ihm gegenüber.

»Ich nicht«, sagte sie. »Jedenfalls nicht so detailliert. Warum hast du dich damit gequält? Es muss doch Gründe gegeben haben.«

Van Veeteren nickte und nippte vorsichtig an dem starken, süßen Getränk.

»Ja«, er zögerte einen Moment. »Doch, es hat Gründe gegeben. Einen zumindest ... mit achtzehn Jahren hat Erich versucht sich das Leben zu nehmen. Hat sich mit genug Tabletten für fünf oder sechs erwachsene Menschen voll gestopft. Eine Freundin hat ihn rechtzeitig gefunden und ins Krankenhaus geschafft. Ohne sie wäre er gestorben. Das ist jetzt über zehn Jahre her, eine Zeit lang habe ich jede Nacht davon geträumt. Nicht nur von seinem leeren, verzweifelten, schuldbewussten Blick da im Krankenhaus ... Ich habe auch davon geträumt, dass er es geschafft hätte, dass ich frische Blumen auf sein Grab brachte. Und so weiter. Es kommt mir fast so vor, als ob ... als ob ich dafür trainiert hätte. Jetzt ist es Wirklichkeit, damals wusste ich, dass es früher oder später dazu kommen würde ... das glaubte ich zumindest. Ich hatte es fast vergessen, aber jetzt ist es passiert. Erich ist tot.«

Er verstummte. Der Zeitungsbote oder irgendein Nachbar ging draußen durch das Treppenhaus. Ulrike wollte etwas sagen, blieb dann aber stumm.

»Ich wollte vorhin in die Keymerkirche«, sagte Van Veeteren jetzt, »aber die war geschlossen. Kannst du mir erzählen, warum wir unsere Kirchen abschließen müssen?«

Behutsam streichelte sie seine Hand. Eine Minute verging. Zwei Minuten. Sie siebte Worte aus, das sah er.

»Erich ist nicht gestorben, weil er das wollte«, sagte sie endlich. »Das ist ein wichtiger Unterschied.«

Er gab keine Antwort. Zog seine rechte Hand zurück und trank einen Schluck.

»Vielleicht«, sagte er. »Vielleicht ist das ein wichtiger Unterschied. Ich kann das jetzt nicht entscheiden.«

Danach schwiegen sie wieder. Graues Dämmerlicht sickerte durch das Fenster. Es war einige Minuten nach sieben. Draußen waren Straße und Stadt erwacht. Zu einem weiteren Novembertag. Das Leben nahm wieder Anlauf.

»Ich kann nicht mehr darüber reden«, sagte Van Veeteren. »Ich begreife nicht, was es bringen sollte, alles in eine Menge von Wörtern einzuwickeln. Verzeih mir mein Schweigen, ich bin dankbar dafür, dass du hier bist. Unendlich dankbar.«

»Das weiß ich«, sagte Ulrike Fremdli. »Nein, es geht hier nicht um Worte. Es geht hier überhaupt nicht um uns. Sollen wir uns nicht noch ein wenig hinlegen?«

»Ich wünschte, es wäre mir passiert.«

»Das ist ein vergeblicher Wunsch.«

»Ich weiß. Vergeblichkeit ist die Spielwiese der Wünsche.«

Er leerte seine Tasse und folgte ihr ins Schlafzimmer.

Gegen Mittag rief Renate an, seine geschiedene Frau, die Mutter seines toten Sohnes. Sie sprach zwanzig Minuten mit ihm, manchmal redete sie, manchmal weinte sie. Als er aufgelegt hatte, dachte er daran, was Ulrike gesagt hatte.

Es geht hier überhaupt nicht um uns.

Er wollte versuchen, diesen Satz im Kopf zu behalten. Ulrike hatte ihren Mann unter Umständen verloren, die ihn an die jetzige Lage erinnerten; es war fast drei Jahre her, und dadurch hatten sie sich kennen gelernt. Van Veeteren und Ulrike Fremdli. Vieles sprach dafür, dass sie wusste, worum es hier ging.

Soweit überhaupt jemand das wissen konnte. Um zwei Uhr setzte er sich ins Auto und fuhr zum Flughafen von Maardam, um Jess abzuholen. Jess war völlig aufgelöst, als sie in der Ankunftshalle auf ihn zustürzte; sie fielen einander um den Hals und blieben mitten im Gewühl stehen ... stundenlang, so kam es ihnen vor. Standen einfach nur da, im üblichen Gewimmel von Sechshafen, und wiegten sich hin und her, in wortloser, zeitloser, gemeinsamer Trauer.

Er und seine Tochter Jess. Jess mit ihren siebenjährigen Zwillingen und dem Ehemann in Rouen. Erichs Schwester. Sein überlebendes Kind.

»Ich möchte noch nicht zu Mama«, gestand sie, als sie Tiefgarage und Auto erreicht hatten. »Können wir nicht einfach zuerst ein bisschen in der Gegend herumfahren?«

Er fuhr bis nach Zeeport, dem kleinen Gasthaus draußen bei Egerstadt. Rief Renate an, um ihr mitzuteilen, dass sie sich ein wenig verspäten würden, und den restlichen Nachmittag verbrachten sie dann damit, dass sie einander gegenüber an einem Tisch saßen und auf Regen und Wellen hinausschauten. Und auf den bleigrauen Mereshimmel, der sich wie eine schwere Kuppel über der windgebeutelten, kargen Küstenlandschaft wölbte. Jess wollte die ganze Zeit ihre Finger mit seinen verschränken, selbst beim Essen, und wie Ulrike Fremdli schien sie begriffen zu haben, dass er jetzt keine Worte brauchte. Dass es hier nicht um sie beide ging. Sondern um Erich und darum, ihn bei sich zu behalten.

»Hast du ihn gesehen«, erkundigte sie sich schließlich.

Doch, er war am Sonntag in der Gerichtsmedizin gewesen. Er fand, dass auch Jess diesen Besuch machen sollte. Falls sie das wollte. Vielleicht am folgenden Tag, er werde sie gern begleiten.

Sie fragte auch nach dem Mörder, und er antwortete, dass er nicht wisse, wer es getan habe.

Warum?

Auch das wusste er nicht.

Um halb sechs verließen sie Egerstadt, und fünfundvierzig Minuten später setzte er Jess vor Renates Haus im Maalerweg ab, wo sie bis auf weiteres logieren würde. Renate kam heraus und fiel ihrer Tochter auf der Treppe schluchzend um den Hals, während Van Veeteren sich damit begnügte, die Taschen vom Rücksitz zu nehmen und für den folgenden Tag ein Treffen zu dritt zu vereinbaren. Vormittags vielleicht, um Erich zu sehen, wie gesagt, Renate hatte es noch nicht über sich gebracht.

Als er nach Hause kam, lag auf dem Küchentisch eine Mitteilung von Ulrike. Sie schrieb, dass sie ihn liebe und dass sie gegen neun zurück sein werde. Er braute sich einen Glühwein und ließ sich im dunklen Wohnzimmer nieder. Legte eine CD von Penderecki ein, schaltete sie aber bald darauf wieder aus.

Keine Wörter, dachte er, und auch keine Musik. Erich ist tot. Schweigen.

Nach einer Dreiviertelstunde rief Reinhart an.

»Wie geht es dir?«, fragte er.

»Was glaubst du wohl?«, erwiderte Van Veeteren.

»Bist du allein?«

»Nur im Moment.«

Sie schwiegen einen Augenblick, während Reinhart nach Worten suchte.

»Möchtest du darüber sprechen? Wir könnten uns morgen treffen.«

»Vielleicht«, sagte Van Veeteren. »Wenn ja, rufe ich dich an. Wisst ihr, wer es war?«

»Wir haben keine Ahnung«, sagte Reinhart.

»Ich will, dass ihr ihn findet«, sagte Van Veeteren.

»Wir werden ihn finden ... aber da ist noch etwas.«

»Noch etwas?«, fragte Van Veeteren.

»Marlene Frey. Seine Freundin. Kennst du sie?«

»Nur vom Telefon.«

»Sie möchte, dass du dich bei ihr meldest«, sagte Reinhart.

»Das werde ich tun«, sagte Van Veeteren. »Natürlich. Tust du mir einen Gefallen?«

»Ja, was denn?«, fragte Reinhart.

Van Veeteren zögerte zwei Sekunden.

»Wenn ihr ihn habt ... wenn ihr den Täter erwischt habt, meine ich ... dann möchte ich ihn treffen.«

»Warum denn?«, fragte Reinhart.

»Darum. Wenn ich es mir anders überlege, sage ich Bescheid.«

»All right«, sagte Reinhart. »Natürlich. Du wirst ihm von Angesicht zu Angesicht gegenübersitzen, das verspreche ich dir.«

»Je eher, desto besser«, sagte Van Veeteren.

»Ich werde mir alle Mühe geben.«

»Danke, ich verlasse mich auf dich«, sagte Van Veeteren.

10

»Ich scheiße darauf, was ihr sonst noch zu tun habt«, sagte Reinhart. »Ich scheiße darauf, dass ihr vielleicht pro Woche dreihundert Überstunden machen müsst. Es ist mir absolut schnurz, was ihr sagt und findet und denkt, das hier hat höchste Priorität! Der Sohn des *Kommissars* ist ermordet worden, und wenn der Innenminister erschossen und der Papst vergewaltigt wird, dann müssen sie eben warten, bis wir diesen Fall geklärt haben. Ist das klar? Habt ihr kapiert? Hat irgendjemand noch Einwände? Wenn ja, dann werden Anträge auf Versetzung gerne entgegengenommen. Scheiße auch ... off the record, verstanden?«

»Ich bin ganz deiner Meinung«, sagte Rooth.

Das waren die anderen vermutlich auch. Jedenfalls gab es keinen Widerspruch. Es war bereits eng um den Schreibtisch, Reinhart hatte noch vier zusätzliche Stühle in sein Büro quetschen müssen; im Polizeigebäude gab es zwar größere Räume, aber keinen, in dem er ebenso ungeniert rauchen konnte wie hier, und seit der Geburt seiner Tochter hatte er seiner Frau versprechen müssen, seinem Tabakkonsum außerhalb des Hauses nachzugehen.

Sieben Leute im Fahndungsteam also. Inspektorin Moreno, die Inspektoren Rooth und Jung. Polizeianwärter Krause, ebenso jung und ebenso viel versprechend wie gewöhnlich. Kommissar deBries und ein frisch erworbener Kriminalassistent Bollmert, ausgeliehen aus Aarlach, für die Zeit, bis Kommissar Münster von seinen Recherchen für das Ministerium zurückkehren würde – einem Auftrag, dem ein Messer in die Niere im Dienst vor zehn Monaten zugrunde lag. Und ein wenig zu viele Arbeitsstunden.

Und dann er selber, *Hauptkommissar* Reinhart inzwischen. Doch wenn im Haus vom *Kommissar* die Rede war, dachte niemand an ihn – falls nicht Polizeipräsident Hiller versuchte, ironisch oder einfach nur witzig zu sein. *Kommissar* bedeutete immer Hauptkommissar Van Veeteren, anderthalb Jahrzehnte Leiter der Kripo von Maardam und doppelt so lange dessen eigentlicher Nabel: seit zwei Jahren jedoch herabgestiegen vom juristischen Parnass, um den Abfahrtslauf zum Rentnerdasein als Teilhaber und Mitarbeiter vom Antiquariat Krantze in der Kupinski-Gasse zu verbringen.

Was ja nur sein gutes Recht war; niemand missgönnte ihm die Ruhe und die Bücher, und alle vermissten ihn mit einer Mischung aus Respekt und Erstaunen.

Und jetzt war er noch einmal in einen Fall verwickelt worden, der *Kommissar*. Noch dazu auf die denkbar schlimmste Weise ... nicht als Opfer, aber so gut wie. Ein ermordeter Sohn. Verdammt, dachte Kommissar Reinhart. Wie oft während seiner Karriere hatte er gedacht, jetzt kann es nicht mehr schlimmer kommen, das lässt sich nicht mehr übertreffen. Aber das hier war schlimmer. Es war von so teuflischer Raffinesse, dass es seine Vorstellungskraft einfach überstieg.

Muss versuchen, meinen persönlichen Zorn unter Kontrolle zu bekommen, dachte er. Muss irgendwie auf Distanz gehen, sonst steht er mir nur im Weg.

»Wir müssen versuchen, nicht immer an den *Kommissar* zu denken«, sagte er. »An unser ganz persönliches Engagement, meine ich. Wir müssen versuchen, diesen Fall hier wie jeden anderen zu behandeln ... Aber natürlich wie einen, der höchste Priorität genießt. Wir müssen ihn lösen, sonst ist der Teufel los, wie gesagt. Die Wissenschaft zuerst, wie immer.«

Er fischte einige Papiere aus den Stapeln auf dem Tisch und räusperte sich.

»Erich Van Veeteren wurde am Kopf durch zwei Schläge mit einem stumpfen Gegenstand getroffen«, erklärte er. »Jeder dieser Schläge kann tödlich gewesen sein. Mit Sicherheit trifft das zu für den, der seinen Nacken getroffen hat, sagt Meusse ... Er sieht darin eine gewisse Professionalität am Werk. Die Waffe muss ziemlich schwer gewesen sein ... aus Metall und ohne scharfe Kanten, vielleicht ein Rohr oder so etwas. Wir haben sie noch nicht sicherstellen können.«

»Schade«, sagte deBries. »Würde die Sache erleichtern.«

Reinhart starrte ihn kurz an, dann redete er weiter.

»Zeitpunkt: Dienstagabend. Den Aussagen aus der Trattoria Commedia zufolge vermutlich sehr bald nach 18.15 Uhr. Wir nehmen an, dass der Täter draußen auf dem Parkplatz zugeschlagen und sein Opfer dann in die Büsche geschleppt hat, wo es bis Samstag liegen blieb, als bei uns dieser telefonische Tipp einlief. Darüber, wer dem Toten die Taschen geleert hat, können wir nur spekulieren. Entweder war es der Mörder selber oder jemand anderes. Und dieser andere kann natürlich mit unserem anonymen Herrn Tippgeber identisch sein. Spuren? Hinweise? Motive? Nada! Kommentare, bitte!«

»Waren in seiner Kleidung irgendwelche Spuren von Drogen zu entdecken?«, fragte Assistent Bollmert. Vermutlich in dem Versuch Eindruck zu schinden, dachte Reinhart. Der Kriminalassistent mit dem rötlichen Teint war erst seit einigen Wochen im Haus und wollte sicher seine Fähigkeiten vorführen. Was ihm nicht unbedingt zum Vorwurf gemacht werden konnte.

Und dass er dem *Kommissar* nie begegnet war, konnte durchaus als Vorteil gelten. Jedenfalls in diesem Moment.

»Nicht in seiner Kleidung«, sagte Reinhart. »Nicht in seinem Blut und nicht in seinen Haaren oder Nägeln. Wir können also festhalten, dass seine Freundin in dieser Hinsicht die Wahrheit gesagt hat. Schade, dass er ihr nicht verraten hat, was er in Dikken vorhatte, dann könnten wir uns auch in diesem Punkt auf sie verlassen.«

»Dass er das nicht getan hat, deutet doch wohl darauf hin, dass es nicht ganz salonfähig war«, meinte Rooth. »Er hat es weder dem Mädel erzählt noch Otto Meyer, dem er am frühen Nachmittag mit dem Boot geholfen hat.«

»Hat er nicht einmal gesagt, dass er nach Dikken fahren wollte?«, fragte Moreno. »Zu diesem Meyer, meine ich.«

»Nix«, sagte Jung. »Nur, dass er gegen halb fünf losmüsste, weil er noch einen kleinen Job zu erledigen hätte.«

»Job?«, fragte Reinhart. »Hat er das so ausgedrückt?«

Jung nickte.

»In diesem Punkt haben wir Meyer ziemlich in die Mangel genommen. Doch, er hat von ›Job‹ gesprochen. Kein Zweifel. Auf jeden Fall hat er das Bootshaus bei der Greitzengraacht um kurz nach halb fünf verlassen, sie hatten in der Kajüte herumgebastelt, wollten später in der Woche weitermachen. Ziemlich tolles Boot, zweifellos ... achtzehn Meter, sechs Kojenplätze ... Teakvertäfelung und Bar und alles, was dazugehört. Meyer ist natürlich ein verdammter Schurke, aber von der akzeptierten Sorte, nichts für uns.«

»Und mehr konnte er nicht liefern?«, fragte Reinhart.

»Keinen Klacks«, sagte Rooth.

Jung zuckte mit den Schultern und machte ein bedauerndes Gesicht. Reinhart seufzte.

»Hervorragend«, sagte er. »Magerer als ein Veganer mit Durchfall. Was haben wir sonst noch?«

Die Antwort kannte er schon, aber trotzdem ließ er seine Blicke durch die Runde schweifen und versuchte optimistisch auszusehen.

»Das Adressbuch«, sagte deBries schließlich.

»Genau«, sagte Reinhart. »Du hast den Nagel auf den Kopf getroffen, wie immer. Wie sieht's darin aus?«

DeBries breitete die Arme aus und verpasste Roths Kinnspitze dabei nur um Haaresbreite.

»Pass doch auf, du Scheiß-Signalmast!«, sagte Roth.

Bollmert lachte nervös.

»Informationen mehr als genug«, erklärte deBries ungerührt. »Im Buch sind einhundertsechsundvierzig Privatpersonen und an die fünfzig Institutionen und Ähnliches verzeichnet. Sowie ein Dutzend Unbegreiflichkeiten in runden Zahlen ... durchgestrichene Stellen, allgemeines Gekritzel und überhaupt. Er hat das Buch wohl schon an die sechs, sieben Jahre, seine Freundin nimmt es jedenfalls an, sie kennt ihn erst seit drei Jahren. Bisher hat sie fünfunddreißig Personen identifiziert, wir überprüfen sie morgen.«

»Gibt es irgendwelche gemeinsame Bekannte, die nicht im Buch stehen?«, fragte Jung.

DeBries schüttelte den Kopf.

»Im Grunde nicht. Er war offenbar sehr genau. Er hat zum Beispiel auch einen Typen aufgeschrieben, den sie erst vor wenigen Wochen auf einem Fest kennen gelernt hatten.«

»Hm«, sagte Reinhart. »Du meinst also, dass der Mörder sich irgendwo zwischen diesen vielen Namen verbirgt?«

»Wenn er ihn gekannt hat, dann ist diese Möglichkeit sehr groß«, sagte deBries.

»Gut«, sagte Reinhart. »Du hast Moreno, Krause und Assistent Bollmert zur Hilfe, und sorg dafür, dass ihr genau vorgeht und nichts übersieht. Setzt auf persönliche Begegnungen und nehmt jedes Gespräch auf Band auf, irgendein lockeres Scheißgerede am Telefon taugt nichts, vergesst das nicht. Und macht euch eine Fragenliste ... die will ich zuerst sehen. Fragt nach ihrem Alibi für Dienstag und so weiter ... keine Glaceehandschuhe, klar? Dieses Adressbuch ist doch bisher das Einzige, was wir haben, verdammt noch mal.«

»Glasklar«, sagte deBries. »Ich bin ja kein Idiot.«

»Kann manchmal ein Vorteil sein«, murmelte Reinhart. Er steckte sich die Pfeife an und ließ einige schwere Rauchwolken über die Versammlung dahinschweben.

»Und diese Freundin?«, fragte Jung. »Die müssen wir uns auch noch einmal vornehmen. Sie nach den letzten Tagen fragen, was sie da unternommen haben und so weiter.«

»Natürlich«, sagte Reinhart. »Das übernehme ich. Rooth und Jung gehen noch einmal ins Restaurant, das müsste doch Rooth zumindest ansprechen. Wir bringen morgen eine Pressemeldung, in der wir nach jedem Arsch fahnden, der am Dienstag da draußen auch nur einen Fuß hingesetzt hat. Irgendwas kommt dabei immer raus … wer nicht in der Tiefe fischen kann, muss es eben am Ufer tun.«

»Weise Worte«, sagte Rooth. »Aber faule Fische schwimmen doch ganz unten, wenn ich mich nicht irre? Kabeljaus, zum Beispiel.«

»Stimmt«, sagte Bollmert, der fast auf einem Fischkutter geboren war, aber nicht glaubte, es unbedingt jetzt erwähnen zu müssen.

»Was zum Teufel haben Kabeljaus mit dieser Sache zu tun?«, fragte Reinhart.

Sie schwiegen einige Sekunden, während der Fahndungsleiter weiterrauchte und die anderen zusahen.

»Was glaubt ihr?«, fragte deBries dann. »Wir brauchen doch auch eine kleine Theorie? Warum er ermordet worden ist?«

Reinhart räusperte sich.

»Das erzähle ich euch, wenn ich die letzte Woche genauer im Blick habe«, versprach er. »Der junge Van Veeteren war draußen in Dikken mit jemandem verabredet, es sollte dabei wohl etwas für ihn herausspringen, und vermutlich ging es nicht um den Raub von Weihnachtsgeschenken. Das ist alles, wovon wir derzeit ausgehen können.«

»Und dann ist er umgelegt worden«, sagte Rooth.

»Von dem, mit dem er verabredet war, oder von einem anderen«, sagte Jung.

»Was ist mit dieser Figur, von der er sich das Auto geliehen hat ...«, fragte Bollmert.

»Den können wir wohl abschreiben«, sagte Reinhart nach zwei Sekunden des Nachdenkens. »Er sitzt im Holtegefängnis, und unseres Wissens haben sie seit Monaten keinen Kontakt mehr zueinander gehabt. Und in der Zeit gab es auch keinen Hafturlaub.«

»Warum sitzt er?«, fragte Rooth.

»Wegen allerlei«, sagte Reinhart. »Raubüberfall und Menschenschmuggel, unter anderem. Illegaler Waffenbesitz. Vier Jahre. Bleiben ungefähr noch zweieinhalb.«

»Na gut«, sagte deBries. »Wir schreiben ihn ab. Sonst noch was? Ich habe Hunger, hab seit der vergangenen Woche nichts mehr gekriegt.«

»Geht mir auch so«, sagte Roth.

Reinhart legte die Pfeife in den Aschenbecher.

»Nur noch eins«, erklärte er dann mit ernster Miene. »Ich habe gestern mit dem Kommissar gesprochen und ihm zugesagt, dass wir diesen Fall lösen werden. Ich hoffe, allen ist klar, wie außergewöhnlich das hier ist? Wir müssen diese Sache aufklären. Wir müssen! Kapiert?«

Er schaute sich um.

»Wir sind keine Idioten«, erinnerte deBries. »Wie gesagt.«

»Wir schaffen das«, sagte Rooth.

Gut, so ein Team voller Selbstvertrauen zu haben, dachte Reinhart, ließ es aber auf sich beruhen.

Van Veeteren hielt an der Südwestecke des länglichen Platzes. Fröstelte und bohrte die Hände tiefer in die Manteltaschen. Schaute sich um. Noch am Samstag hatte er nicht gewusst, dass Erich hier wohnte – oder vielleicht hatte er es unbewusst doch geahnt? In diesem Herbst waren sie sich nur zweimal begegnet, einmal Anfang September, einmal vor kaum mehr als drei Wochen. Trotz allem ..., dachte er und peilte den Zigarettenautomaten an, trotz allem hatte er seinen Sohn bisweilen gesehen.

In letzter Zeit. Hatte ihn bei sich zu Hause empfangen, und sie hatten wie zivilisierte Menschen miteinander gesprochen. Das schon. Etwas hatte sich angebahnt, unklar zwar, verschwommen und vage, natürlich, aber doch etwas ... Erich hatte auch von Marlene Frey erzählt, doch sie war nur eine namenlose junge Frau gewesen, soweit er sich erinnern konnte, und natürlich hatte er wohl auch ihre Adresse genannt, warum hätte er es nicht tun sollen? Nur konnte er sich nicht daran erinnern.

Hier wohnte er also ... oder hatte gewohnt. Fast mitten im Herzen der alten Stadt; in diesem heruntergekommenen Haus aus dem neunzehnten Jahrhundert, dessen verrußte Fassade er jetzt anstarrte. Dritter Stock, der vorletzte; das Fenster hinter dem winzigen Balkon mit dem verrosteten Geländer schimmerte schwach. Er wusste, dass sie zu Hause war und dass sie auf ihn wartete: die Lebensgefährtin seines toten Sohnes, die er noch nie gesehen hatte, und er wusste auch – mit einer plötzlichen und überwältigenden Klarheit –, dass er das hier nicht über sich bringen würde. Dass er es an diesem Tag nicht schaffen würde, an dieser Tür mit der abgeblätterten Farbe zu schellen.

Er schaute auf die Uhr. Es war gegen sechs, die Dunkelheit, die sich jetzt über die Stadt legte, kam ihm kalt und feindselig vor. Ein fremder Geruch von Schwefel oder Phosphor hing in der Luft. Er kannte diesen Geruch nicht, auf irgendeine Weise gehörte er nicht hierher. Er steckte sich eine Zigarette an, senkte den Blick, ob aus Schuldgefühlen oder einem anderen Grund, sei dahingestellt ... dann entdeckte er an der gegenüberliegenden Ecke des Platzes ein Café, das er ansteuerte, nachdem er seine Zigarette fertig geraucht hatte. Er setzte sich mit einem Dunkelbier ans Fenster, durch das man weder hinein- noch hinausschauen konnte. Stützte den Kopf auf die Hände und dachte zurück an diesen Tag.

An diesen Tag. Den dritten Tag, an dem er mit dem Wissen erwacht war, dass sein Sohn nicht mehr lebte.

Zuerst eine Stunde im Antiquariat, wo er Krantze die Situation erklärt hatte, woraufhin der Arbeitsplan für diese Woche geändert worden war. Er hatte nichts gegen den alten Krantze, doch mehr als Arbeitskollegen würden sie niemals werden. Bestimmt nicht, so war es nun einmal.

Danach war er noch einmal in die Gerichtsmedizin gegangen, diesmal in Gesellschaft von Renate und Jess. Er war vor der Tür stehen geblieben, während die beiden in die Kühlhalle gegangen waren. Einen toten Sohn braucht man nur einmal anzusehen, hatte er gedacht. Er dachte das noch immer, als er hier saß und sein Bier trank ... nur einmal, es gibt Bilder, die Zeit und Vergessen niemals retuschieren können. Die niemals zum Leben erweckt werden müssen, weil sie niemals Ruhe geben. Jess war gefasst gewesen, als sie wieder herausgekommen waren, mit einem zerknüllten Taschentuch in jeder Hand zwar, aber trotzdem gefasst. Renate so abgestumpft wie beim Hineingehen; er fragte sich, welche Tabletten sie wohl nahm und in welchen Mengen.

Dann noch ein Zwei-Minuten-Gespräch mit Meusse. Keiner von beiden hatte es besonders gut bewerkstelligt. Meusse hatten die Tränen in den Augen gestanden, was bei ihm sonst nie vorkam.

Ein wenig später hatte er Jess und Ulrike zusammengebracht. Das war ein Lichtpunkt in der Dunkelheit; eine Begegnung, die unwahrscheinlich gut verlaufen war. Nur eine halbe Stunde im Wohnzimmer in Klagenburg, mit einem Glas Wein und einem Salat, das hatte gereicht. Es waren nicht die Worte gewesen und nicht sie selber, wie gesagt ... aber zwischen Frauen gab es etwas, das er niemals verstehen würde. Zwischen gewissen Frauen. Als sie sich in der Diele voneinander verabschiedet hatten, hatte er sich fast wie ein Fremder gefühlt und trotz aller Trauer ein Lachen verspürt.

Danach hatte er Marlene Frey angerufen und sich mit ihr verabredet. Sie hatte sich verhältnismäßig ruhig angehört, er war ihr jederzeit nach fünf Uhr willkommen. Sie würde den ganzen

Abend zu Hause sein und freute sich auf ein Gespräch mit ihm. Sie habe da etwas auf dem Herzen, sagte sie.

Sie freute sich? Und hatte etwas auf dem Herzen?

Und jetzt saß er hier mit Füßen, die kälter waren als sein Bier. Warum?

Er wusste es nicht. Wusste nur, dass es heute nicht möglich sein würde, und nachdem er das Bier getrunken hatte, bat er, telefonieren zu dürfen. Danach stand er in dem schwachen Urin-Geruch zwischen Damen- und Herrentoilette und rief die lebende Freundin seines toten Sohnes an, um zu erklären, dass ihm etwas dazwischengekommen sei.

Ob er am nächsten Tag kommen dürfe? Oder am übernächsten?

Das war in Ordnung. Aber es fiel ihr schwer, ihre Enttäuschung zu verbergen.

Ihm selber ging es auch nicht anders, als er den Ockfener Plejn verließ und durch den Regen heimwärts wanderte. Wovor fürchte ich mich, was zum Teufel soll das bloß?

Aber trotzdem ging er auf geradem Weg nach Hause.

Reinhart wurde davon geweckt, dass Winnifred seinen Namen flüsterte. Und davon, dass sie eine kalte Hand auf seinen Bauch legte.

»Du solltest deine Tochter zum Einschlafen bringen«, sagte sie. »Nicht dich selber.«

Er gähnte und versuchte zwei Minuten lang sich zu strecken. Danach erhob er sich vorsichtig aus Joannas engem Bett und verließ das Kinderzimmer. Ließ sich auf das Wohnzimmersofa sinken, wo es sich seine Frau bereits unter einer Decke bequem gemacht hatte.

»Erzähl«, sagte sie.

Er dachte nach.

»Dreiköpfiger Teufel«, sagte er. »Ja, genau das ist es. Möchtest du ein Glas Wein?«

»Ich glaube schon«, sagte Winnifred. »Satan ist bekanntlich

schon bei Dante dreiköpfig, also hat das alles seine gewisse Ordnung.«

»Zu Dantes Zeit sind Frauen, die zu viel wussten, auf dem Scheiterhaufen verbrannt worden. Rot oder weiß?«

»Rot. Nein, das war nach Dante. Also?«

Reinhart stand auf und ging in die Küche. Füllte zwei Gläser und kam zurück. Setzte sich aufs Sofa und berichtete. Es dauerte seine Zeit, und sie unterbrach ihn nicht ein einziges Mal.

»Und die Dreizahl?«, fragte sie danach.

Reinhart leerte sein Glas, ehe er antwortete.

»Erstens«, sagte er, »haben wir nicht den Schatten einer Ahnung, wer es gewesen sein kann. Und das ist schon in normalen Fällen schlimm genug.«

»Das kann ich mir vorstellen«, sagte Winnifred.

»Zweitens ist das Opfer der Sohn des *Kommissars*.«

»Ekelhaft«, sagte Winnifred. »Und drittens?«

Reinhart legte noch eine Pause ein und dachte nach.

»Drittens war er vermutlich in irgendetwas verwickelt. Wenn wir den Täter finden, stoßen wir vermutlich auch auf etwas Schmutziges bei Erich Van Veeteren. Wieder mal. Egal, was seine Freundin behauptet ... und das ist sicher nichts, was ein Vaterherz erwärmen kann, oder was meinst du?«

»Ich verstehe«, Winnifred nickte und spielte mit dem Weinglas. »Doch, das ist dreischneidig. Aber wie sicher ist dieser kriminelle Aspekt? Es muss doch nicht notwendigerweise ...«

»Was heißt schon sicher«, unterbrach Reinhart sie und tippte sich mit dem Zeigefinger an die Stirn. »Hier drinnen gibt es gewisse Signale, die ich nicht ausblenden darf. Außerdem ... außerdem will er unter vier Augen mit dem Mörder sprechen, wenn wir ihn finden sollten. Der *Kommissar*, meine ich. Verdammte Scheiße, aber ich kann ihn fast verstehen.«

Winnifred dachte eine Weile nach.

»Das ist keine witzige Geschichte«, sagte sie. »Kann es eigentlich noch schlimmer kommen? Das Ganze kommt mir irgendwie inszeniert vor.«

»Das sagt er auch immer«, meinte Reinhart.

11

Der Aufruf der Polizei, die Hilfe bei der Aufklärung des Dikken-Mordes brauchte, stand am Dienstag, genau eine Woche nach der Tat, in allen Maardamer Zeitungen, und gegen fünf Uhr nachmittags hatten zehn Personen angerufen, die am fraglichen Tag die Trattoria Commedia besucht hatten. Jung und Rooth waren abkommandiert worden, um sich um diese Tipps zu kümmern, und stuften sofort sechs davon als »von sekundärem Interesse« (Rooths Ausdruck) ein, da die Zeitpunkte nicht passten. Die restlichen vier jedoch hatten sich nach eigener Auskunft zwischen 17.00 Uhr und 18.30 Uhr im Restaurant aufgehalten, und das gesamte Quartett zeigte auch die Freundlichkeit, sich noch am selben Abend zur Vernehmung im Polizeigebäude einzufinden.

Der Erste war Rupert Pilzen, ein achtundfünfzigjähriger Bankdirektor, der in der Weimaar Allee in Dikken wohnte und am Dienstag eine Weile in der Bar des Commedia gesessen hatte. Nur auf einen kleinen Whisky und ein Bier. Von Viertel nach fünf bis Viertel vor sechs ungefähr. Während seine Frau das Abendessen zubereitete; manchmal gönne er sich nach einem harten Arbeitstag so eine Pause, erklärte er. Wenn die Zeit es erlaubte.

Er schob sich die Brille auf die Stirn und musterte die Fotos von Erich Van Veeteren genau. Erklärte, diesen Mann nie gesehen zu haben, weder im Commedia noch anderswo, und warf einen viel sagenden Blick auf seine funkelnde Armbanduhr. Hatte vermutlich einen weiteren wohlverdienten Barbesuch geplant, der jetzt ins Wasser gefallen war, nahm Jung an.

Ob ihm sonst etwas aufgefallen sei, das der Polizei weiterhelfen könne.

»Nein.«

»Können Sie sich an irgendein Gesicht erinnern?«

»Nein.«

»Waren außer Ihnen noch andere in der Bar?«

Pilzen runzelte die Stirn und furchte sein Doppelkinn. Nein, er sei die ganze Zeit allein dort gewesen. Halt, doch nicht, am Ende sei noch eine Frau gekommen. Kurz geschorener Typ von um die Vierzig mit einem Hauch von Feministin. Hatte sich an die Bar gesetzt und sich etwas zu trinken bestellt. Ziemlich weit von ihm entfernt. Und sich dann in eine Zeitung vertieft. Das war alles.

»Wenn es woanders was zu trinken gegeben hätte, hätte sie sich sicher nach dorthin aufgemacht«, kommentierte Roth, als Direktor Pilzen auf krummen Beinen von dannen gewatschelt war. »Du fetter Spießer!«

»Hm«, sagte Jung. »So wird man eben, wenn man viel Geld und keine edlen Interessen hat. Das würde dir auch passieren. Wenn du Geld hättest, meine ich.«

»Hol die Nächsten«, sagte Rooth.

Die Nächsten waren ein Ehepaar. Herr und Frau Schwarz, die nicht in Dikken wohnten, die jedoch dort draußen Bekannte besucht hatten, um über Geschäfte zu sprechen. Um was für Geschäfte es da genau ging, verschweigt die Geschichte. Auf dem Rückweg in die Stadt hatten sie im Commedia Halt gemacht, ein kleiner Luxus, den sie sich ab und zu gönnten. Ins Restaurant zu gehen, nämlich. Nicht nur in die Trattoria Commedia, sondern in Restaurants ganz allgemein ... vor allem jetzt, wo sie sich aus dem Arbeitsleben zurückgezogen hatten. So war das nun einmal. Aber sie machten das nur einige Male pro Woche.

Beide waren Mitte sechzig und erkannten Erich Van Veeteren sofort, als Jung ihnen ein Foto vorlegte. Der hatte an einem

Tisch nur wenige Meter von ihnen entfernt gegessen – ein einfaches Pastagericht hatte er gehabt, wenn Frau Schwarz sich richtig erinnerte. Sie selber hatten Fisch gewählt. Steinbutt, um genau zu sein. Doch, der junge Mann war allein gewesen. Er hatte bezahlt und das Restaurant verlassen, als Schwarzens das Dessert serviert worden war. Das war kurz nach sechs gewesen.

Waren in dieser Zeit noch andere Gäste da gewesen?

Nur ein junges Paar weiter hinten im Lokal. Es war kurz vor sechs gekommen und hatte vermutlich das gleiche billige Pastagericht bestellt. Für beide. Hatten noch nicht aufgegessen, als Herr und Frau Schwarz gegangen waren. So gegen halb sieben.

War ihnen sonst noch etwas aufgefallen?

Nein, was hätte das sein sollen?

Hatten sie in der Bar keine Gäste bemerkt?

Nein, von ihrem Tisch aus hatten sie die Bar nicht einsehen können.

Aber hatten sie dort auf ihrem Weg nach draußen jemanden bemerkt?

Vielleicht, vielleicht auch nicht. Doch, einen kleinen Herrn im Anzug. Mit etwas dunklerem Teint ... Araber vielleicht. Oder Indianer oder so?

Rooth knirschte mit den Zähnen. Jung bedankte sich und versprach – auf Frau Schwarzens eindringliche Bitte hin –, dass sie den Mörder in Windeseile hinter Schloss und Riegel bringen würden.

Denn war es nicht einfach entsetzlich? Und noch dazu in Dikken! Konnten sie sich an die gekreuzigte Prostituierte erinnern, vor einigen Jahren war das gewesen!

Doch, das taten sie, aber zum Glück erschien jetzt die nächste Abgesandte der Detektei Allgemeinheit.

Sie hieß Liesen Berke. Sie war um die Vierzig und hatte so ungefähr zwischen Viertel vor sechs und halb sieben in der Bar der Trattoria gesessen. Warum sie dort gesessen hatte, erwähnte sie nicht weiter, sie hatte ja wohl zum Teufel das Recht, ein Glas zu trinken, wo immer und wann immer sie Lust dazu hatte.

»Aber natürlich«, sagte Jung.

»Zwei sogar«, sagte Rooth. »Wenn Sie Lust haben.«

»Kennen Sie diese Person?«, fragte Jung und zeigte ihr das Foto.

Sie betrachtete es drei Sekunden lang und schüttelte energisch den Kopf.

»Er saß an einem Tisch im Restaurant, zwischen ...«

»Ist das der Ermordete?«, fiel sie ihm ins Wort.

»Genau«, sagte Rooth. »Haben Sie ihn gesehen?«

»Nein. Ich habe Zeitung gelesen.«

»Aha«, sagte Rooth.

»Aha?«, gab Liesen Berke zurück und musterte ihn über den Rand ihrer achteckigen Brille hinweg. Über den obersten Rand.

»Hrrrm«, sagte Jung. »Saßen in der Bar noch andere Gäste?«

Sie wandte ihren Blick von Rooth ab und dachte nach.

»Zwei, glaube ich ... ja, zuerst hing da so ein fetter Bonzentyp herum, aber der ist dann bald verschwunden. Dann kam ein anderer. Lange Haare und Bart. Und dunkle Brille, bilde ich mir ein ... sah aus wie eine Art Rockkünstler. Totaler Macho. Depraviert.«

»Haben Sie mit ihm gesprochen?«, fragte Jung.

Liesen Berke schnaubte verächtlich.

»Nein«, sagte sie. »Natürlich nicht.«

»Und er hat nicht versucht, Sie anzusprechen?«, fragte Rooth.

»Ich habe Zeitung gelesen.«

»Das war sehr richtig von Ihnen«, sagte Rooth. »Man sollte in Kneipen nicht mit fremden Männern reden.«

Jung bedachte ihn mit einem Blick, der ihn zum Schweigen brachte. Verdammt, dachte er. Warum wird der nicht auf einen Kurs für Diplomatie geschickt?

Liesen Berke kniff den Mund zu einem Strich zusammen und starrte Rooth an, als sei er ein ungewöhnlich hässliches Stück Hundekot, auf das sie aus Versehen getreten war und das sich nicht von ihrer Schuhsohle kratzen ließ. Und zweifellos von einem Rüden stammte. Rooth schaute zur Decke hoch.

»Wie lange war er da?«, fragte Jung. »Dieser depravierte Rockmusiker?«

»Das weiß ich nicht mehr. Nicht sehr lange, glaube ich.«

»Was hat er getrunken?«

»Keine Ahnung.«

»Er hat aber die Bar vor Ihnen verlassen?«

»Ja.«

Jung dachte nach.

»Würden Sie ihn wiedererkennen?«

»Nein. Er hatte kein Aussehen. Er bestand nur aus Haaren und Brille.«

»Alles klar«, sagte Jung. »Vielen Dank, Frau Berke, ich hoffe, ich darf noch einmal auf Sie zurückkommen. Sie waren uns eine außergewöhnlich große Hilfe.«

»Wie hast du diesen letzten Satz gemeint?«, fragte Rooth, nachdem sie hinter Liesen Berke die Tür geschlossen hatten. »Außergewöhnlich große Hilfe, was ist das für ein Scheißgefasel?«

Jung seufzte.

»Ich wollte nach deiner Charmeoffensive nur ein wenig Öl auf ihre Wunden gießen«, erklärte er. »Außerdem kann dieser Barbesucher doch von einem gewissen Interesse sein. Wir müssen uns erkundigen, ob auch der Barkeeper sich an ihn erinnern kann.«

»Eine Chance von eins zu zehn«, meinte Rooth. »Aber vielleicht ist bei diesem Match kein besseres Verhältnis möglich.«

»Hast du einen anderen Vorschlag?«, fragte Jung.

Rooth dachte nach.

»Wir könnten gleich zum Essen bleiben, wenn wir ohnehin

schon hinfahren«, sagte er. »Auch, um eine neue Perspektive zu gewinnen.«

»Depraviert«, sagte Jung. »Hat sie wirklich depraviert gesagt?«

Ewa Moreno ließ sich in den Besuchersessel in Reinharts Büro sinken.

»Du arbeitest immer noch?«

Reinhart schaute auf die Uhr. Es war halb sieben. Er wünschte sich, es wäre früher gewesen.

»Musste so einiges zusammenfassen. Hab Frau Frey erst ziemlich spät erwischt. Wie ist's bei euch gelaufen?«

»Nicht besonders gut«, sagte Moreno und seufzte. »Ehrlich gesagt ist das hier keine Spitzenstrategie ...«

»Weiß ich«, sagte Reinhart. »Aber wenn du eine bessere hättest, dann hättest du die schon auf der Türschwelle ausgepackt. Korrigier mich, wenn ich mich irre.«

»Doch«, sagte Moreno. »Das hätte ich wohl. Auf jeden Fall geht es ziemlich langsam voran. Wir haben mit insgesamt sechzehn Bekannten von Erich Van Veeteren gesprochen ... nach der Prioritätenliste seiner Freundin. Alle wohnen hier in der Stadt ... wir haben übrigens Bollmert aufs Land geschickt, er kommt am Freitag zurück. Bisher hat niemand auch nur einen Fliegenschiss gebracht, und niemand scheint irgendetwas zu verbergen. Nichts jedenfalls, was mit unserem Fall zu tun hat.«

»Alibi?«, fragte Reinhart.

»Danke der Nachfrage«, sagte Moreno. »Es macht einen nicht gerade beliebt, die Leute um ihr Alibi zu bitten, aber vielleicht ist es auch nicht unsere Aufgabe, uns neue Freunde zuzulegen, wie der *Kommissar* immer gesagt hat. Bisher scheint aber alles in Ordnung zu sein. Wir haben noch nichts überprüfen können, aber das ist ja auch nicht der Sinn der Sache.«

»Nicht, solange alles seine Ordnung hat«, stimmte Reinhart zu. »Aber unter diesen Leuten sind doch mit Sicherheit auch etliche zweifelhafte Typen, nehme ich an?«

»Es gibt alle Sorten«, erklärte Moreno. »Einige sind gewiss nicht gerade begeistert darüber, dass Marlene Frey das Adressbuch so leichtfertig in die Hände des Feindes gelegt hat. Aber wir pfeifen ja auf alles, was unseren Fall nicht berührt. Laut Anordnung.«

»Laut Anordnung«, bestätigte Reinhart. Er ließ sich in seinem Schreibtischsessel zurücksinken, verschränkte die Hände im Nacken und dachte eine Weile nach.

»Wenn du noch eine Runde mit Frau Frey einlegen willst, dann habe ich nichts dagegen«, sagte er. »Es gibt zwei Dinge in ihrem Leben, an denen sie sich ein wenig die Finger verbrannt hat ... Polizei und Männer. Und davon trifft ja nur die Hälfte auf dich zu.«

Moreno nickte und schwieg eine Weile.

»Was glaubst du«, fragte sie dann. »Wo kann Erich da hineingeschlittert sein?«

Reinhart biss auf seinen Pfeifenstiel und kratzte sich an der Schläfe.

»Ich weiß nicht«, sagte er. »Ich habe nicht die leiseste Ahnung, das ist ja gerade das Schlimme. Normalerweise haben wir doch zumindest eine Art Ahnung davon, worum es geht ... ein Gefühl von Richtung, sozusagen.«

»Aber jetzt hast du das nicht?«

»Nein«, sagte Reinhart. »Du vielleicht?«

Moreno schüttelte den Kopf.

»Weiß Marlene Frey etwas, das sie uns verheimlicht?«, fragte sie.

Wieder dachte Reinhart nach. Versuchte, das Gespräch des Nachmittags vor seinem inneren Ohr noch einmal ablaufen zu lassen.

»Nein«, sagte er. »Das glaube ich wirklich nicht. Aber du siehst das vielleicht anders, die weibliche Intuition hat doch so viele Seiten.«

»Die kenne ich in- und auswendig«, sagte Moreno. »Hast du noch mal mit dem *Kommissar* gesprochen?«

»Seit gestern nicht mehr«, gab Reinhart zu. »Vielleicht rufe ich ihn heute Abend an. Es ist mir so unangenehm, im Leben und Treiben seines Sohnes herumzustochern. Denn das war ja nun nicht gerade makellos. Ist nicht angenehm, so ein Großwaschtag, und für ihn ist es sicher nicht lustig, zu Hause zu sitzen und zu trauern und zu wissen, was wir gerade machen. Verdammt, was für eine Soße!«

»Ist die wirklich so schmutzig?«, fragte Moreno. »Die große Wäsche, meine ich.«

»Vielleicht nicht«, sagte Reinhart und erhob sich. »Vor ein paar Jahren war sie auf jeden Fall um einiges schmutziger. Möglicherweise sagt Frau Frey ja die reine Wahrheit ... dass sie inzwischen auf den Pfad der Tugend übergewechselt waren. Schade nur, dass er nicht weiter darauf gekommen ist.«

Er ging zum Fenster. Schob zwei Rollostangen auseinander und starrte die Stadt und den dunklen Himmel an.

»Mit wie vielen von denen, die er in der letzten Woche getroffen hat ... von denen wir *wissen*, dass er sie in der letzten Woche getroffen hat ... habt ihr schon gesprochen?«

»Mit sieben«, antwortete Moreno wie aus der Pistole geschossen. »Und wenn alles nach Plan geht, dann nehmen wir uns morgen wieder sieben vor.«

»Alles klar«, sagte Reinhart und ließ das Rollo los. »Wir warten nur auf ein Fadenende, dem wir folgen können. Früher oder später werden wir es finden, wir müssen nur Geduld bewahren ... so schrecklich ungewöhnlich ist das alles ja nicht, oder?«

»Überhaupt nicht ungewöhnlich«, gab Moreno zu. »Aber es wäre auch nicht schlimm, wenn es bald passieren würde. Damit wir ungefähr wissen, in welche Richtung es geht, meine ich.«

»Fromme Hoffnung«, sagte Reinhart. »Nein, jetzt machen wir Schluss für heute. Ich glaube, ich habe eine Familie, wenn ich mich richtig erinnere. Zumindest hatte ich heute Morgen noch eine. Und wie sieht das derzeit bei dir aus?«

»Ich bin mit dem Beruf verheiratet«, sagte Moreno.
Reinhart sah sie an und hob die Augenbrauen.
»Du solltest die Scheidung einreichen«, sagte er mit ernster Stimme. »Begreifst du denn nicht, dass er dich nur ausnutzt?«

Am Donnerstagabend machten sie den ersten ein wenig offizielleren Versuch, die Lage zusammenzufassen. Fünfeinhalb Tage waren vergangen, seit Erich Van Veeterens Leichnam draußen in Dikken im Gebüsch beim Parkplatz gefunden worden war. Nein, seit jemand ihn dort abgelegt hatte – wenn diese Berechnungen nicht völlig daneben waren. Es war im Grunde also höchste Zeit. Auch wenn sie bisher nicht viel vorlegen konnten.

Sie fingen mit der Freundin des Opfers an.

Marlene Frey war von Reinhart und Moreno mehrere Male vernommen worden – unter größtmöglicher Rücksichtnahme und Höflichkeit natürlich, und sie hatte, so weit beide das beurteilen konnten, sich alle Mühe gegeben, um ihnen mit Auskünften zu helfen und die Polizei ganz allgemein weitestgehend zu unterstützen. Es bestand kein Grund zur Klage über mangelnde Kooperationsbereitschaft. Vor allem dann nicht, wenn sie die Umstände in Betracht zogen, und das taten sie.

Die mit Freunden und Bekannten des Toten durchgeführten Verhöre waren inzwischen auf die ansehnliche Anzahl von zweiundsiebzig angewachsen – eine ziemlich bunt gewürfelte Sammlung von Interviews, wenn sie ehrlich sein wollten, und das wollten sie, doch mit zwei auffälligen Gemeinsamkeiten: Niemand hatte irgendeine Vorstellung, wer Erich Van Veeteren ans Leben gewollt haben mochte, und niemand hatte die geringste Ahnung davon, was er an diesem schicksalhaften Dienstag draußen in Dikken zu suchen gehabt hatte.

Was die Aussagen in und um die Trattoria Commedia anging, so waren auch diese ein wenig mehr geworden, wie die Inspektoren Rooth und Jung berichteten – aber nur sehr wenig –, und hier kristallisierte sich langsam ein – möglicherweise – kleiner roter Faden heraus, der erste und bisher einzige in der ganzen Ermittlung. Das Mannsbild mit den dunklen Haaren und dem Bart, das am betreffenden Dienstag kurz vor sechs von Liesen Berke in der Bar gesichtet worden war, wurde durch zwei weitere Gewährsleute in seiner Existenz bestätigt: durch den Barkeeper Alois Kummer und den Koch Lars Nielsen, die beide hundertprozentig (macht zweihundert Prozent, wie Rooth optimistisch hochrechnete) davon überzeugt waren, dass solch eine Gestalt ungefähr zu diesem Zeitpunkt für wenige Minuten bei einem Bier im Lokal gesessen hatte.

So sicher wie das Amen in der Kirche und die Nutten in der Zwille, wie es in der Stadt hieß.

Die Beschreibung ließ auch nicht viel zu wünschen übrig – zumindest nicht, was die Übereinstimmung anging. Dunkle Haare, dunkler Bart, dunkle Kleidung und Brille. Der Koch Nielsen glaubte sich auch erinnern zu können, dass am Barhocker des Betreffenden eine Plastiktüte gestanden hatte; was ihm von Seiten Kummers und Berkes jedoch nur ein Schulterzucken einbrachte. Keine Zustimmung, aber an sich auch kein Widerspruch.

Als Rooth und Jung diese bedeutsamen Tatsachen – diese einzigen Lichtblicke, und das nach fünf Tagen harter Arbeit –, zusammengefasst hatten, fühlte Rooth sich reif für eine kühne Schlussfolgerung.

»Das war der Mörder, der da gesessen hat, darauf verwette ich meine Seele. Denkt daran, wenn wir ihn geschnappt haben, dass ich das schon vorher gewusst habe!«

Niemand war bereit, diese Prognose aus dem Stegreif zu unterstützen, aber sie beschlossen auf jeden Fall, so schnell wie möglich Steckbrief und Suchmeldung zu veröffentlichen.

Sicherheitshalber, auf jeden Fall.

Um bei der Besprechung wenigstens einen Entschluss gefasst zu haben.

12

Er erwachte in der Wolfsstunde.

Das passierte ihm derzeit ab und zu.

Nie, wenn Vera Miller bei ihm war oder wenn er sie bald erwartete, dann niemals. Inzwischen trafen sie sich einmal pro Woche, von Samstag auf Sonntag, und wenn er sie ganz besonders vermisste, dann passierte es ab und zu. Dass er in kalten Schweiß gebadet erwachte. In der Wolfsstunde.

Und in dieser wachen Stunde zwischen drei und vier Uhr nachts, in diesen unbarmherzigen, ewig langen Minuten, während die ganze Welt schlief, sah er klar, durch die Haut hindurch. Sah er das Entsetzliche, dessen er sich schuldig gemacht hatte, im kalten rückblickenden Licht. Sah er ein, dass diese durch und durch zarte Membran jeden Moment reißen konnte. Jeden Moment. Ob es auch Träume gab, wusste er nicht. Auf jeden Fall konnte er sich an kein Traumbild erinnern. Er versuchte es natürlich auch nicht, nicht in dieser und auch in keiner anderen Nacht. Stand stattdessen im Dunkeln auf, stapfte zum Schreibtisch hinüber und knipste die Lampe an. Ließ sich in den Sessel fallen und zählte im Terminkalender die Tage, stellte fest, dass fünfundzwanzig davon vergangen waren, seit er den Jungen angefahren hatte. Zehn, seit dem Mord am Erpresser. Bald würde ein neuer Monat beginnen. Bald würde alles vergessen sein.

Vergessen und aus der Welt. Die Zeitungen schrieben nicht mehr darüber. Am Anfang der Woche war das anders gewesen. Die Polizei hatte den jungen Mann am Samstag gefunden, aber inzwischen hatten die Medien ihr Interesse schon wieder verloren. Am Donnerstag oder Freitag war er nicht mehr erwähnt worden.

So war es eben. Der Mensch des 21. Jahrhunderts wird eine Eintagsfliege sein, dachte er. Einen Strich ziehen, die Summe berechnen, falls es eine gibt. Vergessen, weitergehen. Das Motto der Zeit. Eigentlich war er selber auch so, wie er jetzt einsah. Ein guter Vertreter der Zukunft also; es waren nur diese schlaflosen Stunden, die ihn an Gestern und Morgen fesselten. Nur die.

Und doch war nichts wie zuvor. Es war paradox, dass dieser Abend mit dem leichten Aufprall und dem Jungen im lehmigen Straßengraben alles hatte verändern, die Perspektive dermaßen hatte verschieben können. Türen öffnen. Vertäuungen kappen. Vera Miller einlassen, sein neues Leben zulassen. Ja, paradox war das richtige Wort und Chaos Gottes nächster Nachbar.

Der Mord draußen in Dikken war nicht vom selben Gewicht. Durchaus nicht, er war nur die Folge. Etwas, das er hatte durchführen müssen, eine unbarmherzige Konsequenz der Tatsache, dass er am ersten Abend beobachtet worden war. Billardbälle, die losrollen und einfach nur einer unbarmherzig vorgegebenen Richtung folgen; er hatte vor nicht allzu langer Zeit in Fachzeitschriften darüber gelesen. Eine Art neo-mechanistisches Weltbild, wenn er es richtig verstanden hatte ... oder Psychologie; zugleich natürlich eine Verpflichtung seinem eigenen Leben gegenüber; schon nach wenigen Tagen hatte die Dikkener Episode ihn nicht mehr berührt. Der Mann, den er dort draußen umgebracht hatte, hatte sich am Unglück anderer mästen wollen, an seinem und an dem des Jungen ... man könnte sogar behaupten, er habe den Tod verdient. Haust du meinen, hau ich deinen, wie der alte Spruch lautete. Ein schnöder Erpresser, der im Laufe einer Woche zu einer entsetzlichen Bedrohung geworden war, dem er dann aber auf seinem eigenen Spielfeld gegenübergetreten war und den er liquidiert hatte. Einfach und schmerzlos. Und jetzt war die Zukunft wieder offen.

Die Zukunft mit Vera Miller. Er bezweifelte keine Sekunde mehr, dass es diese Zukunft geben würde. Keinen Bruchteil einer Sekunde bezweifelte er das, nicht einmal während dieser durchwachten Wolfsstunden. Sie hatte ihrem Mann zwar noch nicht erzählt, dass sie einen anderen hatte und sich scheiden lassen wollte, aber das war nur eine Frage der Zeit. Eine Frage einiger Wochen und einer gewissen Rücksichtnahme. Andreas Wollgers war kein starker Mensch, sie wollte ihn nicht zerbrechen. Noch nicht. Aber bald würde es so weit sein.

Während dieser Wartezeit machten sie keine weiteren Pläne. Aber trotzdem waren diese vorhanden; sie hingen die ganze Zeit in der Luft, wenn er mit Vera zusammen war. Wenn sie sich liebten, wenn er in ihr war, wenn er ihre Brustwarzen hart und steif und wund leckte. Wenn sie einander beim Essen gegenüber saßen und Wein tranken oder einfach in seinem großen Bett lagen und atmeten und im Dunkeln Musik hörten. Die ganze Zeit. Pläne – bis jetzt noch unausgesprochene Hoffnungen für die Zukunft und für ein neues Leben. An irgendeinem anderen Ort. Er und Vera Miller. Er liebte sie. Sie liebte ihn. Sie waren zwei erwachsene Menschen, und nichts könnte einfacher sein. Sie würden zusammen leben. In einem halben Jahr. In einem Monat. Bald.

Insgeheim versuchte er sich Bilder davon zu machen. Starke Bilder, warm und farbenprächtig. Bilder aus einer Zukunft, in der er nie wieder in der Wolfsstunde aufwachen müsste.

In der er nie mehr durch die zerbrechliche Haut schauen müsste.

In der er nie mehr stinkenden kalten Schweiß von seinem Leib waschen müsste.

Vera, dachte er. Um deinetwillen könnte ich noch einen Mord begehen.

Am Samstag brachte das Neuwe Blatt seinen Steckbrief. Er las am Frühstückstisch über sich, und nach einer Sekunde des Entsetzens prustete er los. Das war keine Bedrohung. Im Gegenteil. Eigentlich hatte er darauf gewartet. Es wäre auch zu schön gewesen, wenn ihn während dieser Minuten in der Bar niemand gesehen hätte, einfach zu schön – aber er erkannte bald, dass die Zeitungsmeldung, statt für ihn irgendeine Art von Gefahr zu bedeuten, eher eine beruhigende Nachricht darstellte. Die

Nachricht, dass die Polizei bei den Ermittlungsarbeiten feststeckte und er keinen Grund hatte, von ihrer Seite irgendetwas zu befürchten. Nicht den geringsten.

Denn wieso hätten sie sonst einen dermaßen albernen Steckbrief veröffentlichen sollen?

Ein Mann unbestimmten Alters. Dunkel, vermutlich schwarz gekleidet. Lange dunkle, vermutlich schwarze Haare. Bart und Brille. Möglicherweise verkleidet.

Möglicherweise! Er lachte. Erwarteten die denn, dass er alles wieder anzog und unter die Leute ging? Dass er zum Tatort zurückkehrte und sich vielleicht noch einmal in die Trattoria Commedia setzte? Oder was? Er hatte die Kompetenz der Polizei nie besonders hoch geschätzt, und an diesem Samstagmorgen wurde seine Achtung nicht größer.

Polizei?, dachte er. Armselige Vettern aus Dingsda.

Am Nachmittag kam Vera. Sie hatte in der Markthalle am Keymer Plejn Wein und Lebensmittel gekauft, aber sie hatten einander sechs Tage nicht gesehen und mussten sich schon in der Diele lieben. Dass es so viel Leidenschaft geben konnte! Dass es eine solche Frau geben konnte!

Langsam machten sie sich dann aber doch über Lebensmittel und Wein her. Vera blieb über Nacht, sie liebten sich noch einige Male, hier und dort, und statt zur Wolfsstunde zu erwachen, schlief er mitten in dieser Stunde ein.

Schwer und befriedigt, erfüllt von Liebe und Wein, und mit Vera Miller in unerhört dichter Nähe.

Sie blieb bis zum Sonntagnachmittag. Während einer ernsten Stunde sprachen sie über ihre Liebe; darüber, wie sie damit und mit ihrer Zukunft umgehen sollten.

Es war das erste Mal.

»Niemand weiß von deiner Existenz«, sagte sie. »Andreas nicht. Meine Schwester nicht. Und meine Kolleginnen und Freundinnen auch nicht. Du bist mein Geheimnis, aber ich will dieses Geheimnis nicht mehr haben.«

105

Er lächelte, sagte aber nichts dazu.
»Ich will dich lieber die ganze Zeit haben.«
»Dein Mann?«, fragte er. »Was hast du mit ihm vor?«
Sie schaute ihn lange an. Dann sagte sie:
»Ich werde mit ihm sprechen. Jetzt, in dieser Woche. Ich habe mir alles überlegt, es gibt keine andere Lösung. Ich liebe dich.«
»Ich liebe dich«, erwiderte er.

Am Montag machte er Überstunden. Auf der Nachhausefahrt – als er gerade die Zementröhre im Straßengraben passiert hatte –, ertappte er sich dabei, wie er zur Begleitung des Autoradios sang, und ihm ging auf, dass seit jenem Abend noch kein Monat vergangen war. Es war noch immer November, und alles hatte sich in einem Ausmaß verändert, das er niemals für möglich gehalten hätte.

Es war unwahrscheinlich. Ganz und gar unwahrscheinlich. Aber so war das Leben.

Er lächelte und summte noch immer, als er die Post des Tages aus dem Briefkasten fischte, aber seine gute Laune verflog schlagartig, als er bald darauf am Küchentisch saß und den Brief las. Soweit er es beurteilen konnte, war er auf genau dem gleichen Briefpapier geschrieben und in genau den gleichen Umschlag gesteckt worden wie die beiden früheren. Er war handgeschrieben und nur eine halbe Seite lang.

Zwei Leben,

jetzt haben Sie zwei Leben auf dem Gewissen. Ich habe Ihnen Zeit genug gelassen, um sich zu stellen, aber Sie haben sich verkrochen wie ein feiger Straßenköter. Der Preis für mein Schweigen hat sich jetzt geändert. Eine Woche (genau sieben Tage) stehen zu Ihrer Verfügung, um zweihunderttausend Gulden zu beschaffen. In benutzten Scheinen. Kleine Beträge.

Ich werde Ihnen Instruktionen zukommen lassen. Machen Sie nicht noch einmal denselben Fehler. Sie werden keine wei-

tere Möglichkeit erhalten, sich freizukaufen. Ich weiß, wer Sie sind, ich verfüge über unwiderlegbare Beweise gegen Sie, und selbst meine Geduld hat ihre Grenzen.

Ein Freund

Er las diese Mitteilung zweimal. Danach starrte er aus dem Fenster. Es regnete, und plötzlich nahm er den Geruch von kaltem Schweiß wahr.

III

13

Erich Van Veeteren wurde am Montag, den 30. November, in einer schlichten Zeremonie bestattet. Die Feier fand im Seitenschiff der Keymerkirche statt, und aufgrund der Wünsche des engsten Familienkreises – vor allem der Mutter – hatte sich nur eine kleine Trauergemeinde versammelt.

Renate hatte auch Pastor und Choräle ausgesucht; aufgrund irgendwelcher unklarer Richtlinien, die nach ihrer Behauptung für Erich wichtig gewesen waren, von denen Van Veeteren jedoch durchaus nicht überzeugt war. Ansonsten war es ihm egal; wenn Erich ein Bedürfnis nach Spiritualität gehabt haben sollte, dann konnte das in diesem hochkirchlichen Gewölbe und unter diesen bedrohlich zum Himmel strebenden Türmen wohl kaum befriedigt werden, davon war er überzeugt.

Der Pastor sah ziemlich jung und ziemlich lebendig aus, und während er mit der breiten Aussprache der Inselbewohner predigte und die Gebete vortrug, behielt Van Veeteren zumeist die Augen geschlossen, während seine gefalteten Hände auf seinem Schoß lagen. Zu seiner Rechten saß seine geschiedene Ehefrau, deren Anwesenheit er selbst in dieser Situation nur schwer ertragen konnte; zu seiner Linken saß seine Tochter, die er über alles auf der Welt liebte.

Vor ihm stand der Sarg mit den sterblichen Überresten seines Sohnes.

Es fiel ihm schwer, ihn anzusehen, vielleicht kniff er deshalb die Augen zusammen.

Kniff die Augen zusammen und dachte stattdessen an den lebenden Erich. Ließ seinen Gedanken freien Lauf; die Erinnerungen stellten sich nach einem offenbar ganz und gar willkürlichen System ein. Es gab Bilder und Erinnerungen aus den frühesten Kindheitsjahren, mit Märchenlesen an einem windigen Sandstrand, unklar, an welchem; Zahnarztbesuche, Ausflüge zur Schlittschuhbahn und zu Wegelens Tierpark.

Und es gab welche aus der schwierigen Zeit später. Aus den Jahren des Drogenkonsums und der Gefängnishaft. Er sah den Selbstmordversuch und die langen durchwachten Nächte im Krankenhaus.

Und ihre letzte Begegnung. Vielleicht vor allem die. Wenn diese Bilder aus der letzten Zeit sich vor ihm abspulten, quälte ihn auch das Bewusstsein seiner eigenen egoistischen Motive – seines Bedürfnisses, aus diesem Treffen Licht zu saugen –, aber wenn es so war, dass jeder neue Tag die Summen der vorhergehenden in sich trug, dann könnte ihm das vielleicht vergeben werden.

Zumindest heute. Zumindest hier, vor dem Sarg. Beim letzten Mal hatte er Erich am Küchentisch in Klagenburg eine halbe Stunde lang gegenübergesessen. Erich hatte die ausgeliehene Bohrmaschine zurückbringen wollen, und sie hatten sich zusammengesetzt und Kaffee getrunken und über alles Mögliche geredet. Er wusste nicht mehr genau, worüber eigentlich, aber es war von keinerlei Missbrauch die Rede gewesen, nicht von Fähigkeit oder Unfähigkeit, die Verantwortung für das eigene Leben zu übernehmen, nicht vom Widerspruch zwischen gesellschaftlicher und privater Moral. Von keinem dieser schweren, dieser bis ins Unendliche durchgekauten und verbrauchten Themen.

Es war nur Plauderei gewesen, dachte er. Keine Schuldfragen. Ein Gespräch zwischen zwei Menschen, zwischen zwei x-beliebigen Menschen, und genau das – diese schlichte, wertfreie Tatsache – war das Licht.

In der Finsternis. Eine jämmerliche Flamme in einer unermesslichen Finsternis; er dachte an Gortjakows Wasserwanderung aus *Nostalghia*. Daran dachte er oft. Tarkowskis *Nostalghia* ... und als er nun in dieser viele Jahrhunderte alten Kathedrale saß und vor dem Sarg seines Sohnes die Augen zusammenkniff, während die langsame Litanei zum gotischen Gewölbe aufstieg, glaubte er ... glaubte er eine Art Zusammengehörigkeit zu empfinden. Große Worte vielleicht, und eine Zusammengehörigkeit mit vielen Größen, das schon. Mit Erich, mit seinem eigenen unbegreiflichen Vater, der von ihm gegangen war, lange, ehe er auch nur die geringste Möglichkeit gehabt hatte, ihn zu verstehen und sich mit ihm zu versöhnen, mit Leid und Kunst und Kreativität – mit allen Arten von Kreativität – und ganz langsam auch mit dem Glauben an etwas Jenseitiges und an Visionen und Ambitionen der Kirchenerbauer ... mit Leben und Tod und der unaufhaltsam dahinströmenden Zeit. Mit seiner Tochter Jess, die sich schwer an ihn anlehnte und ab und zu von einem Zittern durchfahren zu werden schien. Zusammengehörigkeit.

Es tut seine Wirkung, dachte er. Das Ritual tut seine Wirkung. Die Formen besiegen den Zweifel; wir haben durch die Jahrhunderte hindurch gelernt, um Leere und Schmerz einen Sinn zu weben. Bedeutung und Muster. Aber wir üben ja auch schon lange.

Der Zauber wurde erst gebrochen, als er mit Jess an seinem Arm am Sarg vorbeidefiliert war; erst, als er allem den Rücken gekehrt hatte und dabei war, das Schiff zu verlassen. Dabei traf ihn ein eiskalter Stoß von Verzweiflung. Er spürte, wie er fast ins Schwanken geriet und sich an seiner Tochter anklammern und auf sie stützen musste. Er auf sie, sie auf ihn. Er war unendlich weit weg von Renate, die an Jess' anderer Seite stand, und er fragte sich, warum er eine solche Distanz bewahren musste. Warum?

Und als er dann vor dem schweren Kirchenportal im strömenden Regen stand, dachte er nur: Wer hat ihn getötet? Ich will den Menschen kennen lernen, der meinen Sohn getötet hat.

Der die Flamme ausgeblasen hat.

»Ich habe noch nicht sortiert«, sagte Marlene Frey. »Was seine Sachen waren und meine, meine ich. Ich weiß nicht, wie man vorgeht ... ob ihr etwas haben möchtet.«

Van Veeteren schüttelte den Kopf.

»Natürlich nicht. Ihr habt doch zusammengelebt. Alles, was Erich gehört hat, gehört jetzt natürlich dir.«

Sie saßen bei Adenaar's an einem Tisch. Marlene Frey trank Tee, er selber ein Glas Wein. Sie rauchte nicht einmal. Er wusste nicht, warum ihn das überraschte, aber es überraschte ihn. Erich hatte mit fünfzehn angefangen zu rauchen ... oder vermutlich noch früher, aber an seinem fünfzehnten Geburtstag hatte sein Vater ihn dabei erwischt.

»Aber sieh es dir trotzdem noch mal an«, sagte sie. »Vielleicht möchtet ihr irgendetwas zur Erinnerung haben.«

»Fotos?«, sagte er daraufhin. »Hast du vielleicht irgendwelche Fotos? Ich glaube, ich habe keins von Erich, das jünger als zehn Jahre ist.«

Sie lächelte kurz.

»Sicher. Es gibt eine ganze Menge. Oder zumindest einige.«

Er nickte und musterte sie schuldbewusst.

»Bitte, verzeih mir, dass ich nicht früher gekommen bin. Ich habe ... es war einfach so viel.«

»Es ist nie zu spät«, sagte sie. »Komm vorbei, wenn du Zeit hast, dann bekommst du ein paar Bilder. Ich bin abends zu Hause. Meistens jedenfalls, aber vielleicht rufst du vorher besser an. Das braucht doch nicht so feierlich zu sein.«

»Nein«, sagte er. »Da hast du wohl Recht.«

Sie trank ihren Tee, und er nippte in einer Art halbherzigen Geste des Einverständnisses an seinem Wein. Betrachtete sie dabei verstohlen und fand, dass sie gut aussah. Blass und müde natürlich, aber mit klaren Zügen und einem Blick, der seinen erwiderte, ohne auch nur einen Zentimeter auszuweichen. Er fragte sich, was sie in ihrem Leben wohl alles mitgemacht haben mochte. Dasselbe wie Erich vielleicht? Ihm kam es nicht so vor; bei Frauen hinterließ das immer tiefere Spuren. Natürlich hatte sie allerlei hinter sich, das sah er, aber nichts an ihrer Erscheinung wies auf fehlende Stärke hin.

Auf die Stärke, ihr eigenes Leben zu meistern. Doch er spürte, dass sie diese Stärke besaß.

Eine Schande, dachte er. Eine Schande, dass ich sie erst jetzt kennen lerne. Und unter solchen Umständen. Ich hätte natürlich …

Aber dann brach die Gewissheit *Erich ist tot* wieder über ihn herein, und das mit solcher Kraft, das ihm fast schwarz vor Augen wurde. Er kippte seinen Wein und zog sein Zigarettenmaschinchen hervor.

»Darf ich rauchen?«

Wieder lächelte sie für einen Moment.

»Erich hat geraucht.«

Sie schwiegen, während er sich eine Zigarette drehte und sie anzündete.

»Sollte aufhören«, sagte er. »Mit so einem Apparat rauche ich jedenfalls nicht weniger.«

Warum zum Teufel fasele ich hier übers Rauchen, fragte er sich. Welche Rolle spielt es, ob der Vater eines Toten zu viel raucht?

Plötzlich legte sie ihm die Hand auf den Arm. Er spürte, wie sein Herz einen Schlag aussetzte, und fast wäre ihm der Rauch im Hals stecken geblieben. Sie hatte seine Reaktion vermutlich gesehen, gab sich aber keine Mühe, es zu verbergen. Es zu überspielen. Sie ließ einfach ihre Hand auf seinem Unterarm liegen und betrachtete ihn mit forschenden, leicht funkelnden Augen.

»Ich könnte dich sicher gern haben«, sagte sie. »Schade, dass es so gekommen ist.«

Dass es so gekommen ist?, dachte er. Schade? Was für eine Untertreibung.

»Ja«, sagte er. »Es tut mir Leid, dass ich nicht mehr Kontakt zu Erich hatte. Ich hätte natürlich …«

»Das war nicht deine Schuld«, fiel sie ihm ins Wort. »Er war ein wenig ... ja, wie soll ich sagen?« Sie zuckte die Schultern. »Aber ich habe ihn geliebt. Wir haben uns gut verstanden, wir schienen durch diese Beziehung zu wachsen ... auf irgendeine Weise. Und ich muss dir etwas sagen.«

Das hatte er total vergessen.

»Sicher, ja«, sagte er. »Was denn?«

Sie ließ seinen Arm los und starrte eine Weile in ihre Teetasse. Rührte langsam mit dem Löffel um.

»Ich weiß nicht, wie du das aufnehmen wirst, aber ich bekomme ein Kind. Bin im dritten Monat schwanger ... tja, so ist es einfach.«

»Herrgott«, fuhr es aus ihm heraus, und danach blieb ihm wirklich der Rauch im Hals stecken.

Am Dienstagmorgen brachte er Jess in aller Frühe nach Sechshafen. Er hatte ihr und Renate von seinem Gespräch mit Marlene Frey erzählt. Jess hatte am Montagabend bei ihr angerufen und sich für das nächste Mal, wenn sie nach Maardam kam, mit ihr verabredet. Hoffentlich würde das gleich nach Neujahr der Fall sein.

Eigentlich hatte auch Renate mit zum Flughafen kommen wollen, aber sie war angeblich mit Fieber und Angina erwacht. Van Veeteren segnete die Bazillen und mutmaßte, dass auch Jess ihnen nicht gerade feindlich gesonnen war.

Auch an diesem Morgen hielt sie seine Hand, während sie im Schneckentempo durch die Nebelgürtel in Landsmoor und Weill fuhren; eine warme Hand, die seine ab und zu energisch drückte. Er begriff, dass es sich um Signale handelte, um Signale töchterlicher Liebe und um Signale der bekannten alten Trennungsangst. Die an diesem Tag natürlich stärker denn je war. Angst vor der Trennung von den Wurzeln, in dieser flachen nordeuropäischen Landschaft. Von Erich. Vielleicht vor allem von ihm.

»Es ist schwer, sich zu trennen«, sagte er.

»Ja«, sagte sie. »Das ist schwer.«

»Man lernt es nie. Aber das ist auch irgendwie der Sinn der Sache.«

Ein kleines Sterben, hätte er fast hinzugefügt, konnte es aber gerade noch hinunterschlucken.

»Ich kann Flugplätze nicht leiden«, sagte sie. »Ich fürchte mich immer ein wenig, wenn ich irgendwohin reise. Erich ging es auch so.«

Er nickte. Das hatte er nicht gewusst. Er fragte sich, wie viel er von seinen Kindern wohl nicht wusste. Wie viel er unterwegs verloren hatte, und wie viel er wohl nicht in Erfahrung bringen und reparieren konnte.

»Aber ich habe ihn so wenig gekannt«, fügte sie nach einer Weile hinzu. »Ich hoffe, dass ich Marlene mögen werde, ich habe das Gefühl, dass er doch immerhin eine Spur hinterlassen hat. Ja, ich hoffe, alles geht gut. Es wäre schrecklich, wenn ...«

Sie beendete diesen Satz nicht. Nach einer Weile merkte er, dass sie angefangen hatte zu weinen, und er drückte lange ihre Hand.

»Es geht jetzt aber besser«, sagte sie danach. »Besser als bei meiner Ankunft. Ich werde mich nie damit abfinden können, aber im Moment bin ich fast ruhig. Oder stumpft das viele Weinen einfach ab, was meinst du?«

Er brummte irgendeine Antwort. Nein, dachte er. Nichts geht vorüber, und die ganze Zeit sammelt sich mehr an. Tag für Tag, je älter wir werden.

Als sie sich dem Flughafen näherten, ließ sie seine Hand los. Zog ein Papiertaschentuch hervor und wischte sich die Augen.

»Warum hast du eigentlich bei der Kriminalpolizei aufgehört?«

Die Frage kam überraschend, und für einen Moment kam er sich fast hilflos vor.

»Ich weiß nicht so recht«, erwiderte er. »Ich hatte wohl ganz einfach genug ... das ist wohl die leichteste Erklärung. Es war ein ganz starkes Gefühl, und deshalb brauchte ich es nicht näher zu analysieren.«

»Ich verstehe«, sagte sie. »Ja, es gibt sehr viel, was eigentlich ohne Analyse auskommt.«

Sie verstummte, aber er wusste, dass sie noch mehr auf dem Herzen hatte. Er ahnte auch, was, und nach einer halben Minute sprach sie weiter.

»Es ist komisch, aber ich denke immer wieder an etwas, wovon ich geglaubt hätte, dass es mich nie im Leben interessieren würde ... anfangs, als ich von Erichs Tod erfahren habe, meine ich.«

»Was denn?«, fragte er.

Wieder zögerte sie.

»An den Mörder«, sagte sie. »An den, der es getan hat. Ich will wissen, wer es getan hat und warum es passiert ist. Immer mehr will ich das wissen. Findest du das seltsam? Ich meine, Erich ist doch auf jeden Fall tot ...«

Sie wandte den Kopf und sah ihn an.

»Nein«, sagte er. »Das ist überhaupt nicht seltsam. Ich glaube, es ist eine der normalsten Reaktionen, die man sich überhaupt vorstellen kann. Es gibt einen Grund, weswegen ich bei der Polizei aufgehört habe, aber es gab auch einen, weswegen ich dort eingestiegen bin.«

Sie musterte ihn von der Seite und nickte langsam.

»Ich glaube, das verstehe ich. Und jetzt denkst du auch so?«

»Jetzt denke ich auch so.«

Sie wartete eine Weile, bis sie auf den nächsten Punkt zu sprechen kam.

»Und wie läuft die Sache? Bei der Polizei, meine ich. Weißt du etwas ... halten die Kontakt zu dir?«

Er zuckte mit den Schultern.

»Nicht sehr viel. Ich habe darum gebeten, aber ich will mich nicht allzu sehr einmischen. Wenn sie weitergekommen sind, werden sie mich natürlich informieren. Vielleicht melde ich mich mal bei Reinhart und erkundige mich.«

Dann waren sie angekommen. Er fuhr ins Parkhaus, brachte

die schmale Rampe hinter sich und hielt vor einer grauen Betonmauer.

»Tu das«, sagte sie. »Erkundige dich. Ich will wissen, wer meinen Bruder umgebracht hat.«

Er nickte, und sie stiegen aus. Zwanzig Minuten später sah er sie zwischen zwei uniformierten Flughafenangestellten verschwinden und von der Sicherheitskontrolle verschluckt werden. Doch, dachte er. Wenn alles vorüber ist, dann bleibt diese Frage.

Wer?

14

Anfangs war es unbegreiflich.

Sein erster Gedanke – der erste Versuch einer Erklärung – war, dass er überlebt hatte. Dass der Mann vom Parkplatz auf irgendeine unvorstellbare Weise nach den Schlägen zum Leben erwacht war. Dass er sich aus dem Gebüsch gerettet hatte und zum Restaurant und damit in Sicherheit gekrochen war. Überlebt hatte.

Mit eingeschlagenem Schädel und gebrochenen Halswirbeln?

Danach erinnerte er sich an die Fakten. Dass es in allen Zeitungen gestanden hatte. Dass Radio und Fernsehen über den Fall berichtet hatten, es konnte natürlich keinen Zweifel geben. Dieser schlaksige junge Mann, den er beim Golfplatz erschlagen hatte, war tot. Endgültig und unwiderruflich tot.

Ergo?, fragte er sich. Ergo habe ich den Falschen umgebracht. So muss es sein. Oder gibt es noch eine andere Erklärung?

Er konnte keine finden. Die Sache musste also die sein, dass er ... dass er noch einmal aus Versehen einen Menschen umgebracht hatte.

Und das war nicht weniger unbegreiflich.

Es wäre zu viel verlangt gewesen, viel zu viel, dass er an diesem Montagabend hätte einschlafen können; und nach zwei fruchtlosen Stunden stand er auf. Es war zwei Uhr, er trank in der Küche eine Tasse Tee mit einem Schuss Rum, danach setzte er sich ins Auto und fuhr ans Meer. Saß anderthalb Stunden einsam auf einem Parkplatz zwischen Behrensee und Lejnice und versuchte mit sich selber zu diskutieren, während er durch das heruntergekurbelte Seitenfenster dem mächtigen Rauschen des Meeres lauschte. Es wehte ein kräftiger Südwestwind, und die Brecher waren meterhoch, das hörte er.

Den Falschen? Er hatte den Falschen getötet. Nicht der Erpresser war an jenem Abend mit lässig baumelnder Plastiktüte aus der Trattoria Commedia gekommen. Sondern ein anderer.

Einer, der auf die Toilette gegangen war und im Papierkorb die Tüte gefunden hatte? Konnte es so einfach sein?

Ein Zufall? Dass jemand aus purem Glück – oder Unglück, wenn man den Ausgang der Angelegenheit bedachte – dem Erpresser zuvorgekommen war? Konnte das sein?

Diese Möglichkeit schloss er sofort aus. Es war zu unwahrscheinlich. Zu sehr an den Haaren herbeigezogen. Die Sache lag anders, ganz anders. Er brauchte nicht lange, um die Lösung zu finden.

Es gab einen Helfer. Hatte ihn gegeben. Und zwar den Mann, den er getötet hatte. Der anonyme Briefeschreiber hatte einen Boten geschickt, um sein schwarzes Geld einzukassieren, statt das selber zu tun. Um kein unnötiges Risiko einzugehen; das war sehr gut überlegt, zweifellos, und im Grunde wirklich nicht verwunderlich. Er hätte daran denken, hätte es mit in Betracht ziehen sollen.

Im Grunde war es ein unverzeihlicher Patzer gewesen; je mehr er sich das überlegte, umso klarer wurde es ihm. Ein entsetzlicher Fehler! Während er sich draußen in Dikken über das dilettantische Vorgehen seines Gegners lustig gemacht hatte, hatte er es im Gegenteil mit einer Person von außerordentlich weit blickendem Wesen zu tun gehabt. Mit einer Person, die mit wesentlich größerer Präzision und Umsicht ans Werk gegangen war als er selber.

Und die jetzt einen zweiten Zug gemacht hatte. Zweihunderttausend Gulden! Zweihunderttausend!

Verdammt! Er fluchte laut und schlug mit den Fäusten aufs Lenkrad. Verdammter Dreckskerl!

Auf die Wut folgte die Angst. Die Angst vor seinen Taten und vor der Zukunft. Zukunft, dachte er, was denn für eine Zukunft? Falls sein Leben sich nicht bereits während der letzten Wochen entschieden hatte, so würde das während der nächsten passieren. Während *der* nächsten. Das war ja wohl sonnenklar. Es war ganz einfach eine Frage von Tagen, die Situation ließ keine andere Möglichkeit zu.

Wieder musste er sich entscheiden.

Er öffnete die Tür und stieg aus dem Auto. Ließ sich vom Wind durchrütteln und ging den Weg hinab. Das Meer wogte vor ihm auf.

Bin ich noch immer ich, fragte er sich plötzlich. Bin ich noch immer derselbe Mensch? Bin ich überhaupt noch ein Mensch?

Eine Billardkugel, die langsam einem unerbittlichen Schicksal entgegenrollt? Zwei Kollisionen, zwei Richtungsänderungen … und dann?

Die Bilder des Jungen im Straßengraben und des jungen Mannes, der erstaunt, in der Sekunde vor dem ersten Schlag, die Augenbrauen hob, stellten sich vor seinem inneren Auge mit immer kürzeren Zwischenräumen ein. Gingen ineinander über, überlappten sich, diese Bilder, und ließen bald kaum noch Platz für etwas anderes. Er versuchte an Vera Miller zu denken, an die lachende, lebensfrohe, rothaarige Vera, aber es gelang ihm nicht.

Als er weiterging, in der Dunkelheit – und in der Wolfsstunde!, wie er mit müder Resignation erkannte –, weit nach vorn gebeugt, zusammengekrümmt gegen Kälte und salzigen Wind, tauchte immer wieder der Drang in ihm auf, einfach aufzugeben. Der starke Drang, sich einfach der Umarmung des

Meeres oder den Händen der Polizei zu überlassen und allem ein Ende zu setzen.

Diesem leisen Flüstern zu folgen – bei dem es sich natürlich um die Stimme seines Gewissens handeln musste und das auf seltsame Weise mit dem Rauschen der Wellen harmonierte und es übertönte.

Seltsam, dachte er. Es passt alles zusammen wie im Film. Seltsam. Rauschen und Flüstern.

Am Ende war Vera Miller dann doch stärker. Am Ende waren es ihr lachendes Gesicht mit den funkelnden Augen und ihr warmer, feuchter Schoß, der sich um seinen Penis schloss, die Angst und Hoffnungslosigkeit verdrängten und das Geflüster erstickten. Ihre unerschütterliche Liebeskraft. Ihrer beider Liebeskraft.

Und die Zukunft.

Ich kann nicht aufgeben, dachte er. Nicht jetzt. Ich muss auch auf Vera Rücksicht nehmen.

Es war fünf Minuten vor fünf Uhr morgens, als er wieder zu Hause eintraf. Unterwegs hatte sich eine gewisse Ruhe eingestellt, vielleicht nur die Folge der Müdigkeit. Getan ist getan, dachte er. Es hat keinen Zweck, über vergossene Milch zu weinen. Was zählte, war die Zukunft. Zuerst die unmittelbare, dann die andere – das Leben mit Vera.

Doch wenn es ihm nicht gelingen sollte, die Sache mit diesem »Freund« zu lösen, dann würde es natürlich auch keine andere Zukunft geben. Dann würde ihm eine Woche bleiben und nicht mehr, das war über jeden Zweifel erhaben. Er musste eine Strategie entwickeln. Eine Verteidigung, einen Gegenzug. Was tun?

Ja, was? Wenn er ganz einfach die verlangten zweihunderttausend bezahlte, dann würde er danach gänzlich mittellos dastehen. Würde alle Reserven einbüßen. Sowohl Ersparnisse als auch Haus – und doch würde es nicht reichen. Er würde sich mindestens fünfzigtausend leihen müssen. Und dann?

Dann? Selbst wenn er sich auf diese Weise geschlagen gäbe, würde es denn Garantien geben? Der Erpresser wusste, was er wusste, er würde es vermutlich nicht vergessen, und sprach irgendetwas dafür, dass er sich mit dem im Moment verlangten Geld zufrieden geben würde?

Nein, nichts, das war die Antwort auf diese rhetorische Frage. Nicht das Geringste.

Und wie sollte er es Vera erklären, wenn er plötzlich so arm wie eine Kirchenmaus wäre? Wie?

Ergo?

Es gab natürlich nur eine Alternative.

Ihn umzubringen.

Diesmal den Richtigen umzubringen. Doch während einiger Augenblicke, als er sich einen Weg durch die engen Vorortstraßen Boorkheims suchte, dachte er, dass er vielleicht doch den Richtigen umgebracht hatte. Trotz allem.

In gewisser Hinsicht. Denn sie konnten zu zweit sein. *Konnten zu zweit gewesen sein.* Es bestand wohl kaum ein Zweifel daran, dass die bisher eingetroffenen Briefe von derselben Person stammten, aber natürlich konnte hier doch die Rede von ... von der Hand einer Gattin zum Beispiel sein. Das lässt sich nicht ausschließen, dachte er. Von der Ehefrau eines toten Erpressers, die seine Tätigkeit nun auf eigene Faust weiterführte.

Die die Tätigkeit weiterführte und die Forderungen erhöhte.

Von dieser Möglichkeit ließ sich einfach nicht absehen. Er beschloss sich darüber zu informieren, wie der Mann bei der Trattoria Commedia geheißen hatte und seine Ermittlungsarbeiten an diesem Punkt beginnen zu lassen. Denn zwischen ihm und dem anderen musste es doch eine Verbindung geben, irgendeine Art von Verbindung.

Dem anderen, überlegte er.

Dem Widersacher.

Ich würde meine rechte Hand dafür hergeben, um seine Identität zu erfahren.

Die Zeit hatte gute und schlechte Wirkungen.

Natürlich brauchte er Zeit, um sich vorzubereiten und Pläne zu schmieden. Obwohl er nicht vorhatte, das Geld zu besorgen, das dieser »Freund« sich wünschte. Nein, er brauchte eine andere Art von Zeit. Er brauchte Zeit zum Handeln. Zeit um Informationen einzuholen, sich vorzubereiten.

Es dauerte nicht lange, bis die genannte Frist (»genau sieben Tage«, eine Formulierung, die er in den letzten Briefen gefunden hatte, er fragte sich, warum) ihre Vorzeichen umgekehrt zu haben schien. Sie kam ihm lange vor. Was genau sollte er tun? *Was?* Welche Pläne sollte er angehen? Welche Vorbereitungen?

Das Einzige, was ihm so nach und nach gelang, war, den Namen seines zweiten Opfers in Erfahrung zu bringen. Erich Van Veeteren. Diesen Namen speicherte er in seinem Gedächtnis – steckte ihn ins selbe Fach wie den von Wim Felders. Ins Fach der Getöteten. Aber sich wirklich an die weiteren Ermittlungen zu machen, im Privatleben dieses unbekannten Menschen herumzuwühlen, das war zu viel für ihn. Er brachte es nicht über sich. Suchte sich allerdings die Adresse aus dem Telefonbuch heraus, und am Mittwochabend stand er eine Weile unten auf dem Ockfener Plejn, schaute an einer verrußten Fassade hoch und fragte sich, welche Wohnung wohl die richtige sein könnte. Stand fröstelnd im Regen, brachte es aber nicht über sich, die Straßenbahnschienen zu überqueren, sechs Treppenstufen hochzugehen und die Namensleiste neben der Klingel zu studieren.

Es reicht, dass ich ihn umgebracht habe, dachte er. Das ist schlimm genug, seine Wohnung brauche ich nicht auch noch aufzusuchen.

An diesem Abend gab er jeglichen Gedanken an weiteres Detektivspielen auf. Sah inzwischen ein, dass das auch gefährlich sein könnte, die Polizei könnte auf ihn aufmerksam werden. Bestimmt gaben sie sich doch alle Mühe, den Mord an dem jungen Mann aufzuklären. Besser, er richtete sich aufs

Warten ein. Auf das Warten auf die weiteren Instruktionen, die mit hundertprozentiger Sicherheit in der Montagspost sein würden.

Auf das Warten auf den blassblauen Brief, um danach das Problem dahingehend zu lösen, wie der Erpresser sich diesmal die Übergabe gedacht hatte.

Auf irgendeine Weise muss sie ja stattfinden, dachte er. Zu einem gewissen Zeitpunkt und an einem gewissen Ort musste es zu einem physischen Kontakt zwischen ihm und dem Erpresser kommen.

Oder eher noch zwischen ihm, dem Geld und dem Erpresser – es gab drei Glieder in dieser Kette, und es war durchaus möglich, dass der Gegner diesmal seine eigene Sicherheit noch besser hüten würde als beim ersten Mal. Das war sogar sehr wahrscheinlich, er hatte es hier nicht mit einem Dilettanten zu tun, das war ihm mit aller wünschenswerten Deutlichkeit gezeigt worden. Aber auf irgendeine Weise musste der andere das Geld eben doch an sich bringen, und auf irgendeine Weise musste er überlistet werden.

Wie genau, würde die Zeit zeigen. Die Zeit und der nächste Brief.

Nach dem Besuch am Ockfener Plejn verbrachte er den ganzen Abend mit einer neuen Flasche Whisky vor dem Fernseher, und als er gegen Mitternacht schlafen ging, drehten sich Bett und Schlafzimmer.

Aber so hatte er sich das auch gewünscht. Zumindest in dieser Nacht musste er durch die Wolfsstunde hindurchschlafen. Am Donnerstag hatte er dienstfrei.

Der Donnerstag war der Tag, an dem Vera Miller anrufen würde.

Drei Tage ohne Kontakt, das hatten sie abgemacht. Eine kurze Zeit, die sie nutzen würde, um mit ihrem Mann zu sprechen. Von ihrer Beziehung zu erzählen. Ihre Freiheit zu gewinnen.

Als sie um sieben Uhr abends anrief, spürte er noch immer

deutliche Reste seines gewaltigen Alkoholkonsums vom Vortag. Sie hörte sich traurig an. Das tat sie sonst nie.

»Es ist so schwer«, sagte sie.

Das sagte sie sonst nie. Er schwieg.

»Es wird entsetzlich schwer für ihn sein, das sehe ich ihm an.«

»Hast du es ihm noch nicht gesagt?«

Wieder schwieg sie für einige Sekunden.

»Ich habe angefangen«, sagte sie. »Es angedeutet ... er weiß, was passieren wird. Er geht mir aus dem Weg. Ist heute Abend weggefahren, ich spüre, dass er das nur deshalb gemacht hat ... er läuft davor weg.«

»Komm her!«

»Das geht nicht«, sagte sie. »Andreas kommt in zwei Stunden zurück. Ich muss ihn von jetzt ab korrekt behandeln. Wir sehen uns am Samstag, wie abgemacht.«

»Ich liebe dich«, sagte er.

»Und ich dich«, sagte sie.

»Du wirst es dir doch nicht anders überlegen?«, fragte er.

»Du musst mir Zeit lassen«, erwiderte sie. »Nein, ich überlege mir das nicht anders, aber solche Dinge darf man nicht überstürzen.«

Zeit, dachte er. Drei Tage. Und dann kam der Montag. Was, wenn sie es wüsste?

»Ich verstehe«, sagte er. »Hauptsache ist, dass es so bleibt, wie wir gesagt haben. Und dass ich dich am Samstag sehen kann.«

»Am Samstag fahre ich zu meinem Kurs.«

»Was?«

Sie lachte.

»Zu meinem Kurs. Du weißt doch. Es ist das vierte Wochenende am Stück ... ich liebe diesen Kurs.«

Er dachte daran, was sie über korrektes Verhalten gesagt hatte, ging aber nicht weiter darauf ein.

»Ich auch«, murmelte er stattdessen. »Ich brauche dich.«

»Du hast mich«, sagte sie.

Nach diesem Gespräch brach er in Tränen aus. Er blieb eine ganze Weile im Sessel sitzen, bis es vorüber war, und während er darüber nachdachte, wann er zuletzt geweint hatte.

Zu einer Antwort gelangte er dabei nicht.

Weshalb er zwei Sobrantabletten nahm.

15

»Man kann nicht gerade behaupten, dass es vorwärts geht«, sagte Reinhart und zählte das Ermittlungsteam durch. Fünf von sieben waren noch übrig; Krause war Hiller unterstellt worden, Bollmert war noch immer in der Provinz mit der Jagd auf obskure Interviewobjekte befasst.

»Andererseits aber auch nicht rückwärts«, erklärte Rooth. »Was wir vor einer Woche gewusst haben, wissen wir heute auch noch.«

Reinhart ignorierte diesen Einwurf.

»Moreno«, sagte er. »Wenn Inspektorin Moreno die Güte hätte, die Situation zusammenzufassen, dann könnten wir anderen uns zumindest zurücklehnen und eine schöne Stimme genießen.«

»Danke«, sagte Moreno. »Die männliche Fähigkeit, immer neue Komplimente zu ersinnen, wird uns weibliche Wesen immer wieder von neuem entzücken. Aber jetzt zur Sache.«

Reinhart verzog den Mund, schwieg aber. Moreno blätterte in ihrem Block und zog eine Zusammenfassung hervor. Registrierte, dass Jung aus irgendeinem unerfindlichen Grund einen Schlips trug und dass deBries quer über der Nasenwurzel ein Pflaster sitzen hatte. Aus irgendeinem unerfindlichen Grund. Sie holte tief Atem und legte los.

»Was wir mit ziemlicher Sicherheit wissen, ist Folgendes: Erich Van Veeteren wurde durch zwei kräftige Schläge mit einem stumpfen Gegenstand gegen Kopf und Nacken getötet, und zwar unmittelbar nach achtzehn Uhr, am Dienstag, dem 10. November. Über die Waffe kann ich nichts sagen, es kann sich um irgendein Rohr gehandelt haben, doch da wir nichts gefunden haben, hat das derzeit keine größere Bedeutung. Für die eigentliche Tat gibt es keine Zeugen; der Parkplatz war menschenleer, es war halbdunkel und der Mörder hatte Zeit genug, um sein Opfer ins nahe gelegene Gebüsch zu zerren. Wir haben alle befragt, die sich in der Zeit vor – und während – des Mordes in der Trattoria Commedia aufgehalten haben. Mit zwei Ausnahmen, wohlgemerkt ... dem Opfer und dem Täter, wenn wir davon ausgehen, dass auch er dort gesessen hat. Zehn Gäste und zwei Angestellte jedenfalls ... mit allen haben wir gesprochen. Niemand konnte wirklich hilfreiche Auskünfte geben, aber drei von ihnen haben die Gestalt genannt, die eine Zeit lang in der Bar gesessen haben soll. Zwischen sechs und Viertel nach, so ungefähr. Wir haben eine ziemlich genaue Beschreibung von ihm, und aller Wahrscheinlichkeit nach hatte er sich mit Perücke, Bart und Brille verkleidet ... und aller Wahrscheinlichkeit nach ist er auch mit dem Mörder identisch.«

»Wie ich bereits vor einer Woche erklärt habe, möchte ich anmerken«, sagte Rooth.

»Ja«, gab Moreno zu. »Wir suchen seit Tagen nach ihm, aber er meldet sich nicht, deshalb müssen wir Rooth wohl beipflichten. Weiterhin können wir feststellen, dass die Zeugen keinerlei Kontakt zwischen diesem Mr. X und Erich Van Veeteren beobachtet haben – der wie gesagt im Restaurant saß und es kurz nach Mr. X verließ. Sie könnten allerdings Blickkontakt gehabt haben. Erich saß an einem Tisch mit ziemlich guter Sicht auf die Bar.«

»Hm«, sagte Reinhart. »Er sitzt eine Stunde da und wartet. Als der Typ kommt, macht er gar nichts, folgt ihm dann aber auf den Parkplatz und wird von ihm ermordet. Das ist die Lage, in aller Kürze. Könnt ihr mir sagen, worum zum Teufel es dabei gegangen ist?«

»Drogen«, sagte deBries nach einer Weile.

»Andere Vorschläge?«, fragte Reinhart.

»Ich bin nicht sicher, dass deBries Recht hat«, sagte Jung. »Aber wenn wir annehmen, dass es sich um irgendeine Art von Lieferung gehandelt hat, dann habe ich zwei Fragen. Zum einen, haben die einander gekannt? Wusste jeder, wer im Restaurant die Kontaktperson war? Oder kannte nur einer von beiden die Identität des anderen?«

»Waren das eine oder zwei Fragen?«, erkundigte Rooth sich.

»Eine«, sagte Jung. »Die andere ist, wer liefern und wer entgegennehmen sollte.«

Sie schwiegen einige Sekunden.

»Ich habe auf jeden Fall noch eine Frage«, sagte deBries. »Wenn es eine Lieferung war, wo hat sie stattgefunden?«

»Es hat wohl keine Lieferung gegeben«, sagte Rooth. »Er hat ihn stattdessen umgebracht.«

»Wo hätte die stattfinden sollen«, korrigierte deBries sich und machte sich gereizt an seinem Pflaster zu schaffen.

»Auf dem Parkplatz natürlich«, sagte Moreno. »Es ist doch wohl auch klar, dass Erich Mr. X identifiziert hat. Er hat ihn erkannt, als er sich in die Bar gesetzt hat, und ist ihm abspracheegemäß gefolgt.«

»Möglich«, sagte Reinhart und steckte sich die Pfeife an. »Sehr gut möglich. Die Sache wirkt jedenfalls eher wie eine Begegnung unter Agenten als eine Drogentransaktion. Aber ich stimme im Prinzip deBries zu, und ich gehe ebenfalls davon aus, dass Mr. X die Lieferung übergeben sollte ...«

»Und dass er nichts zu liefern hatte«, warf Moreno dazwischen, »und deshalb seinen Kontaktmann umgebracht hat.«

Wieder schwiegen alle für einige Sekunden. Reinhart kniff die Augen zusammen und spuckte in Hochfrequenz Rauch aus.

»Aber was bringt uns das alles eigentlich?«, fragte Rooth. »Und worum zum Teufel geht es dann, wenn es keine Drogen waren? Um Briefmarken? Um so einen verdammten Fehldruck, der achtzehn Millionen kostet ...«

»Briefmarken?«, fragte deBries. »Du spinnst doch.«

Reinhart zuckte mit den Schultern.

»Egal was«, sagte er. »Es können auch gestohlene Waren gewesen sein ... etwas, das gefährlich, in den richtigen Händen aber verwendbar ist ... oder vielleicht um Geld, das ist doch die einfachste Lösung. Dass einer von beiden den anderen für irgendetwas bezahlen sollte. Mit der Forderung einer gewissen Diskretion sozusagen. Aber ich glaube nicht, dass wir im Moment viel weiterkommen. Vielleicht sollten wir einen winzigen Perspektivenwechsel vornehmen. Solange wir nicht herausfinden können, was er dort draußen zu suchen hatte, treten wir auf der Stelle, da stimme ich Rooth zu.«

»Ich auch«, sagte Rooth.

»Dann fasse ich den bisherigen Kampf der Gehirne zusammen«, sagte Moreno. »Erich hat gewusst, dass Mr. X seine Kontaktperson ist, als der kam und sich in die Bar setzte. Er folgte ihm, um sich etwas von ihm geben zu lassen, fing sich aber nur einen Schlag auf den Kopf und einen in den Nacken ein. Tödliche Schläge. Richtig erfasst?«

»Sollte man meinen«, sagte Reinhart. »Irgendwelche Einwände? Nicht? Aber vergesst verdammt noch mal nicht, dass es sich nur um Spekulationen handelt. Und jetzt wechseln wir auf die Westfront über. Dort gibt es jede Menge Auskünfte. Marlene Frey und das Adressbuch. Wer will anfangen? DeBries meldet sich freiwillig.«

Sie brauchten eine Stunde und zehn Minuten, um die Westfront abzuschreiten. Einhundertzwei Gespräche waren geführt worden, mit Menschen, die Erich Van Veeteren aus irgendeinem Grund gekannt hatten. Laut Auskunft des schwarzen Adressbuches.

Alles war sorgfältig auf Band aufgenommen worden: deBries und Krause hatten den Mittwochnachmittag und einen Teil der Nacht mit dem Anhören des gesamten Materials verbracht. Sie hatten auch eine Liste der Personen angefertigt, die mit Erich Van Veeteren in den Wochen vor seinem Tod Kontakt gehabt hatten, eine Liste, die bisher sechsundzwanzig Namen umfasste. Weitere Gespräche standen noch bevor, es war also noch einiges zu erledigen, bis sie am Ziel sein würden.

Das Ergebnis dieser vielen Anstrengungen war quantitativ gesehen nicht schlecht, aber da sie ja nun einmal keinen Mikrozensus vornehmen sollten, fand deBries es doch verdammt mager. Genau genommen hatten sie bisher – sechzehn Tage nach dem Mord und zwölf nach dem Auffinden des Leichnams – noch nicht das allergeringste Zeichen, was sich als Hinweis oder Verdacht hätte bezeichnen lassen. Nicht mit dem besten Willen auf der Welt, es war wie verhext. Mit Hilfe der Gespräche und vor allem mit Marlene Frey hatten sie feststellen können, was deren Freund während der letzten Tage seines Lebens getan hatte; es war eine ziemlich mühselige Pusselarbeit und hatte bisher nicht einmal eine Stachelbeere an Frucht erbracht. Wie Kriminalinspektor Rooth sich auszudrücken beliebte.

Niemand schien irgendeine Ahnung davon zu haben, warum Erich Van Veeteren sich an jenem schicksalhaften Dienstag nach Dikken begeben hatte.

Nicht seine Freundin. Nicht die Polizei. Und auch sonst niemand.

»Wie sieht es mit Marlene Freys Glaubwürdigkeit aus?«, fragte Jung. »Ich meine, im Hinblick auf Drogen und so.«

»Ich glaube ihr«, sagte Reinhart nach einigem Nachdenken. »Das kann natürlich ein Irrtum sein, aber ich habe den Eindruck, dass sie voll und ganz auf unserer Seite steht.«

»Es ist im Grunde aber auch keine allzu große Überraschung, dass wir auf noch nichts gestoßen sind«, meinte Moreno. »Es wäre doch ein wenig zu viel verlangt, wenn der Betreffende einfach zusammenbrechen und alles gestehen würde, sobald wir ein Tonbandgerät einschalten, oder was?«

»Wozu soll das alles dann gut sein?«, fragte Rooth. »Verlangt nicht das Gesetz, dass man der Polizei die Wahrheit sagen muss?«

»Hrrrm«, sagte Reinhart. »Du hast nicht begriffen, was es damit auf sich hat, in einer finsteren Nacht vor einem Tonbandgerät zu sitzen und sich den entlarvenden kleinen Versprecher des Mörders anzuhören ... aber das ist momentan vielleicht auch zu viel verlangt! Also weiter. Was meint ihr? Irgendwer unter uns ... und zufällig sehe ich hierbei von Rooths Briefmarkentheorie ab ... irgendwer unter uns muss doch eine Idee haben? Dafür werden wir doch bezahlt, verdammt noch mal. Oder herrscht in euren Fischgehirnen dieselbe Finsternis wie in meinem?«

Er schaute sich am Tisch um.

»Kohlschwarz«, sagte deBries endlich. »Aber die Tonbandaufnahmen stehen jedermann und jederfrau zur Verfügung. Es dauert nur achtzehn Stunden, sie sich anzuhören. Bestimmt gibt es irgendwo einen kleinen Hinweis, aber Krause und ich haben ihn nicht gefunden.«

»Ich setze eine Runde aus«, sagte Rooth.

»Aber wie sieht's mit den näheren Bekannten aus«, schlug deBries vor. »Mit Erichs besten Freunden, meine ich, drei oder vier haben ihn sehr gut gekannt. Wir könnten sie bitten ein wenig zu spekulieren.«

»Vielleicht, ja«, Reinhart nickte düster. »Warum nicht? Gibt es noch weitere Vorschläge?«

Es gab keine. Rooth seufzte und Jung versuchte ein Gähnen zu unterdrücken.

»Warum trägst du einen Schlips?«, fragte Rooth. »Hast du keine Knöpfe am Hemd?«

»Oper«, erklärte Jung. »Maureen hat bei der Arbeit zwei Karten gewonnen. Hab keine Zeit mehr, nach Hause zu fahren und mich umzuziehen, muss heute Abend direkt von hier aus los.«

»Dann sorg dafür, dass du dich heute nicht schmutzig machst«, sagte Rooth.

Das quittierte Jung mit Schweigen. Reinhart steckte sich seine Pfeife wieder an.

»Nein«, sagte er. »Vorwärts geht es nicht, wie gesagt. Aber

wir verfügen ja über eine satanische Geduld, und da sollten wir doch mit einer gewissen Zuversicht weitermachen.«

»Kommt Zeit, kommt Rat«, sagte Rooth.

»Hast du in letzter Zeit mit dem *Kommissar* gesprochen?«, fragte Moreno.

»Seit vorgestern nicht mehr«, sagte Reinhart.

Van Veeteren fuhr mit der Straßenbahn nach Dikken hinaus. Etwas an diesem Parkplatz untersagte ihm das Autofahren.

Vielleicht ganz einfach das Risiko, genau an der Stelle zu halten, wo sein Sohn ermordet worden war.

Ansonsten lag der Parkplatz ebenso leer und verlassen da, wie immer um diese Jahreszeit. Nur vier Fahrzeuge und ein abgekoppelter LKW-Anhänger. Er wusste nicht genau, wo der Leichnam gefunden worden war; er hatte die Auswahl zwischen mehreren hundert Metern Gebüsch. Und er wollte es auch nicht wissen. Wozu hätte das gut sein sollen?

Er überquerte den Rasen und betrat die Trattoria Commedia. Die Bar lag der Eingangstür gegenüber, derzeit saßen dort zwei ältere Männer in zerknitterten Jacken beim Bier. Der Barkeeper war ein junger Mann mit gelbem Hemd und Pferdeschwanz und nickte ihm leicht zerstreut zu.

Van Veeteren nickte zurück und ging weiter ins Restaurant. Von achtzehn Tischen waren drei besetzt; er suchte sich einen mit Blick auf die Bar aus und setzte sich.

Vielleicht hat Erich an diesem Tisch gesessen, dachte er.

Er bestellte bei der blond bezopften Kellnerin das Tagesgericht; Lammkoteletts mit überbackenen Kartoffeln. Und ein Glas Rotwein.

Es dauerte eine halbe Stunde, bis das Essen serviert und verzehrt war. Es schmeckte gar nicht schlecht, wie er feststellte. Er hatte noch nie einen Fuß in dieses Lokal gesetzt und würde es natürlich auch niemals wieder tun; aber immerhin hatten sie hier offenbar einen fähigen Koch erwischt. Golfspieler ließen sich aber sicher auch nicht alles bieten, nahm er an.

Das Dessert übersprang er. Stattdessen trank er in der Bar einen Kaffee und einen kleinen Cognac.

Vielleicht hat gerade hier der Mörder gesessen, dachte er.

Vielleicht sitze ich hier auf dem Hocker des Mörders meines Sohnes. Als der gelbe Barkeeper seine Tasse wieder füllte, fragte er, ob er am fraglichen Abend Dienst gehabt habe.

»Ja«, sagte der junge Mann. Das hatte er. Wieso die Frage?

Van Veeteren dachte eine Weile nach, dann antwortete er: »Polizei.«

»Schon wieder?«, fragte der Barkeeper und wirkte nur mäßig amüsiert.

»Hm«, sagte Van Veeteren. »Ich verstehe schon, sie sind wie die Fliegen. Ich gehöre zu einer anderen Abteilung.«

»Zu was für einer Abteilung denn?«, fragte der Barmann.

»Zur Spezialabteilung«, sagte Van Veeteren. »Vielleicht könnten wir uns in aller Freundschaft eine Runde unterhalten?«

Der Barkeeper zögerte kurz.

»Ich hab im Moment ja sowieso nicht so viel zu tun«, sagte er dann.

»Diese Wurst ist ein Geschenk der Götter an die Menschheit«, sagte Rooth.

»Das sehe ich auch so«, sagte Jung und betrachtete seinen Kollegen, der mit halb geschlossenen Augen und einem Ausdruck überirdischen Friedens im Gesicht kaute. »Nett, dass du auch eine geistige Seite hast.«

»Das liegt am Knoblauch«, sagte Rooth und öffnete die Augen. »Altes, feines Arzneikraut. Ich habe eine Theorie.«

»Ach was?«, sagte Jung. »Wieder die mit der Briefmarke?«

»Besser«, sagte Rooth und stopfte sich Kartoffelsalat in die Kinnbacken.

Jung wartete.

»Könntest du dich bitte entscheiden, ob du denken oder reden willst«, fragte er. »Das würde mir die Mahlzeit erleichtern.«

Rooth nickte und kaute fertig.

»Na gut«, sagte er. »Also, mir ist bei der Besprechung etwas eingefallen.«

»Was denn?«, fragte Jung.

»Erpressung«, sagte Rooth.

»Erpressung?«, fragte Jung.

»Genau. Das würde nämlich gut ins Bild passen. Hör zu. Erich Van Veeteren ist der Erpresser. Er weiß etwas über eine gewisse Person, er hat den Preis für sein Schweigen genannt und fährt nach Dikken, um diesen Preis einzukassieren. Das Erpressungsopfer will nicht blechen und schlägt ihn lieber tot. Klar wie Wurstbrühe, korrigier mich, wenn ich mich irre.«

Jung dachte nach.

»Nicht unmöglich«, sagte er dann. »Das ist eine haltbare Theorie. Warum hast du die bei der Besprechung nicht erwähnt?«

Rooth sah plötzlich ein wenig verlegen aus.

»Ist mir erst ganz am Ende eingefallen«, erklärte er. »Ihr kamt mir nicht sehr empfänglich vor. Wollte die Besprechung nicht noch verlängern.«

»Du hattest Hunger?«, sagte Jung.

»Das ist deine Interpretation«, sagte Rooth.

16

»Wenn wir es wie eine Krebsgeschwulst betrachten«, sagte Reinhart, »dann wird es ziemlich deutlich.«

»Bleichgesicht reden mit gespaltener Zunge«, sagte Winnifred, die Viertel-Aborigine.

»Wie meinst du das?«

»Erklär dich bitte genauer!«

Sie lagen in der Badewanne. Dass Winnifred Lynch, geboren in Australien, aufgewachsen und promoviert in England, mit Reinhart zusammengezogen war und sich ein Kind zugelegt hatte, beruhte zu einem großen Teil auf dieser Badewanne. Zumindest behauptete sie das immer, wenn er sie fragte, ob sie ihn wirklich liebe.

Die Wanne war groß und tief. Und eingebaut. Sie wies außen ein unregelmäßiges Mosaikmuster aus kleinen grünen und braunen Fliesen und in der Mitte ein stattliches Arrangement von Wasserhähnen auf. Und bot Platz genug für zwei Erwachsene. Pro Person eine Ecke. So wie jetzt. Während Beine und Körper einander locker umschlangen. Es hatte Reinhart vor zwölf Jahren zwei Monatsgehälter gekostet, sich sein Badezimmer auf diese Weise einrichten zu lassen.

Aber es hatte sich ja bezahlt gemacht.

»Krebs«, wiederholte er. »Ein Krebsgeschwür bildet Metastasen, und wenn es das nicht tut, dann wird es oft nicht entdeckt. Mit vielen Fällen verhält es sich genauso, so habe ich das gemeint. Das mit dem Sohn des Kommissars zum Beispiel ... kommst du noch mit?«

»Das schon«, sagte Winnifred.

»Gut. Wir haben inzwischen alles herausgebracht, was sich über die Ereignisse herausbringen lässt. Aber trotzdem kommen wir nicht weiter, und das ist kein gutes Omen für die weitere Arbeit ... es sei denn, es gibt Knospen.«

»Knospen?«

»Metastasen«, sagte Reinhart. »Es muss noch mehr passieren. Das versuche ich zu erklären. Wenn du nur ein isoliertes Verbrechen begehst – jemanden umbringst, eine Bank überfällst oder was auch immer – und es dabei belässt, ja, dann hast du ziemlich gute Chancen, dich der Gerechtigkeit zu entziehen. Vor allem, wenn du ansonsten ein einigermaßen rechtschaffener Mitbürger bist. Aber normalerweise bleibt es nicht bei diesem Muttergeschwulststadium ... das Verbrechen entwickelt Metastasen, die entdecken wir, wir stellen fest, woher sie stammen, und dann können wir den ganzen Scheiß lösen. Kommst du noch mit?«

Winnifred Lynch seufzte.

»Alles überstrahlende Metaphorik«, erklärte sie und wackelte in seinen Achselhöhlen mit den Zehen. »Kriminalität als Krebs im Körper der Gesellschaft ... originell, das muss ich zugeben. Seit Stunden habe ich nichts dermaßen Treffendes mehr gehört.«

»Hrrm«, sagte Reinhart. »Es ging mir vor allem um die Sache mit den Metastasen.«

»Na gut«, sagte Winnifred. »Die müssen Knospen bilden, sonst kriegt ihr Erichs Mörder nicht, ist das so zu verstehen?«

»Ungefähr«, sagte Reinhart. »Wir treten einfach auf der Stelle ... oder treten Wasser, wenn du ein treffenderes ...«

Er verstummte, weil Winnifred ihn in die Wade gebissen hatte.

»Ai«, sagte Reinhart.

»Gibt es irgendetwas, das für diese Knospenbildung spräche?«

Reinhart dachte nach.

»Woher zum Teufel soll ich das wissen? Krebs ist ein Rätsel, oder nicht?«

»Das schon«, sagte Winnifred. »Aber wenn du mir die Füße massierst und mir die Tatsachen servierst, dann werde ich sehen, was ich tun kann.«

»Fairer Deal«, sagte Reinhart. »Nimm sie aus meinen Achselhöhlen.«

Ulrike Fremdli zeigte jetzt etwas, das er an ihr bisher noch nicht gekannt hatte. Eine Art Behutsamkeit. Er dachte seit einigen Tagen darüber nach, und als sie ihn am Donnerstagabend nach Feierabend aus dem Antiquariat abholte, sagte er es auch.

»Behutsamkeit«, fragte sie. »Wie meinst du das?«

»Du betrachtest mich als Patienten«, sagte Van Veeteren. »Hör auf damit. Mein Sohn ist ermordet worden, wenn ich deshalb den Verstand verliere, dann kriege ich im Krankenhaus mehr als genug von diesem verdammten Therapeutinnenblick.«

»Was zum Henker«, sagte sie. Dann gingen sie schweigend Arm in Arm an Yorrick's Café vorbei, bis sie dann stehen blieb.

»Na gut, du hast vielleicht Recht. Schluss mit der falschen Rücksichtnahme, aber dann musst du ab und zu auch mal den Mund aufmachen.«

»Hm«, sagte Van Veeteren.

Ulrike musterte ihn mit einer senkrechten Furche zwischen den Augenbrauen.

»Ich gebe ja zu, dass Trauer sehr gut wortlos sein kann«, sagte sie. »Aber ich weigere mich zu glauben, dass wir die Toten auf diese Weise am besten ehren. Wir sollten sie feiern, statt um sie zu trauern ... wie in Mexiko oder wo immer es sein mag. Tag der Toten und so. Stumme Trauer gilt nur dem Menschen, der sie pflegt.«

Van Veeteren dachte eine Weile nach.

»Vielleicht«, sagte er. »Ja, wenn man doch weiterleben muss, dann muss man vermutlich auch ab und zu die Klappe aufmachen.«

Plötzlich prustete sie los. Schlang die Arme um ihn und drückte ihn so heftig an sich, dass er sich fragte, ob er wirklich davon ausgehen durfte, sie bei einer ehrsamen Runde Armdrücken besiegen zu können. Falls es jemals so weit kommen sollte.

»Ich ergebe mich«, sagte er. »Glaubst du ...«

»Was denn?«, fragte sie und ließ ihn los.

»Glaubst du, wir könnten einen Kompromiss finden ... irgendwo zwischen Patient und Sparringpartner, meine ich? Ich glaube, unsere Beziehung könnte dadurch gewinnen.«

Sie lächelte. Hakte sich bei ihm ein und zog ihn weiter.

»Du versuchst hier den idealen Mann zu beschreiben«, erklärte sie. »Den gibt es nicht. Ich werde mich wohl mit dir abschleppen müssen, so wie du bist. Mal Patient, mal Sparringpartner ... aber das macht nichts. Ich habe nie etwas anderes erwartet. Und jetzt gehen wir zu Marlene und sehen uns ihre Fotos an.«

Es war endlich das erste Mal, und es wurde ein kurzer Besuch. Marlene Frey hatte irgendwelche Probleme mit ihrem Ofen, die Temperatur in der Wohnung pendelte zwischen zehn und zwölf Grad, und sie wollte gerade zum Schlafen zu einer Freundin gehen.

Sie hatte ein Dutzend Fotos von Erich herausgesucht – zwei davon zeigten übrigens Erich und sie selber. Es gebe auch noch andere, erklärte sie, aber nicht viele. Sie wollte natürlich auch selber welche behalten, vielleicht könnten sie sich ein andermal treffen und die Bilder verteilen? Wenn es nicht so schrecklich kalt war? Und sie konnten ja Abzüge machen lassen, wenn die Negative noch vorhanden waren, und das waren sie. Die meisten zumindest.

»Wie geht es ...«, fragte er und schaute ganz schnell auf ihren Bauch.

»Gut«, versprach sie. »Der klammert sich richtig fest.«

Er konnte ihr ansehen, dass sie gestresst war, und das schien nicht zu ihr zu passen. Sie war ganz anders als an dem Abend bei Adenaar's. Mit Ulrike wechselte sie nur einen Handschlag und ein hastiges Lächeln, und der kurze Besuch hinterließ einen etwas faden Nachgeschmack.

»Du darfst das nicht überinterpretieren«, sagte Ulrike, als sie eine halbe Stunde später bei Kraus einen Tisch gefunden hatten. »Das macht man leicht, wenn man selber etwas aus dem Gleichgewicht geraten ist.«

»Aus dem Gleichgewicht?«, fragte Van Veeteren. »Ich war seit meinem ersten Schultag nicht mehr im Gleichgewicht.«

Während er auf Reinhart wartete, drehte er sich vier Zigaretten und rauchte zwei. Er ging sonst nie ins Vox, Reinhart hatte den Vorschlag gemacht, und er befürchtete, dass sie Jazzmusik spielen würden, wenn sie zu lange blieben. Auf einem Plakat am Eingang hatte so etwas gestanden, und ganz hinten in dem schmutzig braunen verräucherten Lokal befand sich eine kleine Bühne.

Nicht, dass er grundsätzlich etwas gegen Jazzmusik gehabt hätte. Reinhart behauptete immer, dass das Hören – und natürlich noch viel mehr die Ausübung – von modernem, improvisiertem Jazz die Intelligenz im Rekordtempo wachsen ließ. Wie bei einer Exponentialfunktion von Zeit, Konzentration und Alkohol ... oder etwas in dieser Richtung, er machte sich nicht immer die Mühe, Reinhart genau zuzuhören. Aber nicht heute Abend, bitte, dachte er. Es ist zu früh. Er hatte seit Erichs Tod kaum mehr Lust gehabt, seine eigene Musik zu hören, nicht einmal William Byrd oder Monteverdi konnte er hinnehmen, und deshalb wirkten Saxofone mit Stacheldrahtklang nun wirklich nicht verlockend auf ihn.

Er trank einen Schluck Dunkelbier und dachte nach. Fragte sich, was eigentlich derzeit mit seinen Gedanken und seinem Bewusstsein geschah. Zerbrach sich den Kopf über deren Schwingungen. Das war nicht komisch. Dieses Herumgeschleudertwerden zwischen den Zuständen. Zwischen dem Inneren: seinem klaren – nicht sonderlich optimistischen, aber doch hartnäckigen – Glauben an eine Gesetzmäßigkeit irgendwo in der Dunkelheit. An Muster. An die positive Resignation, um zu einem Ausdruck des alten Borkmann zu greifen. Andererseits dieses Neue: diese ganz und gar schwarze Resignation. Mit der er natürlich schon früher in Berührung gekommen war – vor allem im Berufsleben –, aber die ihn bisher niemals fest hatte packen können.

Nicht auf diese Weise. Stundenlang. Manchmal halbe Tage.
Handlungsunfähig. Denkunfähig.
Lebensunfähig?
Muss dem ein Ende machen, dachte er. Muss eine Richtung finden. Erich ist tot und ich lebe weiter. Jedes Leben nimmt einmal ein Ende, manches zu früh, manches zu spät. Nichts kann das ändern ... und ich will Ulrike nicht auch noch verlieren.

Reinhart tauchte um halb zehn auf, eine halbe Stunde zu spät.

»Verzeihung«, sagte er. »Joanna hat eine Ohrenentzündung.

Schrecklich unangenehm offenbar. Hatten die das zu deiner Zeit auch?«

Van Veeteren nickte. Reinhart betrachtete sein halb leeres Bierglas und bestellte zwei neue.

»Wie läuft's?«, fragte Van Veeteren, als das Bier gekommen war und beide einen Schluck getrunken hatten. Reinhart steckte sich eine Pfeife an und kratzte sich zwischen seinen kurzen, grau gesprenkelten Haaren.

»Na ja.«

»Na ja?«, fragte Van Veeteren. »Was zum Teufel heißt das? Leidest du neuerdings an Aphasie?«

»Es geht nicht gerade voran«, erklärte Reinhart. »Was willst du eigentlich? Über jedes verdammte Detail informiert werden?«

Van Veeteren drehte sich noch eine Zigarette und zündete sie an.

»Ja«, sagte er. »Jedes verdammte Detail, bitte.«

Das dauerte seine Zeit, und als Reinhart fertig war, wurde auf der Bühne schon musiziert. Nur ein Pianist und eine dunkelhäutige leise Sängerin, es war also nicht schwer, sich Gehör zu verschaffen. Van Veeteren ging auf, dass seine Vorurteile nicht zutrafen – die Sängerin hatte eine angenehm leise Stimme, die ihn an siedenden Samt erinnerte (wie immer Samt zum Sieden gebracht werden konnte und sich dabei anhörte), und während Reinhart berichtete, entstand auf diese Weise eine angenehme Distanz zu seinen Worten. Die Musik hüllte Erichs Tod und die dazugehörigen Umstände in eine Art behutsame, fast sinnliche Decke. Er wusste plötzlich, dass das Erich gefallen hätte.

Trauer und Leid, dachte er. Wir kommen nicht daran vorbei. Das Einzige, was wir tun können, ist, es mit offenen Armen anzunehmen und ihm die richtige Wendung zu geben. Es einzubetten, wie gesagt. In Kunst oder Rituale oder welche Formen auch immer uns zur Verfügung stehen ... nur dürfen wir es nicht wie Wollmäuse in der Ecke liegen lassen.

»So sieht es also aus«, endete Reinhart. »Wir haben also den Mörder gefunden, es ist dieser Kerl aus der Bar. Er muss es sein, alles weist darauf hin, aber wir haben keine haltbare Hypothese darüber, was Erich da draußen getan hat. Oder tun wollte. Wir können nur spekulieren, aber ich würde dich belügen, wenn ich behaupten würde, wir hätten noch mehr.«

»Ich verstehe«, sagte Van Veeteren.

Reinhart machte sich eine Weile an Pfeife und Tabak zu schaffen und machte ein zweifelndes Gesicht.

»Es ist dir doch immer noch sehr wichtig, dass wir ihn finden, oder?«

Van Veeteren betrachtete kurz die Sängerin, bevor er antwortete. Sie bedankte sich für den spärlichen Applaus und erklärte, dass jetzt eine kurze Pause folgen werde.

»Ja«, sagte er. »Das wird mir jeden Tag wichtiger. Anfangs war mir das gar nicht so klar, aber es scheint fast in den Genen zu wurzeln ... man muss den Mörder seines Sohnes finden.«

»Es wurzelt zumindest in der Kultur«, sagte Reinhart. »Und in der Mythologie.«

»Scheißegal, ob Mythos oder nicht«, sagte Van Veeteren. »Ich will, dass ihr ihn findet. Werdet ihr das tun?«

»Das habe ich dir doch schon versprochen«, sagte Reinhart.

Van Veeteren dachte eine Weile nach.

»Würdest du es mir übel nehmen, wenn ich mich einmischte?«, fragte er.

Reinhart hob sein Glas.

»Ich würde es verdammt seltsam finden, wenn du das nicht machen würdest. Prost!«

»Prost«, sagte Van Veeteren und trank aus. »Nein, geh jetzt nach Hause und kümmere dich um deine Tochter. Ich glaube, ich bleibe noch ein bisschen und höre mir diese Sängerin noch einmal an.«

»Das ist richtig so«, sagte Reinhart und stand auf.

17

Am Freitag fuhr er nach Feierabend zu seinem Vater. Er war seit über zwei Monaten nicht mehr bei ihm gewesen, und es war eine Möglichkeit, Zeit totzuschlagen. Das Oesterleheim lag in Bredenbuijk, ein Stück hinter Loewingen, er fuhr über Borsens, um dem ärgsten Verkehr auszuweichen, und kam gleich nach dem Essen dort an.

Sein Vater saß wie üblich im Bett und musterte seine Hände. Er brauchte sonst immer eine ganze Weile, um den Alten zum Hochschauen zu bewegen, diesmal aber gelang es ihm sofort. Er hatte kaum den Stuhl an die Bettkante ziehen und darauf Platz nehmen können, als sein Vater auch schon langsam den Kopf hob und ihn aus seinen rot unterlaufenen, wässrigen Augen ansah. Möglicherweise lag eine Sekunde lang ein Wiedererkennen in diesem Blick, aber vielleicht war das auch nur Einbildung.

Warum sollte er ihn gerade an diesem Tag erkennen, wo ihm das seit sechs Jahren nicht mehr gelungen war?

Nach einer halben Minute senkte das Kinn sich langsam zurück auf die Brust, und der Vater vertiefte sich in den Anblick seiner Hände, die auf der blauen Decke lagen und sich in langsamen, sich immer wiederholenden Bewegungen umeinander drehten.

Er blieb zehn Minuten dort sitzen. Länger konnte er es nicht ertragen. Er sah keine Schwester oder Pflegerin, die ihm bekannt vorkam, und deshalb machte er sich nicht die Mühe, sich nach dem Befinden des Vaters zu erkundigen.

Wie geht es ihm? Geht es ihm gut?

Das waren sinnlose Fragen. Waren seit Jahren sinnlos, und es tat gut, sie nicht mehr stellen zu müssen. Er hatte sich oft gefragt, wozu es eigentlich gut sein sollte, den Alten am Leben zu erhalten, aber von Krankenhausseite war das Thema Euthanasie nicht einmal erwähnt worden, und er wollte es nicht anschneiden. Seine Schwester in Amerika wäre außerdem dagegen, das wusste er, auch ohne sie gefragt zu haben.

Also saß sein Vater dort im Bett. Sprach mit niemandem, las nie ein Buch oder eine Zeitung. Sah niemals fern, hörte niemals Radio. Verließ sein Bett nur noch, um zur Toilette zu gehen; das einzige Zeichen dafür, dass er bei irgendeinem Bewusstsein war, war, dass er den Mund öffnete, wenn ein gefüllter Löffel sich näherte.

Mein Vater, dachte er. So, wie du bist, werde ich eines Tages sein. Danke für den Besuch.

Und er beschloss zu leben, solange noch Zeit war.

Die Nacht zum Samstag wurde schwer. Weil Vera am nächsten Tag kommen würde, rührte er den Whisky nicht an. Das Trinken durfte nicht zur Gewohnheit werden. Er wollte auch nicht zu häufig zum Sobran greifen. Er nahm eine leichte Schlaftablette, aber davon wurde ihm schwer im Körper, und er empfand eine leichte Übelkeit.

Der Beschluss, auf den montäglichen Brief zu warten, ehe er seine Vorgehensweise endgültig festlegte, war natürlich richtig; der einzige mögliche Entschluss war es, aber das bedeutete ja nicht, dass ihm auch die Gedanken erspart blieben.

Diese sturen schwarzen Gedanken und Bilder dessen, was mit ihm passieren würde. Die Spekulationen darüber, was dieser »Freund« diesmal für ein Szenario der Geldübergabe präsentieren würde. Und darüber, zu welchem Vorgehen er selber gezwungen werden würde. Ein weiteres Mal.

Falls sich überhaupt die Gelegenheit dazu bieten würde.

Zu töten. Ein letztes Mal zu töten und endlich einen Strich unter sein altes Leben zu ziehen. Ohne Bilanz ziehen oder Rückschau halten zu müssen. Sondern einfach zu einem klaren, neuen Morgen zu erwachen.

Er wünschte, es wäre schon so weit.

Wünschte, alles wäre vorüber. Leben, solange noch Zeit war?

Als er zum letzten Mal auf die Uhr blickte, war es zehn vor sechs.

Es regnete, als er einige Stunden später erwachte. Ein hartnäckiger Regen, der mit einem starken Wind gegen die Fenster peitschte. Er hörte sich das eine Weile an. Dann stand er auf und duschte.

Den Vormittag und die frühen Nachmittagsstunden verbrachte er mit den Vorbereitungen für die abendliche Mahlzeit. Räumte auf und öffnete einige Rotweinflaschen. Sortierte außerdem Wäsche. Um kurz nach zwei rief Smaage an und erinnerte ihn daran, dass die Brüder sich am kommenden Freitag treffen wollten. Sie redeten eine Weile, und er staunte darüber, wie leicht ihm das gefallen war. Wie locker er das gebracht hatte. Und dabei hatte alles nach dem letzten Treffen angefangen ... nach diesem verdammten Treffen mit den Brüdern hatte sein altes Leben ein jähes Ende genommen, und alles war in neue wahnwitzige Bahnen geschleudert worden. Er versprach sein Kommen, falls nicht etwas Unvorhergesehenes dazwischenkam, und als er das Wort »Unvorhergesehenes« sagte, spürte er, wie ein kurzes Schwindelgefühl durch sein Bewusstsein huschte. Smaage wünschte ihm ein schönes Wochenende und legte auf.

Schließlich folgte eine Stunde, in der er nichts anderes zu tun hatte, als auf sie zu warten. Zwischen vier und fünf, als die Dämmerung einsetzte und der Wind sich ein wenig zu legen schien. Die Regenschauer dagegen kamen und gingen weiterhin; eine ganze Weile stand er am Schlafzimmerfenster und schaute zum tief hängenden, unruhigen Himmel über dem spärlichen Wäldchen hoch, das hinter der Reihenhauszeile gepflanzt worden war.

Stand in der Dunkelheit und rang mit einem ganz neuen Gedanken.

Ich möchte es ihr erzählen, dachte er. Sie würde es verstehen. Wir könnten es teilen und uns gegenseitig Kraft geben. Das wäre doch etwas?

Um Punkt halb fünf klingelte sie. Als er öffnen ging, hatte er plötzlich weiche Knie.

Es wurde ihr allerbehutsamster Abend. Sie hatte, zumindest anfangs, etwas Reserviertes, und obwohl sie es nicht offen sagte, so merkte er doch, dass die Sache mit Andreas sie quälte.

Es quälte sie, ihrem Mann berichten zu müssen, dass sie ihn wegen eines anderen verlassen wollte. Er verstand ihre Probleme. Verstand auch, dass sie ihm noch keinen reinen Wein eingeschenkt hatte, trotz aller Versprechen. Aber er setzte sie nicht unter Druck. Ließ keine Ungeduld und keine Enttäuschung sichtbar werden. Und doch hatte ihr Zusammensein etwas Gespanntes, das es bisher nicht gegeben hatte, und erst, nachdem sie fast drei Flaschen Wein getrunken hatten, begannen sie sich zu lieben.

Es war so schön wie immer. Vielleicht noch schöner, für einen kurzen Moment redete er sich ein, das komme von der bitteren Prise Untergangsstimmung, doch dieser Gedanke war so schnell wieder verschwunden, wie er aufgetaucht war. Er konnte ihr vier oder fünf Orgasmen verschaffen und danach legte sie ihren Kopf auf seine Brust und weinte. Sein eigener Kopf war so leer wie nach einem Atomkrieg.

Dann teilten sie nach und nach noch eine Flasche Wein; er hatte das Gefühl, dass das Blut in seinen Adern endlich wieder floss. Bald darauf liebte er sie noch einmal – etwas brutaler, als ihr das sonst lieb war und auf dem Küchentisch –, und danach tranken sie zum Abschluss noch jeweils ein Glas Glenlivit.

Für den Rest seines Lebens sollte er dieses Glas Whisky bereuen, denn es brachte ihn dazu, sein Urteilsvermögen aufzugeben und sich ins Verderben zu stürzen. Nach einer anderen Erklärung suchte er später nie.

Eine andere Erklärung konnte es nicht geben.

Als er im Badezimmer stand und sich wusch, merkte er, dass er reichlich betrunken war – betrunkener als an jenem Abend, zum Beispiel –, dass aber trotzdem noch etwas getan werden musste. Er brauchte es; diese von Zweifeln geplagten Überlegungen, die ihn anfangs der Woche gequält hatten, waren wie weggeblasen, und als er sein Gesicht im Spiegel musterte, sah er darin nur Stärke.

Stärke und Tatkraft.

Er grinste seinem Bild zu und kehrte ins Schlafzimmer zurück. Setzte sich auf die Bettkante und ließ für eine Weile Daumen und Zeigefinger mit ihrer einen Brustwarze spielen.

Jetzt sage ich es ihr, dachte er.

Er wusste, sowie er ihren Blick sah, dass es ein entsetzlicher Fehler gewesen war.

Vera Miller wusste, sowie sie sah, wie er aufstand, um etwas aus der Diele zu holen, dass dieser Blick ein entsetzlicher Fehler gewesen war.

IV

18

Jochen Vlaarmeier fuhr seit über elf Jahren den Bus auf der Strecke Maardam – Kaustin.

Sechs Fahrten in jede Richtung. Jeden Tag. Abgesehen von den freien Tagen, die nach einem Gleitplan festgelegt wurden – und ab und zu einer Urlaubswoche natürlich.

Die erste und die letzte Fahrt waren in gewisser Hinsicht sinnlos. Aber nur in gewisser Hinsicht. Es gab keinen einsichtigen Grund, sich morgens um halb sieben nach Kaustin zu begeben, und keinen einsichtigen Grund, die Stadt zwölf Stunden später zu verlassen. Doch das Nachtquartier des Busses war die Garage in der Leimaarer Allee, und Vlaarmeier hatte durchaus nichts gegen eine gelegentliche Leerfahrt. Rein gar nichts. Im Laufe der Jahre erschienen die Fahrgäste ihm immer mehr als störende Elemente bei seiner Arbeit, und vor allem die Abendfahrt in der Stadt zählte er zu den guten Momenten in seinem Leben. Kein Straßenverkehr. Leerer Bus und dazu das Tagewerk vollbracht. Was hätte er im Grunde noch mehr verlangen können?

Sonntags gab es nur vier Fahrten. Zwei in jede Richtung. Er fuhr morgens um neun los – und das garantiert fahrgastlos – und kehrte um zehn Uhr zurück, mit einer Ladung aus vier Bäuerinnen, die in der Keymerkirche die Hochmesse besuchen wollten. Da ihnen ihre eigene Kirche aus irgendeinem Grund nicht gut genug war. Oder vielleicht war sie ja geschlossen worden. Vlaarmeier hatte nichts für das Sakrale übrig, seit er vor dreißig Jahren ein Mädchen an einen Theologiestudenten mit Flaumbart verloren hatte.

Um zwei Uhr fuhr er die Bauersfrauen wieder nach Hause. Inzwischen hatten sie sich im Heimers Café am Rozenplejn an Kaffee und Kuchen gütlich getan.

Immer dieselben vier. Zwei kleine rundliche, zwei gebeugte, magere. Er hatte sich oft gefragt, warum die Gemeinde ihnen kein Taxi spendierte. Das wäre um einiges billiger gewesen.

An diesem kalten Sonntag – dem 29. November – waren sie nur zu dritt, da Frau Willmot, eine der rundlichen, mit einer Grippe im Bett lag. Das teilte die windgebeutelte Frau Glock mit energischer Stimme mit, als sie vor dem Schulhaus in den Bus stieg.

Achtunddreißig zwei und geschwollene Mandeln, erfuhr er. Laufende Nase und Gliederschmerzen. Nur, damit er's wusste.

Es war auch Frau Glock, die so laut aufschrie, dass er fast in den Straßengraben gefahren wäre. Es passierte unmittelbar vor der langen Kurve bei dem Ort Korrim und hörte sich in etwa so an, als habe eine Heringsmöwe sich in Vlaarmeiers Ohr verirrt.

Er riss das Lenkrad herum und schaute in den inneren Rückspiegel. Und sah, dass die alte Frau aufgesprungen war und mit einer Hand gegen das Seitenfenster hämmerte.

»Anhalten«, rief sie. »Herrgott, nun halten Sie um Himmels willen an!«

Jochen Vlaarmeier bremste und fuhr an den Straßenrand. Verdammt, dachte er, jetzt ist eine von ihnen vom Schlag getroffen worden.

Doch als er sich im Bus umschaute, sah er, dass alle drei bei bester Gesundheit zu sein schienen. Oder zumindest schien es ihnen nicht schlechter zu gehen als sonst. Die beiden weiter hinten Sitzenden starrten mit offenem Mund Frau Glock an, die weiterhin gegen das Fenster schlug und Unbegreiflichkeiten von sich gab. Er seufzte, erhob sich und ging zu ihr.

»Ganz ruhig«, sagte er. »Jetzt mal von Anfang an. Was in aller Welt ist in Sie gefahren?«

Sie verstummte. Schluckte zweimal so heftig, dass ihr Gebiss dabei klapperte, und starrte sie an.

»Körper«, sagte sie. »Frau ... tot.«

»Was?«, fragte Jochen Vlaarmeier.

Sie zeigte rückwärts, auf den schwarzblinkenden Acker.

»Da hinten. Am Straßenrand ... Körper.«

Danach ließ sie sich auf ihren Sitz sinken und schlug die Hände vors Gesicht. Die beiden anderen Damen stolperten durch den Mittelgang und schienen sich zögernd ein Herz zu fassen.

»Ein Körper?«, fragte Vlaarmeier.

Die Frau klopfte wieder gegen das Fenster und zeigte noch einmal auf das Feld. Vlaarmeier dachte zwei Sekunden nach. Dann drückte er auf den Türöffner, verließ den Bus und wanderte am Straßenrand entlang zurück.

Er fand sie nach ungefähr fünfundzwanzig Metern. Diagonal über dem flachen Graben, der die Straße vom frisch gepflügten Acker trennte, lag ein Frauenkörper. Er war in ein Stück Stoff gewickelt, das aussah wie ein Laken ... wie ein sehr schmutziges und ein wenig zerfetztes Laken, das ein Bein und Teile des Oberkörpers bloßlegte; unter anderem zwei große weiße Brüste und Arme, die in unnatürlichem Winkel vom Leib abstanden. Sie lag auf dem Rücken, ihr Gesicht war dem Himmel zugekehrt, und er sah sehr viel von ihren feuchten rötlichen Haaren, die auf irgendeine Weise an ihrem Kopf zu kleben schienen.

Zum Teufel, dachte Vlaarmeier. Zum Teufel und seiner Großmutter. Dann gab er sein umfangreiches Frühstück von sich – Brei und Würstchen und Eier – und schwankte zurück zum Bus und zum Telefon.

Als Kommissar Reinhart und Inspektorin Moreno in Korrim eintrafen, hatte es angefangen zu schneien. Große weiße Flocken segelten über die offene Landschaft und lösten sich auf dem feucht blinkenden schwarzen Boden auf.

Ein Streifenwagen mit zwei Beamten, Joensuu und Kellerman, war bereits zur Stelle. Joensuu stand am Straßenrand bei der Toten, er kehrte ihr den Rücken zu und hatte die Arme vor der Brust verschränkt. Breitbeinig und unbestechlich. Kellerman stand mit Notizblock und Kugelschreiber vor dem Bus und unterhielt sich mit Fahrer und Fahrgästen. Drei alte Damen drückten sich vor der Längsseite des Busses aneinander, alle drei in dunklen Mänteln und Kapotthüten. Reinhart dachte an brütende Krähen, die auf die Straße gesprungen waren, um nach Essensresten zu suchen. Der Fahrer Vlaarmeier lief nervös hin und her und rauchte.

Warum sitzen die nicht im Bus, dachte Reinhart. Haben die nicht gemerkt, dass es schneit?

Er befahl Moreno, Kellerman zu helfen. Ging zu Joensuu und sah sich an, was er sich ansehen musste.

Erst zwei Sekunden lang. Dann kniff er fünf Sekunden lang die Augen zusammen. Dann schaute er wieder hin.

Er machte das immer so. Er wusste nicht, ob das die Sache wirklich leichter machte, aber im Laufe der Jahre war es zu einer Art Ritual geworden.

Eine tote Frau also. Nackt, mit größter Wahrscheinlichkeit, notdürftig eingewickelt in eine Art Laken, genau, wie Vlaarmeier es am Telefon beschrieben hatte. Sie lag fast platt auf dem Rücken, der Kopf ruhte auf einer feuchten Ackerscholle, die Füße erreichten gerade den schmalen Grasstreifen, der sich am Straßenrand dahinzog. Rote Zehennägel mitten im Elend, registrierte er; es sah fast surrealistisch aus, zumindest verstärkte es den Eindruck von Unwirklichkeit. Ein ziemlich gut gebauter Körper, soweit er das beurteilen konnte. Irgendwo zwischen dreißig und vierzig, nahm er an, aber das war wirklich nur eine Annahme. Die halblangen dunkelroten Haare verbargen ihr Gesicht. Die Schneeflocken fielen auch über die Frau, als wolle der Himmel das bedecken, was er nicht sehen wollte, dieser Gedanke durchfuhr ihn. Und als hülle er sie behutsam ein ... solche Gedanken stellten sich in solchen Situationen oft ein. Wörter, Phrasen und Bilder; derselbe vergebliche Versuch, die Wirklichkeit zu verbergen, wie ihn der Himmel unternahm, gewissermaßen.

»Grauenhaft«, sagte Joensuu. »Fesches Frauenzimmer. Jetzt nicht mehr, natürlich ...«

»Wie lange seid ihr schon hier?«, fragte Reinhart.

Joensuu schaute auf die Uhr.

»Vierzehn Minuten«, sagte er. »Der Anruf kam um 10 Uhr 39. Um '58 waren wir hier.«

Reinhart nickte. Stieg über den Straßengraben. Beugte sich über den Leichnam und musterte ihn einige Sekunden lang.

»Blut«, sagte Joensuu, ohne sich umzudrehen. »Das Laken ist blutverschmiert. Und der Kopf auch. Da hat jemand zugeschlagen.«

Reinhart richtete sich auf und ballte in der Tasche eine Faust. Es stimmte sicher. Die Laken – denn es handelte sich offenbar um zwei – waren nicht nur von Lehm und Schmutz besudelt; über die eine Schulter zog sich eine Reihe von Striemen und Tropfen und wie Kellerman gesagt hatte, klebten die Haare auf der rechten Schädelseite von etwas fest, bei dem es sich wohl nur um Blut handeln konnte.

Oder höchstens noch um Gehirnmasse.

Zwei weitere Wagen trafen ein. Reinhart begrüßte Kommissar Schultze, der über hundertzwanzig Kilo wog und stellvertretender Chef des Einsatzteams war.

»Es schneit«, erklärte er düster. »Wirklich ein Mist, da müssen wir einen Baldachin besorgen.«

Reinhart blieb noch eine Weile stehen und sah zu, wie Schultzes Leute schmale Metallstangen in den weichen Boden rammten und ein Meter über dem Opfer ein dünnes Tuch ausspannten. Danach wünschte er ihnen alles Gute und ging zurück zum Bus. Befahl Kellerman, sich zu Joensuu zu gesellen und für eine ordentliche Absperrung zu sorgen.

Und Schultze und seinen Leuten ganz allgemein behilflich zu sein.

Moreno schien aus Fahrgästen und Busfahrer das wenige herausgeholt zu haben, was aus ihnen herauszuholen war. Sie waren im Bus vorbeigefahren, und eine von ihnen hatte den Leichnam gesehen, das war alles. Nachdem er Namen und Adressen notiert hatte, erklärte Reinhart, sie könnten jetzt weiterfahren. Ein kurzes Palaver folgte, da keine der drei Frauen noch in die Keymerkirche wollte – und die Hochmesse hatte ja ohnehin längst angefangen –, und schließlich gab Vlaarmeier sich geschlagen, drehte den Bus und fuhr die Damen zurück nach Kaustin.

Der Fahrplan war ja doch schon längst zum Teufel gegangen, und auf andere Fahrgäste brauchte er keine Rücksicht zu nehmen. Sonntags nie.

Eine halbe Stunde später verließen auch Reinhart und Moreno den Tatort. Sie nahmen einen ersten mündlichen Bericht von Schultze mit. Die Tote war eine rothaarige Frau von Mitte dreißig. Sie war durch mehrere Schläge gegen Kopf und Nacken getötet worden, vermutlich während der Nacht oder den frühen Morgenstunden. Wohl eher früher als später, in Anbetracht der Totenstarre. Sie war ganz nackt, abgesehen von den beiden Laken, in die sie eingewickelt worden war, und es war anzunehmen, dass der Leichnam von einem Auto aus an den Straßenrand geworfen worden war. Nichts war gefunden worden, was die anstehenden Ermittlungen erleichtert hätte, aber die Leute von der Spurensicherung krochen weiterhin herum und suchten und würden noch einige Stunden damit weitermachen.

Sowohl unter als auch in der Umgebung des aufgespannten Baldachins.

Als Reinhart und Moreno sich in ihren Wagen setzten, wurde der grüne Leichensack mit der Toten in ein anderes Fahrzeug gehoben, um nach Maardam und zur Gerichtsmedizin gebracht zu werden. Es hatten sich keine Gaffer eingestellt, die wenigen Autos, die während dieser gottverlassenen Sonntagsstunden vorbeigekommen waren, waren von Joensuu oder Kellerman gebieterisch durchgewunken worden. Oder von beiden.

Es schneite noch immer.

»Erster Advent«, sagte Reinhart. »Heute ist der erste Advent. Schöner Rahmen. Wir sollten ein Licht anzünden.«

Moreno nickte. Dachte, dass Totensonntag wesentlich passender gewesen wäre, doch der lag nun einmal bereits eine Woche zurück. Sie bewegte den Kopf und schaute auf die flache Landschaft, wo die spärlichen, großen Flocken langsam auf den dunklen Boden rieselten. Grautöne. Nur Grautöne, so weit das Auge reichte. Und fast kein Licht. Sie hatte an diesem Morgen ausschlafen wollen. Zwei Stunden mit der Zeitung im Bett liegen und frühstücken. Nachmittags schwimmen gehen.

Das hatte sie vorgehabt. Aber es war anders gekommen. Sie würde den Tag mit Arbeit verbringen. Den ganzen Tag vermutlich; zumindest, wenn sie die Tote frühzeitig identifizieren konnten. Verhöre und Gespräche mit den Angehörigen. Fragen und Antworten. Tränen und Verzweiflung; es war nicht besonders schwer, sich das alles vorzustellen. Während Reinhart brummend und fluchend die schmale, nasse Fahrbahn bezwang, hoffte sie kurz, dass sie nicht so bald erfahren würden, wer sie war ... dass diese anonyme Tote noch einige Stunden anonym bleiben würde. Oder auch einige Tage. Es war möglicherweise sogar ein frommer Wunsch, wenn man an die nächsten Angehörigen dachte; wer immer das nun sein mochte, aber mit ihren eigenen Aufgaben als Kriminalpolizistin ließ er sich nicht vereinbaren. Passte auch schlecht zu der alten Regel, wonach die ersten Stunden einer Ermittlung immer die wichtigsten waren – passte besser, bedeutend besser, wie sie zugab, zu der schwachen Hoffnung, dass sie am Nachmittag vielleicht doch noch zwei Stunden Schwimmen herausschlagen konnte.

Wir sollten unsere Beweggründe nie verwässern, dachte Ewa Moreno und seufzte. Das war die feste Redensart des *Hauptkommissars* gewesen, eine der Redensarten, die sich ihr eingeprägt hatten. Warum will ich immer duschen, wenn ich eine Leiche gesehen habe, dachte sie dann. Vor allem, wenn es sich um eine Frau handelt. Muss irgendwas mit Empathie zu tun haben ...

»Warum er sie wohl da abgelegt hat«, damit riss Reinhart sie aus ihren Überlegungen. »Mitten in der Walachei. Wäre doch gescheiter gewesen, sie im Wald zu verstecken.«

Moreno überlegte.

»Vielleicht hatte er es eilig.«

»Kann sein. In seinem Auto müsste es jedenfalls Blut geben. Und ein Auto muss er gehabt haben. Wenn wir das finden, haben wir ihn. Was glaubst du?«

»Im Moment noch gar nichts«, sagte Moreno und zuckte mit den Schultern.

»Man kann ja immer hoffen«, sagte Reinhart. »Hoffen, dass ihr Ehemann oder wer immer es war, sich schon gestellt hat. Das kommt doch häufiger vor ... doch, ich spüre schon, dass er jetzt bei Krause auf uns wartet.«

»Glaubst du?«, fragte Moreno.

»Aber sicher«, sagte Reinhart. »Er wartet auf uns. Verkatert und halb wahnsinnig ... Samstagabend und ein paar Glas zu viel ... ein kleiner Streit, eine kleine Untreue, und schon hatte er das Bügeleisen in der Hand. Ja, die armen Teufel. Die Menschen sollten uns Leid tun.«

»Ja«, sagte Moreno. »Du hast Recht, wir sollten vielleicht eine Kerze anzünden.«

Doch weder bei Krause noch anderswo im Polizeigebäude wurden sie von einem Täter erwartet. Und während der folgenden Stunden wurde auch keine Frau mit roten Zehennägeln und roten Haaren vermisst gemeldet. Gegen halb zwei wurden Reinhart und Moreno Fotos vom Tatort hereingereicht, bald darauf kam ein ausführlicher Bericht von Ärzten und Technikern.

Die Tote war 172 Zentimeter groß und wog zweiundsiebzig

Kilo. Sie hatte dunkelrote Haare, sowohl auf dem Kopf als auch am Schoß, sie hatte keine Kinder geboren und hatte unmittelbar vor dem Mord Geschlechtsverkehr gehabt. *Vor dem Mord*, beschlossen Reinhart und Moreno, ohne ein Wort darüber zu wechseln; in ihrer Scheide gab es jede Menge Sperma, noch ein sicherer Beweis, falls sie den Täter fanden. Sie brauchten die Spermien einfach nur einzufrieren und dann einen DNS-Test vorzunehmen. Aber es musste ja nicht derselbe sein – der, der sie in den Stunden vor ihrem Tod geliebt hatte, und der, der dann für das andere gesorgt hatte. Für ihren Tod. Obwohl natürlich ziemlich viel dafür sprach. Das fanden Reinhart und Moreno beide.

Gesunde Zähne und ansonsten keine besonderen Kennzeichen. Sie war durch drei kräftige Schläge auf den Kopf und einen im Nacken getötet worden. Der relativ hohe Blutverlust stammte vor allem von einem der vorderen Schläge, der eine Schläfenader zertrennt hatte. Die Mordstätte war nicht bekannt, aber sie war auf keinen Fall mit dem Fundort identisch. Der Zeitpunkt musste noch genauer festgelegt werden, hatte aber wohl zwischen zwei und vier Uhr in der Nacht zum Sonntag gelegen. Keine Kleider oder andere Habseligkeiten waren am Fundort entdeckt worden, auch sonst keine Gegenstände. Das im Leib der Frau verbliebene Blut wies eins Komma sechsundfünfzig Promille auf.

»Sie hatte einen sitzen«, stellte Reinhart fest. »Man kann nur hoffen, dass es die Sache erleichtert hat. Verdammte Scheiße.«

Moreno legte den Bericht der Gerichtsmedizin beiseite.

»Heute Abend gibt es mehr. Meusse ist voll am Werk. Sollen wir uns ein paar Stunden freinehmen?«

Als Moreno zum Schwimmbad im Birkenweg ging, war der Schnee in Regen übergegangen. Die Dämmerung senkte sich über die Stadt, obwohl es noch keine drei war, und wieder fiel ihr ein, was Reinhart über die Kerze gesagt hatte.

Doch als sie den namenlosen Frauenkörper aus Korrim vor

ihrem inneren Auge sah, wurde ihr klar, dass sie sich doch eher zur Dunkelheit hingezogen fühlte.

Es war so ein Tag, stellte sie fest. Einer, der nicht richtig geöffnet werden darf – oder den man selber nicht zu öffnen wagt. Den man einfach über sich ergehen lässt, indem man Sinne und Bewusstsein nur als schmale Spalten zur Wirklichkeit hin öffnet.

So ein Tag. Oder so eine Wirklichkeit?

Austernleben, dachte sie und schob das schwere Tor der Schwimmhalle auf. Wie sie wohl geheißen hat? Und ob ich das auch hätte sein können?

19

»Er ist da«, sagte Krause. »Wir sind gerade zurückgekommen.«

»Wer denn?«, fragte Reinhart. »Und woher?«

»Andreas Wollger«, sagte Krause. »Der Ehemann. Positive Identifizierung.«

Reinhart starrte das Telefon an. Starrte dann die Uhr an. Es war zwei Minuten nach acht, es war Montagmorgen.

»Hast du den Täter gefunden und mir nichts gesagt?«

Krause hustete ins Telefon.

»Nicht den Täter. Ihren Mann. Er sitzt jetzt mit Polizeianwärterin Dobbermann bei mir. Es geht ihm nicht sehr gut. Wir waren eben bei der Gerichtsmedizin und haben sie uns angesehen. Kein Zweifel. Sie hieß Vera Miller.«

»Vera Miller?«, fragte Reinhart. »Warum rufst du erst jetzt an? Woher willst du wissen, dass nicht er das Bügeleisen gehalten hat?«

»Das Bügeleisen?«, fragte Krause.

»Oder was zum Teufel es nun gewesen sein mag ... woher weißt du, dass er es nicht war?«

Er konnte hören, wie Krause ein Klavier verschob. Aber vielleicht seufzte er auch nur.

»Es ist doch erst acht«, sagte Krause dann. »Wollger ist um Viertel vor sieben aufgetaucht, und dann sind wir sofort zu ihr gefahren. Hat der Kommissar vor, herzukommen und mit ihm zu reden, oder will er mich weiterhin per Telefon verhören? Ansonsten bin ich ziemlich sicher, dass kein Bügeleisen in die Sache verwickelt war.«

Er wird langsam frech, dachte Reinhart, als er aufgelegt hatte. Der Anwärter.

Dass Andreas Wollger sich nicht gerade wohl fühlte, war von Krause absolut korrekt beobachtet worden. Als Reinhart das Zimmer betrat, saß er kerzengerade auf einem Stuhl und hatte auf seinen Knien die Fäuste geballt. Er starrte ins Leere, während Polizeianwärterin Elise Dobbermann neben ihm stand und ein ratloses Gesicht machte. Sie trug die allerneueste – und nicht sonderlich fantasievolle – Dienstuniform für Polizistinnen. Reinhart dachte noch schnell, wie froh er war, dass er keine Frau war – oder zumindest keine Polizistin mit Uniformpflicht.

»Hm«, sagte er. »Herr Wollger, ich bin Kommissar Reinhart.«

Er streckte die Hand aus. Nach einer Weile erhob Andreas Wollger sich und griff danach. Dann setzte er sich wieder und starrte weiter ins Leere. Reinhart blieb stehen und musterte ihn, was ihm nicht zu gefallen schien. Ein ziemlich großer, ziemlich kompakt gebauter Mann von knapp vierzig, schloss Reinhart. Jeans, dunkelblaues Polohemd, zerknittertes graues Jackett. Großer Kopf, einsetzende Kahlheit. Bleiche Augen hinter Nickelbrille. Ein weicher Zug um Mund und Kinnpartie.

Er war es nicht, war Reinharts erste Überlegung.

Aber man soll keine übereilten Schlüsse ziehen, war die zweite.

»Könnten Sie ein paar einfache Fragen beantworten?«

»Fragen?«, wiederholte Wollger.

»Möchten Sie etwas trinken? Kaffee? Tee?«

161

Wollger schüttelte den Kopf.

»Einen Moment«, sagte Reinhart und zog Polizeianwärterin Dobbermann ein Stück beiseite. Senkte die Stimme und fragte sie ganz allgemein nach dem Stand der Dinge. Flüsternd berichtete sie, dass Wollger nach der Konfrontation mit dem Leichnam seiner Ehefrau in der Gerichtsmedizin einen Schluck Saft und eine halbe Tasse Kaffee getrunken habe. Aber sie hatten nicht viel aus ihm herausbringen können. Weder vor noch nach der Identifizierung. Weder sie noch Krause. Reinhart nickte und bat sie, Dr. Schenk aus seinem Büro im ersten Stock zu holen. Dann wandte er sich wieder Herrn Wollger zu.

»Ich brauche leider einige Auskünfte. Danach kommt ein Arzt und wird dafür sorgen, dass Sie sich ein wenig ausruhen können. Sie heißen also Andreas Wollger?«

Wollger nickte.

»Ich wäre Ihnen dankbar, wenn Sie in Worten antworten könnten.«

»Ich bin Andreas Wollger.«

»Ihrer Frau ist ein entsetzliches Unglück zugestoßen. Sie haben sie eben identifiziert als ...« Er warf einen eiligen Blick auf seinen Notizblock. »Als Vera Miller. Stimmt das?«

»Ja.«

»Wo wohnen Sie?«

»Milkerweg 18.«

»Haben Sie Kinder?«

»Nein.«

»Wie lange sind Sie schon verheiratet?«

»Drei Jahre.«

»Was sind Sie von Beruf?«

»Arbeitslos.«

»Seit wann?«

»Sechs Monaten.«

»Und vorher?«

»Zinders Industrie. Die sind stillgelegt worden.«

Reinhart nickte und griff nach Pfeife und Tabak. Bei Zinders waren Komponenten für Mobiltelefone produziert worden, wenn er das richtig in Erinnerung hatte. Von den Japanern ausgestochen. Oder möglicherweise auch von den Koreanern.

»Und Ihre Frau?«

»Ihr Beruf?«

»Ja.«

»Sie ist Krankenschwester.«

»Was haben Sie am Samstagabend gemacht?«

»Ich habe mit einem guten Freund gegessen.«

»Wo?«

»Im Restaurant Mephisto.«

»Am Lofters Plejn?«

»Ja.«

»War Ihre Frau auch dabei?«

»Meine Frau war bei einem Kurs.«

»Was war das für ein Kurs?«

»Ein Kurs für Krankenschwestern. Sie ist Krankenschwester.«

»In welchem Krankenhaus?«

»Gemeinde.«

»Und der Kurs fand auch dort statt?«

»Nein. In Aarlach.«

»In Aarlach?«, fragte Reinhart und machte sich eine Notiz. »Das ist doch weit von hier.«

Wollger schwieg.

»Sie besuchte also in Aarlach einen Kurs für Krankenschwestern. Wann ist sie hingefahren?«

»Am Samstagvormittag.«

»Wann hatten Sie sie zurückerwartet?«

»Am Sonntagnachmittag. Wie immer.«

»Wie immer? Wie meinen Sie das?«

Wollger holte tief Luft.

»Sie besucht diesen Kurs nun schon seit einigen Wochenenden. Es ist so eine Art Weiterbildung.«

»Immer in Aarlach?«

»Immer in Aarlach«, bestätigte Andreas Wollger. »Sie ist nicht nach Hause gekommen.«

»Ich verstehe«, sagte Reinhart. »Und als sie nicht nach Hause gekommen ist, haben Sie die Polizei verständigt?«

»Sie ist tot«, sagte Wollger. »Mein Gott, Vera ist tot.«

Seine Stimme hob sich um eine halbe Oktave und Reinhart wusste, dass er kurz vor dem Zusammenbruch stand.

»Wie ist sie dorthin gelangt?«, fragte er. »Nach Aarlach, meine ich.«

»Mit dem Zug«, stöhnte Andreas Wollger. »Sie ist natürlich mit dem Zug gefahren. Mein Gott, sie ist tot, warum wollen Sie wissen, wie sie nach Aarlach gelangt ist?«

Reinhart wartete einige Sekunden.

»Ihre Frau ist ermordet worden«, sagte er. »Jemand hat sie in der Nacht von Samstag auf Sonntag ermordet. Können Sie erklären, wieso sie bei Maardam gefunden worden ist, wenn sie sich doch zweihundert Kilometer davon entfernt hätte aufhalten sollen?«

Andreas Wollger hatte dafür keine Erklärung. Er sank auf seinem Stuhl in sich zusammen. Schlug die Hände vors Gesicht und fing an zu jammern, wobei er seinen Oberkörper hin und her wiegte. Jemand klopfte vorsichtig an die Tür, und Dr. Schenk steckte seinen grau gelockten Kopf ins Zimmer.

»Wie sieht's aus?«

Reinhart seufzte und begab sich außer Hörweite des frisch gebackenen Witwers.

»Wie zu erwarten war. Mach du jetzt weiter. Ich weiß nicht, wer ihm nahe gestanden hat, aber wir müssen irgendwelche Angehörigen auftreiben. Wir müssen natürlich auch weiter mit ihm reden, je früher, desto besser. Aber im Moment geht das nun wirklich nicht.«

»Alles klar«, sagte Schenk. »Das sehe ich. Mal schauen, was sich machen lässt.«

»Danke«, sagte Reinhart und verließ das Zimmer.

Als er die Gerichtsmedizin erreichte, war fast schon Mittagszeit, und deshalb schlug er einen Abstecher ins Fix vor. Meusse hatte keine Einwände, er zog seinen schmuddeligen weißen Kittel aus und schlüpfte in das Jackett, das er auf seinen Schreibtisch geworfen hatte.

Das Fix lag gegenüber. Es war ziemlich voll, als sie hereinkamen, aber mithilfe einer gewissen Diplomatie konnte Reinhart ihnen einen einigermaßen isolierten Tisch sichern. Er fragte Meusse, ob dieser etwas essen wolle, doch der Gerichtsmediziner schüttelte nur seinen kahlen Kopf. Das kam nicht sonderlich unerwartet. Meusse hatte angeblich schon seit Jahren keine feste Nahrung mehr zu sich genommen. Reinhart bestellte zwei Dunkelbier, setzte sich Meusse gegenüber und wartete.

»Also«, sagte er. »Etwas ist dir aufgefallen?«

Meusse trank einen langen Schluck und wischte sich dann die Lippen mit einer Serviette.

»Ein Umstand, ja.«

»Ein Umstand?«, fragte Reinhart.

»Genau«, sagte Meusse. »Ich sehe, du kannst mir geistig folgen.«

Reinhart schwieg.

»Es ist die Rede von einer ausgesprochen unsicheren Beobachtung. Das darfst du nicht vergessen.«

»Alles klar«, sagte Reinhart.

»Es geht um diese Schläge.«

»Die Schläge?«

»Die Schläge gegen Kopf und Nacken«, präsisierte Meusse. »Da gibt es eine Übereinstimmung mit dem Jungen des Hauptkommissars.«

Reinhart brauchte einen Moment, um zu begreifen, dass mit diesem Ausdruck Erich Van Veeteren gemeint war.

»Was zum Teufel?«, sagte er dann.

»Das kannst du wohl sagen«, erwiderte Meusse und trank noch einen Schluck Bier. »Vergiss nicht, dass es sich nur um einen ersten Eindruck handelt.«

»Natürlich nicht«, sagte Reinhart. »Ich bin nicht so vergesslich. Willst du also behaupten, dass wir es hier eventuell mit derselben Person zu tun haben?«

»Hm«, sagte Meusse.

»Dass Erich Van Veeteren und diese Frau von derselben Person umgebracht worden sein können? Willst du das sagen?«

»Ich will diese Möglichkeit nicht ausschließen«, sagte Meusse nach kurzem Nachdenken. »Mehr habe ich nicht gesagt. Wenn der Kommissar mir zuhören mag, werde ich erklären ... krrm. Wir haben es hier mit einem etwas ungewöhnlichen Schlag zu tun. Und keine Hinweise darauf, dass es sich nicht in beiden Fällen um dieselbe Art Waffe handelt. Zum Beispiel um ein Eisenrohr. Ein ziemlich schweres. Über den Schlag auf den Kopf kann ich nichts sagen, höchstens, dass es sich um einen rechtshändigen Täter handelt, die Übereinstimmungen beziehen sich auf den Nackenschlag. In beiden Fällen wurde der Halswirbel durchtrennt. Beide haben mehr oder weniger dieselbe Stelle getroffen. Der Tod trat Sekunden später ein ... es kann natürlich ein Zufall sein, ich wollte es euch nur sagen.«

»Danke«, sagte Reinhart.

Er schwieg eine Weile und versuchte dabei, sich Meusses Überlegungen dadurch zu veranschaulichen, dass er eine Reihe von Wirbeln auf den Notizblock zeichnete, der vor ihm auf dem Tisch lag. Besonders gut gelang ihm das nicht.

»Aber diesmal hat es doch mehrere Schläge gegen den Kopf gegeben?«

Meusse nickte.

»Drei. Absolut unnötig. Dieser Nackenschlag hätte ausgereicht, aber dazu muss das Opfer den Kopf natürlich zur richtigen Seite drehen ... sozusagen.«

»Hältst du das alles für professionell?«, fragte Reinhart.

Meusse antwortete nicht sofort.

»Wer immer diesen Schlag ausgeführt hat, hat genau gewusst, wohin er zielte und welche Folgen das haben wird«, sagte er dann. »Falls der Kommissar das unter dem Begriff ›professionell‹ versteht.«

Reinhart zuckte mit den Schultern.

»Es kann sich durchaus um zwei verschiedene Täter handeln«, sagte Meusse. »Oder eben um denselben. Ich wollte es nur gesagt haben. Danke für das Bier.«

Er trank den letzten Schluck und wischte sich noch einmal den Mund.

»Moment noch«, sagte Reinhart. »Ich möchte deine Meinung. Die musst du doch haben. Haben wir es mit demselben Täter zu tun? Es hat doch verdammt noch mal keinen Sinn, wenn du mich herbestellst und dann nur entweder-oder sagst!«

Meusse musterte sein leeres Glas mit gerunzelter Stirn. Reinhart winkte einem Kellner und bestellte zwei weitere Bier. Als die serviert wurden, fuhr sich der kleine Gerichtsmediziner mit der Handfläche über den kahlen Schädel und schaute eine Weile aus dem Fenster. Bestimmt hat er früher einmal Schauspieler werden wollen, dachte Reinhart. Als er jung war ... vor zwei-, dreihundert Jahren oder so.

»Ich kann es nicht mit Sicherheit sagen«, erklärte Meusse schließlich. »Aber ich würde hier nicht mit dir zusammensitzen, wenn ich keine gewissen Ahnungen hätte ... solange nichts dagegen spricht, natürlich.«

»Höchstwahrscheinlich also«, fragte Reinhart. »So lautet also dein Urteil?«

»Ich wollte nur mein Scherflein beitragen«, sagte Meusse.

Sie schwiegen eine Weile. Reinhart steckte sich eine Pfeife an.

»Es gibt keine Verbindungen zwischen Vera Miller und Erich Van Veeteren«, sagte er schließlich. »Jedenfalls sind uns keine bekannt ... aber wir haben auch noch keine gesucht.«

»Eine reicht«, sagte Meusse. »Aber das ist nicht mein Bier.«

»Ganz recht«, sagte Reinhart. »Egal, danke für die Auskünfte, wir werden sehen, was wir daraus machen können.«

»Es wird uns wohl nichts anderes übrig bleiben«, sagte Meusse und erhob sich. »Danke für das Bier.«

20

»Es gibt keinen Kurs in Aarlach«, erklärte Moreno und setzte sich Reinhart gegenüber. »Auf jeden Fall keinen Wochenendkurs für Krankenschwestern, der sich über viele Wochen hinzieht.«

»Sieh an«, sagte Reinhart. »Ich hätte auch beschwören können, dass das mit Aarlach nicht stimmt. Er will nicht nach Hause fahren, Wollger, meine ich. Liegt unten bei Schenk, ein guter Freund wollte nach ihm sehen, aber da hatte Schenk ihn schon mit Medikamenten zugedröhnt. Armer Tropf. Die Eltern kommen heute Abend ... zwei Fünfundsiebzigjährige, mit dem Auto, aus Frigge. Seine Eltern, wohlgemerkt, ihre haben wir noch nicht erreicht. Wir werden ja sehen, wie es weitergeht, aber wir müssen ihn auf jeden Fall wieder auf die Beine bringen, damit wir mit ihm reden können. Zugedröhnt oder nicht.«

»Sie hat ihn betrogen?«, fragte Moreno. »Sollen wir davon ausgehen?«

»Das möchte ich meinen«, sagte Reinhart. »Wieso hätte sie sich denn sonst jeden Samstag aus dem Staub machen sollen?«

»Es gibt vielleicht noch andere Erklärungen.«

»Ach was. Sag mal eine!«

Moreno dachte kurz nach, dann schob sie die Antwort erst einmal auf.

»Was für einen Eindruck hast du von ihm?«, fragte sie stattdessen. »Naiv?«

Reinhart stützte die Hand auf das Kinn und machte ein nachdenkliches Gesicht.

»Ja«, sagte er. »Naiv ist vielleicht das richtige Wort. Van Berle, dieser gute Freund, hat jedenfalls kaum etwas Gutes über die Gattin zu sagen. Er hat sie offenbar erst ziemlich spät kennen gelernt. Sie hat früher in Groenstadt gewohnt. Van Berle und Wollger sind Jugendfreunde, das hat er uns erzählt. Sie sind zusammen in die Kneipe gegangen, wenn die Gattin es mit anderen getrieben hat. Falls das tatsächlich stimmt.«

»Hm«, sagte Moreno. »Die Medaille hat vielleicht auch eine Kehrseite. Aber was zum Henker das alles mit Erich Van Veeteren zu tun haben soll, kapiere ich einfach nicht.«

»Ich auch nicht«, sagte Reinhart. »Aber du weißt doch, was Meusses Annahmen oft wert sind.«

Moreno nickte.

»Was machen wir jetzt?«

Reinhart erhob sich.

»So allerlei«, sagte er. »Jung und Rooth sprechen mit Arbeitskollegen und Freunden. Und mit Verwandten, wenn wir welche finden können. Du und ich versuchen noch einmal unser Glück bei Wollger. Und zwar jetzt gleich, schlage ich vor, es bringt doch sicher nichts, auf Mama und Papa zu warten, oder was meinst du?«

»Ich denke im Moment gar nichts«, gestand Moreno ein und folgte Reinhart zum Fahrstuhl. »Wer soll ihm das mit dem Kurs erzählen, du oder ich?«

»Du«, sagte Reinhart. »Ich beuge mich deiner weiblichen List und Empathie. Vielleicht spielt es keine so große Rolle, wo sie doch ohnehin ermordet worden ist. Vielleicht nimmt er es wie ein Mann.«

»Ganz bestimmt«, sagte Moreno. »Ich freue mich schon darauf, ihn zu sehen.«

Jung hatte sich in der Kantine des Gemeinde-Hospitals mit Liljana Milovic verabredet. Sie wusste nicht, aus welchem Grund er mit ihr reden wollte, und ihm wurde die wenig inspirierende Aufgabe übertragen, ihr mitzuteilen, dass ihre Kollegin und Freundin sich unglücklicherweise hatte ermorden lassen und dass sie deshalb an diesem düsteren Montag nicht zur Arbeit erschienen war.

Liljana Milovic war zweifellos eine Schönheit, und unter anderen Umständen hätte er nichts dagegen gehabt, sie in die Arme zu nehmen und zu versuchen, ihre Tränen zu trocknen. Bei genauerem Überlegen hatte er auch jetzt nichts dagegen – denn es stellte sich heraus, dass er genau damit ein Gutteil ihrer Begegnung verbringen musste. Sie fiel ihm ganz einfach um den Hals und weinte los. Rückte ihren Stuhl dicht an seinen heran und sank in seine Arme. Er streichelte verlegen ihren Rücken und die üppige weiche Mähne, die nach Geißblatt und Rosenwasser und Gott weiß was duftete.

»Verzeihung«, schniefte sie ab und zu. »Verzeihen Sie mir, ich kann nicht dagegen an.«

Ich auch nicht, dachte Jung und spürte, dass auch ihm ein dicker Kloß im Hals saß. Langsam verebbten ihre Tränen, und sie sammelte sich, gab den Körperkontakt zu ihm deshalb aber noch lange nicht auf. Nicht ganz und gar zumindest.

»Tut mir Leid«, sagte Jung. »Ich dachte, Sie seien schon informiert.«

Sie schüttelte den Kopf und putzte sich die Nase. Er registrierte, dass die Gäste an den nächststehenden Tischen sie verstohlen musterten. Er fragte sich, was die sich wohl einbildeten, und bot an, das Gespräch anderswo fortzusetzen.

»Nein, es geht schon.«

Sie sprach mit einem leichten Akzent, und er nahm an, dass sie in jungen Jahren, als das Land noch Jugoslawien geheißen hatte, von dort hergekommen war.

»Sie haben Vera gut gekannt?«

»Sie war meine Lieblingskollegin.«

»Hatten Sie auch privat miteinander zu tun?«

Sie holte tief Luft und machte ein trauriges Gesicht. Das ließ sie noch schöner aussehen. Unter den hohen Wangenknochen gab es diese ganz schwachen Andeutungen von Schatten, bei denen Jung aus irgendwelchen Gründen immer weiche Knie bekam. Er biss sich in die Zunge und versuchte wieder zum Polizisten zu werden.

»Nicht sehr viel«, sagte sie. »Wir arbeiten erst seit einigen Monaten auf derselben Station. Seit August. Was ist mit ihr passiert? Ganz genau, meine ich.«

Sie drückte seine Hände, während sie auf die Antwort wartete. Jung zögerte.

»Sie ist erschlagen worden«, sagte er dann. »Wir wissen nicht, von wem.«

»Ermordet?«

»Ja, ermordet.«

»Ich verstehe nicht.«

»Wir auch nicht. Aber so ist es eben.«

Sie schaute ihm aus der Entfernung von fünfzehn Zentimetern in die Augen.

»Warum?«, fragte sie. »Warum hätte jemand Vera umbringen wollen? Sie war so ein wunderbarer Mensch. Wie ist es passiert?«

Jung wich ihrem Blick aus und beschloss, ihr die Einzelheiten zu ersparen.

»Das ist noch ein wenig unklar«, sagte er. »Aber wir möchten mit allen sprechen, die sie gekannt haben. Ist Ihnen aufgefallen, ob sie in letzter Zeit in irgendeiner Hinsicht nervös gewirkt hat?«

Liljana Milovic dachte nach.

»Ich weiß nicht, aber während der letzten Tage, vielleicht … am Freitag war sie ein wenig … ja, ich weiß nicht, wie ich das sagen soll. Ein wenig bedrückt.«

»Also haben Sie am Freitag mit ihr gesprochen?«

»Nicht viel. Ich habe nicht gleich darüber nachgedacht, aber jetzt, wo Sie danach fragen, weiß ich wieder, dass sie nicht so fröhlich zu sein schien wie sonst.«

»Aber Sie haben nicht darüber gesprochen.«

»Nein. Wir hatten so viel zu tun, wir hatten keine Zeit. Ach, wenn ich doch bloß gewusst hätte …«

Wieder strömten ihre Tränen, und sie putzte sich die Nase. Jung betrachtete sie und dachte, wenn er seine Maureen nicht hätte, dann würde er Liljana Milovic gern zum Essen einladen. Oder ins Kino. Oder zu was auch immer.

»Wo ist sie jetzt?«, fragte sein Gegenüber.

»Jetzt?«, wiederholte Jung. »Ach, Sie meinen ... sie ist in der Gerichtsmedizin. Derzeit werden Untersuchungen vorgenommen ...«

»Und ihr Mann?«

»Ihr Mann, ja«, sagte Jung. »Haben Sie den auch gekannt?«

Sie schaute die Tischplatte an.

»Nein. Gar nicht. Ich bin ihm nie begegnet.«

»Sind Sie selber verheiratet?«, fragte er und dachte daran, was er vor kurzem in einer von Maureens Illustrierten über Freudsche Fehlleistungen gelesen hatte.

»Nein.« Sie lachte kurz. »Aber ich habe einen Freund.«

Der ist bestimmt nicht gut genug für dich, dachte Jung.

»Hat sie oft von ihrem Mann gesprochen? Wie die Ehe so lief und überhaupt?«

Sie zögerte kurz.

»Nein«, sagte sie dann. »Nicht sehr oft. Ich glaube, das lief so nicht gut.«

Es war das erste Mal, dass sie die Wörter durcheinander warf, und er fragte sich, ob das irgendetwas zu bedeuten hatte.

»Ach?«, fragte er abwartend.

»Aber sie hat mir nichts darüber erzählt. Sie hat nur gesagt, dass es nicht immer so gut lief. Wenn Sie verstehen?«

Jung nickte und nahm an, dass er verstand.

»Aber Sie haben nicht über ... Privatangelegenheiten gesprochen?«

»Manchmal schon.«

»Sie glauben nicht, dass sie sich für einen anderen Mann interessiert hat? Dass sie vielleicht eine Beziehung zu irgendwem hatte?«

Liljana Milovic dachte lange nach, dann sagte sie:

»Vielleicht. Doch, das hatte sie vielleicht. In letzter Zeit, da war etwas.«

»Aber erzählt hat sie nichts?«
»Nein.«
»Und Sie wissen nicht, wer dieser Mann sein könnte?«
Liljana Milovic schüttelte den Kopf und brach wieder in Tränen aus.
»Die Beerdigung«, sagte sie. »Wann ist die Beerdigung?«
»Ich weiß es nicht«, sagte Jung. »Das steht sicher noch nicht fest. Aber ich sage Ihnen ganz bestimmt Bescheid, sowie ich es erfahre.«
»Danke«, sagte sie und lächelte unter Tränen. »Sie sind ein wunderbarer Polizist.«
Jung schluckte zweimal und wusste plötzlich nicht mehr, was er sagen sollte.

21

Am Sonntagabend schlief er bis acht Uhr.

Als er erwachte, hatte er als Erstes das Gefühl, in seinem Kopf sei etwas zerbrochen. Sei im Moment des Entstehens der Welt in Stücke gegangen. Er hatte von Billardkugeln in ewiger Jagd über einen riesigen Tisch ohne Löcher geträumt. Unergründliche Muster, Kollisionen und Richtungsänderungen, ein Spiel, bei dem alles so unsicher und dennoch so vorherbestimmt wirkte wie im wirklichen Leben. Tempo und Richtung, die den Lauf jeder Kugel über das moosgrüne Tuch prägten, waren der geheime Code, der alle kommenden Ereignisse und Begegnungen enthielt. Zusammen mit Bahnen und Codes aller anderen Kugeln natürlich, wenn auch auf eine dunkle Weise jede einzelne Kugel die Schicksale der anderen in ihrer privaten Möbiusschleife mit sich zu tragen schien, zumindest die Kugel, die er selber war … eine Unendlichkeit von programmierter Zukunft, dachte er, während er noch im Bett lag und versuchte, einen Aussichtspunkt und einen festen Halt zu finden … diese gefangene Unendlichkeit. Vor einiger Zeit hatte er in einer der Zeitschriften, die er abonnierte, ein paar Artikel über Chaosforschung gelesen, und er wusste, dass ein und dieselbe Theorie sich sowohl auf das, was an Regeln gebunden war, beziehen konnte als auch auf das Unberechenbare. Kompatible Gegensätze. Dasselbe Leben.

Dieselbe Marionette, die an Millionen von Fäden baumelte. Dieselbe geschlossene Ebene. Dasselbe verdammte Leben. Es gab Bilder ohne Zahl.

Derselbe Bruch – denn er zeigte die neue Stoßrichtung an – war entstanden, als er Vera Miller mit dem Rohr den Schädel eingeschlagen hatte. Im Moment der Tat hatte er ganz deutlich vor sich gesehen, dass diese Entwicklung von Anfang an festgelegt worden war, dass er es jedoch unmöglich hätte wissen können.

Das war erst möglich, nachdem er es getan hatte. Dann lag es auf der Hand. Eine Folge, ganz einfach, einer im Nachhinein vorhersagbaren und ganz und gar logischen Ereigniskette ... so natürlich wie die Tatsache, dass die Nacht auf den Tag folgt, Leid auf Freude, so ahnungslos, wie die Morgenröte, wenn es um die Abenddämmerung geht; eine Ursache-Wirkung-Kombination, die die ganze Zeit außerhalb seiner Kontrolle gelegen hatte, aber dennoch vorhanden gewesen war.

Eine Notwendigkeit.

Noch eine teuflische Notwendigkeit also, und als er ihr diese verzweifelten Schläge gegen Nacken und Kopf versetzt hatte, war diese Verzweiflung nur eine vergebliche Abrechnung mit dieser Notwendigkeit gewesen. Sonst nichts. Sie beide waren Opfer in diesem verdammten, vorausbestimmten Totentanz, der Leben genannt wurde, er und Vera, aber er war dazu gezwungen gewesen, den Henker zu spielen. *Außerdem*, eine Art zusätzliche Auflage, vielen Dank ... inszeniert und bestellt und ausgeführt entsprechend dieser unerbittlichen Kodes und Spuren. Des großen Planes. Das Ergebnis hatte festgestanden, auf ihn war es angekommen, und jetzt war es geschehen.

Unmittelbar vor dem Erwachen hatte er deshalb von der Hand seiner Mutter auf seiner Stirn geträumt, damals, als er gelbe Galle gekotzt hatte ... und er hatte die Bahnen der verschiedenfarbigen Kugeln vor sich gesehen ... und den Eimer mit ein wenig Wasser auf dem Boden ... und die endlose Zärtlichkeit seiner Mutter ... und die Kollisionen ... wieder und wieder, bis zu dem Moment, in der alles endgültig von einer Flut von rotem Blut überströmt wurde, das aus Vera Millers Schläfenadern quoll, nachdem der erste Schlag mit entsetzlicher Kraft getroffen hatte, so, wie das Schicksal es wollte, wieder und wieder, dieses makabre Melodram, dieser aufgewühlte Wahnsinnswirbel ... und aus dieser Szene heraus war er erwacht und hatte gewusst, dass etwas zerrissen war. Endgültig zerrissen.

Die Haut. Endgültig zerrissen.

Beim Aufstehen sah er, dass auch die Wirklichkeit es nicht an Blut fehlen ließ. Im Bett, auf seinem Teppich, auf den Kleidern, die überall herumlagen. An seinen Händen und auf dem Rohr, das unter das Bett gerollt war und das er zunächst nicht finden konnte.

Und im Auto draußen in der Garage. Auf dem Rücksitz. Überall Vera Millers Blut.

Er nahm zwei Tabletten. Spülte sie mit einem Glas Wasser und einem Fingerbreit Whisky hinunter. Legte sich auf dem Sofa auf den Rücken und wartete, bis sich die erste segensreiche Wirkung des Alkohols einstellte.

Dann ging er ans Werk.

An die Nacharbeiten. So ruhig und methodisch, wie er nur konnte. Er wusch das weg, was sich wegwaschen ließ. Schrubbte und kratzte und versuchte es mit allerlei Mitteln. Er verspürte keinerlei Erregung mehr, keine Reue und keine Furcht ... nur eine kalte, klare Ruhe, und er wusste, dass das Spiel noch immer nach den Gesetzen und den Mustern verlief, auf die er keinen Einfluss hatte. Auf die niemand Einfluss hatte und denen man sich um keinen Preis widersetzen durfte.

Die Richtungen der Bewegungen. Den Kode.

Als er getan hatte, was er tun konnte, setzte er sich ins Auto und fuhr in die Stadt. Saß zwei Stunden im Restaurant Lon Pej unten in der Zwille, aß thailändisch und überlegte sich seinen nächsten Zug in diesem undurchschaubaren Spiel. Fragte sich, wie viel Spielraum ihm wohl zugedacht war, ehe es weitergehen würde.

Kam zu keinem Ergebnis. Fuhr denselben Weg zurück, den er gekommen war. Stellte zu seiner Überraschung fest, dass er ruhig war. Nahm abends noch eine Pille und ließ sich ins Bett fallen.

Am Montag ging die Sonne einfach nicht auf. Er rief am frühen Morgen an und meldete sich krank. Las im Neuwe Blatt über die ermordete Frau, die draußen beim Dorf Korrim gefunden worden war, und konnte kaum begreifen, dass sie das war. Und dass er es war. Die Erinnerungen an die nächtliche Autofahrt durch die weit gestreckten Felder waren dunkel; er wusste nicht, welche Wege er eingeschlagen oder wo er endlich angehalten hatte, um sie aus dem Wagen zu ziehen. Den Namen Korrim hatte er nie zuvor gehört.

Es gab keine Zeugen. Trotz der offenen Landschaft hatte er im Schutze der Dunkelheit und der späten Stunde den Leichnam ablegen können. Die Polizei knauserte mit Auskünften. Hatte wohl keine richtige Spur, wie im Artikel angedeutet wurde.

Es ist, wie es ist, dachte er. Kein Grund zur Beunruhigung. Das Spiel läuft, und die Kugeln rollen weiter.

Und kurz vor elf kam der Postbote. Er wartete, bis er zum Kindergarten weitergegangen war, ehe er den Kasten leerte.

Und da lag der Brief. Der gleiche blassblaue Umschlag wie immer. Die gleiche verschnörkelte Handschrift. Er setzte sich an den Küchentisch und wiegte ihn eine Zeit lang in der Hand, ehe er ihn öffnete.

Der Brief war diesmal ein wenig länger, wenn auch nicht sehr viel. Eine halbe Seite insgesamt. Er las ihn langsam und methodisch. Als könne er nicht richtig lesen – oder habe Angst, eine versteckte oder nur angedeutete Botschaft zu übersehen.

Zeit, unsere kleine unerledigte Angelegenheit zu Ende zu bringen.
Wenn Sie diesmal die Instruktionen nicht haargenau befolgen, dann werde ich sofort die Polizei informieren. Ich nehme an, Ihnen ist klar, dass Sie meine Geduld ein wenig zu sehr strapaziert haben.
Das haben Sie zu tun:
1) Stecken Sie 200 000 Gulden in eine weiße Plastiktüte, die Sie danach sorgfältig verknoten.
2) Um Punkt 4 Uhr in der Nacht zum Dienstag, dem 1. Dezember, hinterlegen Sie die Tüte im Randerspark im Papierkorb neben dem Hugo-Maertens-Denkmal.
3) Dann fahren Sie sofort nach Hause und erwarten einen Anruf. Melden Sie sich mit Ihrem Namen und halten Sie sich an die nun folgenden Informationen.
Noch eine Chance, sich der Gerechtigkeit zu entziehen, werden Sie nicht haben. Dies hier ist die letzte. Ich habe an sicherer Stelle eine Aufzählung Ihrer Schandtaten hinterlegt. Sollte mir etwas zustoßen, wird dieser Bericht der Polizei ausgehändigt werden.
Bringen wir diese Sache also ohne weitere Fehltritte aus der Welt.
Ein Freund.

Durchdacht.

Das musste er zugeben. Auf irgendeine Weise fand er es befriedigend, einen richtigen Widersacher zu haben.

Auf eine andere Weise hatte er trotz allem das Gefühl, diesen Widersacher austricksen und besiegen zu können. Aber zweifellos würde das nicht leicht werden.

Im Moment – als er hier mit dem Brief in der Hand am

Küchentisch saß – konnte er sich nicht vorstellen, wie eine Lösung aussehen sollte. Eine Schachpartie, dachte er, eine Schachpartie, bei der die Aufstellung ein deutliches Profil hat und trotzdem nur schwer zu analysieren ist. Er wusste nicht, wieso ihm gerade dieses Bild eingefallen war. Er war immer nur ein höchst mittelmäßiger Schachspieler gewesen, hatte zwar häufiger gespielt, aber nie die notwendige Geduld dafür aufbringen können.

Auf jeden Fall hatte sein fähiger Widersacher jetzt einen Angriff eingeleitet, dessen Konsequenzen er nicht überblicken konnte. Noch nicht. Während er auf den Moment der Erkenntnis wartete, konnte er nur einen Zug nach dem anderen machen und auf eine Öffnung warten. Auf eine Blöße.

Also eine Art aufhaltender Verteidigung. Gab es noch eine andere Lösung? Das glaubte er nicht, nicht für den Moment. Aber die Frist war kurz. Er schaute auf die Uhr und erkannte, dass er in weniger als siebzehn Stunden im Randerspark zweihunderttausend Gulden in einen Papierkorb stecken würde.

Der Erpresser schien eine Vorliebe für Papierkörbe zu haben. Und für Plastiktüten. Deutete das nicht eine gewisse Fantasielosigkeit an? Eine Schlichtheit und Vorhersagbarkeit in der Spielführung, die er sich zunutze machen könnte?

Siebzehn Stunden? Weniger als ein Tag. Wer ist es?, dachte er.

Die Frage nach der Identität seines Gegners schob sich vorübergehend vor die Frage nach seinem weiteren Vorgehen. Als er darüber nachdachte, erkannte er, dass er diesem Aspekt des Problems bisher überraschend wenig Zeit gewidmet hatte. *Wer ist es?* Wer zum Teufel konnte ihn an jenem Abend gesehen haben? Konnte er dem Verhalten des anderen einen Hinweis entnehmen? Oder seinen Briefen? Müsste er ihm nicht ein wenig näher kommen können, wenn er die Bedingungen durchging, die ihm doch immerhin bekannt waren?

Und plötzlich traf es ihn wie ein Schlag.

Jemand, den er kannte.

Er ging mit dieser Erkenntnis so behutsam um wie mit einem

Gegenstand aus Glas. Hatte Angst, sie zu zerbrechen, Angst, zu großes Vertrauen in sie zu setzen.

Jemand, den er kannte. Jemand, der ihn kannte.

Vor allem Letzteres. Sein Widersacher hatte schon gewusst, wer er war, als er ihn an jenem Abend mit dem toten Jungen gesehen hatte. Als er dort im Regen gestanden und ihn in den Armen gehalten hatte. Musste es nicht so gewesen sein?

Doch, redete er sich ein. Genauso musste es sich zugetragen haben.

Es war hier nicht die Rede von einer registrierten und ins Gedächtnis eingeprägten Autonummer. Der Erpresser hatte es sofort gewusst. War an ihm vorbeigefahren, ohne anzuhalten, hatte am nächsten Tag die Zeitung gelesen, seine Schlüsse gezogen und dann zugeschlagen. Der Erpresser oder die Erpresserin. Der Erpresser, vermutlich, beschloss er, ohne wirklich zu begreifen, warum.

So, genau so, sah die Sache aus. Als er darüber nachdachte, erkannte er sofort, wie unsinnig seine frühere Erklärung gewesen war. Wie weit hergeholt. Wer zum Teufel kann sich denn im Vorüberfahren eine Autonummer merken? Bei Regen und Dunkelheit? Unmöglich. Ausgeschlossen.

Also hatte ihn jemand erkannt. Jemand, der wusste, wer er war.

Er merkte, dass er lächelte.

Er hielt einen blassblauen Brief in der Hand, der in weniger als einem Tag sein Leben ruinieren könnte. Hatte innerhalb eines Monats drei Menschen getötet. Trotzdem lächelte er.

Aber wer war es nun also?

Er brauchte nicht lange, um seinen spärlichen Bekanntenkreis durchzugehen und ihn abzuschreiben.

Oder *sie:* jeden Einzelnen von denen, die er mit etwas gutem Willen vielleicht zu seiner Hochzeit oder seinem fünfzigsten Geburtstag einladen würde. Oder zu seiner Beerdigung. Nein, keiner von denen, das konnte er nicht glauben. Natürlich gab es vielleicht zwei Namen, die er nicht ganz so leicht ausschloss wie die anderen, aber bei keinem hielt er intuitiv inne. Keiner erweckte bei ihm einen Verdacht.

Und dann war da noch etwas. Er war zwar in Maardam keine sonderlich prominente Person, keine Berühmtheit, aber es gab doch etliche, die wussten, wer er war, und die ihn vom Aussehen her kannten. Und das reichte natürlich. Jeden Tag hatte er Kontakt mit Leuten, an die er sich nicht erinnern konnte, wenn er ihnen in der Stadt begegnete, denen sein Name und sein Beruf jedoch vertraut waren. Die ihn bisweilen sogar grüßten ... oft leicht verlegen, wenn ihnen aufging, dass er sie nicht erkannte.

So einer. Sein Gegner musste so einer sein, einer von diesen Leuten. Er merkte, wie er wieder lächelte.

Danach fluchte er laut, als ihm aufging, dass das Aussondern von Namen und die anschließenden Schlussfolgerungen ihm angesichts der Zeitnot keine Hilfe waren.

Gar keine Hilfe. Wenn er sich die Annahme gestattete, dass der Erpresser irgendwo in Maardam wohnte, dann hatte er die Anzahl der möglichen Kandidaten von dreihunderttausend auf vielleicht dreihundert reduziert.

Und wenn er Greise und Kinder ausschloss: von zweihunderttausend auf zweihundert.

Was natürlich eine bedeutende Reduktion war, ihm aber trotzdem nicht weiterhalf. Es waren ganz einfach immer noch zu viele übrig.

Zweihundert mögliche Erpresser? Siebzehn Stunden Frist. Sechzehneinhalb, genau gesehen. Er seufzte und erhob sich aus seinem Sessel. Kontrollierte seinen Medizinvorrat und stellte fest, dass der ihn noch für mindestens zehn bis zwölf Tage auf den Beinen halten würde.

In zehn bis zwölf Tagen würde die Lage ganz anders aussehen. Auf jeden Fall.

Partie zu Ende. Remis ausgeschlossen.

Danach rief er bei der Bank an. Das Darlehen, das er am

Donnerstag beantragt hatte, war noch nicht bewilligt worden. Es werde noch zwei Tage dauern, aber er brauche sich keine Sorgen zu machen, hieß es. Es sei reine Formsache. Er sei ein solider Kunde, und soliden Kunden werde geholfen. Selbst, wenn man nicht mehr in den Achtzigerjahren lebe.

Er bedankte sich und legte auf. Blieb eine Weile stehen und musterte durch das Fenster die düstere Vorortstraße und den Regen. Vor zwei Tagen würde er keine zweihunderttausend Gulden in gebrauchten Scheinen haben können. Unter gar keinen Umständen.

Also brauchte er etwas anderes.

Also brauchte er eine Strategie.

Er las den Brief noch einmal und versuchte eine zu finden.

22

Im Laufe des Montags nahm das Bild der ermordeten Vera Elizabeth Miller um einiges schärfere Konturen an.

Sie war 1963 in Gellenkirk geboren, aufgewachsen jedoch in Groenstadt. Hatte drei Geschwister – zwei Brüder und eine Schwester –, die alle noch unten in der südlichen Provinz lebten. Ihr Vater war 1982 gestorben, ihre Mutter hatte wieder geheiratet und arbeitete in Karpatz als Hauswirtschaftslehrerin; sie war in der Schule vom Tod ihrer Tochter unterrichtet worden und wurde am Dienstag zusammen mit ihrem neuen Ehemann in Maardam erwartet.

Vera Miller hatte in Groenstadt eine Ausbildung als Krankenschwester gemacht und dort bis 1991 gearbeitet, danach war sie nach ihrer Scheidung von einem gewissen Henric Veramten nach Maardam übergesiedelt. Aus der Ehe mit Veramten waren keine eigenen Kinder hervorgegangen, deshalb hatten die beiden 1989 ein Kind aus Korea adoptiert, ein kleines Mädchen, das ein Jahr darauf bei einem tragischen Autounfall ums Leben gekommen war. Nach Aussage der Mutter und zweier Geschwister war die Scheidung eine direkte Folge dieses Todesfalls gewesen. Sie sagten es nicht deutlich, aber offenbar hatte der Ehemann den Unfall verschuldet. Direkt oder indirekt. Polizeiliche Ermittlungen waren nie eingeleitet worden.

In Maardam hatte Vera Miller im Frühjahr 1992 ihren Dienst im Gemeinde-Hospital angetreten und zweieinhalb Jahre darauf Andreas Wollger geheiratet. Über diese zweite Ehe wussten Mutter und Geschwister so gut wie nichts. Zum Hochzeitsfest, wenn es denn eins gegeben hatte, waren sie nicht eingeladen worden, und während der letzten Jahre hatte es nur sporadische Kontakte gegeben.

Was Andreas Wollger anging, so war die Lage unverändert. Am Montagabend um sieben Uhr hatte er noch immer nicht ausführlich nach seiner Beziehung zu seiner Frau befragt werden können, da er weiterhin zu sehr unter Schock stand. Moreno und Reinhart waren jedoch trotzdem zu dem Schluss gekommen, dass die Ehe nicht die allerbeste gewesen war.

Und vermutlich auch nicht die zweitbeste.

Diese Annahme musste natürlich noch durch Gespräche mit Leuten bestätigt werden, die das Paar in irgendeinem Zusammenhang gekannt hatten.

Und von Herrn Wollger selber.

Was Vera Miller ganz allgemein betraf, so stellte sich schnell heraus, dass sie eine sehr geschätzte und beliebte Frau gewesen war, das bestätigten Freundinnen und Kolleginnen. Vor allem hatte eine gewisse Irene Vargas – die Vera unten in Groenstadt schon als Kind gekannt hatte und die inzwischen ebenfalls in Maardam wohnte – ihre schockierte Trauer um und ihre Sehnsucht nach, wie sie es ausdrückte, »verflixt noch mal einem der wärmsten und ehrlichsten Menschen, die ich je gekannt habe, es ist einfach schrecklich«, zum Ausdruck gebracht. Frau Vargas und Vera Miller hatten einander offenbar viele Jahre hindurch sehr nahe gestanden, und Reinhart nahm an, dass sie diejenige sein müsste, die einen Einblick in die dunkleren Seiten von Veras Leben hatte, in mögliche außereheliche Verbindungen zum Beispiel, wenn es überhaupt einen solchen Menschen gab.

Das erste Gespräch mit Frau Vargas hatte in dieser Hinsicht nichts erbracht, aber es würde sich ja auch später noch die Gelegenheit bieten, dieses Thema anzuschneiden.

Und wie. Allem Anschein nach hatte Vera Miller um den Monatswechsel zwischen Oktober und November angefangen, ihren Mann hinters Licht zu führen. Ihm hatte sie gesagt, sie werde für einige Wochenenden, mindestens acht, in Aarlach einen Weiterbildungskurs für Krankenschwestern besuchen.

Wo sie in Wirklichkeit diese Samstage und Sonntage verbracht hatte – und mit wem –, das war weiterhin eine offene Frage.

»Verdammter Trottel«, sagte Reinhart. »Lässt sie jedes Wochenende losziehen, ohne sich darüber zu informieren, was sie so treibt. Wie naiv kann man eigentlich sein?«

»Du meinst, du würdest Winnifred kontrollieren, wenn sie zu einem Kurs wollte?«, fragte Moreno.

»Natürlich nicht«, sagte Reinhart. »Das ist etwas ganz anderes.«

»Dieser Logik kann ich nicht folgen.«

»Intuition«, sagte Reinhart. »Gesunde männliche Intuition. Können wir uns darauf einigen, dass er es jedenfalls nicht gewesen ist? Wollger, meine ich.«

»Ich glaube schon«, sagte Moreno. »Wir sollten die Möglichkeit nicht ganz und gar ausschließen, aber es kommt mir doch sehr unwahrscheinlich vor. Und was diese Verbindung zu Erich Van Veeteren betrifft ... ja, da weiß ich wirklich nicht, was ich sagen soll.«

Während deBries und Rooth mit Bekannten des Ehepaars Miller-Wollger sprachen, hatte Ewa Moreno sich auf Marlene Frey und einige Freunde von Erich Van Veeteren konzentriert, aber die waren absolut keine Hilfe gewesen.

Niemand erkannte Vera Miller nach dem Foto, das Irene Vargas der Polizei ausgehändigt hatte, und niemand konnte sich an ihren Namen erinnern.

»Ich weiß auch nicht, wo ich stehe«, sagte Reinhart und stieß eine Rauchwolke aus. »Das muss ich zugeben. Morgen treffe ich den *Kommissar*, ich glaube, ich werde mit ihm über diese Verbindung sprechen … über diese *mögliche* Verbindung. Dann haben wir doch immerhin ein konkretes Gesprächsthema. Es ist so düster, nur über den Tod zu philosophieren.«

Moreno dachte eine Weile nach.

»Du liebst doch Theorien«, sagte sie. »Geht es … ich meine, wäre es möglich, ein Motiv für die Morde an Vera Miller und Erich Van Veeteren zu finden, wenn wir davon ausgehen, dass sie einander nicht gekannt haben? Kannst du unter diesen Umständen eine plausible Geschichte konstruieren?«

»Eine Geschichte?«, fragte Reinhart und kratzte sich mit dem Pfeifenstiel an der Stirn. »Wenn sie einander nicht gekannt haben? Tja, das kann nun wirklich total an den Haaren herbeigezogen sein, aber wenn man den roten Faden sieht … wenn wir voraussetzen, dass wir es nicht mit einem Wahnsinnigen zu tun haben, denn das wäre eine ganz andere Soße. Ja, natürlich kann ich mir eine Ereigniskette vorstellen, die einen Sinn ergibt, ich kann mir sogar zehn aus den Fingern saugen, wenn du willst. Aber was bringt uns das?«

Ewa Moreno lachte kurz.

»Versuch es«, sagte sie. »Nutze die Nacht, um zehn Verbindungen zwischen Erich Van Veeterens und Vera Millers Tod zu finden. Dann erzählst du mir morgen alles, und ich verspreche dir, die richtige herauszufinden.«

»Herrgott«, sagte Reinhart. »Ich habe eine schöne Frau, der ich meine Nächte widmen muss. Und eine Tochter mit Ohrenentzündung, wenn meine Frau das nicht mehr aushält. Bist du wirklich noch immer mit dem Beruf verheiratet?«

»Sieht so aus«, sagte Moreno.

»Sieht so aus? Was ist das für ein blöder Ausdruck?« Er

beugte sich über den Tisch und betrachtete sie mit einer vertikalen Furche zwischen den Augenbrauen.

»Da war irgendwas mit Münster. Oder wie?«

Inspektorin Moreno starrte ihn drei Sekunden lang an.

»Scher dich zum Teufel«, sagte sie dann und verließ das Zimmer.

»Weißt du, was ich bin?«, fragte Rooth. »Ich bin Europas schlechtester Jäger.«

»Das kann ich nicht bestreiten«, sagte Jung. »Ich wusste allerdings nicht, dass du überhaupt jagst.«

»Frauen«, seufzte Rooth. »Ich rede hier von Frauen. Die jage ich jetzt seit zwanzig Jahren … oder sogar seit fünfundzwanzig … und habe noch nicht einen Volltreffer erzielt. Wie zum Teufel schafft man das?«

Jung schaute sich in der männlich bevölkerten Bar um. Sie waren soeben im Oldener Maas angekommen, um dem Tag einen Goldrand zu verpassen (Rooths Ausdruck), und es schien sich um kein besonders gutes Jagdrevier zu handeln.

»Du hast ja dein Schäfchen auf dem Trockenen«, erklärte Rooth. »Maureen ist eine verdammt tolle Frau. Wenn sie dich vor die Tür setzt, springe ich gern ein.«

»Das werde ich ihr sagen«, sagte Jung. »Dann behält sie mich garantiert.«

»Leck mich«, sagte Rooth und trank einen großen Schluck. »Aber es liegt vielleicht an der Munition.«

»An der Munition?«, fragte Jung.

Rooth nickte selbstkritisch.

»Ich glaube langsam, dass ich während der ganzen Jahre zu grobe Geschosse verwendet habe. Ich spiele mit dem Gedanken, ein wenig Poesie zu lesen, wie findest du das?«

»Gut«, sagte Jung. »Das wird dir gut stehen. Können wir nicht über etwas anderes reden als über Frauen?«

Rooth setzte eine erstaunte Miene auf.

»Was zum Henker sollte das denn sein?«

Jung zuckte mit den Schultern.

»Keine Ahnung. Der Job vielleicht?«

»Dann lieber Frauenzimmer«, sagte Rooth und seufzte. »Aber wo du schon so nett bittest ...«

»Wir könnten auch die Klappe halten«, regte Jung an. »Das wäre vielleicht die beste Alternative.«

Rooth schwieg dann wirklich eine ganze Weile, wühlte in der Erdnuss-Schale und kaute nachdenklich.

»Ich habe eine Hypothese«, sagte er dann.

»Eine Hypothese«, fragte Jung. »Keine Theorie?«

»Ich weiß einfach den Unterschied nicht so genau«, gestand Rooth. »Scheißegal, hör zu ...«

»Ich bin ganz Ohr.«

»Gut«, sagte Rooth. »Aber unterbrich mich nicht dauernd. Also, diese Vera Miller ... wenn die sich nun mit einem anderen Kerl eingelassen hat, dann wäre es doch gar nicht so schlecht, wenn wir den finden könnten.«

»Genial«, sagte Jung. »Woher nimmst du bloß diese Weisheit?«

»Ich bin noch nicht fertig. Das Finden wäre zweifellos leichter, wenn wir wüssten, wo wir zu suchen haben.«

Jung gähnte.

»Und hier erwächst meine Hypothese zu voller Blüte«, sagte Rooth. »Wir haben es natürlich mit einem Arzt zu tun.«

»Mit einem Arzt? Und warum, zum Teufel?«

»Klar wie ein Sommertag. Sie hat in einem Krankenhaus gearbeitet. Alle Schwestern vergaffen sich früher oder später in einen Weißkittel mit Gebammel auf der Brust. Das Stethoskopsyndrom ... das trifft alle Frauen in der Branche. Also müssen wir uns auf die Suche nach Dr. X machen, ganz einfach. Im Gemeinde. Man hätte ja vielleicht doch Medizin studieren sollen ...«

Jung schaffte es, sich die letzten Erdnüsse zu krallen.

»Wie viele gibt es? Ärzte im Gemeinde, meine ich.«

»Keine Ahnung«, sagte Rooth. »Bestimmt zweihundert.

Aber es muss einer sein, mit dem sie Kontakt hatte, so rein beruflich, meine ich. Auf derselben Station oder so. Was sagst du?«

Jung dachte eine Weile nach.

»Wenn wir Meusse glauben wollen«, sagte er, »wie passt das dann zur Briefmarken- und Erpressertheorie?«

Rooth rülpste diskret in seinen Ärmel.

»Mein junger Freund«, sagte er mit väterlichem Lächeln. »Man kann nicht einfach Theorien mit Hypothesen vermischen, ich dachte, das wüsstest du. Hast du die Polizeischule besucht oder nur die Hundeschule?«

»Hol noch zwei Bier«, sagte Jung. »Aber nicht vermischen.«

»Werde mein Bestes tun«, versprach Rooth und erhob sich.

Er ist gar nicht so blöd, wie er aussieht, dachte Jung, als er allein am Tisch saß.

Was für ein Mist.

Warum tue ich das, fragte Moreno sich, als sie nach Hause kam.

Gereizt streifte sie die Schuhe ab und warf ihre Jacke in den Korbsessel.

Warum sage ich zu Reinhart, er solle sich zum Teufel scheren, und knalle mit der Tür? Werde ich schon zur Männerhasserin? Zur Zicke?

Er hatte doch Recht, wenn sie ehrlich war. Nur allzu Recht. Es hatte etwas mit Münster gegeben – auch wenn sie es nicht besser ausdrücken konnte, als Reinhart das gelungen war.

Nur *etwas*. Es hatte damit aufgehört, dass Münster im Januar in Frigge die Messerstiche kassiert und fast sein Leben gelassen hatte. Danach hatte er zwei Monate im Krankenhaus gelegen, hatte sich zwei Monate lang erholt und arbeitete jetzt an irgendeiner dubiosen Untersuchung für das Ministerium, während er auf die Wiederherstellung seiner Einsatzfähigkeit wartete. Was angeblich noch zwei Monate dauern würde.

O verdammt, dachte sie. Und wenn er wieder da ist, was dann? Vermutlich schon im Februar, was soll dann passieren?

Rein gar nichts, natürlich. Kommissar Münster war zu Weib und Kindern zurückgekehrt, die er übrigens nicht eine Sekunde lang verlassen hatte. Was bildete sie sich eigentlich ein? Worauf wartete sie? Wartete sie denn wirklich? Sie hatte ihn seit damals höchstens dreimal gesehen und hatte nicht die geringsten Schwingungen aufgefangen. Nicht einmal ein Zittern in der Luft ... doch, vielleicht beim ersten Mal, als sie und Synn an seinem Krankenbett gesessen hatten, da war etwas da gewesen ...

Aber das war alles. Ein Zittern. Einmal.

Und wer zum Henker war sie, dass sie sich zwischen Münster und seine wunderbare Synn drängte? Und die Kinder?

Ich bin doch verrückt, dachte sie. Ich werde noch so verschroben wie alle einsamen Frauenzimmer. Geht es wirklich so schnell, den Verstand einzubüßen? Ist das so einfach? Als sie diesen Arsch Claus verlassen hatte, war sie zwar auf ihn und die vergeudeten fünf Jahre wütend gewesen, hatte aber deshalb nicht alle Kerle über einen Kamm geschoren. Und Münster schon gar nicht. Ihn nicht.

Aber sie hatte Reinhart ziemlich harsch angefahren. Nur, weil er ihr auf den wehen Zeh getreten hatte. Reinhart war doch gar nicht ihr Typ – wenn es so etwas überhaupt gab –, aber sie hatte ihn immer für einen guten Menschen und guten Polizisten gehalten.

Und für einen Kerl.

Muss irgendwas unternehmen, dachte sie, als sie unter die Dusche trat, um sich ihr Elend abzuspülen.

Vielleicht nicht sofort, aber auf Dauer schon. Einunddreißig Jahre und eine verbitterte Männerhasserin?

Oder eine verzweifelte Jägerin? Noch schlimmer, natürlich. Nein danke, es gab bessere Zukunftsstrategien – musste sie einfach geben.

Wenn auch nicht gerade jetzt. An diesem Abend hatte sie weder Zeit noch Energie noch Ideen. Da widmete sie sich lieber anderen Dingen. Zum Beispiel ihrer Herausforderung an ihn.

Zehn vorstellbare Verbindungen zwischen Erich Van Veeteren und Vera Miller.

Zehn, dachte sie. Welche Kühnheit.

Mal sehen, ob ich drei finde.

Oder zwei.

Oder wenigstens eine?

Winnifred hatte gerade ihre Tage bekommen, und Joanna hatte endlich die Segnungen des Penizillins akzeptiert, und deshalb konnte Reinhart sich weder der einen noch der anderen widmen. Er saß vor einem alten Truffaut-Film auf dem Sofa, während Winnifred sich im Arbeitszimmer auf das Seminar des folgenden Tages vorbereitete. Sie weckte ihn, als der Film zu Ende war; dann verglichen sie noch angesichts einer möglichen Osterreise eine Viertelstunde lang Leros und Sakynthos, und als sie endlich im Bett lagen, konnte er nicht schlafen.

Zwei Gedanken schwirrten durch seinen Kopf.

Der Erste hatte mit Van Veeteren zu tun. Er war am nächsten Tag mit ihm verabredet und würde eingestehen müssen, dass sie noch immer auf der Stelle traten. Dass sie, nach drei Wochen Arbeit, bei der Suche nach dem Mörder seines Sohnes noch immer nicht eine einzige heiße Spur besaßen. Natürlich würde er auf diese seltsamen Umstände um den Nackenschlag und Vera Miller eingehen, aber sehr viel war das ja auch wieder nicht.

Wir wissen nicht, was los ist, würde er zugeben müssen. Nicht mehr als ein Huhn beim Abendmahl.

Das war einfach schrecklich, fand Kommissar Reinhart.

Sein anderer Gedanke galt Ewa Moreno.

Ich bin ein verdammtes Trampeltier, dachte er. Nicht immer, aber ab und zu. Er hatte ihr zehn plausible Verbindungen versprochen, hatte aber nicht die geringste Vorstellung, wie die aussehen könnten, und zu allem Überfluss hatte er sie auch noch gekränkt.

Er hatte sie gekränkt und sich in Sachen eingemischt, die ihn rein gar nichts angingen.

Und auch das war einfach schrecklich.

Um zwei Uhr stand er auf und rief sie an.

»Schläfst du?«, fragte er. »Hier ist Reinhart.«

»Das höre ich«, sagte Ewa Moreno. »Nein, ich war noch wach.«

»Ich wollte um Entschuldigung bitten«, sagte Reinhart. »Ich meine, ich rufe an, um um Entschuldigung zu bitten. Ich bin ein verdammtes Trampeltier.«

Sie schwieg einen Moment.

»Danke«, sagte sie dann. »Für die Entschuldigung, meine ich. Aber ich glaube nicht, dass du ein besonders arges Trampeltier bist. Ich war aus dem Gleichgewicht geraten, es war mein Fehler.«

»Hmpf«, sagte Reinhart. »Begabt. Und hilfreich. Zwei erwachsene Menschen tauschen mitten in der Nacht per Telefon Entschuldigungen aus. Muss mit den Sonnenflecken zusammenhängen, entschuldige, dass ich anrufe ... nein, verdammt, jetzt habe ich es noch einmal getan.«

Moreno lachte.

»Warum schläfst du nicht?«, fragte Reinhart.

»Ich denke über zehn vorstellbare Verbindungen nach.«

»Eiwei. Und wie viele hast du schon?«

»Keine«, sagte Moreno.

»Sehr gut«, sagte Reinhart. »Ich werde sehen, was ich tun kann. Gute Nacht, wir sehen uns morgen unter einem kalten Stern.«

»Gute Nacht, Hauptkommissar«, sagte Moreno. »Warum bist du eigentlich noch wach?«

Aber Reinhart hatte schon aufgelegt.

23

Van Veeteren schaute zu, wie der phosphoreszierende Sekundenzeiger langsam um das Zifferblatt wanderte. Er machte das schon eine ganze Weile, aber jede neue Umdrehung war eben eine neue Umdrehung. Plötzlich fiel ihm ein, dass er vor langer Zeit in der Vorpubertät – wenn er so etwas wirklich gehabt hatte – sich in schlaflosen Nächten immer wieder den Puls gefühlt hatte. Er beschloss, auch jetzt eine Kontrolle vorzunehmen.

Zweiundfünfzig in der ersten Minute.

Neunundvierzig in der zweiten.

Vierundfünfzig in der dritten.

Herrgott, dachte er. Mein Herz steht auch kurz vor dem Kollaps.

Er blieb noch einige Minuten liegen, ohne Pulsschläge zu zählen. Wünschte, er hätte Ulrike neben sich, aber die übernachtete bei ihren Kindern draußen in Loewingen. Oder auf jeden Fall bei einem von ihnen. Bei Jürg, achtzehn Jahre, dem Letzten, der das Nest verlassen musste. Natürlich musste sie auch Zeit für ihn haben, das sah er ein. Obwohl es sich um einen ungewöhnlich stabilen jungen Mann zu handeln schien. Soweit er das beurteilen konnte zumindest; er hatte ihn nur dreimal gesehen, aber alles schien in diese Richtung zu deuten.

Alles, abgesehen davon, dass der Junge Polizist werden wollte.

Van Veeteren seufzte und drehte sich um, um das Uhrenelend nicht mehr sehen zu müssen. Legte sich ein Kissen über den Kopf.

Viertel nach zwei, dachte er. Ich bin der einzige wache Mensch auf der ganzen Welt.

Eine Stunde später stand er auf. Er konnte einfach nicht schlafen, in den letzten Nächten hatte er es höchstens auf zwei oder drei Stunden im Durchschnitt gebracht, und irgendwelche ihm bekannten Medikamente halfen auch nicht weiter.

Bier nicht. Wein nicht. Händel nicht.

Und andere Komponisten waren auch kein Trost, es war also wohl kaum Händels Schuld.

Es geht nicht, dachte er, als er im Badezimmer stand und sich den kalten Schweiß aus dem Gesicht spülte. Schlafen geht nicht, und ich weiß verdammt gut, weshalb. Warum gebe ich es nicht zu? Warum klettere ich nicht auf einen Berg und schreie so laut, dass alle Menschen es hören können?

Rache! Welcher Vater kann im Bett liegen, wenn der Mörder seines Sohnes unerkannt und frei herumläuft?

So einfach war das. So tief war er in der schwarzen Ursuppe der Biologie verwurzelt. Er hatte es gewusst, als er vor einigen Stunden in sein Tagebuch geschrieben hatte, und er wusste es jetzt. Dass Handeln das einzig wirkungsvolle Mittel war. Homo agens. In jeder Situation. Ob illusorisch oder nicht. Etwas tun, zum Henker!

Er zog sich an. Machte sich durch das Küchenfenster ein Bild vom Wetter und ging hinaus. Es war schweinekalt, aber es regnete nicht und war fast windstill. Er ging los.

Anfangs in Richtung Süden. Durch Zuijderslaan und Primmerstraat bis zum Megsje Plejn. Als er den katholischen Friedhof erreicht hatte, zögerte er zunächst. Beschloss, ihn zu überqueren, merkte bei der Südostecke jedoch, dass er den Asphalt satt hatte und betrat den Randerspark, der als natürliche Verlängerung der Grabflächen angelegt war. Vielleicht waren die Grabflächen auch eine natürliche Verlängerung des Parks, was wusste er. Sicher gab es eine passende Erklärung, aber die war ihm unbekannt.

Die Dunkelheit zwischen Bäumen und Büschen kam ihm fast vor wie eine Umarmung, und es war sehr still. Der Park leuchtet, dachte er, während er sich langsam vorwärts tastete … tiefer hinein ins Herz der Finsternis, dieses Bild kam ihm ungewöhnlich zutreffend vor. Die Natur öffnet nachts ihre Sinne, behauptete Mahler immer. Tagsüber schläft sie, in der Dunkelheit jedoch ist sie ein lebendiges Wesen, wir können einfach hingehen und es auf uns einwirken lassen.

Und damit hatte er ganz Recht, zweifellos. Van Veeteren schüttelte den Kopf, um seinen Gedankenstrom zu unterbrechen und sich von diesen Überlegungen zu befreien. Bog bei einer Weggabel aufs Geratewohl nach rechts ab und hatte nach einer halben Minute das Hugo-Maertens-Denkmal erreicht. Es wurde schwach angeleuchtet durch einen einsamen Scheinwerfer unten im Blumenbeet, das den schweren Sockel umgab, und er hätte gern gewusst, warum. Kamen denn nachts Touristen in den Park? Wohl kaum. Er schaute auf die Uhr.

Zehn vor vier.

Handeln? Das einzig wirkungsvolle Mittel? Gib mir Handlungsfreiheit, Mutter Natur! Entlass mich aus der Gefangenschaft!

Er zuckte mit den Schultern und steckte sich eine Zigarette an.

Ich laufe doch nur durch die Nacht, um nicht wahnsinnig zu werden, dachte er. Nur deshalb. Dann hörte er irgendwo in der Dunkelheit einen Zweig brechen. Ich bin nicht allein, erkannte er. Tiere und Verrückte wandeln in der Nacht.

Um drei Uhr konnte er nicht mehr warten. Er ging hinaus in die Garage, warf die Plastiktüte auf den Beifahrersitz und kroch hinter das Steuerrad. Ließ den Motor an und fuhr in Richtung Innenstadt los. Auf dem ganzen beleuchteten Weg bis zum Stadtwald begegnete ihm nicht ein einziges Auto, und als er die Zementröhre passierte, dachte er nicht mehr darüber nach als über irgendeine andere beliebige Wegmarkierung. Es war, wie es war. Das, was dort passiert war, schien jetzt so weit zurückzuliegen, dass es nichts mehr mit ihm zu tun hatte. Er konnte sich nicht mehr daran erinnern. Falls das überhaupt sein Wunsch war.

Hinter der Alexanderbrücke bog er nach links ab, folgte der

Zwille bis zur Pixnerbrauerei und erreichte den Randerspark von Süden her. Hielt vor dem Eingang zum Minigolfplatz, der um diese Tageszeit natürlich geschlossen war. Oder um diese Jahreszeit. Blieb noch eine Weile im Auto sitzen. Es war zwei Minuten vor halb vier. Der Park sah düster und überwältigend aus, eingeschlossen in seinen eigenen tiefen Winterschlaf. Die Natur verschließt nachts ihre Sinne, dachte er, und er fragte sich, warum sein Widersacher sich ausgerechnet einen solchen Ort ausgesucht haben mochte. Wohnte er in der Nähe oder hatte ihn nur die Unzugänglichkeit der Gegend dazu bewogen? Es wies auf jeden Fall auf übertriebene Vorsicht hin; es musste doch hunderte von unbewachten Abfalleimern geben, die leichter zu erreichen gewesen wären. Beim ersten Mal hatte er die Transaktion in einem Restaurant durchführen lassen, vor einer Versammlung von möglichen Zeugen, aber in dieser Nacht galten offenbar andere Bedingungen.

In dieser Nacht würde er keinen Boten senden. In dieser Nacht würde der Erpresser selber seine Tüte holen, und er würde das in dem Wissen tun, dass sein Opfer von einem anderen Kaliber war als anfänglich angenommen. Von einem ganz anderen Kaliber.

Er hätte fast lachen mögen bei diesem Gedanken, und natürlich zeugte es von Stabilität und Kontrolle, dass er hier in der Dunkelheit mitten in der Nacht in seinem Auto warten konnte, ohne nervös zu werden. Wenn der Erpresser seine Bedingungen nicht hinnehmen mochte, dann könnte das dazu führen, dass schon in den frühen Morgenstunden die Polizei bei ihm vor der Tür stehen würde. Das war durchaus nicht unmöglich.

Er betastete das Paket. Fragte sich, ob sein Widersacher wohl sofort begreifen würde, dass es keine zweihunderttausend enthielt, oder ob er das erst zu Hause feststellen würde. Die beiden alten Zeitungen, die er in Streifen gerissen und in die Tüte gestopft hatte, sollten durchaus nicht die Illusion von Geld vermitteln. Sondern nur für ein gewisses Gewicht sorgen.

Zwei zerfetzte Zeitungen und ein Umschlag, um genau zu sein.

Fünftausend Gulden und die Bitte um drei Tage Aufschub, das sollte der Widersacher für die Arbeit dieser Nacht kassieren.

Diese Summe hatte er sich genau überlegt. Es war genau die Hälfte dessen, was beim letzten Mal verlangt worden war, und mehr würde der andere nie bekommen. Er sollte glauben, dass der Rest in der Nacht auf den Donnerstag auf ihn warten werde, und er würde diesen Köder doch wohl schlucken? Drei Tage zusätzliches Warten und einen Bonus von fünfzehntausend, und was war die Alternative? Zur Polizei zu gehen und gar nichts zu kassieren? Kaum vorstellbar.

Er schaute auf die Uhr. Viertel vor vier. Er griff zur Tüte, stieg aus dem Auto und ging in den Park.

Er hatte sich vorher darüber informiert, wo das Hugo-Maertens-Denkmal stand, und es stellte sich heraus, dass die Stelle sehr klug ausgesucht worden war. Die Dunkelheit in dem überwucherten Park kam ihm vor wie ein schwarzes Loch, und kaum hatte er das bleiche Scheinwerferlicht entdeckt, das die Statue anstrahlte, wusste er, dass er sich nicht verirrt hatte. Er blieb einen Moment stehen, dann betrat er die kleine Lichtung, auf der Wege aus vier oder fünf Richtungen aufeinander trafen.

Dann blieb er wieder stehen und horchte ins Schweigen hinaus. Dachte daran, dass der Widersacher sich vermutlich irgendwo in der Nähe aufhielt; dass er vielleicht ebenfalls restlos angespannt in der nächtlichen Dunkelheit stand, mit dem Mobiltelefon in der Hand, und wartete. Oder in einer in der Nähe gelegenen Telefonzelle.

Billardkugeln, dachte er noch einmal. Kugeln, die aufeinander zurollen, die aber die Kollision um wenige Millimeter verfehlen. Deren Bahnen einander schneiden, die den Zusammenprall jedoch um einige Minuten verpassen. Um Sekunden.

Um jämmerliche Bruchteile von Zeit.
Er ging zum Papierkorb und drückte die Tüte hinein.

Auf dem Rückweg nach Boorkheim überlegte er, wie er sich bei einer Panne verhalten sollte. Eine sonderlich angenehme Vorstellung war das nicht. Am Straßenrand zu stehen und einen nächtlichen Autofahrer herbeiwinken und um Hilfe bitten zu müssen. Es würde auch nicht leicht sein, für die Polizei eine Erklärung zu finden, falls die ihn dann mit Fragen belästigen sollte. Krankgeschrieben, aber um half fünf Uhr morgens mit dem Auto unterwegs. Den Rücksitz voller Blutspuren, die einem geübten Blick wohl kaum entgehen konnten.

Ganz zu schweigen davon, was passieren würde, wenn er nicht rechtzeitig zu Hause wäre, um den Anruf entgegenzunehmen. Nein, es war überhaupt keine angenehme Vorstellung.

Er hatte keine Panne. Natürlich nicht. Sein vier Jahre alter Audi funktionierte so tadellos wie sonst auch. Er hatte nur ein wenig mit der Idee gespielt. Er hatte derzeit so viele Ideen … bizarre Gedanken, mit denen er noch nie zu tun gehabt hatte und bei denen er sich manchmal fragte, warum sie sich in seinem Kopf niedergelassen hatten. Gerade jetzt.

Er fuhr in die Garage, nahm anderthalb Tabletten, kroch ins Bett und wartete auf den Anruf. Überlegte sich vage, ob der Erpresser wohl etwas sagen oder einfach wieder auflegen würde. Letzteres kam ihm natürlich wahrscheinlicher vor. Es gab keinen Grund, diese kleine Möglichkeit der Entlarvung zu riskieren. Es war schon wahrscheinlicher, dass er sich später wieder melden würde – wenn er den Inhalt der Tüte überprüft und die Mitteilung gelesen hatte. Das war um einiges wahrscheinlicher. Wenn ihm aufgegangen war, dass das, was er sich für seine ganzen Bemühungen wünschte, sich noch nicht in seinem Besitz befand. Der Lohn für sein langes schwarzes Spiel.

Wenn der Radiowecker richtig ging, dann kam der Anruf um genau fünf Sekunden nach fünf. Er ließ es dreimal klingeln, ehe er sich meldete – und sei es nur, um zu zeigen, dass er nicht in atemloser Spannung neben dem Telefon saß. Es konnte wichtig sein, so etwas klarzustellen.

Er nahm den Hörer ab und nannte seinen Namen.

Einige Sekunden lang hörte er die Anwesenheit eines anderen in der Leitung, dann wurde die Verbindung unterbrochen.

Von mir aus, dachte er. Wollen mal sehen, was du beim nächsten Mal auf dem Herzen hast.

Er drehte sich im Bett um, rückte die Kissen gerade und versuchte zu schlafen.

Was ihm wirklich gelang. Als er vom nächsten Anruf geweckt wurde, war es Viertel nach elf.

In dem kurzen Moment, der verging, bis er den Hörer gepackt hatte, konnte er noch erkennen, dass etwas nicht stimmte. Dass die Dinge nicht in den Bahnen liefen, die er sich vorgestellt hatte. Was war passiert? Warum hatte der Widersacher mehrere Stunden gewartet? Warum hatte …

Es war Smaage.

»Wie geht's denn so, Bruder?«

»Ich bin krank«, brachte er heraus.

»Ja, das habe ich gehört. Der Pastor flucht, und der Arzt ist krank. In was für Zeiten leben wir bloß?«

Er lachte so laut, dass der Hörer knirschte.

»Es ist einfach nur ein Anflug von Grippe. Aber so, wie es aussieht, werde ich wohl die ganze Woche zu Hause bleiben müssen.«

»O verdammt. Wir wollten doch am Freitagabend eine kleine Sitzung abhalten. Wird das zu viel für dich? Im Canaille?«

Er hustete und konnte einige Male keuchend atmen. Was vermutlich ziemlich überzeugend klang.

»Ich fürchte ja«, sagte er. »Aber am Montag gehe ich wieder arbeiten.«

Als er das gesagt und nachdem Smaage ihm gute Besserung gewünscht und aufgelegt hatte, dachte er daran, welche hundertprozentige Fehldiagnose er da gerade geliefert hatte.

Was immer passieren und wie immer die Kugeln während der nächsten Tage rollen würden – eins stand fest. Nur eins. Er würde am Montag nicht ins Krankenhaus fahren.
Er würde nie wieder seinen Fuß dorthin setzen.
Und diese Vorstellung hatte etwas ungeheuer Attraktives.

24

»Dann schalten wir also den Gehirnstrom ein«, sagte Reinhart und arrangierte Pfeife, Tabakbeutel und Feuerzeug vor sich auf dem Schreibtisch. »Ich bin heute Abend mit dem *Kommissar* verabredet, und ihr könnt euch ja denken, dass er sich sehr für unsere Fortschritte interessiert. Ich möchte ihm eine Tonbandaufnahme von dieser Besprechung mitgeben, dann komme ich wenigstens nicht mit leeren Händen. Überlegt euch gut, was ihr sagt.«

Er drückte auf den Startknopf des Tonbandgerätes. Plötzlich schien Van Veeteren im Zimmer fast greifbar anwesend zu sein, und ehrfurchtsvolles Schweigen breitete sich aus.

»Hrmm, ja«, sagte Reinhart. »Dienstag, 8. Dezember, 15 Uhr. Besprechung der Fälle Erich Van Veeteren und Vera Miller. Wir nehmen uns beide vor, auch wenn der Zusammenhang noch längst nicht klar ist. Ich bitte um Wortmeldungen.«

»Haben wir mehr als Meusses Annahme, dass ein Zusammenhang besteht?«, fragte deBries.

»Das nicht«, sagte Reinhart. »Aber die Annahmen unseres geliebten Gerichtsmediziners sind normalerweise so gut wie stichfeste Tatsachen. Andererseits muss auch er sich eines schönen Tages einmal irren können. Nehme ich an.«

»Ich nicht«, sagte Moreno.

Reinhart öffnete seinen Tabaksbeutel und roch an dem Inhalt, während er weitersprach.

»Wenn wir uns zuerst auf Vera Miller konzentrieren«, schlug er vor, »dann haben wir, was die Ergebnisse der Spurensicherung angeht, keine Neuigkeiten über die Tat. Leider. Wir wissen nur ein wenig mehr über den Zeitpunkt. Vermutlich ist sie zwischen Viertel nach zwei und halb vier in der Nacht zum Sonntag gestorben. Wie sie danach nach Korrim gelangt ist, wissen wir nicht. Wenn sie lange dort gelegen hat, könnten wir vielleicht annehmen, dass sie früher hätte gefunden werden müssen, aber wir dürfen nicht vergessen, dass sie ziemlich versteckt lag und dass es auf diesen Straßen fast keinen Verkehr gibt. Zumindest nicht am Wochenende und um diese Jahreszeit. Ansonsten haben wir ein wenig mehr mit Andreas Wollger gesprochen ... das heißt, Inspektorin Moreno und ich haben das getan. Die Götter mögen wissen, dass er uns auch nicht viel liefern konnte, aber immerhin geht ihm langsam auf, dass seine Ehe vielleicht doch nicht ganz so tadellos war wie gedacht. Ich glaube wirklich, dass ihm das erst jetzt klar wird ... kommt mir ein wenig behindert vor, was die Labyrinthe der Liebe angeht, aber das mögen die Götter wissen.«

»Bei der Hochzeit war er sechsunddreißig«, fügte Moreno hinzu. »Und vorher hat er kaum große Beziehungen gehabt. Wenn überhaupt.«

»Seltsamer Typ«, sagte Rooth.

»Ja, er macht einen etwas weichlichen Eindruck«, sagte Reinhart, »und ich halte ihn nicht für den Typ, der aus Eifersucht mordet. Würde sich vermutlich in einer Krise eher die Hoden abschneiden und als Versöhnungsgeschenk überreichen. Er hat ein Alibi bis ein Uhr am Sonntagmorgen, dann hat er das Restaurant verlassen, in dem er mit einem Freund den Abend verbracht hat ... und wer zum Henker hat je ein Alibi für die Stunden danach?«

»Ich«, sagte Rooth. »Meine Fische sind meine Zeugen.«

»Wir streichen ihn bis auf weiteres von der Liste der Verdächtigen«, erklärte Reinhart.

»Und wie viele haben wir dann noch?«, fragte deBries. »Wenn wir auch noch Rooth streichen?«

Reinhart schien eine Antwort auf der Zunge zu liegen, warf dann aber einen Blick auf das Tonbandgerät und blieb stumm.

»Rooth möchte vielleicht kundtun, was Vera Millers Mutter zu erzählen hatte«, sagte er dann stattdessen.

Rooth seufzte.

»Nicht einmal den Schatten eines Hühnerfurzes«, sagte er. »Außerdem ist sie Hauswirtschaftslehrerin und Kalorienhysterikerin, und deshalb durfte ich nicht einmal in Ruhe und Frieden meinen Bienenstich essen. Nicht mein Typ.«

»Wir leiden alle mit dir«, sagte deBries. »Ich muss sagen, ich finde, dass wir etwas übersehen.«

»Was denn?«, fragte Moreno.

»Also, hört zu«, sagte deBries und beugte sich über den Tisch vor. »Wir wissen, dass Vera Miller ihren Junker Bleichwang hinters Licht geführt hat. Wir wissen, dass ein anderer Mann im Spiel sein muss. Warum bringen wir das nicht in die Medien? Suchen den Arsch über Zeitungen und Fernsehen, irgendwer muss die beiden doch irgendwann mal zusammen gesehen haben ... wenn die das vier oder fünf Wochenenden am Stück getrieben haben.«

»Das steht keinesfalls fest«, sagte Reinhart. »Ich stelle mir vor, dass sie nicht in Kneipen auf dem Tisch getanzt haben. Oder öffentlich herumknutschen mochten. Außerdem ... außerdem gibt es gewisse ethische Aspekte.«

»Ach was?«, fragte deBries. »Welche denn?«

»Ich weiß, dass das nicht deine starke Seite ist«, sagte Reinhart. »Aber wir haben bisher noch keinen Beweis dafür. Für die Untreue, meine ich. Mit diesen Kursen kann sie doch etwas ganz anderes versteckt haben, auch wenn ich mir ebenfalls nicht vorstellen kann, was. Auf jeden Fall ist sie ermordet worden, und ich glaube, wir sollten ein wenig vorsichtig sein, ehe wir sie in ihrem Nachruf als Ehebrecherin bezeichnen. Öffentlich, meine ich ... aus Rücksicht auf den Mann und die Angehörigen. Ich möchte nicht zur Verantwortung gezogen werden, wenn sich herausstellt, dass wir sie in der Presse fälschlicherweise diffamiert haben.«

»All right«, sagte deBries und zuckte mit den Schultern. »Ethik hast du das genannt?«

»Du sagst es«, sagte Reinhart und drückte auf den Pausenknopf des Tonbandgerätes. »Ich glaube, wir trinken jetzt einen Kaffee.«

»Auch, was Erich Van Veeteren angeht, wissen wir nicht viel Neues, fürchte ich«, sagte Reinhart, nachdem Frau Katz das Zimmer verlassen hatte. »Allerlei Gespräche natürlich, vor allem vorgenommen von Assistent Bollmert, der viele Reisen dafür unternommen hat. Ist etwas dabei herausgekommen?«

»Meines Wissens nicht«, sagte Bollmert und spielte nervös an einem Drehbleistift herum. »Ich habe mit Sozialberatern und Bewährungshelfern und alten Bekannten von Erich gesprochen, aber die meisten hatten in den letzten Jahren nicht mehr viel mit ihm zu tun. Er hatte tatsächlich ein neues Leben angefangen. Ich habe bei diesen Gesprächen auch Vera Miller erwähnt, aber das hat auch nichts gebracht.«

»Tja, so sieht es eben aus«, bestätigte Reinhart. »Nur Nieten. Wir könnten vielleicht annehmen, dass irgendwer – irgendein Mensch wenigstens – beide Opfer kennt ... so rein statistisch gesehen könnten wir das doch annehmen. Zum Teufel, wir haben doch mit hunderten von Menschen gesprochen. Aber es ist trotzdem nicht der Fall.«

»Wenn der Mörder wirklich beide gekannt hat«, meinte Rooth, »dann ist er vielleicht gerissen und gibt es nicht zu.«

»Nicht unmöglich«, sagte Reinhart ungerührt. »Ansonsten habe ich einige Zeit mit dem Versuch zugebracht, mir eine vorstellbare Verbindung zwischen Erich und Frau Miller zu überlegen – ich meine, was sie theoretisch miteinander zu tun haben könnten –, aber ich muss sagen, dass das gar nicht so leicht ist. Es kommen nur windige Hypothesen dabei heraus – die puren Räuberpistolen, verdammte Scheiße.«

Er bekam Blickkontakt zu Moreno; sie lächelte kurz und schüttelte den Kopf, und er begriff, dass sie seine Ansicht teilte. Er hob die Hand, um das Tonbandgerät auszudrehen, hielt dann aber inne. Jung winkte mit einem Bleistift und machte ein nachdenkliches Gesicht.

»Apropos Hypothesen«, sagte er. »Ich habe mir Rooths Hypothese ein wenig genauer angesehen.«

»Rooths?«, fragte Reinhart und hob die Augenbrauen. »Hypothese?«

»Welche meinst du?«, fragte Rooth.

»Die Briefmarkenliga«, sagte deBries.

»Nein, das Stethoskopsyndrom«, sagte Jung.

Jetzt schaltete Reinhart das Tonbandgerät aus. »Was soll der Scheiß?«, fragte er. »Verdammte Komiker. Moment, ich lasse eben das Band zurücklaufen.«

»Tut mir Leid«, sagte deBries.

»Das war mein Ernst«, sagte Jung. »Ich habe also …«

Er wartete, bis Reinhart wieder auf »play« gedrückt hatte.

»Rooth hat behauptet, dass dieser Kerl … wenn Vera Miller wirklich einen anderen hatte … mit ziemlich großer Wahrscheinlichkeit ein Arzt sein muss. Ihr wisst schon, Krankenschwestern und weiße Kittel und so …«

Er legte eine Pause ein und hielt Ausschau nach Reaktionen.

»Weiter«, sagte Reinhart.

»Und ich dachte, es könnte sich doch lohnen festzustellen, ob sie ein Verhältnis mit irgendeinem Arzt vom Gemeinde hatte. Fast alle, die Ehebruch begehen, suchen sich dafür Arbeitskollegen, habe ich irgendwo gelesen … und deshalb habe ich heute Vormittag mal mit Liljana gesprochen.«

»Mit Liljana?«, fragte Reinhart. »Und wer zum Teufel ist Liljana?«

Er hätte schwören können, dass Jung errötete.

»Eine Kollegin von Vera Miller«, erklärte er. »Ich habe gestern zum ersten Mal mit ihr geredet.«

»Die habe ich gesehen«, sagte Rooth. »Die absolute Bombe

... und noch dazu vom Balkan, wenn auch nicht auf diese Weise.«

Reinhart starrte zuerst ihn und dann das Tonbandgerät an, unternahm aber nichts.

»Weiter«, sagte er. »Was hatte sie zu sagen?«

»Nicht viel, fürchte ich«, gab Jung zu. »Aber sie hält es nicht für ausgeschlossen, dass Vera Miller ein Techtelmechtel mit einem Arzt hatte. Einer Kollegin gegenüber soll sie etwas in dieser Richtung angedeutet haben, aber sicher wusste sie es nicht.«

»Einer Kollegin gegenüber?«, fragte Moreno.

»Ja«, sagte Jung. »Einer Schwesternschülerin. Aber die habe ich noch nicht erwischt. Sie hat heute und morgen frei.«

»Verdammt«, sagte Reinhart. »Na ja, wir werden sie schon finden. Besser, wir gehen dieser Sache gleich auf den Grund. Ich muss schon sagen, das kommt mir im Grunde ziemlich wahrscheinlich vor. Krankenschwestern und Ärzte, das haben wir doch schon mal gehört.«

»Und im Gemeinde gibt es ja durchaus den einen oder anderen Weißkittel«, sagte deBries.

Reinhart nuckelte an seiner Pfeife und machte ein verbissenes Gesicht.

»Wir machen es so«, sagte er nach einigen Sekunden Nachdenkens. »Ich rufe den Oberarzt an ... oder den Krankenhauschef oder wie immer der sich nun nennt. Der soll uns das ganze Register geben, wir können nur hoffen, dass da auch Fotos dabei sind. Wäre doch gelacht, wenn uns das nicht wenigstens etwas weiterbringen würde ... Inspektor Rooth hat nicht zufällig auch eine kleine Theorie über den Zusammenhang mit Erich Van Veeteren?«

Rooth schüttelte den Kopf.

»Ich dachte, ich hätte eine«, sagte er. »Aber die habe ich vergessen.«

DeBries seufzte laut. Reinhart drückte auf den Stoppknopf, und damit war die Besprechung beendet.

Er hatte sich wieder für das Vox entschieden – und Van Veeteren hatte nichts dagegen –, aber an diesem Abend konnten sie sich auf keine Sängerin mit Samtstimme freuen. Und auch auf keine andere Musik, da Dienstag war. Montag und Dienstag waren Nebensaison, und außer Reinhart und Van Veeteren hatte sich an den metallblanken Tischen höchstens eine Hand voll Gäste eingefunden. Der *Kommissar* war schon zur Stelle, als der Kommissar eintraf. Zum ersten Mal kam er Reinhart alt vor.

Oder vielleicht nicht alt, nur auf diese Weise resigniert, die viele ältere Menschen auszustrahlen scheinen. Als hätten einige strategische Muskeln in Kreuz und Nacken endlich alles satt und sich deshalb zum letzten Mal zusammengezogen. Oder den Dienst aufgegeben. Er nahm an, dass Van Veeteren schon sechzig war, war sich aber nicht sicher. In Bezug auf den *Kommissar* gab es viele kleine Unklarheiten, und sein richtiges Alter war eine davon.

»Guten Abend«, sagte Reinhart und nahm Platz. »Du siehst müde aus.«

»Danke«, sagte Van Veeteren. »Ich schlafe nachts nämlich nicht mehr.«

»Ach verdammt«, sagte Reinhart. »Ja, wenn Unser Herr uns den Schlaf raubt, tut er uns nicht gerade einen Gefallen.«

Van Veeteren klappte den Deckel seines Drehmaschinchens hoch.

»Er tut uns schon seit Jahrhunderten keine Gefallen mehr. Weiß der Teufel, ob er es je getan hat.«

»Kann schon sein«, sagte Reinhart. »Über Gottes Schweigen seit Bach hat man ja gelesen. Zwei Dunkelbier, bitte.«

Das Letzte galt dem aus den Schatten getretenen Kellner. Van Veeteren steckte sich eine Zigarette an. Reinhart stopfte sich die Pfeife.

Schwer, dachte er. Das hier wird ein schwerer Abend.

Er zog die Kassette aus der Jackentasche.

»Und ich kann dir auch kein Evangelium bringen«, gab er zu.

»Aber wenn du eine Einschätzung unserer Lage möchtest, dann hör dir das hier an. Das stammt von der heutigen Besprechung. Keine Wahnsinnserfahrung natürlich, aber du weißt ja, wie das so geht. Der, dessen Stimme du nicht kennst, heißt Bollmert.«

»Immerhin«, sagte Van Veeteren. »Doch, ich merke ja, dass es nicht leicht ist, sich herauszuhalten.«

»Klingt sehr begreiflich«, sagte Reinhart. »Wie gesagt.«

Er zog Vera Millers Foto hervor.

»Kennst du diese Frau?«

Van Veeteren betrachtete das Bild einige Sekunden lang.

»Ja«, sagte er. »Schon.«

»Was?«, fragte Reinhart. »Was zum Teufel willst du damit sagen?«

»Wenn ich mich nicht irre, meine ich«, sagte Van Veeteren und gab das Foto zurück. »Krankenschwester im Gemeinde. Hat sich vor zwei Jahren bei meiner Darmoperation um mich gekümmert. Sympathische Frau, was hast du mit ihr zu tun?«

»Das ist Vera Miller. Die am Sonntagmorgen draußen in Korrim ermordet aufgefunden worden ist.«

»Die, die auf irgendeine Weise etwas mit Erich zu tun hatte?«

Reinhart nickte.

»Das ist nur eine Hypothese. Ungeheuer vage bisher, falls du sie nicht vielleicht bestätigen kannst.«

Der Kellner brachte das Bier. Jeder trank einen Schluck. Van Veeteren sah sich noch einmal das Foto an, schüttelte langsam den Kopf und machte ein düsteres Gesicht.

»Nein«, sagte er. »Es ist der pure Zufall, dass ich mich an sie erinnere. Wenn ich das richtig verstanden habe, dann hat Meusse diesen Zusammenhang entdeckt?«

»Meusse, ja. Er meint, dass der Nackenschlag darauf hinweist. Es ist ein etwas besonderer Schlag, sagt er. In beiden Fällen ... ja, du kennst ja Meusse.«

Van Veeteren versank in Schweigen. Reinhart steckte sich

die Pfeife an und ließ ihn in aller Ruhe grübeln. Spürte plötzlich, dass ein starker Zorn in ihm aufstieg. Ein Zorn auf den, der den Sohn des *Kommissars* umgebracht hatte. Und Vera Miller.

Aber war es nun einer oder waren es zwei gewesen? Scheißegal. Dann eben ein Zorn auf diesen Mörder oder diese Mörder, aber auch auf alle Verbrecher überhaupt ... und dann meldete sich die kälteste und finsterste seiner Erinnerungen zu Wort. Der Mord an Seika. An seiner Freundin. An Seika, die er heiraten, mit der er eine Familie hatte gründen wollen. An Seika, die er wie keine andere geliebt hatte. An Seika mit den hohen Wangenknochen, den halbasiatischen Augen und dem schönsten Lachen der Welt. Es war jetzt fast dreißig Jahre her; sie lag inzwischen seit drei Jahrzehnten in diesem verdammten Grab draußen in Linden ... die neunzehnjährige Seika, die seine Frau hätte werden sollen.

Wenn es diesen Verbrecher nicht gegeben hätte, einen Messerstecher, einen von Drogen umnebelten Irren, der sie ohne jeglichen Grund eines Abends im Wollerimpark niedergestochen hatte.

Falls nicht die zwölf Gulden in ihrem Portemonnaie ein Grund gewesen waren.

Und jetzt der Sohn des *Kommissars*. O verdammt, dachte Reinhart. Er hat ja so Recht: Unser Herr tut uns schon lange keine Gefallen mehr.

»Ich war draußen in Dikken«, riss Van Veeteren ihn aus seinen Gedanken.

»Was?«, fragte Reinhart. »Du?«

»Ich, ja«, sagte Van Veeteren. »Habe mir ein paar Freiheiten genommen, ich hoffe, du verzeihst.«

»Natürlich«, sagte Reinhart.

»Hab mit ein paar Leuten in dem Restaurant gesprochen. War eigentlich mehr als eine Art Therapie gedacht. Ich rechne nicht damit, etwas zu finden, was ihr übersehen habt, aber das Nichtstun ist so verdammt schwer. Kannst du das verstehen?«

Reinhart wartete einige Sekunden, ehe er antwortete.

»Weißt du noch, warum ich zur Polizei gegangen bin?«, fragte er. »Meine Freundin im Wollerimpark?«

Van Veeteren nickte.

»Sicher. Na, dann verstehst du ja. Egal, ich habe eine Frage.«

»Was denn?«, sagte Reinhart.

»Die Plastiktüte«, sagte Van Veeteren. »Diese Plastiktüte, die den Besitzer gewechselt hat. Oder den Besitzer wechseln sollte.«

»Was denn für eine Tüte?«, fragte Reinhart.

Van Veeteren schwieg einen Moment.

»Ihr wisst also nichts darüber?«

Verdammt, dachte Reinhart. Jetzt hat er uns schon wieder beschämt.

»Doch, jemand hat eine Tüte erwähnt, stimmt«, sagte er und versuchte ganz gelassen zu klingen. »Richtig.«

»Es sieht also so aus, als habe dieser Mr. X, der mit dem Täter identisch sein dürfte«, sagte der *Kommissar* in einem Tonfall und mit einer Langsamkeit, die in Reinharts Ohren nach pedantisch zurechtgelegter Pädagogik widerhallte, »diese Plastiktüte neben seinen Füßen stehen gehabt, als er in der Bar saß. Und als habe Erich sie bei sich gehabt, als er von dort weggegangen ist.«

Er hob die Augenbrauen und wartete auf Reinharts Reaktion.

»O verdammt«, sagte Reinhart. »Ehrlich gesagt … ja, ehrlich gesagt fürchte ich, das ist uns entgangen. Die zweite Hälfte, meine ich. Zwei Zeugen haben behauptet, dass Mr. X eine Plastiktüte bei sich hatte, aber wir haben nichts davon gehört, dass sie an Erich weitergereicht worden ist. Woher weißt du das?«

»Hab eben zufällig die richtigen Leute getroffen«, sagte Van Veeteren unschuldig und musterte seine frisch gedrehte Zigarette. »Eine Kellnerin glaubt, die Tüte bei ihm gesehen zu haben, als er gegangen ist, und als sie das erwähnt hat, ist es auch dem Barkeeper wieder eingefallen.«

Hast eben *zufällig* die richtigen Fragen gestellt, dachte Reinhart und spürte, wie ein Dunst aus alter, eingewachsener Bewunderung durch sein Bewusstsein zog und Zorn und Verlegenheit überdeckte. Bewunderung für den psychologischen Scharfblick, der den *Kommissar* schon immer ausgezeichnet hatte und der ... der schneller als ein Skalpell durch eine Tonne heiße Butter schneiden, als hundert Krawallpolizisten mit schusssicheren Westen das Gewicht einer Ahnung berechnen konnte.

Intuition, so nannte man das.

»Und was schließt du daraus?«, fragte er.

»Dass Erich dort etwas holen sollte.«

»Offenbar.«

»Er ist zur Trattoria Commedia gefahren und hat die Plastiktüte an einer vorgesehenen Stelle abgeholt ... draußen auf der Toilette, vielleicht.«

Reinhart nickte.

»Er wusste nicht, wer Mr. X war, und er brauchte ihn auch nicht zu kennen.«

»Woher weißt du das?«

»Wenn sie mit offenen Identitäten hätten operieren können, dann hätten sie sich doch überall treffen können. Draußen auf dem Parkplatz zum Beispiel. Was sollte diese verdammte Maskerade, wenn sie gar nicht nötig war?«

Reinhart dachte nach.

»Mr. X war verkleidet«, sagte er.

»Er wollte meinen Sohn ermorden«, sagte Van Veeteren. »Und das hat er getan. Ist doch klar, dass er verkleidet war.«

»Warum hat er ihm die Tüte überlassen, wenn er ihn ermorden wollte?«, fragte Reinhart.

»Ja, was sagst du?«, erwiderte Van Veeteren.

Reinhart zog zweimal an seiner erloschenen Pfeife.

»O Teufel«, sagte er dann. »Ich verstehe. Er hat ihn nicht gekannt. Er wusste erst, wer er war, als er ihn mit der Tüte gesehen hat ... hat ihm sicher draußen auf dem Parkplatz aufgelauert.«

»Vermutlich«, sagte Van Veeteren. »Zu dem Ergebnis bin ich auch gekommen. Aber weiter? Was glaubst du, worum es hier geht? Wer befiehlt hier und wer gehorcht?«

Gute Frage, dachte Reinhart. Wer befiehlt und wer gehorcht?

»Erich befiehlt und Mr. X gehorcht«, sagte er. »Anfangs zumindest. Dann vertauscht Mr. X die Rollen ... und deshalb, ja, deshalb tut er es. Deshalb bringt er ihn um.«

Van Veeteren ließ sich im Sessel zurücksinken und gab sich Feuer. Sein Sohn, dachte Reinhart. O verdammt, wir reden hier über seinen ermordeten Sohn.

»Und was glaubst du, worum es ging?«

Die Sache mit den Drogen hing wie eine Wolke zwischen ihnen und verbarg fünf Sekunden lang Reinharts Gedanken, dann wusste er die Antwort.

»Erpressung«, sagte er. »Das ist ja wohl sonnenklar.«

»Er behauptet, dass Erich mit so was nie zu tun hatte«, erzählte er eine Stunde später Winnifred. »Ich glaube ihm. Und außerdem kann ich mir kaum vorstellen, dass er blöd genug gewesen wäre, um einfach hinauszufahren, sich ins Restaurant zu setzen und auf das Geld zu warten ... wenn er gewusst hätte, worum es ging. Erich war ein Bote. Jemand anderer ... der echte Erpresser ... hat ihn geschickt, bei genauerem Überlegen liegt das doch auf der Hand. Alles ergibt dann ein Bild.«

»Und diese Vera Miller?«, fragte Winnifred. »Steckt die auf irgendeine Weise dahinter?«

»Durchaus möglich«, sagte Reinhart. »Der Mörder hat Erich für den Erpresser gehalten und ihn deshalb ganz umsonst umgebracht. Vielleicht war es bei Vera Miller ähnlich.«

»Haben Erich und Vera Miller sich denn gekannt?«

Reinhart seufzte.

»Leider nicht«, sagte er. »Hier stecken wir erst mal fest. Wir haben nicht eine einzige Verbindung zwischen den beiden gefunden. Aber vielleicht gibt es eine. Wenn wir annehmen, dass er ... der Mörder, meine ich ... Arzt am Gemeinde ist, dann können wir uns doch vorstellen, dass Vera Miller irgendein Druckmittel gegen ihn besaß. Eine verpfuschte Operation oder was weiß ich. Es ist gar nicht lustig für einen Arzt, der einen Patzer begangen hat ... er kann aus purer Schusseligkeit einen Patienten abgemurkst haben, zum Beispiel. Sie sah die Möglichkeit, sich ein bisschen was dazu zu verdienen und greift zu ... dass die Sache dann schief ging, steht auf einem anderen Blatt. Tja, das ist immerhin eine Theorie.«

Winnifred machte ein skeptisches Gesicht.

»Und warum musste sie mit ihm ins Bett gehen? Denn das hat sie doch offenbar getan.«

»Hmpf«, sagte Reinhart. »Bist du eigentlich von gestern, meine Schöne? Dort verrät der Mann sich doch. Im Bett erfährt die Frau von Verdienst und Versagen des Mannes.«

Winnifred lachte überrascht und schmiegte sich unter der Decke an ihn.

»Mein Prinz«, sagte sie. »Du hast Recht, aber du wirst noch zwei Tage warten müssen, ehe du deine Verdienste vorführen kannst, fürchte ich.«

»Es ist, wie es ist«, sagte Reinhart und löschte das Licht. »Und von Versagen kann ja wohl kaum die Rede sein.«

Eine Viertelstunde später stand er auf.

»Was ist los?«, fragte Winnifred.

»Joanna«, sagte Reinhart. »Ich glaube, ich habe etwas gehört.«

»Hast du überhaupt nicht«, sagte Winnifred. »Aber geh sie nur holen, dann schlafen wir alle drei hier. Denn das hattest du doch wohl vor?«

»Ungefähr«, gab Reinhart zu und stapfte hinüber zum Kinderzimmer.

Meine Frau kennt meine Gedanken besser als ich, stellte er fest und hob seine schlafende Tochter vorsichtig hoch. Wie zum Teufel macht sie das?

25

Mittwoch, der 9. Dezember, war ein Tag mit zehn oder elf Grad über Null und einem hohen, klaren Himmel.

Und einer überraschten Sonne, der es fast peinlich zu sein schien, sich in ihrer ganzen bleichen Nacktheit zu zeigen. Van Veeteren rief Ulrike Fremdli bei der Arbeit an, erfuhr, dass sie gegen Mittag fertig sein würde, und schlug einen Ausflug ans Meer vor. Das hatten sie schon länger nicht mehr gemacht. Sie nahm sofort an, er hörte ihrer Stimme an, dass sie überrascht und froh zugleich war, und erinnerte sich daran, dass er sie liebte.

Danach erinnerte er auch sie daran.

Die Lebenden müssen sich umeinander kümmern, dachte er. Das Schlimmste ist, zu sterben, ohne gelebt zu haben.

Während er vor Remingtons schmutzig-braunem Bürokomplex im Auto saß, fragte er sich, ob Erich wohl gelebt hatte. Ob er das Wesentliche im Leben erlebt hatte, was immer das sein mochte. Ein Mann muss in seinem Leben drei Dinge tun, hatte er irgendwo gelesen. Einen Sohn zeugen, ein Buch schreiben, einen Baum pflanzen.

Er fragte sich, wer das wohl behauptet haben mochte. Erich hatte vielleicht das erste, nicht aber das zweite geschafft. Ob er jemals einen Baum gepflanzt hatte, stand in den Sternen, aber sehr wahrscheinlich kam ihm das nicht vor. Ehe er sich überlegen konnte, wie das alles bei ihm aussah, wurde er von Ulrike unterbrochen, die sich neben ihm auf den Sitz fallen ließ.

»Herrlich«, sagte sie. »Was für ein wunderbarer Tag.«

Er küsste ihre Wange, und zu seiner Überraschung bekam er eine Erektion. Das Leben geht weiter, dachte er verwirrt. Trotz allem.

»Wohin möchtest du fahren?«, fragte er.

»Nach Emsbaden oder Behrensee«, erwiderte sie ohne nachzudenken. Er begriff, dass sie seit seinem Anruf darüber nachgedacht hatte.

»Emsbaden«, entschied er. »Mit Behrensee habe ich so meine Probleme.«

»Warum denn?«

»Hm«, sagte er. »Wir hatten vor zwei Jahren da draußen einen Fall. Ich mag einfach nicht gern daran erinnert werden.«

Sie wartete auf eine Fortsetzung, aber er blieb stumm. Ließ den Motor an und fuhr vom Parkplatz.

»Mein geheimnisvoller Liebhaber«, sagte sie.

Sie wanderten eine Stunde durch die Dünenlandschaft und verzehrten dann im Gasthaus De Dirken beim Emsbadener Leuchtturm ein spätes Mittagessen. Meereskrebsschwänze in Dillsoße, Kaffee und Möhrenkuchen. Sprachen über Jess und über Ulrikes drei Kinder und deren Zukunftsaussichten.

Und schließlich auch über Erich.

»Mir ist etwas eingefallen, das du gesagt hast«, sagte Ulrike. »Damals, als ihr die Frau gefunden hattet, die Karel ermordet hat.«

Karel Innings war Ulrikes verstorbener Mann, aber nicht der Vater ihrer Kinder. Die stammten aus ihrer ersten Ehe mit einem Immobilienmakler, der ein guter und zuverlässiger Familienvater gewesen war, bis sein ererbter Alkoholismus alle solchen Rücksichten zunichte gemacht hatte.

»Wir haben sie nie gefunden«, sagte Van Veeteren.

»Ihr habt ihr Motiv gefunden«, sagte Ulrike. »Du hast jedenfalls behauptet, dass von ihrem Standpunkt aus gesehen ... in gewisser Hinsicht, jedenfalls ... es berechtigt gewesen sei, meinen Mann umzubringen. Weißt du das noch?«

»Sicher«, sagte Van Veeteren. »Aber das gilt nur in einem bestimmten Fall. Aus einem sehr individuellen, engen Gesichtswinkel heraus. Wenn man es so formuliert, wie du das jetzt machst, wird es zu grob.«

»Ist das nicht immer so?«

»Wie meinst du das?«

»Ist es nicht immer so, dass der Mörder – oder überhaupt der Täter – sein Verbrechen für berechtigt hält? Muss er sich selber gegenüber nicht so argumentieren?«

»Das ist eine alte Frage«, sagte Van Veeteren. »Aber im Prinzip hast du natürlich Recht. Der Mörder hätschelt seine Motive; er kennt sie natürlich und es ist noch die Frage, ob jemand anders das auch tut. Natürlich gibt es Ursachen für alles, was wir tun, aber das Dogma der Erbsünde ist heutzutage vor Gericht einfach kein Argument mehr ... da sind die Geschworenen doch schon von härterem Kaliber.«

»Aber du glaubst daran?«

Er antwortete nicht sofort und schaute aufs Meer hinaus.

»Natürlich«, sagte er. »Ich verteidige Verbrechen nicht, aber wenn wir ihr Wesen ... die Beweggründe des Verbrechers ... nicht verstehen können, ja, dann kommen wir bei der Polizei nicht weit. Es gibt eine schwarze Logik, die oft leichter zu entdecken ist als die Logik unseres normalen Verhaltens. Das Chaos ist bekanntlich Gottes Nachbar, aber in der Hölle herrschen zumeist Gesetz und Ordnung ...«

Sie lachte und kaute auf ihrem Möhrenkuchen.

»Weiter.«

»Wenn du so schön bittest«, sagte Van Veeteren. »Also, diese bösartige Logik kann uns alle treffen, wenn wir in die Enge gedrängt werden. Es ist keine Kunst, einen islamischen Bruder zu verstehen, der seine Schwester ermordet, weil sie in der Disko war und sich westlich aufführt ... überhaupt keine Kunst, wenn man an den Hintergrund denkt. Dass eine solche Tat in sich dermaßen widerlich ist, dass du beim bloßen Gedanken daran schon kotzen könntest ... dass du spontan den Mörder am liebsten unter einem Hochhaus zerquetschen würdest, ja, das ist etwas anderes. Etwas ganz anderes.«

Er verstummte. Sie musterte ihn mit ernster Miene und griff dann über den Tisch hinweg nach seiner Hand.

»In dieser Kluft zwischen der Moral der Gesellschaft und der des Individuums wird das Verbrechen geboren«, fügte Van Veeteren hinzu und fragte sich im selben Moment, wie allgemeingültig das überhaupt war.

»Und wenn sie nun Erichs Mörder finden«, sagte Ulrike, »wirst du den dann auch verstehen?«

Er antwortete nicht sofort. Schaute wieder auf den Strand. Die Sonne hatte sich zurückgezogen, und das Wetter war vermutlich so wie zu jener Zeit, ehe irgendein Gott auf die Idee gekommen war, es zu erfinden. Acht Grad über Null, leichter Wind, weißer Himmel.

»Ich weiß nicht«, sagte er. »Deshalb will ich ihm ja von Angesicht zu Angesicht gegenübersitzen.«

Sie ließ seine Hand los und runzelte die Stirn.

»Ich versteh nicht, wie du dich dieser Belastung aussetzen kannst«, sagte sie. »Dich dem Mörder deines Sohnes gegenübersetzen zu wollen. Manchmal verstehe ich dich einfach nicht.«

»Ich auch nicht, und das habe ich auch nie behauptet«, sagte Van Veeteren.

Und ich habe auch nie gesagt, dass ich dann keine Kugel zwischen diese Augen pflanzen will, dachte er, aber das sagte er nicht.

Auf dem Heimweg machte Ulrike einen Vorschlag.

»Ich möchte, dass wir seine Freundin zum Essen einladen.«

»Wen?«, fragte Van Veeteren.

»Marlene Frey. Wir laden sie für morgen Abend zum Essen ein. Bei dir. Ich rufe sie nachher an.«

Er hatte noch nie an eine solche Möglichkeit gedacht. Er fragte sich, warum. Danach schämte er sich zwei Sekunden lang und sagte schließlich ja.

»Unter der Voraussetzung, dass du dann über Nacht bleibst«, fügte er hinzu.

Ulrike lachte und tippte ihm mit der Faust auf die Schulter.

»Das habe ich doch schon versprochen«, sagte sie. »Donnerstag, Freitag und Samstag. Jürg ist mit der Schule im Lager.«

»Ausgezeichnet«, sagte Van Veeteren. »Ohne dich schlafe ich so verdammt schlecht.«

»Ich komme aber nicht zum Schlafen zu dir«, sagte Ulrike.

»Ausgezeichnet«, wiederholte Van Veeteren, weil ihm nichts Besseres einfiel.

Polizeipräsident Hiller faltete auf der schweinsledernen Unterlage die Hände und versuchte Blickkontakt zu Reinhart aufzunehmen. Reinhart gähnte und betrachtete ein grünes, palmenähnliches Teil, dessen Namen er irgendwann einmal gewusst zu haben glaubte.

»Hm, ja«, sagte Hiller. »Bin heute Morgen dem Kommissar über den Weg gelaufen ... ich meine, dem *Kommissar*.«

Reinhart ließ seinen Blick zu einem Benjaminfikus weiterwandern.

»Die Sache mit seinem Sohn macht ihm wirklich zu schaffen. Das musst du wissen. Ist ja auch kein Wunder. Nach den vielen Jahren und überhaupt ... ja, ich empfinde das als eine Ehrensache. Wir müssen den Fall lösen. Der darf uns nicht aus den Händen gleiten. Wie weit seid ihr gekommen?«

»Ein Stück«, sagte Reinhart. »Wir tun, was wir können.«

»Ach«, sagte Hiller. »Ja, daran habe ich natürlich keine Zweifel. Alle ... und ich meine, *alle* ... müssen das doch so sehen wie ich. Dass das hier eine Ehrensache ist. Und wenn wir aus irgendeinem Grund bisweilen Mörder frei herumlaufen lassen müssen, dann darf uns das mit diesem hier nicht passieren. Unter gar keinen Umständen. Brauchst du weitere Mittel? Ich bin bereit, sehr weit zu gehen ... wirklich sehr weit. Sag einfach Bescheid.«

Reinhart schwieg.

»Du weißt, dass ich mich nie in die operative Arbeit einmische, aber wenn du deine Pläne mit mir diskutieren möchtest, dann bin ich gern dazu bereit. Und Mittel, wie gesagt. Keine Begrenzungen. Ehrensache. Hast du verstanden?«

Reinhart erhob sich aus dem viel zu weichen Besuchersessel.

»Glasklar«, sagte er. »Aber Gleichungen werden wohl nicht mit Panzertruppen gelöst.«

»Was?«, fragte der Polizeichef. »Wie zum Teufel meinst du das?«

»Das erklär ich ein andermal«, sagte Reinhart und öffnete die Tür. »Hab's ein bisschen eilig, wenn du entschuldigst.«

Jung und Moreno warteten in seinem Zimmer.

»Grüße vom Fifth Floor«, sagte Reinhart. »Der Obergärtner hat schon wieder einen neuen Anzug.«

»War er im Fernsehen?«, fragte Jung.

»Nicht, dass ich wüsste«, sagte Moreno. »Aber vielleicht hat er das vor.«

Reinhart ließ sich in seinen Schreibtischsessel sinken und steckte sich eine Pfeife an.

»Na«, sagte er. »Die Lage?«

»Ich hab sie nicht erreicht«, sagte Jung. »Sie treibt sich irgendwo mit ihrem Freund herum. Hat erst morgen Nachmittag wieder Dienst. Tut mir Leid.«

»O verdammt«, sagte Reinhart.

»Von wem redet ihr?«, fragte Moreno.

»Natürlich von Edita Fischer«, sagte Reinhart. »Dieser Krankenschwester, die bei der anderen Krankenschwester angedeutet hat, dass Vera Miller angedeutet haben soll ... o Scheiße, was für eine dünne Suppe. Und wie läuft die Ärzteinventarisierung?«

»Sehr gut«, sagte Moreno und reichte ihm den Ordner, der auf ihren Knien gelegen hat. »Da hast du Namen und Fotos aller hundertsechsundzwanzig Ärzte und Ärztinnen, die im Gemeinde arbeiten. Und die einer Hand voll, die in diesem Jahr aufgehört haben, sie sind angekreuzt. Geburtsdatum, Einstellungsjahr, wissenschaftliche Meriten, Fachgebiete, alles, was du dir wünschen kannst. Sogar Familienstand und Familienmitglieder sind angeführt. Im Gemeinde-Hospital herrschen eben Sitte und Ordnung.«

»Nicht schlecht«, bestätigte Reinhart und blätterte im Ordner. »Wirklich nicht schlecht. Stehen die auch nach Klinik und Station da?«

»Natürlich«, sagte Moreno. »Ich habe schon die von der 46 angekreuzt, das war Vera Millers Station. Da arbeiten sechs fest und sieben oder acht andere ab und zu. Die laufen ziemlich viel hin und her, vor allem die Spezialisten … Anästhesie und so.«

Reinhart nickte, blätterte weiter und betrachtete die Fotos der munteren Männer und Frauen in ihren weißen Kitteln. Offenbar gehörte es zu den Dienstverpflichtungen, sich auf diese Weise fotografieren zu lassen. Der Hintergrund war auf den meisten Bildern derselbe, und alle, fast alle zumindest, hielten den Kopf im selben Winkel und zogen die Mundwinkel energisch nach oben. Offenbar derselbe Fotograf. Sie fragte sich, welche unwiderstehliche Geschichte er erzählt haben mochte, um alle dazu zu bringen, so und nicht anders ihren Mund aufzumachen.

»Nicht schlecht«, sagte er zum dritten Mal. »Hier haben wir also den Mörder mit Bild und persönlichen Daten bis hinunter zur Schuhgröße. Schade, dass wir nicht wissen, welcher er ist. Einer von hundertsechsundzwanzig …«

»Wenn wir weiterhin nach Rooths Hypothese arbeiten, dann kannst du vierzig Stück abziehen.«

»Ach?«, fragte Reinhart. »Und warum?«

»Weil sie Frauen sind. Aber wie wir jetzt weitermachen sollen, weiß ich auch nicht. Es kommt mir ein bisschen anstrengend vor, die jetzt alle zu verhören, ohne uns zu verraten. Auf den Fotos sehen sie zwar friedlich aus, aber in Wirklichkeit sind sie vielleicht doch nicht ganz so umgänglich. Vor allem, wenn ihnen aufgeht, welchen Verdacht wir haben … und dann gibt es noch Korpsgeist und überhaupt alles Mögliche.«

Reinhart nickte.

»Wir fangen mit den Nächstliegenden an«, sagte er. »Erst mal nehmen wir uns nur die vor. Was hast du gesagt? Sechs feste auf der Station und dann noch ein paar? Das müssten wir doch schaffen, bis Jungs Zeugin wieder auftaucht. Wer soll das übernehmen?«

»Nicht Rooth«, sagte Jung.

»Gut, nicht Rooth«, sagte Reinhart. »Aber ich sehe doch hier vor mir zwei zuverlässige Leute. Bitte schön, gute Jagd.«

Er klappte den Ordner zu und gab ihn zurück. Da Jung das Zimmer als Erster verließ, konnte er Inspektorin Moreno noch eine Frage stellen.

»In letzter Zeit gut geschlafen?«

»Besser und besser«, sagte Moreno und lachte sogar. »Und selber?«

»Ganz nach Verdienst«, sagte Reinhart kryptisch.

26

Am Donnerstag brachte die Post neben einigen Rechnungen auch zwei Briefe. Der eine stammte von der Sparkasse und teilte mit, dass sein Darlehen bewilligt worden sei. Die Summe von zweihundertzwanzigtausend Gulden sei seinem Konto bereits gutgeschrieben worden.

Der andere stammte von seinem Widersacher.

Es war diesmal eine andere Art Umschlag. Einfach, billiger. Der Brief selber bestand aus einem zweimal gefalteten Blatt, das wohl aus einem Spiralblock gerissen worden war. Ehe er den Brief las, fragte er sich, ob das irgendein Zeichen sein könne, ob dieser Qualitätsverlust von Bedeutung sei.

Er kam zu keiner klaren Antwort und die Instruktionen waren ebenso einfach und deutlich wie bisher.

Ihre letzte Chance. Meine Geduld ist bald zu Ende. Dasselbe Verfahren wie beim letzten Mal.

Ort: die Mülltonne hinter dem Imbiss an der Ecke Armastenstraat und Bremers Steg.

Zeit: die Nacht auf Freitag, 03.00 Uhr.

Halten Sie sich dann um 04.00 Uhr bei sich zu Hause am Telefon bereit. Versuchen Sie nicht, diese Nummer auf das Mobiltelefon umzuschalten, ich habe Maßnahmen ergriffen, um mich davor zu schützen. Wenn ich am Freitagmorgen mein Geld nicht habe, sind Sie verloren.

Ein Freund

Die Sache mit dem Mobiltelefon hatte ihm wirklich vorgeschwebt.

Er hatte sich nach den Möglichkeiten erkundigt, hatte dann aber einsehen müssen, dass der Anrufer immer feststellen konnte, ob ein Gespräch auf einen anderen Anschluss umgeschaltet worden war. Ansonsten war es natürlich eine verlockende Vorstellung gewesen, sich zwanzig Meter vom Imbiss entfernt zu verstecken, in der, wie er wusste, engen und dunklen Gasse ... dort zu stehen und mit dem Rohr unter der Jacke auf den Widersacher zu warten. Ungeheuer verlockend.

Während er die Instruktionen las, ging ihm auch auf, wie verdammt selbstsicher der Erpresser zu sein schien. Wie konnte er zum Beispiel ausschließen, dass sein Opfer keine Helfer benutzte, wie er das selber draußen in Dikken getan hatte?

Wie konnte er da so sicher sein? Es wäre doch durchaus möglich, einen guten Freund um Hilfe zu bitten, ohne zu verraten, worum es hier ging. Einfach jemand anderen ans Telefon zu setzen, würde doch reichen. Oder kannte der Widersacher seine Stimme so gut, dass ihn das verraten hätte? Kannte er ihn so gut?

Oder hatte er seine Taktik diesmal weiterentwickelt? Sie auf irgendeine Weise verfeinert? So sah es aus. Der Anruf würde vielleicht eine weitere Instruktion bringen, um zu garantieren, dass er das Geld in aller Ruhe hinter dem Imbiss hervorholen könnte.

Aber wie sollte die aussehen? Was könnte das für eine verdammte Instruktion sein? War er bewaffnet?

Die letzte Frage tauchte auf, ohne dass er sie sich überlegt hätte, und bald erschien sie ihm als die Gewichtigste von allen. Hatte der Widersacher also eine Waffe und war er – schlimmstenfalls – bereit, sie anzuwenden, um sein Geld einsacken zu können?

Eine Pistole in der Jackentasche, in einer dunklen Ecke im Bremers Steg?

Er stopfte den Brief in den Umschlag und schaute auf die Uhr.

11.35 Uhr. Ihm blieben weniger als sechzehn Stunden.

Wenig Zeit. Entsetzlich wenig Zeit, und jetzt war die letzte Runde eingeläutet. Weiteres Aufschieben war undenkbar.

Zeit zur Flucht?, fragte er sich.

27

Moreno und Jung führten am Donnerstagvormittag ein gutes Dutzend Gespräche. Drei davon mit Ärztinnen – und sei es nur, um keinen Verdacht zu erwecken.

Den Verdacht, den die Polizei gegen die Kollegen dieser Ärztinnen hegte. Oder zumindest gegen einen davon.

Der vorgebliche Ausgangspunkt des Gesprächs war die Notwendigkeit, Informationen über die ermordete Krankenschwester Vera Miller einzuholen. Einfach Eindrücke. Beziehungen zu Kranken und Kolleginnen; alles, was auf irgendeine Weise den allgemeinen Eindruck von ihr schärfen konnte. Vor allem, was ihr berufliches Erscheinungsbild betraf.

Bei allen Gesprächen wurde, so weit Moreno und Jung das beurteilen konnten, ganz offen über Schwester Vera geredet. Manche hatten allerlei zu sagen – andere natürlich weniger, wenn sie nicht so viel mit ihr zu tun gehabt hatten. Urteil und Auffassungen stimmten auf auffällige Weise überein. Vera Miller war eine absolut außergewöhnliche Krankenschwester gewesen. Kenntnisreich, positiv, arbeitswillig – und mit diesem kleinen zusätzlichen Gefühl für die Kranken, das so wichtig ist und das man sich eigentlich bei allen wünscht, die im Gesundheitswesen tätig sind.

De mortuis …, dachte Moreno, aber das war nur ein automatischer Gedanke, der in diesem Fall nicht angebracht zu sein schien. Schwester Vera war allgemein beliebt und geschätzt gewesen, so einfach war das. Irgendeine Vorstellung, wer einen Grund gehabt haben könnte, sie umzubringen, ließ sich nirgendwo ausmachen. Nicht einmal ein Schatten einer Vorstellung.

Moreno und Jung hatten auch keine, nachdem sie die Vernehmungen beendet hatten und sich zum Mittagessen ins Restaurant unten im Block A setzten. Nicht den Schatten eines Schattens.

Das ungewohnt üppige Nudelgericht war um einige Minuten nach eins verzehrt und sie beschlossen, oben in Abteilung 46 auf Edita Fischer zu warten. Frau Fischer sollte ihren Dienst um vierzehn Uhr antreten – nach zweieinhalb freien Tagen, die sie mit ihrem Freund an einem unbekannten Ort verbracht hatte. Als Jung endlich, nach sieben Sorgen und acht Kümmernissen, Fischer irgendwann am Vormittag erreicht hatte, hatte diese nicht verraten wollen, wo sie gewesen waren und was sie dort gemacht hatten.

Was Jung im Grunde ja auch nicht sonderlich interessierte, aber trotzdem.

»Wahrscheinlich haben sie eine Bank ausgeraubt«, sagte er zu Moreno, »aber darauf scheißen wir, es reicht auch so schon. Und mit Vera Miller hat es wirklich nichts zu tun.«

Moreno dachte einen Moment nach, dann stimmte sie ihm zu. Es reichte wirklich.

Edita Fischer war jung und blond und sah ungefähr so aus, wie das von einer Krankenschwester in einer amerikanischen Fernsehserie erwartet wird. Abgesehen möglicherweise von ihrem leichten Silberblick, aber zumindest Jung fand den einfach nur charmant.

Sie war sichtlich verlegen, weil sie solche Unannehmlichkeiten verursacht hatte. Sie errötete und bat mehrere Male um Entschuldigung, ehe sie sich in dem blassgrünen Gesprächszimmer niederließen, das durch das energische Eingreifen der Stationsleiterin zur Verfügung gestellt worden war. Normalerweise wurde es nur benutzt, wenn ein Patient gestorben war, ließ sie mitteilen, grün hatte angeblich beruhigende Wirkung.

»Herrgott«, rief Edita Fischer. »Das war doch nichts. Rein gar nichts. Liljana hat das gesagt, oder?«

Jung gab zu, dass diese Bemerkung während seines Gesprächs mit Liljana Milovic gefallen war.

»Warum hat sie nicht einfach den Mund gehalten«, sagte Edita Fischer. »Das war doch bloß so eine Bagatelle mitten im Gespräch.«

»Wenn alle den Mund hielten, dann würden wir nicht viele Verbrecher fangen«, sagte Jung.

»Was war das denn für eine Bagatelle?«, fragte Moreno. »Jetzt, wo wir schon hier sitzen.«

Edita Fischer zögerte noch eine Weile, aber sie konnten ihr ansehen, dass sie reden würde. Jung wechselte einen Blick mit Moreno, und beide verkniffen sich weitere Fragen. Warten war genug. Warten und das beruhigende Grün betrachten.

»Es ist über einen Monat her ... oder fast anderthalb.«

»Anfang November?«, fragte Moreno.

»Ungefähr. Ich glaube, ich habe nie so viel geweint, wie, nachdem ich von dem Mord an Vera gehört hatte. Es ist so entsetzlich, sie war so ein fröhlicher, lebendiger Mensch ... Wir rechnen doch nie damit, dass Leuten, die wir so gut kennen, so etwas passieren kann. Wer hat es getan, das muss doch ein Verrückter sein?«

»Das wissen wir noch nicht«, sagte Jung. »Aber das wollen wir ja gerade herausfinden.«

»Hatten Sie auch privat Kontakt miteinander?«, fragte Moreno.

Edita Fischer schüttelte ihre Locken.

»Nein, aber sie war eine wunderbare Kollegin, da können Sie hier alle fragen.«

»Das haben wir schon getan«, sagte Jung.

»Anfang November?«, mahnte Moreno.

»Sicher, ja«, sagte Edita Fischer und seufzte. »Aber Sie müssen einsehen, dass es im Grunde gar nichts war. Liljana übertreibt gern ... kein böses Wort über sie, aber so ist sie eben.«

»Erzählen Sie jetzt«, sagte Jung. »Normalerweise können wir entscheiden, was wichtig ist und was nicht. Aber wir würden gern so viel wie möglich wissen, ehe wir unsere Entscheidung treffen.«

»Natürlich«, sagte Edita Fischer. »Verzeihen Sie. Aber es war einfach so, dass Vera ins Rumford musste.«

»Ins neue Rumfordkrankenhaus?«, fragte Moreno.

»Ja, eine Patientin sollte überführt werden. Das kommt manchmal vor. Eine Frau mit einem Lungenemphysem, im Rumford sind sie dafür besser ausgerüstet. Manchmal schicken wir Leute hin, manchmal kriegen wir welche von denen ...«

»Klingt vernünftig«, sagte Jung.

»Ja«, sagte Edita Fischer. »Das ist vernünftig. Vera hat diese Frau begleitet und den halben Tag im Rumford verbracht. Um sich davon zu überzeugen, dass es der Patientin gut geht ... dass sie das Gefühl hatte, gut versorgt zu werden und so. Vera nahm das sehr genau, deshalb war sie eine so gute Krankenschwester. Als sie nachmittags zurückkam, haben wir zusammen Kaffee getrunken, und ich habe Vera ein wenig aufgezogen. Habe sie gefragt, warum sie so lange geblieben sei, ob es im Rumford vielleicht attraktive Ärzte gebe ... denn das gibt es wirklich.«

Sie machte ein verlegenes Gesicht und riss sich zusammen.

»Viel jüngere als bei uns jedenfalls«, fügte sie noch hinzu.

»Ja, und dann hat Vera ebendiese Antwort gegeben. Du hast den Nagel auf den Kopf getroffen.«

223

»Den Nagel auf den Kopf getroffen?«, fragte Moreno.

»Ja, sie lachte und sagte: Du hast den Nagel auf den Kopf getroffen, Edita. Das war alles, und ich weiß nicht, ob es ein Witz sein sollte oder ob mehr dahinter steckte. Mein Gott, haben Sie darauf wirklich so lange gewartet?«

»Hm«, sagte Jung. »Wir sind ans Warten gewöhnt, machen Sie sich da mal keine Sorgen.«

Moreno dachte nach und machte dabei Notizen auf ihrem Block.

»Was glauben Sie?«, fragte sie. »Was haben Sie sich gedacht, als Vera Miller das gesagt hat? Sie brauchen keine Angst zu haben, uns etwas Falsches zu sagen, besser, Sie antworten einfach ganz spontan, welchen Eindruck Sie hatten.«

Edita Fischer biss sich in die Lippe und starrte ihre Hände an, die auf ihren Knien lagen und sich wanden.

»Ich habe geglaubt, es sei etwas passiert«, sagte sie endlich. »Ja, wenn ich mir das recht überlege, dann habe ich das wirklich geglaubt.«

»Sie wissen, dass sie verheiratet war?«, fragte Jung.

»Sicher.«

»Aber Sie halten es nicht für unvorstellbar, dass ... dass sie im Rumford einen Arzt getroffen und sich in ihn verguckt hat?«

Verguckt hat, dachte er. Ich rede wie ein zweitklassiger Schauspieler. Aber egal. Edita Fischer zuckte mit den Achseln.

»Ich weiß nicht«, sagte sie. »Wie zum Teufel soll ich das wissen, es war doch nur diese eine Bemerkung ... und die Art, wie sie es gesagt hat.«

»Und das Thema ist nie wieder erwähnt worden?«, fragte Moreno. »Keine weiteren Andeutungen, zum Beispiel?«

»Nein«, sagte Edita. »Rein gar nichts. Deshalb sage ich ja, dass es nur eine Bagatelle war.«

Jung dachte eine Weile nach.

»Na gut«, sagte er. »Wir danken für die Auskunft. Sie können jetzt wieder an die Arbeit gehen.«

Edita Fischer dankte und ging. Jung stand auf und lief zweimal durch das Zimmer. Setzte sich wieder.

»Na?«, fragte Moreno. »Das wäre das. Was glaubst du?«

»Was ich glaube?«, fragte Jung. »Ich weiß immerhin, was wir jetzt zu tun haben. Hundert neue Ärzte. Wir werden bis Weihnachten zu tun haben ... aber was soll's, man sollte dankbar sein, dass man nicht Däumchen drehen muss.«

»So spricht ein echter Polizist«, sagte Moreno.

28

Es war zwanzig vor drei, als er die Sparkassenfiliale am Keymer Plejn mit zweihundertzwanzigtausend Gulden in der Tasche verließ. Sein Wunsch, alles in bar zu bekommen, hatte leichtes Stirnrunzeln hervorgerufen. Es gehe um ein Boot, hatte er erklärt, exzentrischer Verkäufer, wolle das Geld eben so. Sonst werde er nicht verkaufen.

Er fragte sich, ob sie das wohl geschluckt hatten. Vielleicht, vielleicht auch nicht. Es war egal, so oder so. Wichtig war, dass er das Geld hatte. Und wenn die ersten Rückzahlungen für das Darlehen fällig wären, würde er nicht mehr greifbar sein. Nicht einmal annähernd. Wo genau auf der Welt er sich dann aufhalten würde, wusste er noch nicht. Ihm blieben nur noch zwölf Stunden bis zur Geldübergabe, und er hatte keine Strategie.

Ich bin zu ruhig, dachte er und setzte sich ins Auto. Ich habe zu viel Medikamente geschluckt, das stumpft ab.

Er fuhr den üblichen Weg nach Boorkheim. Das milde Wetter des gestrigen Tages hatte sich gehalten, und er fuhr ungewöhnlich langsam, weil ihm aufgegangen war, dass er diese Strecke vielleicht zum letzten Mal fuhr. Auf der er Tausende von Malen unterwegs gewesen war ... ja, es mussten Tausende gewesen sein. Vor fast fünfzehn Jahren war er mit Susanne in das Reihenhaus gezogen und würde es jetzt verlassen. Es wird wahrlich höchste Zeit, dachte er.

Wahrlich.

Vielleicht lag es an der geringen Geschwindigkeit und an dem Gefühl, die letzte Reise angetreten zu haben, dass er den Roller entdeckte.

Einen ganz normalen roten Motorroller, der vor einem Mietshaus eine Zeile vor seiner eigenen Reihenhaussiedlung stand. Nur fünfundzwanzig Meter von seinem eigenen Haus entfernt also.

Einen roten Motorroller.

Die Erkenntnis traf ihn wie ein Blitz. Der Motorroller.

Der Motorroller.

Er hielt wie üblich in der Garagenauffahrt. Stieg aus und ging langsam zurück über die Straße. Seine Gedanken jagten wie Feuerwerkskörper durch seinen Kopf, und er musste alle Kräfte sammeln, um nicht stehen zu bleiben und das Fahrzeug anzustarren, das da vor ihm stand und in der blassen Sonne funkelte.

Er ging vorbei. Ging zum Kiosk und kaufte sich eine Zeitung. Passierte das magische Zweirad ein weiteres Mal und kehrte dann zu seinem Haus zurück. Schaute sich kurz um und stellte fest, dass er den Roller auch von hier aus sehen konnte. Von der Garagenauffahrt und vom Auto her. Er dachte kurz nach und beschloss herauszufinden, ob es auch vom Autoinneren her möglich sein könnte.

Das war es nicht; nicht sofort, doch als er zurückgesetzt und auf der Straße gewendet hatte, konnte er problemlos vom Fahrersitz her alles im Auge behalten. Ihm fiel ein, dass er ein Fernglas besaß, und er ging ins Haus, um es zu holen.

Setzte sich wieder ins Auto, doch ehe er wirklich mit der Überwachung begann, stieg er noch einmal aus und ging zurück zum Kiosk. Kaufte zwei Bier, von denen er wusste, dass er sie niemals trinken würde. Blieb einen Moment vor dem Mietshaus stehen und prägte sich die Nummer des Rollers ein.

Dann setzte er sich mit dem Fernglas ins Auto. Eine Dreiviertelstunde saß er so da und versuchte Zweifel zu hegen. Die

Schlussfolgerungen, die ihm während weniger Sekunden gekommen waren und ihm seither als Axiom erschienen, zu durchlöchern.

Alles stimmte. An jenem Abend war ein Roller vorbeigekommen. Der unterwegs nach Boorkheim gewesen war. Er hatte sich ja schon überlegt, dass der Erpresser jemand sein musste, der wusste, wer er war ... die Antwort war ganz einfach – dass es sich nämlich um einen Nachbarn handelte. Nicht um jemanden, den er jeden Tag grüßte – was ohnehin nur bei den unmittelbaren Nachbarn der Fall war, bei Herrn Landtberg und bei Familie Kluume.

Aber um einen Bewohner dieses Mietshauses eben.

Das hatte nur drei Stockwerke. Enthielt vermutlich nicht mehr als zehn oder zwölf Wohnungen. Drei Eingänge. Und einen roten Roller vor dem seinem Haus am nächsten gelegenen.

Es war glasklar. Boorkheim war keine große Wohnsiedlung, und die Leute dort kannten einander. Zumindest vom Sehen. Er glaubte nicht, dass es hier noch weitere Roller gab. Dass er diesen hier noch nie gesehen – oder zumindest nicht bewusst registriert hatte – musste daran liegen, dass der Besitzer ihn normalerweise hinter dem Haus abstellte. Sein Widersacher hatte sich offenbar nicht klar gemacht, dass sein Fahrzeug ihn verraten könnte; es wirkte jedenfalls nicht plausibel, dass er gerade an diesem Tag so nachlässig gewesen war ... und es ihm sozusagen mitten vor die Nase gestellt hatte.

Gerade an diesem Tag.

Wo nur noch Stunden übrig waren.

Er schaute auf die Uhr. So ungefähr vier. Noch elf Stunden.

Merkte, dass er Gänsehaut auf den Armen hatte.

Merkte, dass eine Strategie Form annahm.

Eine Dreiviertelstunde. So lange saß er im Wagen und wartete und plante. Dann kam der Besitzer aus dem Haus. Der Besitzer des roten Motorrollers. Durch das Fernglas schien das Gesicht nur wenige Meter von seinem eigenen entfernt zu sein.

Ein düsteres und ziemlich alltägliches Gesicht. Ungefähr in seinem Alter. Er kannte diesen Mann.

Es war einer der Angestellten unten in der Prothesenwerkstatt des Krankenhauses. Er glaubte einmal mit ihm gesprochen zu haben, aber sie waren nicht näher miteinander bekannt.

An den Namen konnte er sich nicht erinnern. Aber das war ja auch egal. Seine Strategie hatte er im Rekordtempo entwickelt. Die Gänsehaut blieb.

Das Essen mit Marlene Frey verlief zunächst ausgesprochen angespannt. Van Veeteren registrierte ihre Unruhe schon, als er für sie die Tür öffnete, und seine hilflosen Versuche, ihr das Gefühl des Willkommenseins zu geben, machten die Sache kaum besser.

Ulrike hatte zwar ein wenig mehr Erfolg, aber erst als Marlene Frey über der Suppe plötzlich in Tränen ausbrach, brach das Eis dann wirklich.

»O verdammt«, schniefte sie. »Ich dachte, ich könnte das hier schaffen, aber es geht nicht. Verzeihung.«

Während sie im Badezimmer war, trank Van Veeteren zwei Glas Wein, und Ulrike musterte ihn mit besorgter Miene.

»Er fehlt mir so sehr«, sagte Marlene, als sie zurückkam. »Ich weiß ja, dass es euch auch so geht, aber das macht die Sache nicht besser. Er fehlt mir so sehr, dass ich verrückt werden könnte.«

Sie starrte Van Veeteren aus notdürftig ausgespülten Augen an. Weil ihm nichts Besseres einfiel, starrte er zurück, dann lief er um den Tisch herum und umarmte sie. Das war nicht ganz einfach, da sie ja saß, aber während er es tat, spürte er, wie sich etwas in ihm löste.

Eine Faust, die ihren Zugriff aufgab. Die sich öffnete. Seltsam, dachte er.

»Jesus«, sagte Ulrike. »Wie weit die Herzen der Menschen bisweilen voneinander entfernt sind!«

Marlene brach erneut in Tränen aus, aber diesmal konnte sie sich mit der Serviette die Nase putzen.

»Ich habe mich so einsam gefühlt«, erklärte sie. »Und vor euch hatte ich fast schon Angst.«

»Er ist nicht so gefährlich«, versicherte Ulrike. »Das wird mir allmählich immer klarer.«

»Hrrm«, sagte Van Veeteren, der wieder auf seinem Stuhl saß. »Prost.«

»Ich erwarte doch unser Kind«, sagte Marlene. »Es kommt mir so entsetzlich unwirklich vor, und ich weiß nicht, wie es später werden wird. Wir hatten doch nicht damit gerechnet, dass wir uns nicht beide um das Kind kümmern könnten.«

Sie seufzte tief und versuchte zu lachen.

»Verzeihung. Es ist einfach so schwer. Danke für die Umarmung.«

»Herrgott«, sagte Van Veeteren. »O Scheiße. Prost. Ich werde mich um dich kümmern, das verspreche ich dir. Um dich und das Kind, meine ich. Hrrm.«

»Das wäre ja auch noch schöner«, sagte Ulrike Fremdli. »Esst jetzt eure Suppe, dann gibt es auch noch ein Stück Fleisch.«

»Deine Eltern«, fragte er eine Stunde später vorsichtig. »Können die dir helfen?«

Marlene schüttelte den Kopf.

»Ich bin das Kind von Süchtigen. Meine Mutter gibt sich alle Mühe, aber eine Hilfe kann sie mir nicht sein. Ich hoffe, ihr glaubt mir, wenn ich sage, dass ich mich selber aus dem Dreck gezogen habe ... das habe ich wirklich. Wir haben es zusammen gemacht, Erich und ich. Obwohl ich manchmal das Gefühl habe, dass man immer eins auf die Finger kriegt, sobald man sich ein wenig aufgerappelt hat.«

»Das Leben ist eine gewaltig überschätzte Geschichte«, sagte Van Veeteren. »Aber es ist besser, wenn man das nicht zu früh entdeckt.«

Marlene betrachtete ihn mit leicht gehobenen Augenbrauen.
»Doch«, sagte sie. »Das ist vielleicht wirklich so ... Erich hat gesagt, dass du noch nie ein großer Optimist warst, aber ich mag dich trotzdem. Ich hoffe, ich darf das auch weiterhin.«
»Natürlich«, sagte Ulrike. »Er hat einen gewissen griesgrämigen Charme. Noch Kaffee?«
Marlene schüttelte den Kopf.
»Nein, danke. Ich muss jetzt gehen. Ich würde euch auch gern mal einladen, aber ihr wisst ja, wie es bei mir aussieht ... obwohl der Ofen inzwischen richtig gut funktioniert.«
»Zu Weihnachten kommst du her«, sagte Van Veeteren. »Und zu Silvester. Jeder nach seinen Fähigkeiten und so weiter.«
Ulrike lachte, und Marlene lächelte. Er fragte sich kurz, wie lange es her war, dass er zwei Frauen gleichzeitig in so gute Laune versetzt hatte. Wahrscheinlich noch nie, dachte er dann. Als sie in der Diele standen, fiel Marlene etwas ein.
»Ach ja«, sagte sie. »Da war noch dieser Zettel ...«
»Was denn für ein Zettel?«, fragte Ulrike und half ihr in den Mantel.
»Ich habe einen Zettel gefunden«, sagte Marlene. »Beim Aufräumen, Erich hat immer Zettel herumliegen lassen ... auf denen standen Uhrzeiten und Namen und Telefonnummern und so.«
»Ach«, sagte Van Veeteren und merkte, wie er innerhalb von einer Sekunde zum Kriminalpolizisten wurde.
»Die Polizei hat ja alle Papiere mitgenommen, die Erich in den letzten Wochen voll gekritzelt hat, aber diesen haben sie nicht gefunden. Der lag in der Küche unter einem Kochtopf. Ich weiß, dass er ihn erst kürzlich geschrieben haben muss, denn hier steht etwas über einen Job, den er an einem der letzten Tage hatte ...«
»Und was steht da sonst noch?«, fragte Van Veeteren.
»Nur ein Name«, sagte Marlene Frey. »Keller.«
»Keller?«

»Ja, Keller. Das ist ja nicht gerade ein seltener Name, aber ich kenne niemanden, der so heißt ... und im Adressbuch steht auch keiner. Ja, das ist alles. Soll ich die Polizei anrufen und ihnen von dem Zettel erzählen?«

Van Veeteren dachte eine Weile nach.

»Tu das«, sagte er dann. »Keller? Keller? Nein, ich kenne auch keinen Keller. Aber ruf trotzdem an, wie gesagt ... melde dich bei Reinhart, sie brauchen alle Hilfe, die sie bekommen können. Hast du die Nummer?«

Marlene nickte. Dann umarmte sie beide, und als sie gegangen war, schien sie ein Vakuum hinterlassen zu haben.

Es war seltsam. Ein großes Vakuum.

»Du wirst Großvater«, sagte Ulrike und setzte sich auf dem Sofa auf ihn.

»Eiwei«, sagte Van Veeteren. »Ich weiß. Hast du drei Tage gesagt?«

»Nächte«, sagte Ulrike. »Am Tag arbeite ich. Zumindest morgen.«

Aron Keller sah den roten Audi am Haus vorbeifahren. Dann sah er, wie der Wagen in der Auffahrt zu Nummer siebzehn hielt. Möglich war das, weil sein Wohnzimmer einen Erker besaß. Und dort stand er. Hier stand er häufig. Im dritten Stock, halb verborgen von den beiden prächtigen Hibiskussen, hatte er einen sehr guten Überblick darüber, was draußen passierte.

Was normalerweise nicht sehr viel war. Trotzdem stand er oft hier, im Laufe der Jahre war ihm das zur Gewohnheit geworden. Ab und zu im Erker zu stehen.

Gleich darauf dankte er seinem Glücksstern. Dafür, dass er eine Minute gewartet hatte, nachdem der mörderische Arzt in seinem funkelnden Auto vorübergefahren war.

Er kam zurück. Der Doktor kam zurückspaziert. Ging zum Kiosk und kaufte sich eine Zeitung. Das tat er sonst nie. Normalerweise jedenfalls nicht.

Aron Keller wartete weiter. So unbeweglich wie der Hibiskus. Sah, wie der Audi zurücksetzte und danach rückwärts wieder auf die Auffahrt fuhr. Dann stieg der Arzt aus, ging ins Haus und holte etwas, das Keller nicht erkennen konnte. Kam zurück und setzte sich wieder hinters Lenkrad. Blieb vor seinem Haus im Auto sitzen. Keller spürte, wie ihm der kalte Schweiß ausbrach. Nach nur einigen Minuten stieg der Arzt wieder aus und ging noch einmal zum Kiosk. Vor Kellers Haus verlangsamte er seine Schritte und sah sich den Roller an. Ging dann zum Kiosk. Kaufte etwas, das in eine braune Papiertüte gesteckt wurde, und kam abermals zurück. Keller trat zwei Schritt zurück ins Zimmer, als der andere draußen vorüberging. Nahm dann seine Position im Erker wieder ein und beobachtete, wie der Arzt sich wieder ins Auto setzte.

Und sitzen blieb. Minute für Minute. Saß einfach da hinter dem Lenkrad und tat nichts.

Verdammt, dachte Keller. Er weiß es. Der Arsch weiß es.

Als er eine ganze Weile später an Nummer siebzehn vorüberging, saß der Arzt noch immer im Auto. Das war die endgültige Bestätigung. Keller marschierte an der Reihenhauszeile vorbei und kehrte dann auf der Rückseite zurück in seine eigene Wohnung. Holte sich ein Bier aus dem Kühlschrank und leerte es in drei Zügen. Stellte sich dann in den Erker. Der Audi vor Nummer siebzehn war leer. Die Sonne war untergegangen.

Aber eines weiß er nicht, dachte er. Der Mordarzt weiß nicht, dass ich weiß, dass er weiß. Ich bin ihm einen Schritt voraus. Habe immer noch die Kontrolle.

V

29

Wenn man es rein quantitativ betrachtet, dachte Kommissar Reinhart gegen elf Uhr am Samstagvormittag während einer kurzen Rauchpause, brauchen wir uns für unsere Leistungen nicht zu schämen.

Dieser Gedanke hatte unbestreitbar etwas für sich. Nach dem Gespräch mit Edita Fischer war die Anzahl der zu verhörenden Ärzte auf einmal so groß, dass sowohl Rooth als auch deBries und Assistent Bollmert sofort hinzugezogen wurden. Natürlich betrachtete Reinhart (wenn er ehrlich sein sollte) die ganze Prozedur als eine Art Strohhalm, aber da sie keinen anderen hatten (und da Polizeipräsident Hiller unbegrenzte Mittel zugesagt hatte), mussten sie es damit versuchen. Niemand nannte die Operation noch »Rooths Hypothese« – Rooth selber schon gar nicht –, seitdem klar war, dass sie das ganze Wochenende durcharbeiten mussten.

Das Neue Rumfordkrankenhaus war etwas kleiner als das Gemeinde, aber es hatte immer noch einhundertzwei Ärzte und Ärztinnen aufzuweisen, und darunter waren neunundsechzig Ärzte. Und hier konnten sie nicht auf das alte Deckmäntelchen zurückgreifen, dass sie sich nur einen Eindruck von der ermordeten Krankenschwester Vera Miller machen wollten. Unter anderem aus dem einfachen Grund, dass niemand im Rumford einen Eindruck haben konnte.

Abgesehen möglicherweise vom Mörder selber, wie deBries sehr richtig anmerkte, aber der würde bestimmt keine Lust haben, auf ein paar nette Fragen hin sein Herz auszuschütten. Darüber war sich die gesamte Ermittlungsleitung einig.

Reinhart beschloss deshalb, mit offenen Karten zu spielen. Es gab Hinweise darauf, dass Vera Miller mit einem Arzt aus einem der beiden Krankenhäuser ein Verhältnis gehabt hatte. War irgendetwas darüber bekannt? Hatte irgendjemand etwas gehört? Konnte irgendwer Spekulationen oder Vermutungen liefern?

Letzteres bewegte sich vielleicht am Rand des Anstandes, aber sei's drum, fand Reinhart. Wenn zweihundert Leute Vermutungen äußern sollen, dann muss irgendwer doch richtig vermuten.

Ganz zu schweigen davon, wenn mehrere dieselbe Vermutung hegen.

Inspektor Jung hatte diese Art von Massenverhören noch nie zu seinen Lieblingsaufgaben gezählt (informelle Gespräche wie das mit Schwester Liljana lagen ihm irgendwie mehr), und als er Rooth nachmittags während einer wohl verdienten Kaffeepause in der Kantine traf, dankte er ihm ganz bewusst für die anregende Wochenendarbeit.

»Schade, dass du dich gerade auf Ärzte eingeschossen hast«, sagte er.

»Was faselst du da?«, fragte Rooth und biss in einen Negerkuss.

»Also, wenn du stattdessen eine Verkäuferhypothese aufgestellt hättest, dann hätten wir zehnmal so viele lustige Interviews führen können. Oder eine Studentenhypothese.«

»Ich habe doch gesagt, dass ich nicht weiß, was eine Hypothese ist«, sagte Rooth. »Darf man hier vielleicht in Ruhe seinen Kaffee trinken?«

Wie schon bei den früheren Gesprächen mit Erich Van Veeterens Freunden und Bekannten wurden auch jetzt von jeder Vernehmung Tonbandaufnahmen gemacht, und als Reinhart am Sonntagabend den Stapel von Kassetten auf seinem Schreibtisch betrachtete, war ihm klar, dass das Material – vor allem, wenn beide Ermittlungen zusammengefasst würden – die Ausmaße eines Präsidentenmordes annahm.

Borkmanns Punkt, dachte er. Darüber hatte der *Kommissar* einmal gesprochen. War die Qualität der gesamten Ermittlung nicht schon längst der Quantität gewichen? Ohne, dass er es bemerkt hatte? Wusste er nicht schon, was er wissen musste? War die Antwort ... die Antworten? ... nicht irgendwo in diesem gewaltigen Ermittlungsmaterial enthalten (und versteckt?). Irgendwo?

Vielleicht, dachte er. Vielleicht auch nicht. Wie soll ich das entscheiden? Wie üblich durch Intuition? Teufel auch.

Ein wenig später an diesem Sonntagabend fand eine Besprechung statt. Reinhart hatte Hillers Zusage reichlicher Mittel nicht vergessen und deshalb vier Flaschen Wein und zwei Schnittchenplatten besorgt. Da sie trotz allem nur zu sechst waren, glaubte er, den Wünschen des Polizeichefs in ungewöhnlich hohem Grad nachgekommen zu sein.

Nicht einmal Rooth mochte die übrig gebliebenen Schnittchen verzehren.

Im Kielwasser der Quantität konnte man immer rechnen. Und das tat man.

Zweieinhalb Tage hindurch hatten sechs Kriminalbeamte einhundertneunundachtzig Gespräche geführt. Einhundertzwanzig mit Ärzten, neunundsechzig mit Ärztinnen.

Niemand hatte dabei gestanden, die Krankenschwester Vera Miller ermordet oder wenigstens eine sexuelle Beziehung mit ihr gehabt zu haben.

Niemand hatte irgendeinen anderen möglichen Kandidaten genannt (ob das am sagenumwobenen Korpsgeist lag, war unklar). Niemand hatte auch nur eine vage Vermutung geäußert, und deshalb brauchte Reinhart sich um den ethischen Aspekt in diesem Krähwinkel nicht zu sorgen. Wofür er im Grunde ja auch dankbar war.

Bei keinem Gespräch war ihnen ein direkter Verdacht gekommen – jedenfalls nicht im Bezug auf die Mordfälle. Wenn Kommissar Reinhart das Urteil seiner Untergebenen überprüfen wollte, brauche er sich ja nur die Bänder anzuhören. Unter der Voraussetzung, dass er sich jedes Gespräch nur einmal vornahm, müsste er das in knappen zweiundfünfzig Stunden schaffen können.

Pausen für Bandwechsel, Toilettenbesuch und Schlaf nicht mitgerechnet. Im Schlagschatten der Schnittchenplatte glaubte er, sich die Essenspausen sparen zu können.

»Viel ist es nicht«, sagte Rooth. »Könnte man sagen. Was wir herausbekommen haben, meine ich.«

»Wir haben uns noch nie bei so vielen für so wenig bedanken können«, fasste Reinhart zusammen. »Verdammt. Wie viel stehen noch aus?«

»Achtundzwanzig«, teilte Jung mit und schaute ein Blatt Papier an. »Fünf sind derzeit anderswo eingesetzt, sechs haben Urlaub, neun haben sich freigenommen und sind verreist … sieben Krankschreibungen, eine bekommt in einer halben Stunde ein Kind.«

»Sollte die nicht auch krankgeschrieben werden?«, fragte Rooth.

»Urlaub ist das jedenfalls nicht«, sagte Moreno.

Es gab auch eine Gleichung mit ein paar weniger Unbekannten – die so genannte Edita-Fischer-Spur. Moreno und Jung, die gemeinsam für das Neue Rumfordkrankenhaus zuständig waren, hatten festgestellt, an welchem Tag Vera Miller die Frau mit dem Lungenemphysem dorthin begleitet hatte. Und welche Ärzte an diesem Tag auf welchen Stationen Dienst gehabt hatten … leider hatte Vera Miller in der großen Personalkantine zu Mittag gegessen und dort im Prinzip wirklich jeden treffen können – aber die Summe ihrer Anstrengungen ergab dann doch eine verhältnismäßig kleine Anzahl von Ärzten.

Genauer gesagt, zweiunddreißig. Jung schlug vor, alle, die älter waren als fünfundfünfzig Jahre, zu streichen, aber Moreno wollte diese vorurteilsbeladene Vorauswahl nicht hinnehmen.

Graue Schläfen seien nicht zu verachten. Schon gar nicht, wenn ein Arzt sie trug. Insgesamt hatten sie mit fünfundzwanzig aus dieser »hochpotenten Gruppe« (Jungs Begriff) gesprochen, aber keiner hatte sich auch nur im Geringsten verdächtig verhalten oder interessante Auskünfte erteilen können.

Blieben noch sieben. Einer in Urlaub. Vier dienstfrei, verreist. Zwei krankgeschrieben.

»Einer von denen ist es«, sagte Jung. »Einer der sieben. Klingt wie ein Film. Wollen wir wetten?«

»In dem Fall musst du dir jemand anders suchen«, sagte Moreno. »Ich glaube das nämlich auch.«

Als die anderen nach Hause gegangen waren, teilten Reinhart und Moreno die letzte Flasche Wein. Rooth war noch anwesend, aber er war in einer Ecke eingeschlafen.

»Das ist einfach übel«, sagte Reinhart. »Und ich weiß nicht, wie oft ich das schon während dieser Ermittlung gesagt habe ... während *dieser Ermittlungen!* Wir stecken fest. Ich komme mir vor wie in einem blöden Statistikinstitut. Wenn wir sie noch nach ihren politischen Ansichten und ihren Alkoholgewohnheiten gefragt hätten, dann hätten wir das Material bestimmt an die Sonntagsbeilage der Gazette verkaufen können ... oder an ein Meinungsforschungsinstitut.«

»Hm«, sagte Moreno. »Der *Kommissar* hat immer gesagt, man müsse auch warten können. Geduld haben. Wir sollten vielleicht auch versuchen, so zu denken.«

»Er hat auch noch etwas anderes gesagt.«

»Ach«, fragte Moreno. »Was denn?«

»Dass man einen Fall so schnell wie möglich lösen sollte. Am besten gleich am ersten Tag, dann braucht man nachts nicht mehr daran zu denken. Seit wir seinen Sohn gefunden haben, sind doch verdammt noch mal über fünf Wochen vergangen. Ich gebe das nicht gern zu, aber bei meinem letzten Treffen mit Van Veeteren habe ich mich geschämt. Geschämt! Er hat mir erklärt, dass hinter allem eine Erpressungsgeschichte steckt ...

zweifellos hat er Recht, aber wir kommen trotzdem nicht weiter. Das ist einfach ... nein, ich muss mich in Zukunft damit begnügen, es nur zu denken.«

»Meinst du, sie war die Erpresserin?«, fragte Moreno. »Vera Miller, meine ich.«

Reinhart schüttelte den Kopf.

»Nein. Aus irgendeinem Grund glaube ich das nicht. Obwohl die Geschichte mit dem Arzt einen Sinn ergibt. Warum sollte eine Frau, über die niemand auch nur ein böses Wort zu sagen hat, sich zu so etwas herablassen?«

»Erpressung ist ein charakterlicher Fehler«, sagte Moreno.

»Genau«, sagte Reinhart. »Sogar Axtmörder und Frauenquäler genießen im Gefängnis einen höheren Status. Erpressung gehört zu den ... unmoralischsten Verbrechen, die es gibt. Nicht zu den schlimmsten, aber zu den niedrigsten. Erbärmlich, wenn es dieses Wort noch gibt.«

»Sicher«, sagte Moreno. »Das stimmt ja alles. Also können wir Vera Miller ausschließen. Wir können auch Erich Van Veeteren ausschließen. Weißt du, was uns dann noch bleibt?«

Reinhart goss die letzten Weinreste ein.

»Ja«, sagte er. »Das habe ich mir auch schon überlegt. Uns bleibt noch ein Erpresser. Und ein Mörder. Das Opfer ist identisch mit dem Mörder. Die Frage ist, ob der Erpresser sein Geld bekommen hat oder nicht.«

Moreno schwieg eine Weile und spielte mit ihrem Glas.

»Ich verstehe nicht, wie Vera Miller da hineingeraten ist«, sagte sie. »Aber wenn wir davon ausgehen, dass sie mit Erich zu tun hatte, dann haben wir ... ja, dann haben wir einen Menschen, der zwei Morde begangen hat, um nicht bezahlen zu müssen. Wenn der Erpresser nicht völlig bescheuert ist, dann hat er den Preis ein wenig erhöht ... und ich glaube, dann lebt er nicht ganz ungefährlich.«

»Glaube ich auch«, sagte Reinhart.

Er trank seinen Wein und steckte sich zum zehnten Mal in einer Stunde seine Pfeife an.

»Das verdammte Problem ist«, sagte er, »dass wir nicht wissen, was dahintersteckt. Das Motiv für die Erpressung. Wir haben eine Kette von Ereignissen, aber uns fehlt das erste Glied ...«

»Und das letzte«, sagte Moreno. »Wir haben vermutlich die letzte Runde zwischen dem Erpresser und seinem Opfer noch nicht gesehen, vergiss das nicht.«

Reinhart betrachtete sie und stützte den Kopf schwer auf die Hände.

»Ich bin müde«, sagte er. »Und leicht beschwipst. Nur deshalb sage ich, dass ich ein wenig beeindruckt bin. Von deiner Argumentationsweise, meine ich. Ein wenig.«

»In vino veritas«, sagte Moreno. »Aber natürlich können alle sich irren. Es braucht sich nicht um Erpressung zu handeln, und es braucht kein Arzt in die Sache verwickelt zu sein ... und Vera Miller und Erich Van Veeteren hatten vielleicht gar nichts miteinander zu tun.«

»Sag das nicht«, stöhnte Reinhart. »Jetzt, wo wir gerade irgendwohin zu kommen schienen.«

Moreno lächelte.

»Es ist zwölf«, sagte sie.

Reinhart setzte sich in seinem Sessel auf.

»Ruf du ein Taxi«, sagte er. »Ich wecke Rooth.«

Als er nach Hause kam, schliefen Winnifred und Joanna im Doppelbett. Er blieb in der Türöffnung stehen und betrachtete sie eine Weile, und dabei fragte er sich, womit er die beiden denn eigentlich verdient hatte.

Und was er dafür würde bezahlen müssen.

Er dachte an den Sohn des *Kommissars*. An Seika. An Vera Miller. Daran, wie Joanna in fünfzehn, zwanzig Jahren zu Mute sein würde, wenn junge Männer anfingen, sich für sie zu interessieren ... alle Arten von Männern.

Er merkte, wie sich die Haare an seinen Unterarmen sträubten, als er versuchte, sich das vorzustellen, und vorsichtig schloss er die Tür. Nahm sich ein Dunkelbier aus dem Kühlschrank und ließ sich zum Nachdenken aufs Sofa sinken.

Dachte darüber nach, was er in den Fällen Erich Van Veeteren und Vera Miller denn wirklich mit Sicherheit wusste.

Und was er ziemlich sicher wusste.

Und was er glaubte.

Ehe er sehr weit gekommen war, war er eingeschlafen. Joanna fand ihn am nächsten Morgen um sechs Uhr auf dem Sofa.

Zog ihn an der Nase und sagte: »Du stinkst.« Seine eigene Tochter.

30

Winnifred hatte am Montag nur morgens ein Seminar und wollte gegen zwölf wieder zu Hause sein. Nach kurzer Überlegung rief Reinhart die Kinderfrau an und gab ihr frei. Verbrachte danach seine Zeit mit Joanna. Putzte Zähne, kämmte Haare, zeichnete, schaute Bücher an und machte zwischen neun und zehn ein Nickerchen. Aß Bananenjoghurt, tanzte und schaute sich zwischen zehn und elf noch mehr Bücher an. Schnallte sie um halb zwölf auf dem Kindersitz im Auto fest, und zwanzig Minuten später warteten sie vor der Universität auf Mutter und Gattin.

»Wir machen einen Ausflug«, sagte er. »Das können wir brauchen.«

»Herrlich«, sagte Winnifred.

Es fiel ihm nicht schwer, nach dem Arbeitseinsatz der letzten Tage das Polizeigebäude für einige Stunden seinem Schicksal zu überlassen. Das Wetter bestand an diesem Dezembermontag aus gleichen Teilen Wind und drohenden Regenfällen. Aber trotzdem fuhren sie an die Küste. Ans Meer. Liefen die Strandpromenade von Kaarhuis auf und ab – Reinhart mit einer singenden und johlenden Joanna auf den Schultern – und aßen bei Guiverts Fischsuppe, dem einzigen Restaurant im ganzen Ort, das geöffnet hatte. Die Touristensaison kam ihnen weiter entfernt vor als der Jupiter.

»Zehn Tage bis Weihnachten«, stellte Winnifred fest. »Kannst du dir dann eine Woche freinehmen, wie du mir weismachen wolltest?«

»Kommt drauf an«, sagte Reinhart. »Wenn wir unseren Fall lösen können, dann kann ich dir sogar zwei versprechen.«

»Professor Gentz-Hillier leiht uns gern sein Haus oben in Limbuijs aus. Soll ich annehmen ... für zehn oder zwölf Tage über Weihnachten und Neujahr?«

»Trapperleben?«, fragte Reinhart. »Du meinst mit Kaminfeuer, Glühwein und einem halben Meter Bücher, hoffe ich?«

»Genau«, sagte Winnifred. »Kein Telefon und ein Kilometer zum nächsten Eingeborenen. Wenn ich das richtig verstanden habe. Ich schlage also zu, ja?«

»Tu das«, sagte Reinhart. »Und ich setze mich heute Abend hin und löse diesen Fall. Das wird jetzt wirklich Zeit.«

Als er sein Zimmer im Polizeipräsidium betrat, war es halb sechs. Der Stapel von Kassetten auf seinem Schreibtisch war noch ein wenig angewachsen, da Jung, Rooth und Bollmert tagsüber mit weiteren zehn Ärzten gesprochen hatten. Es gab auch schriftliche Mitteilungen, die erklärten, dass keine Vernehmung etwas Aufregendes ergeben habe. Krause hatte einen Bericht hinterlassen, nachdem er sich mit der Gerichtsmedizin unterhalten hatte; Vera Millers Mageninhalt war analysiert worden, sie hatte in den Stunden vor ihrem Tod Hummer, Lachs und Kaviar konsumiert.

Und eine ziemliche Menge Rotwein.

Da hat er ihr doch immerhin ein Festmahl spendiert, ehe er sie umbrachte, dachte Reinhart und steckte sich eine Pfeife an. Immerhin. Hoffentlich hat der Wein sie ein wenig abgestumpft, aber das hatten sie ja schon früher überlegt.

Er ließ sich in seinen Sessel sinken und versuchte, an das Gespräch anzuknüpfen, das er am Vorabend mit Moreno geführt hatte. Schaufelte eine Ecke auf seinem Schreibtisch frei und setzte sich mit Papier und Bleistift hin und fing an, mit eisenharter, logischer Systematik zu notieren und zu rekapitulieren.

Das hatte er zumindest vor, und er war nach einer halben Stunde, als das Telefon klingelte, noch immer damit beschäftigt.

Es war Moreno.

»Ich glaube, ich habe ihn«, sagte sie. »Bist du noch auf deinem Zimmer, wenn ich später vorbeikomme?«

»Später?«, fragte Reinhart. »Die Inspektorin hat drei Minuten, keine Sekunde mehr.«

Er zerknüllte seine eisenharten Notizen und warf sie in den Papierkorb.

Van Veeteren hatte nicht das Gefühl, dass die Temperatur in der Wohnung seit seinem letzten Besuch gestiegen war, aber Marlene behauptete, es sei ein wesentlicher Unterschied. Sie kochte Tee, und geschwisterlich teilten sie sich den Apfelstrudel, den er in der Bäckerei unten am Marktplatz gekauft hatte. Das Gespräch war ein wenig zäh, und bald sah er ein, dass sich von selber keine passende Gelegenheit für sein eigentliches Thema ergeben würde.

»Wie geht es dir?«, fragte er schließlich. »Finanziell und so, meine ich.«

Das war ungeschickt, und sie zog sich sofort zurück. Ging wortlos in die Küche, kam nach einer halben Minute aber wieder.

»Warum willst du das wissen?«

Er breitete die Arme aus und versuchte einen sanften, entwaffnenden Gesichtsausdruck zu produzieren. Das fiel ihm nicht gerade leicht, und er kam sich vor wie ein Ladendieb, der mit sechs Päckchen Zigaretten in der Tasche erwischt worden ist. Oder mit Kondomen.

»Weil ich dir helfen will, natürlich«, sagte er. »Lass uns lieber nicht heucheln, das fällt mir so verdammt schwer.«

Das war offenbar entwaffnender als sein Mienenspiel, denn nach kurzem Zögern lächelte sie ihn an.

»Ich schaff das schon«, sagte sie. »Bis auf weiteres jedenfalls ... und ich will niemandem auf der Tasche liegen. Aber ich finde es schön, dass es dich gibt. Nicht wegen des Geldes, sondern wegen Erich und dem hier.«

Sie strich sich über den Bauch, und zum ersten Mal glaubte Van Veeteren dort eine Rundung sehen zu können. Eine Wölbung, die mehr war als nur ein weich geschwungener Frauenbauch, und er spürte, wie ein dunkles Zittern ihn durchlief.

»Gut«, sagte er. »Ich freue mich auch, dass es dich gibt. Denkst du, wir wissen jetzt, was wir voneinander zu halten haben?«

»Ich glaube, schon«, sagte Marlene Frey.

Vor dem Gehen fiel ihm noch etwas ein.

»Diesen Zettel ... diesen Zettel mit dem Namen. Hast du die Polizei angerufen?«

Sie schlug sich vor die Stirn.

»Das habe ich vergessen«, sagte sie. »Ich habe einfach nicht mehr daran gedacht ... aber ich habe ihn noch, wenn du ihn sehen willst.«

Sie ging wieder in die Küche. Brachte ein Stückchen kariertes Papier, das vermutlich aus einem Notizblock gerissen worden war.

»Ich kümmere mich darum«, sagte Van Veeteren und stopfte es in die Tasche. »Mach dir keine Sorgen, ich rufe morgen früh Reinhart an.«

Zu Hause schlug er das Telefonbuch auf. In Maardam gab es eine halbe Seite Kellers. Sechsundzwanzig, genauer gesagt. Er spielte eine Weile mit dem Gedanken, sich jetzt schon bei Reinhart zu melden, aber es war inzwischen Viertel nach neun, und deshalb ließ er es bleiben.

Die haben sicher auch so schon genug zu tun, dachte er. Ich darf sie nicht die ganze Zeit herumjagen.

Moreno tauchte erst nach einer Dreiviertelstunde auf. Inzwischen hatte Reinhart drei Tassen Kaffee getrunken, ebenso viele Pfeifen geraucht und eine leichte Übelkeit entwickelt.

»Du musst entschuldigen«, sagte sie. »Ich brauchte einfach vorher noch ein Brot und eine Dusche.«

»Du siehst aus wie eine junge Venus«, sagte Reinhart. »Na, was zum Teufel bringst du also?«

Moreno hängte ihre Jacke auf, öffnete das Fenster und setzte sich ihm gegenüber.

»Einen Arzt«, sagte sie. »Er kann es sein ... obwohl ich vorhin vielleicht zu optimistisch war, fürchte ich. Kann auch ein Blindgänger sein.«

»Red nicht um den heißen Brei herum«, sagte Reinhart. »Wer ist es, und woher weißt du, dass er es ist?«

»Er heißt Clausen. Pieter Clausen. Ich habe nicht mit ihm gesprochen ... er scheint verschwunden zu sein.«

»Verschwunden?«, fragte Reinhart.

»Verschwunden ist vielleicht zu viel gesagt«, sagte Moreno. »Aber er ist nicht zu erreichen und war heute nicht im Dienst.«

»Rumford?«

»Neues Rumford, ja. Er war die ganze letzte Woche krankgeschrieben, sollte heute aber wieder anfangen ... heute Morgen, aber wie gesagt, er hat sich nicht blicken lassen.«

»Woher weißt du das? Mit wem hast du gesprochen?«

»Mit Dr. Leissne. Dem Oberarzt in der Allgemeinmedizin. Seinem Chef. Ich habe natürlich nichts von unserem Verdacht erzählt ... worum es uns eigentlich geht und so, aber ich hatte das Gefühl, ja, ich hatte das Gefühl, dass da etwas sein könnte. Leissne machte sich einwandfrei Sorgen, seine Sekretärin hatte immer wieder versucht, diesen Clausen zu erreichen. Und niemand von der Station weiß, wo er stecken könnte. Das mit der Krankschreibung klingt auch komisch, aber das ist eine pure Annahme von mir.«

»Familie?«, fragte Reinhart. »Ist er verheiratet?«

Moreno schüttelte den Kopf.

»Lebt allein. Draußen in Boorkheim. Seit einigen Jahren geschieden. Seit zehn im Rumford, nichts Nachteiliges über ihn bekannt.«

»Bisher jedenfalls nicht«, sagte Reinhart.

»Bisher jedenfalls nicht«, wiederholte Moreno nachdenklich. »Aber wir wollen nichts übereilen. Ich habe nur mit Leissne und einer Schwester von der Station reden können ... und es kam erst um halb fünf heraus.

»Wie kam es heraus?«

»Die Sekretärin des Oberarztes schaute vorbei und sagte, er wolle mit mir reden. Ich war gerade mit dem hier fertig.«

Sie wühlte in ihrer Tasche und legte drei Kassetten auf den Tisch.

»Aha, ja«, sagte Reinhart. »Weißt du noch mehr über ihn?«

Moreno reichte ihm ein Papier, und Reinhart studierte es eine Weile.

Persönliche Daten. Beruflicher Werdegang und Meriten. Ein Schwarzweißbild eines Mannes von Mitte dreißig ... kurz geschorene dunkle Haare. Dünne Lippen, langes, schmales Gesicht. Auf der Wange ein kleines Muttermal.

»Sieht aus wie irgendwer«, sagte er dann. »Ist das ein altes Foto?«

»Fünf oder sechs Jahre, nehme ich an«, sagte Moreno. »Er ist jetzt knapp über vierzig.«

»Hat er Kinder? Aus dieser geschiedenen Ehe, zum Beispiel?«

»Wenn ja, dann weiß Leissne nichts davon.«

»Frauen? Feste Freundin?«

»Unklar.«

»Und keine Sünden?«

»Auf jeden Fall keine aktenkundigen.«

»Und die Exgattin?«

Moreno schloss das Fenster.

»Keine Ahnung. Sie wussten nicht einmal ihren Namen.

Aber Leissne hat einen Kollegen genannt, der uns vielleicht weiterhelfen kann ... offenbar ist der mit Clausen befreundet.«

»Und was sagt der Kollege?«

»Nichts. Bisher habe ich nur mit seinem Anrufbeantworter gesprochen.«

»Ach, verdammt«, sagte Reinhart.

Moreno schaute auf die Uhr.

»Halb acht«, sagte er. »Wir könnten doch hinfahren und uns mal umsehen? In Boorkheim, meine ich. Wir haben doch die Adresse.«

Reinhart klopfte seine Pfeife aus und erhob sich.

»Worauf wartest du noch?«, fragte er.

Auf dem Weg nach Boorkheim wurden sie von einem Schneeregen überfallen, der die Vorortstristesse noch verstärkte. Sie brauchten eine Weile, bis sie die Malgerstraat gefunden hatten, und als Reinhart vor der Nummer siebzehn anhielt, merkte er, dass ihm die Menschen noch mehr Leid taten als sonst. Ist bestimmt schwer, hier draußen dem Leben irgendeinen Sinn zu entnehmen, dachte er. In diesen grauen Kartons, in diesem trostlosen Klima. Die Straße, die Gott vergessen hat. Grau, feucht und eng.

Und doch wohnte hier die Mittelklasse. Vor den Häusern stand eine Karawane aus mehr oder weniger identischen japanischen Kleinwagen, und hinter jedem dritten Fenster spielte blaues Fernsehlicht.

In Nummer siebzehn jedoch war alles dunkel. Sowohl im Erdgeschoss als auch im ersten Stock. Das Haus gehörte zu einer Zeile aus Zweietagenklötzen aus grauem oder möglicherweise braunem Ziegel mit neun Quadratmetern Garten und asphaltierter Garagenauffahrt. Eine durchweichte Rabatte voller Unkraut sowie einem Briefkasten aus Beton, mit schwarzen Eisenstreben.

Reinhart schaltete den Motor aus, und sie starrten eine Zeit lang das Haus an. Dann stieg er aus und hob die Klappe des

Briefkastens. Der Briefkasten war verschlossen, aber durch den Schlitz konnte er zwei Tageszeitungen und allerlei Post sehen. Eigentlich schien der Briefkasten reichlich voll gestopft zu sein, er bezweifelte, dass eine weitere Zeitung dort Platz hätte. Er kehrte zum Auto zurück.

»Würdest du mal klingeln?«, fragte er Moreno.

»Ich habe keine besondere Lust. Und viel Sinn scheint es auch nicht zu haben.«

Trotzdem stieg sie aus und ging zur Tür. Drückte auf den Knopf und wartete eine halbe Minute. Drückte noch einmal. Nichts passierte. Sie ging zurück zu Reinhart, der neben dem Auto stand und wegen des Regens die Pfeife umgedreht rauchte.

»Was machen wir?«, fragte sie.

»Morgen Vormittag Hausdurchsuchung«, entschied Reinhart. »Wir geben ihm zwölf Stunden Zeit zum Auftauchen.«

Sie stiegen ins Auto und suchten sich einen Weg aus dem Vorort.

31

»Wer?«, fragte Oberwachtmeister Klempje und ließ die Zeitung auf den Boden fallen. »Oha ... ich meine, guten Morgen, Herr *Kommissar!*«

Er sprang auf und machte eine feierliche Verbeugung.

»Nein, er ist nicht da, aber ich habe Krause noch vor zwei Sekunden gesehen. Soll ich ihn rufen?«

Er schaute auf den Flur hinaus und schaffte es, Polizeianwärter Krauses Aufmerksamkeit zu wecken.

»Der Kommissar«, zischte er, als Krause näher gekommen war. »Am Telefon ... der *Kommissar!*«

Krause stürzte zum Telefon.

»Krause hier. Guten Morgen, Herr Kommissar ... ja, worum geht es?«

Er lauschte und machte sich kurz Notizen. Dann wünschte er einen angenehmen Tag und legte auf.

»Was wollte er?«, fragte Klempje und bohrte sich den Zeigefinger ins Ohr.

»Nichts, worüber du dir Gedanken zu machen brauchst«, sagte Krause und ließ ihn stehen.

Blöder Angeber, dachte Klempje. Das hat man nun für seine Hilfsbereitschaft.

Sie brauchten zwei Stunden, um den Durchsuchungsbefehl ausstellen zu lassen, aber um zehn Uhr standen sie dann vor der Malgerstraat siebzehn. Reinhart, Moreno, Jung und ein Wagen mit vier Leuten von der Spurensicherung und Ausrüstung für eine Viertelmillion Gulden. Wenn schon, denn schon, wie Reinhart gesagt hatte. Er hatte seit halb sieben jede Stunde zweimal bei Clausen angerufen; Rooth, deBries und Bollmert waren ins Neue Rumfordkrankenhaus geschickt worden, um weitere Informationen einzuholen, und es regnete schon seit zehn Minuten nicht mehr. Alles war bereit für den großen Durchbruch.

»Sieht bei Tageslicht immerhin ein bisschen besser aus«, sagte Reinhart. »Also los.«

Das Schloss der Haustür wurde von einem Techniker innerhalb von dreißig Sekunden geöffnet, und Reinhart ging als Erster hinein. Schaute sich um. Diele, Küche und großes Wohnzimmer im Erdgeschoss. Alles sah ganz normal aus, nicht sonderlich gepflegt, einige ungespülte Tassen, Gläser und Besteck im Spülbecken. Wohnzimmer mit Sitzgruppe, Bücherregalen aus Teakholz, Stereoanlage und einem riesigen Schrank aus etwas, das er für Roteiche hielt. Fernseher ohne Video, dafür mit einer dicken Staubschicht. Auf dem Rauchglastisch stand eine Obstschüssel mit drei Äpfeln und einigen düsteren Weintrauben. Das Neuwe Blatt vom Donnerstag der vergangenen Woche lag aufgeschlagen neben einem Sessel auf dem Boden.

Donnerstag, überlegte er. Schon vier Tage her. In der Zeit kann man mehrmals zum Mond fliegen.

Er ging die Treppe zum oberen Stock hoch. Jung und Moreno folgten ihm auf den Fersen, während die Techniker ihre Ausrüstung hereintrugen und in der Diele warteten.

Oben gab es drei Zimmer, eins diente als Arbeitszimmer mit Schreibtisch, Computer und zwei spärlich gefüllten Bücherregalen, ein anderes als allgemeine Rumpelkammer. Das dritte war das Schlafzimmer; er ging hinein und sah sich um. Großes Doppelbett aus Kiefernholz. Das Bettzeug war ziemlich männlich ... eine groß karierte bunte Tagesdecke war über ungleichmäßige Formationen aus Kissen und Decken geworfen. Eine van-Gogh-Reproduktion hing an der Wand und zeugte wohl kaum von persönlichem Kunstinteresse. Reinhart glaubte, dieses Motiv auch schon auf Kaffeetassen gesehen zu haben. Allerlei Kleidungsstücke lagen in und vor einem Wäschekorb aus braunem Kunststoff. Über den zwei weiß lackierten Stühlen hingen Hemden und Pullover. Zwei Bücher, ein Telefon und ein Radiowecker auf dem Nachttisch ... ein verdorrter Kaktus zwischen halb geschlossenen Vorhängen auf der Fensterbank ... eine Reihe dunkler Flecken auf dem beigen Teppichboden.

Er winkte Jung und zeigte auf den Boden.

»Da«, sagte er. »Sag ihnen, sie sollen hier oben anfangen.«

Während die Leute von der Spurensicherung ihre Apparate nach oben brachten, gingen Reinhart und Moreno durch die Küche in die Garage. Dort stand ein roter Audi, zwei Jahre alt, wie sie annahmen, und ansonsten ebenso normal wie der Rest des Hauses. Er griff nach der Tür. Sie war unverschlossen. Er bückte sich und schaute ins Auto, zuerst auf den Vordersitz, dann auf den Rücksitz. Richtete sich auf und nickte Moreno zu.

»Wenn die da oben fertig sind, sollen sie sich das mal anschauen.«

Er hatte die hintere Tür offen gelassen, und Moreno blickte hinein.

»Könnte alles Mögliche sein«, sagte sie. »Muss nicht unbedingt Blut sein ... hier nicht und auch nicht im Schlafzimmer.«

»Red keinen Scheiß«, sagte Reinhart. »Natürlich ist das Blut, das rieche ich doch. Verdammt, wir haben ihn.«

»Na ja«, sagte Moreno. »Du hast nicht zufällig etwas übersehen?«

»Was denn?«

»Er scheint nicht zu Hause zu sein. Und das schon seit Donnerstag, so weit ich das beurteilen kann.«

»Danke, dass du mich daran erinnert hast«, sagte Reinhart. »Komm, jetzt gehen wir zu den Nachbarn.«

Reinhart und Moreno blieben bis halb eins in Boorkheim, und dann hatte Kommissar Puidens, der Leiter des Spurensicherungsteams, endlich – mit hundertprozentiger Sicherheit – festgestellt, dass es sich im Schlafzimmer und im Auto, dem roten Audi, der wirklich auf den Namen Pieter Clausen registriert war, um Blut handelte. Ob dieses Blut von einem Menschen und vielleicht sogar von demselben Menschen stammte, würde wohl erst in einigen Stunden feststehen.

Und ob es Vera Millers Blut war, würden sie erst abends wissen.

»Komm«, sagte Reinhart zu Moreno. »Wir können hier nichts mehr tun. Jung soll bei den Nachbarn weitermachen, hoffentlich taucht noch jemand auf, der nicht blind und taub ist. Ich will wissen, wie es im Krankenhaus läuft, ob jemand uns verraten kann, wo der Arsch steckt. Wenn das Blut stimmt, haben wir ihn an der Angel für dieses Verbrechen, zum Henker.«

»Meinst du nicht, an *den Verbrechen?*«, fragte Moreno und stieg ins Auto.

»Kleinkram«, schnaubte Reinhart. »Wo steckt er? Wo treibt er sich seit Donnerstag herum? Das sind die Fragen, denen du deine kleinen Grauen widmen solltest.«

»Alles klar«, sagte Moreno und versank auf dem ganzen Weg zum Polizeigebäude in Nachdenken.

»Steißgeburt«, sagte Dr. Brandt. »Erstgebärende. Hat ein wenig gedauert, tut mir Leid, wenn Sie warten mussten.«

»Steißgeburten sind eben so«, sagte Rooth. »Ich weiß das, ich bin selber so geboren worden.«

»Wirklich?«, fragte Brandt. »Na, da waren Sie sicher kleiner. Worüber wollten Sie mit mir sprechen?«

»Wir könnten vielleicht in die Cafeteria gehen«, schlug Rooth vor. »Dann lade ich Sie zu einem Kaffee ein.«

Dr. Brandt war um die vierzig, klein und gewandt, und bewegte sich mit einem jugendlichen Eifer, der Rooth an ein Hundebaby erinnerte. Beim ersten Mal hatte Jung mit ihm gesprochen; Rooth hatte sich die Bandaufnahmen nicht angehört, wusste aber, dass er kein Wort über Dr. Clausen gesagt hatte. Falls Jung nicht einfach nur genickt hatte, heißt das.

Jetzt ging es jedoch um Clausen, nur um Clausen, und Rooth kam sofort zur Sache, als sie sich an den wackeligen Bambustisch gesetzt hatten.

»Ihr guter Freund«, sagte er. »Dr. Clausen. Für den interessieren wir uns.«

»Clausen?«, fragte Brandt und rückte seine Brille gerade. »Wieso denn?«

»Wie gut kennen Sie ihn?«

»Tja«, Brandt machte eine vage Handbewegung. »Wir sehen uns häufiger. Kennen uns schon seit unserer Jugend, wir sind zusammen aufs Gymnasium gegangen.«

»Großartig«, sagte Rooth. »Erzählen Sie ein wenig von ihm.«

Dr. Brandt musterte ihn mit skeptisch gerunzelter Stirn.

»Ich bin schon einmal von der Polizei ausgefragt worden.«

»Aber doch nicht über Clausen?«

»Hrrm. Nein, und ich begreife nicht so recht, warum Sie sich nach ihm erkundigen. Warum reden Sie nicht mit ihm selber?«

»Darüber brauchen Sie sich keine Gedanken zu machen«, sagte Rooth. »Es ist einfacher, wenn ich die Fragen stelle und Sie sie beantworten, glauben Sie mir das. Also los.«

Brandt schwieg zunächst demonstrativ und rührte seinen Kaffee um.

Du kleiner Entbindungsarsch, dachte Rooth und biss in sein Schinkenbrot.

»Ich kenne ihn nicht wirklich gut«, sagte Brandt endlich. »Wir treffen uns einfach ab und zu zu mehreren ... sind eine Clique, die sich seit der Schulzeit kennt. Wir nennen uns Verhoutens Engel.«

»Verhoutens ...?«

»Engel. Verhouten war unser Mathelehrer. Charles Verhouten, ein richtiger Kauz, aber wir mochten ihn gern. Verdammt guter Pädagoge außerdem.«

»Ach«, sagte Rooth und fragte sich langsam, ob sein Gesprächspartner noch bei klarem Verstand war. Von dem möchte ich jedenfalls nicht entbunden werden, dachte er.

»Aber meistens nennen wir uns nur Brüder. Wir sind zu sechst und gehen ab und zu zusammen essen. Aber wir halten auch ein paar Formalitäten ein.«

»Formalitäten?«

»Nichts Ernstes. Nur aus Jux.«

»Ja, sicher«, sagte Rooth. »Sind auch Frauen dabei?«

»Nein, wir sind nur Männer. Das macht die Sache ein wenig freier.«

Er schaute Rooth über den Brillenrand hinweg vielsagend an.

Rooth starrte zurück, ohne eine Miene zu verziehen.

»Ich verstehe. Aber jetzt scheißen wir auf die anderen Engelsbrüder und konzentrieren uns auf Clausen. Wann haben Sie ihn beispielsweise zuletzt gesehen?«

Brandt sah leicht beleidigt aus, kratzte sich aber am Kopf und schien nachzudenken.

»Das ist schon eine Weile her«, sagte er dann. »Wir haben

uns am Freitag getroffen … im Canaille am Weivers Plejn … aber Clausen war krank und konnte nicht kommen. Ich habe ihn wohl seit einem Monat nicht mehr gesehen. Nicht seit unserem letzten Treffen, nein …«

»Sehen Sie sich denn nie im Krankenhaus?«

»Sehr selten«, sagte Brandt. »Wir arbeiten weit voneinander entfernt. Clausen ist im Block C, und ich … ja, ich bin auf der Wochenstation, das wissen Sie ja.«

Rooth dachte kurz nach.

»Wie sieht es denn mit Frauen aus?«, fragte er. »Sind Sie selber eigentlich verheiratet?«

Dr. Brandt schüttelte energisch den Kopf.

»Ich bin Junggeselle«, erklärte er. »Clausen war einige Jahre verheiratet, aber das war nicht von Dauer. Hat sich scheiden lassen. Vor vier oder fünf Jahren, wenn ich das richtig in Erinnerung habe.«

»Wissen Sie, ob er in letzter Zeit irgendwelche Frauengeschichten hatte? Hatte er eine neue Freundin oder so?«

Plötzlich schien Brandt aufzugehen, worum es hier ging. Er nahm die Brille ab. Klappte sie umständlich zusammen und stopfte sie in seine Brusttasche. Beugte sich über den Tisch vor und richtete seine kurzsichtigen Augen auf Rooth.

Du hättest die Brille aufbehalten sollen, Kleiner, dachte Rooth und trank seinen Kaffee. Dann würde es leichter gehen.

»Inspektor … wie war noch gleich Ihr Name?«

»Poirot«, sagte Rooth. »Nein, das sollte nur ein Witz sein. Ich heiße Rooth.«

»Bester Inspektor Rooth«, sagte Brandt ungerührt. »Ich möchte mir Ihre Unterstellungen über einen Kollegen und guten Freund nicht weiter anhören. Wirklich nicht. Ich kann Ihnen versichern, dass Dr. Clausen mit dieser Sache nichts zu tun hat.«

»Mit welcher Sache?«, fragte Rooth.

»Mit … ja, mit dieser Krankenschwester. Die ermordet worden ist. Glauben Sie nicht, Sie könnten mich an der Nase herumführen. Ich weiß genau, worauf Sie hinauswollen. Aber da irren Sie sich. Sie hat ja nicht einmal in unserem Krankenhaus gearbeitet, und Clausen ist wirklich keiner, der den Frauen hinterherrennt.«

Rooth seufzte und wechselte das Thema.

»Wissen Sie, ob er Verwandte hat?«, fragte er.

Brandt ließ sich zurücksinken und schien sich zu fragen, ob er antworten sollte oder nicht. Seine dünnen Nasenflügel bebten, als versuche er, eine Entscheidung zu wittern.

»Er hat eine Schwester«, sagte er dann. »Etwas älter, glaube ich. Wohnt irgendwo im Ausland.«

»Keine Kinder?«

»Nein.«

»Und diese Frau, mit der er verheiratet war? Wie heißt sie?«

Brandt zuckte mit den Schultern.

»Weiß ich nicht mehr. Marianne vielleicht ... oder so ähnlich.«

»Nachname?«

»Keine Ahnung. Clausen, wenn sie seinen angenommen hat ... aber das tun sie ja heute kaum noch. Und wenn, dann trägt sie jetzt sicher längst wieder ihren Mädchennamen. Ich bin ihr nie begegnet.«

Rooth dachte nach und kämpfte mit einer Schinkenfaser, die sich zwischen zwei unteren Backenzähnen verfangen hatte.

»Und warum ist er heute nicht im Dienst?«

»Wer denn?«, fragte Brandt.

»Clausen natürlich.«

»Ist er das nicht?«, fragte Brandt. »Ja, woher zum Teufel soll ich das wissen? Dann hat er wohl frei. Oder ist immer noch krankgeschrieben. Ich glaube, er hat Grippe, und es wäre falsch zu glauben, dass jemand immun gegen alles Mögliche ist, bloß weil er als Arzt ...«

»Er ist verschwunden«, fiel Rooth ihm ins Wort. »Sie haben keine bessere Erklärung?«

»Verschwunden?«, fragte Brandt. »Blödsinn. Davon glaube ich kein Wort. Er kann doch nicht einfach so verschwinden.«

Rooth starrte ihn an und aß das letzte Stück Brot, obwohl die Faser noch immer zwischen seinen Zähnen steckte.

»Diese anderen Engel ... Ihr kleiner Club, meine ich ... gibt es da jemanden, der Clausen ein wenig besser kennt?«

»Smaage vielleicht.«

»Smaage? Würden Sie mir freundlicherweise dessen Adresse und Telefonnummer geben?«

Brandt zog ein kleines Notizbuch hervor, und bald darauf hatte Rooth die gesamte Mitgliedsliste. Er nahm ein Stück Zucker aus der Schale auf dem Tisch und fragte sich, wie er sich für die Hilfe bedanken sollte.

»Fertig, aus«, sagte er dann. »Ich glaube, Sie sollten jetzt wieder gebären gehen ... lassen Sie sich nicht länger von mir aufhalten.«

Verhoutens Engel, dachte er. Ach du große Scheiße.

»Danke«, sagte Reichhart. »Danke für die Hilfe, Direktor Haas.«

Er legte den Hörer auf und musterte Moreno mit etwas, das möglicherweise als verbissenes Lächeln interpretiert werden konnte.

»Lass hören«, sagte Moreno. »Ich wähne im Gesicht des Spürhundes eine gewisse Zufriedenheit.«

»Und die hätte dann auch ihren Grund«, sagte Reinhart. »Rat mal, wer am Donnerstag auf der Sparkasse zweihunderttausend abgehoben hat.«

»Clausen?«

»Den Nagel auf den Kopf getroffen, um eins seiner Opfer zu zitieren. Kam gleich nach dem Mittagessen in die Filiale am Keymers Plejn und hat alles eingesackt. In bar. Hörst du? Zweihundertzwanzigtausend sogar ... jedes Scheißstück in diesem Puzzle findet jetzt seinen Platz.«

Moreno dachte nach.

»Donnerstag«, sagte sie. »Heute ist Dienstag.«

»Das weiß ich«, sagte Reinhart. »Weiß der Teufel, was passiert ist und wo er sich verkrochen hat. Aber die Fahndung läuft, und früher oder später sitzt er hier.«

Moreno biss sich in die Lippe und machte ein skeptisches Gesicht.

»Ich bin mir da nicht so sicher«, sagte sie. »Was er wohl mit dem Geld vorhat?«

Reinhart zögerte einige Sekunden und starrte seine Pfeife an.

»In der Bank hat er etwas von einem Boot erzählt. Reichlich durchsichtig ... tja, er wollte natürlich den Erpresser bezahlen.«

»Und du meinst, das hat er getan?«, fragte Moreno. »Aber warum ist er dann verschwunden?«

Reinhart glotzte missmutig die Kassettenstapel an, die noch immer auf seinem Schreibtisch lagen.

»Klär mich auf«, sagte er.

Moreno schwieg und lutschte an einem Bleistift herum.

»Wenn er bezahlen wollte«, sagte sie endlich. »Und das wirklich getan hat ... ja, dann gibt es doch keinen Grund, sich zu verstecken. Es muss noch mehr passiert sein. Ich weiß nicht, was, aber sonst wirkt das Ganze unlogisch. Auf keinen Fall kann es so einfach sein, dass er nur bezahlt hat. Herrgott, zweihunderttausend sind doch kein Pappenstiel.«

»Zweihundertzwanzig«, murmelte Reinhart. »Nein, du hast natürlich Recht, aber wenn wir ihn erst haben, dann kriegen wir auch die Erklärung.«

Es wurde an die Tür geklopft, und Rooth erschien mit einem Stück Schokoladenkuchen in der Hand.

»Grüß Gott«, sagte er. »Möchtet ihr die Geschichte vom Entbindungsarzt und den Engeln hören?«

»Warum nicht«, seufzte Reinhart.

Rooth brauchte eine Viertelstunde, um seine Unterredung mit Dr. Brandt zu schildern. Reinhart machte sich Notizen, hörte zu und trug Rooth danach auf, die anderen »Brüder« nach weiteren Informationen über Pieter Clausens allgemeinen Charakter zu befragen. Und über sein Tun und Lassen während des vergangenen Monats.

»Versuch, auch Jung und deBries dazuzuholen«, fügte er noch hinzu. »Dann seid ihr heute Abend fertig. Und diesen Smaage nehmt ihr euch zuerst vor, ja?«

Rooth nickte und verließ das Zimmer. In der Türöffnung stieß er mit Krause zusammen.

»Habt ihr Zeit?«, fragte der. »Ich habe heute Nachmittag eine Auskunft überprüft.«

»Wirklich?«, fragte Reinhart. »Was denn für eine Auskunft?«

Krause setzte sich neben Moreno und schlug mit gewisser Umständlichkeit seinen Schreibblock auf.

»Van Veeteren«, sagte er. »Er hat heute Vormittag angerufen und einen Tipp gegeben.«

»Einen Tipp?«, fragte Reinhart ungläubig. »Der *Kommissar* hat angerufen und *dir* einen Tipp gegeben?«

»In der Tat«, sagte Krause und musste sich einfach recken. Er betonte, es sei vielleicht nicht so wichtig, aber er habe doch ein wenig recherchiert.

»Könntest du zur Sache kommen oder möchtest du zuerst einen trinken?«, fragte Reinhart.

Krause räusperte sich.

»Es ging um einen Namen«, sagte er dann. »Erich Van Veeterens Freun ... Marlene Frey, meine ich ... hat einen Zettel mit einem Namen gefunden und vergessen, uns davon zu erzählen. Das ist wohl erst zwei Tage her.«

»Und was ist das für ein Name?«, fragte Moreno mit neutraler Stimme, ehe Reinhart wieder dazwischengehen konnte.

»Keller«, sagte Krause. »Geschrieben, wie man's spricht. Es war nur ein Nachname auf einem Zettelchen. Erich hatte den einige Tage vor seinem Tod offenbar in aller Eile hingekritzelt, und der Name stand nicht in seinem Adressbuch. Und egal, im

Telefonbuch von Maardam stehen nur sechsundzwanzig Kellers, und die habe ich überprüft ... weil der *Kommissar* das eben wollte. Hrrm.«

»Und?«, fragte Reinhart.

»Ich glaube, einer davon könnte interessant sein.«

Reinhart beugte sich über den Schreibtisch vor und knirschte mit den Zähnen.

»Wer?«, fragte er. »Und warum ist er interessant?«

»Er heißt Aron Keller. Arbeitet unten im neuen Rumfort in der Orthopädie ... in der Prothesenwerkstatt, wenn ich das richtig verstanden habe. Wohnt auch draußen in Boorkheim.«

Reinhart öffnete den Mund, aber Moreno kam ihm zuvor.

»Hast du mit ihm gesprochen?«

Sie hätte beschwören können, dass Krause vor seiner Antwort eine Kunstpause einlegte.

»Nein. Niemand weiß, wo er steckt. Er ist seit Freitag nicht mehr zur Arbeit erschienen.«

»Ja, zum Teufel«, rief Reinhart und fegte achtzehn Kassetten auf den Boden.

»Er wohnt in der Malgerstraat dreizehn«, sagte Krause.

Er riss eine Seite aus seinem Schreibblock. Reichte sie Inspektor Moreno und verließ das Zimmer.

32

Die Durchsuchung von Aron Kellers Wohnung in der Malgerstraat dreizehn begann fast auf die Minute genau einen Tag nach der der Nummer siebzehn.

Wie erwartet ging es ziemlich schnell. Die Spurensicherung war schon gegen halb eins mit der Arbeit fertig, und danach gab es keinen Grund mehr für die Anwesenheit von Reinhart und Moreno. Trotzdem blieben sie noch zwei Stunden, um möglicherweise (behauptete Reinhart – und ohne andere Ausrüstung als unsere verdammten Sinne, Frau Inspektorin!) etwas zu finden, das darauf hinweisen könnte, was aus dem allein stehenden Mieter geworden war. Und wo er stecken mochte.

Das war keine leichte Aufgabe. Allem Anschein nach war Keller seit vergangenem Freitag nicht mehr zu Hause gewesen; er konnte sogar schon in der Donnerstagnacht aufgebrochen oder verschwunden sein. Er hatte keine Tageszeitung abonniert, aber im Briefkasten auf der Innenseite der Tür lag allerlei Post, und die Topfblumen in Schlafzimmer und Küche waren vertrocknet und halb tot. Die beiden großen Hibiskusse im Erker des Wohnzimmers schienen besser überlebt zu haben, aber sie waren einem Bewässerungssystem angeschlossen, das nur einmal pro Woche nachgefüllt zu werden brauchte.

Das behauptete zumindest Moreno, die in ihrer Zweizimmerwohnung in der Falckstraat eine ähnliche Einrichtung besaß.

Ansonsten herrschte in der Wohnung fast peinliche Ordnung. In der Küche gab es kein schmutziges Geschirr. Keine Kleidungsstücke lagen herum, weder im Schlafzimmer noch anderswo. Keine Zeitungen, keine ungeleerten Aschenbecher, keine Kleinigkeiten am falschen Platz. Die wenigen Bücher im Regal, die Kassetten und CDs (zu drei Vierteln Pferdejazz, wie Reinhart angewidert feststellte, ansonsten Schlager in Billigausgaben) waren sorgfältig zu gleichmäßigen Reihen geordnet. Zwei Paar geputzte Schuhe standen im Schuhregal in der Diele, dort hingen auf Kleiderbügeln eine Jacke und ein Mantel ... und der Schreibtisch war so ordentlich wie das Schaufenster einer Schreibwarenhandlung. Das galt auch für Schränke, Schubladen und Schreibtisch; Reinhart vermisste nur kleine Etiketten, auf denen zu lesen war, dass jedes Teil seinen richtigen Platz und seine feste Bestimmung habe ... aber wenn man seit zwanzig Jahren so wohnte, brauchte man sicher keine Etiketten mehr, wie er bei näherem Nachdenken erkannte.

Was sich nun über den Mensch Aron Keller sagen ließ – abgesehen von seinem frenetischen Ordnungssinn –, war, dass er sich offenbar für Sport interessierte. Vor allem für Fußball und Leichtathletik (Jahrbücher mit roten und grünen Rücken, angefangen mit 1973) auf sofort sichtbarem Platz im Bücherregal, mehrere Jahrgänge der Monatszeitschrift Sportfront lagen in einem Bierkasten in einem Kleiderschrank – die letzte Nummer lag auf dem Küchentisch und bildete wohl die Begleitung zum Kellerschen Normalfrühstück. Zu diesem Schluss kam jedenfalls Reinhart mit einem gereizten Schnauben.

Neben dem Telefon auf dem Schreibtisch im Schlafzimmer lag ein Adressbuch, in dem insgesamt zweiundzwanzig Personen verzeichnet waren. Drei davon hießen Keller, niemand wohnte in Maardam (zwei in Linzhuisen, eine in Haaldam) und Reinhart beschloss, die genauen Verwandtschaftsbeziehungen erst später zu ermitteln.

»Der Kerl hat bestimmt einen viereckigen Kopf«, sagte er. »Wird kein Problem sein, ihn zu finden.«

Moreno schenkte sich einen Kommentar.

Obwohl sie keine weiteren Hinweise fanden, lungerten sie noch bis kurz nach drei herum. Durchwühlten alle Schubladen, Schränke und Ecken, ohne wirklich zu wissen, wonach sie suchten. Reinhart fand einen Schlüssel mit einem Anhänger, auf dem »Bodenraum« stand und verbrachte eine Stunde zwischen alten Kleidern, Schuhen und Stiefeln, Tennisschlägern, allerlei Möbeln und einer Reihe Kartons, die eine Zeitschrift aus den sechziger Jahren enthielten. Moreno konnte nicht so recht verstehen, warum sie die Wohnung so gründlich untersuchten, machte aber gute Miene zum bösen Spiel. Sie hatte keine Ahnung, was dabei herauskommen sollte, wusste jedoch, dass sie vermutlich denselben Entschluss gefasst hätte ... falls sie hier zu entscheiden gehabt hätte.

»Man weiß erst, was man sucht, wenn man es gefunden hat«, hatte Reinhart erklärt und sie mit Rauch angeblasen. »Das gilt in vielen Fällen, Frau Polizeiinspektorin, nicht nur hier und jetzt.«

»Der Kommissar ist klug wie ein Pudel«, hatte Moreno geantwortet. »Und ich rede von einer Hündin.«

Um Viertel vor drei kam die Belohnung. Moreno hatte den halb vollen Papierkorb (der unter dem Schreibtisch stand – nur Papier, natürlich, nichts Verrottendes wie Apfelbutzen, Teebeutel oder Bananenschalen) auf dem Wohnzimmerboden ausgeleert und sich achtlos an den Inhalt gemacht, als sie es entdeckte. *Es.*

Ein zerknülltes liniertes Blatt Papier im DIN-A-4-Format, aus einem Schreibblock gerissen. Vermutlich aus dem, der rechts über dem Schreibtisch im Regal lag. Sie faltete das Blatt auseinander, strich es glatt und las.

Fünf Wochen seit dem Mord an dem Ju

Das war alles. Nur sieben Wörter. Siebeneinhalb. Geschrieben mit eleganter, ein wenig geschlechtsloser Handschrift, in blauer Tinte.

Sie starrte die kurze, abgebrochene Mitteilung an und dachte zwei Minuten lang nach.

Ju, dachte sie. Was bedeutet *Ju?*

Konnte es denn etwas anderes als »Junge« bedeuten?

Sie rief Reinhart, der vom Dachboden zurückgekehrt war und fluchend den Kopf in einen Kleiderschrank im Schlafzimmer steckte.

»Na«, fragte Reinhart. »Was hast du?«

»Das hier«, sagte Moreno und reichte ihm das Blatt.

Er las und blickte sie verdutzt an.

»Den Ju?«, fragte er. »Was zum Teufel ist das für ein Ju? Ein Junge?«

»Wahrscheinlich«, sagte Moreno. »Du hast gesagt, dass uns das erste Glied fehlt. Ich glaube, das haben wir jetzt.«

Reinhart schaute das zerknitterte Papier an und kratzte sich am Kopf.

»Da hast du Recht«, sagte er. »Da hast du verdammt Recht. Komm jetzt, Zeit für eine kleine Beratung.«

Die Besprechung verlief diesmal kurz und ohne Wein und Schnittchen. Extravaganzen waren nicht mehr nötig … da der Nebel sich endlich lichtete, erklärte Reinhart.

Der Nebel in den Fällen Erich Van Veeteren und Vera Miller. Es war Zeit, klar zu sehen und zu handeln. Zeitraubende Spekulationen waren nicht mehr nötig. Keine Theorien und Hypothesen, plötzlich wusste man, was Sache war und was man suchte. Zeit um … um die Schlinge um die in diese Sache Verwickelten zusammenzuziehen.

Um Pieter Clausen und Aron Keller. Den Mörder und seinen Erpresser.

Das einzige kleine Problem war, dass die Schlinge nach dem Zuziehen wohl leer sein würde. Erklärte Rooth, während er das Papier von einer Mozartkugel abpulte.

»Ja, das ist eine verdammte Geschichte«, gab Reinhart zu. »Wir haben die Sache noch längst nicht im Sack, darüber sollten wir uns im Klaren sein, aber unsere Annahmen waren gar nicht so dumm. Keller hatte Clausen aus irgendeinem Grund im Griff und wollte sich für sein Schweigen bezahlen lassen. Er hatte den jungen Van Veeteren das Geld holen geschickt … mit den bekannten Folgen. Was Vera Miller damit zu tun hatte, weiß der Teufel, aber in Clausens Wohnung haben wir Haare von ihr und alles Mögliche andere gefunden – und Blut, im Schlafzimmer und im Wagen. Das ist also sonnenklar. Er hat sie auf dieselbe Weise umgebracht wie Erich Van Veeteren.«

»Aber welchen Zusammenhang gibt es zwischen Keller und Erich?«, erkundigte sich deBries. »Es muss doch einen geben.«

»Den kennen wir noch nicht«, sagte Reinhart. »Den müssen wir noch finden. Und das ist wie gesagt nicht das Einzige, was wir noch finden müssen. Clausen und Keller sind beide verschwunden. Keiner von ihnen scheint seit dem letzten Donnerstag gesichtet worden zu sein … dem Donnerstag, an dem Clausen zweihundertzwanzigtausend von der Bank abgehoben hat. Etwas muss passiert sein, später an diesem Abend vielleicht, und wir müssen herausfinden, was ... und wir müssen sie natürlich finden.«

»Dead or alive«, sagte Rooth.

»Dead or alive«, stimmte Reinhart nach kurzem Überlegen zu. »Ziemlich ähnliche Typen, übrigens, diese Herren, wenn man sie sich ein wenig genauer ansieht. Beide mittleren Alters, ohne großen Freundeskreis. Keller scheint so ein richtiger Steppenwolf zu sein. Bollmert und deBries sollen feststellen, ob er überhaupt einen Bekanntenkreis hat. Seine Arbeitskollegen können uns jedenfalls nicht viel sagen ... habe ich das richtig gehört?«

»Stimmt«, sagte Rooth. »Da unten im Holzbeinladen arbeiten nur acht Leute, und alle haben Keller als verdammten Dickkopf bezeichnet.«

»Haben sie das wirklich gesagt?«, fragte Jung.

»Sie drücken sich nicht so gebildet aus wie ich«, erklärte Rooth. »Aber dem Sinn nach ja.«

Reinhart reichte eine Kopie der Mitteilung herum, die Moreno in Kellers Papierkorb gefunden hatte.

»Was sagt euch das?«, fragte er. »Das haben wir bei Keller aufgelesen.«

Sie schwiegen eine Weile.

»Also, was bedeutet wohl Ju?«, fragte Reinhart.

»Junge«, sagte deBries. »Eine große Auswahl gibt's da doch nicht.«

»Tut es wohl«, widersprach Rooth. »Jede Menge ... Jubilar, Justizbeamter, Juchtenledertinkturfabrikant ...«

»Juchtenledertinktur?«, fragte Jung. »Was ist das denn, zum Teufel?«

»So eine Flüssigkeit, mit der Juchtenleder eingerieben wird, damit es glänzt«, sagte Rooth. »Wie sieht es eigentlich bei dir zu Hause aus?«

»Sehr gut gedacht, Herr Detektivbulle«, sagte Reinhart. »Aber ich kann mich an keinen ermordeten Juchtenledertinkturfabrikanten erinnern. Auch an keinen Jubilar oder Justizbeamten ... und auch nicht an Juwelenhändler oder Juteimporteure ... ja, es gibt ja noch andere Möglichkeiten, das will ich gern zugeben, aber lasst uns erst mal beschließen, dass es *Junge* heißen soll, das ist zweifellos das Wahrscheinlichste. Und dann können wir davon ausgehen, dass Clausen Anfang November einen Jungen umgebracht hat und dass dies allem zu Grunde liegt. Wir wissen nicht genau, wann Keller das hier geschrieben hat, aber wenn wir ein Ereignis am Monatswechsel Oktober-November anpeilen ... mit einer Woche Spielraum in beiden Richtungen ... dann werden wir ja sehen, was dabei herauskommt.«

»Und es kann sich nicht auf Erich Van Veeteren beziehen?«, fragte deBries.

Reinhart dachte kurz nach.

»Kaum«, sagte er. »Der war fast dreißig. Und die Zeit stimmt nicht. Fünf Wochen seit dem Mord ... nein, das ist ausgeschlossen.«

»Alles klar«, sagte deBries.

»Jubelperser, Jurist, Julikäfer, Jungleur ...«, brabbelte Rooth, ohne irgendwelche Aufmerksamkeit zu erregen.

»Mord an dem Jungen?«, fragte Jung. »Wir müssten doch wissen, ob in dieser Zeit irgendwer ermordet wurde? Kann uns ja wohl kaum entgangen sein ... jedenfalls nicht, wenn es hier in der Gegend war.«

»Es braucht aber nicht in Maardam gewesen zu sein«, sagte Moreno. »Und es braucht auch kein Mordverdacht vorzuliegen. Kann etwas anderes gewesen sein. Irgendwas im Krankenhaus, das er unter den Teppich kehren wollte. Clausen, meine ich. Und was ihm fast gelungen wäre.«

»Nicht schon wieder das Krankenhaus«, sagte Rooth. »Das macht mich krank.«

Sie schwiegen einige Sekunden.

»Er ist doch kein Chirurg, dieser Clausen?«, fragte deBries. »Operiert doch wohl nicht?«

Reinhart blätterte in seinen Papieren.

»Innere Medizin«, sagte er. »Aber auch in der Branche kann man sicher Leute umbringen. Wenn man ein wenig schlampig vorgeht, zum Beispiel ... Wir müssen feststellen, welche Todesfälle während dieser Zeit auf seiner Station eingetreten sind. Rooth und Jung gehen noch mal ins Rumford, es müsste reichen, wenn ihr mit dem Oberarzt redet. Und schaut euch vielleicht ein paar Krankenberichte an.«

»Unerwartet verstorbener Junge?«

»Junger männlicher Patient, der während der Nacht verschieden ist«, korrigierte Rooth. »Trotz intensiver Bemühungen. Sie haben einen gewaltigen Korpsgeist, vergiss das nicht ... und ich glaube, du übernimmst das Gespräch mit Leissne. Wir können nicht so recht miteinander.«

»Was du nicht sagst«, sagte Jung. »Wundert mich sehr.«

»Und was haben wir jetzt vor?«, fragte Moreno, nachdem die Kollegen abgezogen waren.

Reinhart presste die Hände auf die Tischplatte und setzte sich gerade.

»Ich habe ein Stelldichein mit einem gewissen Oscar Smaage«, erklärte er. »Dem einberufenden Sekretär von Verhoutens Engeln. Du bleibst hier und siehst nach, ob wir ungeklärte Todesfälle haben. Und Vermisstenfälle ... ist ja nicht sicher, ob das alles mit dem Krankenhaus zusammenhängt, auch wenn es sehr wahrscheinlich wirkt.«

»Wird gemacht«, sagte Moreno. »Hoffentlich kann Smaage uns etwas liefern, auch wenn ich mir nicht so recht vorstellen kann, was das sein sollte. Alles scheint sich doch hier um eins zu drehen.«

»Donnerstag?«, fragte Reinhart.

»Ja. Was zum Teufel ist am Donnerstagabend passiert? Offenbar sollte er da doch das Geld übergeben. Oder was sagst du?«

»Sicher«, sagte Reinhart. »Wäre doch seltsam, wenn wir niemanden finden, der seither von ihnen gehört hat – oder wenigstens von einem von ihnen. Wir müssen einfach abwarten. Geduld haben, hat das nicht erst kürzlich jemand empfohlen?«

»Ich glaube, da irrst du dich«, sagte Moreno.

Sie brauchte nur eine Stunde, um die richtige Spur zu finden. Jedenfalls wusste sie instinktiv, dass es die richtige war, als der Name auf dem Bildschirm auftauchte. Ihr Herz machte einen zusätzlichen Schlag, und die Haare an ihren Unterarmen sträubten sich, was immer sichere Zeichen waren.

Die äußeren Kennzeichen der weiblichen Intuition. Ihrer jedenfalls.

Wim Felders, las sie. Geboren am 17. 10. 1982. Gestorben am 5. 11. 1998. Oder möglicherweise am 6. 11. Auf der Straße 211 zwischen Maardam und dem Vorort Boorkheim gegen sechs Uhr morgens von einem Radfahrer entdeckt. Die Ermittlungen, die durch die Verkehrspolizei vorgenommen wurden (verantwortlicher Kommissar: Lintonen) ergaben, dass er vermutlich von einem Fahrzeug angefahren und gegen eine Zementröhre am Straßenrand geschleudert worden war. Die Fahndung lief über alle Medien, was aber kein Resultat gebracht hat. Keine Zeugen für den Unfall. Kein Verdacht. Fahrer beging Fahrerflucht und hat sich nicht gemeldet.

Sie erinnerte sich an den Fall. Ihr fiel ein, dass sie darüber gelesen und dass sie die Meldungen im Fernsehen gesehen hatte. Der sechzehnjährige Junge war auf dem Heimweg nach Boorkheim gewesen. Hatte seine Freundin in der Innenstadt besucht und vermutlich den letzten Bus verpasst.

War wohl am Straßenrand entlanggegangen, es war schlechtes Wetter gewesen, mit Regen und Nebel, und dann war er von einem Fahrzeug erfasst worden, dessen Fahrer danach Fahrerflucht begangen hatte.

Es hätte jeder sein können.

Es hätte Clausen sein können.

Keller könnte gleich danach gekommen und alles gesehen

haben. Oder neben Clausen im Auto gesessen haben, wenn sie sich kannten ... worauf bisher aber noch nichts hinwies.

Ein Verkehrsunfall?

Das war natürlich eine Möglichkeit. Bei genauerem Überlegen aber fiel es ihr schwer, sich ein abschließendes Urteil zu bilden. Vielleicht war es ja wirklich nur ein Schuss ins Blaue, aber das spielte natürlich keine Rolle. Auf jeden Fall musste dieser Faden bis zu seinem Ende verfolgt werden.

Intuitiv, wie gesagt, wusste sie, dass es genauso gewesen war. Sie hatte das erste Glied gefunden. Zweifellos.

Sie sah, dass es inzwischen halb sechs war, und fragte sich, was sie tun sollte. Beschloss, nach Hause zu fahren und Reinhart später am Abend anzurufen. Wenn sich feststellen ließ, ob Clausen an diesem Tag und um diese Uhrzeit aus der Innenstadt losgefahren war ... von Wim Felders' Freundin wussten sie, dass der Unfall um kurz vor Mitternacht passiert sein musste ... ja, dann sollten doch alle weiteren Zweifel ausgeräumt sein.

Wie Clausen mit einer solchen Autofahrt in Verbindung gebracht werden konnte, stand natürlich noch in den Sternen, aber sie hatten ihm doch schon zwei andere Morde angehängt, und da kam es dann auch nicht mehr darauf an.

Andererseits – wenn er an diesem Abend in Maardam gewesen war, war er doch sicher irgendwem begegnet? Jemandem, der das bestätigen könnte?

Wenn es nur nicht Vera Miller war, dachte sie. Besser wäre einer von diesen Engeln. Wie hießen die doch gleich? Van Houtens ...?

Wichtiger als das alles war es jedoch, Clausen zu finden. Natürlich.

Und Keller.

Mit diesem Gedanken schaltete Ewa Moreno ihren Computer aus und fuhr nach Hause. Und wie sie es auch drehte und wendete, sie fand, sie habe ein gutes Tagewerk vollbracht.

33

Sie hatte das Gespräch mit Reinhart gerade beendet, als die Türklingel ging.

Halb neun, dachte sie. Was zum Kranich?

Es war Mikael Bau, der in der Wohnung unter ihr hauste.

»Möchtest du einen Bissen essen?«, fragte er mit trauriger Miene.

Bau war um die dreißig und erst vor zwei Monaten in die Falckstraat gezogen. Sie kannte ihn nicht. Er hatte sich ihr im Treppenhaus vorgestellt, als sie sich zum ersten Mal begegnet waren, aber seither hatten sie sich nur zugenickt. Drei- oder viermal insgesamt. Er sah ziemlich gut aus, das hatte sie gleich registriert. Groß und blond und blauäugig. Und mit einem Lächeln, das sein Gesicht nur ungern zu verlassen schien.

Jetzt aber war er ernst.

»Ich habe einen Eintopf gekocht«, erklärte er. »So eine Art Bœuf Bourguignon, es ist gleich fertig, also, wenn du meinst?«

»Das kommt ein bisschen plötzlich«, sagte Moreno.

»Davon gehe ich aus«, sagte Bau. »Hrrm ... ich wollte dich auch gar nicht einladen, aber meine Freundin hat beim Kochen mit mir Schluss gemacht. Glaub jetzt bitte nicht ...«

Ihm fiel nicht ein, wie er diesen Satz beenden könnte. Und Moreno wusste es auch nicht.

»Danke, gern«, sagte sie. »Ich habe heute noch gar nichts gegessen. Wenn du mir eine Viertelstunde Zeit zum Duschen lässt? Eintöpfe kann man doch warm halten.«

Jetzt lächelte er.

»Gut«, sagte er. »Dann sehen wir uns in einer Viertelstunde.«

Er ging die Treppe hinunter, und Moreno schloss ihre Tür.

Läuft das so?, fragte sie sich, verdrängte diesen Gedanken aber sofort wieder.

Abgesehen von seinen rein äußerlichen Vorzügen erwies Mikael Bau sich auch noch als ausgesprochen hervorragender Koch. Moreno langte heftig zu, und das dem Eintopf folgende Zitronensorbet war von genau der säuerlichen Leichtigkeit, die es in Rezepten immer, in Wirklichkeit aber nur selten hat.

Ein Mann, der kochen kann, dachte sie. So einer ist mir noch nie über den Weg gelaufen. Bestimmt hat er irgendeine Leiche im Keller. Sie hätte ihn gern gefragt, warum seine Freundin mit ihm Schluss gemacht hatte, aber für eine so private Frage bot sich keine Gelegenheit, und er selber schnitt das Thema nicht an.

Sie sprachen über Wetter, Haus und Nachbarn. Und über ihre Berufe. Bau arbeitete im Sozialamt, weshalb es durchaus Berührungspunkte gab.

»Weiß der Teufel, warum wir uns für die Schattenseiten entscheiden«, sagte er. »Ich will ja nicht behaupten, dass ich mich unwohl dabei fühle, aber ich glaube nicht, dass ich mich heute noch einmal so entscheiden würde. Warum bist du zur Polizei gegangen?«

Ewa Moreno hatte sich diese Frage schon so oft gestellt, dass sie nicht mehr wusste, ob es eine Antwort gab. Es hatte sich einfach so ergeben, und sie hatte den Verdacht, dass das für viele Menschen galt. Das Leben ergab sich eben so.

»Ich glaube, ziemlich viel wird vom Zufall gelenkt«, sagte sie. »Oder zumindest nicht von wohl überlegten Entscheidungen. Wir haben weniger Kontrolle, als wir uns einbilden ... dass wir das nicht zugeben, steht auf einem anderen Blatt.«

Bau nickte und machte ein nachdenkliches Gesicht.

»Aber vielleicht landen wir ja trotzdem immer an der richtigen Stelle«, sagte er. »Ich habe neulich über diese Billardkugeltheorie gelesen, kennst du die? Du rollst zwischen vielen anderen Kugeln über eine glatte grüne Matte. Geschwindigkeit und Richtung sind vorgegeben, aber du kannst doch im Voraus nicht berechnen, was passieren wird ... wenn wir zusammenstoßen und die Richtung ändern. Alles ist gegeben, aber wir können es nicht vorhersagen, es gibt zu viele Faktoren, die Einfluss ausüben, ganz einfach ... ja, so ungefähr war das.«

Sie musste an etwas denken, das der *Kommissar* oft erwähnt hatte, und sie konnte ihr Lachen nicht unterdrücken.

»Gewisse Muster«, sagte sie. »Angeblich gibt es Muster, die wir nicht bemerken ... jedenfalls nicht rechtzeitig. Später sehen wir sie dann ganz deutlich. Das erinnert ein bisschen an eine polizeiliche Ermittlung. Alles wird deutlicher, wenn wir rückwärts sehen können.«

Wieder nickte Bau.

»Aber wir dürfen nicht rückwärts sehen«, sagte er. »Im Leben, meine ich. Das ist das Problem. Noch einen Schluck Wein?«

»Ein halbes Glas«, sagte Moreno.

Als sie zum ersten Mal auf die Uhr schaute, war es Viertel vor zwölf.

»Herrgott«, sagte sie. »Musst du morgen nicht arbeiten?«

»Aber sicher«, sagte Bau. »Wir auf der Schattenseite ruhen nie.«

»Danke für den schönen Abend«, sagte Moreno und stand auf. »Ich verspreche eine Gegeneinladung, aber zuerst muss ich Rezepte büffeln.«

Bau brachte sie zur Tür und umarmte sie zum Abschied freundlich, aber nicht übertrieben. Eine Viertelstunde später lag sie in ihrem Bett und dachte daran, wie schön gute Nachbarschaft doch ist.

Danach dachte sie an Erich Van Veeteren. Der musste ungefähr so alt wie Bau gewesen sein und sie selber. Vielleicht einige Jahre jünger, sie hatte sich das noch nie überlegt.

Und die anderen?

Vera Miller war einunddreißig geworden, Wim Felders hatte es nur bis sechzehn geschafft.

Wenn man den engen Horizont der guten Nachbarschaft überschritt, dann änderten sich die Vorzeichen sehr schnell.

Reinhart wurde davon geweckt, dass Joanna an seiner Unterlippe zog. Sie saß auf seinem Bauch und lächelte selig.

»Papa schläft«, sagte sie. »Papa wecken.«

Er hob sie mit ausgestreckten Armen hoch. Sie schrie vor Begeisterung, und ein Speichelstrahl traf ihn im Gesicht.

Gütiger Gott, dachte er. Das ist wunderbar. Es ist sechs Uhr morgens, und das Leben ist die pure Wonne.

Er fragte sich, warum es im Zimmer so hell war, doch dann fiel ihm ein, dass seine Tochter gerade gelernt hatte, auf Knöpfe zu drücken, und dass sie diese Fertigkeit nun trainieren wollte. Er legte sie neben Winnifred und stand auf. Stellte fest, dass jede Lampe in der ganzen Wohnung brannte und knipste eine nach der anderen aus. Joanna lief plappernd hinter ihm her und erzählte etwas, das mit Bären zu tun hatte. Oder vielleicht auch mit Hühnern. Sie hatte einen Schnuller im Mund und war nur schwer zu verstehen. Er ging mit ihr in die Küche und machte Frühstück.

Dabei fiel ihm ein, was er geträumt hatte. Oder was irgendwann nachts zwischen Schlafen und Wachen in seinem Kopf aufgetaucht war.

Sie hatten vergessen, Keller zur Fahndung auszuschreiben.

Verdammt, dachte er. Setzte Joanna in den Kindersessel. Stellte einen Teller mit zerquetschter Banane und Joghurt vor sie hin und ging dann ins Arbeitszimmer, um die Polizei anzurufen.

Er brauchte eine Weile, um alle Details zu klären, aber schließlich schien Klempje, der gerade Dienst hatte, begriffen zu haben. Die Meldung würde sofort herausgeschickt werden, das versprach er auf Ehre und Gewissen.

Ich weiß nicht, ob du auch nur eins von beiden hast, dachte Reinhart, bedankte sich aber trotzdem und legte auf.

Schlampig, dachte er dann. Wie zum Teufel kann man so etwas vergessen?

Zwei Stunden später war er bereit, um zur Arbeit zu fahren. Winnifred war eben erst aufgestanden, für ihn sah sie aus wie eine ausgeruhte Göttin, und er spielte kurz mit dem Gedanken, noch eine Weile zu Hause zu bleiben und sie zu lieben. Im Prinzip wäre das nicht unmöglich. Joanna musste ein paar Stunden schlafen, und die Kinderfrau würde erst nachmittags kommen.

Aber dann fiel ihm ein, was Sache war. Er öffnete den Morgenrock seiner Frau und umarmte sie. Sie biss ihn leicht in den Hals. Er biss zurück. Das musste reichen. Er zog seinen Mantel an.

»Kannst du dir wirklich Urlaub nehmen?«, fragte sie, als er in der Tür stand.

»Nie ma problemu«, sagte Reinhart. »Das ist Polnisch und bedeutet, dass wir in drei Tagen fertig sein werden. In spätestens drei Tagen.«

In dieser Hinsicht betrog Kommissar Reinhart sich ein wenig, aber das passierte ihm nicht zum ersten Mal. Hauptsache war, dass Winnifred das nicht tat.

Nachdem Moreno ausführlich über Wim Felders' Unfall berichtet hatte, rief Reinhart Oscar Smaage an, mit dem er am Tag zuvor gesprochen hatte. Smaage arbeitete als Nachrichtenredakteur im Telegraaf und war nicht sonderlich schwer zu erreichen.

»Eins habe ich gestern vergessen«, erklärte Reinhart. »Was Clausen betrifft, meine ich. Ich wollte wissen, ob Sie möglicherweise eins von Ihren Treffen am ...«

Er winkte Moreno, und die reichte ihm einen Zettel mit dem fraglichen Datum.

»... am 5. November abgehalten haben? Mit den Engeln, meine ich. Es war ein Donnerstag. Können Sie mir weiterhelfen?«

»Einen Moment«, antwortete Redakteur Smaage kurz, und Reinhart hörte ihn blättern. Die Chancen stehen eins zu zehn, kalkulierte er derweil in aller Eile. Höchstens. Doch er wusste, dass er sofort darauf setzen würde.

»Das stimmt«, sagte Smaage. »Donnerstag, der 5. November. Wir saßen bei ten Bosch. Alle Brüder waren da, netter Abend ... wieso fragen Sie?«

»Ich weiß, dass das sehr viel verlangt ist«, sagte Reinhart. »Aber wir wüssten gern, wann Clausen nach Hause gefahren ist. So ungefähr, zumindest.«

Smaage lachte.

»Was zum Henker?«, fragte er. »Nein, das weiß ich wirklich nicht mehr. Halb zwölf, zwölf, schätze ich, wir machen nie länger. Ich nehme an, es wäre keine gute Idee, zu fragen, warum Sie ...«

»Ganz recht«, fiel Reinhart ihm ins Wort. »Danke für die Auskunft.«

Er legte auf und griff zur Pfeife.

»Manchmal hat man Glück«, sagte er. »Es stimmt. Ja, verdammt, es stimmt wirklich! Clausen kann diesen Jungen sehr gut angefahren haben, die Zeit stimmt ... und dann wäre das die Wurzel allen Übels. Verdammt, wie traurig, wenn man alles bedenkt.«

»Was ist denn traurig?«, fragte Moreno.

»Kapierst du denn nicht? Hinter dem ganzen Dreck kann doch einfach ein Unfall stecken. Hinter Erich Van Veeterens Tod. Und dem von Vera Miller ... und, ja, was zum Teufel nun seit Donnerstag passiert sein mag. Ein schnöder Scheißunfall nur, und dann bricht die Lawine los ...«

Moreno dachte daran, worüber sie am Vortag mit ihrem Nachbarn gesprochen hatte. Über Zufälle und Muster, Kugeln, die zusammenstoßen oder auch nicht. Plötzliche Richtungsänderungen ... den Schmetterlingseffekt?

»Ja«, sagte sie. »Das ist schon seltsam. Aber wir müssen das alles noch genauer untersuchen. Bisher ist es ja nur eine Möglichkeit ... auch wenn ich ebenfalls glaube, dass es so war. Haben wir eigentlich noch Leute im Rumford? Könnte an der Zeit sein, unsere Kräfte zu bündeln. Zumindest was Clausen angeht.«

Reinhart nickte. Steckte seine Pfeife an und wühlte in seinen Papieren.

»Es geht um diese beiden Ärsche«, murmelte er. »Clausen und Keller. Drei Tote bisher ... und die beiden sind verschwunden. Verdammte Geschichte.«

Er blätterte weiter und fand den gesuchten Zettel.

»Über Keller konnte uns niemand etwas sagen«, stellte er fest. »Scheint so ein richtiger Eigenbrötler zu sein. Passt ziemlich gut für einen Erpresser, wenn man sich das genauer überlegt. Der richtige Typ, ganz einfach.«

Moreno hatte zwar gewisse Einwände gegen diese grobe Vereinfachung, aber sie konnte sie nicht mehr vorbringen, denn im selben Moment schaute Anwärter Krause zur Tür herein.

»Verzeihung«, sagte er. »Aber wir haben gerade ein wichtiges Fax erhalten.«

»Ach was«, sagte Reinhart. »Und was erzählt das Fax?«

»Es kommt vom Flugplatz«, sagte Reinhart. »Offenbar hat Aron Keller am Samstagnachmittag ein Flugzeug genommen.«

»Ein Flugzeug?«, fragte Reinhart. »Und wohin?«

»Nach New York«, sagte Krause. »Abflug aus Sechshafen 14.05 Uhr. British Airways.«

»New York?«, fragte Reinhart. »Verdammt!«

34

Während des restlichen Tages passierte im Grunde nichts mehr, außer dass es schneite.

Zumindest kam es Reinhart so vor. Es schneite, und etwas war ihm aus den Händen geglitten. Er verbrachte eine Stunde nach der anderen auf seinem Zimmer und sah, wenn er aus dem Fenster schaute, nur die wirbelnden Flocken, die auf die Stadt herabrieselten. Manchmal blieb er auch am Fenster stehen und betrachtete sie. Stand da, mit den Händen in den

Hosentaschen, und dachte an den *Kommissar*. Daran, was er ihm zu Beginn der Ermittlungen versprochen hatte, und dass er der Einlösung des Versprechens doch recht nahe gekommen war.

Oder vielleicht doch nicht? War er dem nie nahe gekommen?

Und wie war die Lage jetzt? Was hatte sich zwischen Clausen und Keller abgespielt? Er glaubte, die Antwort zu wissen, aber er wollte sie nicht hervorholen und betrachten. Noch nicht, jetzt noch nicht. Vielleicht vor allem nicht beim Gedanken an den *Kommissar* und an das Versprechen, das er ihm gegeben hatte … ja, bei genauerer Überlegung war es natürlich deshalb.

Gleich nach dem Mittagessen tauchte Moreno wieder auf, diesmal mit Bollmert und deBries im Schlepptau. Sie setzten sich und berichteten über die Inventarisierung von Kellers Bekanntenkreis. Keine der Personen aus dem Adressbuch – von dem guten Dutzend, das sie erreicht hatten – behauptete, dem Besitzer sonderlich nahe zu stehen. Einige wussten nicht einmal, wer Aron Keller war, und konnten nicht begreifen, wie sie in dem Buch gelandet waren. Insgesamt wollten nur zwei zugeben, dass sie etwas mit ihm zu tun hatten: seine beiden Schwestern in Linzhuisen. Absolut vorbehaltlos erklärten sie – und zwar jede für sich –, dass ihr Bruder ein hoffnungsloser Sonderling und Eigenbrötler sei, dass sie ihn aber doch ab und zu zu sich und ihren Familien einluden. Ab und zu.

Ungefähr einmal im Jahr. Zu Weihnachten, ja.

Manchmal kam er, manchmal nicht.

Was Kellers Tun und Lassen anging, hatten sie nicht viel zu berichten. Er war immer seltsam gewesen, seit er mit zehn Jahren von einem Traktor gefallen und sich den Kopf verletzt hatte. Vielleicht auch schon früher. Er war einmal mit einer Frau verheiratet gewesen, die ebenso dickköpfig gewesen war wie er, und die Ehe hatte nur ein halbes Jahr gehalten. Die Frau hatte Liz Vrongel geheißen und hieß sicher immer noch so.

Der Rest war Schweigen. Und Fußball.

»Hm«, sagte Reinhart. »Ja, in diesem Jahr brauchen sie ihm zu Weihnachten keine Einladung zu schicken. Er kommt bestimmt nicht.«

»Woher weißt du das?«, fragte deBries, der nichts über das Fax aus Sechshafen wusste.

»Er feiert Weihnachten in New York«, seufzte Reinhart. »Dieser Arsch. Wir reden später darüber. Wie war das mit dem letzten Keller im Adressbuch? Ich bilde mir ein, dass da drei vertreten waren.«

»Sein Vater«, sagte deBries und schnitt eine Grimasse. »Fünfundsiebzig Jahre, alter Säufer oben in Haaldam. Wohnt in einer Art Heim, zumindest zeitweise. Hat seit zwanzig Jahren keinen Kontakt mehr zu seinen Kindern.«

»Feine Familie«, sagte Moreno.

»Die pure Idylle«, deBries nickte. »Der Alte scheint ein grausiger Quälgeist zu sein. Der Sohn kommt vielleicht auf den Vater.«

»Kann ich mir vorstellen«, sagte Reinhart. »Haben wir noch mehr?«

»Ja, das schon«, warf Bollmert dazwischen. »Wir glauben zu wissen, woher Erich Van Veeteren ihn gekannt hat. Aron Keller hat einige Jahre als freiwilliger Bewährungshelfer gearbeitet.«

Reinhart stieß einen Laut aus, der Ähnlichkeit mit einem Knurren hatte.

»Hätte ich mir ja denken können. Dass solche Typen als Bewährungshelfer zugelassen sind, ist ein verdammter Skandal. Wem kann denn so ein Prachtarsch wie Keller in die Gesellschaft zurückhelfen ... der hat doch höchstens zu seinem Staubsauger eine sinnvolle Beziehung!«

»Er hatte auch seit drei Jahren keine Schützlinge mehr«, sagte deBries. »Falls das ein Trost sein kann. Wie gesagt, wir wissen noch nicht sicher, dass er für Erich Van Veeteren zuständig war, aber wir werden das bald überprüft haben.«

»Warum habt ihr das noch nicht gemacht?«, fragte Reinhart.
»Weil du uns für ein Uhr herbestellt hattest«, sagte deBries.
»Hm«, sagte Reinhart. »Tut mir leid.«
Er stand auf, ging zum Fenster und starrte ins Schneegestöber hinaus.
»Ich frag mich ja ...«, sagte er. »Doch, so muss es sein.«
»Was denn?«, fragte Moreno.
»Er hatte sicher etwas gegen Erich Van Veeteren in der Hand. In der Branche ist das ja fast unvermeidlich ... und, tja, danach hat er das wohl ausgenutzt, um sich von dem Jungen die Kohle holen zu lassen. Pfui Teufel. Und noch mal pfui Teufel.«
»Wir haben doch schon gesagt, dass Erpresser meistens keine Schmusebären sind«, sagte Moreno. »Und Keller hat da offenbar keine Ausnahme gebildet.«
Reinhart setzte sich wieder.
»Ich werde das mit der Bewährungshilfe jetzt sofort überprüfen«, sagte er. »Wenn es stimmt, und das tut es wahrscheinlich, dann können wir den Fall wohl mehr oder weniger als geklärt befinden. Ihr könnt euch heute Nachmittag frei nehmen.«
»Gut«, sagte deBries. »Wollte ich selber auch schon vorschlagen. Ich hab seit Ostern nicht mehr frei gehabt.«
Er verließ das Zimmer zusammen mit Bollmert. Reinhart blieb stumm sitzen und betrachtete die Kassetten, die noch immer auf dem Boden lagen und niemals gehört werden würden. Nicht von ihm und auch nicht von jemand anderem.
»So viel Arbeit«, knurrte er und starrte Moreno an. »So verdammt viel Arbeit und so viel vergeudete Zeit. Wenn du mir eine Frage beantworten kannst, dann werde ich bei Hiller für deinen Winterurlaub ein gutes Wort einlegen.«
»Schieß los«, sagte Moreno.
»Was hat Keller am Donnerstagabend mit Clausen angestellt? Was zum Teufel ist da passiert?«

»Ich brauche Bedenkzeit«, sagte Moreno.
»Du hast den ganzen Nachmittag. Setz dich auf dein Zimmer und sieh dir den Schnee an. Das erleichtert das Denken.«

Van Veeteren zog eine frisch gedrehte Zigarette hervor und gab sich Feuer.
»Du weißt also, wer es war?«, fragte er.
Reinhart nickte.
»Ja, ich glaube, wir haben den Richtigen gefunden. Es ist keine lustige Geschichte, aber das ist es ja nie. Es beginnt mehr oder weniger mit einem Unglücksfall. Dieser Pieter Clausen fährt einen Jungen an, und der kommt dabei ums Leben. Er begeht Fahrerflucht, weiß aber nicht, dass er dabei gesehen worden ist. Vielleicht hat er angehalten, um nachzugucken, was passiert ist, das ist gut möglich. Er ist an diesem Abend auf der Heimfahrt nach Boorkheim, und das ist auch ein gewisser Aron Keller ... vermutlich auf seinem Motorroller. Es ist Scheißwetter, Regen und Wind, aber er erkennt Clausen. Sie sind fast Nachbarn. Keller beschließt, das Beobachtete zu Geld zu machen ... wir haben es mit einem verdammten Dreckskerl zu tun, das kann ich dir sagen.«
»Erpresser sind niemals so richtig sympathisch«, sagte Van Veeteren.
»Stimmt«, sagte Reinhart. »Auf jeden Fall schickt er deinen Sohn an diesem Dienstag nach Dikken, um das Geld zu holen. Ich weiß nicht, ob du von Keller weißt, aber er war zwei Jahre Bewährungshelfer für Erich ... Wir wissen nicht einmal, ob er Erich bezahlen wollte. Vielleicht hatte Keller etwas gegen ihn in der Hand. Clausen weiß nicht, wer der Erpresser ist, er hat schon ein Leben auf dem Gewissen und will sich nicht in Abhängigkeit begeben. Er bringt Erich in dem Glauben um, den Erpresser vor sich zu haben.«
Er verstummte. Einige Sekunden verstrichen, die Reinhart vorkamen wie fünf Jahre. Danach nickte Van Veeteren zum Zeichen, dass er weitererzählen sollte.

»Danach haben wir den Mord an Vera Miller. Willst du auch darüber mehr hören?«

»Natürlich.«

»Ich weiß nicht, warum Clausen auch sie umbringt, aber sicher hängt es auf irgendeine Weise mit Keller und Erich zusammen. Clausen und Vera Miller hatten seit kurzer Zeit ein Verhältnis. Ja, so langsam dämmert uns, was hier los ist. Das Erpressungsmotiv und Aron Keller hast du uns geliefert, leider sind wir zu spät auf der Bildfläche erschienen. Am Donnerstag oder Freitag der vergangenen Woche muss etwas passiert sein, vermutlich sollte Clausen jetzt richtig zur Kasse gebeten werden. Er hat sich von der Sparkasse ein Darlehen bewilligen lassen. Hat zweihundertzwanzigtausend in bar abgehoben und ist seither verschwunden.«

»Verschwunden?«, fragte Van Veeteren.

»Wir wissen ja, was das bedeuten kann«, sagte Reinhart trocken. »Es ist nicht so schwer, da Spekulationen aufzustellen. Aron Keller ist am Samstag nach New York geflogen. In dem Hotel, in dem er zuerst abgestiegen ist, wohnt er nicht mehr, wir haben mit denen Faxe gewechselt. Wir wissen nicht, wo Clausen steckt. Er hat keinerlei Spuren hinterlassen, aber er scheint jedenfalls nicht verschwunden zu sein. Sein Pass und sogar seine Brieftasche liegen noch bei ihm zu Hause. Ich habe eigentlich nur eine Theorie, und zwar ... also, dass Keller ihn umgebracht hat. Ihn ermordet und irgendwo vergraben. Leider. Ich fürchte ... ich fürchte, du wirst niemals dem Mörder deines Sohnes von Angesicht zu Angesicht gegenübersitzen.«

Van Veeteren trank einen Schluck Bier und schaute aus dem Fenster. Eine halbe Minute verging.

»Wir können wohl nur hoffen, dass wir irgendwann seine Leiche finden werden«, sagte Reinhart und fragte sich zugleich, warum er das gesagt hatte. Als ob das irgendein Trost sein könnte.

Den Leichnam des Mannes kennen zu lernen, der einem den Sohn genommen hat? Absurd. Makaber.

Van Veeteren gab keine Antwort. Reinhart betrachtete seine Hände und zerbrach sich den Kopf über etwas, das er sagen könnte.

»Ich habe ein Foto von ihm«, sagte er endlich. »Du kannst ihn dir also ansehen, wenn du willst. Und von Keller übrigens auch.«

Er zog zwei Fotokopien aus der Brieftasche und legte sie auf den Tisch. Der *Kommissar* betrachtete sie eine Zeit lang mit gerunzelter Stirn und gab sie dann zurück.

»Warum hätte Keller ihn denn umbringen sollen?«, fragte er.

Reinhart zuckte mit den Schultern.

»Ich weiß es nicht. Das Geld muss er jedenfalls bekommen haben, sonst hätte er ja wohl kaum nach New York düsen können ... das glaube ich zumindest. Aber da sind natürlich noch viele Fragen offen. Vielleicht hat Clausen auf irgendeine Weise seine Identität herausgebracht. Keller ist ein ziemlich merkwürdiger Typ ... und er wusste, dass Clausen vor keinem Mord zurückschreckt. Er wollte sichergehen, ganz einfach. Wenn Clausen wirklich wusste, wer der Erpresser war, dann muss Keller gewusst haben, dass er gefährlich lebte.«

Van Veeteren schloss die Augen und nickte vage. Eine weitere stumme halbe Minute verstrich. Reinhart gab seine krampfhafte Suche nach Lichtblicken auf und versuchte stattdessen, sich vorzustellen, wie dem *Kommissar* wohl zu Mute war. Das hatte er natürlich die ganze Zeit getan, mehr oder weniger, und es wurde nicht leichter, wenn er sich darauf konzentrierte. Dass der Sohn ermordet wird, allein das – und dass der Mörder danach von einem anderen Verbrecher aus dem Weg geschafft wird, der auf seine Weise an Erichs Tod ebenso die Schuld trägt wie der eigentliche Mörder. Oder konnte man das nicht so sehen? Spielte es eine Rolle? Bedeutete das alles etwas, wenn es um den eigenen Sohn ging?

Eine Antwort fand er nicht. Nicht im Entferntesten.

Egal, wie man die Sache auch ansah, so war Erich Van Veeteren nur ein Stein in einem Spiel gewesen, mit dem er nichts zu tun gehabt hatte. Was für ein sinnloser Tod, dachte Reinhart. Ein ganz und gar vergebliches Opfer ... der Einzige, der etwas von seinem Tod gehabt haben konnte, war Keller, der vermutlich den Preis für sein düsteres Wissen erhöht hatte, als Clausen sich ein weiteres Leben aufs Gewissen geladen hatte.

Einfach schrecklich, dachte Reinhart zum fünfzigsten Mal an diesem düsteren Tag. Der unterirdische Regisseur hat wieder mal zugeschlagen.

»Was habt ihr jetzt vor?«, fragte Van Veeteren.

»Wir lassen Keller drüben suchen«, sagte Reinhart. »Natürlich. Vielleicht müssen wir jemanden rüberschicken ... aber es ist ein großes Land. Und für eine Weile hat er genug Geld.«

Van Veeteren setzte sich auf und schaute aus dem Fenster.

»Es schneit ziemlich stark«, sagte er. »Ich danke dir auf jeden Fall, ihr habt getan, was ihr konntet. Wir könnten vielleicht in Kontakt bleiben, ich möchte auf jeden Fall wissen, wie es weitergeht.«

»Ist doch klar«, sagte Reinhart.

Als er den *Kommissar* verließ, hätte er zum ersten Mal seit zwanzig Jahren weinen mögen.

35

Den Mittwochabend und den halben Donnerstag verbrachte er in einer alten Jugendstilvilla im Deijkstraatviertel. Krantze hatte aus einem Nachlass eine komplette Bibliothek gekauft; ungefähr viereinhalbtausend Bände mussten durchgesehen, beurteilt und in Kartons verpackt werden. Wie üblich musste er drei Kategorien im Auge behalten: die Bücher, die schwer verkäuflich und von zweifelhaftem Wert waren (die wurden zum Kilopreis veräußert), die, die im Antiquariat einen guten Eindruck machten und eventuell irgendwann in der Zukunft Käufer finden konnten (nicht mehr als zwei- oder dreihundert, wenn er an den nötigen Stellplatz dachte), und die, die er gern in seinem eigenen Bücherregal sehen wollte (höchstens fünf, mit der Zeit hatte er gelernt, moralische Fragen in klare Zahlen umzuwandeln).

Es war keine unangenehme Beschäftigung, in diesem alten Bürgerhaus zu sitzen (die Familie hatte mehrere Generationen von Juristen und Richtern beim Obersten Gericht hervorgebracht, wenn er die Genealogie richtig gelesen hatte) und in alten Büchern zu blättern. Er ließ sich die nötige Zeit, und Krantzes ererbte Gicht hinderte diesen jetzt an aller Arbeit, die nicht im Stillsitzen verrichtet werden konnte. Oder im Liegen. Natürlich hatte sich Krantze zuerst davon überzeugt, dass der Nachlass keine wissenschaftlichen Schriften aus dem 17. oder frühen 18. Jahrhundert enthielt, dieses schmale Feld war im Herbst seines Lebens zu seiner wirklichen (und einzigen, hatte Van Veeteren leider feststellen müssen) Leidenschaft geworden.

Nach Feierabend am Mittwoch verzehrte er eine düstere, einsame Mahlzeit, sah sich im Fernsehen einen alten De-Sica-Film an und las einige Stunden. Zum ersten Mal seit Erichs Tod spürte er, dass er sich auf andere Dinge konzentrieren konnte; er wusste nicht, ob das mit seinem letzten Gespräch mit Reinhart zusammenhing. Vielleicht, vielleicht nicht. Und wenn doch, warum? Vor dem Einschlafen ging er noch einmal den düsteren Verlauf der Ereignisse durch, der zum Mord an seinem Sohn geführt hatte. Und dem diese Krankenschwester dasselbe Schicksal verdankte.

Er versuchte sich den Mörder vorzustellen. Überlegte sich, dass der nicht die eigentliche Triebkraft gewesen war. Er war offenbar in eine Situation hineingerutscht, in ein immer komplizierteres und teuflisches Dilemma, das er mit allen zur Verfügung stehenden Mitteln zu lösen versucht hatte. Und deshalb hatte er mit einer Art verzweifelter, pervertierter Logik gemordet und gemordet und gemordet.

Und war am Ende selber zum Opfer geworden.

Nein, Reinhart hatte schon Recht. Es war keine schöne Geschichte.

In dieser Nacht träumte er zwei Dinge.

Zuerst träumte er von einem Besuch bei Erich, der im Gefängnis saß. Es war kein sonderlich ereignisreicher Traum; er saß einfach in Erichs Zelle auf einem Stuhl, Erich lag auf dem Bett. Ein Wärter brachte ein Tablett. Sie tranken Kaffee und aßen eine Art weichen Kuchen, ohne miteinander ein Wort zu wechseln; es war eigentlich eher eine Erinnerung als ein Traum. Ein Erinnerungsbild, das vielleicht nicht mehr zu erzählen hatte, als es darstellte. Einen Vater, der seinen Sohn im Gefängnis besucht. Einen Archetyp.

Er träumte auch von G. Von dem Fall G., seinem einzigen unaufgeklärten in all den Jahren. Auch in diesem Traum passierte eigentlich nichts. G. saß in seinem schwarzen Anzug auf der Anklagebank und betrachtete ihn aus der Tiefe seiner mörderischen Augen. Ein sardonisches Lächeln umspielte seine Lippen. Der Staatsanwalt lief hin und her und stellte Fragen, G. antwortete jedoch nicht, er musterte nur Van Veeteren auf der Zuhörertribüne mit dieser charakteristischen Mischung aus Verachtung und Trotz.

Dieser kurze Traum flößte ihm um einiges mehr an Unlust ein, aber nach dem Erwachen wusste er trotzdem nicht mehr, in welcher Reihenfolge er sie geträumt hatte. Welcher der Erste gewesen war. Beim Frühstück fragte er sich, ob sie auf irgendeine Weise aneinander geschnitten worden sein könnten, wie im Film – Erich im Gefängnis und G. vor Gericht – und welche Botschaft sich in diesem Fall in einem solchen Paralleltraum verbergen konnte.

Eine Antwort fand er nicht, vielleicht, weil er das gar nicht wollte. Vielleicht, weil es keine gab.

Als am Donnerstagnachmittag alle Bücher verpackt und die Kartons beschriftet waren, lud er seine eigene Bücherkiste ins Auto, verbrachte zwei Stunden im Schwimmbad und war gegen sechs zu Hause in Klagenburg. Auf dem Anrufbeantworter, den Ulrike ihm geschenkt hatte, fand er zwei Mitteilungen. Die eine stammte von ihr: Sie wolle am Freitag mit Morchelpastete und einer Flasche Wein vorbeischauen, behauptete sie, und sie fragte, ob er nach eigenem Gutdünken und auf eigene Faust Gewürzgurken und anderes Zubehör besorgen könne.

Die andere Mitteilung war von Mahler, der erklärte, er werde um neun Uhr unten im Verein die Figuren aufstellen.

In diesem Augenblick war der *Kommissar* bereit, dem Erfinder des Anrufbeantworters – wer immer es gewesen sein mochte – eine halbe Anerkennung zu zollen.

Es regnete, als er auf die Straße kam, die Luft jedoch war mild, und er ging, wie geplant, über den Friedhof. In der ersten Woche nach Erichs Tod war er jeden Tag dort gewesen, zumeist abends, wenn die Dunkelheit alles mit ihrer behutsamen Decke eingehüllt hatte. Der letzte Besuch war nun aber drei Tage her. Im Näherkommen verlangsamte er seine Schritte, er dachte gar nicht darüber nach, es war einfach ein automatisches, instinktives körperliches Begreifen. Das offene Gelände war um diese Zeit menschenleer, Grabsteine und Gedenkstätten ragten als noch schwärzere Silhouetten in die sie umgebende Dunkelheit hinein. Er konnte nur seine eigenen Schritte auf dem Kiesweg hören, dazu gurrende Tauben und Autos, die weit entfernt in einer anderen Welt schneller fuhren. Er erreichte das Grab. Blieb stehen und lauschte, wie üblich, die Hände in die Manteltaschen gebohrt. Falls es um diese Zeit überhaupt irgendeine Botschaft oder irgendein Zeichen zu deuten gab, dann ging das nur durch das Gehör, das wusste er.

Die Toten sind älter als die Lebenden, dachte er. Egal, wie alt sie waren, als sie die Grenze überquert haben, sie haben eine Erfahrung gemacht, die sie älter als die Lebenden werden lässt.

Sogar ein Kind. Sogar ein Sohn.

In der Dunkelheit konnte er die kleine Namenstafel nicht lesen, die sie aufgestellt hatten, während sie auf den von Renate bestellten Grabstein warten mussten. Plötzlich wünschte er, es sei möglich. Er hätte gern Namen und Datum gelesen und beschloss, beim nächsten Mal im Hellen herzukommen.

Während er noch dort stand, hörte der Regen auf, und zehn Minuten später ging er los.

Verließ seinen Sohn, diesmal mit einem *Schlaf gut, Erich* auf den Lippen.

Wenn es möglich ist, komme ich irgendwann zu dir.

In den Vereinsräumen wimmelte es von Gästen. Mahler war jedoch rechtzeitig gekommen und hatte ihnen die übliche Nische mit dem Stich von Dürer und dem gusseisernen Leuchter gesichert. Er zupfte sich am Bart und schrieb in einem schwarzen Notizbuch, als Van Veeteren eintraf.

»Neue Gedichte«, erklärte er und klappte das Buch zu. »Oder eher alte Gedanken in neuen Worten. Meine Sprache hat schon vor dreißig Jahren aufgehört, mein Gehirn zu transzendieren, und ich weiß auch nicht mehr, was transzendieren bedeutet ... wie geht es dir?«

»Wie ich es verdiene«, sagte Van Veeteren und zwängte sich in die Nische. »Manchmal habe ich das Gefühl, dass ich auch das hier überleben werde.«

Mahler nickte und zog eine Zigarre aus der Brusttasche seiner Weste.

»Das ist unser Los«, sagte er. »Wen die Götter verabscheuen, lassen sie am längsten leiden. Partie?«

Van Veeteren nickte, und Mahler fing an, die Figuren aufzustellen.

Die erste Partie dauerte vierundfünfzig Züge, fünfundsechzig Minuten und drei Bier. Van Veeteren akzeptierte Remis, obwohl er ein Übergewicht von einem Bauern hatte, da es sich um einen Eckbauern handelte.

»Dein Sohn«, fragte Mahler, nachdem er sich eine Weile am Bart gezupft hatte. »Haben sie den Arsch endlich erwischt?«

Van Veeteren leerte sein Glas, ehe er antwortete.

»Vermutlich«, sagte er. »Aber die Nemesis scheint schon vorher zugeschlagen zu haben.«

»Wie meinst du das?«

»Er ist wohl irgendwo vergraben worden, wenn ich das richtig verstanden habe. Erpressungsgeschichte. Erich war nur eine Spielfigur ... diesmal hat er sich wenigstens nicht die Hände schmutzig gemacht. Seltsamerweise ist mir das ein kleiner Trost. Aber ich hätte diesem Arzt gern in die Augen gesehen.«

»Arzt?«, fragte Mahler.

»Ja. Die sollen Leben erhalten, aber dieser hier ist andere Wege gegangen. Hat lieber Leben ausgelöscht. Ich werde dir alles erzählen, aber lieber ein andermal. Wenn du einverstanden bist. Ich brauche doch zuerst ein wenig mehr Distanz.«

Mahler dachte eine Weile nach, dann bat er um Entschuldigung und ging zur Toilette. Van Veeteren drehte sich derweil fünf Zigaretten. Was zwar seiner geplanten Tagesration entsprach, die er allerdings in den letzten Wochen gesteigert hatte.

Und was spielte es schon für eine Rolle? Fünf Zigaretten oder zehn?

Mahler brachte zwei weitere Bier.

»Ich habe einen Vorschlag«, sagte er. »Wir machen einen Fischer.«

»Fischer?«, fragte Van Veeteren. »Was bedeutet das?«

»Ja, weißt du, das ist der letzte Beitrag, den dieser reizende Mensch zum Schachspiel beigesteuert hat, die Figuren werden willkürlich aufgestellt, Figur gegen Figur natürlich. Um sich diese verdammten Analysen bis zum zwanzigsten Zug zu ersparen. Der König zwischen den Türmen, das ist die einzige Bedingung.«

»Das kenne ich«, sagte Van Veeteren. »Ich habe darüber gelesen. Ich habe sogar eine Partie studiert, es sah ziemlich bescheuert aus. Ich hätte nie gedacht, dass ich es selber auch probieren müsste ... analysierst du wirklich bis zum zwanzigsten Zug?«

»Immer«, sagte Mahler. »Also?«

»Wenn du darauf bestehst«, sagte Van Veeteren.

»Ich bestehe darauf«, sagte Mahler. »Prost.«

Er zwinkerte mit den Augen und griff in die Dose.

»Reihe?«

»C«, sagte Van Veeteren.

Mahler stellte seinen weißen Turm auf C 1.

»Herrgott«, sagte Van Veeteren und schaute ihn sich an.

So machten sie weiter. Nur ein Läufer landete in seiner ursprünglichen Position, die Könige waren auf E, die Damen auf G.

»Das Pferd in der Ecke macht sich gut«, sagte Mahler. »Los geht's.«

Er ersparte sich seine übliche Anfangskonzentration und spielte E 2 – E 3.

Van Veeteren stützte den Kopf in die Hände und starrte die Aufstellung an. Blieb zwei Minuten ganz und gar bewegungslos sitzen. Dann schlug er mit der Faust auf den Tisch und sprang auf.

»Satan! Ich könnte schwören ... entschuldige mich mal kurz!«

Er zwängte sich aus der Nische.

»Was ist denn in dich gefahren«, rief Mahler, aber er bekam keine Antwort. Der *Kommissar* hatte sich schon zu einem der Telefone in der Eingangshalle durchgedrängt.

Das Gespräch mit Reinhart dauerte fast zwanzig Minuten, und als er zurückkam, hatte Mahler wieder zu seinem Notizbuch gegriffen.

»Sonette«, erklärte er und betrachtete seine erloschene Zigarre. »Wörter und Form. Wir sehen die Welt mit vierzehn Jahren und vielleicht auch früher ganz klar. Danach brauchen wir fünfzig Jahre, um uns eine Sprache zuzulegen, in die wir diese Eindrücke kleiden können. Die inzwischen natürlich verblasst sind ... was zum Teufel war los mit dir?«

»Du musst entschuldigen«, sagte Van Veeteren noch einmal. »Ab und zu werden wir eben sogar im Herbst des Lebens noch vom Blitz getroffen. Diese verdammte Aufstellung muss ihn herbeigelockt haben.«

Er zeigte auf das Brett. Mahler musterte ihn über seine alten Brillenränder hinweg.

»Du redest in Rätseln«, sagte er.

Die Zeit der Aufklärung war jedoch noch nicht gekommen. Van Veeteren trank einen Schluck Bier, zog einen Läufer aus der Ecke und gab sich Feuer.

»Der Zug des Poeten«, stellte er fest.

VI

36

Kommissar Reinhart traf am Freitag, dem 18. Dezember, um 14.30 Uhr auf dem John-F.-Kennedy-Flughafen ein. Er wurde abgeholt von Chief Lieutenant Bloomguard, mit dem er schon telefoniert und während der vergangenen vierundzwanzig Stunden ein halbes Dutzend Faxe gewechselt hatte.

Bloomguard war Mitte dreißig, ein untersetzter, kurzbeiniger, energischer Mann, der allein schon durch seinen Handschlag die gesamte Großzügigkeit, Offenheit und Wärme der amerikanischen Kultur zu vermitteln schien. Reinhart hatte das Angebot, während seines Aufenthaltes in New York bei ihm in Queens zu wohnen, bereits abgelehnt, konnte diese Ablehnung jedoch auf der Fahrt in die Stadt und durch das verstopfte Manhattan noch mehrere Male wiederholen.

Er checkte im Trump Tower beim Columbus Circle ein. Bloomguard boxte ihm in den Rücken und gab ihm drei Stunden, um sich den Reisestaub abzuspülen. Danach sollte er vor dem Hoteleingang bereitstehen, um zu einem ordentlichen Essen im Familienkreis nach Queens verschleppt zu werden. Das war ja wohl das Mindeste.

Als Reinhart allein war, trat er ans Fenster und schaute hinaus. Zweiundvierzigster Stock mit Blick nach Norden und nach Osten auf Manhattan. Vor allem auf den Central Park, der sich wie eine verfrorene Miniaturlandschaft unter ihm ausbreitete. Die Dämmerung senkte sich bereits, aber der Horizont war noch immer grau und verwischt. Im Warten auf die Nacht schienen die Wolkenkratzer in einer Anonymität zu ruhen, die sich wohl kaum Reinharts fehlender Kenntnis ihrer Namen und Funktionen zuschreiben ließ. Auf jeden Fall nicht ganz und gar, redete er sich ein. Met und Guggenheim hinten an der Fifth Avenue auf der anderen Parkseite konnte er identifizieren, danach wurde er unsicher. Gastfreundlich sah die Gegend auf keinen Fall aus. Eher feindselig. Die Temperatur lag bei einigen Grad unter Null, wie er von Bloomguard wusste, und nachts sollte es noch kälter werden. In diesem Jahr hatte es noch nicht geschneit, aber man konnte ja hoffen.

Reinhart war vor fünfzehn Jahren zuletzt in New York gewesen. Sein einziger Besuch übrigens, und eine Ferienreise im August. Es war heiß wie in einem Backofen gewesen; er wusste noch, dass er vier Liter Wasser pro Tag getrunken und unter wehen Füßen gelitten hatte. Er wusste auch noch, dass ihm die Strandpromenade und die verfallenen Bauten von Coney Island am besten gefallen hatten. Zusammen mit Barnes & Noble, natürlich, vor allem der Filiale in der achten Straße. Die beste Buchhandlung der Welt, die mehr oder weniger rund um die Uhr geöffnet hatte und in der Cafeteria zum ungestörten Lesen einlud.

Die Reise damals war ein Vergnügen gewesen. Er seufzte und verließ das Fenster. Jetzt war er im Dienst. Er duschte, schlief eine Stunde und duschte noch einmal.

Lieutenant Bloomguard war mit einer Frau verheiratet, die Veronique hieß und sich alle Mühe gab, wie Jacqueline Kennedy auszusehen.

Nicht ohne Erfolg. Sie hatten eine Tochter, die zwei Wochen älter war als Reinharts Joanna, und sie wohnten in einem niedrigen, Hacienda-artigen Haus, das im Nordwesten von Queens lag und genauso aussah, wie er sich ein Mittelklassehaus in den USA vorgestellt hatte. Beim Essen erzählte sein Gastgeber (ab und zu angereichert durch Bemerkungen der Gastgeberin) ausgewählte Episoden aus der Familiengeschichte. Sein Vater, der als Soldat in Afrika und in Korea gedient und dafür ein halbes Dutzend Orden sowie eine Beinprothese erhalten hatte, hatte gerade eine dreifache Bypass-Operation hinter sich und schien auf dem Weg der Besserung zu sein. Veronique war gerade dreißig geworden und stammte aus Montana, wo sie auch gern Urlaub machten, um die klare Gebirgsluft zu genießen. Bloomguards jüngere Schwester war draußen in Far Rockaway vergewaltigt worden, hatte nun aber endlich einen Therapeuten gefunden, der sie offenbar wieder auf die Beine bringen konnte, und die Familie war auf koffeinfreien Kaffee umgestiegen, spielte aber mit dem Gedanken, zum normalen zurückzukehren. Und so weiter. Reinhart trug etwa ein Zehntel zu diesem Gespräch bei, und als sie beim Eis angekommen waren, ging ihm auf, dass er über Lieutenant Bloomguard und dessen Familie mehr wusste als über irgendeinen von seinen Kollegen aus Maardam.

Als Veronique sich nach getaner Tat mit Quincey (was Reinhart bisher immer für einen Jungennamen gehalten hatte) zurückzog, ließen die Herren Kriminalpolizisten sich mit einem Cognac vor dem Kamin nieder und setzten zu einer ernsthaften Diskussion des Falls an.

Um halb elf machte sich bei Reinhart der Zeitunterschied bemerkbar. Bloomguard lachte und boxte ihm abermals kumpelhaft in den Rücken. Steckte ihn in ein Taxi und schickte ihn zurück nach Manhattan.

Abgesehen davon, dass er zum Rauchen auf die Terrasse geschickt worden war, hatte Reinhart durchaus einen akzeptablen Abend verbracht.

Er wäre vermutlich schon im Taxi eingeschlafen, wenn der Fahrer nicht ein riesiger singender Puertoricaner gewesen wäre (während Reinhart Puertoricaner immer für klein gehalten hatte), der auch mitten in der Nacht noch eine Sonnenbrille trug. Reinhart dachte an eine Frage aus einem Film, »Are you blind or just stupid«, aber obwohl die ihm während der ganzen Fahrt auf der Zunge lag, wagte er doch nie, sie zu stellen.

Von seinem Zimmer aus rief er Winnifred an und erfuhr, dass es bei ihr Viertel vor sechs Uhr morgens war. Er zog sich aus, ließ sich ins Bett fallen und war gleich darauf eingeschlafen.

Es waren noch fünf Tage bis zum Heiligen Abend.

Am Samstagmorgen fuhr Lieutenant Bloomguard ihn nach Brooklyn. Hinter dem Sunset Park bogen sie von der 5th Avenue ab und hielten dann auf der 44th Street. Nur wenige Häuser von ihrem Ziel entfernt, das an der Ecke der 6th Avenue lag. Einem schmutzig braunen Klinkerhaus mit drei schmalen Stockwerken und dunklen Fenstern, das sich durch nichts von den anderen Häusern der Gegend unterschied. Eine kurze Treppe führte zur Haustür hoch, zwei müde Müllsäcke lagen vor dem Haus auf der Straße.

Latinos und orthodoxe Juden, hatte Bloomguard erklärt. Und Polen. Das ist der größte Bevölkerungsanteil hier draußen, die Juden wohnen aber zumeist ein Stück weiter oben, um die 10th und 11th.

Sie blieben eine Weile im Auto sitzen, und Reinhart versuchte noch einmal zu betonen, wie brisant diese erste Begegnung war. Wie verdammt brisant. Bloomguard verstand den Wink.

»Ich warte im Auto«, sagte er. »Geh du hinein, mir fällt es so schwer, die Klappe zu halten.«

Reinhart nickte und stieg aus. Warf einen Blick auf den Park, auf die weite Rasenfläche und die grauweiße, niedrige Sporthalle in der Mitte. Und auf etwas, das aussah wie ein Schwimmbad. Das hier sei absolut kein Touristenviertel, hatte Bloomguard gesagt. Und auch kaum eine Gegend für ehrsame Menschen. Zumindest nicht nachts. Nach Einbruch der Dunkelheit änderte der Sunset Park seinen Namen zu Gunshot Park. Zumindest im Volksmund.

Im Moment sah alles ziemlich friedlich aus. Ein Jogger mühte sich einen asphaltierten Gehweg hinauf, einige offenbar arbeitslose Herren mit Wollmützen saßen auf einer Bank und ließen eine in eine Papiertüte eingewickelte Flasche zwischen sich umherwandern. Zwei dicke Frauen zogen einen Kinderwagen und unterhielten sich mit großen Gesten. Einer der kahlen Bäume war mit Schuhen voll gehängt, und Reinhart erinnerte sich, dieses Motiv einmal auf einer Postkarte gesehen zu haben. Er wusste nicht mehr, wer sie geschrieben hatte.

Es war kalt in der Luft. Ein eisiger Wind kam vom Hudson River hochgefegt, der Schnee schien nicht weit weg zu sein. Die Aussicht war großartig. Im Norden hob sich die Skyline von Manhattan von einem stahlgrauen Himmel ab, ein wenig weiter westlich sah er die gesamte Hafeneinfahrt mit der Freiheitsstatue und Staten Island.

Dort sind sie angekommen, dachte Reinhart. Das hier ist dann die Neue Welt geworden.

Er ging vorbei an drei Häusern und vier Autos; an großen, leicht angerosteten Straßenkreuzern, und erreichte die Nummer 602. Die Ziffern zeigten die Position an. Das zweite Haus zwischen der 6th und der 7th Avenue, hatte er gelesen. Er stieg die acht Treppenstufen hoch und schellte. Ein Hund bellte los.

Brisant, dachte er noch einmal. Verdammt brisant.

Die Tür wurde von einem Jungen von vielleicht dreizehn mit Brille und vorstehenden Zähnen geöffnet. Er hielt ein Butterbrot mit Schokolade in der Hand.

»Ich suche Mrs. Ponczak«, sagte Reinhart.

Der Junge rief etwas ins Haus hinein, und bald darauf kam eine kräftige Frau die Treppe herab und grüßte.

»Das bin ich«, sagte sie. »Ich bin Elizabeth Ponczak. Worum geht es?«

Reinhart stellte sich vor und wurde in die Küche gebeten. Das Wohnzimmer war von dem Jungen und einem Fernseher belegt. Sie ließen sich an einem schmalen, gebrechlichen Kunststofftisch nieder, und Reinhart sagte seinen sorgfältig vorbereiteten Spruch auf. Auf Englisch, warum, wusste er nicht.

Es dauerte einige Minuten, und die ganze Zeit saß die Frau vor ihm und streichelte eine gelbgraue Katze, die auf ihren Schoß gesprungen war. Der bellende Hund schien ins Nachbarhaus zu gehören, ab und zu konnten sie ihn heulen oder knurren hören.

»Ich verstehe Sie nicht«, sagte sie schließlich. »Warum sollte er zu mir kommen? Wir haben seit fünfzehn Jahren keinen Kontakt mehr. Es tut mir Leid, aber ich kann Ihnen nicht weiterhelfen.«

Ihr Englisch war schlechter als seins, wie er feststellte.

Vielleicht sprach sie mit Mr. Ponczak, falls ein solcher vorhanden war, Polnisch. Zu Hause schien dieser Mann im Moment jedenfalls nicht zu sein.

Ja ja, dachte Reinhart. Das wäre das.

Er selber hatte nicht die Wahrheit gesagt. Aber was war mit ihr? Das konnte er nicht beurteilen. Während seines Vortrags hatte er ihre Reaktionen genau beobachtet, nichts jedoch hatte darauf hingewiesen, dass sie etwas verhehlte oder irgendeinen Verdacht hegte.

Wenn sie nur nicht so phlegmatisch wäre, überlegte er sich gereizt. Solche dicken trägen Menschen hatten nie Probleme, wenn sie etwas verbergen wollten. Das hatte er schon häufiger überlegt. Die konnten einfach leer vor sich hinlotzen, wie sie das sonst auch immer machten.

Als er wieder auf der Straße stand, wusste er, dass das eine ungerechte Verallgemeinerung gewesen war. Ungerecht und unangebracht. Aber zum Teufel, er war doch mit dieser einen Trumpfkarte über den Atlantik gereist. Mit einer jämmerlichen Trumpfkarte, die er ausgespielt und mit der er nicht den kleinsten Stich gemacht hatte.

Er wanderte zu Bloomguard und dem Wagen.

»Na, wie ist's gelaufen?«, fragte Bloomguard.

»Nada«, sagte Reinhart. »Leider.«

Er ließ sich auf den Beifahrersitz sinken.

»Können wir irgendwo einen Kaffee trinken? Mit Koffein?«

»Sicher«, sagte Bloomguard und ließ den Motor an. »Plan B?«

»Plan B«, seufzte Reinhart. »Vier Tage, wie gesagt, dann scheißen wir darauf. Ich habe so viel Zeit, wie ich brauche. Und es steht fest, dass du weiter mitmachen kannst?«

»Aber sicher«, sagte Bloomguard begeistert. »Und du brauchst auch nicht selber den Spion zu spielen. Wir haben in dieser Stadt allerlei Ressourcen, es weht jetzt sozusagen ein anderer Wind als vor fünfzehn Jahren. Zero Tolerance, anfangs war ich ja skeptisch, das gebe ich zu, aber Tatsache ist, dass es funktioniert.«

»Das habe ich gehört«, sagte Reinhart. »Aber ich will hier nicht den Touristen spielen. Außerdem müssen wir das rund um die Uhr machen, sonst können wir es gleich sein lassen.«

Bloomguard nickte.

»Du bekommst ein Auto gestellt«, sagte er. »Wir machen einen Zeitplan, und du kreuzt die Zeiten an, die du übernehmen willst. Um den Rest kümmere ich mich. Okay, compadre?«

»No problem«, sagte Reinhart.

Als es dann so weit war, verschob er seine erste Schicht auf den Sonntag. Bloomguard sagte, ab vier Uhr am Samstagnachmittag werde an der Ecke 44th Street und 6th Avenue ein Wagen mit zwei Zivilfahndern Posten stehen. Reinhart verbrachte den Nachmittag und den Abend mit einem Streifzug durch Manhattan. Soho. Little Italy. Greenwich Village und Chinatown. Am Ende landete er bei Barnes & Noble. Das war sozusagen unvermeidlich. Er las. Trank Kaffee und aß Schokoladenkuchen und hörte sich Dichterlesungen an. Kaufte fünf Bücher. Um halb zehn ging er wieder los und fand die richtige U-Bahn zum Columbus Circle. Als er die U-Bahnstation verließ, schneite es.

Was mache ich hier, dachte er. In dieser Stadt gibt es über sieben Millionen Menschen. Wie kann ich mir einbilden, dass ich jemals den Richtigen finden werde? Eher verirre ich mich selber und verschwinde, als dass ich etwas entdecke.

Im Fahrstuhl fiel ihm ein, dass es der *Kommissar* gewesen war, der ihn davon überzeugt hatte, dass dieser Plan gelingen könnte, aber im Moment war das ein ziemlich schwacher Trost. Zumindest jetzt und in der Einsamkeit des Samstagabends.

Als er anrief und Winnifred zum zweiten Mal hintereinander nachts weckte, erzählte sie, dass auch in Maardam der Schnee fiel.

37

Moreno war mit Marianne Kodesca im Roten Moor zum Mittagessen verabredet. Laut Inspektor Rooth war das Rote Moor ein Stammlokal von Frauen zwischen vierunddreißigeinhalb und sechsundvierzig, die sich von Möhren und Keimen ernährten, elegante Damenzeitschriften lasen und einen oder zwei Kerle auf den Schrotthaufen der Geschichte geworfen hatten. Moreno hatte noch nie einen Fuß in dieses Restaurant gesetzt und war ziemlich sicher, dass Rooth auch noch nie dort gewesen war.

Frau Kodesca (in zweiter Ehe mit einem Architekten verheiratet) hatte nur eine Dreiviertelstunde. Sie hatte einen wichtigen Termin, und über ihren ersten Mann konnte sie wirklich nichts sagen.

Das hatte sie bereits am Telefon klargestellt.

Sie aßen Salat della Piranesi, tranken Mineralwasser mit einem Schuss Limonensaft und hatten einen guten Blick auf den Marktplatz, der zum ersten Mal seit undenklichen Zeiten schneebedeckt war.

»Pieter Clausen«, sagte sie, als sie fand, das einleitende Geplänkel könnte ein Ende haben. »Können Sie ein wenig über ihn erzählen? Wir brauchen ein deutlicheres psychologisches Portrait, sozusagen.«

»Hat er etwas angestellt?«, fragte Marianne Kodesca und zog die Augenbrauen bis zum Haaransatz hoch. »Warum suchen Sie ihn? Das müssen Sie mir nun wirklich erklären.«

Sie zog ihren rostroten Schal so zurecht, dass das Etikett besser zu sehen war.

»Das steht noch nicht so ganz fest«, sagte Moreno.

»Nicht? Sie müssen doch wissen, warum Sie ihn suchen?«

»Er ist verschwunden.«

»Ist ihm etwas zugestoßen?«

Moreno legte ihr Besteck hin und wischte sich mit der Serviette den Mund.

»Wir haben einen gewissen Verdacht gegen ihn.«

»Verdacht?«

»Ja.«

»Weshalb?«

»Das darf ich Ihnen nicht sagen. Sie müssen entschuldigen.«

»Er hat wirklich noch nie solche Tendenzen gezeigt.«

»Was für Tendenzen?«

»Kriminelle. Davon ist hier doch die Rede?«

»Haben Sie noch immer Kontakt zueinander?«, fragte Moreno.

Marianne Kodesca ließ sich im Sessel zurücksinken und betrachtete Moreno mit einem Lächeln, das mit Zirkel in eine Kühlschranktür geritzt worden zu sein schien. Sicher hat sie Zahnschmerzen, dachte Moreno. Ich kann sie nicht leiden. Muss mich zusammenreißen, damit ich keinen blöden Spruch bringe.

»Nein, wir haben keinen Kontakt.«

»Wann haben Sie ihn zuletzt gesehen?«

»Gesehen?«

»Getroffen. Nennen Sie es, wie Sie wollen.«

Kodesca zog durch die Nase einen Kubikmeter Luft ein und dachte nach.

»Im August«, sagte sie und stieß die Luft aus. »Hab ihn seit August nicht mehr gesehen.«

Moreno machte sich Notizen. Nicht, weil das nötig gewesen wäre, sondern um ihre Aggressionen abzulenken.

»Wie möchten Sie ihn beschreiben?«

»Ich möchte ihn gar nicht beschreiben. Was wollen Sie wissen?«

»Ich brauche einfach ein ausführlicheres Bild«, wiederholte Moreno. »Allgemeine Eigenschaften und so.«

»Was denn, zum Beispiel?«

»Ob er manchmal gewalttätig war, zum Beispiel.«

»Gewalttätig?«

Sie fischte dieses Wort mit spitzen Fingern aus einer anderen Gesellschaftsklasse.

»Ja. Hat er bisweilen zugeschlagen?«

Weiterhin spitze Finger.

»Wenn Sie dieses Gespräch lieber auf der Wache fortsetzen möchten, dann lässt sich das problemlos einrichten«, erklärte Moreno freundlich. »Das hier ist vielleicht nicht die richtige Umgebung.«

»Hmm«, sagte Marianne Kodesca. »Verzeihen Sie, es hat mir nur die Sprache verschlagen. Wofür halten Sie uns eigentlich? Ich kann mir schon vorstellen, dass Pieter etwas zugestoßen ist, aber dass er selber ... nein, das ist ausgeschlossen. Vollständig ausgeschlossen, das können Sie sich in Ihrem Büchlein notieren. Haben Sie sonst noch Wünsche?«

»Wissen Sie, ob er seit der Scheidung eine neue Beziehung eingegangen ist?«

»Nein«, antwortete Marianne Kodesca und schaute aus dem Fenster. »Diese Abteilung macht mir kein Kopfzerbrechen mehr.«

»Ich verstehe«, sagte Moreno. »Und Sie haben also keine Ahnung, wo er stecken kann? Er ist seit zehn Tagen verschwunden ... er hat nichts von sich hören lassen, oder so?«

Eine unwillige Falte zeigte sich an Kodescas rechtem Nasenflügel und Mundwinkel und ließ sie im Handumdrehen fünf Jahre älter aussehen.

»Ich habe doch schon erklärt, dass wir keinen Kontakt mehr miteinander haben. Sind Sie eigentlich begriffsstutzig?«

Ja, dachte Moreno. Ich kann nicht begreifen, wieso du jetzt schon zum zweiten Mal verheiratet bist.

Obwohl sie Marianne Kodesca vielleicht nicht von deren allerbester Seite gesehen hatte.

Eine halbe Stunde darauf fand sie Jung in dessen Zimmer im Polizeigebäude.

»Liz Vrongel«, sagte Jung. »Spurlos verschwunden.«

»Die auch?«, fragte Moreno.

Jung nickte.

»Aber schon vor zwanzig Jahren. Sie war ein Jahr mit Keller verheiratet ... zehn Monate, wenn wir pingelig sein wollen ... danach haben sie sich scheiden lassen, und sie ist nach Stamberg gezogen. Verwirrtes Häschen offenbar. Hat sich allen möglichen Protestbewegungen angeschlossen, wurde aus Greenpeace ausgeschlossen, weil sie einen Polizisten ins Gesicht gebissen hat. Hatte mit einigen Sekten zu tun und ist vermutlich zu Beginn der achtziger Jahre nach Kalifornien gegangen. Danach verliert sich ihre Spur. Ich weiß nicht, ob es viel bringen würde, nach ihr zu suchen.«

Moreno seufzte.

»Vermutlich nicht«, sagte sie. »Wir sollten uns wohl lieber auf die Weihnachtsfeiern konzentrieren und hoffen, dass Reinhart aus New York etwas mitbringt.«

»Hältst du das für wahrscheinlich?«

»Nicht sehr«, sagte Moreno. »Wenn ich ehrlich sein soll.«

»Wie war Clausens Ex-Frau denn so?«

Moreno überlegte kurz, wie sie sich ausdrücken sollte.

»Ein anderer Typ als Kellers Ex auf jeden Fall«, sagte sie. »Der diskrete Faschismus der Bourgeoisie, so ungefähr. Oder eigentlich gar nicht so diskret, wenn ich mir das genauer überlege. Aber sie konnte mir nichts sagen, und ich glaube nicht, dass ich noch einmal mit ihr reden möchte.«

»Reiches Miststück?«, fragte Jung.
»So ungefähr«, sagte Moreno.
Jung schaute auf die Uhr.
»Ja ja, so so«, sagte er. »Können wir jetzt nicht nach Hause gehen? Maureen redet schon davon, dass ich mir eine andere Arbeit suchen soll. Und fast möchte ich ihr zustimmen.«
»Und was möchtest du werden?«, fragte Moreno.
»Weiß ich nicht so recht«, sagte Jung und zupfte sich nachdenklich an der Unterlippe. »Platzanweiser klingt doch nett.«
»Platzanweiser?«
»Ja. So einer, der im Kino Leute mit einer kleinen Taschenlampe zu ihrem Sitz führt und in der Pause Eis verkauft.«
»So Leute gibt's nicht mehr«, sagte Moreno.
»Schade«, sagte Jung.

Am Sonntagmorgen fuhr Kommissar Reinhart allein in die 44th Street nach Brooklyn. Er kam genau eine halbe Stunde zu spät; die Nachtwache war eben gegangen, aber das braune Haus mit der Nummer 602 über der Haustür war dennoch nicht unbeobachtet. Bloomguard hatte einen weiteren Wagen geschickt – er wusste ja, dass der europäische Kollege sich in der Stadt nicht sonderlich gut auskannte.

Er hielt zwischen 554 und 556, wo es eine Parklücke gab, stieg auf der anderen Straßenseite in das Auto – ein dreißig Meter langes Oldsmobile – und wünschte Guten Morgen.

Sergeant Pavarotti war klein und dünn und sah unglücklich aus. Reinhart wusste nicht, ob das am Namen lag oder andere Gründe hatte.

Daran, dass er einen ganzen Sonntag in einem alten Auto in Brooklyn verbringen musste zum Beispiel.

»Ich habe schon oft mit einem Namenswechsel geliebäugelt«, erklärte Pavarotti. »Manchmal gerate ich in Situationen, wo ich verdammt viel lieber Mussolini heißen würde. Ich singe schlimmer als ein Esel. Wie sieht's in Europa denn so aus?«

Reinhart erklärte, es sei so, wie es sei, und fragte, ob Pavarotti besondere Interessen habe.

Baseball und Actionfilme, wie sich herausstellte. Reinhart blieb noch fünf Minuten sitzen, dann ging er zu seinem eigenen Wagen zurück. Er hatte Bloomguard gefragt, ob es nicht auffallen würde, wenn er hier Stunde um Stunde in einem Auto hinter dem Lenkrad säße, aber Bloomguard hatte nur gelacht und den Kopf geschüttelt.

»Die Leute in diesen Buden schauen nie aus dem Fenster«, hatte er erklärt. »Außerdem sitzen hier überall einsame Männer in ihren Karren, dreh einfach eine Runde, dann siehst du es auch.«

Eine Weile darauf machte Reinhart einen Spaziergang durch das ausgedehnte Viertel und konnte feststellen, dass Bloomguard die Wahrheit gesagt hatte. Auf beiden Straßenseiten standen überdimensionale Autos, und in jedem fünften oder sechsten saß ein Kaugummi kauender oder rauchender Mann. Oder einer, der in einer Tüte Kartoffelchips herumgrub. Die meisten trugen dunkle Sonnenbrillen, obwohl die Sonne weiter entfernt zu sein schien als das Mittelalter. Was soll das bloß?, dachte Reinhart.

Außerdem war es kalt, sicher mehrere Grad unter Null, und derselbe feindselige Wind wie am Vortag kam vom Fluss herauf.

Ich begreife diese Gesellschaft nicht, dachte Reinhart. Was zum Teufel machen die Leute hier? Was haben sie für Lebenslügen, die wir nicht kennen?

Er schickte Pavarotti zu einer Kaffeepause. Pavarotti schien nicht so recht zu wissen, ob er von diesem zweifelhaften Kommissar überhaupt einen Befehl entgegennehmen durfte, zog aber am Ende dann doch los.

Reinhart kletterte über die niedrige Steinmauer, die den Sunset Park umgab, und setzte sich auf eine Bank. Von hier aus hatte er Nummer 602 ebenso gut im Blick wie vom Wagen her, und er glaubte nicht, dass Frau Ponczak ihn wiedererkennen würde. Mit Wollmütze, dickem Schal und altem Militärmantel sah er wie irgendein Penner aus, wie eine dieser vom Winde hin und her getriebenen Existenzen, die sich nicht einmal ein Auto leisten könnten, um sich hineinzusetzen und auf den Tod zu warten.

Es war zehn nach elf, als Frau Ponczak aus dem Haus kam. Pavarotti war noch nicht wieder zurück, obwohl er schon vor über einer Stunde aufgebrochen war. Reinhart dachte kurz nach und beschloss dann der Frau zu folgen.

Sie ging die 5th Avenue entlang und bog dann nach links ab. Mit leichtem Watschelgang und ein wenig hinkend. Einen Moment lang glaubte er, sie sei zur U-Bahnstation in der 42th Street unterwegs ... aber dann verschwand sie im Minimarkt an der Ecke. Reinhart ging vorbei und stellte sich auf die andere Straßenseite. Stopfte sich mit Fingern wie Eiszapfen eine Pfeife.

Nach fünf Minuten kam sie mit einer Plastiktüte in jeder Hand wieder zum Vorschein. Ging auf demselben Weg über die 5th Avenue, auf dem sie gekommen war. Bog wieder in die 44th Street ab und war eine Minute darauf zu Hause in Nummer 602.

Reinhart setzte sich ins Auto. Ja ja, dachte er. Vermutlich der dramatische Höhepunkt des Tages. *Mrs. Ponczak goes shopping.* Klang wie ein englisches Sozialdrama.

Auf jeden Fall hatte er richtig getippt, wie sich herausstellte. Weder Frau Ponczak noch ihr träger Sohn mochten an diesem eiskalten, windigen Dezembersonntag das Haus verlassen, und warum hätten sie das auch tun sollen? Es gab doch zum Beispiel den Fernseher. Irgendein eventueller Herr Ponczak ließ sich nicht sehen, und Reinhart nahm an, dass er irgendwo im Haus herumlungerte und Zeitung las oder seinen Rausch ausschlief, wenn es ihn denn wirklich gab. Er an Herrn Ponczaks Stelle hätte das jedenfalls getan.

Er selber wanderte im Sunset Park herum oder saß neben dem düsteren Pavarotti im Auto. Er griff die Frage auf, wie sie sich verhalten sollten, falls ihr Fahndungsobjekt noch einmal das Haus verließe. Pavarotti meinte, das Haus sei das Fahndungsobjekt, nicht seine Besitzerin, das habe Bloomguard klar gesagt. Ausdrücklicher Befehl. Um unnötige Missverständnisse zu vermeiden, rief Reinhart Bloomguard zu Hause in Queens an und ließ sich neue Instruktionen geben. Falls Objekt Ponczak (Mrs.) Objekt Ponczak (Haus) verließe, solle Pavarotti Erstere beschatten. Reinhart solle unter allen Umständen an der besagten Straßenecke warten, da er für Verfolgungsaufgaben in einer Stadt von sieben Millionen Einwohnern, von denen ihm sechs Personen, zwei Parks und fünf Gebäude namentlich bekannt waren, als nicht hundertprozentig geeignet erschien.

Gegen zwei Uhr holte Pavarotti für jeden einen Karton Junkfood, um vier Uhr hatte Reinhart das erste der bei Barnes & Noble erstandenen Bücher gelesen – *Sun Dogs* von Robert Olen Butler – und um Punkt 18.00 Uhr wurden sie von der Nachtschicht abgelöst.

Ansonsten geschah nichts, weder in Haus Nummer 602 noch in der Umgebung.

Wenn ich auf dem Rückweg ins Hotel nicht überfahren oder überfallen werde, dachte Reinhart, dann kann hier absolut die Rede von einem ruhigen Sonntag sein.

Ihm passierte weder das eine noch das andere. Nachdem er seine Körpertemperatur so ungefähr auf Normalniveau hochgebadet hatte, rief Bloomguard an, um ihn zu einer kleinen Zwischenmahlzeit einzuladen, aber er lehnte dankend ab. Machte einen langen und dunklen Spaziergang durch den Central Park (abermals, ohne überfallen oder überfahren zu werden), aß in einem italienischen Restaurant auf der 49th Street zu Abend und kehrte gegen elf Uhr zum Hotel und zum nächsten Buch zurück.

Einem so dünnen Faden bin ich wohl noch nie gefolgt, dachte er. Noch drei Tage. Vergeudet, wie Rosen für eine

Ziege. Ohne den *Kommissar* und seine verdammte Intuition, da ...

Er stellte den Wecker auf 02.15 Uhr, und als der schellte, hatte er anderthalb Stunden geschlafen. Er brauchte eine Weile, um sich daran zu erinnern, wie er hieß, wo er sich befand und warum er hier war. Und warum er sich hatte wecken lassen.

Danach führte er ein transatlantisches Telefongespräch und hörte die morgenmuntere Stimme seiner Tochter.

38

Der Montag verlief ein wenig ereignisreicher als der Sonntag.

Aber nur ein wenig. Reinhart hatte eben erst am Sunset Park Position bezogen, als sowohl Mutter als auch Sohn Ponczak aus dem Haus kamen. Pavarotti war für diesen Tag gegen einen um einiges optimistischeren Sergeant Baxter ausgetauscht worden, der aussah wie eine gelungene Kreuzung zwischen einer Bulldogge und einem jungen Robert Redford, und nach kurzer Überlegung stieg der Sergeant aus dem Wagen und folgte Mrs. Ponczak zur 5th Avenue. Der Sohn lief in die genau entgegengesetzte Richtung, nach Westen, auf die 7th Street zu, aber Reinhart hielt ihn für weniger interessant (auch in diesem Land besuchten Kinder wohl die Schule, nahm er an) und blieb in Baxters Auto sitzen.

Eine Stunde und zehn Minuten vergingen, bis dann wieder etwas passierte. Baxter rief aus einem Warenhaus unten am Pacific (noch immer Brooklyn) an und berichtete, dass er Kaffee trank (mit Koffein), und zwar in einer Cafeteria, die der Drogerie, in der Mrs. Ponczak offenbar arbeitete (zumindest an diesem Tag), genau gegenüberlag.

Da 602 verlassen zu sein schien (Mr. Ponczaks Existenz wirkte mit jeder Stunde unwahrscheinlicher) beschloss Reinhart, dass Baxter weiter Kaffee trinken und das bewegliche Objekt bewachen sollte, während er sich um das weniger bewegliche Haus am Sunset Park kümmerte.

Herrgott, dachte er nach dem Gespräch mit Baxter. Hab ich vor fünfundzwanzig Jahren auch schon so was gemacht?

Um halb eins hatte er sechzig Seiten von James Ellroys *My Dark Places* gelesen und fragte sich abermals, in was für einem Land er sich hier befand. Um ein Uhr verließ er für einige Minuten den Wagen, um sich im Minimarkt an der Ecke 6th und 45th Street etwas zu essen zu holen. Er kaufte Bananen, eine Flasche Mineralwasser, einen Schokoladenkuchen und einige Bagels; offenbar lag an jeder Straßenecke so ein Minimarkt, er hatte die freie Auswahl. Als er zum Auto zurückging, spürte er, dass die Luft ein wenig milder geworden war, und eine Viertelstunde darauf fing es an zu regnen. Er schaute sich weiter in Ellroys morbider Welt um und telefonierte zweimal mit Baxter und Bloomguard. Um halb vier kam Ponczak jr. zusammen mit einem rothaarigen Schulkameraden nach Hause, und eine halbe Stunde später wurde Reinhart abgelöst.

Montag, dachte er auf dem Weg nach Manhattan. Noch zwei Tage.

Was zum Teufel mache ich hier eigentlich?

Obwohl die schmutzige Dämmerung bereits in der Luft hing, fuhr er mit der Fähre nach Staten Island hinüber. Erwischte gerade noch den Bus nach Snuck's Harbor, wo er dann eine Stunde zwischen verrottenden Blättern herumwanderte – vor fünfzehn Jahren war er mit einer jungen Frau hier gewesen, deshalb war er wieder hergekommen, aber es war nicht dasselbe Gefühl. Damals war es dreißig Grad über Null gewesen, und die Blätter hatten an den Bäumen gehangen.

Sie hatte Rachel geheißen, hieß hoffentlich immer noch so, und er wusste noch, dass er sie vier Tage lang leidenschaftlich geliebt hatte. Mit Kopf, Herz und Schwanz. Am fünften Tag hatte der Kopf (und vielleicht auch das Herz) ein Veto eingelegt, und nach dem sechsten hatten sich Rachels und seine Wege getrennt.

Den Abend verbrachte er zusammen mit Bloomguard in einem asiatischen Restaurant in der Canal Street. Bloomguard hätte ihn auch gern ins Police Plaza mitgenommen, um ihm die neuesten technischen Errungenschaften in Bezug auf Verbrechensbekämpfung zu zeigen (elektronische Abhöranlagen, Laser-Sweeper und so weiter), aber Reinhart lehnte so höflich wie möglich ab.

Gegen Mitternacht war er wieder im Hotel. Winnifred hatte ein Fax mit Joannas Handumrissen und der Mitteilung geschickt, dass sie ab dem 27. vierzehn Tage lang über Professor Gentz-Hilliers Haus in Limbuijs verfügen könnten.

Er schob das Fax unter das Kopfkissen und schlief ein, ohne zu Hause anzurufen.

Als er am Dienstagmorgen zum Sunset Park kam, begriff er zunächst nicht, was Sergeant Pavarotti zu ihm sagte.

»Der Ficker ist drinnen.«

»Was?«, fragte Reinhart.

»Da. Der Arsch. Drinnen im Haus.«

Er deutete über seine Schulter nach hinten.

»Wer?«

»Der Kerl, den du suchst, Mann. Was glaubst du eigentlich, warum wir hier sitzen?«

»Was sagst du da, zum Teufel«, sagte Reinhart. »Was ... ich meine, was hast du gemacht? Woher weißt du, dass er im Haus ist?«

»Weil er vor meinen Augen hineingegangen ist, natürlich. Vor einer Viertelstunde. Er kam die 5th herunter ... vermutlich mit der U-Bahn bis zur 45th. Latschte an mir vorbei, ging die Treppe hoch, klingelte und ... dann hat sie ihn reingelassen. Der Junge war erst vor fünf Minuten zur Schule gegangen. Die sind drinnen, wie gesagt.«

»Jesusfuckingchrist«, sagte Reinhart als Beweis dafür, dass

er begriffen hatte. »Und welche Maßnahmen hast du ergriffen?«

»Ich halte mich natürlich an meine Anweisungen«, schnaubte Pavarotti. »Er ist schon unterwegs. Kann jeden Moment hier sein.«

Reinhart hatte das Gefühl, plötzlich aus einem drei Tage langen Schlaf erwacht zu sein.

»Gut«, sagte er. »Verdammt gut.«

»Das wird eine einfache Operation«, stellte Bloomguard fest, »aber wir dürfen kein Risiko eingehen. Zwei Mann gehen auf die Rückseite. Zwei decken Straße und Fenster nach vorn. Zwei klingeln ... ich selber und Commissioner Reinhart. Es gibt keinen Grund zu der Annahme, dass er bewaffnet ist, aber wir gehen trotzdem wie immer vor.«

Wie immer?, dachte Reinhart.

Zwei Minuten später war die Verstärkung zur Stelle. Pavarotti blieb mit dem Telefon in der einen und einer Waffe in der anderen Hand im Wagen sitzen. Auf ein Zeichen von Bloomguard ging Reinhart die acht Treppenstufen hoch und klingelte. Bloomguard folgte in zwölf Zentimeter Entfernung. Mrs. Ponczak öffnete die Tür.

»Ja?«, fragte sie überrascht.

Drei Sekunden später standen vier Mann im Haus. Die Sergeants Stiffle und Johnson nahmen das Obergeschoss. Bloomguard und Reinhart stürmten Küche und Wohnzimmer im Parterre.

Er saß in der Küche.

Als Reinhart ihn entdeckte, hatte er sich gerade auf seinem Stuhl halb umgedreht und die beiden kräftigen Polizisten entdeckt, die auf dem Küchenbalkon standen und mit ihren 7,6 Millimeter Walthers auf ihn zielten. Bloomguard stand Schulter an Schulter mit Reinhart und zielte ebenfalls.

Reinhart stopfte seine Waffe in den Halfter und räusperte sich.

»Dr. Clausen«, sagte er. »Ich habe das zweifelhafte Vergnügen, Sie wegen Mordes an Erich Van Veeteren und Vera Miller zu verhaften. Sie haben das Recht zu schweigen, alles, was Sie sagen, kann gegen Sie verwandt werden.«

Der andere sank ein wenig, aber wirklich nur ein wenig, in sich zusammen. Stellte seine Kaffeetasse auf den Tisch. Schaute Reinhart ins Gesicht, ohne eine Miene zu verziehen. Sein dunkles Gesicht sah verhärmt aus: Es zeigte einen Zweitagebart und dunkle Ringe unter den Augen. Schläft wohl nicht gut, dachte Reinhart. Wäre ja auch kein Wunder.

Aber es gab noch einen weiteren Zug, der ganz frisch zu sein schien. Als sei er erst vor kurzer Zeit in diesem Gesicht gelandet. Einen entspannten Zug.

So war es wohl. Vielleicht empfand er jetzt endlich Entspannung.

»Keller«, sagte er mit schwacher Stimme, es war nur ein Flüstern. »Sie haben Keller vergessen. Den habe ich auch umgebracht.«

»Das haben wir schon vermutet«, sagte Reinhart.

»Es tut mir Leid.«

Reinhart sagte nichts dazu.

»Das alles tut mir Leid, aber dass ich Keller umgebracht habe, freut mich.«

Reinhart nickte.

»Den Rest erledigen wir auf der Wache. Bringt ihn weg.«

Mrs. Ponczak hatte kein Wort gesagt, seit sie hereingestürmt waren, und sie sagte auch kein Wort, als ihr Bruder abgeführt wurde.

Reinhart ging in der Diele als Letzter an ihr vorbei; er blieb einen Moment stehen und suchte nach etwas, das er sagen könnte.

»Verzeihen Sie unser Eindringen«, war das Einzige, was ihm einfiel. »Wir lassen von uns hören.«

Sie nickte und schloss hinter ihm die Tür.

Er verhörte Pieter Clausen drei Stunden lang in einem hellblauen Zimmer auf der Wache des 22. Polizeibezirks. Nahm alles auf Band auf, doch Abschrift und Unterschrift mussten wegen der Sprachenprobleme noch warten. Danach ließ er Clausen unter sicherer Bewachung in der Zelle zurück und rief von Bloomguards Büro aus in Maardam an. Nach einer Weile hatte er Moreno an der Strippe.

»Ich bringe ihn morgen Abend«, erklärte er. »Er hat alles zugegeben, ich glaube, er weiß, dass jetzt alles zu Ende ist.«

»Was ist aus Keller geworden?«, fragte Moreno.

Reinhart holte tief Luft und fing an zu erklären.

»Er hat ihn umgebracht. Hatte herausgefunden, wer er war ... stand ganz einfach im Hinterhalt und hat ihn erschlagen. Im Grunde wie bei Erich und Vera Miller. Und das vor dem Haus in Boorkheim, mitten in der Wohnsiedlung, aber es war spät in der Nacht, und niemand hat etwas gesehen ... in dem Moment, als Keller losfahren und das Geld holen wollte. Ja, und wenn er etwas nicht bereut, dann, dass er Keller abgemurkst hat. Er behauptet, dass Keller gewusst haben muss, dass er ihm auf die Spur gekommen war, in dieser Nacht hatte er sich mit einem großen Messer bewaffnet. Aber Clausen war eben schneller. Tja, danach hat er sich ins Auto gesetzt, ist nach Linzhuisen gefahren und hat ihn in einem Waldgebiet verbuddelt. Er hat mir die Stelle beschrieben, aber das hat vielleicht noch zwei Tage Zeit.«

»Sicher«, sagte Moreno. »Der Frost wird ihn schon konservieren. Hier wird es jetzt Winter. Und wie hat er den Rollentausch bewerkstelligt?«

»Ganz einfach. Ehe er Keller vergraben hat, hat er dessen Schlüssel und Brieftasche einkassiert. Ist zurück nach Boorkheim gefahren, in Kellers Wohnung gegangen und ... ja, hat dessen Identität an sich gerissen, könnten wir wohl sagen. Sie haben sich ziemlich ähnlich gesehen, das war dem *Kommissar* ja aufgefallen, und wer zum Teufel sieht schon aus wie sein Passbild? Am Freitag hat er den Flug nach New York gebucht, hat gegen Mittag den Roller geholt und ist damit nach Sechshafen gefahren. Hat eine Nacht im Flughafenhotel verbracht und sich dann in den Flieger gesetzt. Kein Problem bei der Passkontrolle ... automatisch erteiltes Touristenvisum für zwei Monate und weiße Hautfarbe lösen alle Probleme, möchte ich meinen. Hat sich in diesem Hotel in der Lower East einquartiert, ja, das weißt du ja, hat dort aber nur eine Nacht verbracht. Hat sich bei den Russen draußen in Coney Island eine kleine Wohnung genommen. Sah einfach ein Schild in einem Schaufenster. Warum er sich nichts Besseres gesucht hat, weiß der Teufel, er hatte doch Geld genug ... Aber es war alles nicht so leicht, wie er erwartet hatte.«

»Allein mit seinem Gewissen?«, fragte Moreno.

»Vermutlich«, sagte Reinhart. »Er hat sich bei seiner Schwester gemeldet und ihr gesagt, er habe ein Problem, das war vor meinem ersten Besuch bei ihr. Sie hat ihn dann gewarnt, aber sie hatte wohl nicht begriffen, wer ich war, und er konnte nicht mehr allein sein. Er hat ihr nicht erzählt, was er getan hatte, sondern nur, dass er Sorgen hat. Hat sie besucht, wenn er glaubte, dass die Luft rein war ... aber das war sie ja nun diesmal nicht. Muss sich entsetzlich isoliert gefühlt haben. Je mehr Menschen in einer Stadt wohnen, umso mehr Platz haben sie, um einsam zu sein. Ich glaube, er hatte auch reichlich Medikamente eingeworfen, und wahrscheinlich hat er deshalb alles geschafft ... scheint erst jetzt zu erfassen, dass er wirklich vier Menschen umgebracht hat.«

»Am Rande des Zusammenbruchs?«, fragte Moreno.

»Glaube schon«, sagte Reinhart. »Wir reden weiter, wenn ich wieder da bin. Kannst du übrigens dem *Kommissar* Bescheid sagen? Ich komme morgen Abend mit Clausen, und da wäre es doch gut, wenn er seine Wünsche äußert. Oder was meinst du?«

»Alles klar«, sagte Moreno. »Auf jeden Fall gibt es die letzte Runde, von der er gesprochen hat.«

»Sieht so aus«, sagte Reinhart. »Na ja, over and out und überhaupt.«

»Bis dann«, sagte Moreno.

Am Mittwochmorgen schneite es wieder. Sie saßen zu viert im Wagen zum JFK; Bloomguard und Reinhart vorne, Clausen und ein riesiger farbiger Polizist namens Whitefoot auf dem Rücksitz, die beiden Letzteren mit Handschellen aneinander gekettet, deren Schlüssel Whitefoot in der Tasche hatte, während in Reinharts Brieftasche ein Reserveexemplar lag. Es war deutlich, dass Weihnachten näher rückte, sie brauchten nur eine gute halbe Stunde zum Flughafen, und in dieser Zeit hörten sie zweimal »White Christmas« und dreimal »Jinglebells« im Autoradio. Reinhart hatte Heimweh.

»Nett, dich kennen gelernt zu haben«, sagte Bloomguard, als sie vor der Sicherheitskontrolle standen. »Wir rechnen in drei oder vier Jahren mit einem Trip nach Europa, Veronique und ich. Und Quincey natürlich. Vielleicht können wir uns auf einen Kaffee treffen? In Paris oder Kopenhagen oder so?«

»Sicher«, sagte Reinhart. »Sowohl als auch. Du hast meine Karte.«

Sie schüttelten einander die Hände, und Bloomguard kehrte in die Abflughalle zurück. Clausen schien mit jeder Stunde, seit sie ihn gefunden hatten, lebloser zu werden, und Whitefoot konnte ihn nur mit größter Mühe ins Flugzeug schaffen. Reinhart war im Grunde dankbar dafür, dass nicht er auf diesem sieben Stunden langen Flug an den Mörder gekettet dasitzen musste. Er hatte natürlich angeboten, den Arzt allein nach Hause zu bringen, aber damit war er auf taube Ohren gestoßen. Whitefoot hatte schon häufiger solche Reisen unternommen und wusste, worauf er zu achten hatte. Er drückte Clausen auf den Fensterplatz, setzte sich daneben und überließ Reinhart den Gangplatz. Er erklärte Clausen, dass er ihn zur Toilette begleiten werde, mehr nicht, und dass er seinen rechten Arm als amputiert betrachten könne. Alle Tätigkeiten

– essen, in Büchern und Zeitschriften blättern, in der Nase bohren – mussten mit links erledigt werden. Das sei keine Kunst, erklärte Whitefoot, sie hätten schließlich mehr Zeit als in fucking hell.

Reinhart war dankbar, wie gesagt. Las weiter im Buch von Ellroy, schlief, aß und hörte Musik, und um 22.30 Uhr, Ortszeit, landeten sie in Sechshafen in einem nebligen Europa. Whitefoot verabschiedete sich. Checkte für eine Nacht im Flughafenhotel ein, überließ Clausen Reinharts, Rooths, Morenos und Jungs Obhut und wünschte fröhliche Weihnachten.

»Drei Stück?«, fragte Reinhart. »Verdammt, ihr hättet doch nicht alle zu kommen brauchen.«

»DeBries und Bollmert warten im Wagen«, sagte Moreno.

Es war noch ein Tag bis zum Heiligen Abend.

39

Reinhart hatte weder eine Besprechung noch sonst irgendwas anberaumt.

Trotzdem fand sich am folgenden Tag, am Donnerstag, dem 24. Dezember, das Quartett um zehn Uhr in seinem Zimmer ein. Es war der Vormittag des Heiligen Abends. Moreno und Jung saßen auf der Fensterbank und versuchten nicht den Regen anzustarren, der in den frühen Morgenstunden eingesetzt und alle Träume von einem weißen Wochenende bereits weggespült hatte. Es war grau, nass und windig, die Stadt hatte ihre Grundstimmung wiedergefunden.

Ein wenig weiter vom Regen entfernt hing Reinhart hinter seinem Schreibtisch, deBries und Rooth waren neben dem ramponierten Christstern, mit dem irgendwer (vermutlich Frau Katz auf persönlichen Befehl des Polizeipräsidenten) das Zimmer geschmückt hatte, in den Besuchersesseln versunken.

»Das hätten wir dann«, stellte deBries fest. »Sehr gutes Timing, muss man sagen.«

Reinhart steckte sich die Pfeife an und hüllte Blume und deBries in Rauch.

»Doch«, sagte er. »Muss man.«

»Wann kommt er?«, fragte Jung.

Moreno schaute auf die Uhr.

»Irgendwann am Vormittag«, sagte sie. »Er wollte sich nicht genauer festlegen. Wir müssen ihm vielleicht einen gewissen Spielraum lassen, wenn man daran denkt ... ja, wenn man an alles Mögliche denkt.«

Reinhart nickte und setzte sich ein wenig gerader.

»Wir haben diesmal ungewöhnlich wenig Grund zur Überheblichkeit«, sagte er und ließ seinen Blick durch die Runde schweifen. »Und wo wir schon hier sitzen, könnten wir die Sache vielleicht noch einmal kurz zusammenfassen ... solange es noch nicht so weit ist, meine ich.«

»Solange es noch nicht so weit ist«, wiederholte Rooth. »Ach, ach.«

»Der Mord am Sohn des *Kommissars* hat den Anfang für diesen Fall bedeutet«, sagte Reinhart, »und zur Lösung hat vor allem der *Kommissar* beigetragen. Das lässt sich nicht leugnen. Er hat das Erpressungsmotiv gefunden, hat uns den Namen Keller geliefert und den Verdacht entwickelt, dass sich in Wirklichkeit Clausen nach New York abgesetzt hat. Fragt mich nicht, wie zum Teufel das möglich ist, aber er behauptet, die Erkenntnis sei ihm beim Schachspielen gekommen ...«

»Ist Keller schon gefunden worden?«, fragte deBries.

Reinhart nickte.

»Le Houde und seine Leute haben ihn heute Morgen ausgebuddelt. Clausen brauchte nicht mitzukommen, seine Beschreibung und eine Landkarte haben gereicht. Wird wohl eine winzige Trauergemeinde, wenn er wieder unter die Erde kommt. Niemand scheint Aron Keller zu betrauern, das wissen die Götter.«

»Wundert's dich«, sagte Moreno.

»Und der Doktor? Wie steht's denn mit dem Mörder?«, fragte Rooth. »Putzmunter?«

Reinhart rauchte schweigend eine Weile weiter.

»Weiß nicht so recht«, sagte er dann. »Ich glaube nicht, dass er noch lange durchhält. Und wie diese Begegnung auf ihn ... nein, ich habe keine Ahnung. Ich habe übrigens versprochen, dass sie allein sein werden. Ich hoffe, das geht jetzt nicht alles zum Teufel.«

Das Telefon klingelte. Es war Joensuu, der unten Dienst hatte.

»Er ist jetzt hier«, erklärte er feierlich. »Der *Kommissar* ist hier.«

Es hörte sich so an, als habe er dabei salutiert.

»Alles klar«, sagte Reinhart. »Krause soll mit ihm in den Arrest gehen. Ich komme in einer Minute nach.«

Er legte auf und schaute sich um.

»All right«, sagte er und erhob sich. »Kriminalkommissar Van Veeteren ist soeben eingetroffen, um den Mörder seines Sohnes zu verhören. Worauf zum Teufel wartet ihr noch?«

Die Zelle war blassgrün und viereckig. Sie war einfach möbliert; ein Tisch mit zwei Stahlrohrstühlen, zwei weitere Stühle vor einer Wand. Keine Fenster, an der Decke eine Leuchtröhre, die jeden Quadratzentimeter in klinisches, demokratisches Licht tunkte.

Kein Aschenbecher auf dem Tisch. Nur ein Wasserkrug und ein Stapel Plastikbecher.

Clausen war schon zur Stelle, als Van Veeteren hereinkam. Saß am Tisch, hatte die Hände gefaltet und den Blick gesenkt. Schlichtes weißes Hemd, dunkle Hose. Er saß seit mehreren Minuten bewegungslos da, der *Kommissar* hatte ihn durch das Guckloch betrachtet und dann Krause und Reinhart bedeutet, ihm die Tür zu öffnen.

Er zog einen Stuhl vom Tisch und nahm Platz. Clausen hob nicht den Blick, aber Van Veeteren konnte sehen, wie die Muskeln an seinem Hals und in seinem Kiefer sich anspannten. Er wartete. Faltete die Hände ebenso wie der Mörder seines Sohnes und beugte sich ein wenig über den Tisch vor.

»Weißt du, wer ich bin?«, fragte er.

Dr. Clausen schluckte, gab jedoch keine Antwort. Van Veeteren sah, dass seine Fingerknöchel weiß wurden und dass sein Kopf zitterte. Ein leises Beben, wie es vor einem Sturm das Laub durchfährt. Er hob noch immer nicht den Blick.

»Hast du mir nichts zu sagen?«

Keine Antwort. Er merkte, wie Clausen den Atem anhielt.

»Ich bin in einer Stunde mit Elizabeth Felders verabredet«, erklärte Van Veeteren. »Mit der Mutter von Wim, den du ebenfalls umgebracht hast. Soll ich ihr etwas ausrichten?«

Er wartete. Ich bin froh, dass ich keine Waffe habe, dachte er.

Endlich holte Clausen tief Luft und schaute auf. Erwiderte den Blick des *Kommissars* mit Augen, die offenbar nur zu gern in seinem Kopf versunken wären.

»Du musst wissen«, begann er, aber seine Stimme gehorchte ihm nicht. Er hustete zweimal und ließ seinen Blick herumflackern. Machte noch einen Versuch.

»Du musst wissen, dass ich noch vor zwei Monaten ein normaler Mensch war ... ein ganz normaler Mensch, das möchte ich nur betonen. Ich werde mich umbringen, sowie sich eine Gelegenheit dazu bietet. Sobald sich eine Gelegenheit ... bietet.«

Er verstummte. Van Veeteren blickte fünf Sekunden lang in diese toten Augen. Spürte, dass in ihm plötzlich etwas geschah. Wie seine Wahrnehmung der Zelle kleiner wurde und wie er langsam aber sicher in etwas Dunkles, Wirbelndes, etwas Saugendes und ... Unwiderrufliches hinabgezogen wurde. Er kniff die Augen zusammen und ließ sich auf dem Stuhl zurücksinken.

»Viel Glück«, sagte er. »Warte nicht zu lange, denn sonst komme ich zurück und erinnere dich daran.«

Er blieb noch einige Minuten sitzen. Clausen starrte seine Hände an und zitterte noch immer. Das Ventilationssystem rauschte. In der Leuchtröhre knackte es einige Male. Ansonsten passierte nichts.

Dann erhob Van Veeteren sich. Gab durch das Guckloch ein Zeichen und verließ die Zelle.

Er wechselte weder mit Reinhart noch mit irgendeinem anderen ein Wort. Er ging auf geradem Weg durch die Eingangshalle, öffnete seinen Regenschirm und wanderte in die Stadt hinaus.